1250
c
2-6

Alabama Linguistic and Philological Series # 19

ADOLF NOREEN

Altnordische Grammatik
I

Altisländische und altnorwegische Grammatik
(Laut- und Flexionslehre)
unter Berücksichtigung des Urnordischen

THE UNIVERSITY OF ALABAMA PRESS

University, Alabama

Published in the United States of America
and Canada by The University of Alabama Press

This edition is also published by
Max Niemeyer Verlag Tübingen

Standard Book Number: 8173-0354-5
Library of Congress Catalog Card Number: 72-130813

© by Max Niemeyer Verlag Tübingen 1970
All rights reserved. Printed in Germany

Vorwort.

[I. aufl. 1884.] *Beim ausarbeiten der vorliegenden altisländisch-altnorwegischen grammatik habe ich in erster linie mich bestrebt, der in den vorhandenen werken dieser art wenigstens nach heutigen anforderungen gar zu kärglich bedachten lautlehre die ihr gebührende sorgfältige behandlung angedeihen zu lassen. Aus der besonders in den letzten jahren auf diesem gebiete so reich emporgewachsenen literatur, die ich mit allem fleiss ausgebeutet zu haben glaube, ist in meine darstellung alles das aufgenommen worden, was mir von wesentlicher bedeutung zu sein und dabei die vergleichsweise gesicherten ergebnisse der forschung darzustellen schien, während noch unabgeschlossene untersuchungen und flüssige theorien nur in geringerem masse berücksichtigung finden konnten. — —*

Ein anderer punkt, auf welchen ich auch ganz besonders mein augenmerk gerichtet habe, ist die zeitliche und örtliche auseinanderhaltung der vielartigen in der altnordischen lautgeschichte zutage tretenden erscheinungen. Ich habe also den versuch gemacht, sowol den lautentwicklungen ihr rechtes sprachgebiet als entweder urnordisch, altisländisch oder altnorwegisch anzuweisen, als auch innerhalb jedes der genannten sprachkreise das gegenseitige chronologische verhältnis der erscheinungen, soweit möglich, festzustellen. — —

[II. aufl. 1892.] *Die schnellen fortschritte unserer wissenschaft haben dazu geführt, dass diese grammatik schon nach wenigen jahren fast wie ein neues buch erscheint. Von arbeiten, die mir bei der ausarbeitung dieser neuen ausgabe besonders nützlich gewesen sind, nenne ich nur für das altnorwegische die ausgezeichnete abhandlung E. Wadsteins, 'Fornnorska homiliebokens ljudlära', Upsala 1890, für das altisländische das* *musterhafte werk L. Larssons, 'Ordförrådet i de älsta isländska handskrifterna', Lund 1891. — —*

Betreffs der altnordischen orthographie habe ich in dieser auflage (wie auch schon in meiner 'Geschichte der nordischen sprachen' in Pauls Grundriss I, V, 4) nur die eine wichtige veränderung durchgeführt, welche mir dringend geboten schien, indem ich konsonantisches **i** *und* **u** *überall durch* **i***, resp.* **u** *(nicht* **j***, resp.* **v***) wiedergebe, jenes im einklang mit allen, dieses mit den besten handschriften. — —*

[III. aufl. 1903.] *Wiederum haben die wissenschaftlichen fortschritte dazu geführt, dass die neue auflage meines buches ein wesentlich verändertes aussehen darbietet. Keine seite, kaum ein einziger paragraph ist ohne erhebliche änderung geblieben. Von arbeiten, die mir bei dieser revision förderlich gewesen sind, mögen besonders hervorgehoben werden: für die allgemeine grammatik die wichtige abhandlung O. v. Friesens, 'Till den nordiska språkhistorien', Uppsala 1901, welche mir zu einer durchgreifenden umarbeitung der umlautslehre anlass gegeben hat, und für das altnorwegische die reiche materialsammlung M. Hægstads, 'Gamalt trøndermaal', Kristiania 1899 (desselben 'Maalet i dei gamle norske kongebrev', 1902, habe ich hauptsächlich nur mehr für die nachträge benutzen können).*

Um eine allzugrosse anschwellung des buches zu vermeiden, habe ich jedes irgendwie entbehrliche wort gestrichen, besonders diejenigen vielen altnorwegischen nebenformen, welche nur ganz regelmässige entsprechungen oder rein orthographische varianten zu den altisländischen sind; so dass also jetzt jede von mir erwähnte form, welche nicht ausdrücklich als 'aisl.' oder 'anorw.' angegeben wird, als altisländisch **und** *altnorwegisch anzusehen ist, obwol sie nur in ihrem altisländischen gewand auftritt. Trotz dieser knappen form ist dennoch das ganze nicht unbedeutend umfangreicher als früher geworden, besonders wol weil ich nötig gefunden habe seltene sprachformen der regel nach durch quellenzitate zu belegen, was hoffentlich beifall finden wird. Auch habe ich zu den etwas seltneren flexionstypen die beispiele soweit möglich vollständig angeführt, was nicht nur an und für sich empfehlenswert erschien, sondern auch dadurch geboten, dass Wimmers grammatik, auf die ich in den früheren* *auflagen diesbezüglich manchmal rekurrieren konnte, jetzt nicht mehr vorrätig ist.*

In der orthographie habe ich jetzt, wie schon in meinem 'Abriss der an. (aisl.) grammatik', 1896, die änderung vorgenommen, dass ich ausser bei wiedergabe rein altnorwegischer formen das zeichen ð durch þ ersetzt habe, dies in übereinstimmung mit den ältesten altisländischen handschriften und vielen in der letzten zeit erschienenen ausgaben (auch solchen, die hauptsächlich für anfänger bestimmt sind) wie Sijmons und Jónssons Eddaausgaben, Golthers und Jónssons ausgaben der Íslendingabók u. a. Zwar halte ich aus gründen, die Brate in Bezzenbergers Beiträgen XI, 179 ff. trefflich entwickelt hat, diese neuerung weder von der wissenschaft unbedingt erheischt, noch für den ersten unterricht gerade förderlich, aber sie ist doch eine früher oder später zu ziehende konsequenz unserer sonstigen altisländischen orthographie und scheint deshalb auch schon ziemlich allgemein durchgedrungen zu sein. — —

Zur vierten auflage: *Das nach zwanzig jahren mein buch in vielfach veränderter gestalt erscheinen muss, ist selbstverständlich. Der text ist jetzt um drei bogen erweitert, der urnordische anhang ist von 68 zu 95 inschriften angeschwollen, und übrigens ist fast jede seite dank reichlicher benutzung der neueren fachliteratur mehr oder weniger revidiert worden. Aus der einschlägigen literatur ist vor allem Hægstads überaus reiches werk Vestnorske maalføre mir von nutzen gewesen. Viel verdanke ich auch Marstranders Bidrag til det norske sprogs historie. Pippings De nordiska språkens ljudlära ist aber zu spät mir zur hand gekommen um berücksichtigt werden zu können. Die sehr wichtige abhandlung I. Lindquists 'Galdrar' (Göteborg 1923) ist erst, nachdem mein runologischer anhang schon gedruckt worden ist, erschienen und hat daher nur als nachtrag einigermaßen benutzt werden können.*

Herzlichen dank schulde ich sowol herrn Johannes Warneck, der die güte gehabt hat, die ausarbeitung des mühsamen registers zu übernehmen, wie auch meinem sohne Erik, der bei der heiklen korrektur mir vielfache hilfe geleistet hat.

Uppsala, 1. April 1923. **Adolf Noreen.**

Inhalt.

	seite
Einleitung § 1—16	1

Lautlehre.

I. Abschnitt: Einleitendes über schrift und aussprache	33
Kap. 1. Die runen § 17—21	33
Kap. 2. Das lateinische alphabet § 22—51	36
I. Aussprache der vokalzeichen § 23—33	37
II. Aussprache der konsonantenzeichen § 34—45	39
III. Phonetische übersicht § 46—51	44
II. Abschnitt: Die sonanten	49
Kap. 1. Lautgesetze der starktonigen silben § 53—135	49
A. Qualitative veränderungen § 53—121	49
I. Urnordische vorgänge § 53—57	49
II. Umlaut § 58—86	53
A. Verschiebung durch velarisierung § 59—61	53
B. Verschiebung durch palatalisierung § 62—75	56
1. i-umlaut § 63—67	57
2. j-umlaut § 68—70	64
a) Regressiver umlaut § 68—69	64
b) Progressiver umlaut § 70	65
3. R-umlaut § 71—72	66
4. Palatalumlaut § 73—75	67
C. Verschiebung durch labialisierung § 76—86	69
1. u-umlaut § 77—81	69
2. w-umlaut § 82—84	80
3. Labialumlaut § 85—86	85
III. Brechung § 87—96	86
IV. Die di- und triphthonge § 97—106	92
a) Entwickelung der alten di- und triphthonge § 97—101	92
b) Entstehung neuer diphthonge § 102—106	95
V. Sonstige verschiebungen § 107—121	97
B. Quantitative veränderungen § 122—129	108
I. Dehnung § 122—126	108
II. Kürzung § 127—129	111
III. Hiatuserscheinungen § 130—135	115

Inhalt.

Kap. 2. Lautgesetze der schwachtonigen silben § 136—161 . . . 118
    I. Urnordische vorgänge § 136—143 118
   II. Sonstige qualitative veränderungen § 144—150 122
  III. Kürzung § 151—152 129
  IV. Schwund § 153—160 132
   V. Svarabhakti § 161 140
Kap. 3. Vokalwechsel aus urgerm. zeit stammend § 162—173 . . 141
    I. Spuren speziell urgerm. lautgesetze § 162—163 141
   II. Ablaut § 164—173 142
Kap. 4. Etymologische übersicht über die sonanten § 174—218 . 152
    I. Die sonanten der starktonigen silben § 174—214 152
        1. Monophthonge § 174—191 152
        2. Diphthonge § 192—214 156
   II. Die sonanten der schwachtonigen silben § 215—218 . . 159
III. Abschnitt: Die konsonanten 160
Kap. 1. Urnordische vorgänge § 220—236 161
    A. Qualitative und quantitative veränderungen § 220—227 161
    B. Schwund § 228—236 166
Kap. 2. Altwestnordische lautgesetze § 237—316 173
    I. Wechsel der artikulationsarten § 237—254 173
       A. Die stimmhaften spiranten § 237—239 173
       B. Die stimmlosen spiranten § 240—243 179
       C. Die stimmhaften explosivæ § 244—246 182
       D. Die stimmlosen explosivæ § 247—249 183
       E. Die halbvokale, nasale und liquidæ § 250—254 . . . 184
   II. Wechsel der artikulationsstellen § 255—265 186
       A. Die labiale § 255—258 186
       B. Die dentale § 259—262 188
       C. Die palatale und velare § 263—265 190
  III. Quantitative veränderungen § 266—286 192
       A. Dehnung § 266—282 192
          1. Assimilation § 266—278 192
             a) Regressive assimilation § 266—274 192
             b) Progressive assimilation § 275—278 199
          2. Sonstige fälle von konsonantendehnung § 279—282 203
       B. Kürzung § 283—286 207
  IV. Uebrige lautgesetze der konsonanten § 287—316 210
       A. Schwund § 287—303 210
          1. Im anlaute § 287—290 210
          2. Im in- und auslaute § 291—303 212
       B. Zusatz § 304—312 223
       C. Metathese § 313—316 226
Kap. 3. Konsonantenwechsel aus urgermanischer zeit stammend
    § 317—322 229
    I. Spuren urgermanischer lautgesetze § 317—319 229
   II. Spuren indoeuropäischer lautgesetze § 320—322 235

Inhalt.

	seite
Kap. 4. Etymologische übersicht über die konsonanten § 323—355	237
I. Die stimmlosen explosivæ § 323—328	237
II. Die stimmhaften explosivæ § 329—334	238
III. Die stimmlosen spiranten § 335—341	240
IV. Die stimmhaften spiranten § 342—344	241
V. Nasale § 345—349	242
VI. Liquidæ § 350—353	243
VII. Halbvokale § 354—355	244

Flexionslehre.

I. Abschnitt: Deklination 246
Kap. 1. Deklination der substantiva § 356—422 246
    A. Vokalische stämme (starke deklination) § 356—398 246
        I. *a*-stämme § 356—372 246
            a) Reine *a*-stämme § 357—363 247
            b) *wa*-stämme § 364—366 255
            c) *ja*-stämme § 367—369 256
            d) *ia*-stämme § 370—372 257
        II. *ō*-stämme § 373—384 259
            a) Reine *ō*-stämme § 374—379 260
            b) *wō*-stämme § 380 263
            c) *jō*-stämme § 381—383 263
            d) *iō*-stämme § 384 264
        III. *i*-stämme § 385—392 265
        IV. *u*-stämme § 393—398 272
    B. *n*-stämme (schwache deklination) § 399—411 276
        I. *an*-stämme § 399—405 276
        II. *ōn*-stämme § 406—409 279
        III. *īn*-stämme 410—411 281
    C. Uebrige (konsonantische) stämme § 412—422 282
        I. Einsilbige stämme § 412—418 282
        II. *r*-stämme § 419—421 286
        III. *nd*-stämme § 422 287
Kap. 2. Deklination der adjektiva § 423—441 288
    A. Starke deklination § 424—431 288
        a) Reine *a*-, *ō*-stämme § 426—429 291
        b) *wa*-, *wō*-stämme § 430 295
        c) *ja*-, *jō*-stämme § 431 296
    B. Schwache deklination § 432—435 296
        a) Flexion des positivs und superlativs § 433—434 297
        b) Flexion des komparativs und partic. präs. § 435 297
    C. Komparation § 436—441 298
    Anhang: Komparation der adverbia § 442—443 302
Kap. 3. Die zahlwörter § 444—463 203
        a) Kardinalzahlen § 444—453 303
        b) Ordinalzahlen § 454—458 306
        c) Andere numeralia § 459—503 308

Inhalt.

seite

Kap. 4. Pronomina § 464—479 309
    1. Persönliche § 464—466 309
        a) Ungeschlechtliche § 464—465 309
        b) Geschlechtliche § 466 312
    2. Possessiva § 467 312
    3. Demonstrativa § 468—472 313
    4. Relativa § 473 319
    5. Interrogativa § 474 320
    6. Indefinita § 475—479 321
II. Abschnitt: Konjugation 325
  A. Tempusbildung § 480—526 325
    I. Starke verba § 481—526 326
        a) Ablautende verba § 482—501 326
            Klasse I § 482—483 326
            Klasse II § 484—488 327
            Klasse III § 489—495 329
            Klasse IV § 496 333
            Klasse V § 497—498 334
            Klasse VI § 499—501 336
        b) Reduplizierende verba § 502—506 338
            Klasse I § 502 338
            Klasse II § 503 338
            Klasse III § 504 339
            Klasse IV § 505 339
            Klasse V § 506 340
    II. Schwache verba § 507—520 341
        a) Erste schwache konjugation § 509—511 . . . 342
        b) Zweite schwache konjugation § 512—514 . . . 343
        c) Dritte schwache konjugation § 515—518 . . . 345
        d) Vierte schwache konjugation § 519—520 . . . 348
    III. Verba, die zum teil stark, zum teil schwach gehen
        § 521—526 350
        a) Verba präterito-präsentia § 521—525 350
        b) Das verbum *valda* § 526 352
  B. Endungen § 527—546 353
    I. Aktivum § 527—541 353
        a) Infinitiv § 528—529 354
        b) Präsens indikativ § 530—532 355
        c) Präteritum indikativ § 533—534 361
        d) Konjunktiv (optativ) § 535—537 363
        e) Imperativ § 538 364
        f) Participium § 539—541 365
    II. Medio-passiv § 542—546 367
Anhang: Die wichtigsten urnordischen inschriften 374
Nachtrag 394
Register 395

Verzeichnis wichtigerer abkürzungen.

Aarbøger = Aarbøger for nordisk oldkyndighed, København 1866 ff.
abb. = abbildung(en).
Accentuierung = Die alt- und neuschwedische accentuierung von A. Kock, Strassburg 1901 (Quellen und forschungen LXXXVII).
adän. = altdänisch.
AfdA. = Anz. f. d. A. (s. unten).
afranz. = altfranzösisch.
afries. = altfriesisch.
ags. = angelsächsisch.
agutn. = altgutnisch.
ahd. = althochdeutsch.
aind. = altindisch.
air. = altirisch.
aisl. = altisländisch.
allg. = allgemein.
an. — altnordisch.
anal. = analogisch.
anfr. = altniederfränkisch.
An. gr. II = Altnordische grammatik II. Altschwedische grammatik von A. Noreen, Halle 1897 ff.
Annaler = Annaler for nordisk oldkyndighed, København 1836 ff.
anorw. = altnorwegisch.
Ant. tidskr. f. Sv. = Antiqvarisk tidskrift för Sverige, Stockholm 1864 ff.
Anz. f. d. A. = Anzeiger für deutsches alterthum, Berlin 1876 ff.
aostnorw. = altostnorwegisch.
aon. = altostnordisch.
Arkiv = Arkiv for nordisk filologi (s. § 16, a, s 27).
as. = altsächsisch.
aschw. = altschwedisch.

asl. = altslavisch.
awestnorw. = altwestnorwegisch.
beisp. = beispiel.
Beitr. = Beiträge zur geschichte der deutschen sprache und literatur, Halle 1874 ff.
bes. = besonders.
Beyging = J. Þorkelsson, Beyging sterkra sagnorða í íslensku, Reykjavík 1888.
bez. = bezeichnet, -en.
Bezz. Beitr. = Beiträge zur kunde der indogermanischen sprachen, herausgg. von A. Bezzenberger, Göttingen 1877 ff.
Bugge, Bidrag = Bidrag til den ældste skaldedigtnings historie af S. Bugge, Christiania 1894.
Burg = Die älteren nordischen runeninschriften von Fritz Burg, Berlin 1885.
Cod. AM. s. § 12 anm. 2 (s. 15).
Cod. Holm. s. § 12 anm. 2 (s. 15).
Cod. Reg. g. s. s. § 12 anm. 2 (s. 15).
Cod. Tunsb. = Codex Tunsbergensis (s. § 15, 30).
Cod. Ups. Delag. s. § 12 anm. 2 (s. 13).
d. = deutsch.
dän. = dänisch.
dial. = dialektisch.
dicht. = dichterisch.
Egilsson = Lexicon poëticum conscripsit S. Egilsson, Havniæ MDCCCLX.
engl. = englisch.
F. Hom. = Fornnorska homiliebokens ljudlära af E. Wadstein, Uppsala 1890.

Verzeichnis wichtigerer abkürzungen.

finn. = finnisch.
Forn. forml. = L. F. A. Wimmer, Fornnordisk formlära (s. § 16, a; die citate stimmen auch mit desselben verfassers 'Altnordische grammatik, aus dem dänischen übersetzt von E. Sievers', Halle 1871).
Fritzner = Ordbog over Det gamle norske Sprog af J. Fritzner. Omarbeidet Udgave. I—III, Kristiania 1886—96.
germ. = germanisch.
Germania = Germania. Vierteljahrsschrift hrsgg. von F. Pfeiffer und K. Bartsch, Stuttgart und Wien 1856—81.
Geschichte³ = A. Noreen, Geschichte der nordischen sprachen, 3. auflage, Strassburg 1913 (in Grundriss³).
geschr. = geschrieben.
gew. = gewöhnlich.
got. = gotisch.
Gött. gel. Anz. = Göttingische gelehrte Anzeigen.
gr. = griechisch.
Grundriss³ = Grundriss der germanischen philologie, herausgg. von H. Paul, 3. auflage, Strassburg 1911 ff.
G. Tr. = Gamalt trøndermaal av M. Hægstad, Kristiania (Videnskabsselskabets Skrifter II, 1899, no. 3) 1899.
Hb. = Hauksbók udg. af Det kong. nord. Oldskrift-selskab, København 1892—96.
hdschr. = handschrift.
Hertzberg = E. Hertzberg, Glossarium, Christiania 1895 (Norges gamle love V, 2).
Hild. = Hildinakvadet av M. Hægstad, Christiania (Videnskabsselskabets Skrifter II, 1900, no. 2) 1900.
ieur. = indoeuropäisch.
I.F. = Indogermanische Forschungen. Zeitschrift hrsg. von K. Brugmann und W. Streitberg, Strassburg 1892 ff.
I. F. Anz. = Anzeiger für indogermanische Sprach- und Altertumskunde, hrsg. von Streitberg, Strassburg 1892 ff.
inschr. = inschrift, -en.
isl. = isländisch.
Kong. = Maalet i dei gamle norske kongebrev av M. Hægstad, Kristiania (Videnskabsselskabets Skrifter I, 1902, no. 1) 1902.
kons. = konsonant(isch).
K. Z. = Zeitschrift für vergleichende sprachforschung, hrsg. von A. Kuhn u. a., Berlin 1852 ff.
lapp. = lappisch.
Larsson = Ordförrådet i de älsta isländska handskrifterna av L. Larsson, Lund 1891.
lautges. = lautgesetzlich.
Læsebog = L. F. A. Wimmer, Oldnordisk læsebog (s. § 16 f.).
lehnw. = lehnwort, -wörter.
litau. = litauisch.
Marstrander, Bidrag = C. J. S. Marstrander, Bidrag til det norske sprogs historie i Irland (in Chra. Vid. Selsk. Skrifter, Hist.-fil. Klasse 1915).
mengl. = mittelenglisch.
misl. = mittelisländisch.
mnorw. = mittelnorwegisch.
mndd. = mittelniederdeutsch.
ndän. = neudänisch.
ndd. = (neu)niederdeutsch.
ngutn. = neugutnisch.
nisl. = neuisländisch.
nnorw. = neunorwegisch.
No. Hom. = das anorw. homilienbuch (s. § 15, 6).
No. I. = Norges Indskrifter med de ældre Runer. Udg. ved S. Bugge, und M. Olsen, Christiania 1891 ff.
Nord. stud. = Nordiska studier tillegnade Adolf Noreen, Uppsala 1904.
nschw. = neuschwedisch.

N. spr. = Till den nordiska språkhistorien. Bidrag af O. v. Friesen, Uppsala 1901, 1906 (Skrifter utg. af K. Hum. Vetenskaps-Samfundet i Uppsala VII, 2 und IX, 6).
obl. = casus obliqui.
onorw. = ostnorwegisch.
Oplysninger = Oplysninger til trondhjemske Gaardnavne I, II, Trondhjem 1893 (in K. No. videnskabers selskabs skrifter).
orkn. = orknöisch.
ostn. = ostnordisch.
Reykj. Máld. = Reykjaholts Máldagi (s. § 12, 3 und 9).
Rímb. = Rímbeygla (s. § 12, 4).
run. = runisch.
Runenschrift = Die runenschrift von L. F. A. Wimmer. Uebers. von F. Holthausen, Berlin 1887.
schw. = schwach.
selt. = selten.
shetl. = shetländisch.
Skjaldesprog = Det norsk-islandske skjaldesprog. Af F. Jónsson, København 1901.
son. = sonant(isch).
Sønderjyll. run. = Sønderjyllands runemindesmærker af L. F. A. Wimmer, København 1901. (Separat aus 'Haandbog i det nordslesvigske spörgsmaals historie'.)
st. = stark oder statt.
St. Hom. = das Stockholmer homilienbuch (s. § 12, 7).
Studier = Studier over de nordiske Gude- og Heltesagns Oprindelse af S. Bugge, Christiania 1881—89.
Stud. nord. fil. = Studier i nordisk filologi, Helsingfors 1910 ff.
Supplement = Supplement til islandske Ordbøger af J. Þorkelsson, (ved J. Thorkelsson) I, II, IV, Reykjavík 1876, 1879—85, 1899.
Sv. fornm. tidskr. = Svenska fornminnesföreningens tidskrift, Stockholm 1872 ff.
Sv. landsm. = Nyare bidrag till kännedom om de svenska landsmålen ock svenskt folklif, Stockholm 1879 ff.
Tidskr. f. Fil. N. R. und III R. = Nordisk Tidskrift for Filologi (og Pædagogik), Ny Række, resp. Tredje Række, København 1874 ff.
Tidskr. f. Phil. og. Pæd. = Tidskrift for Philologi og Pædagogik, København 1860 ff.
Upphavet = Upphavet til det norske folkemaal av M. Hægstad, Kristiania 1899. (Separat aus 'Syn og segn'.)
urgerm. = urgermanisch.
Urg. lautl. = Abriss der urgermanischen lautlehre von A. Noreen, Strassburg 1894.
urn. = urnordisch.
urspr. = ursprünglich.
Vestno. maalf. = M. Hægstad, Vestnorske maalføre fyre 1350, Kristiania 1906 ff. (in Videnskapsselskapets skrifter).
Vigfusson = An icelandic-english dictionary by G. Vigfusson, Oxford MDCCCLXXIV.
vok. = vokal.
westn. = westnordisch.
wgerm. = westgermanisch.
wnorw. = westnorwegisch.
ZfdA. = Zeitschrift für deutsches Alterthum, Leipzig und Berlin 1841 ff.
ZfdPh. = Zeitschrift für deutsche Philologie, Halle 1868 ff.

Einleitung.

§ 1. Unter altnordisch (an.) verstehen wir hier die sprache der germanischen bewohner des skandinavischen nordens (mit einschluss von Island, Grönland und den Färöern) und der vom norden aus besiedelten gegenden der jetzigen britischen, russischen und deutschen reiche, von den durch denkmäler bezeugten anfängen (bald nach Christi geburt) dieser sprache bis zur reformation (um 1530). Seit welcher zeit die vorfahren der germanischen bevölkerung im norden vorhanden gewesen sind, kann nunmehr annäherungsweise exakt angegeben werden. Es steht jetzt fest, dass sie schon sehr lange vor Christi geburt da waren, ja nach Montelius, Fürst und De Geer vielleicht teilweise schon bald nach dem 13. jahrtausend v. Chr. Indessen kennt man nichts von der beschaffenheit der sprache in der zeit v. Chr.

Anm. 1. Man wendet bisher oft — aber sehr inkorrekt — die bezeichnung altnordisch als gemeinsamen namen für nur zwei (übrigens nicht hinlänglich scharf auseinander gehaltene) altnordische sprachen (das altisländische und das altnorwegische) an. Diese ausdrucksweise, anfänglich auf einem theoretischen irrtum beruhend, muss aber jetzt, weil auch praktisch irre führend, vermieden werden.

Anm. 2. Ueber das alter der germ. sprache im norden s. einerseits O. Montelius, Nordisk tidskrift 1884, s. 21, und 1921, s. 401 ff.; G. Kossinna, I. F. VII, 276 ff., 293 note und Die Herkunft der Germanen (Mannus-Bibliothek Nr. 6) Würzburg 1911; K. B. Wiklund, När kommo svenskarne till Finland? Upsala 1901; G. Retzius (und C. M. Fürst) Anthropologia suecica, Stockholm 1902, s. 19 ff.; J. Ailio und A. Hackman, Förhistoriska fynd (in Atlas öfver Finland 1910, Text II), s. 24, 39, 86; andererseits Joh. Steenstrup, Historisk tidsskrift (dän.) 6. Række, VI, 114, R. Saxén, Den svenska befolkningens ålder i Finland (in Finska fornminnesföreningens tidskrift XXI, no. 3), Helsingfors 1901 und B. Salin, Vitterhets historie och antiqvitets akademiens Månadsblad 1896, s. 42 ff. (Stockholm 1901).

§ 2. Seinen verwandtschaftsverhältnissen nach bildet das nordgermanische oder nordische einen selbständigen zweig innerhalb der germanischen (germ.) familie des indoeuropäischen (ieur.) sprachstammes. Seine nächsten verwandten sind also die beiden übrigen zweige derselben familie, der (wandilische oder) ostgermanische — das gotische (got.), wandalische, burgundische u. a. umfassend — und der (deutschenglische oder) westgermanische (wgerm.), von denen vielleicht jener dem nordischen etwas näher steht, weshalb er früher oft mit diesem unter dem namen "ostgermanisch" zusammengefasst worden ist. Die vorzugsweise wichtigen übereinstimmungen der nord- und ostgermanischen sprachen sind:

1. Die vertretung des urgermanischen *ww* durch *ggw*, z. b. aisl. *tryggue*, got. *triggwa* der treue.

2. Die vertretung des urgerm. *jj* durch *ggj*, resp. *ddj*, z. b. aisl. *tueggia*, got. *twaddjē* zweier.

3. Die erhaltung der alten endung *-t* in der 2. sg. prät. ind. (wgerm. auf *-i*), z. b. aisl. und got. *gaft* gabst.

Anm. Noch andere übereinstimmungen erwähnt H. Hirt, Journal of germ. philology II, 272.

§ 3. Das altnordische ist keine einheitliche sprache, sondern eine kollektivbezeichnung vieler zu verschiedenen zeiten und in verschiedenen gegenden existierenden sprachen, von denen die älteste, die zugleich die mutter der übrigen ist, passend als urnordisch (urn.) bezeichnet wird. Unter der urnordischen sprache versteht man demnach das altnordische bis zu der zeit seiner verzweigung in verschiedene dialekte, die später als völlig selbständige sprachen hervortraten. Diese spaltung fällt in die sogenannte vikingerzeit (c. 800 bis c. 1050) und ergab statt einer altnordischen sprache zunächst drei: altnorwegisch (anorw.), altschwedisch (aschw.), das in weiterem verstand auch den sehr eigentümlichen altgutnischen (agutn.) dialekt umfasst, und altdänisch (adän.), zu denen nach der besiedelung Islands (c. 900) bald als vierte altisländisch (aisl.) kam. Erst im 11. jahrh. sind die differenzen so gross, dass man von vier (literatur)sprachen, statt dialekten, reden darf, wenn auch noch lange zeit einerseits aisl. und anorw., andererseits aschw. und adän. einander sehr nahe stehen, so dass man die beiden ersten als westnordische (westn.), die beiden letzteren als ostnordische (ostn.) gruppe zusammenzufassen pflegt.

§ 4. 5. Einleitung.

Anm. In der vikingerzeit und noch später wurde sowol in Skandinavien als in England das altnordische als *dǫnsk tunga* 'dänische zunge' bezeichnet. Später kam dieser ausdruck auch, obwol selten, in der bedeutung von altwestnordischer sprache statt des dann in dieser bedeutung üblichen *norrǿnt mál* 'nordische sprache' vor.

§ 4. Die hauptkennzeichen des **urnordischen** gegenüber dem gotischen sind:

1. Die erhaltung der stammauslaute *a* und *i* im nom. und acc. sg. der *a*- und *i*-stämme (got. synkope), z. b. *ðaʒaʀ* : *dags* tag, *staina* : *stain* stein, *-ʒastiʀ* : *gasts* gast.

2. Die endung *-as* im gen. sg. der *a*-stämme (got. -*is*), z. b. *ʒoðaʒas* : *dagis* tages.

3. Die endung *-e* im dat. sing. der *a*-stämme (got. -*a*), z. b. *-kurne* : *kaúrna* korn.

4. Die endung *-an* im dat. sg. der *an*-stämme (got. -*in*), z. b. *-halaiƀan* : *ga-hlaibin* genossen.

5. Die endung *-iu* im dat. sg. der *u*-stämme (got. -*au*), z. b. *kunimu[n]ðiu* : *magau* sohne.

6. Die endung *-iʀ* im nom. plur. der *r*-stämme (got. -*jus*), z. b. *ðohtriʀ* : *dohtrjus* töchter.

7. Die endung *-ō* in der 1. sg. des schwachen präteritums (got. -*a*), z. b. *tawiðo* : *tawida* brachte zu stande.

§ 5. Die denkmäler des urnordischen bestehen fast ausschliesslich aus **runeninschriften**. Diese, die an altertümlichkeit der sprachform alle übrigen germanischen sprachdenkmäler überragen, bedienen sich des älteren, allen germanischen stämmen gemeinsamen runenalphabets von 24 zeichen und sind zu einer anzahl von beinahe 150 in Schweden, Norwegen und Dänemark vorhanden. Von dieser ziemlich grossen anzahl sind jedoch nur etwa die hälfte von eigentlich sprachlicher bedeutung, und auch von diesen sind die meisten sehr kurz. Die wichtigsten sind die folgenden, welche hier in chronologischer ordnung aufgeführt werden, wiewol bei vielen die datierung sehr unsicher ist und die ansichten der gelehrten zum teil noch ein wenig auseinander gehen.

Aus der zeit c. 200—300 n. Chr. die inschriften von Øvre Stabu, Mos, Vi und Torsbjærg.

300—400 die inschriften von Nedre Hov, Fløksand Kylver, Einang, Himlingøie und Nydam.

§ 5. Einleitung.

400—500 die inschriften von Lindholm, Kragehul, Gjersvik, Vetteland, Nordhuglen, Ødemotland, Möjebro, Svarteborg, Rö, Strårup, Gallehus, Darum, Dannenberg, Stenstad, Etelhem, Fyn (brakteat nr. 24), Maglemose, Næsbjærg, Seeland (brakt. nr. 57), Skodborg, Schonen (brakt. nr. 19), Börringe, Åsum, Vadstena. Fredrikstad, Bjørnerud, Selvig, Skärkind, Berga, Skåång, Krogsta und Tune.

500—600 die inschriften von Tu, Kjølevig, Norge (brakt. nr. 48), Valsfjorden, Søtvet, Trollhättan, Skrydstrup, Fæmø, Tanum, Tjurkö, Ågedal, Overhornbæk, Bø, Bratsberg, die ältere von Tørviken, Belland, die ältere von Myklebostad, Vånga, Fonnås, Tomstad, Elgesem, Saude, Järsberg, Opedal, Reistad, Møgedal und Årstad.

600—700 die inschriften von Stora Noleby, Amle, Veblungsnæs, Eidsvåg, Strøm, By, Kinneved, die jüngere von Myklebostad, Istaby, Gummarp, Stentoften, Førde, Björketorp und Eggjum.

700—800 die inschriften von Valby, Vatn, die jüngere von Tørviken, Tveito, Hammeren, Roes, Flistad, Sölvesborg, Tanem, Farsund, Martebo und Rävsal.

Anm. Ueber die urn. inschriften vgl. u. a. besonders die bahnbrechenden abhandlungen von S. Bugge in Tidskr. f. Phil. og Pæd. VII, VIII und in Aarbøger 1871 und 1905, sowie desselben und M. Olsens grossartiges werk Norges Indskrifter med de ældre Runer, Chra. 1891 ff.; ferner L. Wimmer, Die runenschrift, Berlin 1887, Sønderjyllands runemindesmærker, Kopenhagen 1901; F. Burg, Die älteren nordischen runeninschriften, Berlin 1885; E. Brate in Bezz. Beitr. XI, 177 ff. Zur chronologie vgl. O. Montelius in Sv. fornm. tidskr. VI, 265 ff. und IX, 272 ff.; Wimmer, Runenschrift, s. 300 ff., Sønderjyll. run., s. 28 ff.; Bugge und Olsen, No. I. passim; vor allem aber H. Schetelig, No. I. III, 1 ff. (1914). Abbildungen bei G. Stephens, Handbook of the old northern runic monuments of Scandinavia and England, Kopenh. 1884; die norwegischen besser bei Bugge, No. I. — S. übrigens unten im Anhang betreffs der verschiedenen inschriften.

§ 6. Eine andere, zum teil wahrscheinlich ältere quelle zur kenntnis des urnordischen haben wir in den lehnwörtern, die aus dem urn. in die finnischen und, durch diese vermittelt, auch die lappischen sprachen hineingekommen sind, und die oft noch altertümlichere sprachformen als die der runeninschriften voraussetzen, was vielleicht daraus zu erklären ist, dass die entlehnungen zum teil schon in den ersten jahrhunderten unserer zeitrechnung (um 200 oder wol noch früher) stattgefunden haben; anderseits aber ist es oft schwer oder unmöglich, diese lehnwörter von einigen in das finnische wahrscheinlich aus dem gotischen eingedrungenen wörtern auszuscheiden, ein umstand, welcher den wert dieser quelle für die nordische sprachgeschichte ein wenig vermindert, besonders weil eben die altertümlichsten formen in dieser weise zweideutig sind.

Anm. Vgl. V. Thomsen (übers. von E. Sievers), Ueber den einfluss der germ. sprachen auf die finnisch-lappischen, Halle 1870, Beröringer mellem de finske og de baltiske Sprog (in Videnskabs Selskabets Skrifter, 6. Række, hist. og phil. Afd. I, 1), Kopenh. 1890 (bes. s. 27 ff., 150 f.); K. B. Wiklund, Lule-Lappisches Wörterbuch, Helsingfors 1890 (bes. s. 179 ff.), Laut- und Formenlehre der Lule-Lappischen Dialekte (in Göteborgs K. Vetenskaps- och Vitterhets Samhälles Handlingar, Ny tidsföljd XXV), Sthlm. 1891, Die nordischen Lehnwörter in den russisch-lappischen Dialekten (in Journal de la société finno-ougrienne X, 146), Helsingfors 1892, und De svenska nomadlapparnas flyttningar, Ups. 1908, s. 237 ff., sowie (besonders wichtig) Le monde oriental V, 217 ff.; O. Almgren, Antikvarisk tidskrift för Sverige XX, 1, s. 61 ff.; J. K. Qvigstad, Nordische Lehnwörter im Lappischen (in Christiania Videnskabs-Selskabs Forhandlinger 1893, no. 1), Christiania 1893; Setälä, Journal de la Société Finno-ougrienne XXIII, 1, s. 1 ff.; T. E. Karsten, Indogerm. Forschungen XXII, 293 ff., Germanisch-Romanische Monatschrift VI, 65 ff., Svenskarnas bosättningar i Finland, Helsingfors 1914, und (wichtig) Germanisch-finnische Lehnwortstudien, Helsingfors 1915 (wozu vgl. den wichtigen aufsatz K. B. Wiklunds, Die ältesten germanischen Lehnwörter im Finnischen in I. F. XXXVIII), und Fragen aus dem Gebiete der germ.-finn. Berührungen, Hfors 1922.

§ 7. Weniger ergiebig ist eine dritte, übrigens oft schlecht überlieferte, quelle: die nordischen orts- und völkernamen bei lateinischen und griechischen schriftstellern aus den letzten jahrhunderten vor und den ersten jahrhunderten nach Chr., wie z. b. Polybios, Cäsar, Livius, Strabo, Mela, Plinius, Tacitus, Ptolemaios, Prokopios und vor allem Jordanes (im 6. jahrh.).

Anm. Vgl. z. b. K. Müllenhoff, Deutsche alterthumskunde II, Berlin 1887; L. F. Läffler, Om de östskandinaviska folknamnen hos Jordanes (in Sv. landsm. XIII, 9), Sthlm. 1894; Th. v. Grienberger, ZfdA. XLVI, 128 ff.; G. Werle, Die ältesten germanischen Personennamen, Strassburg 1910; M. Schönfeld, Wörterbuch der altgerm. Personen- und Völkernamen, Heidelberg 1911; J. V. Svensson, De nordiska folknamnen hos Jordanes (Namn och bygd V) 1917, Ptolemæus' redogörelse för folken på ön Skandia

(Namn och bygd VII) 1919; A. Noreen, Nordens älsta folk- och ortnamn (Fornvännen 1920; mit karte).

§ 8. Eine übersicht der urn. grammatik zu geben ist wenigstens zur zeit nicht wol möglich, da die quellen teils an umfang unzureichend, teils oft nicht sicher deutbar sind. Die bisherigen ergebnisse der forschungen auf diesem gebiete finden daher am besten ihren platz als momente in der darstellung der beiden altertümlichsten tochtersprachen des urnordischen. Dies sind die westnordischen.

Die wichtigsten übereinstimmungen der beiden **altwestnordischen (awn.)** literatursprachen, wie sie in den ältesten quellen hervortreten, gegenüber den altostnordischen (aon.) sind:

1. Umlaut in vielen fällen, wo er im ostn. nicht da ist, z. b. westn. *vǽre* : ostn. *vāre* (er) wäre, westn. *i gǽr* : ostn. *ī gār* gestern, westn. *lǫnd* : ostn. *land* länder.

2. Ein silbenauslautendes *ū* in gewissen wörtern, wo im ostn. *ō* auftritt, z. b. westn. *kú* : ostn. *kō* kuh, westn. *sú* : ostn. *sō* sau, westn. *gnúa* : ostn. *gnōa* reiben u. dgl.

3. Uebergang von *ī, ē, ȳ* in konsonantisches *i* vor *a, o, u*, welcher dem ostn. mit wenigen ausnahmen fremd ist, z. b. westn. *siá* : ostn. *sēa* sehen, westn. *fiande* : ostn. *fīande* feind, westn. *biár* : ostn. *bȳar* dorfes.

4. Assimilation von *mp, nk, nt* zu resp. *pp, kk, tt* in weit grösserem umfange als im ostn. durchgeführt, z. b. westn. *kroppenn* : ostn. *krumpin* krüppelig, westn. *ekkia* : ostn. *ænkia* wittwe, westn. *stytta* : ostn. *stynta* kürzen.

5. Die endungen pl. nom. *-er, -ir,* acc. *-e, -i* statt ostn. nom. *-iar, -iær,* acc. *-ia, -iæ* bei sehr vielen maskulinen (*i-* und *ja-*stämmen), z. b. westn. *drenger, -e* : ostn. *drængiar, -ia* bursche.

6. Die endung *-onom, -unum* gegen (normalerweise) ostn. *-umin, -omen* im dat. pl. des mit suffigiertem artikel versehenen substantivs, z. b. westn. *fótonom* : ostn. *fōtumin* den füssen.

7. Einzelne wichtigere pronominalformen, wie z. b. westn. *ek* : ostn. *iak, iæk* ich; westn. *vér* (anorw. auch *mér*) : ostn. *vī(r)* wir; westn. *ér* oder *þér* : ostn. *ī(r)* ihr; westn. *sem* : ostn. *sum* gleichwie; u. a.

8. Die präteritalbildung auf *-ra,* welche im ostn. nicht vorkommt, z. b. 3. sg. westn. *sere* : ostn. *sāþe* säete.

§ 9. Einleitung.

9. Die medio-passiv-form auf -*sk* neben der im ostn. fast ausschliesslich gebräuchlichen auf -*s(s)*, z. b. westn. *kallask* : ostn. *kallas(s)* genannt werden.

Anm. Was hier angeführt ist, gilt nur für die eigentlichen literatursprachen. Dialektisch kamen ohne zweifel vielfache abweichungen vor, wie dies besonders in moderner zeit der fall ist. (Ueber die gruppierung der neunordischen dialekte s. Noreen, Vårt språk I, 129 ff.; B. Hesselman, Sveamålen, Upps. 1905; H. Geijer bei I. Flodström, Sverges folk, s. 196 ff., Upps. 1918; A. B. Larsen, Oversigt over de norske bygdemål, Kra. 1898; M. Kristensen, Nydansk, Kph. 1906).

§ 9. Die hauptunterschiede des altisländischen und altnorwegischen untereinander, wie sie in den ältesten literarischen quellen hervortreten, sind:

1. *U*-umlaut im aisl. in vielen fällen, wo er wenigstens im aostnorw. (normalerweise) nicht vorhanden ist, z. b. dat. pl. aisl. *sǫkom* : aostnorw. *sakum* sachen, 1. pl. prät. aisl. *kǫlloþom* : aostnorw. *kallaðom* nannten.

2. Aisl. in der ältesten literatur regelmässig *e, o* statt resp. *i, u* überall in endungen und den meisten ableitungssilben, während dagegen im anorw. (ausser im südwesten) durch eine art von vokalharmonie *e, o* nur nach gewissen vokalen der vorhergehenden silbe eintreten, z. b. 3. sg., resp. pl. prät. ind. aisl. *spurþe, -þo* : anorw. *spurði, -ðu* fragte, -en, aber sowol aisl. wie anorw. *lodde, -o* haftete, -en.

3. Erhaltung im aisl. von anlautendem *h* vor *l, n, r*, welches im anorw. (ausser in den dialekten von Orknö und Shetland) ziemlich früh schwindet, z. b. aisl. *hlaupa* : anorw. *loupa* laufen, aisl. *hníga* : anorw. *níga* sich neigen, aisl. *hringr* : anorw. *ringr* ring.

4. Uebergang von tautosyllabischem *ƀn* in *mn*, von dem das aisl. ziemlich wenige spuren hat, ist im anorw., bes. im dronth. (s. unten d), fast als regel zu betrachten, z. b. aisl. *suefn* : anorw. *suemn* schlaf.

5. Aisl. selten, anorw. dagegen häufig sind die pronominalformen *mit* neben *vit* wir zwei, *mér* neben *vér* wir, später auch (besonders ostnorw.) *huarr* neben *huærr* (aisl. *huerr*) welcher von mehreren.

6. Aisl. ist gleichzeitige verwendung von präpositivem und postpositivem artikel selten, anorw. dagegen häufig, z. b. aisl. *þat skip* : anorw. auch *þat skipit* dieses schiff.

7. Speziell anorw. ist (seit c. 1280) die endung *-r* neben *-ð*, *-t* in der 2. pl., z. b. aisl. *grípeþ*, *-et* : anorw. *grípir*, *-ið*, *-it* greifet, aisl. *gripoþ*, *-ot* : anorw. *gripur*, *-uð*, *-ut* griffet.

Anm. Ueber einige syntaktische differenzen s. Nygaard, Norrøn Syntax, s. 4 note.

§ 10. In der geschichte des altisländischen kann man am passendsten drei perioden unterscheiden: Die erste von den anfängen der besiedelung (ende des 9. jahrhs.) bis um 1150 zeigt noch eine sprachform, die anfangs natürlich gar nicht, später fast nur durch die oben (§ 9) angegebenen merkmale von dem ältesten anorw. unterscheidbar ist. Die zweite, die des sog. klassischen aisl., von c. 1150 bis c. 1350 zeigt dagegen wichtige sprachliche veränderungen, die den unterschied vom anorw. scharf hervortreten lassen, wie z. b. den übergang von *ó* in *ǿ* (s. § 120), später auch von *é* in *ié* (§ 103); die dehnung von *a*, *o*, *u* vor *l + f*, *g*, *k*, *m*, *p*, später auch von *a* vor *ng* und *nk* (§ 124, 3 und 4); die vertretung älterer *e*, *o* in endungen durch resp. *i*, *u* (§ 145, 1 und § 146, 1); später diphthongierung von *e*, *ǫ* zu resp. *ei*, *au* vor *ng*, *nk* (§ 102 und § 105), während *ǫ* sonst zu *e* wird (§ 115, 2); svarabhaktisches *u* zwischen konsonanz und auslautendem *r* (§ 161, a); mediopassiv auf *-z*, später *-zt* statt *sk*. Die dritte — 'mittelisländische' (misl.) — periode von c. 1350 bis um 1530 zeigt spuren von mehreren sprachlichen erscheinungen, die sonst als das neuisländische konstituierend betrachtet werden, wie z. b. den übergang von *á* in *ó* nach *v* und *w* (§ 86); von anlautendem *kn-* in *hn-* (§ 249); von *rn* und *nn* in *ddn* (§ 305); von *rl* und *ll* in *ddl* (§ 305); mediopassiv auf *-st* statt *-zt* u. a. m.

§ 11. Dialektische differenzen innerhalb des altisländischen sind nur in sehr geringem mass bemerkbar, wenn sie auch natürlich nicht ganz fehlen. So z. b. zeigt sich um 1200 teils ein (z. b. in Reykjaholts máldagi I und II, s. unten § 12, 3 und 9) westlicher dialekt mit *e*, *o* in endungen und mit partikel *es*, teils (z. b. in der urkunde von Spákonuarfr, s. § 12, 11) ein nördlicher mit *i*, *o* in endungen (jedoch *-er* und *-ungr*) und mit partikel *er* (s. Neckel, Beitr. XL, 66 ff.). Ein übergang von *lf*, *rf* in *lb*, *rb* tritt vorzugsweise in solchen handschriften des 13. und 14. jahrhs. auf, die aus dem westlichen viertel der insel stammen (§ 237, 3). Andererseits unter-

§ 12. Einleitung.

bleiben im westen die sonst allgemein vor *ng* und *nk* auftretenden erscheinungen: diphthongierung des *e* zu *ei* (§ 102) und dehnung des *a* zu *á* (§ 124, 4). Anlautendes *kn-* ist im norden nicht zu *hn-* (§ 249) geworden. Einige aisl. handschr. schieben *s* zwischen *f* und *t* ein, andere aber nicht (§ 309, 1). In einigen fällen, wo die schrift keine verschiedenheit aufzuweisen hat, darf eine solche auf grund der jetzigen mundarten vorausgesetzt werden. So z. b. ist wol der unterschied ziemlich alten datums, dass altes *hw* im norden und westen als *kv*, in einem teile bes. des südöstlichen Islands als *ch*, sonst aber als *chw* ausgesprochen wird. Die hierher gehörigen fragen sind aber bisher fast gar nicht untersucht worden, weshalb nähere aufschlüsse noch nicht zu geben sind. — Inwieweit die sprache Grönlands (wo von 986 bis c. 1450 isländische kolonisten wohnten) ein von derjenigen des mutterlandes abweichendes gepräge gehabt hat, ist den unbedeutenden (runen-) denkmälern — den beiden aus c. 1300 stammenden runensteinen von Kingittorsuaq und Napassut; s. F. Jónsson in Det grønlandske Selskabs Aarskrift 1914, resp. 1916 — gegenüber nicht mit irgendwelcher sicherheit abzusehen.

§ 12. Die denkmäler des aisl. sind zweierlei art:

A. Runeninschriften. Diejenigen (etwa 45), welche sich noch auf Island befinden, sind sämtlich in sprachlicher hinsicht ziemlich wertlos, zumal die ältesten (die inschriften auf dem kirchtor von Valþjófstaður und auf einem grabstein von Hjarðarholt) erst aus der zeit um 1200 (oder etwas später), resp. aus dem ende des 13. jahrhs. stammen und also beträchtlich jünger als die ältesten handschriften mit lateinischem alphabet sind.

Anm. 1. Vgl. Kr. Kålund in Aarbøger 1882, s. 57 ff.; B. M. Ólsen in Árbók hins íslenzka fornleifafélags 1899, s. 19 ff.; F. Jónsson, Aarbøger 1910, s. 295 ff.

B. Handschriften mit lateinischem alphabet, die sowol überaus zahlreich als auch zum grossen teil sehr wertvoll sind. Von den durch alter oder sonst besonders wichtigen seien hier erwähnt:

a) Aus der zeit 900—1100 stammen die vielen aisl. personennamen im sog. Reichenauer Necrologium; hrsgg. (nur die aisl. namen) im Diplomatarium islandicum I, Kopen-

§ 12. Einleitung.

hagen 1857—76, s. 171 f., besser, weil nach der originalhandschrift (und zwar alle an. namen) von P. Piper, Libri confraternitatum (in Monumenta Germ. historica 1884), s. 145—352.

b) Aus der 2. hälfte des des 12. jahrhs. (ältere handschr. wie z. b. diejenigen des schon im jahre 1118 niedergeschriebenen gesetzbuches Hafliþaskrǫ́ sind nicht mehr vorhanden):

1. Ein vielleicht schon c. 1150 geschriebenes kleines bruchstück eines homilienbuches, Cod. AM. 237 a, fol.; hrsgg. (nur teilweise) phototypisch in Palæografisk atlas, Kopenhagen 1905, als nr. 1; (vollständig) von Þ. Bjarnarson in Leifar fornra kristinna frœða íslenzkra, Kopenhagen 1878, s. 162 ff.; vgl. dazu V. Dahlerup in Tidskr. f. Fil. N. R. IV, 153.

2. Zwei vielleicht schon c. 1150 geschr. bruchstücke der Grágás, Codd. AM. 315 d und (ein wenig jünger) c, fol.; hrsgg. jenes (nur ein teil) phototypisch in Palæogr. atlas als nr. 2, (vollständig) von V. Finsen in Grágás, Kopenh. 1852, I, 219 ff. (vgl. dazu J. Hoffory in Tidskr. f. Fil. N. R. III, 294 f. note); dieses ib. I, 231 ff. und Grágás, Kopenh. 1883, s. 490 ff.

3. Das älteste stück (vielleicht aus der zeit c. 1185) von dem als Reykjaholts máldagi (inventarienverzeichnis) bekannten originaldokument im landesarchiv zu Reykjavík; hrsgg. (photolithographisch) von Samfund til udgivelse af gammel nordisk litteratur, Kopenhagen 1885, phototypisch in Palæogr. atlas als nr. 44—45.

4. Eine wahrscheinlich c. 1187 geschr. komputistische abhandlung ('Rímbeygla') und eine glossensammlung, Cod. Reg. g. s. 1812, ältester teil, und (von derselben hand) Cod. AM. 2491, fol.; jene hdschr. hrsgg. von L. Larsson, Kopenhagen 1883 (vgl. dazu Beckman und Kålund, Alfrǽði íslenzk II, 65 f. und 72), diese von G. Þorláksson in Småstykker udg. af Samfund &c., Kopenh. 1884, s. 78 ff. (vgl. dazu Beckman und Kålund, a. a. o. s. 67 ff.).

5. Plácítúsdrápa, Cod. AM. 673 b, 4º; hrsgg. von F. Jónsson in Mindre afhandlinger udg. af det philologisk-historiske samfund, Kopenh. 1887, s. 210 ff. (und Den no.-isl. Skjaldedigtning A, I, 607 ff.).

c) Aus der zeit c. 1200 bis gegen 1250:

6. Ein c. 1200 (oder etwas früher) geschr. bruchstück des Elucidarius, Cod. AM. 674 a, 4º; hrsgg. (photolitho-

§ 12. Einleitung. 11

graphisch) von der Arnamagnäanischen kommission (durch
K. Gislason), Kopenh. 1869; vgl. dazu Gislason in Aarbøger
1870, s. 262 ff. und Hoffory in Det philologisk-historiske samfunds mindeskrift, Kopenh. 1879, s. 140 ff.

7. Das umfangreiche und in sprachlicher, besonders orthographischer, hinsicht sehr wichtige **Stockholmer homilienbuch**, Cod. Holm 15, 4⁰, von sieben händen geschr., von denen die älteste (phototypisch faksimiliert in Palæogr. atlas nr. 3) vielleicht schon dem 12. jahrh. gehört; hrsgg. von Th. Wisén, Homíliu-Bók, Lund 1872; vgl. dazu L. Larsson, Studier över den Stockholmska homlieboken I—II, Lund 1887, und Svar på prof. Wiséns 'Textkritiska anmärkningar', Lund 1888, sowie Wisén im Arkiv IV, 193 und Några ord om den Stockholmska homlieboken, Lund 1888; vgl. ferner K. Vrátný im Arkiv XXXIII, 141 ff. und G. Neckel, Beitr. XXXVIII, 459 ff.

8. Cod. AM. 673 a, 4⁰, von c. 1200, umfassend teils zwei verschiedene, aber gleichzeitige **bruchstücke aus dem sog. Physiologus**, hrsgg. (photolithographisch) von V. Dahlerup in Aarbøger 1889, s. 199 ff.; teils eine **allegorische auslegung vom schiff und regenbogen**, hrsgg. von L. Larsson in ZfdA. XXXV, 244 ff.

9. Das zweite stück von Reykjaholts máldagi (vgl. 3 oben) aus der zeit 1204—1208; hrsgg. wie 3.

10. Sechs **bruchstücke der ältesten redaktion der sogenannten legendarischen Olafssaga** im norwegischen reichsarchiv zu Kristiania, membr. nr. 52; aus der zeit um 1200; hrsgg. (zinkographisch) von G. Storm in Otte brudstykker af den ældste saga om Olav den hellige, Chra. 1893.

11. Eine um 1210 geschr. **teilungsurkunde von Spákonuarfr** in der sog. Þingeyrabók, Cod. AM. 279 a, 4⁰; hrsgg. (von J. Sigurðsson) in Diplomatarium islandicum I, 305 f.

12. Cod. AM. 655, 4⁰, fragmm. I (abschr. nach anorw. original), II—VIII, XII—XV, XIX, XXIII, **legenden, biblische geschichte u. dgl. enthaltend**. Hrsgg. I von Gislason in 'Um frumparta', Kopenh. 1846, s. LXVII ff.; II von C. R. Unger in Maríu saga, Chra. 1871, s. XXXII ff. (teilweise von Gislason, a. o. s. LXIX f.); III—VIII von G. Morgenstern in Arnamagnäanische fragmente, Leipzig-Kopenh. 1893. s. 1—25. 35—44 (vgl. dazu L. Larsson in Anz. f. d. A. XXI, 56 ff.); XII,

XIII von Unger in Postola sögur, Chra. 1874, s. 211 ff, 529 ff., 762 ff., 791 ff., 834 ff.; XIX von Unger in Maríu saga, s. XXXI ff.; XXIII von Gislason, a. o. s. LXXXII ff.; unediert sind XIV u. XV.

13. Die homilien und dialoge Gregors des grossen, Cod. AM. 677, 4⁰, älterer teil; hrsgg. von Bjarnarson in Leifar &c., s. 19 ff.; vgl. hierzu Dahlerup in Tidskr. f. Fil. N. R. IV, 150 ff.

14. Zwei homilienbruchstücke, Cod. AM. 686, c und (etwas jünger) b; hrsgg. jenes von Gislason in 'Um frumparta', s. C ff., dieses von Bjarnarson in Leifar &c., s. 175 ff. (vgl. Dahlerup a. o., s. 153 f.).

15. Ein grosses bruchstück einer legendensammlung, Cod. AM. 645, 4⁰, älterer teil; hrsgg. von L. Larsson, Isländska handskriften Nr. 645, 4⁰, Lund 1885.

16. Die c. 1245 geschr. teilungsurkunde von Hornafiorð, Cod. AM. Dipl. isl. LXV, 1; hrsgg. (phototypisch) in Palæogr. atlas als nr. 47.

d) Aus der zeit c. 1250—1300:

17. Die haupthandschrift ("Konungsbók") der Grágás, Cod. Reg. g. s. 1157, um 1260—70 geschrieben; hrsgg. von V. Finsen, Grágás I, II, Kopenh. 1852.

18. Die haupthandschrift der sog. Liederedda, Cod. Reg. g. s. 2365, aus dem ende des jhs.; hrsgg. von S. Bugge, Norrœn fornkvæði, Chra. 1867 (vgl. Arkiv II, 116 ff.), phototypisch von L. Wimmer und F. Jónsson, Håndskriftet Nr. 2365 4to gl. kgl. Samling, Kopenh. 1891.

19. Die Uppsalaer handschrift der Snorra Edda, Cod. Ups. Delag. 11, 4⁰, aus der zeit um 1300; hrsgg. (das meiste) von der Arnamagnæanischen kommission (durch J. Sigurðsson) in Edda Snorra Sturlusonar II, Kopenh. 1852, s. 250 ff. (vgl. Dahlerup und Jónsson in Islands grammatiske litteratur, Kopenh. 1884—86, I, 56 ff., sowie E. Mogk in ZfdPh. XXII, 129 ff., 364 ff.), III, Kopenh. 1880—87, s. 259 ff. und (der kleine rest) in Diplomatarium islandicum I, Kopenh. 1857—76, s. 500 f., 504 ff.

e) Aus der zeit c. 1300 bis c. 1350:

20. 'Annales islandorum regii', Cod. Reg. g. s. 2087, von verschiedenen schreibern zwischen 1306—1328 (mit einigen

jüngeren zusätzen) geschrieben; hrsgg. von G. Storm, Islandske annaler, Chra. 1888, s. 79 ff., und diplomatarisch von H. Buergel Goodwin, Upps. 1906 (vgl. dazu E. Olsen, Arkiv XXVI, 87 ff.).

21. Der grösste (zum teil etwas norvagisierende) teil der grossen miscellanhandschrift Hauksbók, d. h. Codd. AM. 371, 544 (und 675; vgl. § 15, 27), 4⁰, c. 1314—30 geschr.; hrsgg. (durch F. und E. Jónsson) von Det k. nordiske oldskrift-selskab, Kopenh. 1892—96.

22. Cod. Reg. g. s. 2367, umfassend teils den c. 1325 geschr. ausführlicheren text der Snorra Edda, hrsgg. von der Arnam. komm. in Edda Snorra Sturlusonar I, Kopenh. 1848, s. 24 ff. (vgl. Th. Möbius, Háttatal I, Halle·1879, II, Halle 1881) — handausgabe von F. Jónsson, Kopenh. 1900 —, teils zwei gedichte des Orknöer bischofs Biarne Kolbeinsson: Iómsvíkingadrápa, hrsgg. von C. af Petersens, Jómsvíkinga Saga, Lund 1879, s. 103 ff. (und F. Jónsson, Skjaldedigtning A, II, 1 ff.), und Málsháttakuæþe, hrsgg. von F. Jónsson in Småstykker udg. af Samfund til udg. af g. nordisk litteratur, Kopenh. 1889—91, s. 283 ff. (und Skjaldedigtning A, II, 130 ff.).

23. Die grosse sagakollektion 'Möðruvallabók', Cod. AM. 132, fol., hrsgg. von F. Jónsson, Egils saga, Kopenhagen 1886—88; Kr. Kålund, Laxdœla saga, Kopenh. 1884—91; K. Gislason, Hallfreðs saga in Fire og fyrretyve prøver &c., Kopenh. 1860, s. 6 ff.; H. Gering, Finnboga saga, Halle 1879, und Olkofra þáttr in Beiträge zur deutschen philologie J. Zacher dargebracht, Halle 1880; ferner (mit 'normalisierter' orthographie:) Th. Möbius, Kormaks saga, Halle 1886; G. Þorláksson, Glúma in Íslenzkar fornsögur I, Kopenh. 1880, s. 1 ff.; K. Gislason, Sagan af Droplaugarsonum, Kopenh. 1847, und Fóstbrœðra saga, Kopenh. 1852; H. Friðriksson, Bandamanna saga, Kopenh. 1850; unediert sind drei bruchstücke der Nials saga.

f) Noch spätere handschriften sind in sprachlicher hinsicht weniger bedeutend. Hier mag von solchen nur erwähnt werden:

24. Die zwischen 1387—94 von zwei händen geschriebene riesige handschrift geschichtlichen inhalts, Flateyjarbók, d. h. Cod. Reg. g. s. 1005; hrsgg. von G. Vigfusson und C. R. Unger,

Flateyjarbók I—III, Chra. 1860—68 (ein kleiner teil phototypisch von A. Reeves, The finding of Wineland, London 1890, und — derselbe teil — photolithographisch von dem dän. generalstab, Flateyjarbók, Kopenh. 1893).

Die ältesten aisl. (und anorw.) sprachformen sind oft nicht in den ältesten handschriften zu finden, sondern in einigen skaldengedichten, die zwar erst in handschriften des 13. jahrhs. erhalten sind, die aber infolge der metrischen abfassung manche form von besonderer altertümlichkeit aufbewahrt haben. Eine den heutigen forderungen der wissenschaft genügende ausgabe dieser hochwichtigen denkmäler ist neuerdings von der Arnamagnæanischen -kommission herausgegeben durch F. Jónsson, Den norsk-islandske skjaldedigtning, Kopenh. 1912 und 1915.

Anm. 2. Ueber die aisl. literatur s. vorzugsweise K. Maurer, Ueber die ausdrücke altnordische, altnorwegische und isländische sprache, München 1867 (in den schriften der bair. akademie); Udsigt over de nordgermaniske retskilders historie, Kra. 1878; Ueberblick über die geschichte der nordgermanischen rechtsquellen, Leipzig 1882 (in v. Holtzendorff's Encyclopädie der rechtswissenschaft I[4], 321 ff.); G. Storm, Snorre Sturlassöns historieskrivning, Kopenh. 1873; G. Vigfusson, Sturlunga saga I (prolegomena), Oxford 1878; G. Þorláksson, Udsigt over de norsk-islandske skalde, Kopenh. 1882; G. Cederschiöld, Fornsögur Suðrlanda (einleitung), Lund 1884; J. Þorkelsson, Om digtningen på Island i det 15. og 16. årh., Kopenh. 1888; R. Meissner, Die Strengleikar, Halle 1902. Eine knappe übersicht bietet W. Golther, Nordische Literaturgeschichte I (Sammlung Göschen nr. 254); eine ausführliche gesamtdarstellung E. Mogk im Grundriss[2] VI, 5, A, s. 555 ff. (vgl. K. v. Amira, ib.[3], Grundriss des germanischen Rechts); ausführlicher und reichhaltiger F. Jónsson, Den oldnorske og oldislandske litteraturs historie I—III, Kopenh. 1894—1902 (2. ausgabe 1920 ff.); kürzer Den islandske litteraturs historie, Kopenh. 1907), wozu vgl. B. M. Ólsen, Hvar eru Eddukvæðin til orðin (in Tímarit 1894), S. Bugge, Helgedigtene, Kopenh. 1896, und B. Sijmons, Die lieder der Edda (Einleitung), Halle 1906, sowie F. Jónsson, Norsk-islandske kultur- og sprogforhold i 9. og 10. årh. (Det K. Da. Vid. Selsk. Hist.-filol. Meddelelser III, 2), Kopenh. 1921.

Vollständiges Verzeichnis der textausgaben bei Th. Möbius, Verzeichniss der auf dem gebiete der altnordischen (altisländischen und altnorwegischen) sprache und literatur von 1855 bis 1879 erschienenen schriften, Leipzig 1880, und Catalogus librorum islandicorum, Leipzig 1856 (für die zeit vor 1855); die nach 1880 erschienenen ausgaben verzeichnet jährlich das Arkiv. S. ferner H. Hermannsson, Islandica I—XIV, Cornell university, Ithaca, New York 1908—21. — Vollständiges verzeichnis aller ausserhalb des atlas publizierten aisl.-anorw. faksimilia bietet Palæogr. Atlas, Ny serie, s. XI ff.

§ 13. Einleitung.

Die handschriften sind vorzugsweise in folgenden grossen sammlungen aufbewahrt: 1. Die Arnamagnæanische (AM.) der universitätsbibliothek zu Kopenhagen; s. (Kr. Kålund), Katalog over den Arnam. håndskriftsamling, I, II, Kopenh. 1888—94. 2. Die alte sammlung der königlichen bibliothek (Reg. g. s.) zu Kopenhagen; s. (Kr. Kålund) Katalog over de oldnorskislandske håndskrifter i det store k. bibliotek, Kopenh. 1900. 3. Die Delagardiesche der universitätsbibliothek zu Upsala (Ups. Delag.); s. V. Gödel, Katalog öfver Upsala universitets bibliotheks fornisländska och fornnorska handskrifter (in Skrifter utgifna af Humanistiska vetenskapssamfundet i Upsala II, 1), Ups. 1892. 4. Die sammlung der königlichen bibliothek zu Stocßholm (Holm.); s. V. Gödel, Katalog öfver kongl. bibliotekets fornisländska och fornnorska handskrifter (in Kongl. bibliotekets handlingar nr 19—22), Stockh. 1897—1900. — Zur datierung der ältesten hdschr. vgl. vor allem Kålund in Palæogr. atlas, bes. s. IX.

§ 13. Innerhalb der geschichtlichen entwicklung des altnorwegischen kann man dieselben drei perioden wie im aisl. unterscheiden. Die sprachform der ersten periode ist in ihrem gegensatze zum aisl. durch das oben (§ 9) angeführte schon hinlänglich charakterisiert worden. Die zweite periode (c. 1150 bis c. 1350) scheint zunächst keine grösseren veränderungen durchgeführt zu haben. Das 14. jahrh. bringt aber mehrfache abweichungen vom älteren sprachgebrauche mit sich. So z. b. treten ziemlich allgemein *ll* (zum teil schon im 13. jahrh.), *nn*, *ss* statt resp. *rl*, *rn*, *rs* auf (s. § 272); *i* wird vor *f*, *p*, *m*, *l*, *r* + kons. oft zu *y* (§ 85); zwischen kons. und auslautendem *r* entsteht ein svarabhaktivokal, nach welchem das *r* bisweilen schwindet (§ 161 b, § 301, 3) u. a. m. Die dritte — 'mittelnorwegische' (mnorw.) — periode (c. 1350 bis um 1530), die übrigens seit 1400 fast gar keine andere literatur als diplome aufzuweisen hat, lässt z. b. anlautendes *hw-* in grosser ausdehnung zu *kv-* (§ 243) und *þ* durchgehends zu *t* werden (s. § 233 anm. 1), während *ð* nach vokal schwindet. Uebrigens zeigt diese periode infolge der vereinigung Norwegens (1319) in personalunion mit Schweden einen ziemlich starken einfluss des schwedischen (z. b. die endung *-in* in der 2. pl. des verbs, einzelne schwedische wortformen wie *biugg* st. *bygg* gerste, *høgh* st. *hár* hoch, später *høra* st. *høyra*, *mēr* st. *mæir*) und, nachdem Norwegen später mit Dänemark vereint worden ist, noch mehr des dänischen (z. b. stimmhafte statt stimmloser verschlusslaute nach vokalen, *-e* statt *-a* in endungen, einzelne dänische lehnwörter und wortformen wie *sē* st. *siá* sehen, *spørge* st. *spyria* fragen u. a. m.) auf die sprache Norwegens. Schon seit 1450 sind alle aus Kopenhagen stammenden königlichen briefe und seit 1510 auch alle erzbischöflichen rein dänisch abgefasst. Endlich hört das norwegische zur zeit der reformation auf als offizielle literatursprache zu existieren, wird durch das dänische ersetzt (als rechtssprache jedoch erst um 1600) und lebt von da ab bis in die erste hälfte des 19. jahrhunderts nur in seinen dialekten (vgl. A. Taranger, Vort retsmaals historie 1388 bis 1604, Kra. 1900; R. Iversen, Bokmål og talemål i Norge 1560 bis 1630, I, Kra. 1921, in Videnskapsselskapets skrifter).

§ 14. Schon in alter zeit sind im anorw. dialektische differenzen bemerkbar, wie es auch bei den geographischen verhältnissen nicht anders zu erwarten war. Besonders hervortretend — je später je mehr — ist der gegensatz zwischen der sprache des westlichen Norwegens (zwischen Langesund und Molde), welche zum teil dieselbe entwickelung wie ihre tochtersprache auf Island durchläuft, und derjenigen des östlichen Norwegens, welche noch mehr in die augen fallende übereinstimmungen mit dem gleichzeitigen altschwedisch aufzuweisen hat. Die hauptunterschiede des ostnorwegischen (onorw.) vom westnorwegischen (wnorw.) um 1300 dürften sein:

1. Onorw. bewirkt erhaltenes *u* in der regel keinen umlaut, s. oben § 9, 1.

2. Onorw. (oft schon in der ältesten literatur) *þænn* 'den', *þæt* 'das', *þær* 'dort' gegen wnorw. *þann, þat, þar*. Vorzugsweise onorw. ist auch der (bald nach 1200 auftretende) progressive umlaut *ia* > *iæ*, z. b. *hiærta* st. *hiarta* herz.

3. Onorw. zeigen sich nicht nur durchgehends die alte schon vorliterarisch entstandene vokalharmonie (s. oben § 9, 2), sondern auch (schon im 13. jahrh.) spuren der jüngeren sowol progressiven als regressiven vokalharmonie (sog. "tiljævning"), welche den neunorw. mundarten in so hohem masse charakteristisch ist, z. b. *mykyt* st. *mykit* grosses, *á maðal* st. *á meðal* 'zwischen'.

4. Onorw. wird (seit 1300) *y* vor *r* oder *l* + kons. bisweilen zu *iu*, z. b. *hiurðir* < *hyrðir* < *hirðir* hirt, *lykiull* < *lykyll* < *lykill* schlüssel.

§ 14. Einleitung.

5. Onorw., aber im allgemeinen nicht wnorw., geht altes oder aus *e* entstandenes *œ* (wenigstens zwischen *v* oder konsonantischem *u* und *r*) in oft schwachtonigen wörtern vielfach in *a* über, z. b. *huarr* statt *huœrr* (so im drontheimischen noch bis in das 14. jahrh.) 'jeder', *varða* st. *verða* 'werden', *vara* st. *vera* 'sein'.

6. Onorw. werden (nach 1300) *ld, nd* zu *ll, nn* assimiliert, z. b. der ortsname *Vestfoll* < *-fold, bann* < *band* band.

7. Onorw. gehen *rð* (nur bisweilen), *rt* und die sekundären verbindungen *rn, rs, lð, lt, ln, ls* in resp. kakuminales *d, t, n, s* über (s. § 252).

Das ostnorwegische zerfällt schon zu dieser zeit in zwei deutlich geschiedene dialektgruppen: einerseits eine nördliche, das sog. drontheimische, welches sich um 1300 zu einer, zwar etwas westnorwegisch gefärbten, reichssprache entwickelt, die in königlichen briefen zur anwendung kommt; andererseits eine südliche, das sog. ostländische. Die hauptunterschiede dieser gruppen sind damals:

a) Im ostl., aber nicht im dronth., geht (schon etwas vor 1300) *a* in endungen nach langer wurzelsilbe in *œ* (noch später *e*) über, z. b. *sœndœ* senden, *høyrœ* hören (aber *gera* tun, *vita* wissen, weil mit kurzer wurzelsilbe).

b) Der svarabhaktivokal zwischen auslautendem -*r* und einem vorhergehenden konsonanten erscheint im südlicheren ostl. als *a*, nach welchem dann bisweilen das *r* schwindet), sonst aber als *e*, z. b. *prestar* priester, *vetar* winter, *aftar* zurück, *bróða(r)* brüder neben *prester, veter, after, bróðer*.

c) Das negierende präfix erscheint im ostl. als *ú-*, im dronth. aber gewöhnlich als *ó-*.

d) Das ostl. behält gewöhnlich die verbindung *fn*, während das dronth. das daraus entstandene *mn* bevorzugt, z. b. *iæfn* : *iæmn* eben.

e) Im ostl. geht *tl* (über *tsl*) in *sl* über, im dronth. aber wird es ebenso wie ursprüngliches *sl* zu *hl* (wie im nördlichen westnorwegisch), z. b. ostl. *li(t)sli* st. *litli* der kleine, *A(t)sle* st. *Atle* (ein mannsname).

Das westnorwegische wiederum zerfällt seinerseits ebenfalls in zwei (literarisch bezeugte) dialektgruppen: das sog.

nordwestnorwegische (von Molde bis Sogn, westlich) und das sog. südwestnorwegische (von Sogn, östlich, bis Langesund). Die hauptunterschiede dieser beiden gruppen sind:

α) Nordwestnorw. werden die endungsvokale *i, e* und *u, o* durch die oben § 9,2 erwähnte vokalharmonie geregelt (wie im ostnorw.), während südwestnorw. in allen stellungen teils *i* und *u*, teils (besonders an der küste nördlich und südlich von Stavanger, "Rogaland") *e* und *o*, wie im ältesten aisl., verwendet werden.

β) Der svarabhaktivokal vor *r* tritt nordwestnorw. als *e* auf, südwestnorw. aber daneben teils als *u* (nördlich), teils als *a* (östlich, vgl. das südlichere ostl. oben unter b).

γ) Das negierende präfix erscheint nordwestnorw. in gewissen gegenden als *ó-* (wie im dronth.), in anderen als *ú-*, während südwestnorw. *ú-* häufiger als *ó-* ist (wie im ostl., s. oben c).

δ) Die verbindungen *sl* und *tl* gehen beide nordwestnorw. in *hl* über (wie im dronth., s. oben e), südwestnorw. aber fallen sie mit der zeit in *tl* zusammen, z. b. nordwestnorw. *gøymhla* st. *gøymsla* verwahrung, südwestnorw. *sýtla* st. *sýsla* beschäftigung.

Schwieriger ist — wegen des fast gänzlichen mangels an einschlägigen denkmälern — zu bestimmen, inwieweit die dialekte, die sich auf den westlichen inseln Europas ausbildeten, nachdem sich dort skandinavische — wol meist norwegische — auswanderer angesiedelt hatten, von der sprache des mutterlandes abwichen. Diese kolonien waren:

a) Die Färöer, deren charakteristischer, ursprünglich südwestnorwegischer (s. Hægstad, Vestno. maalf. II, 2, II, s. 153 ff.) dialekt in neuerer zeit vielfache beachtung gefunden hat wegen der umfangreichen gedichte altertümlichen inhalts, die im 19. jahrh. auf den inseln nach der volkstümlichen tradition aufgezeichnet worden sind. Aus anorw. zeit stammen nur teils die etwa um 850 datierende Kirkebøer runeninschrift (s. Wimmer, Runenschrift, s. 311 f.), teils ein paar unbedeutende handschriftliche quellen aus der zeit 1400 bis 1450 (s. Hægstad, a. o., s. 63 ff.). Von mutmasslichen dialekteigentümlichkeiten um 1300 s. Hægstad, a. o., s. 151 f.

b) Die Orknöer-inseln, wo der ebenfalls ursprünglich südwestnorwegische dialekt (s. Hægstad, Hild., s. 75) etwas

§ 14. Einleitung.

nach 1700 ausgestorben ist. Denkmäler der alten zeit sind die 30 runeninschriften zu Maeshowe aus der zeit um 1150 (s. P. A. Munch, Samlede Afhandlinger IV, 516 ff.; M. Olsen, Tre orknøske runeindskrifter, in Chra. Vid. Selsk. Forhandlinger 1903) und eine zu Stenness (s. Olsen, A newly discovered inscription, in Saga-Book of the Viking Club 1908), sowie 4 bis 6 diplome aus der zeit 1329—1426 (s. M. Hægstad, Hild., s. 32), welche uns belehren, dass h vor l, n, r hier mindestens 200 jahre länger als in Norwegen blieb, und dass in einigen wörtern u, $ú$ vor o, $ó$ bevorzugt wurden, z. b. *brut* st. *brot* bruch, *landbúle* st. *-bóle* pächter u. a. m. (s. Hægstad, Hild., passim, und S. Bugge, Aarbøger 1875, s. 240).

c) Die Shetland-inseln (Hialtland), deren etwas nach 1750 ausgestorbener, ebenfalls ursprünglich südwestnorwegischer (s. Hægstad, Hild., s. 75) dialekt — jetzt "Norn" genannt (wie auch oft das alte orknöisch) und durch etwa 10000 in das heutige englisch (nieder-schottisch) hineingekommene lehnwörter (s. J. Jakobsen, Etymologisk ordbog over det norrøne sprog på Shetland, Kopenh. 1908—21) sowie durch das im jahre 1774 aufgezeichnete gedicht Hildinakvadet (hrsgg. mit kommentar von Hægstad in Chra. Vid. Selsk. Skrifter Hist.-fil. Klasse 1900) repräsentiert — als denkmäler aus alter zeit nur 8—10 diplome aus der zeit 1299—1509 (s. Wadstein F. Hom., s. 67 f. note, Hægstad, a. o., s. 32) aufzuweisen hat, von denen das älteste (von 1299) phototypisch hrsgg. ist in Palæogr. atlas als nr. 52. Diese zeigen *ey*, *ay* oder *ǿ* st. *øy*, z. b. *Orkneyar*, *Óvendason* st. *Øyvindarson*; bisweilen *é* und *ú* st. *ai* (*ei*), resp. *ou* (*au*), z. b. *rédum* st. *rœiðum*, *ústan* st. *austan* von osten; *e*, *o* stehen in offenen, *i*, *u* dagegen in geschlossenen endungen; *iak* neben *ek* 'ich'; *h* vor konsonantischem *i* wurde wie 'ich'-laut gesprochen (vgl. *Syettelandia* 1299 aus *Hialtland*) und scheint noch 1360 vor *r* dagewesen zu sein, z. b. *Hrólfs* 'Rudolfs'; *ia* wird mit der zeit, wie oft im onorw., zu *iæ*, z. b. *siælfr* selbst; *l* schwindet vor *t*, z. b. *Hiatland* 1299 < *Hialtland* (s. Wadstein, a. o., Hægstad, Hild., passim, und Arkiv XXVI, 214 f.).

d) Auf Man existiert schon seit vier oder fünf jahrhunderten kein nordischer dialekt, von dessen einstigem dasein jedoch 27 meistens aus der zeit 930—1050 stammende runeninschriften zeugen (s. E. Brate, Fornvännen 1907, s. 20 ff., 77 ff. und die daselbst zitierte literatur, H. Schetelig in Opuscula archaeologica O. Montelio dicata 1913, s. 391 ff.; abbildungen bei P. M. C. Kermode, Manx crosses, 1907). In betreff der sprache geben diese nur sehr wenige aufschlüsse.

e—g) In Irland und dem nördlichen Schottland sowie auf den Hebriden (Suðrøyiar) ist die im 9. jahrh. aus dem südwestlichen Norwegen (s. Marstrander, Bidrag til det norske sprogs historie i Irland, Chra. Vid. Selsk. Skrifter, Hist.-fil. Klasse 1915, s. 128 ff.) übernommene nordische sprache längst erloschen: in Irland um 1250 (s. A. Bugge, Aarbøger 1900, s. 279 ff.), in Schottland im 17. jahrh., auf den Hebriden um 1400 oder etwas später. Von denkmälern aus alter zeit gibt es nur ein aus Island stammendes verzeichnis der runennamen (s. S. Bugge, Bidrag, s. 23 f.; Marstrander, a. o., s. 135 f.; v. Grienberger, Arkiv XIV, 104 und 106) und ein paar irische runeninschriften (s. R. A. S. Macalister in Proceedings of the Royal irish academy XXXIII, sect. C no. 13, Dublin 1917), beides natürlich von geringer sprachlicher bedeutung.

§ 15. Die denkmäler des altnorwegischen (mit ausschluss der eben erwähnten inseldialekte) sind, wenn wir von den vielen ins altirische (etwa 100, vorzugsweise im 11. jahrh. entlehnten, s. Marstranders eben erwähnte Bidrag usw.) und noch mehr ins angelsächsische und mittelenglische (s. Björkman, Scandinavian loanwords in Middle English, I 1900, II 1902, Nordische Personennamen in England 1910, Zur englischen Namenkunde 1912 und Zur dialektischen provenienz der nordischen lehnwörter im englischen in Språkvetenskapliga sällskapets i Upsala förhandlingar 1897—1900; H. Lindkvist, Middle-English place-names of Scandinavian origin I, Uppsala 1912, und Some Old Scandinavian deposits in Middle English records in Minnesskrift tillägnad A. Erdmann, Uppsala 1913) eingedrungenen wörtern sowie von den wenigen bei lateinischen schriftstellern zitierten eigennamen absehen, zweierlei art:

A. Runeninschriften (etwas mehr als 300), von denen jedoch die weitaus meisten gleichzeitig oder doch wenig älter als die ältesten literaturdenkmäler sind, daher in sprachlicher hinsicht nicht besonders wichtig. Hier mögen deshalb nur erwähnt werden aus der zeit um 1000 die wichtige und aus-

§ 15. Einleitung.

führliche (210 runen) inschrift von Karlevi (auf der schwedischen insel Öland) — in welcher ein norwegischer skalde in 'dróttkvætt' einen dort begrabenen dänischen häuptling verherrlicht —, um 1050 die inschrift von Frösö in der jetzt schwedischen provinz Jämtland, um 1150 die von Flatdal in Telemarken und aus dem 13. jahrh. die zum teil metrischen inschriften von Årdal in Sogn.

Anm. 1. S. besonders Nicolaysen, Norske fornlevninger, Chr. 1862—66; Undset, Indskrifter fra middelalderen i Throndhjems domkirke (Chra. Videnskabs-selskabs forhandlinger 1888, nr. 4); S. Boije in Bidrag till kännedom om Göteborgs och Bohusläns fornminnen och historia III, 266 ff., Sthlm. 1886 (behandelt die Inschriften der jetzt schwedischen provinz Bohuslän; dazu auch Brusewitz und Montelius ib. I, 425 ff.); Bugge, No. I. passim, und No. I. med de yngre Runer 1902, 1906; M. Olsen (und Bugge), Runeindskrifterne i Urnes kirke i Sogn (in Aarsberetning for foreningen til norske fortidsmindesmærkers bevaring 1907); M. Olsen und H. Schetelig, De to runestener fra Tu og Klepp fra Jæderen (in Bergens museums aarbog 1909, no. 11); O. v. Friesen in Hoops Reallexikon IV, 30 ff. Ueber die inschr. von Karlevi s. S. Söderberg, Ölands runinskrifter, Sthlm. 1900 ff., s. 14 ff., Bugge, Aarbøger 1900, s. 1 ff., Gering, ZfdPh. XXXVIII, 142, Brate, Ölands runinskrifter, s. 134 ff., Wimmer ib., s. 136 ff. und De danske runemindesmærker I, CXIV ff.; die von Frösö s. Noreen im Arkiv III, 31 ff.; die von Flatdal s. Wimmer, Døbefonten i Åkirkeby kirke, s. 53 f., Kopenh. 1887; die von Årdal s. Bugge in Foreningens til norske fortidsmindesmærkers bevaring aarsberetning for 1868, s. 30 ff., Chra. 1869. Die 23 inschriften aus Telemarken behandelt O. Skulerud, Telemaalet, Kra. 1918, s. 36 ff., 70 u. 101.

B. Handschriften mit lateinischem alphabet, die zwar nach anzahl hinter den aisl. unvergleichlich zurückstehen, aber in betreff des alters diesen fast gleichkommen. Als die ältesten und wichtigsten mögen hier erwähnt werden:

a) Aus der zeit 900—1100 stammen die anorw. (von den ostn. nicht genau zu scheidenden) personennamen im Reichenauer Necrologium (s. § 12, B, a) und die anorw. namen unter den (überwiegend wol adän.) c. 200 namen in Durhams "Liber vitae" (seit 800), hrsgg. von J. Stefansson, The oldest known list of Scandinavian names (in Saga-Book of the Viking Club IV, 296 ff.), sowie unter den mehr als 50 namen in einer ags. handschrift aus dem anfang des 11. jahrh., hrsgg. von G. Stephens in Blandinger I, 62.

b) Aus dem ende des 12. jahrh. (obwol das drontheimer gesetzbuch schon vor 1047 und das christenricht vielleicht noch früher niedergeschrieben sein sollen):

1. Drei legendenbruchstücke, Cod. AM. 655, 4º, fragm. IX, die schon c. 1150 niedergeschrieben sind; hrsgg. von Unger in Heilagra manna sögur I, 269—71, II, 207—09, Chra. 1877, und Postola sögur, s. 823—25. Faksimile in Palæogr. atlas nr. 8.

2. Steuerverzeichnis aus dem kloster Munkeliv, Cod. Reg. g. s. 1347, c. 1175 geschr.; hrsgg. phototypisch in Palæogr. atlas als nr. 11.

3. Vier bruchstücke des älteren Gulathingsgesetzes, Fragm. 1 B im Reichsarchiv zu Kristiania, gegen 1200 geschr.; hrsgg. von Keyser und Munch, Norges gamle love II, 495—500, Chra. 1848 (1—3 auch photolithographisch, ib. IV, faksimil. XIII—XV; vgl. s. 795 f.).

4. Drei bruchstücke des ältesten Gulathingsgesetzes, Cod. AM. 315 F, a, b, c, fol., gegen 1200 geschr.; hrsgg. von G. Storm, Norges gamle love IV, 3—13, Chra. 1885; F. a genauer von A. Karlgren in Den AM. handskriften 315 F. a (Uppsala universitets årsskrift 1905), Upps. 1904.

5. Steuerverzeichnis der Jónskirche in Drontheim, c. 1200 geschr.; hrsgg. in Diplomatarium norvegicum XIII, 1.

c) Aus der zeit c. 1200 bis gegen 1250:

6. Das sehr wichtige, von drei verschiedenen schreibern im ersten viertel des 13. jahrhs. geschriebene homilienbuch, Cod. AM. 1619, 4º; hrsgg. von Unger, Gammel norsk homiliebok, Chra. 1864 (vgl. dazu Wadstein, F. Hom., s. 4—33).

7. König Philips schutzbrief für das kloster Hovedø, c. 1210 geschr.; hrsgg. in Dipl. norv. I, nr. 3, phototypisch in Palæogr. atlas als nr. 48.

8. Ein bruchstück eines für das Eidsivathing und das Borgarthing gemeinsamen (s. S. Tunberg, Studier rörande Skandinaviens äldsta politiska indelning, s. 213 ff.) gesetzes, Fragm. 1 A im reichsarchiv zu Kristiania; hrsgg. photolithographisch in Norges gamle love IV, faksimile XVII (vgl. s. 797).

9. Ein bruchstück des älteren Gulathings-gesetzes, Cod. AM. 315e, fol.; hrsgg. in Norges gamle love I, 115—18.

10. Ein brief bischof Nicolas' von 1224, hrsgg. in Dipl. Norv. 1, nr. 7.

11. Ein bruchstück des Fagrskinna, 51 im reichsarchiv zu Kristiania, gegen 1250 geschr.; hrsgg. phototypisch in Palæogr. atlas nr. 23—4.

12. Die einzige vollständige handschrift der legendarischen Olafssaga, Cod. Ups. Delag. 8, zweiter teil, um 1250 geschr.; hrsgg. von O. A. Johnsen, Olafs saga hins helga, Kra. 1922.

13. Die (ziemlich stark islandisierende) haupthandschrift der (nach dem lateinischen original Oddr Snorrason's übersetzten) saga Olaf Tryggvason's nebst einer aufzeichnung der zehn gebote und zehn wunder in Ägypten, Cod. AM. 310, 4⁰; hrsgg. von P. Groth, Det AM. haandskrift 310, qvarto, Chra. 1895.

14. Der erste teil der miscellanhandschr. Cod. Ups. Delag. 4—7, ein bruchstück der eben genannten saga Olaf Tryggvason's enthaltend; hrsgg. von P. A. Munch in Saga Olafs konungs Tryggvasunar, Chra. 1853, s. 64—71 (vgl. dazu L. Larsson, Arkiv XXXI, 46 f.).

d) Aus der zeit c. 1250 bis c. 1300:

15. Ein bruchstück des stadtrechtes von Drontheim (Niðaróss biarkøyarréttr), Cod. AM. 315 g, fol., um 1250 geschr.; hrsgg. in Norges gamle love IV, 71—4.

16. Der zweite und grösste teil der miscellanhdschr. Cod. Ups. Delag. 4—7 und AM. 666 b, 4⁰, romantischen inhalts und um 1250 von drei verschiedenen schreibern geschr.; hrsgg. (vgl. dazu L. Larsson, Arkiv XXXI, 50 f., resp. 49 f. und 47 f.). von Kölbing, Pamphilus und Galathea in Germania XXIII, 129—41; Elis saga ok Rosamundu, Heilbronn 1881; Keyser und Unger, Strengleikar, Chra. 1850 (vgl. dazu R. Meissner, Strengleikar, s. 137 ff.); Unger in Heilagra manna sögur I, 452 note, ein kleines bruchstück eines dialoges zwischen mut und feigheit.

17. Die einzige vollständige handschrift ('Rantzovianus') des älteren Gulathings-gesetzes, Cod. 137, 4⁰ e donatione variorum in der universitätsbibliothek zu Kopenhagen, nach 1250 geschrieben; hrsgg. von Keyser und Munch, Norges gamle love I, 3—110, Chra. 1846.

18. Die haupthandschrift der Barlaamssaga, Cod. Holm. 6, fol., nach 1250 geschr.; hrsgg. von Keyser und Unger, Barlaams ok Josaphats saga, Chra. 1851.

19. Die haupthandschrift des Speculum regale (oder Konungsskuggsiá), Cod. AM. 243 b α, fol., nach 1250 geschr.; hrsgg. von Brenner, Speculum regale, München 1881 (vgl. dazu Mogk in ZfdPh. XIV, 102 ff.), und F. Jónsson, Kopenh. 1920; photolithographisch, Kristiania 1871 und Urbana, Illinois 1915.

20. Drei bruchstücke des älteren Frostuthingsgesetzes, Cod. Me II, 2 in der universitätsbibliothek zu Tübingen, um 1260—70 geschr.; hrsgg. von Sievers in Verzeichniss der doctoren … im decanatsjahre 1885—86, Tübingen 1886, und von G. Storm, Norges gamle love V, 1—7 (und photolithographisch ib. faksim.), Chra. 1890.

21. Fünf bruchstücke des Speculum regale, wovon vier im reichsarchiv zu Kristiania (sign. 58 C), eins in Kopenhagen (Cod. Reg. n. s. 235 g); hrsgg. jene phototypisch von G. T. Flom in The University Studies IV, nr. 2, Illinois 1911, dieses von Brenner, a. o., s. 89—93. Vgl. F. Jónsson, a. o. Indledning, s. 23 ff.

22. Drei bruchstücke des Speculum regale im reichsarchiv zu Kristiania; hrsgg. von Brenner, a. o., 6—15, 21 3, 24—7, 35—9. Vgl. F. Jónsson, a. o. Indledning, s. 27 f.

23. Ein bruchstück der Karlamagnussaga im reichsarchiv zu Kristiania, c. 1270 geschr.; hrsgg. von Unger in Karlamagnus saga ok kappa hans, s. 556—8, Chra. 1860.

24. Die haupthandschrift der saga erzbischof Thomas', Cod. Holm. 17, 4º, c. 1280 geschr.; hrsgg. von Unger, Thomas saga erkibyskups, s. 1—282, Chra. 1869.

25. Das überaus interessante, aus wachstafeln zusammengesetzte, von zwei verschiedenen händen geschriebene notizbuch von Hoprekstad in Sogn; hrsgg. photolithographisch von H. J. Huitfeldt-Kaas, En notitsbog paa voxtavler (Chra. Videnskabs-selskabs forhandlinger 1886, nr. 10).

26. Die drei ersten hände der von fünf verschiedenen schreibern im ende des 13. jahrhs. geschriebenen haupthandschrift der Dietrichssaga, Cod. Holm., 4º, fol.; hrsgg. von H. Bertelsen in Þiðriks saga af Bern, Kopenh. 1905—11; photolithographisch (in 10 exx.), Chra. 1869.

e) Aus der zeit c. 1300 bis c. 1350:

27. Die von drei norw. schreibern nach aisl. originaler niedergeschriebenen und daher mehr oder weniger islandisierenden partien von Hauksbók (und zwar Cod. AM. 544,

§ 15. Einleitung. 25

4⁰ teilweise, 675, 4⁰ ganz; vgl. § 12, 21); hrsgg. in Hauksbók, Kopenh. 1892—6, s. 150—77, 178—85, 470—99.

28. Sieben bruchstücke der (sonst verloren gegangenen) norwegische königssagas enthaltenden grossen hdschr. Jöfraskinna: Cod. Holm. 9, fol., Cod. AM. 325, VIII, 3, d, 4⁰ und zwei kleine stücke im reichsarchiv zu Kristiania; hrsgg. (phototypisch) von F. Jónsson in De bevarede brudstykker af skindbøgerne Kringla og Jöfraskinna, Kopenh. 1895.

29. Die einzige hdschr. der politischen streitschrift 'Oratio contra clerum Norvegiae', Cod. AM. 114a, 4⁰ (blatt 3^v—9^r), um 1325 von Ivar Klerk abgeschrieben; hrsgg. von G. Storm, En tale mod biskoperne, Chra. 1885.

30. Die grosse gesetzsammlung Codex Tunsbergensis (Cod. Reg. n. s. 1642), deren ältester und grösster teil zwischen 1320 und 1330 geschrieben ist; hieraus hrsgg. photolithographisch Borgarthings ældre kristenret, Chra. 1886 und Hirdskraa, ib. 1895; anderes von Keyser und Munch in Norges gamle love III, 17 f., 32 f., 44—55, 63—7, 70—3, 86—90, 93—7, 114 f., 118—20, 125—34; 'Tunsberg bylog' von G. T. Flom in The journal of English and Germanic philology X, 214—35 und 415—28; das meiste noch unediert (vgl. G. Storm, Norges gamle love IV, 425 ff.).

31. Ein bruchstück von dem arzneibuch Harpestreng's (Cod. AM. 696, 4⁰, I), c. 1330—1350 geschrieben; hrsgg. von M. Hægstad, Gamalnorsk fragment av Henrik Harpestreng, Chra. 1906.

Uebrigens mag als in sprachlicher hinsicht besonders wichtig hervorgehoben werden die grosse menge von diplomen, die seit dem anfang des 13. jahrhs. das ganze mittelalter hindurch auftreten, nach 1400 fast die einzigen literaturdenkmäler ausmachen und vorzugsweise für die erforschung der dialektischen differenzen der jeweiligen sprachform von belang sind; hrsgg. von Lange, Unger und Huitfeldt-Kaas, Diplomatarium norvegicum, Chra. 1847—1915 (B. I—XX), sowie Taranger, Johnsen und Kolsrud, Norges gamle love 2. række, I (1388 bis 1447), Chra. 1904—12, II (1448—82) 1914—18. Phototypisch wiedergegeben sind 3 aus der zeit 1225—77 in Palæogr. atlas nr. 49—51 und 6 aus der zeit 1340—1484 in Palæogr. atlas, Ny serie nr. 50—55.

§ 16. Einleitung.

Anm. 2. Ueber die anorw. literatur (welche fast immer mit der aisl. zusammen behandelt worden ist), die textausgaben und die handschriftsammlungen s. die oben § 12, anm. 2 erwähnten werke.

Anm. 3. Eine gruppierung der wichtigsten anorw. denkmäler nach dialekten bietet M. Hægstad, G. Tr., s. 23 ff., 96 f., Vestno. maalf. Innleiding, s. 8 ff., Nordvestlandsk, s. 30 ff., Sudvestlandsk I, 102 ff., II, 2, II, s. 30 ff., Hoops Reallexikon III, 336 f. Demnach wären z. b. von den oben verzeichneten hdschr. ostl. nr. 7, 8, 10, 18, 21, 30, dronth. nr. 1, 5, 11, 12, 20, 26 erste (und zweite?) hand, 29, nordwestnorw. nr. 2, 3, 4, 6 erste und zweite hand, 9, 15, 17, 31, südwestnorw. nr. 6 dritte hand, 13, 14, 16, 19, 22, 23, 24, 26 dritte hand, 27, 28.

§ 16. Aus der menge von hilfsbüchern zum studium der aisl. und anorw. sprachen — die bisher fast nie gesondert behandelt worden sind — mögen als die brauchbarsten hervorgehoben werden:

a) Laut- und flexionslehre:

L. F. A. Wimmer, Fornnordisk formlära, Lund 1874, verglichen mit der vorrede zu dem lesebuche desselben verfassers. Die eigentliche formenlehre ist besonders gut, die lautlehre knapp und jetzt veraltet.

Einen knapp gehaltenen leitfaden für den anfänger bietet A. Noreen, Abriss der altisländ. grammatik, 3. aufl., Halle 1913.

Eine geschichtliche darstellung gibt A. Noreen, Geschichte der nordischen sprachen, 3. aufl. (im Grundriss[3]), s. 1—34, 67—126, 162—230.

Einzelne gebiete behandeln ausführlicher u. a. F. Jónsson, Det norsk-islandske skjaldesprog, Kopenh. 1901 (nur beiträge zur flexionslehre); Norsk-islandske kultur- og sprogforhold i 9. og 10. årh., s. 192 ff., Kopenh. 1921; J. Þorkelsson, Athugasemdir um íslenzkar málmyndir, Reykjavík 1874; Breytingar á myndum vidtengingarháttar, Reykj. 1887; Beyging sterkra sagnorða, Reykj. 1888—94 (vgl. dazu Wadstein, Arkiv VIII, 83 ff.); Íslensk sagnorð með þálegri mynd í nútíð. Reykj. 1895; B. Kahle, Die sprache der skalden, Strassburg 1892; S. Bugge bei Fritzner, Ordbog, 2. aufl., B. III, 1101 ff.; O. v. Friesen, Till den nordiska språkhistorien, Upps.-Leipz. I, 1901, II, 1906; H. Celander, Om övergången av $\eth > d$ i fornisländskan och fornnorskan, Lund 1906; B. Hesselman, Västnordiska studier I, II, Upps.-Leipz. 1912, 1913; die einleitungen zu L. Larsson's ausg. der Isl. handskr. nr. 645, 4°, Lund 1885, und des Cod. 1812, 4°, Kopenh.

§ 16. Einleitung.

1883; H. Gering's ausg. der Finnboga Saga, Halle 1879, und der Íslendzk Æventyri I, Halle 1882; V. Dahlerup's ausg. des Ágrip, Kopenh. 1880; der Arnamagnæanischen ausg. der Hauksbók, Kopenh. 1892—6; E. Olson, Yngvars saga, Kopenh. 1912; M. Olsen, Vǫlsunga saga, Kopenh. 1906—08, u. a.; endlich verschiedene — zum teil sehr wichtige — abhandlungen u. a. von S. Bugge, Hj. Falk, K. Gislason, J. Hoffory, A. Kock, E. Lidén, Fr. Läffler, A. Noreen, H. Paul, H. Pipping, E. Sievers und E. Wessén in u. a. folgenden zeitschriften: Beiträge zur geschichte der deutschen sprache und literatur, Halle 1874 ff.; Aarbøger for nordisk oldkyndighed, Kopenh. 1866 ff.; Nordisk Tidskrift for Filologi (og Pædagogik), Ny Række, Kopenh. 1874 ff., 3. Række 1892 ff.; Språkvetenskapliga sällskapets i Uppsala förhandlingar 1882 ff.; Studier i nordisk filologi, Helsingfors 1910 ff.; vor allem aber Arkiv for nordisk filologi I—IV, Chra. 1882—88, V ff. (= Arkiv för nord. fil., Ny följd I ff.), Lund 1889 ff. — Vgl. auch die eben erschienene, für das nisl. wichtige arbeit von V. Guðmundsson, Islandsk Grammatik, Kopenh. 1922.

Das altnorwegische berücksichtigt — doch nur in einzelheiten — N. M. Petersen, Det danske, norske og svenske sprogs historie II, 57 ff., Kopenh. 1830 (jetzt veraltet); Th. Möbius, Ueber die altnordische sprache, s. 15 ff., Halle 1872; J. L. Jones, The phonology of the Elis saga, Chicago 1897; M. Hægstad, Gamalt trøndermaal, Kra. 1899; Maalet i dei gamle norske kongebrev, Kra. 1902; die einleitungen zu Sievers' ausg. der Tübinger bruchstücke, Tübingen 1886; Vigfusson's ausg. der Eyrbyggja Saga, Leipzig 1864; Keyser's und Unger's ausg. der Olafs Saga, Chra. 1849, und der Barlaams Saga, Chra. 1851; Unger's ausg. der Saga Þiðriks, Chra. 1853; Groths ausg. der AM.hdschr. 310 qvarto, Chra. 1895; die AM.ausg. der Hauksbók, Kopenh. 1892—6; F. Jónsson, Konungs Skuggsjá, Indledning, Kopenh. 1920; aber vor allem die wichtige abhandlung E. Wadstein's Fornnorska homiliebokens ljudlära, Upsala (universitets årsskrift) 1890, und Hægstads überaus reichhaltigen untersuchungen Vestnorske maalføre fyre 1350, Kra. 1906—17. — Ueber das 'mittelnorwegische' s. u. a. A. B. Larsen, Arkiv XIII, 244 ff. (vgl. dazu Hægstad, ib. XV, 100 ff.) und H. Falk und A. Torp, Dansk-norskens syntax, Kra. 1900, s. XI—XV.

b) Stammbildungslehre:

Eine zusammenfassende und einigermassen erschöpfende darstellung bietet A. Torp, Gamalnorsk ordavleiding (in Gamalnorsk ordbok von M. Hægstad und A. Torp, Kra. 1906—9, s. XXVIII ff.; auch separat). Einzelnes bieten: F. Kluge, Nominale stammbildungslehre der altgerm. dialekte, 2. aufl., Halle 1899; F. Tamm, Om fornnordiska feminina afledda på *ti* och på *iþa*, Upsala (univers. årsskr.) 1877; W. Schlüter, Die mit dem suffixe *-ja* gebildeten deutschen nomina, Göttingen 1875; K. v. Bahder, Die verbalabstracta in den germ. sprachen, Halle 1880; L. Sütterlin, Geschichte der nomina agentis im germanischen, Strassburg 1887; Hj. Falk, Die nomina agentis der altnord. sprache (in Beitr. XIV, 1 ff.), 1889; E. Hellquist, Bidrag till läran om den nordiska nominalbildningen (im Arkiv VII, 1 ff., 97 ff.), 1890 (sehr reichhaltig) und Om nordiska verb på suffixalt *-k*, *-l*, *-r*, *-s* och *-t* (ib. XIV, I ff., 136 ff.), 1898; T. E. Karsten, Studier öfver de nordiska språkens primära nominalbildning I, II, Helsingfors 1895, 1900 (vgl. dazu Falk, Arkiv XIII, 196 ff.); E. Ekwall, Suffixet *-ja* i senare leden af sammansatta substantiv, Upps. 1904; J. Sverdrup, De gammelnorske adjektiver paa *-ligr* og adverbier paa *-liga*, *-la* (in Arkiv XXVII, 1 ff. und 140 ff.); O. v. Friesen, Substantiv avledda med suffixet *-ju* in Xenia Lideniana, s. 235 ff.); W. Cederschiöld, Studier över genusväxlingen i fornvästnordiska och fornsvenska, Gotenburg 1913; F. Jónsson, Maskuline substantiver på *-nir* (Arkiv XXXV, 302 ff.).

Eine elementäre übersicht bietet F. Holthausen, Altisländisches elementarbuch, Weimar 1895, s. 108 ff.

c) Syntax:

Das hauptwerk ist M. Nygaard, Norrøn syntax, Kra. 1906 (wozu Bemerkninger, Rettelser og Supplementer, Kra. 1917). Einzelnes bieten noch G. Lund, Oldnordisk ordföjningslære (Nord. Oldskrifter XXIX—XXXI), Kopenh. 1862 (materialsammlung); K. Hildebrand, Ueber die conditionalsätze und ihre conjunctionen in der älteren Edda, Leipzig 1871; Th. Wisén, Om ordfogningen i den äldre Eddan, Lund (univers. årsskrift) 1865; E. Mogk, Die inversion von subjekt und prädikat (in I. F. IV, 388 ff.); A. Gebhardt, Beiträge zur bedeutungslehre

§ 16. Einleitung. 29

der altwestnordischen präpositionen, Halle 1896; L. Bernstein, The order of words in old norse prose, New York 1897; G. Neckel, Über die altgermanischen relativsätze (in Palæstra V), Berlin 1900; R. Vonhof, Zur entwicklung der germanischen echten verbalcomposita im altwestnordischen, Bremen 1905; V. E. Mourek, Zur altgerm. negation (in Sitzungsberichten der k. böhmischen Ges. der Wiss., hist. klasse 1905, VIII); T. Frank, The use of the optativ in the Edda (American journal of Philol. XXVII); B. Delbrück, Der germ. optativ im satzgefüge (in Beitr. XXIX); Germ. syntax II, Zur stellung des verbums, Leipz. 1911; Synkretismus, Strassburg 1907; Germ. syntax III, Der altisl. artikel, Leipz. 1916; A. Musinowicz, Die Stellung des attributiven Adjektivs im Aisl. und Anorw., Riga 1911; Sievers, Zur technik der wortstellung in den Eddaliedern I, Leipz. 1909 (Verhandl. der Sächs. Wiss. Ak., Phil.-Hist. Kl. XXVII, nr. 15); A. Åkerblom, Bruket av historiskt presens (Arkiv XXXIII, 293 ff.); K. Ringdal, Om det attribute adjektivs position i oldnorsk prosa, Kra. 1918; Fr. Dietrich, Über den nordischen dativ (in ZfdA. VIII, 23 ff.); G. Vigfusson, Some remarks upon the use of the reflexiv pronoun in Icelandic (Transactions of the philol. society 1866, I, 80 ff.); M. Nygaard, Eddasprogets syntax I, II, Bergen 1865, 1867; desselben abhandlungen über das hilfsverb *munu* in Aarbøger 1878, den gebrauch des partic. praes. in Aarbøger 1879, den gebrauch des konjunktivs im Arkiv I—III, subjektlose sätze ib. X, 1 ff., particula expletiva *er* ib. XII, 117 ff., die stellung des verbs ib. XVI, 209 ff. und den gelehrten stil in Sproglig-historiske studier tilegnede prof. C. R. Unger, Kra. 1896; H. Winkler, (Der dativ und die örtlichen beziehungsverhältnisse im altnordischen, in) Germanische Casussyntax I, 454—510.

Eine gute kurze übersicht gibt A. Heusler, Altisländisches elementarbuch, Heidelberg 1921 (s. 113—97); noch kürzer F. Holthausen, Aisl. elementarbuch, Weimar 1895 (s. 132—89); ausführlicher dagegen H. Falk und A. Torp, Dansk-norskens syntax, Kra. 1900, passim.

d) Metrik:

Grundlegend sind die Abhandlungen von E. Sievers, Beiträge zur skaldenmetrik I—III in Beitr. V, VI, VIII; Das

verhältnis der ags. metrik zur altnord. und deutschen, ib. X;
Proben einer metrischen herstellung der Eddalieder, Tübingen
1885. Einzelne ausführungen bieten ferner: Th. Wisén, Málaháttr
im Arkiv III, 193 ff.; desselben einleitung zu Riddara Rímur,
(Lund-) Kopenh. 1881; K. Hildebrand, Die versteilung in den
Eddaliedern, Halle 1873; J. Hoffory in Gött. gel. anz. 1888,
s. 153 ff.; W. Ranisch, Zur kritik und metrik der Hamþismál,
Berlin 1888; A. Heusler, Der Ljóþaháttr in Acta Germanica
I, 2), Berlin 1890, und Über germanischen versbau, Berlin 1894,
bes. s. 93 ff.; E. H. Lind, Versifikation i Gulatingslagen (in
Uppsalastudier tillegnade S. Bugge, Uppsala 1892; B. Kahle,
Die sprache der skalden, Strassburg 1892; K. Gíslason, Fore-
læsninger over oldnordisk verslære (in Efterladte skrifter II
= Forelæsninger og videnskabelige afhandlinger, s. 27 ff.),
Kopenh. 1897; H. Gering, Die Rhythmik des Ljóðaháttr (in
ZfdPh.), Halle 1902; H. Pipping, Bidrag till Eddametriken (in
Skrifter utg. af Sv. litteratursällskapet i Finland LIX), Helsing-
fors 1903; B. Sjöros, Málaháttr, Hfors 1906; H. Wenck, Die
alliteration im eddischen fornyrðislag (Beitr. XXXI); B. Sijmons,
Die lieder der Edda I, ccxx ff.; R. Leonhardt, Der Málaháttr
der Atlamǫl, Halle 1907; L. F. Läffler, Om några underarter
av ljóðaháttr (in Studier i nordisk filologi IV, 1 und V, 5);
E. Noreen, Några anteckningar om ljóðaháttr (Meddelanden
från nordiska seminariet, utg. av Ad. Noreen, 9), Upps. 1915;
Studier i fornvästnordisk diktning, Upps. (univers. årsskrift)
I, 1921, s. 18 ff., II, 1922, s. 1 ff.

Eine kurzgefasste übersicht geben E. Brate, Fornnordisk
metrik, 2. aufl., Sthlm. 1898; F. Jónsson, Stutt íslenzk brag-
fræði, Kopenh. 1892; E. Sievers, Altnordische metrik (im Grund-
riss[2] II, II, s. 16 ff., Strassburg 1905); Th. Wisén, Carmina
norrœna I, 169 ff.; Lund 1886. Eine ausführlichere darstellung
bietet E. Sievers, Altgermanische metrik, s. 50 ff., Halle 1893.

e) Wörterbücher:

(R. Cleasby und) G. Vigfusson, An Icelandic-English dictio-
nary, Oxford 1874. Das reichhaltigste wörterbuch (der pro-
saischen literatur), aber nicht immer ganz zuverlässig; die etymo-
logien sind oft gänzlich verfehlt. Hauptsächlich einen auszug
hieraus bietet G. T. Zoëga, Old Icelandic dictionary, Oxford 1910.

§ 16. Einleitung.

J. Fritzner, Ordbog over det gamle norske sprog, 2. ausg., I—III, Kra. 1886—96. Besonders betreffs der flexionsformen und der quantitätsansetzungen nicht immer ganz zuverlässig (s. vor allem die wichtige schrift J. Thorkelssons, Anmærkninger til J. Fritzners Ordbog, Reykjavík 1913); legt auf das semasiologische besonderes gewicht; berücksichtigt vorzugsweise den anorw. prosaischen wortschatz.

M. Hægstad und A. Torp, Gamalnorsk ordbok med nynorsk tyding; Kra. 1909; kurz und bündig.

E. Hertzberg, Glossarium (in Norges gamle love V, 2), Chra. 1895. Enthält den wortschatz der altnorwegischen gesetze bis 1387.

S. Egilsson, Lexicon poeticum antiquae linguae septentrionalis, Kopenhagen 1860; neue, sehr veränderte ausgabe von F. Jónsson, Kopenh. 1913—16; enthält den poetischen wortschatz bis gegen 1400.

J. Þorkelsson, Supplement til islandske Ordbøger, Reykjavík 1876; Anden samling, Reykj. 1879—85; Fjerde samling, Kopenh. 1899 (wichtig, bes. für die grammatik).

Th. Möbius, Altnordisches Glossar (Wtb. zu einer auswahl aisl. und anorw. texte), Leipz. 1860.

H. Gering, Glossar zu den liedern der Edda, 4. aufl., Paderborn 1915; ausführlicher Vollständiges Wörterbuch zu den &c., Halle 1903.

L. Larsson, Ordförrådet i de älsta isländska handskrifterna, Lund 1891. Absolut vollständiges verzeichnis aller belegten formen in den oben § 12, 1—9 und 15 genannten ältesten aisl. hdschr.; ohne übersetzung der wörter.

G. T. Flom, The language of the Konungs Skuggsjá, I, University of Illinois 1921. Vollständiges verzeichnis der nomina.

O. Rygh (von K. Rygh, A. Kjær, M. Olsen, Hj. Falk und A. B. Larsen fortgesetzt) Norske gaardnavne I—XVII, Kra. 1897 —1919 (Forord og indledning, Kra. 1898); Norske fjordnavne (in Sproglig-historiske studier tilegnede prof. C. R. Unger, Kra. 1896); Oplysninger til trondhjemske Gaardnavne, I, II, Trondhjem (K. no. videnskabers selskabs skrifter) 1883, 1893; Gamle personnavne i norske stedsnavne, Kra. 1901; Norske elvenavne, Kra. 1904; vgl. K. Rygh, Bemærkninger om stedsnavne i den

§ 16. Einleitung.

søndre del af Helgeland (in der norwegischen Historisk tidsskrift I, 53 ff., Kra. 1871); Om gaardnavne in Nordland (in Det k. no. videnskabers selsk. skrifter 1905, nr. 4); Nogle bemerkninger om gaardnavne (ib. 1906 nr. 7); F. Jónsson, Bæjanöfn á Íslandi (in Safn til Sögu Íslands IV, 412 ff.), 1911; Islandske elvenavne (in Namn och bygd II, 18 ff.), 1914; Hj. Falk, Altnordisches Seewesen (aus Wörter und Sachen IV), Heidelb. 1912 (über die schiffsnamen s. B. Kahle, I. F. XIV, 133 ff.); Altnordische Waffenkunde (Vidensk. selsk. skrifter II, Hist.-filos. kl. 1914 nr. 6); Altwestnordische Kleiderkunde (ib. 1918 nr. 3), Kra. 1919; O. Nordgaard, Fiskenavnene i Snorres Edda (Maal og minne 1912, s. 54 ff.); F. Fischer, Die Lehnwörter des Altwestnordischen (Palæstra LXXXV), Berlin 1909; E. H. Lind, Norsk-isländska dopnamn, Upps. 1905—15; Norsk-isländska personbinamn, Upps. 1920—21.

Von grosser wichtigkeit für das aisl. ist natürlich auch das eben erschienene neuisländische wörterbuch von Sigfús Blöndal, Islandsk-dansk Ordbog I (A-leggingarbönd), Kopenh. 1920—22.

f) Lesebücher für anfänger:

L. F. A. Wimmer, Oldnordisk læsebog, 7. aufl., Kopenh. 1916 (eine ganz vorzügliche arbeit).

H. Sweet, An Icelandic primer, 2. aufl., Oxford 1896 (ein kleiner auszug aus dem vorhergehenden).

M. Nygaard, Udvalg af den norröne Literatur (I—III), 3. aufl., Bergen 1889 (ein sehr gutes buch).

H. S. Falk, Oldnorsk læsebog, Kra. 1889 (gut).

F. Holthausen, Altisländisches lesebuch, Weimar 1896.

Treffliche kommentierte texte bietet die Altn. Sagabibliothek, hrsgg. von G. Cederschiöld, H. Gering und E. Mogk, I—XVI, Halle 1891—1921.

Von texten mit glossar seien hier erwähnt nur W. Ranisch, Die Vǫlsungasaga, Berlin 1891; A. Heusler, Zwei isländergeschichten, Hønsna-Þóres und Bandamanna saga, Berlin 1897.

Anm. 1. Sonstige hilfsbücher verzeichnen Th. Möbius' schon (§ 12 anm. 2) erwähntes Verzeichniss &c. und die bibliographie im Arkiv I ff.

Anm. 2. Betreffend die in dieser einleitung erörterten fragen vgl. meine 'Allgemeine historische übersicht' im Grundriss[3] unter dem titel Geschichte der nordischen sprachen, Strassburg 1913.

Lautlehre.

I. Abschnitt. Einleitendes über schrift und aussprache.

Kap. 1. Die runen.

§ 17. Es kommen im alten norden drei verschiedene runenalphabete vor. Das erste ist das, welches auch bei den übrigen germanischen stämmen im gebrauch war. Es wird daher das **germanische** genannt oder, weil es im norden von einem jüngeren abgelöst wurde, das **ältere**; wegen der grösseren anzahl der zeichen wird es auch wol manchmal das **längere** genannt. Die zeichen sind 24, von denen einige von denjenigen, die in Deutschland und England im gebrauch waren, abweichen. Mit lateinischen buchstaben transskribiere ich im folgenden diese als

$f\ u\ þ\ a\ r\ k\ ʒ\ w\ ,\ h\ n\ i\ j\ e\ p\ ʀ\ s\ ,\ t\ ƀ\ e\ m\ l\ ŋ\ o\ đ,$

welche hier in der ordnung angeführt sind, die sie auf dem brakteaten von Vadstena (wo jedoch đ jetzt nicht sichtbar ist) haben.

Dieses alphabetes bedienen sich alle urnordischen runeninschriften sowie zum teil einige aus der vikingerzeit.

§ 18. Welche aussprache diesen zeichen im norden zukam, ist natürlich schwer ganz genau zu bestimmen. Aller wahrscheinlichkeit nach waren *ƀ*, *đ*, *ʒ* wenigstens anfänglich zeichen für stimmhafte spiranten, für explosivæ nur unmittelbar nach nasalen sowie als geminaten; *f* war bilabial, nicht labiodental; *w* ein mitlautendes *u*; *h* wol in den meisten stellungen noch als deutsches *ch* zu sprechen; ist wol *ʀ* ein frikatives dorsales *r* (andere halten es für ein gingivales, lispelndes *r*); *ɴ* drückt palatalen oder velaren nasal (vielleicht auch dessen verbindung mit folgendem *g*) aus. Die übrigen zeichen sind wol wie in der späteren sprache auszusprechen. Doch scheint *a* sowol *æ* wie *a* zu bezeichnen. In späten inschriften wird der *a*-laut auch durch die (etwas modifizierte, hier durch *ᴀ* bezeichnete) *j*-rune ausgedrückt.

<small>Anm. Etwas unsicher ist der lautwert des sehr seltenen *e* (geschlossenes *e* oder offenes *i*? s. Bugge, No. I., s. 117 ff.; *y*, wie v. Grienberger, Arkiv XIV, 121 f., vorschlägt, ist ja unmöglich, da dieser laut nach aller wahrscheinlichkeit dem älteren urn. ganz fremd war).</small>

§ 19. Dies runenalphabet, dessen sich die urnordischen inschriften bedienten, wurde in der vikingerzeit durch ein anderes ersetzt. Dieses **jüngere** runenalphabet ist aus dem älteren entwickelt, hat aber nur 16 zeichen, weshalb es auch als das **kürzere** bezeichnet werden kann. Weil es den Skandinaviern eigen ist, hat es auch einen dritten namen, das **nordische**. Dies ist in lateinischer transskription:

f u þ ɑ r k , h n i a s , t b l m ʀ.

Dieses alphabetes bedienen sich während der vikingerzeit fast ausschliesslich, später nur teilweise (s. § 21), sowol die ostnordischen als die westnordischen runeninschriften. Unter diesen letzteren nehmen die meisten inschriften der insel Man sowie sehr viele norwegische wie die von Oseberg (in der nähe von Tönsberg; gegen 850), Vang (in Valdres), Alvstad (Toten), Hønen (Ringerike) und viele auf Jæderen (s. Bugge, Aarbøger 1899, s. 231) eine besondere stellung ein durch verschiedene eigentümlichkeiten der runenformen.

§ 20. Ueber die aussprache dieses höchst mangelhaften alphabetes sei hier unter vergleichung des aisl.-anorw. normalalphabetes (s. kap. 2 unten) nur folgendes bemerkt (vgl. Noreen, An. gr. II, § 15; v. Friesen, Upplands runstenar, s. 77 ff.).

a entspricht sowol (unnasaliertem) *a* wie *æ* und *ǫ*; *ą* bezeichnet die entsprechenden nasalierten laute.

i bez. *i* (sowol sonantisches wie konsonantisches) und *e*, später auch *æ*; dann werden *æ* und *e* auch durch die verbindung *ai*, seltener *ia*, ausgedrückt; sonst bez. *ai, ia* die diphthonge *æi, ia* (*iæ, iǫ*).

u bez. sowol *u* (sonantisches und konsonantisches) und *o* wie *y* und *ø*, selten *ǫ*; später werden *o*, *ǫ* und *ø* auch durch *au* ausgedrückt; sonst bez. *au* teils *au*, teils *øy* (und *ey*).

f, l, m, n, r, s sind die entsprechenden aisl.-anorw. laute. Die nasale werden indessen gewöhnlich nicht vor den *b*- und *k*-runen, oft auch nicht vor der *t*-rune ausgeschrieben, z. b. *kubl = kumbl, liki = lœngi, aitaþis = œndaðiss*.

b, k, t sind sowol mediæ, resp. *b, g, d*, wie tenues, resp. *p, k, t*; ausserdem bez. *b* bisweilen stimmhaftes *f* (*ƀ*), *k* oft spirantisches *g* (*ʒ*).

h bez. *h* und, besonders etwas später, spirantisches *g* (*ʒ*).

ʀ bez. frikatives *r* (vgl. § 18), selten *e*, *œ* oder *i*.

þ bez. *þ* und *ð*.

Länge (sowol der vokale wie der konsonanten) wird nur ganz ausnahmsweise (dann durch doppelschreibung der betreffenden rune) bezeichnet, z. b. *trutin = dróttinn*.

§ 21. Schon um 1000 zeigen sich spuren einer neuen modifikation des runenalphabetes, die dahin zielte, die runen in stand zu setzen, ebensoviele laute auszudrücken wie das lateinische alphabet. Diese bestrebungen gewannen ihren abschluss durch die reformvorschläge, welche von Thoroddr rúnameistare (um 1125) vorgebracht und in der grammatischen abhandlung Olaf's huítaskáld (um 1250; hrsgg. von B. M. Ólsen in Den tredje og fjærde grammatiske afhandling i Snorres Edda, Kopenhagen 1884) dargestellt wurden. So entstanden allmählich die jüngsten runen, die punktierten (so genannt, weil einige der alten runen durch pünktchen modifiziert sind) oder, wie sie auch wol (nach dem königlichen gönner Olaf's) genannt werden, Waldemarsrunen. Dies alphabet, das in transskription natürlich ganz mit dem lateinischen alph. der gleichzeitigen altnord. literatur zusammenfällt, hat schon im 13. jahrh. die kürzere runenreihe so gut wie ganz verdrängt. Da aber seit dem 12. jahrh. das lateinische alphabet — auch für inschriftliche zwecke — immer häufiger angewandt wurde, so schwinden allmählich die runeninschriften überhaupt, in Norwegen im allgemeinen mit dem ende des 14. jahrhs., auf Island dagegen erst nach der reformation. Aisl.-anorw. runenhandschriften hat es wahrscheinlich nie gegeben.

§ 22. Das lateinische alphabet.

Anm. Ueber die entstehung und geschichte der runen s. vor allem teils das jetzt etwas veraltete hauptwerk von L. F. A. Wimmer, Die runenschrift, übersetzt von F. Holthausen, Berlin 1887 (vgl. dazu R. Henning, Die deutschen runendenkmäler, Strassburg 1889, passim — dagegen Wimmer, De tyske runemindesmærker in Aarbøger 1894 und v. Grienberger, Arkiv XIV, 114 ff.; gute referate über Wimmers und Hennings arbeiten liefert E. Brate in Sv. fornm. tidskr. VII, 50 ff. und 247 ff.), teils und vorzugsweise O. v. Friesens zeitgemässe darstellung in Hoops Reallexikon III, 5 ff. und die dort s. 12 f. angeführte litteratur; weiter P. G. Thorsen 'Om runernes brug til skrift udenfor det monumentale', Kopenh. 1877, und B. M. Ólsen 'Runerne i den oldislandske literatur', Kopenh. 1883 (vgl. dazu G. Storm im Arkiv II, 172 ff.; V. Dahlerup und F. Jónsson, Den første og anden grammatiske afhandling i Snorres Edda, s. VI ff., Kopenh. 1886; F. Jónsson, Den oldisl. og oldno. literaturs historie II, 246 ff. und 'Runerne i den no.-isl. digtning og litteratur' in Aarbøger 1910). Eine gute, populär gehaltene übersicht bietet E. Ålund 'Runorna i Norden', Stockh. 1904 (vgl. auch E. Brate, Sverges runinskrifter, Stockh. 1922). Eine sehr kurze, aber fachmässiger gehaltene, orientierende übersicht gibt E. Sievers im Grundriss[2] I, 248 ff. Beides doch jetzt ziemlich veraltet.

Kap. 2. **Das lateinische alphabet.**

§ 22. Schon etwas vor 1050 begann man die heimische sprache in lateinischer schrift aufzuzeichnen, dies wenigstens in Norwegen (s. oben § 15, B, b), wol erst etwas nach 1100 auf Island (s. § 12, B, b). Um den bedürfnissen der sprache zu entsprechen musste aber das lateinische alphabet einigermassen bereichert werden. Deshalb wurde aus dem angelsächsischen y, $þ$ und (später) $ð$ entlehnt; ausserdem nahm man zu digraphen ($æ$, $ǫ$, $ø$ u. d.), modifizierung der lateinischen buchstaben durch 'zweige' ($ę$, $ǫ$, $ǫ́$ u. d.) und accente seine zuflucht. Diese reformversuche fanden — wenigstens was Island betrifft — durch die ganz hervorragende orthographische abhandlung eines unbekannten Isländers (um 1170, s. Hægstad, Vestno. Maalf. Innleiding, s. 27—32; hrsgg. von V. Dahlerup und F. Jónsson in Den første og anden grammatiske afhandling i Snorres Edda, Kopenh. 1886) ihren einstweiligen abschluss (die aufnahme des $ð$ geschah erst um 1225).

Die orthographie der handschriften ist natürlich sehr verschieden; oft ist sie in derselben hdschr. sehr inkonsequent. Im allgemeinen unterscheiden sich die anorw. handschriften von den aisl. vorzugsweise durch folgende zwei eigentümlichkeiten der orthographie. 1. *þ* wird, ausser in den ältesten westländischen denkmälern, fast nie im in- und auslaute gebraucht, während es in aisl. hdschr. in dieser stellung entweder ausschliesslich oder neben *ð* vorkommt. 2. *gh* kommt oft (im aisl. selten) statt *g* in spirantischer funktion vor.

Anm. Ueber die orthographie der handschriften vgl. vorzugsweise: K. Gislason 'Um frumparta íslenzkrar túngu í fornöld', Kopenh. 1846; K. J. Lyngby 'Den oldnordiske udtale' in Tidskr. f. Phil. og Pæd. II; Möbius, Analecta Norroena, 2. ausg., Leipz. 1877, s. 290 ff.; Hoffory, Arkiv II, 1 ff.; Wadstein, F. Hom.; Hægstad, G. Tr., s. 31 ff., Gamalnorsk ordbok, s. X, und vor allem Vestno. Maalf. Innleiding; G. T. Flom in Publications of the Society for the Advancement of Scandinavian Study II, 92 ff. (1914—15) und in The journal of English and Germanic philology XIV nr. 4, XVI nr. 3; die einleitungen zu den in § 12 und § 15 erwähnten textausgaben (besonders den in § 16, a nochmals angeführten); endlich Islands grammatiske litteratur i middelalderen, udg. for Samfund til udg. af gammel nordisk litteratur, Kopenh. 1884—86 und — besonders wichtig — Palæographisk atlas, Kopenh. 1905 (schriftstücke aus der zeit c. 1150—1330) und Ny serie, c. 1300—1700, Kopenh. und Kristiania 1907.

Das bisher in den meisten grammatiken und sehr vielen textausgaben vorkommende normalalphabet nimmt auf die schreibung der ältesten und besten handschriften oder, was auf dasselbe hinauskommt, die phonetische seite der sprache allzu wenig rücksicht. Das alphabet, dessen wir uns in dieser grammatik bedienen, ist: *a á b d ð e é f g h i í k l m n o ó p r s t u ú v x y ý z þ ǫ ǫ́ œ ǽ ø ǿ*.

I. Aussprache der vokalzeichen.

§ 23. *a* bezeichnet kurzes offenes, *á* langes geschlossenes *a*.

Anm. Hier (wie im folgenden) wird zunächst die aussprache um 1200 — die zeit der ältesten hdschr. — berücksichtigt. Später wurde *á* wol im allgemeinen als langes offenes *o* (*å*) ausgesprochen (s. § 107).

§ 24. *e* bez. kurzes (geschlossenes, im aisl. doch vielleicht sowol geschlossenes wie offenes, vgl. § 103), *é* langes (geschlossenes) *e*.

§ 25. *i* bez. sowol konsonantisches als sonantisches *i*:

1. Kons. *i* (nicht spirans *j*) unmittelbar vor vokal (z. b. *hiarta* herz, *skióta* schiessen, *dylia* verhehlen) und in den verbindungen *ei*, *œi*.

Anm. 1. Die hdschr. haben vor vokal fast ausnahmslos *i*, selten im inlaut *gi* (z. b. Ágrip, s. Dahlerup's ausg. s. XXVII). Die schreibung *e* deutet in den allerältesten hdschr. vielleicht eine etwas verschiedene aus-

§ 26—29. Aussprache der vokalzeichen.

sprache an; kaum aber wenn das *e* ganz ausnahmsweise in jüngeren hdschr. (wie der anorw. Barlaamssage — § 15, 18 — und der einen hand der Flateyjarbók — § 12, 24) vorkommt. Das in 'normalisierten' textausgaben (und im nisl. seit c. 1794) übliche *j* kommt nur sehr selten in einigen anorw. und norvagisierend aisl. hdschr. (vgl. Wadstein, F. Hom., s. 111 f.; Groth, AM. 310, s. XXIX; Hægstad, G. Tr., s. 33), vielleicht auch ausnahmsweise im aisl. (s. Olson, Yngvars saga, s. XLV) vor.

2. Son. kurzes *i* in übrigen stellungen; *í* ist der entsprechende lange laut.

Anm. 2. Die in anm. 1 angedeuteten hdschr. haben sehr selten *j* in der bedeutung von *i* oder *í*.

§ 26. *o* bez. kurzes, *ó* langes geschlossenes *o*.

§ 27. *u* bez. sowol konsonantisches als sonantisches *u*:

1. Kons. *u* (nicht spirans *v, w*) unmittelbar vor vokal (z. b. *huar* wo, *suá* so, *hǫggua* hauen) sowie in den verbindungen *au, ou (ǫu)*.

Anm. 1. Nur einige von den ältesten hdschr. (wie z. b. Reykj. Máld. erste hand und Rímb.) und vereinzelte späteren (wie die zwei ersten norw. schreiber der Hauksbók) schreiben konsequent *u* vor vokal (s. z. b. L. Larsson, Cod. 1812, 4°, s. XV, und Hb. s. XXIII, XXXIII); sonst ist die schreibung *v* häufiger; selten ist *w*. Auch kommt *av* (oder die ligatur *ɷ*) statt *au* vor.

2. Son. kurzes *u* in übrigen stellungen; *ú* ist der entsprechende lange laut.

Anm. 2. Die hdschr. haben sehr oft *v*. Ob (wie Hb. s. LIII angenommen wird) auch *y* bisweilen denselben lautwert haben kann, bleibt sehr zweifelhaft.

§ 28. *y* bez. sowol konsonantisches wie sonantisches *ü*:

1. Kons. *ü* nur in den verbindungen *ey (œy, ay), ǫy*.

Anm. 1. Statt des seltenen *ay* kommt in den hdschr. auch *av* oder die ligaturen *ǫy, ɷ* vor.

2. Son. *ü* (geschlossenes und offenes) in übrigen stellungen; *ý* ist der entsprechende lange laut.

Anm. 2. Die hdschr. haben oft *u* oder *v*.

§ 29. *ǫ* bez. kurzes offenes *o*; *ǫ́* ist der entsprechende lange laut.

Anm. 1. Die ältesten hdschr. haben *ǫ, o* oder die ligatur *ɷ*; später kommt gewöhnlich *o*, bisweilen *ao, au (ǣ)* vor. Die normalisierten ausgaben, besonders die etwas älteren, schreiben gewöhnlich, aber sehr irreleitend, nach vorgang des nisl., *ö*, ein zeichen, das erst im 16. jahrhundert aus der deutschen schrift entlehnt worden ist.

Anm. 2. Später bez. *ǫ* einen ö-laut (s. § 115, 2); *ǫ́* ist dann durch das gleichwertige *á* (s. § 23 anm. und vgl. § 107) ersetzt.

§ 30. *œ* bez. kurzes, *ǽ* langes offenes *ä*.
Anm. Die hdschr. haben statt *œ* (so besonders anorw.) auch *ę* oder *ȩ*, sehr selten *ae*. Die normalisierten texte geben gewöhnlich, sehr unzweckmässig, den kurzen laut durch *e*, den langen durch *œ* wieder.

§ 31. *ø* bez. kurzes (geschlossenes und offenes), *ǿ* langes (geschlossenes) *ö*.
Anm. Die hdschr. verwenden ausser *ȯ* und (in anorw. hdschr. fast immer) *œ* — welche beiden verwandten zeichen wir hier aus praktischen gründen durch *ø* wiedergeben — nicht selten *o*, *ey*, *eo* (oft in alten aisl. hdschr.), seltener *io* (s. M. Olsen, Vǫlsunga saga, s. XXVII und die dort note 2 zitierte literatur). Die normalisierten textausgaben verwenden im allgemeinen — sehr unzweckmässig — *ö* oder *ø* für den kurzen, *œ* für den langen laut.

§ 32. Die nasalität, die tonstärke und die tonhöhe der vokale werden in dieser grammatik — wie auch sonst allgemein — der regel nach nicht bezeichnet.
Anm. Nur die in § 22 erwähnte alte orthographische abhandlung bezeichnet die nasalität und zwar durch einen über das vokalzeichen gesetzten punkt, welcher bezeichnungsweise (im wesentlichen) wir uns auch ganz ausnahmsweise hier bedienen; z. b. *ȧ*.

§ 33. Länge wird — wie wir schon oben gesehen haben — durch einen über den vokal gesetzten akut (´) ausgedrückt.
Anm. 1. Nur die ältesten hdschr. verwenden in dieser weise accente. Die hdschr. des 13. jahrhs. bezeichnen die länge gewöhnlich nicht; die noch späteren verdoppeln das vokalzeichen, wobei statt *aa* seit 1300 nicht selten die ligatur *ca* gebraucht wird.
Anm. 2. Die hdschr. drücken durch den accent bisweilen vielleicht den platz des haupttones, bisweilen nur den punkt des *i*, bisweilen diæresis aus; vgl. Wadstein, F. Hom., s. 122 f.

II. Aussprache der konsonantenzeichen.

§ 34. *b, d, m, p, r, s, t, x* sind etwa wie im deutschen auszusprechen.
Anm. 1. Statt *d* haben die hdschr. nicht selten *ð* (so z. b. das älteste bruchstück der Grágás, s. § 12, 2), selten *đ* (z. b. in Ágrip dann und wann), sehr selten *þ*; vgl. Hoffory, Tidskr. f. Fil. N. R. III, 294 f., Arkiv II, 25 note; Hægstad, Kong. s. 28. Ueber das seit 1350 auftretende *dh* s. unten § 35 anm.
Anm. 2. In dem alveolaren *r*-laute, der durch *r* bezeichnet wird, sind zwei laute zusammengefallen, die in runenschrift (doch nicht der jüngsten) durch verschiedene zeichen ausgedrückt wurden: das tremulierende *r* und das frikative *ʀ*; vgl. oben § 18 und § 20. Ob der unterschied in

einigen anorw. dialekten noch in literarischer zeit bewahrt ist und das *r* also zum teil zwiefache geltung hat, bleibt unsicher. — Auslautend nach einem konsonanten (wenigstens nach stimmlosem) ist wol *r* in den meisten gegenden stimmlos gewesen (vgl. Sievers, Beitr. V, 457 note), z. b. *akr, apr, otr*; so wol auch *m* nach *s* und *þ*, z. b. *bǫsm, meiþm*.

Anm. 3. Wo bei ableitung und flexion *ks, gs* entstehen, gebrauchen die normalisierten texte diese etymologischen schreibungen statt *x*, das in den hdschr. auch in diesem falle oft vorkommt.

Anm. 4. Statt *x* hat Cod. AM. 655, 4°, fragm. III bisweilen *z*; vgl. An. gr. II, § 49 anm. (anders Hoffory, Arkiv II, 83 note).

§ 35. *ð* bezeichnet im a n o r w. (vgl. § 44, 2) die stimmhafte dentale spirans (engl. weiches *th*); s. Wadstein, F. Hom., s. 107 f.

Anm. Sehr viele wnorw. (aber nur sehr wenige onorw.) denkmäler, wie das steuerverzeichnis von Munkeliv, die erste hand des Hoprekstader notizbuches u. a. (s. G. Storm, Tidskrift for retsvidenskab 1890, s. 424, 431 f.; Hægstad, G. Tr. s. 35, Vestno. Maalf. Innleiding, s. 14 ff., und bes. Celander, Om övergången av *ð > d*, s. 31 note) verwenden ausschliesslich oder häufiger alternativ *þ*. Seit c. 1300 kommt *d* neben (wie z. b. schon in Oratio contra clerum, s. § 15, 29, und Cod. Tunsbergensis, s. § 15, 30) oder statt *ð* vor (s. Hægstad, G. Tr. s. 35; Celander, a. o. s. 38); noch später tritt bisweilen *dh* auf, z. b. in dem 1394 geschriebenen gildestatut von Onarheim (hrsgg. von M. Pappenheim in Ein anorw. schutzgildestatut, Breslau 1888, s. 160 ff.), aber dann auch statt *d*. Ueberhaupt wird nach 1350 im allgemeinen nicht mehr in der orthographie zwischen *ð* und *d* geschieden, sondern *d* oder *dh* wird ausschliesslich gebraucht (s. Celander, a. o. s. 39 mit note 3 und s. 56).

§ 36. *f* bezeichnet zwei verschiedene laute:

1. Bilabiales, später labiodentales *f* im anlaut (des wortes oder des zusammensetzungsgliedes), vor *k, s, t* und in der verdoppelung, z. b. *fara, rífka, liúfs, liúft, offra*.

2. Bilabiales *v* (*ƀ*), später labiodentales *v* in übrigen stellungen (wegen Cod. AM. 310, 4° vgl. Groth's ausgabe s. XXXIV f. und bes. Celander, Om övergången av *ð > d*, s. 32 note 1), z. b. *hafþa, erfa, kelfa, gefa, gaf, huarf*.

Anm. 1. Die ältesten hdschr. schreiben oft inlautend *v*, die anorw. auch *u*; jüngere haben in dieser stellung nicht selt. *fu* (anorw. bisweilen *fw*, z. b. in Oratio contra clerum), bes. nach *l*, z. b. *kœlfua*.

Anm. 2. Ueber die bilabiale aussprache des *f* s. Noreen, Arkiv I, 297 f.; Hoffory, ib. II, 10 ff.; B. M. Ólsen, Germania XXVII, 271 f.; Mogk, ZfdA. X, 60 f., 186.

§ 37. *g* hat sechsfache geltung:

a) Stimmhafter verschlusslaut (*g*) im anlaute, nach *n* und in der verdoppelung:

§ 38. 39. Aussprache der konsonantenzeichen.   41

1. palataler vor palat. vokalen, z. b. *gefa, gilde, giarn, leggia.*
Anm. 1. Die hdschr. schreiben bisweilen *gi* (doch nicht vor *i*), s. z. b. Hb., s. XXXVII; Hægstad, G. Tr., s. 36; Gering, Isl. Æv. I, XX.

2. velarer in übrigen fällen, z. b. *gamall, grípa, hangu, hǫggua, dǫgg.*
Anm. 2. Nach *n* kommt in anorw. (selt. in aisl., s. z. b. Cederschiöld, Geisli, Lund 1873, s. XIII) hdschr. bisweilen *gh* vor, das wol eine etwas verschiedene aussprache andeutet.

b) Stimmhafte spirans (*ʒ*) in- und auslautend (ausser in der verdoppelung, nach *n* und vor *s, t*):

1. palatale vor palat. vokalen sowie nach einem palat. vok. auslautend und vor den meisten konsonanten, z. b. *berge, segia, veg, vígþa, regn.*

2. velare in übrigen fällen, z. b. *draga, dǫgom, biarga, helgan, lagþa, lag.*

c) Stimmlose spirans (*ch*-laut) inlautend (ausser nach *n*) vor *s* und *t* (vgl. Hoffory, Arkiv II, 16 ff.):

1. palatale nach palat. vokalen, z. b. *vegs, vígt.*

2. velare nach vel. vokalen, z. b. *blópogs, blópogt.*

Anm. 3. In ostländischen, seit c. 1300 auch in sonstigen anorw. (seltener und etwas später auch aisl.) hdschr. wird die spirans (sowol die stimmhafte wie die stimmlose) oft nach vokalen, bisweilen auch nach *l, r* durch *gh* (wie im aschwed. und adän.) wiedergegeben. Selten und sehr alt sind anorw. *h* und *hg*, jenes im steuerverzeichnis von Munkeliv, dieses in AM. 655. S. Hægstad, G. Tr., s. 36, und Vestno. Maalf. Innleiding, s. 12 f.

§ 38. *h* hat zweifache geltung:

1. *h* im allgemeinen, z. b. *hafa, himenn.* So auch in den (nur im isl. vorkommenden) verbindungen *hl, hn, hr,* z. b. *hlaupa, hníga, hringr.*

2. Stimmlose spirans (*ch*-laut) vor konsonantischen *u* (wenigstens in den meisten gegenden, vgl. B. M. Ólsen, Germania XXVII, 272 ff.) und *i* (wenigstens in gewissen gegenden, vgl. anorw. schreibungen wie *Tielmswal* st. *Hiœlmsvall, Tiœrundh* st. *Hiarrandr,* s. Rygh, Oplysn. s. 195, Gamle personnavne s. 293, oder *Syettelandia* 1312, *Schetland* 1391 st. *Hialtland*), z. b. *huat, hiarta.*

§ 39. *k* hat zweifache geltung:

1. Palatales *k* vor palat. vokalen, z. b. *kippa, ríke, kiolr.*
Anm. 1. Die hdschr. haben bisweilen *ki* (doch nicht vor *i*) — vgl. § 37 anm. 1 — oder *ch* (vgl. anm. 2).

2. Velares *k* in übrigen stellungen, z. b. *kasta, kuiþa, krefia, sǫk*.

Anm. 2. Die hdschr. haben oft *c, ch* oder (vor konsonantischem *u*) *q*. Viele der ältesten und besten hdschr. (z. b. die oben § 12, 1. 3. 4. 7. 13. 15 erwähnten; gewissermassen auch § 15, 6) bezeichnen der regel nach das velare *k* durch *c*, das palatale durch *k* (nur nach *s* auch durch *c*); andere (z. b. Ágrip) bez. jenes durch *c* oder *k*, dieses durch *ch* (neben *c* und *k*).

§ 40. *l* hat wahrscheinlich zweifache geltung:

1. Dentales *l* anlautend und (fast immer) in unmittelbarer verbindung mit dental (doch nicht *þ, ð* und vgl. 2 unten) sowie in der verdoppelung und wahrscheinlich auch nach schwachtonigem vokal (s. Sjöros in Stud. nord. fil. VIII, 3, s. 25 ff.), z. b. *liós, halda, falla, óþal*.

Anm. 1. Die hdschr. schreiben oft *ll* vor *d, t*, s. § 260.

2. Ein kakuminaler, zwischen *r* und *l* schwebender laut ('dickes' *l*) in übrigen fällen, z. b. *kliúfa, fliúga, tala, halfr, folk, holmr, ǫl, valþa*; auch *hals, ǫln, mylna* u. dgl., wo die verbindung von *l* mit dental durch synkope entstanden ist.

Anm. 2. Ueber ein eventuelles stimmloses *l* im inlaut s. § 238, 2, b. Sicher war wol auslautendes *l* stimmlos nach stimmlosen konsonanten, z. b. *hasl*.

§ 41. *n* hat dreifache geltung:

1. Dentales *n* anlautend und in unmittelbarer verbindung mit dental (ausser *þ, ð*) sowie in der verdoppelung und wahrscheinlich auch nach schwachtonigem vokal (vgl. § 40, 1), z. b. *nenna, hǫnd, gaman, alin*.

Anm. 1. Die hdschr. schreiben oft *nn* vor *d, t*, s. § 260.

2. Velares *n* (*ŋ*) vor *g, k*, z. b. *syngua, tǫng, hǫnk*.

Anm. 2. Die hdschr. bez. bisweilen diesen laut — oder auch oft die verbindung dieses lautes mit folgendem *g* (was sonst mit *ng* bezeichnet wird) — durch ein besonderes zeichen: *η, ŋ* oder *q*. Nicht selt. kommt auch *nn* vor, s. z. b. Hb. s. XLIX, Wadstein, F. Hom., s. 134.

3. Kakuminales *n* in übrigen stellungen, z. b. *knútr, mon, venia, vanþa* (urn. **waniðō*).

Anm. 3. Ueber ein eventuelles stimmloses *n* im inlaut s. § 238, 2, b. Sicher war wol auslautendes *n* stimmlos nach stimmlosen konsonanten, z. b. *sókn, vápn, lausn, vatn*.

§ 42. *v* bez. bilabiales *v* (*ƀ*), später labiodentales *v*.

Anm. Die hdschr. haben oft *u*, selt. *w* oder (s. z. b. Hb., s. LIV) *y*.

§ 43. *z* ist ursprünglich (d. h. bei der einführung des lateinischen alphabetes) nur in der bedeutung von *ds* gebraucht worden. Aber schon in den ältesten der uns erhaltenen hdschr. tritt es — in folge des lautlichen überganges von *ds* in *ts* (§ 245, 1) — auch (und zwar häufiger) in der bedeutung von *ts* auf, weshalb es in dieser grammatik nur für *ts* gebraucht wird. Noch später bezeichnet es — in folge des überganges von intervokalischem *ts* in *ss* (§ 274, 2) und des schwundes von *t* vor antekons. *s* (s. § 303, 2) — zwischen vokalen *ss* und vor konsonanten *s*. Vgl. Wadstein, F. Hom., s. 118 f.; Mogk, AfdA. X, 65 f.; Gering, ZfdPh. XVI, 380; Hoffory, Arkiv II, 79 ff.; Gislason, Njála II, 626 ff.; Groth, Det AM. haandskrift 310, 4⁰, s. XXXVI ff.

Anm. Statt *z* kommt, bes. in den ältesten hdschr., auch *ds*, *ts* vor. Hie und da wird ausnahmsweise *þ* gebraucht (s. u. a. Specht, Acta germanica III, 1, s. 12; Gislason, Um frumparta s. 98 f.; Gering, Isl. Æv. I, XVIII f. Pipping, Stud. nord. fil. V, 6, s. 17 f. und daselbst angeführte literatur).

§ 44. *þ* hat (im aisl.) zweifachen lautwert (im anorw. nur den unter 1 angegebenen):

1. Stimmlose dentale spirans (engl. hartes *th*) anlautend, nach *k*, *p* und vor *k*, *s*, z. b. *þungr*, *fylkþa*, *hleypþa*, *vípka*, *baþstofa*.

Anm. 1. Die ältesten anorw. hdschr. haben im anlaut auch die majuskel *Ð*, welche wol nur eine andere form des *þ* ist; im 13. jh. kommen anlautend sowol *Ð* wie *ð* in der bedeutung von *þ* auch (aber sehr selt.) in aisl. hdschr. vor. Einige, vorwiegend anorw., hdschr. haben *th*, das seit c. 1450 alleinherrschend ist (s. Hægstad, Vestno. Maalf. II, 2, I, s. 58). — Die meisten normalisierten textausgaben schreiben in- und auslautend *ð*.

2. Im aisl. (vgl. § 35) stimmhafte dentale spirans (engl. weiches *th*) in übrigen stellungen, z. b. *meþan*, *verþa*, *baþ*, *leifþ*, *garþr* (= anorw. *meðan* usw.).

Anm. 2. Die ältesten (aisl.) hdschr. zeigen nur selt. *d* oder (wie AM. 677, 4⁰, älterer teil, s. § 12, 13, selten, jüngerer teil konsequent; Cod. Reg. der Eddalieder, s. § 12, 17, oft) *d*. Seit dem anfang des 13. jahrhs. kommen *þ* und *ð* (das immer häufiger wird) promiscue (konsequent *ð* in der, wahrscheinlich von einem norw. schreiber herrührenden, teilungsurkunde von Spákonuarfr, s. § 12, 11) vor, nach 1350 *ð* (sporadisch noch *þ*, s. Kålund, Heiðarvíga Saga, s. XXIV, M. Ólsen, Vǫlsunga saga, s. XLIV). S. weiter Celander, Om övergången av *ð* > *d*, s. 42 ff.; Hægstad, Vestno. Maalf. Innleiding, s. 16.

§ 45. **Länge** ("gemination") wird durch doppelschreibung des betreffenden zeichens ausgedrückt.

Anm. Die hdschr. drücken die länge auch durch grosse buchstaben oder durch ein über den konsonanten gesetztes pünktchen aus. Neben *kk* kommen *cc*, *ck* (so z. b. in der Hauksbók regelmässig), *kc* (bes. in Ól. hel. leg. saga) vor. Viele hdschr. bezeichnen *ss* mit *s*, aber *s* mit *ſ* (s. Sjöros, Stud. nord. fil. VIII, 3, s. 5; G. Indrebø, Sverris saga, s. XXVI).

III. Phonetische übersicht.

Das altwestnordische lautsystem um 1200 war also — mit dem jetzt erörterten normalalphabete ausgedrückt — folgendes:

§ 46. Sonanten (nur vokale):

	Velare od. Hintere	Palatale	
		Mittlere	Vordere
Ohne labialisierung:	*a á*	*œ ǽ e é*	*i í*

Labialisierte:
$$\begin{cases} \varrho\ \acute{\varrho} \ldots\ldots\ \theta & \\ o\ \acute{o} \ldots\ldots\ \theta\ \acute{\theta} & \\ u\ \acute{u} \ldots\ldots\ y\ \acute{y} & \end{cases}$$

§ 47. Konsonanten:

	Labiale	Dentale	Palatale u. Velare
Halbvokale:	*u*; *y*	—	*i*; *y*
Liquidae: stimmhafte:	—	*l ll*; *r rr*	—
„ stimmlose:	—	*l r*	—
Nasale: stimmhafte:	*m mm*	*n nn*	*n*
„ stimmlose:	*m*	*n*	—
Spiranten: stimmhafte:	{anl. *v* {in- u. ausl. *f*	{aisl. *þ* {anorw. *ð*	*g*
„ stimmlose:	*f ff*	(*z = ts*, *x = ks*) *þ s ss*	{anl. *h* {inl. *g*
Explosivae: stimmhafte:	*b bb*	*d dd*	*g gg*
„ stimmlose:	*p pp*	*t tt* (*z = ts*)	*k kk* (*x = ks*).

Hierzu kommen laryngales *h* (hauchlaut) und kakuminale *l*, *n*. Ueber kakuminale *d*, *n*, *s*, *t* s. § 252.

§ 48. Eine verbindung von einem sonantischen und einem konsonantischen vokale nennt man diphthong. Solche kommen im aisl.-anorw. in grosser anzahl vor und sind zweierlei art:

1. Fallende, die mit dem sonanten anfangen: (vorzugsweise aisl.) *au, ei, ey,* resp. (vorzugsweise anorw.) *ou (ǫu), œi, œy (ay)* und *ɵy*; anorw. auch dialektisch *ǽi.*

2. Steigende, die mit dem konsonanten anfangen: kurze: *ia, ie* (aisl.), *io, iu, iy, iǫ, iœ* (vorzugsweise aostnorw.), *iɵ*; *ua, ue, ui, uo* (misl.), *uǫ, uœ* (vorzugsweise anorw.), *uɵ*; lange: *iá, ié* (aisl.), *ió, iú, iǫ́, iɵ́*; *uá, ué, uí, uǫ́, uǽ, uɵ́.*

Anm. Auch einige triphthonge (verbindungen von einem sonantischen mit zwei konsonantischen vokalen) hat das aisl.-anorw. aufzuweisen: *uei (uœi),* z. b. in *sueigia* biegen, *uey (uœy)* und *uɵy,* z. b. in *kueykua, kuɵykua* beleben; endlich *iau (iou), uau (uou)* in je einem einzigen beispiele: *siau* sieben, *tuau* zwei.

§ 49. Ihrer quantität nach treten — wie wir schon oben gesehen haben — sämtliche vokale und explosivae, stimmloses *f*, stimmhaftes *m* und *r*, dentales stimmhaftes *l* und *n*, endlich *s* sowol als kurz wie als lang ("geminiert") auf.

Unter 'lange (stamm)silbe' verstehen wir im folgenden diejenige, die entweder einen langen vokal (oder diphthong) mit folgendem konsonanten oder einen kurzen vokal mit zwei folgenden konsonanten (ausser *gg*) enthält, z. b. *ǫ́st, eig-a, hald-a.* Eine 'kurze (stamm)silbe' ist dagegen vorhanden, wo entweder ein kurzer vokal von nur einem konsonanten (oder *gg*) gefolgt wird, oder die silbe einen langen vokal (oder diphthong) ohne folgenden konsonanten enthält, z. b. *far-a, egg, bú-a, dý-ia.*

Anm. Ueber die metrische geltung einer silbe s. Sievers, Beitr. XV, 401 ff., bes. 410; Altgerm. metrik, s. 58 f.

§ 50. Alle vokale (auch diphthonge) können auch als nasalierte vorkommen. Hauptsächlich aus der alten (in § 22 oben erwähnten) orthographischen abhandlung wissen wir, dass um 1170 nasalität wenigstens im aisl. in folgenden fällen da war (s. Noreen, Arkiv III, 1 ff., 36 ff.; Bugge, ib. II, 230 ff.; Kock, Arkiv XVII, 179 f., 185 ff., Svensk ljudhistoria IV, 467 ff.):

1. Unmittelbar vor nasal (nur nicht wenn diese stellung durch an. synkope entstanden ist), z. b. *sýna* zeigen (aber *syna* gen. pl. von f. *sýia*), *ra·mr* stark, *va·nr* gewöhnt.

2. Unmittelbar nach nasal, wenigstens wenn die silbe starktonig oder halbstark (s. § 51 anm. 1) ist, z. b. *mḗr* mir, pl. *frḁ́mer* zu *frḁ́mr* unverschämt.

Anm. 1. Nach ausweis der inschrift von Eggjum (c. 700) — wo die fälle 1 und 3 belegt sind — war die nasalierung in diesem falle damals noch nicht eingetreten; s. M. Ólsen, No. I., III, 111.

3. Wo ein urnordischer nasal nach einem starktonigen (oder halbstarken) vokale fortgefallen ist, z. b. *ī́* in, nom. pl. f. *ṓrar* unsere; alt auch *eta* essen u. dgl. (während *gialda* vergelten u. dgl. noch früher, vielleicht schon urn., die nasalierung aufgegeben hat; vgl. anm. unten.

Anm 2. Wie lange in diesem falle ein schwachtoniger vokal nasaliert blieb, bleibt für das aisl. unsicher. Im anorw. war — wenigstens nach der Fröséer inschrift zu urteilen — in diesem falle schon um 1050 die nasalierung nicht mehr da, z. b. *kirua* (d. h. *gerua* aus -*an*) machen; s. Noreen, Arkiv III, 31 ff.

4. Wo schon in urgerm. zeit ein nasal hinter einem starktonigen vokale fortgefallen ist, z. b. *fǣ́r* empfängt, *ǿre* jünger, *þél* feile, *hár* hai.

Die nasalierung schwindet allmählich, wol zu sehr verschiedener zeit in verschiedenen gegenden.

§ 51. Ueber die altwestn. betonung ist bis jetzt nur verhältnismässig wenig genauer ermittelt worden. Es lässt sich aber vermuten, dass sie im wesentlichen mit derjenigen des ältesten altschwedisch übereinstimmte; vgl. meine darstellung im Grundriss³ 4 = Geschichte der nord. sprachen³, s. 90 ff., § 54. Hier sei nur in aller kürze folgendes bemerkt:

In betreff des exspiratorischen akzents konnte eine silbe entweder haupttonig, stark nebentonig, schwach nebentonig oder unbetont sein. Die haupt- und stark nebentonigen silben fassen wir als starktonige, die andern als schwachtonige zusammen.

1. Der **haupton** ruht der regel nach:

a) In zusammengesetzten wörtern auf der wurzelsilbe des ersten gliedes. Jedoch gibt es nicht wenige wörter, bei denen die wurzelsilbe des letzten gliedes wenigstens alternativ den haupton trägt. Solche sind die meisten auf *for-* (*fyr-*) 'ver-', *of-* 'allzu' und *tor-* 'schwer', z. b. *forboþ* verbot, *ofmiok* zuviel, *torkenna* unkenntlich machen; viele auf *á-* 'an-', *iafn-* 'eben-'

und *ú-* (neben haupttonigem *ó-*) 'un', z. b. *ásióna* ansehen, *iafnsterkr* ebenso stark, *úhreinn* (aisl. neben gewöhnlicherem *óhreinn*; umgekehrt anorw. öfter *úrœinn* als *órœinn*) unrein; ausserdem eine menge einzelner wörter mit einsilbigem ersten glied, insbesondere solche, wo sowol das erste wie das zweite glied langen vokal haben, z. b. *miskunn* erbarmen, *fátékr* arm, *gáleyse* unachtsamkeit, *framfarenn* gestorben, *hórdómr* hurerei, *rét(t)látr* rechtfertig, *hugskot* gemüt, *nálǽgr* anliegend, *hótíþ* fest, die zahlwörter auf *-tán* (nicht aber *-tián*) wie *sextán* sechzehn u. a. m. Weil die hdschr. nur ausnahmsweise den platz des haupttones angeben (s. § 33 anm. 2), und die metrik uns auch oft im stiche lässt, sind wir in vielen fällen darauf beschränkt, mit hilfe der lautlichen verhältnisse — wie sie im folgenden werden erläutert werden — konstatieren zu können, dass bei einem worte die letzterwähnte betonungsweise wenigstens einst vorhanden gewesen ist, z. b. *forynia* (aus *for-rynia) vorbote, *Þuríþr* (*Þúrfríþr) ein frauenname; bisweilen geht sogar aus der lautentwickelung hervor, dass die früher vorhandene accentuierung mit hauptonigem letzten gliede schon zugunsten der gewöhnlicheren betonungsweise gewichen ist, z. b. *ellefo* (*ellifo*, *ainlíƀu) elf. Oft stehen nebeneinander doppelformen, die infolge der alternativen betonung lautlich mehr oder weniger verschieden gestaltet sind, je nachdem das erste oder zweite glied den haupton trägt oder einst getragen hat, z. b. *lík(h)amr* : *likamr* körper, *fóst(r)syster* : *fosyster* pflegeschwester, *Grik(k)land* : *Girkland* Griechenland, anorw. *bryllaup* (s. Hægstad, Vestno. Maalf. II, 2, 1, s. 32) : *brilaup* hochzeit; *horþar* : *Harþangr*.

b) In einfachen wörtern auf der wurzelsilbe. Jedoch dürfte in einzelnen fällen die ableitungssilbe, wenigstens alternativ, hauptonig gewesen sein; so besonders in vielen mit *-ing-* und *-ung-* abgeleiteten wörtern, z. b. *þrening* dreieinigkeit, *mining* erinnerung, *kening* poetische umschreibung, *teningr* würfel neben resp. *þrenning* usw. mit hauptoniger wurzelsilbe.

2. **Starker nebenton** tritt in folgenden fällen auf:

a) In zusammengesetzten wörtern auf der wurzelsilbe des nicht hauptonigen gliedes, z. b. *kirkiogarþr* friedhof. Doch

§ 51. Betonung.

ist das letzte glied schwachtonig in artikulierten nominalformen, z. b. *barnet, -eno* das, dem kind, sowie in vielen sonstigen wörtern, denen das gefühl der zusammensetzung abhanden gekommen ist, z. b. *Alrekr* (*Al-ríkr), *Hamþer* (älter *Hampér*), *Sigurþr* (*Sig-wǫrðr), *þanneg* (*þann-weg) dorthin, *nekkuat* (*ne-wœit-ek-hwat) etwas, *tottogo* zwanzig.

b) In einfachen wörtern auf sehr vielen ableitungssilben zum teil aus alten zusammensetzungsgliedern entstanden), wie *-and, -ind, -und, -ing, -ung, -ern, -ug, -ul, -ur* (s. Neckel, Beitr. XL, 48 ff. und 65) und noch anderen (wofern sie nicht haupttonig sind, s. 1, b), z. b. *eigande* besitzer, *sanninde* wahrheit, *tíund* zehnt, *víkingr* vikinger, *lausung* falschheit, *faþerne* väterliche seite, *kaupangr* stadt, *apaldr* apfelbaum, *heimill* von rechtswegen gestattet u. a.; vgl. § 78 (schluss). Dialektisch können doch auch diese silben schwachtonig sein, z. b. *fiande* (pl. *fíandr* — s. Gislason, Njála II, 235 f. — nach § 64) neben dem aus *fíande* (mit starktonigem *-and-*) entwickelten *fiande* und, mit anschluss an *fiá* hassen, *fiánde* (pl. *fiándr*, anal. neugebildet nach dem sg. statt *fiendr, vgl. *búendr* zu *búande* u. dgl.) feind u. a. m., s. § 64.

3. **Schwacher nebenton** kommt der regel nach derjenigen silbe zu, die in einem einfachen wort unmittelbar auf eine haupttonige silbe folgt (wofern jene nicht starken nebenton hat), s. 2, b, z. b. *tunga* zunge, *kallaþe* rief. Doch fehlt jedweder nebenton in den meisten zweisilbigen komparativen z. b. *stǿrre* grösser, *yngre* jünger, *fǿrre* weniger, *betre* besser (aber *meire* grösser, *fleire* zahlreicher mit nebentoniger ultima); ausserdem in einzelnen wörtern, z. b. *nío* neun, *tío* zehn, deren anzahl mit der zeit immer zunimmt. Ueber den grund dieser verschiedenheit s. Noreen, Geschichte[3], s. 93 und (kaum annehmbar, aber anregend) Pedersen, Arkiv XXVIII, 1 ff.

Anm. 1. Wenn die haupttonige silbe kurz ist, so ist früher — und wol noch in gewissen, bes. anorw. dialekten — der folgende nebenton etwas stärker ("halbstark") gewesen, z. b. *gata* gasse, *talaþe* redete.

4. **Unbetont** ist eine silbe in allen übrigen fällen; natürlich auch die wurzelsilbe proklitisch oder enklitisch stehender wörter, z. b. *eþa* oder, *meþan* während, *eke* (neben betontem *ekke*) nicht, *þikia* (bet. *þykkia*) dünken usw.

§ 52. Die urn. sonanten. § 53. Die starkton. silben. Urn. vorgänge: œ̄.

Anm. 2. Vgl. noch u. a. Wadstein, F. Hom., s. 122, 125; Bugge, Norrœn fornkvæði, s. 36 note, Aarbøger 1884, s. 87 f.; Jessen, ZfdPh. II, 139 f.; Sievers, Beitr. VIII, 75; L. Larsson, Arkiv IX, 122 ff.; Beckman, ib. XV, 74 ff.; Craigie, ib. XVl, 360 ff.; Falk, ib. IV, 358; Kock, Accentuierung s. 89 f., 208 ff. und bes. 219 ff. Vgl. aber besonders die bedenken E. Noreen's, Studier i fornvästnordisk diktning, s. 47 ff. (Upps. 1921).

II. Abschnitt. Die sonanten.

§ 52. Das urnordische übernahm aus urgerm. zeit folgende sonanten:

Kurze: *a, e, i, o* (das nur schwachtonig vor *m* da war), *u*.
Lange: *ā, ē, ī, ō, ū, œ̄*.

Dazu kamen mehrere diphthonge:

Fallende: *ai, au, eu*. Steigende: *wa, we, wi; wā, wē, wī, wœ̄*.

Diese vokale (und diphthonge) waren nasaliert, wenn ein nasaler konsonant unmittelbar nachfolgte oder doch in urgerm. zeit nachgefolgt war; *ā* scheint immer nasaliert gewesen zu sein und zwar aus letztgenanntem grunde.

Die entwickelung dieser laute innerhalb des (urnordischen und) altwestnordischen wurde durch folgende lautgesetze bestimmt.

Kap. 1. Lautgesetze der starktonigen silben.
A. Qualitative veränderungen.
I. Urnordische vorgänge.[1]

§ 53. *œ̄* in starktoniger silbe (vgl. anm. 2) ist schon in den ältesten urn. inschriften zu *ā* geworden, z. b. c. 250 Vi *makia* (got. *mēkeis*) 'schwert' und *marihai* ein mannsname (vgl. aisl. *mǽringr* zu got. *mērs*), c. 275 Torsbjærg -*mariʀ* (got. *mērs*) 'berühmt' und c. 400 Möjebro *frawaraðaʀ* (vgl. got. *rēdan*) ein mannsname; vgl. ferner aisl.-anorw. *gráta* (got. *grētan*) weinen, *máne* (got. *mēna*) mond usw. Die meisten an. *ā* sind in dieser weise aus älterem *œ̄* entstanden.

---

[1] Hier werden nicht alle solchen vorgänge aufgeführt, welche möglicherweise oder gar wahrscheinlich, sondern nur diejenigen, welche unzweifelhaft aus urn. zeit stammen. Die urn. umlaute und der übergang *iʀ* > *eʀ* werden jedoch erst später (§ 58 ff., resp. § 106, 2 mit anm. 3) behandelt.

§ 54. Urnordische vorgänge: *ai*.

Anm. 1. Die annahme Wimmer's (bei Burg, s. 153), dass spuren eines älteren urn. *ē* noch in einigen finn. lehnwörter erhalten seien, ist (trotz Thomsen, Ueber den einfluss s. 123, Beröringer s. 30 note, Samlede Afhandlinger II, 163, jetzt aber anders s. 251; Bugge, No. I. s. 153 und 305 note; Setälä, Journal de la Société finno-ougrienne XXIII, 1, s. 17 f.) glänzend bestätigt worden durch die aufspürung von mehr als ein dutzend finn. und ein paar lapp. lehnwörtern mit *ie* aus *ē* aus *ē*, z. b. finn. *lieko* (aisl. *lóg*) 'liegender baumstamm', *miekka* 'schwert' (s. oben), *rievä* 'frisch' (aisl. *hrár* 'roh'), lapp. *viekko* '36 pfund' (aisl. *vǫg* 'gewicht') u. a., s. Wiklund, Entwurf einer urlappischen lautlehre, s. 164 ff., Le monde oriental V, 219 ff.; T. Karsten, I. F. XXII, 292, Germ.-finn. lehnwortstudien, s. 80 f. (und die dort zitierte literatur), und Fragen aus dem Gebiete der germ.-finn. Berührungen, s. 110 f., Hfors. 1922; H. Pipping, Förhandlingar och uppsatser 31, s. 374 ff., Helsingfors 1918.

Anm. 2. In schwachtoniger silbe ist *ē* (zwar durch *a* bezeichnet, aber seinem lautwert nach) einstweilen erhalten. Ueber dessen folgende entwickelung s. § 138.

§ 54. *ai* wird schliesslich in den meisten stellungen zu *æi*, z. b. urn. Kragehul *haite* (Lindholm *hate* ist statt *haite* verschrieben), brakteat von Seeland *haiti* > anorw. *hæiti*, aisl., daraus entwickelt, *heite* heisse; Tune *staina* > *stein* stein; Reistad *wraita* > *reit* ritzung; Björketorp *hAiðR-* > *heiþr* ehre. In folgenden stellungen wird es aber zu *ā* kontrahiert:

1. Vor (später geschwundenem) *h*. In den ältesten inschriften steht noch *ai*, z. b. Einang c. 375 und Vetteland c. 400 *faihiðo* malte, noch Overhornbæk c. 575 (archaisierend?) *Aih*? (und Fonnås c. 550 *aih*?) = aisl.-anorw. *á* besitze, aber schon Rö c. 450 *fahiðo* malte, Åsum c. 475 (und St. Noleby c. 600) *fāhi* male. Sonstige beispiele sind: *fár* (got. *faihs*) schimmernd, *flár* (vgl. got. *þlaihan*) hinterlistig, *már* (*mór* § 77, 2; ahd. *mēh*) möwe, *lán* (neben dem d. lehnwort *lén* lehn) darleihe, *ǽtt* (vgl. § 63, 2; got. *aihts*) familie, *tǫ́* (vgl. § 77, 2) zehe, *rǫ́* reh, ?*sáld* eimer zu *sár* (litau. *saīkas*, s. Lidén, Uppsalastudier s. 81 f.) zuber, *Há(a)rr* (< *haihaharir* zu got. *haihs*, lat. *caecus*, s. Detter, Beitr. XIX, 503 note) ein Odinsname.

2. Vor (ursprünglichem) *r*. Urn. beispiele fehlen (Rö *sαira-* ist unsicher); spätere sind: *ár* (got. *air*) früh, *sár* (got. *sair*) wunde, *sárr* (finn. *sairas*) verwundet, *hárr* (ahd. *hēr*) grauhaarig, *árna* (vgl. aschw. *ǣrna*, got. *airinōn*) ausrichten, *ǫ́rr* (got. *airus*) bote, *ǫ́r* (finn. *airo*) ruder, *skǽrr* (*skairir*; und nach § 64 ? *upp-*, nisl. *opin-skárr* offenbar, vgl. Karsten, Stud. öfver de nord. spr.

§ 54. Urnordische vorgänge: *ai*. 51

prim. nominalbildning II, 272, und Psilander in Xenia Lideniana, s. 234; vgl. noch *skírr*, got. *skeirs*) hell.

Anm. 1. Vor *R* tritt dagegen kontraktion nicht ein, z. b. *eir* (got. *aiz*) bronze, *meire* (got. *maiza*) grösser, *geirr* (urgerm. latinisiert *gaisus*) ger u. a. Ags., resp. d. lehnw. sind *lǽra* (vgl. got. *laisjan*) lehren, *ǽra* ehren (echt nordisch *eira* rücksicht nehmen).

3. In stark nebentoniger silbe (s. § 51, 2) und zwar:

a) Vor dem haupttone, z. b. *á* (zu *ey* 'immer', got. *aiw*) in fällen wie *á meþan* 'stets' (Kock, Arkiv VII, 177) oder *ávalt* (< *āw-allt*, got. *aiw allata*, s. v. Friesen, N. spr. I, 14 f., später volksetymologisch *of valt, of alt, um alt*) 'immer', ebenso nnorw. *åmyrja* neben aisl. *eimyria* heisse asche; mit später gekürztem vokal (s. § 127, 1) *nakkuarr* (< *nākkwarR* < *ne-wait-ek-hwárir*) neben *nøkkuarr* (< *nœikkwœrR* § 82, 6 < *ne-wáit-ek-hwarir*) irgendein, *ellefo* (*œ'llefo* § 127, 6 < *ā'llību* § 65 < *ān-li'b*, vgl. got. *ainlibim*) elf.

Anm. 2. *Báþer* (got. *bai þai*) 'beide' kann — unter annahme späterer verschiebung des haupttones — hierher gehören; aber das *á* kann auch vom acc. *báþa* (got. *bans þans*) aus weiter verschleppt worden sein.

b) Nach dem haupttone, z. b. *Þorlákr* u. a. mannsnamen auf *-lákr* neben (wol etwas anders betontem) dat. *Þorleike* usw., *Óláfr* (woraus nach § 151, 1 *Ólafr*) und andere mannsnamen auf *-láfr* neben dat. *Óleife* (s. Hesselman in Minnesskrift utgiven av Filologiska Samfundet i Göteborg 1920, s. 55 f.), wozu das entsprechende fem. *Ólof* aus *-lóf*, *-lǣbu* (s. § 151, 5) usw., latinisiert *Hal(l)stanus* (st. *Hallsteinn*) u. dgl. namen (wozu der kurzname anorw. *Stáne* st. *Stæini*); anorw. sowol *ærfǽðe* (und *-aðe*, s. § 64, § 151, 1) arbeit (aber kaum *andlǽte* antlitz, s. § 64 und Ekwall, Suffixet *ja*, s. 57 note) als mannsnamen wie *Monámr* (ahd. *-heim*, s. Lündgren, Uppsalastudier, s. 18 note), *Únáss* (neben aisl. *óneiss* trefflich), run. (auf Man) *Ufaak* (d. h. *Ófág*, aisl. *Ófeig*) und *Þurlābr* (aisl. *Þorleifr*; s. Bugge, Aarbøger 1899, s. 239). Hierher mit früh gekürztem vokal auch *ákafr* eifrig (ags. *cáf*, s. Björkman, Nordiska studier, s. 168), *heraþ* bezirk (ahd. *heriraita*, s. Tunberg, Studier rörande Skandinaviens äldsta politiska indelning, s. 40 ff.), die vielen mannsnamen auf *-arr* (aus *-[ʒ]āraR* neben *-geirr*), z. b. *Þórarr* neben *Þorgeirr* (entlehnt air. *Tomrair* 847, resp. *Torgair* 1171), *Hróarr* (*HrōðwāRR* s. § 228, § 151, 1) neben *Hroþgeirr*, frauen-

namen wie anorw. (s. Rygh, Gamle personnavne, s. 198 und
230) *Rǫgnog, Rǫnnog, Sǫlog* (aus *-*vǫ́g* nach § 151, 5) neben
Rǫgnvǽig, Rannvǽig, Sǫlvǽig, sowie *nafarr* (*naƀa[ʒ]*āʀaʀ*, finn.
napakaira, ahd. *nabagēr*) bohrer, das negierende verbalsuffix -*at*,
-*a* (got. *ainata*, resp. *ain*; also ursprünglich gleich '[nicht] irgend
etwas'), z. b. *varat*, -*a* war nicht; möglicherweise auch (s. Kock,
Arkiv XI, 136 f., XIV, 263 f.) anorw. *for*(*r*)*að* gefährliche passage
(zu *eiþ* passage) und *huar*(*r*)*a* wo in aller welt (zu *á* 'immer',
s. oben a). Ueber *hann* er, *hónom* ihm, *hón*, acc. *hána* sie (alle
zu got. *jains*) s. Noreen, Geschichte[3], s. 180.

Anm. 3. Aus dem afris. stammen *bátr* (neben dem einheimischen
beit) schiff und *klǽpe* kleid (s. Wadstein, Friserna och forntida handelsvägar
i Norden, s. 13 f., Göteborg 1920, und Friesische Lehnwörter im Nordischen,
s. 8, Upps. 1922; anders Sverdrup, Maal og minne 1922, s. 49 ff.). Ags. lehnw.
sind *árhialmr* bronzehelm (s. Falk, An. Waffenkunde, s. 156 und besonders
E. Noreen, Studier i fornvästnordisk diktning, s. 47 ff., Upps. 1921), *tákn*
(neben *teikn*) zeichen und *láþmaðr* (ags. *láðmon*) lootse (zu *leiþ* weg) gleichwie
nisl. *sápa* seife. Ueber das nicht hierhergehörige selt. *rǫk* neben *reik* furche
s. § 172, 2. Ganz unverwandt sind nisl. *gári* ader im holze und aisl. *geire*
streifen (s. Torp in Sproglig-historiske studier tilegnede prof. Unger, s. 187).
Unklar bleiben *háss* heiser (s. zuletzt Karsten, Stud. öfver de nord. spr.
nominalbildning II, 205) und urn. Tune *ðaliðun* teilten (verschrieben statt
ðailiðun oder zu litau. *dalýti* teilen, lettisch *dala* teil?). Vgl. noch
F. Jónsson, No.-isl. kultur- og sprogforhold, s. 67 mit note 2.

§ 55. *au* wird etwa um 900 (s. Marstrander, Bidrag
s. 155) zu *ǫu*, z. b. urn. *laukaʀ* Fløksand c. 350, die brakteaten
von Schonen (nr. 19) und Börringe c. 475 sowie Skrydstrup
c. 500, woraus *lǫukr*, gewöhnlich aisl. *laukr*, anorw. *loukr*, beides
aus *lǫukr* entwickelt; Björketorp -*ᚦʌuðe* > *dauþe* tod, -*lausʀ*
> *lauss* los.

Anm. *Bákn* (ahd. *bouhhan*) zeichen (in *sigrbákn*) ist fremdwort
(afris. *bāken*).

§ 56. *eu* ist in den ältesten finn. lehnwörtern und in
älteren urn. inschriften (vor 600) noch in den meisten stellungen
erhalten, z. b. finn. *keula* (ags. *céol*, ahd. *keol*, aisl. *kióll*) schiff,
Skääng c. 500 *leuʒaʀ*; vgl. bei Jordanes c. 550 *theustes* einwohner
der aschw. landschaft *Piūst*. Wenn aber die folgende silbe
i oder *u* enthält oder *ʀ* unmittelbar folgt, ist es wenigstens
schon c. 575 zu *iu* geworden, z. b. Reistad *iuþinʒaʀ* (vgl. ahd.
Eodunc), Opedal n. sg. f. *liuƀu* lieb (s. Bugge, Arkiv VIII, 22),
aisl. *dýr* (s. § 71, 7) tier. Erst später (jedenfalls vor 900) ist

§ 57. Die urn. sonanten. § 58. Umlaut. § 59. 60. Velarisierung. 53

eu in sonstigen stellungen zu *iọu* geworden, z. b. finn. *joulu* — st. (*j*)*iulu* durch einfluss des gen. — weihnachten (vgl. got. *jiuleis*), aschw. Rök *þiaurikʀ* Theodorik, adän. run. *niạut* geniess, -*þiauþ* (got. *þiuda*) volk. Noch später gehen sowol *iu* wie *iọu* von fallendem in schwebenden diphthong, resp. triphthong über, wie aus der folgenden entwickelung (s. § 100 und § 101) hervorgeht.

Anm. Vgl. Bugge, Vitterhetsakademiens Handlingar XXXI, 3, s. 17; Pipping, Gutalag, s. LXII ff.; Noreen, Geschichte³, s. 79; Karsten, Germanisch-finnische lehnwortstudien, s. 55 und 247.

§ 57. Die etwas spätere urn. zeit hatte also folgende sonanten:

Kurze: *a, e, i, o* (s. § 52), *u*. Lange: *ā, ē, ī, ō, ū*.

Diphthonge und triphthonge: fallende: *œi, ọu*; schwebende: *iu, iọu*; steigende: *wa, we, wi* und *wā, wē, wī*.

Von diesem stand gehen wir im folgenden aus.

II. Umlaut.

§ 58. Mit umlaut bezeichnet man im allgemeinen eine verschiebung des vokalsystems, die durch den assimilierenden einfluss benachbarter laute hervorgerufen wird. Die artikulationsstelle des vokals wird also nach der seite hin verschoben, wo der den umlaut bewirkende laut gebildet wird. Von diesem gesichtspunkte aus ist der an. umlaut dreierlei art: **velarisierung, palatalisierung** oder **labialisierung** des betreffenden vokals.

Anm. Je nach dem platze des umlautwirkenden lautes nach oder vor dem umgelauteten unterscheidet man zwischen **regressivem** und **progressivem** umlaut. Im westn. jedoch ist der letztere nur spärlich vertreten.

A. Verschiebung durch velarisierung.

§ 59. Velarisierung, sog. *a*-umlaut, wird von *a*, offenem *e* (s. § 61, 2) und wahrscheinlich auch (s. § 61, 3) urn. *ǣ* (offenem *ę̄*) bewirkt und tritt nur bei *i* und *u* ein.

§ 60. Starktoniges *i* wird in kurzer silbe ausser wol nach *g* und *k* (s. Kock, Beitr. XXIII, 544 ff.) zu *e*, wenn in der nächsten silbe ein *a* oder ein sich nach § 137, 2 zu *a* entwickelndes, also offenes, *ō* ohne dazwischenliegendes *j* oder nasal + kons. steht oder doch in urn. zeit stand, z. b. *heþan* von hier neben *hiþra* (alt, s. Gislason, Njála II, 604; später anal. *heþra*) hier, *gleþa* (ags. *glida* zu *glídan* gleiten) weih, *verr* (lat. *vir*; vgl. vielleicht pl. *virþar* < *wiriðōʀ*, gebildet wie *fyrþar* < *firhwiðōʀ* § 77, 5, a, die männer der *verþong* ehrengeleit des königs sowie möglicherweise aschw. pl. *virþar* die einwohner der landschaft *Værand*, aisl. *Verund*; dagegen aber Lindroth, Namn och bygd VI, 41 ff.) mann, *sef* neben ndän. *siv* binse (zu lat. *dissipo*, ahd. *sib*), *duena* neben *duína* (ags. *dwínan*) erschlaffen, anorw. *suena* neben *suina*, *suína* (ahd. *suīnan*) schwinden, *þrefa* zanken neben *þrifa*, *þrífa* tappen (s. Noreen, Vårt språk III, 182 note 2), *neþan* von unten neben *niþre* (auch *neþre*, *neþarre*) niedere, *hegre* (ags. *higora*), *hére*? (s. Vigfusson; vgl. fi. *Haihara*, *haikara*, s. Saxén, Stud. nord. fil. I, 3, s. 93) § 317, 3, 1 reiher, anorw. *skref*, dat. *skrifi* (s. Fritzner) schritt. Durch ausgleichung ist der wechsel beseitigt worden, resp. sind doppelformen entstanden wie *stege* (selt.), *stige* aus ursprüngl. nom. *stigi*, pl. *stegar* leiter (wie noch in norw. dial., s. Hægstad, Vestn. maalf. II, 1, s. 154); ebenso *sele*, *sile* siele (vgl. Hægstad, a. o. I, s. 111), *sege*, *sige* (s. Hellquist, Arkiv VII, 54, 58); Bugge, ib. X, 87) schnitzel, *ref-ormr* flechte neben *rif* reibung (vgl. Noreen, Vårt språk III, 186 mit note 4), pl. *neþar* (selten, s. Larsson) neben *niþar* abnehmender mond, *klefe*, selt. *klife* kleine stube, *vega*, anorw. auch *viga* kämpfen, töten zu *víg* kampf, mannsnamen auf -(f)*reþr*, -(f)*røþr* § 77, 3 (wie *Hallfreþr*, *Geirrøþr*) neben *friþr* friede (s. Bugge, Arkiv II, 251); vgl. noch *sleþe* neben aschw. *sliþi* (nnorw. dial. *sliði*) schlitten.

Anm. Nach dem urn. *Wiwaʀ* Tune ein mannsname zu urteilen, ist der übergang um 500 noch nicht durchgeführt.

§ 61. Starktoniges *u* geht in *o* über:

1. Wenn in der nächsten silbe ein *a* oder ein sich nach § 137, 2 zu *a* entwickelndes, also offenes, *ō* ohne dazwischenliegendes *j* oder *gg* oder nasal + kons. steht oder doch in urn. zeit stand; vor *m*, *n* ohne folgenden kons. doch wol erst spät-urn. und zwar nach der *a*-synkope, so dass ein fall wie z. b. *humarr* hummer statt *homarr durch den einfluss der synkopierten kasus (*humre*, -*rar*, -*ra*, -*rom*) zu erklären wäre. Vgl. Kock, Beitr. XXIII, 511 ff., Arkiv XXVI, 97 ff.; Hultman, Hälsingelagen I, 182 ff.; Setälä,

§ 61. *a*-umlaut von *u*.

Journal de la société finno-ougrienne XXIII, 1, s. 21; E. Olson, Arkiv XXVIII, 291 ff. Schon urn. beisp. sind *horna* Gallehus, Strøm horn gegen dat. *-kurne* Tjurkö korn, 1. sg. prät. *worahto* Tune (aisl. *orta*) machte. Dieser wechsel ist aber fast überall ausgeglichen worden, so dass man nur ganz ausnahmsweise eine hdschr. finden kann, die das lautgesetzliche verhältnis aufrecht hält, z. b. nom. *sunr*, gen. *sonar*, dat. *syni*, acc. *sun*, pl. nom. *synir*, gen. *sona* usw. (s. Gering, Isl. æv. I, XVI). Ziemlich oft sind aber doppelformen entstanden wie *sonr* : (bes. in alter zeit) *sunr* sohn, *hugr* : *hogr* sinn, *fugl* : (alt) *fogl* vogel, *gull* : (alt fast immer) *goll* gold, *goþ* (bes. in zusammensetzungen vorzugsweise von den heidnischen göttern gebraucht) : *guþ* (bes. in zus. vorzugsw. von dem christlichen gott gebraucht) gott, *bukkr* : *bokkr* bock, *munr* : *monr* sinn, unterschied, *kona* : (selt., s. Vigfusson) *kuna* weib, *togr* : *tugr* anzahl von zehn, *stofa* : *stufa* (s. Egilsson und Fritzner) stube, *stofn* : anorw. auch *stufn* (*stumn*) unterlage, *Broddr* : mnorw. auch *Bruddr*, *Oddr* : mnorw. auch *Uddr* mannsnamen, *opt* : anorw. selt. *uft* oft, pl. *gotar* : *gutar* (s. Hertzberg, wol aschw. lehnwort) einwohner von Gottland, *-smogoll* (s. Hertzberg) : *smugall* eindringend, *koma* : anorw. auch *kuma* kommen, *stoþ* : *stuþ* stütze, *burr* : *borr* sohn, *bolr* : *bulr* rumpf, *bolstr* : *bulstr* polster, *flug* : *flog* geschwindigkeit, *gul, -a* : *gol, -a* windstoss, *huerskonar* : *-kunar* von jeder art, *ruþ* : (selt.) *roþ* neuland, *ulfr* wolf neben mannsnamen auf *-olfr* (wie *Þórolfr*, *Heriolfr* u. a., vielleicht wegen schwachtonigkeit; aber auch *-ulfr*, wie schon urn. *-wulafᴿ*, *-wulafa* Istaby neben *-wolᴀfᴀ* Gummarp, *-wolᴀfᴿ* Stentoften), u. a. m., s. bes. Gislason, Um frumparta, s. 197 f.; Hægstad, G. Tr., s. 45.

Anm. 1. *u* statt sonstigen *o* ist besonders in dem färöischen dialekt beliebt, z. b. *brut* bruch, *mula* zermalen, *turf* torf u. a., s. Bugge, Aarbøger 1875, s. 40.

Anm. 2. *Konungr* könig st. (anorw., s. § 160 anm.) *kunungr* ist von *konr* edelgeborner beeinflusst. Umgekehrt erklärt sich ein fall wie *hunang* honig vielleicht aus einer aussprache mit haupttoniger ultima; vgl. 51, 1, b und Kock, Beitr. XXIII, 517.

Anm. 3. Der diphthong *eu* scheint nicht in entsprechender weise zu *eo* entwickelt worden zu sein, s. § 56.

2. Wenn in der nächsten silbe ein — weil vor *-na-* stehend offenes — *e* (s. Wessén, Språkvet. sällskapets i Upps. förhand-

lingar 1913—15, s. 56 ff., bes. s. 78) ohne dazwischen liegendes *gy* (und *gð*?) oder nasal + kons., alt-urn. auch *m* + son., steht, z. b. *brosten* geborsten, *brotenn* gebrochen, *stolen* gestohlen, *lokenn* (St. Hom. einmal *lukenn*) geschlossen u. dgl. part. prät. gegenüber *bruggenn* gebraut (*brugþenn*, selt. anorw. *brogðenn*, s. s. 495 anm. 5, geschwungen), *bundenn* gebunden, *numenn* (anorw. und selt. aisl. auch *nomenn*) genommen.

3. Wenn in der nächsten silbe urn. — ältest *a* geschriebenes — *ē* (woraus nach § 138 *e*) ohne dazwischen liegendes *j*, *gg* oder nasal (vgl. näher oben 2 und 3) stand (s. Hultman, Hälsingelagen I, 198 f., 213 f.), z. b. *orte* By usw. (*wurte* Tjurkö hat wol *u* von dem pl. und inf. bezogen) machte, *olle* verursachte. *boge* bogen, *oxe* (neben *uxe* nach pl. *uxniʀ > *yxn*) ochs, *goþe* : selt. *guþe* (nach *guþ*) priester, *hertoge* : selt. *-tuge* herzog gegenüber *gume* mann, *fune* feuer.

B. Verschiebung durch palatalisierung.

§ 62. Die palatalisierung findet in starktoniger silbe (vgl. § 147) im allgemeinen (vgl. § 75 und § 147) nur bei denjenigen vokalen statt, die nicht vordere palatale sind (vgl. das vokalschema § 46), also bei *a*, *e*, *o*, *u*, *ǫ*, *á*, *ó*, *ú*, *ǫ́*, *ǿ* (s. § 68, 4) und solchen diphthongen, die diese vokale enthalten, wie *ia*, *io*, *iu*, *ió*, *iú*, *ǫu* (und den daraus entwickelten *au*, *ou*, s. § 98), *ua*, *uá*. Bewirkt aber wird im westn. dieser umlaut:

1. durch ein mittelbar (aber jedenfalls zur zeit des umlautes in der nächsten silbe. vgl. § 66 anm. 2) oder unmittelbar folgendes sonantisches *i* (wahrscheinlich auch *ī*, s. Hesselman, Västnordiska studier I, 7 ff.), welches in literarischer zeit sehr oft entweder infolge der synkope (s. § 153 ff.) nicht mehr da ist oder auch in *e* (s. § 145) übergegangen ist: *i*-umlaut;

Anm. 1. Dass ein vokal auch durch unmittelbar folgendes, noch nach der synkopierungszeit erhaltenes, wenn auch später durch kontraktion (nach § 135) geschwundenes, *i* umgelautet wird, geht aus fällen wie *blǽingr* der schwärzliche, *hǽll* (*hāilʀ < urn. *hāhilaʀ) ferse, *prǽll* knecht, aschw. *Styinge* ein mannsname u. a. hervor, s. Bugge, No. I. s. 83 note; Pipping, Neuphilologische Mitteilungen 15/11 — 15/12 1902, s. 17, und Grammatiska studier, s. 4 note.

2. durch ein mittelbar (aber jedenfalls in der nächsten silbe) oder unmittelbar folgendes, seltener unmittelbar vorher-

gehendes, konsonantisches *i*: (regressiver, resp. progressiver) *j*-umlaut;

3. durch ein unmittelbar folgendes frikatives (wol *i*-haltiges) *r* (urn. ʀ, urgerm. *z*; vgl. § 18; § 34 anm. 2; § 224, 1; § 265): ʀ-umlaut;

Anm. 2. Die annahme Kock's (Arkiv VIII, 256 ff. und öfter) dass ein ʀ, vor welchem ein *i* ohne umlaut zu bewirken synkopiert worden ist, auch einen nicht unmittelbar vorhergehenden vokal umlautet, ist hinfällig, s. Wessén in Språkvetenskapliga sällskapets förhandlingar 1916—1918, s. 73 ff.

4. durch ein von *ʒ* oder *k* vorangegangenes *ē*, das zum teil wol schon in urn. zeit zu umlautbewirkendem *i* (s. oben 1) übergegangen ist (s. Noreen, Arkiv I, 152 note 2; Wessén, a. o. 1913—1915, s. 79; E. Noreen, Namn och bygd IX, 46): palatalumlaut (eigentlich nur ein spezialfall von 1 oben).

1. *i*-umlaut.

§ 63. Die fälle sind:

1. *a* > *æ* (woraus aisl. *e*, s. § 117), z. b. *ketell* (got. *katils*) kessel, *heldr* (got. *haldis*) lieber, *nefna* (got. *namnjan* aus *namnian) nennen; schon Stentoften c. 675 -*ʒestumʀ* gästen gegenüber *ʒastiʀ* Gallehus c. 425.

2. *á* (über dessen ursprung s. § 52, § 53, § 54) > *ǽ*, z. b. präs. 1. sg. *mǽle* spreche zu *mál* sprache, 2. sg. *lǽtr* (got. *lētis*) lässt.

3. *e* > *i*, z. b. *verk* : *virke* werk, *birte* (got. *bairhtei*) hellheit, *nest* proviant : *nista* proviantieren, *sess* sitz : *sissa* sitz bereiten, *segl* segel : *sigla* segeln, *á meþal* : *á miþel* zwischen, dat. *Heþne* (wonach nom. *Heþenn*) : anorw. selten *Hiðin* ein mannsname, *Þelamǫrk* eine landschaft : pl. *þiler* deren einwohner, dat. selten (s. z. b. Vigfusson) *virþe* (gew. anal. *verþe*) zu *verþr* malzeit; noch andere beispiele s. Kock, Umlaut und Brechung, s. 44 ff. Schon Opedal c. 575 steht vielleicht *ƀirʒ* birg (zu got. *bairgan*) und wahrscheinlich schon Veblungsnæs c. 625, By c. 650 *irilaʀ* gegenüber Lindholm, Kragehul c. 400, Järsberg c. 575 *erilaʀ* ein mannsname (über air. *erell* 'jarl' s. Marstrander, Bidrag, s. 86 mit note 1), womit die völkernamen *fervir* und *bergio* bei Jordanes c. 550 übereinstimmen. — Urn. scheint *e* wenigstens

§ 63. *i*-umlaut von *o, ó, u, ú, ǫ*.

nach ȝ auch durch ein folgendes *u* zu *i* umgelautet worden zu sein, z. b. *ȝiƀu* Seeland (ich) gebe, wo doch *i* vielleicht aus *ȝiƀiʀ (ahd. *gibis*) gibst entlehnt sein kann.

4. *o > ø* (geschlossenes), z. b. *sønir* söhne zu *sonr* sohn, 3. sg. konj. prät. *þølþe* zu *þola* dulden, *nørþre* nördlicher zu *norþr* nord, pl. *øxn* zu *oxe* ochs. Dieser fall ist verhältnismässig selten, weil (nach § 61) *o* nie lautgesetzlich in der betreffenden stellung stand, sondern erst durch ausgleichung innerhalb eines paradigmas dazu gekommen ist.

Anm. 1. Weil (nach § 61) *o* sehr oft mit *u* wechselt, entsteht häufig der schein, als ob *y* der *i*-umlaut von *o* (statt von *u*, s. 6 unten) wäre, z. b. *sonr* (älter und seltener *sunr*): pl. *synir* (jünger und seltener *sønir*).

Anm. 2. Da dieses *ø* oft mit *e* wechselt (s. § 119), entsteht auch bisweilen der schein, als ob *o* zu *e* umgelautet wäre.

5. *ó > œ́* (geschlossenes), z. b. 1. sg. präs. *bœ́te* büsse zu *bót* busse, *dœ́ma* (got. *dōmjan*) urteilen, 2. sg. präs. ind. *blœ́tr* (got. *blōtis*) zu *blóta* mit opfer verehren.

Anm. 3. Weil (nach § 166 anm. 2) *ó* bisweilen mit *ú* wechselt, entsteht unter umständen der schein, als ob *ó* zu *ý* umgelautet worden wäre (vgl. oben anm. 1), z. b. *býle* (neben *bœ́le*) aufenthaltsort zu *ból* ort, wo man sich niedergelassen hat, und zu *búa* wohnen (vgl. orkn. *landbúli* gegenüber gew. *landbóle* pächter).

Anm. 4. Auch das nach § 77, 2 und § 116 durch *u*-umlaut entstandene *ó* wird auf dieselbe weise zu *œ́* i-umgelautet, z. b. pl. *spœ́nir* (neben *spǽnir* zu *spánn*, *spǫ́nn*) zu *spónn* span. Beispiele sind äusserst selten, weil dies *ó* nie lautgesetzlich, sondern nur durch ausgleichung innerhalb eines paradigmas in der betreffenden stellung steht. — Der sehr seltene pl. *nœ́tr* (s. Gislason, Udvalg af oldnordiske skjaldekvad, s. 148; Hægstad, Vestno. maalf. II, 2, I, s. 94) statt *nǽtr* zu *nótt* (*nǫ́tt*) nacht ist wol eine analogiebildung nach *bót* : *bœ́tr*, *rót* : *rœ́tr*, *nót* : *nœ́tr* u. dgl.

6. *u > y* (offenes), z. b. *synir* söhne zu *sunr* (neben *sonr*, vgl. anm. 1) sohn, *fylla* (got. *fulljan*) füllen.

7. *ú > ý*, z. b. 1. sg. präs. *hýse* beherberge zu *hús* haus, 2. sg. präs. *lýkr* (got. *lūkis*) zu *lúka* schliessen.

8. *ǫ* (über dessen entstehung s. § 77, 1, § 82, 1) *> ø* (offenes), z. b. *øþle* (aus **ǫðli > *aðulia*, vgl. § 66 anm. 2) neben *aþal* begabung und dat. sg. *ǫþla* begabt (bei Brage, s. Bugge, Bidrag s. 161, vgl. § 173, 1; dazu *øþlask*, später nach *øþle* zu *œ́þlask* geworden, 'sich aneignen'), *ofþøgle* übergrosse schweigsamkeit (zu *þǫgoll* schweigsam wie *athygle* zu *-hugoll* u. dgl.), *viþførle*

§ 63. *i*-umlaut von *ia, io, ió, iu, iú, ǫu*.

weites umherfahren (zu *fǫroll* reisend), *stø̨þuer* beruhiger (zu *stǫþua* zum stehen bringen), anorw. *ø̨rtog* (*ǫrti- > *aruti-*, ahd. *aruzzi*) ¹/₂₄ mark. Beispiele sind selten, weil ǫ nur ausnahmsweise in der betreffenden stellung zu stehen kommt. Vielleicht gehören doch hierher einige von den § 82, 6 angeführten beispielen.

9. *ia > iæ* (aisl. *ie*), woraus später nach § 295 *æ* (*e*), z. b. pl. *vel(i)endr* zu *veliande* wählend (vgl. § 64). Beispiele sind selten, weil *ia* nur ausnahmsweise in der betreffenden stellung steht.

10. *io > iø*, woraus nach § 295 *ø*, z. b. 3. sg. konj. prät. *h(i)øgge* neben 1. pl. ind. prät. *hioggom* hieben, *b(i)øgge* neben *bioggom* wohnten. Beispiele sind sehr selten.

Anm. 5. Der scheinbare übergang *io > y*, z. b. *hygge, bygge* neben *h(i)øgge, b(i)øgge* ist nach anm. 1 oben zu beurteilen.

11. *ió* (über dessen entstehung s. § 101, 2) *> ié*, woraus nach § 295 *é*, z. b. 3. sg. konj. prät. *hlépe* neben 1. pl. ind. prät. *hliópom* liefen, (*i*)*ése* neben *iósom* schöpften, (*i*)*éke* neben *iókom* vermehrten. Beispiele sind sehr selten.

Anm. 6. Wenn es bisweilen aussieht, als ob *ió* zu *ý* umgelautet worden wäre, so ist das betreffende *ió* aus einem nach § 56 mit *iu* wechselnden *iǫu* entstanden (s. § 101, 2), z. b. 1. sg. präs. *lýse* leuchte zu *liós* licht, 2. sg. präs. *býþr* (got. *biudis*) zu *bióþa* bieten.

12. *iu > y*, zunächst aus *iy* (s. § 295), das durch den einfluss verwandter formen bisweilen erhalten sein kann, z. b. 3. sg. konj. prät. *yke* neben 1. pl. ind. prät. *iukom* vermehrten, *iyse* neben *iusom* schöpften, anorw. *lypi* neben *liupum* liefen. Beispiele sind sehr selten (s. z. b. anm 5 oben).

13. *iú* (urn. *iu*, über dessen entstehung s. § 100) *> ý* zunächst aus **iý* (s. § 295), z. b. *sýke* krankheit zu *siúkr* krank, *dýpþ* (got. *diupiþa*) tiefe zu *diúpr* tief.

14. *ǫu* (über dessen entstehung s. § 55) oder in den meisten gegenden wol erst die daraus entwickelten (s. § 98) *ou* (vorzugsweise anorw.) und *au* (vorz. aisl.) *> øy*, resp. *ey* (*œy, ay*, wie wol noch um 900 gesprochen, s. Marstrander, Bidrag s. 72), z. b. 1. sg. präs. *drøymi, dreyme* träume zu *droumr, draumr* traum, 2. sg. präs. *løypr, hleypr* (got. *hlaupis*) läufst, *høyra, heyra* (vgl. got. *hausjan*) hören.

§ 61. *i*-uml. in nebenton. silben.   § 65. *i*-uml. durch starkton. vokal.

Anm. 7. Dieser fall ist natürlich nur ein korollar der in 1, 4, 6 u. 8 oben behandelten fälle.

15. *ua* > *uœ* (aisl. *ue*), z. b. nom. pl. *vender* neben gen. pl. *vanda* ruten, *huessa* (*hwassian) schärfen zu *huass* scharf.
16. *uá* > *uǽ*, z. b. 3. sg. konj. prät. *kuǽme* (ahd. *quāmi*) käme, *vǽta* (*wātian) nässen zu *vátr* nass.
17. *ue* > *ui*, z. b. *huirfing* kreis zu *huerfa* sich wenden.

§ 64. Die stark nebentonigen vokale werden ganz wie die haupttonigen umgelautet, z. b. pl. *gefendr* aus **-andiʀ*) zu *gefande* geber (vgl. § 60, 9), *tíþende* neuigkeit, *faþerne*, *móþerne* väterliche, resp. mütterliche seite, *réttynde* recht, *hógynde* neben *hógende*) kissen, *dauþyfle* (got. *dauþubleis*) leiche, *innyfle* (ahd. *innubli*) eingeweide, *eimyria* (ahd. *eimuria*) glühende asche, anorw. *ambǽtti* (Hægstad, G. Tr. s. 67 f.) dienst zu *ambǫtt* dienstmagd, *afrǿðe* (neben *afráð*) abgabe und *andlǽte* (vgl. mndd. *antlāt*) antlitz; noch andere beispiele s. Kock, Umlaut und Brechung, s. 102 f. Dagegen werden schwach nebentonige vokale nicht umgelautet, z. b. proklitisch *um(b)* aus *umbi (ags. *ymb*), pl. *fiandr* (§ 51, 2, b) zu *fiande* feind, 3. sg. konj. prät. *kallaþe* riefe, *vesall* elendig zu *sǽll* glücklich, *Ingemarr* (mnorw. auch *-márr*, nnorw. *-mår*) ein mannsname zu *mǽrr* (urn. *-mariʀ* Torsbjærg) berühmt, *varúþ* neben der neubildung *varhygþ* vorsicht, *meþan* (got. *miþþanei*) während, ? *uppskárr* offenbar zu *skǽrr* hell (s. § 54, 2), von denen jedoch die einst zusammengesetzten vielleicht das *i* schon vor der umlautszeit synkopiert haben (vgl. die behandlung eines ersten gliedes, s. § 66, 1 schluss; anders Kock, Umlaut und Brechung, s. 133 f.). Wo die betonung zwischen starkem und schwachem nebenton schwankt (s. § 51, 2, b), finden sich natürlich doppelformen, z. b. *dómere* (got. *dōmareis*): *dómare* richter, *missere*: *missarc* halbjahr, *allynges*: *ǫllonges* (durch kontamination auch *allonges*, *ǫllynges*) ganz und gar, anorw. *œrfǿðe*: *œrfaðe* arbeit.

Anm. Ueber eine art späteren umlauts in schwachtoniger silbe s. § 147.

§ 65. Vielleicht wird der umlaut lautgesetzlich auch durch starktonigen vokal bewirkt, wiewol er in zusammensetzungen wie *ǫstvinr* lieber freund, *fáviss* unwissend u. dgl. fast immer sowie in abgeleiteten wörtern mit stark nebentoniger ableitungssilbe wie *sanninde* wahrheit, *máttigr* (got.

§ 66. Entwickelung des *i*-umlautes.

mahteigs) mächtig, *brautinge* reisender, *drótning* königin u. dgl. sehr oft durch assoziation mit verwandten unumgelauteten formen unterbleibt oder früh aufgehoben worden ist (vgl. § 67). Wo aber ein ursprüngliches kompositum durch schwächung des zweiten gliedes undurchsichtiger geworden ist und den schein eines simplex angenommen hat, ist die assoziation gewöhnlich unterblieben und der zu erwartende umlaut demzufolge vorhanden, z. b. *Hrǿrekr* (neben selt. anorw. *Róðrekr*) Rodrich zu *hróþr* ruhm, *Hǿrekr* neben *Hárekr* (s. Lind, No.-isl. dopnamn, s. 490) ein mannsname, *Gýriþr* neben *Guþríþr* und *Pyriþr* neben *Þuríþr* (vgl. § 51, 1, a) frauennamen, *Hylviþr* neben *Hul[m]riþr* ein mannsname, *Brýn* aus *brú-vin, *Møn* (*Mó-vin*), *Rǿn* (*ró-vin), *Ǽn* (*á-vin), *Sǿndin* neben *Sandvin*, *Øystrin* neben *Austr[v]in* u. a. dgl. anorw. ortsnamen (s. Rygh, Norske gaardnavne, Forord s. 86), *Sørkuer* (§ 82, 12) neben *Sorkvér* (§ 82, 8), *Øluer* (§ 82, 6; anorw. auch *Æluir*) neben *Olvér* (vgl. Bugge bei Fritzner III, 1103; anorw. auch *Alver*), *Høruer*, *Høsuer*, *Þyrgils* neben *Þorgils*, *Hløþuer* neben *Hloþvér* Ludwig u. a. dgl. mannsnamen, *ýmiss* (vgl. got. *missō*) wechselnd, aisl. *s(i)eytián* neben *s(i)autián* siebzehn, *þeyge* (*þau-gi) jedoch nicht, nom. acc. pl. ntr. *bǽþe* (*bā-þiu, vgl. ahd. *bēdiu*) beide, *huetvetna* neben *huatvitna* was auch immer zu *huat* was, *huervetna* neben *huarvitna* allenthalben zu *huar* wo.

§ 66. Der *i*-umlaut wurde wol am frühesten durch ein ganz unbetontes, erst später durch ein etwas stärker betontes *i* bewirkt. Infolgedessen haben wir in der historischen entwickelung des *i*-umlautes mehrere verschiedene perioden zu unterscheiden (s. Kock, Beitr. XIV, 53 ff., XV, 261 ff., XVIII, 417 ff., XXVII, 166 ff., Arkiv XII, 249 ff., Umlaut und Brechung, s. 38 ff.; Noreen, Geschichte[3], s. 84 ff.; zum teil anders Pipping, Gotländska studier, Uppsala 1901, s. 97 ff., und noch anders in Mémoires de la société néophilologique à Helsingfors IV, 237 ff., wogegen Wessén in Språkvetenskapliga sällskapets förhandlingar 1916—18, s. 61 ff.):

1. Die zeit (etwa 600—700), wo umlaut nur durch urn. ganz unbetontes (daher relativ früh synkopiertes, s. § 153, 1) *i* bewirkt wird. So besonders in langer — selten in kurzer (zur erklärung s. Wessén, a. o. s. 73 ff., A. Noreen, ib. s. 91 ff.; vgl. E. Noreen, ib. s. 95 ff.) — starktoniger silbe, z. b. um 675

§ 66. Entwickelung des *i*-umlautes.

Stentoften dat. pl. -ʒestumʀ (= anorw. *gœstum*) zu **ʒæst(i)ʀ* aus urn. (Gallehus) -ʒastiʀ gast, um 700 Björketorp 3. sg. präs. ƀᴀʀᴜᴛʀ (= aisl. *brýtr*) aus urn. **briutiʀ* (got. 2. sg. *briutis*; aber noch Stentoften ƀariutiþ bricht; gleichzeitig manʀ (d. h. *mænn*ʀ) Eggjum männer; *démþa* (ich) richtete aus urn. **ðōmiðō* u. dgl.
— In fällen wie *kuánlauss* (**kwāni-*) unverheiratet zu *kuǽn* (*kuón* und *kuán* nach dem gen.) weib u. dgl. (s. Falk, Arkiv III, 297 f.) ist wol *i* schon vor dem eintritt des *i*-umlauts synkopiert worden (s. Kock, Arkiv XII, 251, 255, Noreen a. o.) oder von der simplex-form *kuán* beeinflusst.

Anm 1. Nicht überzeugend sucht Bugge (No. I. s. 106 f.) den umlaut von *a* und *au* schon für die zeit um 500 nachzuweisen. Erst um 575 ist umlaut von *e* durch Opedal *birʒ* (s. § 63, 3) belegt, erst um 625 der umlaut von *ā* durch Strøm *wate* (d. h. *wǣte* aus **wātiē* netze), um 675 der umlaut von *a* durch das oben erwähnte -ʒestumʀ.

2. Die zeit (etwa 700—850), wo auch ein nach kurzer silbe stehendes und also (s. § 51 anm. 1) etwas stärker betontes sowie ein nach langer silbe stehendes, aber erst aus *ī* verkürztes (s. Sverdrup, Arkiv XXVII, 185 ff.), daher in beiden fällen relativ spät synkopiertes, *i* der synkope anheimfällt, aber ohne umlaut zu bewirken (anders im agutn., s. N. Carlsson, Det gotländska *i*-omljudet, Göteborg 1921). So erklären sich teils *salr* saal aus **saliʀ*, *valþa* (ich) wählte aus **waliðō* (vgl. got. *walida*), *sól* (got. *sauil*), *fáþa* (ich) malte aus **fāiðo* (s. § 49 und vgl. § 62 anm. 1) < urn. *fahiðo* Rö, teils pl. *niósner* (got. *niuhseinōs*) nachrichten, *gullner* (got. *gulþeinai*) goldene.

3. Die zeit nach der *i*-synkope, wo umlaut auch durch ein urn. noch stärker betontes (daher später erhaltenes) *i* bewirkt wird (z. b. *dómer* (got. *dōmeis*) richtest, *lykell* (pl. *luklar* nach 2 oben) schlüssel aus **lukilʀ* (pl. **luklaʀ*, älter **lukilaʀ*). Dieser prozess ist betreffs *a* zwar ostn. erst um 960 sicher bezeugt durch die adän. inschrift von Store Rygbjærg, wo *li[n]ki* (d. h. *længi*) = anorw. *længi* (got. *laggei*) 'lange' belegt ist; doch dürfte er — wenigstens westn. — beträchtlich älter (aber kaum älter als c. 850, s. Marstrander, Bidrag s. 62 und 154) sein, denn der Norweger Þióðolfr ór Huini (gegen 900) lässt schon *længi* mit *drængr* (aus **ðrangiʀ* nach 1 oben) junger mann assonieren u. a. dgl. Betreffs *e* wiederum ist dieser umlaut schon im 7. jahrh. belegt, wenn — wie wahrscheinlich

§ 67. Ausgleichung.

ist — in den inschriften von Veblungsnæs und By *irilaʀ* (noch im 6. jahrh. *erilaʀ*, s. § 63, 3) zu lesen ist.

4. Die spätere zeit, wo die umlautstendenz völlig erloschen ist. Demzufolge bewirken diejenigen *i* nicht umlaut, welche (ausser nach *ȝ* und *k*, worüber s. § 73) erst jetzt durch kürzung von urn. *ǣ*, *ai*, *ē* entstanden sind, ein übergang, welcher nach ausweis ags. lehnwörter wie die eigennamen *Bondi*, *Tosti*, *Tófi* (s. Sievers, Beitr. XII, 482 ff.) wenigstens im adän. schon um 1000 vollzogen war. Also z. b. *faþer*, *-ir* vater, 2. sg. prät. ind. *valþer*, *-ir* (got. *walidēs*) wähltest, 3. sg. konj. präs. *láte*, *-i* (got. *lētai*) lasse, *Hamþer*, *-ir* (älter *Hamþér*) u. a.

Anm. 2. Aus dem oben 2 und 3 angeführten geht hervor, dass unter umständen ein *i* den vokal einer urspr. nicht unmittelbar vorhergehenden silbe umlauten kann, z. b. *eþle* (§ 63, 8), *eþle* (**aðli* < **aðali* zu *aþal*, ahd. *edili*) begabung, *ellefo* (< **aina-lib-*, s. § 54, 3, a) elf, 3. sg. prät. konj. *velþe* aus **walði* aus **waliði* (vgl. got. *walidēdei*) wählte, *ellegar* aus **alliȝaʀ* < **alilīȝaʀ* < **aljaliköʀ* (got. *aljaleikōs*) sonst, anorw. *ertog* (s. § 63, 8), *ertug* (**arti-* < **ariti-*, ahd. *arizzi*) 1/24 mark; vgl. F. de Saussure in Mélanges Renier, s. 391.

§ 67. Ein durch den umlaut hervorgerufener vokalwechsel ist sehr häufig durch **analogische ausgleichung** aufgehoben worden. Wo nämlich in einem paradigma oder in einer gruppe von wörtern, die untereinander nahe verwandt sind, ein umgelauteter vokal und der diesem entsprechende unumgelautete nebeneinander vorkamen, ist manchmal der wechsel ausgeglichen worden, so dass bald jener, bald dieser vokal durchgedrungen ist, bald doppelformen entstanden sind, z. b.:

a) Sg. präs. ind. *flýg*, *flýgr*, *flýgr* statt **fliúg* (ahd. *fliugu*), *flýgr* (ahd. *fliugis*), *flýgr* von *fliúga* fliegen; sg. nom. *ferþ*, gen. *ferþar* statt *ferþ* (**farði*-), **farþar* fahrt; pl. *vinþr* (aus **viniþr* — bei Plinius noch *venedi* — durch ausgleichung nach den synkopierten kasus), gen. *vinþa* (selten lautgesetzlich *venþa*), s. Bugge, Arkiv II, 229) die wenden.

b) Sg. *staþr*, pl. *staþer* statt *staþr*, **steþer* stätte; sg. *valeþr*, pl. acc. *valþa* statt **veleþr*, *valþa* gewählt.

c) *bón* neben *bón* aus urspr. nom. *bón*, gen. *bónar* bitte; pl. *lyklar* neben *luklar* zu *lykell* schlüssel (vgl. § 66, 3); *baztr* und *beztr* best sind aus urspr. nom. **betistr*, acc. *baztan* kontaminiert. S. weiter die flexionslehre.

2. j-umlaut.
a) Regressiver umlaut.

§ 68. Die fälle sind:

1. *a* > *œ* (aisl. *e*), z. b. *telia* zählen zu *tal* zahl, *skepia* neben *skapa* schaffen.

2. *á* > *ǽ*, z. b. *ǽia* (prät. *ápa*) weiden, *klǽia* jucken neben *klá* reiben.

3. *e* > *i*, z. b. *miþr* (acc. *miþian*; got. *midjis*, lat. *medius*) neben *á meðal* zwischen, *Sif* (gen. *Sifiar*) Thor's gattin und pl. *sifiar* verwandtschaft neben *sefe* verwandter, *liggia* liegen n. *legr* lager, *sitia* sitzen n. *setr* sitz.

4. *ó* > *ǿ* > *ý*, z. b. *bǿr* (analogisch *býr* nach dem gen.) mit gen. *býiar* (anal. *bǿiar* nach dem nom.) dorfes (vgl. *bónde* bauer u. a.), *frýia* (got. *frawrōhjan*) absprechen, *týia* (*tǿia* nach präs. *tǿ*) helfen (vgl. got. *ubil-tōjis* missetäter), *glýiaþr* froh (vgl. as. *glōian* glühen) neben *glóa* glühen, *hlýia* wärmen (prät. *hlǿþa* aus *hlōwiðō*) neben *hlóa* heiss sein. Beisp. mit *ǿ* sind äusserst selten, weil *ǿ* (das nur unmittelbar vor *i* vorkommen kann) vor erhaltenem *i* lautgesetzlich zu *ý* weiterentwickelt worden ist (vgl. § 75). S. O. v. Friesen, N. spr. II, 38 und Xenia Lideniana, s. 237 note, Noreen, ib. s. 9 und Geschichte[3], s. 75.

5. *u* > *y*, z. b. *dylia* verhehlen zu *dulr* verbergung, *flytia* (prät. *flutta*) fortschaffen.

6. *ú* > *ý*, z. b. *lýia* (prät. *lúþa*) zerquetschen, *gnýia* zu *gnúa* reiben. Beisp. sind sehr selten, weil nur die verbindung *ūj* in betracht kommt.

7. *iú* > *ý*, z. b. pl. *þýiar* (got. *þiujōs*) mägde, acc. sg. *nýian* (got. *niujana*) neuen.

8. *ǫu* (*ou*, *au*) > *ǿy* (aisl. *ey*), z. b. *deyia* sterben zu *dauþr* tot, pl. *meyiar* (got. *maujōs*) mädchen.

9. *ua* > *uǽ* (aisl. *ue*), z. b. *kuelia* (prät. *kualþa*) quälen.

10. *ue* > *ui*, z. b. *kuiþia* versagen zu *kueþa* sagen.

§ 69. Jedes kons. *i* wirkt umlaut; also auch ein (nach § 133) aus sonantischem *i* in hiatusstellung entstandenes, z. b. die mannsnamen *Heriolfr* aus *Hari(w)olfʀ* (*hᴀriwolᴀfʀ* Stentoften) und das latinisierte *Herioldus* aus **Hari(w)oldʀ* < **Hariwǫlduʀ* (urn. *Harjawalduʀ*, s. Noreen, Uppsalastudier s. 20 note; daneben die neubildung **Harjawaldaʀ*, finn. als ortsname *Harja-*

valta, wozu gen. *Haralds* < urn. **Hari-*, **Harjawaldas* neben *Haraldar* < urn. **Hari-*, **Harjaraldōʀ*). Wenn es hier und da scheint, als ob vor geschwundenem *j* der umlaut unterblieben wäre, so erklärt sich das daraus, dass *j* nach der synkope eines unmittelbar folgenden vokals zunächst sonantisiert (s. § 226) und dann wie andere sonantische *i* nach kurzer silbe ohne umlaut zu hinterlassen synkopiert worden ist (s. § 66,2), z. b. mannsnamen wie *Haraldr* aus **Hariwaldaʀ* < urn. **Harjawaldaʀ* (s. oben) oder *Ragnarr* aus **Raɀinhariʀ* < urn. **Raɀinaharjaʀ* (ahd. *Raginhari*) u. dgl.

Anm. Der gegensatz von selt. *Brunolfr* neben gew. *Bryniolfr* (durch kontamination selt. *Brynolfr*) erklärt sich vielleicht aus nom. **Brun(i)wolfaʀ*: dat. *Bruni(w)ulfē*, so dass *w* vor *u* schon v o r, vor *o* aber erst n a c h der *i*-synkope geschwunden wäre, was phonetisch sehr begreiflich wäre.

b) Progressiver umlaut.

§ 70. Die fälle sind:

1. *a* > *æ*, nur anorw., bes. aostnorw., etwas nach 1200, z. b. *giarn* > *giærn* begierig, *gialda* > *giælda* entgelten, *fiall* > *fiæll* felsen; in der legendarischen Olafssaga nur nach *gi*, s. Hægstad, G. Tr. s. 58, und Kock, Arkiv XXXIII, 254 note. In Oratio contra clerum bleibt *ia* vor *lf*, *lp*, *rt*, bisweilen auch vor *ld*, s. Kock, Arkiv XIII, 170 f.

Anm. 1. Shetl. und orkn. tritt *ia* > *iæ* wenigstens nach *s* und zum teil *h* ein, z. b. shetl. *siælfr* 1355 selbst, *Hietland* 1509 Shetland, orkn. *siælver* 1426; s. Hægstad, Hild. s. 42.

2. *á* > *ǽ* erst mnorw., z. b. *friádagr* > *friǽdagher* freitag 1392, *friáls* > *friǽls* frei. *diákn* > *diǽkn* diakon, s. Hægstad, Vestno. maalf. II, 1, s. 20.

3. *ǫ* (und *o*?) > *ø*, im allg. erst misl. und mnorw., aber zum teil weit früher nach ausweis von Cod. AM. 645, 4⁰, ält. teil, wo schon überwiegend *iø* steht, z. b. *giøf* gabe, *skiøldr* schild, *miøk* sehr statt *giof* usw., während vor *rþ*, *rt*, *kk* (zum teil auch *rn*, *g*, *k*) und im lehnwort *diofoll* noch *io* vorherrscht, z. b. *iorþ* erde, *þiokkr* dick. Dass der umlaut auch im 645, 4⁰, später als die dehnung *o* > *ó* nach § 124,3 ist, geht aus *hiólp* hilfe u. dgl. mit konstantem *ó* (*o*) hervor. S. Kock, Beitr. XX, 118 ff.

Anm. 2. Ueber diesen umlaut in schwachtonigen silben s. § 146 anm. 3.

§ 71. *R*-umlaut.

4. *ó* > *ǿ*, nur norw., aber im allgemeinen erst mnorw., z. b. sg. gen. *sióar* (aus *siófar*) 1344 sees, *Strǿns-* aus *Striónsstǫðum*, *Stiǿrdal* (aus *Stióradalr*) ortsnamen, *snǿ-* aus *sniónám* 1295 schneeschmelzung, *þiónare* aus *þiónare*, s. Hægstad, G. Tr. s. 58, 93, Kong. s. 18, Vestno. maalf. II, 1, s. 20, 37; vgl. noch § 295 anm. 3.

Anm. 3. Das schon um 1250 auftretende anorw. *frǿ* same, welches Hægstad, G. Tr. s. 59, aus *frió* mit schwund des *i* vor *ø* entstanden und demnach hierher geführt wissen will, ist wol besser anders zu erklären; s. § 77, 8.

3. *R*-umlaut.

§ 71. Dieser umlaut ist vielleicht jünger als der *i*-umlaut, aber doch in vorliterarischer zeit vollzogen. Die fälle sind:

1. *a* > *œ* (aisl. *e*), z. b. *ker* (got. *kas*) gefäss, *gler* glas, *rer* (aschw. *var*) überzug (vgl. got. *wasjan* kleiden).

Anm. 1. Zweideutig sind *berr* (vgl. asl. *bosŭ*) baar, (aisl.) *here* hase, *mergr* (asl. *mozgŭ*) mark, die sowol hierher gehören (vgl. anorw. selt. *barr* neben *bœrr*, aschw. *bar*, *hari* neben selt. *hœri*), wie auch altes mit *a* ablautendes (s. § 169) *e* haben können (vgl. nschw. dial. *bœr* aus **beRa-*, nnorw. *jase* aus **hiase* — 1 mal anorw. als *hiœsi*, nach § 70, 1, belegt, s. Fritzner I, 831 — aus **hesan-*, aschw. *miœrgher* aus **miarghr* aus **meRʒa-*). Vgl. Lindgren, Sv. Landsm. XII, 1, s. 57. Für anorw. *here* (nicht **hœri*), nisl. *hjeri* steht nur die letztere möglichkeit offen (vgl. § 117 und § 103).

2. *á* > *ǽ*, z. b. *í gǽr* (und *í giár* nach § 263 anm. 1; aschw. *ī gār*) gestern, nom. pl. f. *þǽr* (urn. *þaR* Einang) die, *tuǽr* (aschw. *tuār*) zwei, *mǽr* (adän. *mār*) mädchen, *fǽr* (aschw. *fār*) schaf, *lǽr* (aschw. *lār*) schenkel, *ǽr* (acc. *á*) mutterschaf, *blǽr* (acc. sg. *bló*, s. Larsson; gew. anal. *blǽ*) windstrich.

3. *o* > *ø* (geschlossenes), z. b. präfix *ør-* (got. *uz-*; vgl. § 146, 3) mit privativer bedeutung, 3. pl. prät. ind. *frøro* und part. prät. *frørenn* zu *friósa* frieren, resp. *køro* (*kuro*), *kørenn* (*korenn*) zu *kiósa* wählen, *frør* frost, *kør* (anorw. auch *kos-*) wahl, *hrør* leiche und *hrørna* gebrechlich werden neben ags. *hréosan* fallen, *snør* (*snor*, aind. *snušā́*) schwiegertochter, *hløra* neben *hlusta* lauschen, *løra* (vgl. got. *fra-lusans* verloren) memme, *hnøre* das niesen zu *hniósa* niesen.

Anm. 2. Statt *ø* steht oft *e* nach § 119.

4. *ó* > *ǿ*, z. b. *ǿr* (got. *us*; vgl. § 146, 3, § 126, 1) aus.

5. *u* > *y*, z. b. anorw. präfix *tyr-* (got. *tuz-*) in *tyrtryggia* (s. Hertzberg) misstrauen. Ueber das fries. lehnw. *gialdkyri* steuereinnehmer s. Wadstein, Fries. Lehnwörter im Nordischen, s. 10 f.

6. *ú* > *ý*, z. b. *sýr* (lat. *sūs*) sau, *kýr* (acc. *kú*) kuh, *ýr* (got. *us*; vgl. § 126, 1) aus.

7. *iú* > *ý* z. b. *dýr* (got. *dius*, gen. *diuzis*) tier, *hlýr* (ags. *hléor*) wange neben *hlust* ohr.

8. *ǫu* (*ou, au*) > *ǿy* (aisl. *ey*), z. b. *eyra* (vgl. got. *ausō*) ohr, *reyrr* (vgl. got. *raus*) rohr, *hreyrr* (s. Noreen, Xenia Lideniana, s. 3 ff.; aschw. run. *hrauʀ* Kärnbo, vgl. *hreyse* steinhaufe), *dreyre* (vgl. got. *driusan* herabfallen) blut, *heyrn* (vgl. got. *hauseins*) gegen *lausn* (got. *us-lauseins*) lösung.

§ 72. Wo bisweilen der umlaut fehlt, scheint dies teils dessen nicht-eintreten in gewissen (anorw.) dialekten (so wol in den oben erwähnten *barr, í giár, snor*, s. oben 1—3), teils der (wenigstens ursprünglichen) schwachtonigkeit der silbe zuzuschreiben zu sein, z. b. präfix *tor-* neben selt. *tyr-*, präp. *úr* oder *ór* neben *ýr*, selt. *ǿr*, präfix anorw. *or-, ur-, ór-, úr-* (s. Bugge bei Fritzner III, 1103) neben aisl. *ǿr-* (s. oben 3—6), *nafar, Hróarr* (s. § 54, 3, b), 3. pl. prät. ind. *vǫ́ro* (vgl. got. *wēsun*) waren u. a.; teils endlich liegen analogiebildungen vor, z. b. *kuro* und *korenn* (s. oben 3) neben *kǿro*, resp. *kǿrenn* zu *kiósa* wählen nach analogie von *bruto, brotenn* zu *brióta* brechen u. dgl., nom. sg. wie *nár* leiche statt *nǽr nach gen. *nás* (vgl. oben *mǽr*, das mit der zeit durch ein dem gen. *meyiar* nachgebildetes *mey* ersetzt wird), prät. *varþa* (vgl. got. *wasida*) zu *veria* kleiden nach *varþa* (got. *warida*) zu *veria* wehren u. dgl.

Anm. Ausnahmen bilden auch, wenn überhaupt hierher gehörig (wie Bugge, No. I. s. 104 f., will), *arenn* (urn. acc. *aʀina*? By, vgl. lat. *āra*, oskisch *āso*) herd und der feuername *aldrnare* (zu got. *nasjan* retten?).

4. Palatalumlaut.

§ 73. Dieser umlaut wird bewirkt nicht nur von urn. durch *ȝ* und *k* (wie in anderen germ. sprachen, s. Wessén, Språkvetenskapliga sällskapets förhandlingar 1913—15, s. 73 ff.) aus *e* in frühurn. zeit hervorgerufenem *i* (s. § 74), sondern auch von solchem, das frühestens um 600 (denn noch Opedal *waȝe*)

§ 74. 75. Palatalumlaut.

aus *ē* (älter *ai* und *ǣ*) nach *ᵹ* und *k* entstanden ist (vgl. § 62, 4), z. b. dat. *dege* (urn. **ðagē*, got. *daga*) zu *dagr* tag, *seger* (ahd. *sagēs*) sagst, *þeger* (ahd. *þagēs*) schweigst, *bǣger* (prät. *bágþe* Haustlǫng 18; ahd. *bāgēs*) hinderst, *fylger* (aschw. prät. *fulghþe*) folgst, *syrger* (ahd. *sorgēs*) sorgst, wonach inf. *segia* (aschw. präs. *sakum* Rök) usw., *dreke* (aus mndd. *drake*) drache. Demnach ist hier eigentlich der umlaut durch das früher als sonst (vgl. § 66, 4) und zwar durch den diesen wörtern spezifischen palatalen konsonanten aus *ē* hervorgerufene *i* bewirkt.

Anm. In den weitaus meisten fällen ist *a* durch einfluss verwandter formen erhalten, z. b. *félage* genosse nach den kas. obl., dat. *þake* zu *þak* dach, konj. präs. *vake* wachen u. s. w., oder sind doppelformen entstanden wie *heimdrege* und nach den kas. obl. *-drage*, *þunnvenge* u. *-range* schläfe, anorw. *Þǫrger* (*Þyrger*) neben *Þorgeirr* ein mannsname.

§ 74. Hierher gehören auch fälle wie *myrgenn* (alt und selten, s. Fritzner; got. *maúrgins*, s. Wessén, a. o. s. 89 f. und 1816—1818, s. 24, sowie über anorw. *mǫrginn* ib. s. 22 f. und 27), *fegenn* froh (vgl. got. *fagin-ōn* sich freuen), pl. *regen* (got. *ragin*) götter, *Regenn* ein mannsname, *megen* stärke und part. prät. wie *fengenn* empfangen, *gengenn* gegangen, *slegenn* (urn. *slaᵹinaʀ* schon Möjebro bald nach 400) geschlagen, *tekenn* genommen usw. (s. § 501), selt. anorw. *drykkinn* (Elis saga; vgl. aschw. *drykkinskaper*) getrunken, denn fälle, wo kein palataler konsonant vor dem *e* steht, wie *farenn* gefahren, *malenn* gemahlen usw. zeigen, dass nur nach *ᵹ* und *k* ein *i* zur umlautszeit vorhanden war.

Anm. *Folgenn* verborgen statt **fylgenn* (got. *fulgins*), *flogenn* geflogen st. **flygenn* u. s. w. sind nach *brostenn*, *flotenn* u. dgl. umgebildet; vgl. got. *fulhans* gegen *fulgins*.

§ 75. Eine verwandte erscheinung ist der sporadische übergang des schon durch *i*-umlaut entstandenen *ø* in *ý* (und *ø* in *y*? s. § 515 anm. 2) vor *gi* und *ki* (s. Bugge, Arkiv II, 350 ff.), z. b. *ýgiask* stössig werden neben *øgia* schreck einflössen, *ýger* statt gew. *øger* schrecker, *ýgr* (nach acc. *ýgian* u. a.) neben selt. *øgr* wild, *ýke* übertreibung (zu got. *wakan*, *wōk*, *wōkrs* u. a.). Vgl. § 68, 4.

§ 76. Labialer umlaut. § 77. *u*-umlaut von *a, á*.

C. Verschiebung durch labialisierung.

§ 76. Die labialisierung trifft im allg. (vgl. § 76, 2, 10, 11, § 82, 8) nur diejenigen vokale, die nicht schon mehr oder weniger labial sind (vgl. das vokalschema § 46), also *a, e, i, œ, á, é, í, ǽ* und die meisten diphthonge, die als letzten komponenten einen dieser vokale enthalten, wie *ia, ua, ui, uœ (ue), uá, uí, uǽ, œi (ei)*. Bewirkt wird im westn. dieser umlaut:

1. durch ein mittelbar (aber jedenfalls zur zeit des umlautes in der nächsten silbe), bei langem vokal oder diphthong auch durch ein unmittelbar folgendes sonantisches — sei es ursprüngliches oder nach § 226 aus *w* entstandenes — *u*, das in literarischer zeit sehr oft entweder infolge der synkope (s. § 153 ff.) nicht mehr da ist oder in *o* (s. § 146) übergegangen ist: *u*-umlaut.

Anm. 1. Kurzer vokal wird durch unmittelbar folgendes (dann synkopiertes) *u* nicht umgelautet; s. § 80, 2.

2. durch ein mittelbar (aber jedenfalls in der nächsten silbe) folgendes *w*: *w*-umlaut.

Anm. 2. Unmittelbar folgendes *w* bewirkt keinen umlaut (s. § 83).

3. durch ein unmittelbar folgendes, tautosyllabisches *f, m, p* (alle bilabial), *l, r* (beides wol labialisiert); oder durch ein unmittelbar vorhergehendes *v* (und *w*?): (regressiver, resp. progressiver) labialumlaut.

1. *u*-umlaut.

§ 77. Die fälle sind:

1. *a* > *ǫ*, z. b. *mǫgr* (got. *magus*) sohn, *sǫk* (**saku*) neben gen. *sakar* sache, pl. *lǫnd* (**landu*) zu *land* land, 1. pl. präs. ind. aisl. *kǫllom* (aostnorw. *kallum*, s. § 80, 3) zu *kalla* rufen. Ebenso wo (das später synkopierte) *u* aus *w* entstanden ist, z. b. *gǫrr* (< **garuʀ*, aschw. run. *karuʀ* Rök < **garwaʀ*) fertig.

Anm. 1. Ueber die weitere entwicklung des *ǫ* bei nasalierung s. § 115, 1, bei schwachtonigkeit s. § 148.

2. *á* > *ǫ́* (später *á* geschrieben, s. § 107), z. b. *skǫ́l* schale, pl. *sǫ́r* zu *sár* wunde, pl. aisl. *ǫ́tom* (aostnorw. *átom* § 80, 3) zu *át* ass. Wo ein später durch synkope (aber nicht ein noch

§ 77. *u*-umlaut von *e*.

später durch kontraktion nach § 132) geschwundenes *u* unmittelbar folgte, ist die labialisierung bis zu *ó* fortgeschritten (vgl. Pipping, Stud. nord. fil. XII, 1, s. 7 ff), z. b. *kló* (*klāu, ahd. *klāwa*, s. Psilander, K. Z. LXV, 284 f., 269 note 2) klaue, *Póll* (neben später entlehntem *Páll*) Paul, selt. anorw. (s. Hægstad, G. Tr. s. 95) *tó* (*taihu > *tāu, s. § 54, 1) neben gew. *tǫ́* zehe, *ó* (Falk, Arkiv VI, 117; Hægstad, G. Tr. s. 95; Rygh, Norske gaardnavne, Forord s. 41 u. a.) fluss (aus *āu < *ahwu, got. *alva*) neben *ǫ́*, neubildung zu pl. *āwaʀ (got. *alvōs*), später — mit analogisch entferntem *w* — *á(a)r*, nach der analogie *skǫ́l* : *skálar* u. dgl.; *fró*. s. § 80, 2, s. 78. Nnorw. *hō* (*hahwu s. Lidén, Uppsalastudier s. 94) nachgras, *rō* (mht. *rahe*) stange, *slō* (*slahwu) schlagbaum u. a. (s. Falk a. o.) erweisen anorw. *hó*, *ró*, *sló* neben den analogischen *hǫ́*, *rǫ́*, *slǫ́* usw. *Mór* (*māhuʀ < *maihwaʀ, s. § 54, 1) möwe und *nó*- (*nāhu- < *nāhwa, got. *nēlv*-) nahe sind auch nach § 116 zu erklären.

3. *e* > *ø* (geschlossenes) tritt nur dann ein, wenn *e* nach § 90 (vgl. § 89) nicht gebrochen werden konnte, also nach *r* wie in 3. pl. prät. ind. *røro* (auch *rero* nach sg. *rera*, wie umgekehrt sg. *røra* nach dem pl.) ruderten, *grøro* (*grero*) keimten, *þrøskoldr* (öfter *þreskǫldr* s. § 79, § 148) türschwelle, *Hallfrøþr*, *Guþrøþr* u. a. mannsnamen auf -(*f*)*røþr* (*-*freðuʀ*), anorw. *røttyndi* (kontamination von *réttyndi*, s. § 64, und *røttundi < *rett-undi nach *rettr* < *réttr*, s. § 127) recht, mnorw. *Ásbørn* (danach simplex *Børn*) ein mannsname; nach *l* wol in 1. pl. präs. ind. anorw. *løsum* (1 mal) zu *lesa* lesen (s. Wadstein, F. Hom. s. 82); in nicht haupttoniger silbe, z. b. *tuí*-, *þrítøgr* u. dgl. 2, 3 dekaden enthaltend aus *teʒuʀ (danach das simplex *tøgr* statt *tiogr, aschw. *tiugher* dekade), vielleicht *møga* (1 mal, s. Larsson, s. 219) nach *møgom, -*oþ*, -*o* neben *mega* können, später häufig anorw. *Óluſs*-, *krossmøssa* u. dgl. (s. z. b. Hægstad, Vestno. maalf. II, 2, ɪ, s. 22) nach obl. -*møsso* (dann auch simplex *møssa*) messe. Ebenso wo *u* aus *w* entstanden ist, z. b. *røk(k)r* aus **rekw(a)ʀ* (vgl. got. *riqis*) dunkel; in diesem falle auch bei aus *i* (nach § 110, 1) entstandenem *e*, z. b. *døkkr* (*dekkuʀ < *dinkwaʀ, afries. *diunk*) dunkel. Vgl. Bugge, Arkiv II, 250 ff., Wadstein, F. Hom. s. 150 note, Hægstad, G. Tr. s. 52, 56.

Anm. 2. Ueber die weitere entwickelung des *ǫ́* bei nasalierung s. § 116, bei schwachtonigkeit s. § 148.

§ 77. *u*-umlaut von *é, i, í*.

4. *é* > *ó*, nur unmittelbar vor (später synkopiertem) *u*, z. b. *fǿ* (s. Larsson s. 104, Wadstein, F. Hom. s. 21, 82, Hægstad, Vestno. maalf. I, 142 und II, 2, 1, s. 94, 95; vgl. aschw. gen. *fǿiar*- st. *féar*-) geld aus *féu* (so im 10. jahrh., s. Wadstein, Altsächsische sprachdenkmäler, s. 129, 20; gleichzeitig geschrieben *fiu*, s. Bugge, Bidrag s. 22) und dies aus **fehu* (got. *faíhu*); vgl. nnorw. *fø̄s* viehstall aus **fǿ-hús*? Die gew. form *fé* ist dem einstigen gen. *féar*, pl. gen. *féa*, dat. *féum* nachgebildet (darnach **fé-hús* > *fiós*).

5. *i* > *y* (geschlossenes) in folgenden fällen:

a) wo *u* aus *w* entstanden ist, z. b. *nykr* (**nikuʀ* > **nikwiʀ*, ahd. *nihhus*, ags. *nicor*) nix, *ykkr* (**ikkuʀ* > **inkwir*, got. *iggis*) euch beide, *yþr* (got. *izwis*) euch, *myrkr* (**myrkwiʀ* neben *mørkue*, obl. *miorkua*) finsternis, pl. *fyrþar* (**firhwiðōʀ* zu got. *faírhvus*) menschen, *tryggr* (**trigguʀ*, vgl. aschw. run. acc. *Siktriku*; got. *triggws*) treu, präs. *hnyggr* (Þorkelsson, Beyging s. 230; **hnigguʀ* < **hniggwiʀ*) stösst; *lyng* (s. § 82, 4) heidekraut u. a. m.

Anm. 3. Vor nicht aus *w* entstandenem *u* ist der umlaut durch ausgleichung innerhalb des paradigmas unterblieben (s. O. v. Friesen, N. Spr. II, 7 ff.), z. b. *litr* statt **lytr* (adän. *lyt*, ndän. *lød*) farbe nach gen. *litar* u. s. w. Von **sigu*- (ahd. *sigu*) > *syg*- sind doch in (bes. anorw.) personennamen spuren häufig, z. b. *Sygný*, -*ríþr* (bei Saxo *Sygrutha*), -*tryggr* (rschw. *Syktrykʀ*), -*urþr* u. a. m. neben *Signý* usw. zu *sigr* sieg.

b) wo dem *i* ein bilabialer kons. (*b*, *m*, bei *p* fehlen beisp.) unmittelbar vorhergeht und das *u* erhalten ist, z. b. *byskop* (gew. durch fremden einfluss *biskop*) bischof, dat. *myklom*, -*o* (anal. *miklom*, -*o*) zu *mikell* (anal., bes. anorw., *mykill*) gross, *myskunn* (gew. *miskunn*) barmherzigkeit, anorw. ortsname *Myðiu* zu *miðr* mittler, nisl. *mysa* nach obl. *mysu* zu aisl. *misa* (2mal in Króka-Refs saga, Kopenh. 1883, s. 35; vgl. nschw. *mesost* aus **misu-ostr*) molken. Vgl. Hoffory, Tidskr. f. Fil. N. R. III, 295 f.

6. *í* > *ý*, nur unmittelbar vor (später synkopiertem) *u*, z. b. pl. *bý* (**bīu*; anal. auch sg. *bý* statt **bí*, aschw. *bī*) bienen, *blý* (ahd. *blīo*) blei, *slý* (ahd. *slīo*, ags. *slīw* schleie) byssus, *hý-býle* (got. *heiwa*-) neben *hí-býle* (nach dat. **hífe*, pl. gen. **hífa*) hauswesen, *hýske* (ahd. *hīwiski*) hausgenossenschaft, *ýr* (**īuʀ* < **īwaʀ*, ags. *īw*) neben gen. pl. *ífa* (s. Sperber, Sv. landsm.

1912, s. 65 f.) eibe, bogen, *spýr* (got. *speiwis*) speist, *snýr* (ahd. *snīwit*) schneit, *Týr* (ahd. *Tīo*, ags. *Tīw*, lat. *dīvus*) ein göttername neben pl. *tífar* götter.

7. *œ* (aisl. *e*) > *ø* (offenes), z. b. *øx* (**œkus-* < **akwis-*; anorw. auch *œx*, s. Hertzberg; vgl. got. *aqizi*) neben *ǫx* (z. b. Dahlerup, Ágrip s. IX; Larsson, s. 396; Hertzberg, s. 760; Hægstad, Vestno. maalf. I, 83; nnorw. *ox*; ahd. *ackus*) und *ax* (z. b. Dahlerup a. o.; nach gen. *axar* — s. Fritzner — zu *ǫx* neugebildet) axt, *ørr* (*arwiʀ, No. Hom. *œr*, *œrr*, s. Þorkelsson, Supplement IV, 27, aschw. *ar*, *œr*, finn. *arpi*) narbe, *søkkr* (*sankwiʀ, got. *sagqs*) gesunkene lage, pl. ntr. *røk* (z. b. St. Hom., No. Hom.; aus *rœku, neubildung zu *rekia* darlegen) statt *rǫk* (z. b. Hb.; ags. *racu*) darlegung, obl. *røkkio* zu *rekkia* bett (s. Þorkelsson, Supplement IV, 122), komp. *gørr* (*ȝarwiʀ) zu *gǫrua* (anal. *gørua*) völlig, prät. *gørþa* (ahd. *garota* < *garwita*) machte, *mølþa* (got. *malwida*) zermalmte, präs. *høggr* (*hœgguʀ < *haggwiʀ) zu *hǫggua* hauen, *hnøggr* (Þorkelsson, Beyging, s. 230) zu *hnǫggua* (Unger, Postola Sögur, s. 470, Thomas saga, s. 337) stossen, *þrøngr* (Þorkelsson a. o. s. 568; Leffler, Om *v*-omljudet, s. 60) zu *þrǫngua* drängen (dringen), komp. *þrøngre* (*þrangwiʀē) enger, anorw. (z. b. Wadstein, F. Hom. s. 81) *gøgnum* (auch *gœgnum*, aisl. *gegnom*) statt *gǫgnum* 'durch' nach (*í*) *gœgn* (aisl. *gegn*, anal. *gǫgn*, anorw. auch *gøgn*) aus *gœgin (s. § 428 anm. 1) 'gegen', anorw. *øllyfti* (Wadstein, F. Hom. s. 79, 81, *øllykti*, *øllepti* Fritzner I, 324; III, 1077) elfte durch kontamination (vgl. *røttyndi* oben 3) von *øllofte (zu nnorw. *øllov*, *ølluy*, anorw. *œllugu*, aschw. *œllovo*, adän. *œlluvœ* u. a. elf) und *œllifti* (> *œllyfti s. § 85), ?anorw. obl. *Hølgu* (anal. *Hœlgu*) zu *Hœlga* (anal. sowol *Hølga*, z. b. Hb., wie auch mask. *Hølgi* neben der noch dunkleren form *Hǫlgi*, worüber s. Bugge, Helge-digtene, s. 326 f. mit note 2, und Marstrander, Bidrag s. 63 note 3) ein frauenname; ferner anorw. *stømfnu*, *Høllu*, *missømiu*, *høttu*, *stafkørtum* zu *stœmna*, *Hœlla*, -*sœmia* usw., s. Hægstad, G. Tr. s. 51 f., 69.

8. *œ́* > *ǿ*, nur unmittelbar vor (später synkopiertem) *u*, z. b. dat., acc. *sǿ* (in Rímb. und Physiologus, s. Larsson s. 296, 324; Pipping, Stud. nord. fil. VIII, 1, s. 6 ff.) see aus *sǽu < *sǽw mit (vor der *u*-synkope) aus gen. *sǽwar* und dat. *sǽwe* entlehntem *w*; ebenso *lǿ* (s. Egilsson, s. 501; dazu *lǿbraut* ver

§ 77. *u*-umlaut von *iu, ua, uá*. 73

derblicher weg, s. Kahle, Die sprache der skalden, s. 283) neben *lǽ* (dat. *lǽfe*) verderb und anorw. (2 mal, s. Hægstad, G. Tr. s. 59) *frǿ-* statt *frǽ* (dat. *frǽfe*) same; anorw. (s. Hægstad, Vestno. maalf. I, 137, 143; II, 2, 1, s. 94, 95; Gamalnorsk fragment, s. 10) *nǿre* aus **nāhwiʀē* näher und *nǿstr* < **nāhwist-* nächst.

9. *ia* > *iǫ* (geschrieben und vielleicht gesprochen *io*, s. § 89), z. b. *smior* (**smiaru* < *smerwa* § 88, § 226, ahd. *smero*) neben dat. anorw. *smǫr(u)e* (anal. *smiorui* und *smyrui* nach *smyrua* schmieren) aus **smerwe* (§ 82, 3) schmeer u. dgl., s. Torp und Falk, Dansk-norskens lydhistorie, s. 128 f.; ferner z. b. dat. pl. *hiortom* aus **hiartum* zu *hiarta* herz, *ioforr* fürst neben aostnorw. *iafurr* u. dgl.

10. *ua* > *uǫ*, z. b. *vǫndr* (got. *wandus*) rute, *suǫrþr* (gen. *suarþar*) schwarte, obl. *vǫrto* zu *varta* warze. Postkonsonantisch (in welcher stellung *w* als solches bleibt, s. § 250) ist die labialisierung durch erhaltenes *u* bis zu **wo*, woraus (nach § 235, 1, a) *o*, fortgeschritten, z. b. *soppr* (neben anal. *suǫppr*) pilz, ball nach dat. acc. pl. *soppom, -o* (anal. *suǫppom, -o*); *sorta* schwärze aus **suarta* (nnorw. dial. *svorta*), obl. *sortu* (woraus nnorw. dial. *surta*); gen. *horfo* schlinge (in Ynglingatal) zu **huarfa* (nnorw. dial. *kvorva*; s. Wadstein, Arkiv XI, 68 f.); anorw. ortsname *Sokku* zu schwed. *svacka* vertiefung (s. Lind, Dopnamn, sp. 1012); part. *s(u)orenn* (s. Egilsson und Hertzberg) statt *suarenn* geschworen nach den obl. formen auf *-um, -u*; pl. *sor* (Hertzberg) st. *suǫr* antwort nach dem dat.; anorw. *horso* (anal. auch *hor*) wie und *horium* (Hægstad, G. Tr. s. 67) welchem zu *huarr* welcher. Hierher gehören wol auch *tottogo* (**tuattugu* s. § 266, 2 = acc. *tuá tugu*) zwanzig und *tolf* (statt noch 1 mal *tuolf*, s. Þorkelsson, Supplement IV, 153, und aschw. *tualf*, d. h. *twǫlf* Rök) zwölf aus einstigem **twaluf* mit demselben *u*, das sich in ahd. *einluph*, afries. *andlova*, ags. *endlufan*, aschw. *œllovo* (und *œllofte*), adän. *œlluva* (*œllufte*), anorw. *œllugu* (*ǫllyfti*) elf zeigt.

11. *uá* > *uǫ́*, z. b. *vǫ́þ* (**wāðu*) zeug zu gen. *váþar*, *þuǫ́ttr* (gen. *þuáttar*) waschen, pl. *vǫ́pn* zu *vápn* waffe. Vor erhaltenem *u* wird es zu **uó* > *ó* (vgl. *ua* > *uǫ* > **uo* > *o* oben 10), z. b. *sóno* so (nun) aus *suá nú* (s. § 151, 4), *at sógoro* so getan aus *at suá gǫro* (s. § 148), ? acc. *ófo* (B. M. Ólsen, Arkiv IX, 231 f.)

§ 77. *u*-umlaut von *ui, uí.*

zu *váfa* gespenst, obl. *kómo* (anal. *kuǫ́mo*) zu *kuáma* (anal. *kóma*) ankunft, *hóll* statt *huáll* hügel nach dat. pl. *hólom,* pl. *kǫngoróſor* zu *kǫngorváfa* spinne, *þóþóro* nichtsdestoweniger aus **þó-(a)þ-huáru,* 3. pl. prät. ind. *ófo, óro, kóþo, sófo* zu sg. resp. *vaf* wob, *var* war, *kuaþ* sagte, *suaf* schlief; s. Wadstein, F. Hom. s. 66 ff. Vor geschwundenem *u* steht in Ól. hel. leg. saga (anorw.) auffallenderweise *vó* 2mal (neben 1mal *vá*) in *vópn* (aber immer *vápnom*), s. Hægstad bei O. A. Johnsen, Olafs saga s. XXXIII.

Anm. 4. *ue* > *ø* ist nicht durch anorw. (vgl. Hægstad, G. Tr. s. 52) *søfn* (neben *suefn* und durch kontamination *suøfn*) schlaf belegt, denn es dürfte aus einem durch aschw. *symn* belegten *subni- (vgl. gr. ὕπνος < *supnos) stammen, das nach *sofa* schlafen zu *sobni-*, woraus nach § 63, 3 *søfn* (aschw. *sømpn*), umgebildet worden und durch neuen einfluss von *sofa* zu anorw. *sofn* (s. Hægstad a. o.; aschw. *sompn*) geworden ist (s. Wessén, Språkvetenskapliga sällskapets förhandlingar 1916—1918, s. 71. Ein allzu isoliertes beispiel wäre pl. *viþkueþ* zu *viþkueþ* geschrei (s. Þorkelsson, Supplement IV, 176).

12. *ui* > (**uy,* woraus nach § 235, 1, a) *y,* z. b. *kyrr, kuirr* ruhig (urspr. nom. *kyrr,* acc. *kuirran;* vgl. got. *qaírrus,* acc. *qaírrjana*), *syptr* statt *suiptr* beraubt nach dat. *syptom, -o* u. a. (dazu anorw. m. *andsyptir* atemnot), anorw. (s. Hertzberg, s. 863; Hægstad, Vestno. maalf. II, 1, s. 17) *Syftun, Syptun* neben *Suipthun* (kontaminiert *Siftun*) ein heiligenname, *syll* (anal. anorw. *suill*) zu gen. *suillar* (anal. *syllar*) grundschwelle, *sykn* (got. *swikns*) schuldlos aus urspr. m. **suikn,* f. *sykn* usw., *syster* schwester aus *suistir (statt **suestir,* urn. *swestar* nach pl. *suistr aus *swistriʀ), obl. *systur, forvista* (*-ysta*) zu obl. *forysto* (*-visto*) leitung, *þyrell* (ahd. *dwiril,* nnorw. *tvirel*) quirl nach *þyrull (nnorw. *tørull,* s. Ross; vgl. auch dat. pl. *þyrlum* < *þuirlum) anorw. *tynni* (*tuinni*) zwei nach dem dat. (s. Hertzberg), *tyttugu* aus *tuittugu* (nach dem präfix *tuí-*) zwanzig und *tyttugti* zwanzigste, *kuennsyft* (s. Hertzberg) neben *-suift* weibliche seite nach gen. *-suiftar, þyngan* neben *þuingan* zwang aus urspr. nom. *-un,* gen. *-anar* (s. § 137 anm. 3), einmaliges *tystr* (s. Jónsson, No.-isl. kultur- og sprogforhold, s. 309) st. *tuistr* schweigsam nach dat. *tystum, -u* u. a.

13. *ui* > *uý > *ý* (vgl. oben 12), z. b. *skýare* statt *skuíare* bedienter nach dem dat. pl. (anders Kock, Umlaut und Brechung, s. 187), *Ósýfr* (*un-swībruʀ, eine *ru*-ableitung zu *suífa* ablenken,

§ 78. *u*-umlaut in nebentonigen silben.

während das adj. *ósuífr*, pl. *ósuífer*, eine *o*-ableitung ist) neben *Ósuífr* ein mannsname (eig. rücksichtslos; noch 1mal als adj. pl. *ósuífrir* in Sturlunga), *Dýna* aus **Duína*, obl. *Dýnu* (s. Wiklund, Le monde oriental X, 174) ein flussname, anorw. oft (Hægstad, G. Tr. s. 56, 52, Kong. s. 11, 17, Vestno. maalf. I, 9, II, 1, s. 17 und 2, ɪ, s. 35 sowie 2, ɪɪ, s. 22) pl. *s(u)ýar* und (mit parasitischem *i*) *s(u)ýjar* statt *suíar* schweden nach dem dativ; anorw. *sýnsístr* schweinefett (s. Hægstad, Vestno. maalf. I, 135) setzt wol einen dat. **sýnum* zu *suín* schwein voraus.

14. *uǽ* > **uó* > *ó* (s. § 235, 1, a), nur durch *sónskr* neben *suǽnskr* schwedisch nach *sónskom, -o* vertreten.

15. *œi* (aisl. *ei*) > *ɵy* (aisl. *ey*), nur wo *u* aus *w* entstanden ist, z. b. *ey* (**œiu* < **aiwa*, got. *aiw*, s. v. Friesen, N. spr. I, 24) neben schwachtonigem (vgl. § 78) *ei* immer, prät. *veyk* (s. Vigfusson) neben *veik* zu *ýkua* weichen, *sueyk* (s. Brenner, Altnordisches handbuch s. 136) zu *sýkua* betrügen, *veykr* (anal. gew. *veikr* nach dat. *veikom* u. dgl.) weich.

§ 78. Die stark nebentonigen vokale werden ganz wie die haupttonigen umgelautet, z. b. aisl. dat. pl. *gefǫndom* (aostnorw. *gefandum*, s. § 80, 3) zu *gefande* geber, *þegnskǫpom* (aostnorw. *-skapum*) zu *þegnskapr* tapferkeit, heldentat. Dagegen erleiden schwachtonige vokale keinen umlaut, und schwankende betonung gibt zu doppelformen anlass, z. b. *Harþangr* (noch nnorw. *Harda'nger*) ein landschaftsname zu *hǫrþar* (lat.-germ. *harudes*) ein völkername; *ǫk(k)la* (ahd. *anklāo*) fussknöchel neben *kló* klaue, präf. *ná-* und *nó-* nahe (s. § 77, 2); *án* und *ón* ohne, *hánom* und *hónom* ihm u. a. m. (s. § 116); *ei* und *ey* immer (s. § 77, 15). Fälle wie aisl. *greniǫn* (woraus *grenion* nach § 148) heulen zu gen. *greniǫnar*, nom., acc. ntr. pl. *heilǫg* (*heilog*) zu *heilagr* heilig, *óþǫl* (*óþol*) zu *óþal* eigentum, dat. pl. *riddǫrom* (*-orom*) zu *riddare* ritter, 3. pl. *elskǫþo* (*-oþo*; anorw. *ælskaðo*) liebten zu 3. sg. *elskaþe* u. a. m. zeigen, dass viele später schwach nebentonige ableitungssilben einst stark nebentonig gewesen sind (s. § 51, 2, b und besonders Kock, Altnordischer *u*-umlaut in ableitungs- und beugungsendungen, s. 17 ff., Lund 1918), ja dass sogar "halbstark" nebentonige silben (s. § 51 anm. 1) umgelautet worden sind.

§ 79. Wahrscheinlich wird der umlaut lautgesetzlich auch durch starktonigen vokal bewirkt, wiewol er in fällen wie z. b. *barnungr* jung wie ein kind, *náttúra* natur u. a. durch assoziation und fremden einfluss unterbleibt (s. Kock, Umlaut und Brechung, s. 240 f.). Wo ein urspr. starktoniger vokal zur schwachtonigkeit niedergesunken ist, unterbleibt gewöhnlich die assoziation, und der umlaut macht sich geltend, z. b. die mannsnamen *Fǫstolfr* (anorw. *Fastulfr*), *Ǫrnolfr* (gegen *Arngrímr* u. dgl.), *Ǫndoþr* (gen. *Andaþar*; aus **Andhǫþr*, ahd. *Anthad*), *Stǫrkoþr* (gen. *Starkaþar*; s. Bugge, Sv. fornm. tidskr. XI, 110) und *at sógoro* § 77, 11. Durch schwankende betonung und eventuelle assoziation mit verwandten formen entstehen doppelformen, z. b. *dǫgorþr* : *dagverþr* frühstück, *ǫndorþr* : *andverþr* anfänglich, *ǫndoge* : *andvege* hochsitz, *ǫloge* : *alhuge* ernst, *Ǫlfuss* ein mannsbeiname : *alfúss* sehr begierig, *ǫluþ* : *alýþ*, *-úþ* gewogenheit, *ǫfund* : *afund* neid, *ǫllonges* : *allynges* ganz und gar (vgl. § 64), *ǫlmosa* : *almusa* almosen, *ǫmbott* : *ambótt* magd, *þrøskoldr* : *þreskǫldr* (s. § 77, 3) türschwelle u. a. m.

§ 80. Der *u*-umlaut wurde wol am frühesten durch ein ganz unbetontes, erst später durch ein etwas stärker betontes *u* bewirkt. Infolgedessen haben wir auch in betreff des *u*-umlautes mehrere perioden — in hauptsächlicher übereinstimmung mit denjenigen des *i*-umlautes (s. § 66) — zu unterscheiden (s. die An. gr. II § 67 zitierte literatur und ausserdem Bugge, Bidrag s. 16 ff., Kock, Arkiv X, 388 ff., XII, 166 ff., 258 ff., Umlaut und Brechung, s. 153 ff.):

1. Die zeit (etwa 700—900), wo umlaut nur durch urn. ganz unbetontes (daher relativ früh synkopiertes, s. § 153, 1) *u* bewirkt wird. So besonders in langer starktoniger silbe — in kurzer wol nur vor synkopierter binnensilbe — z. b. um 900 *ōs*, *sōl* (so im Abecedarium nordmannicum; *aus*, aber *soulu*, *reidu*, s. § 153, 5, im Cod. Leidensis lat. 83, 4⁰, beides denkmäler — freilich wahrscheinlich ostn. und zwar am ehesten adän. — aus dem 10. jahrh., wiewol Cod. Leid. eine etwas ältere vorlage voraussetzt) aus **ansuʀ*, **sōlu* als runennamen, aber schon Eggjum c. 700 ɴᴀkđa (d. h. *nǫkðan*, s. Olsen, No. I. III, 105 f.) aus **nakuðan* (vgl. aschw. *nakudher* nackt); gleichzeitig ist wol z. b. acc. *mǫ́tkan* (später *mótkan*, s. § 116) zu

§ 80. Entwickelung des *u*-umlautes. 77

*máttugr (später *móttogr, móttogr*, s. 3 unten) 'mächtig' entstanden. — In fällen wie *kattbelgr* (**kattu-*) katzenbalg zu *kǫttr* katze, die mannsnamen *Arngrímr* zu *ǫrn* adler, *Ásmundr* zu *óss* (*óss*) gott u. dgl. ist wol *u* schon vor dem eintritt des *u*-umlautes synkopiert worden, wie ja auch schon die inschrift von Sölvesborg um 775 acc. sg. *asmu[n]t* (neben *sunu* sohn) aus *Ansumundu aufzuweisen hat (s. Kock, Arkiv XII, 252, 259, Noreen, Geschichte³, s. 86).

2. Die zeit um 900, wo auch ein urn. etwas stärker betontes (daher relativ spät synkopiertes) *u* umlaut bewirkt. So besonders in kurzer starktoniger silbe vor synkopierter endsilbe, z. b. *lǫg* (aus *laʒu) gesetz zu *lag* lage, ordnung, als runenname *laucr*, d. h. *lǫgr*, im Cod. Leid. Dieser umlaut war im allg. vor 900 nicht deutlich ausgeprägt nach ausweis air. lehnwörter wie *laʒor* (aus aisl. *lǫgr*, s. Marstrander, Bidrag s. 74 f., 135 f.; vgl. auch ags. lehnwörter — freilich meistens aus dem adän. — wie *laʒu* gesetz, sowie die runennamen *feu, lagu* im Abecedarium nordm., *fiu* im Cod. Leidensis, s. 1 oben). Andererseits muss er bald danach durchgeführt worden sein, weil das betreffende *u* zu dieser zeit synkopiert wird (s. § 153, 7), womit auch stimmt, dass das gedicht Hǫfoþlausn (aus dem j. 936) wörter wie *lǫþ* (*laþu), *kuǫþ* (*kuaþu) u. dgl. als einsilbige reime gebraucht. — Nur unmittelbar nach kurzem vokal, in welcher stellung *u* überall aus *w* entstanden ist, ist es synkopiert worden ohne umlaut zu hinterlassen (vgl. § 66, 2). So erklären sich z. b. *strápa* (*stra-uða < *strawiðō, got. *strawida*) streute, *strá* (ahd. *strao*, gen. *strawes*) stroh, *nár* (got. *naus* leiche), *fár* (got. pl. *fawai*) wenig, *hrár* (ahd. *hrao*) roh, *ána-sótt* (vgl. got. *awō* grossmutter) altersschwäche, *mǽr* (got. *mawi*) mädchen, *ǽr* (lat. *ovis*, got. *awi-str*) mutterschaf (vgl. § 71, 2), *kné* (got. *kniu*) knie, *tré* (got. *triu*) baum, *hlé* (ags. *hléo*) lee, *Ham-þér* (urn. -*þewaʀ* Torsbjærg, Valsfjord, got. *þius*) u. a. dgl. mannsnamen, *þír* (got. *þiwi*) magd, *ský* (St. Hom., gew. *ský* nach dat. *skýe*, pl. gen. *skýia*, dat. *skýiom*; ags. *scéo*, as. *scio*) wolke, *Signí* (aisl. gew. *Signý* nach gen. *Signýiar*; ahd. *Siginiu*) ein frauenname, *Vile* (urn. *Wiwila* Veblungsnæs, s. Sievers, Berichte d. kgl. sächs. ges. d. wissenschaften 1894, s. 133) ein mannsname u. a. m.; s. Kock, I. F. V, 153 ff. (wo jedoch *w*-schwund angenommen wird). Das

§ 80. Entwickelung des *u*-umlautes.

scheinbar widersprechende *frór* neben *frár* (urn. *frawa-*
Möjebro, ahd. *frao*) munter ist wol zu nom. sg. fem. und nom.,
acc. pl. ntr. *fró* (nach § 77, 2 aus **fráu* < **frawu*, s. Pipping,
Stud. nord. fil. XII, 1, s. 10) neugebildet; vgl. acc. sg. m. *fráfan*
statt **frawan* nach *frár*.

Anm. 1. Sonstige ausnahmen sind nur scheinbar. Da formen wie *Óláfr*
(**AnulaibaR*, s. § 54, 3, b), aschw. *Skøþve* (**Skǫðwi* < **Skaðuwīh-*?) u. dgl.
lautgesetzlich sein müssen, sind fälle wie *sparhaukr* (neben *spǫrhaukr*)
sperber zu *spǫrr* sperling, *þramský* schild zu *þrǫmr* rand (teils als von
zusammensetzungen wie *lagastafr* meer zu *lǫgr* flüssigkeit beeinflusst, teils
und zwar gewöhnlich) als analogische neubildungen nach dem typus *katt-*
belgr: *kǫttr* (s. 1 oben) oder nach dem simplex **sparuR* (< **sparwaR*),
*þramuR, ehe dies zu *spǫrr*, *þrǫmr* wurde, zu erklären.

3. Die zeit nach der *u*-synkope, wo umlaut auch durch
ein urn. noch stärker betontes (daher später erhaltenes) *u*
bewirkt wird, z. b. *Skǫgol* aus *Skagul* ein walkürenname, pl.
sǫgor zu *saga* aussage. Dieser prozess ist wenigstens in
gewissen westnord. gegenden noch um 1000 nicht da nach
ausweis des Reichenauer necr., wo neben *Sorli* (aisl. *Sǫrle*),
Olaf (aisl. *Óláfr*) und *Gunnor* (aisl. *Gunnvǫr*) stehen *Assur*,
Azor (aisl. *Ǫzorr*) und *Anunt* (aisl. *Ǫnundr*); s. Kock, Arkiv
X, 349 f. Wann und wo im westn. dieser umlaut entstand,
ist nicht genau zu ermitteln. Zwar finden sich bei den aisl.
skalden bis um 1150 häufige assonanzen wie *faxa* : *Iarnsǫxo*,
randar : *strǫndo* u. dgl. (s. Gislason, Om helrim, s. 9 ff., Arkiv
VIII, 52 ff.; Þorkelsson, a. o., s. 15 ff.; Möbius, Kormaks saga,
s. 99 ff.; Jónsson, Sv. Landsm. XII, 7, s. 22 f. note, No.-isl. kultur,
s. 242 ff.; Kahle, Die sprache der skalden, s. 28 ff.), aber diese
lassen nicht auf eine aussprache *-saxo*, *strando* schliessen,
ebensowenig wie die auch zu dieser zeit vorhandenen, wenn
auch nicht so zahlreichen, assonanzen *sǫnn* : *mǫnnom*, *mǫgr* :
fǫgro u. dgl. (s. Wadstein, Sv. Landsm. XIII, 5, s. 33 f.; Kahle,
a. o., s. 30 ff.) eine aussprache *mǫnnom*, *fǫgro* erheischen. Denn
wie besonders aus fällen, wo sowol *ǫ* wie *a* unzweifelhaft sind
(z. b. *þrǫm* : *gram* in der Hǫfoþlausn), hervorgeht, können bei
diesen skalden *ǫ* und *a* assonieren, sei es dass man eine auf
dialektmischung oder archaisierung beruhende poetische lizenz
anzunehmen hat (Kock, Arkiv X, 337 f.), oder wol eher dass
die differenz noch nicht so sehr gross gewesen ist, weil der
umlaut im werden begriffen war (Söderberg in Öfversigt af

filol. sällskapets i Lund förhandlingar 1881—88, s. 94 f. note;
Falk, Anz. f. d. A. XIX, 214 ff. und die daselbst zitierte
literatur). Erst um 1200 sind "reine reime" ($a:a$ und $ǫ:ǫ$)
ausschliesslich herrschend, und zu der zeit — wenn nicht
früher — muss wol also der betreffende umlaut vollständig
durchgeführt worden sein; dies jedoch nur im aisl. und (mit
wenigen ausnahmen) in den awestnorw. denkmälern. Im
aostnorw. dagegen tritt zwar konsequenterweise umlaut vor
erhaltenem u ein bei nasaliertem $á$ sowie den diphthongen $uá$
und postkonsonantischem $ua, ui, uí$ (beisp. s. § 77); betreffs
der übrigen vokale aber verhalten sich die denkmäler sehr
verschieden. Einige, wie die § 15, 12, 26 und 30 angeführten,
zeigen nie (oder fast nie) umgelauteten vokal, z. b. dat. sg. *aru*
(pl. *arum*) zu *ǫr* pfeil, *gafugr* bedeutend neben acc. *gǫfgan*,
Anundr (aisl. *Ǫnundr*) ein mannsname usw. Andere (s. z. b.
§ 15, 18) zeigen umlaut in unmittelbarer nähe von labialen
(b, f, m, v, w) und labialisierten konsonanten (wenigstens l),
z. b. *bǫrnum* kindern, dat. ntr. *fǫgru* schönem, dat. pl. *mǫrgum*
vielen, pl. *vǫkur* wachen, acc. *duǫlu* verzögerung, *ǫfund* neid,
dat. pl. *ollum* allen, sowie wo der vokal nasaliert ist, z. b. dat.
ntr. *skǫmmu* kurzem, *hǫndum* händen, 1. pl. *gǫngum* gehen.
Wieder andere (s. z. b. § 15, 29) zeigen ausserdem umlaut in
stark nebentoniger silbe, z. b. dat. pl. *fortǫlum* vorreden neben
talum reden. S. Kock, Arkiv XII, 128 ff. (bes. 166 ff.; vgl.
dazu Pipping, Mémoires de la société néophilologique à Helsingfors IV, 247 note); Wadstein, Der umlaut von A bei nicht
synkopiertem U, Uppsala 1894; Hægstad, G. Tr. s. 55 note.

Anm. 2. Suffigiertes *þú* du bewirkt keinen umlaut, z. b. *farþu* fabre.

§ 81. Ein durch umlaut hervorgerufener vokalwechsel
innerhalb eines paradigmas oder einer gruppe von verwandten
wörtern ist oft durch ausgleichung beseitigt worden und
zwar in verschiedener weise:

a) Der umlaut ist überall durchgedrungen, z. b. *sykn* statt
*suikn nach f. *sykn*, dat. m. *syknum*, ntr. *syknu*; *syster*, gen.
systor statt *suistir, *systur* (s. § 77, 12); gen. *mǫrnar* st. *marnar
zu *mǫrn* riesin (s. M. Olsen, Forhandlinger i Videnskabs-selskabet
i Christiania 1908, nr. 6, s. 7 f.).

b) Der umlaut ist überall geschwunden, z. b. *hallr* (got.

hallus) fels nach gen. **hallar* (später *halz*); *blár* blau und *grár* grau statt **blór* (ahd. *bláo*) und **grór* (ahd. *gráo*) — nach § 77, 2 — nach acc. **bláwan*, **gráwan* (später *bláan, blán* und *gráan, grán* nach *blár, grár*) u. dgl.; *harþr* statt **horþr* (got. *hardus*) hart vielleicht nach den sehr vielen zusammensetzungen wie *harþgorr* (vgl. § 80, 1) hart gemacht u. a. (anders, aber unsicher, Kock, Umlaut und Brechung, s. 129 ff.).

c) Doppelformen sind entstanden, z. b. *hǫll*, selt. *hall* saal aus nom. *hǫll*, gen. *hallar*; *rǫnd*, selt. *rand* schild; *hǫfn*, spät auch *hafn* hafen (s. Gislason, Efterladte skrifter II, 175, 178); *bǫlkr*, selt. *balkr* balken; *ó, á* und *mór, már* (§ 77, 2); *fó, fé* (§ 77, 4); *hý-, hí-býle* und *týr, tír* gott (§ 77, 6); *gøgnum, gægnum* (§ 77, 7); *sø, sæ* (§ 77, 8); *hóll, huáll* (§ 77, 11); *kyrr, kuirr, syll, suill* und *tynni, tuinni* (§ 77, 12); *skýare, skuíare* und *Ósýfr, Ósuífr* (§ 77, 13); *sønskr, suænskr* (§ 77, 14) u. a. m.; s. Kahle, Die sprache der skalden, s. 28 f., Hægstad, Vestno. maalf. II, 1, s. 13. S. weiter die flexionslehre.

Anm. Schreibungen wie *ván, spánn* u. dgl. (statt lautgesetzlichen *ón, spónn* u. dgl. nach § 116) sind wol in den meisten fällen mit den auch vorkommenden *vǫn, spǫnn* u. dgl. gleichwertig (vgl. § 107). Die letztgenannten formen sind gen. *vánar, spánar* u. dgl. nachgebildet in analogie mit entsprechungen wie *skǫl*, gen. *skálar*, schale, *ǫr*, gen. *árar*, ruder u. dgl. Sie sind natürlich erst zu einer zeit entstanden, wo der übergang *ǫ > ó* (s. § 116), dem formen wie *ón, spónn* u. dgl. ihr dasein verdanken, längst durchgeführt ist.

2. *w*-umlaut.

§ 82. Die fälle sind:

1. *a > ǫ*, z. b. *hǫggua* hauen, *stǫþua* hemmen, pl. *sǫnguar* gesänge.

Anm. 1. Ueber die weitere entwicklung des *ǫ* bei nasalierung s. § 115, 1.

2. *á > ǫ́* nur durch **nākkuarr* (s. § 54, 3, a) > **nǫ́kkorr* (s. § 148) > **nókkorr* (s. § 116) > anorw. *nokkorr* (s. § 127, 3; anders Wadstein, F. Hom. s. 95, 97) irgendein vertreten.

3. *e > ø* (geschlossenes), z. b. *røkkua* finster werden, *mørkue* (Elis, Barlaam u. a., s. Egilsson; auch *miorkue* nach den kas. obl. und *myrkue* nach *myrkr*) finsternis, anorw. dat. *smørue* (s. z. b. Hægstad, Vestno. maalf. I, 14 und II, 2, 1, s. 71 f.) zu

§ 82. w-umlaut von *i*, *i*, *œ*.

smior (s. § 77, 9; anal. *smør*) butter, nisl. *ket* (*køt, s. anm. 2; aschw. *køt*) fleisch nach dem dat. (vgl. aisl. *kiot* aus dem nom. *kiatu < *ketwa). Ebenso wo *e* aus älterem *i* (nach § 110, 1) entstanden ist, z. b. *søkkua* sinken, *støkkua* (got. *stigqan*) springen. *hrøkkua* zurückweichen, *kløkkua* stöhnen, *økkuenn* dick, nisl. *økkr* (nschw. dial. *ink*, vgl. lat. *inguen*, Bugge, Bezz. Beitr. III, 115) geschwulst.

Anm. 2. *ø* wechselt oft mit *e* nach § 119.

4. *i* > *y* (geschlossenes), z. b. *syngua* singen, *þryngua* drängen (dringen), *slyngua* schleudern, dat. *lyngue* zu *lyng* (*lingu < *lingwa nach § 77, 5, a) heidekraut, *Yngue* (aschw. *Inge*, s. weiter Noreen, Namn och bygd VIII, 1 ff.) ein mannsname, *tyggua* kauen, acc. *trygguan* zu *tryggr* (s. § 77, 5, a) treu, *hrygguan* zu *hryggr* betrübt, *dygguan* zu *dyggr* treu, dat. *byggue* zu *bygg* gerste, *gyggua* schreck einflössen, *þryskua* (neben *þriskia*) dreschen, *yþuarr* (aschw. *iþar*) euer, acc. *þykkuan* zu *þiokkr* (anal. *þykkr*, s. § 91 anm. 1 und § 92) dick, *smyrua* schmieren, *tyrue* (vgl. *tiara* teer) kien und der schwertname *Tyruingr* (s. Falk, An. Waffenkunde, s. 62), *fyrua* (vgl. *fiara* ebbe) ebben, acc. *myrkuan* zu *myrkr* (as. *mirki*) finster, pl. *fyruar* (s. Gislason, Efterladte skrifter I, 140; danach *syruar*, a. o. s. 143 f., statt *søruar*, s. 6 unten, krieger; vgl. got. *fairhus* welt) menschen, *þrysuar* dreimal, *Nyrue* ein inselname zu *Nioruasund* der sund Gibraltars.

5. *i* > *ý* (geschlossenes), nur durch selt. (s. St. Hom. und wol Háttatal 76) *strýkua* (ags. *strícan*; öfter zu *strýkia* umgebildet, s. Fritzner) streichen und dessen part. prät. *strýkuenn* (s. § 483 anm.) vertreten. Vgl. 11 unten.

6. *œ* (aisl. *e*) > *ø* (offenes), z. b. *mølua* (got. *gamalwjan*) zermalmen, *bølua* (z. b. Jones, The phon. of the Elis saga s. 4; gew. *bǫlua* nach *bǫl* unglück) verfluchen, *Øluer* (ahd. *Alawîh*), *Høruer* (ahd. *Hariwîh*), *Høsuer* (selt. *Hǫsuer*; zu *hǫss*, acc. *hǫsuan* grau) mannsnamen, *søkkua* (got. *sagqjan*) senken, *døkkua* verdunkeln, *støkkua* (got. *stagqjan*) besprengen, *hrøkkua* scheuchen, *sløkkua* (aschw. *slækkia*, *sløkkia*) auslöschen, *nøkkueþr* (aschw. *nakwidher*) nackt, acc. *kløkkuan* zu *kløkkr* sentimental (vielleicht zu 3 oben), *þrøngua* (anorw. auch *þrængia*) drängen, *sløngua* (aschw. *slængia*) schleudern, *øngua* (got. *aggwjan*)

engen, øngr (und ǫngr aus urspr. ǫngr, acc. ønguan; got. aggwus, acc. aggwjana) eng, þrøngr (s. Vigfusson und Hertzberg; gew. þrǫngr) eng, snøggr (selt. snǫggr, z. b. Gering, Finnboga saga, s. 74; nschw. dial. snägg, snogg, snagg) kurzhaarig, gløggr (selt. gl ggr, z. b. af Petersens, Jómsvíkinga saga AM. 291, 4⁰, s. XI, 2mal, M. Olsen, Vǫlsunga saga, s. XXVI, aschw. glugg-; got. glaggwus) genau, deutlich, hnøggr (nach acc. hnøgguan; ags. hnéaw) knapp, døggua betauen, gørua (mhd. gerwen) machen, gørue kleidung, sørue (mhd. geserwe) halsschmuck, pl. søruar krieger, skrøkua fabeln zu skrǫk (s. Hertzberg; auch anal. skrøk, s. ib. und Leffler, Om v-omljudet, s. 62 note) fabelei; Nøruasund (auch anal. Nǫrua-; vgl. noch 4 oben) der sund Gibraltars zu Nǫrr (ags. nearu eng) mit der schwachen nebenform Nere (nach § 119 aus *Nørue, got. *narwja; anal. Nǫrue; s. Bugge, Helge-digtene s. 96 f.) ein mannsname. Ebenso wo œ aus œi entstanden ist (s. § 128), z. b. nøkkuarr, -err irgendein, øngr (nach acc. ønguan u. dgl.) neben enge kein. Vgl. die scheinbar gleichlautenden søkkua, støkkua, hrøkkua mit geschlossenem ø, oben 3.

Anm. 3. Gørr (gerr) neben gǫrr (so immer bei den älteren skalden, s. Kahle, Die sprache der skalden, s. 44, und noch weit überwiegend in den ältesten hdschr., s. Larsson) fertig hat wol sein ø aus dem adv. komp. gørr (s. § 74, 7; gerr) und dem verbum gør(u)a (s. oben 6; ger(u)a) bezogen, wie umgekehrt das statt gørþa (gerþa) bald auftretende (s. Kahle a. o.) prät. gǫrþa (später auch nach § 263 anm. 1 giorþa wie dann auch giorr) sein ǫ aus gǫrr entlehnt hat.

7. ia > iǫ, z b. Nioruasund (*Niarwa- < *Nerwa-) s. oben 4, obl. miorkua zu mørkue s. oben 3, iorua (anal. nom. iorue statt *ørue) sand, Kiotua (anal. nom. Kiotue) ein spottname.

Anm. 4. Fälle wie dat. sg. hiorue schwert, smiorue butter u. dgl. st. *hire (vgl. got. haírus), smørue (s. § 77, 9) sind neubildungen zu nom. hiorr, smior nach den typen spǫrr : spǫrue, bǫl : bǫlue.

8. ua > uǫ, z. b. vǫlua weissagerin, vǫþue muskel. Postkonsonantisch (in welcher stellung w als solches bleibt, s. § 250) ist die labialisierung bis zu *uo (vgl. § 77, 10), woraus nach § 235, 1, a) o, fortgeschritten, z. b. horuetna (agutn. hurvitna) neben dem nach huar (anal. mnorw. auch hor, z. b. Dipl. norv. II nr. 451) 'wo' aufgefrischten huǫr-, huarvetna wo auch immer, hotuetna neben huatvetna was auch immer, Sorkvér neben Suerkuer (Sørkuer s. 12 unten) ein mannsname; vgl. noch

§ 83. Ausbleiben des *w*-umlautes.

nnorw. dial. *solo* (*sulu*, nschw. dial. *solva, sula*) aus **swalwa* (ahd. *swalawa*) schwalbe (vgl. § 84 anm.).

9. *ue* > *uɵ* (woraus lautgesetzlich wol *ɵ*, s. § 235, 1, a), z. b. *kuɵkua* (neben *kuekua*; vgl. ahd. *quec* lebendig) beleben neben *kuikr* lebendig, *elzkuɵkua* neben *eldkueikia* (anal. *-kueykia*) feuerung.

10. *ui* > (**uy*, woraus nach § 235, 1, a) *y*, z. b. part. prät. *ykuenn* gewichen, acc. sg. m. *kykuan* (anal. *kuikuan*) zu *kuikr* (nach § 77, 12 *kykr*; ags. *cwicu*) lebendig, *kykuende* (*kuikuende, kuikende*) geschöpf, *tysuar* (ahd. *zwirō*) zweimal, *kyrkia* (statt **kyrkua*) neben *kuirkia* erdrosseln.

11. *uí* > **uý* > *ý* (vgl. 10 oben), z. b. *ýkua* (anal. *výkua*) neben *víkia* weichen, *sýkua* (s. z. b. Þorkelsson, Supplement IV) neben *suíkia* betrügen.

12. *uǽ* (aisl. *ue*) > *uɵ* > *ɵ* (s. § 235, 1, a), z. b. *Sɵrkuer* neben *Suerk*(*u*)*er* (*Sorkvér*, s. 8 oben, und durch kontamination oft *Serkuer*) ein mannsname, *vɵkua* neben *vekia* erwecken, *vɵkue* m. oder *vɵk*(*ku*)*a* f., obl. *vek*(*k*)*o* (anal. *vɵko*) flüssigkeit.

13. *œi* (aisl. *ei*) > *ɵy* (aisl. *ey*), z. b. *keyk*(*u*)*a* (aus *kuɵykua* nach § 235, 1, a) neben *kueikia* beleben, *kueykua* zu pl. *kueikor* (wonach anal. sg. *kueika*, wie umgekehrt pl. *kueykor* nach dem sg.) feuerung, anɵrw. *Lɵykvin* (und *Leikvin*), *Øyðvin* (zu *Eið*), *Blɵykin* (zu *bleikr* bleich) u. a. dgl. ortsnamen s. Rygh, Norske gaardnavne, Forord s. 86), anorw. *Øykrɵy* neben *Æikarɵy* (s. Hægstad, Vestno. maalf. II, 1, s. 50; vgl. ä. nschw. *ökia* < **ɵykua* : nschw. *eka* nachen).

§ 83. Jedes *w* (d. h. kons. *u*) wirkt umlaut; also auch ein (nach § 137, a) aus sonantischem *u* in hiatusstellung entstandenes, z. b. der frauenname *Bϙþuildr* aus **Baðu*(*h*)*ildʀ* < **Baðwahildiʀ*. Wenn es scheint, als ob unmittelbar nach kurzem vokal *w* ohne umlaut zu hinterlassen geschwunden wäre, so erklärt sich dies nach § 80, 2 so, dass *w* nach der synkope eines unmittelbar folgenden vokals sonantisiert worden ist, so dass hier kein *w*, sondern *u* synkopiert wurde; daher *strápa* (got. *strawida*), *strá, nár* usw. (s. § 80, 2). Wiederum wenn erhaltenes *w* einen unmittelbar vorhergehenden vokal nicht umgelautet hat, so ist dies wol so zu erklären, dass *w* in dieser stellung schon vor dem eintritt des *w*-umlautes zu ƀ

§ 84. Ausgleichung des *w*-umlautes.

(geschr. *f*) geworden ist (s. § 250), also nicht mehr als solches (d. h. kons. *u*) da war. Daher sind umlautlos z. b. *afe* (vgl. got. *awō* f., lat. *avus*) grossvater, pl. *máfar* (anal. *mófar*) zu *mór* möve, *fráfan* zu *frár* munter (vgl. § 80, 2), *láfe* (die selt. nebenform *lófe*, s. Larsson, hat ablaut wie aschw. *lōe*, finn. *luuva*, gr. ἀλώς, ἀλωϝή) dreschtenne, *ávalt* (s. § 54, 3, a) immer, *snifenn* (vgl. ahd. *snīwan*) beschneit, pl. *tífar* (vgl. § 77, 6) götter, *Ífarr* (*Īhu-hariʀ) ein mannsname, *Suífor* (*Suívor*) ein frauenname, *skǽfa* (got. *skēwjan*) gehen, dat. *hrǽfe* (got. *hraiwa*) leiche, *lǽfe* verderb, *frǽfe* (got. *fraiwa*) samen, acc. *mǽfan* schmalen, *slǽfan* stumpfen, *frǽfan* fruchtbaren, pl. *sǽfar* seen, dat. *snǽfe* (got. *snaiwa*) schnee, *ǽfen-* (got. *aiweins*) ewig-, *ǽfe* lebenszeit. Da der übergang *w* > *ƀ* in der betreffenden stellung frühestens um 1000 (durch eine assonanz wie *Suífor* : *lífe*, s. § 250) bezeugt ist, wäre also der eintritt des *w*-umlautes frühestens in diese zeit zu verlegen. Damit stimmt auch, dass assonanzen, wo ein durch *i*-umlaut aus *u* (also älteres) und ein durch *w*-umlaut aus *i* entstandenes (also jüngeres) *y* miteinander reimen (z. b. *hygg* : *Tryggua*, *ynglengr* : *þryngue*), erst etwas nach 1000 belegt sind (s. Falk, Anz. f. d. A. XIX, 215 f.). Zu dieser zeit wäre demnach der *w*-umlaut schon vorhanden. Dagegen spricht nicht, dass noch im 11. jahrh. assonanzen wie *her* : *gǫrua*, *ekkio* : *nǫkkuat*, *hringe* : *lyngua* begegnen, wo man nicht *gǫrua*, *nǫkkuat*, *lingua* einzusetzen, sondern nur ein noch nicht ausgeprägtes *ǫ*, also "unreine reime" (vgl. § 80, 3 und Falk, a. o. s. 216, F. Jónsson, No.-isl. kultur, s. 241) anzunehmen hat. Dass andererseits um 1200 der *w*-umlaut nicht mehr ein lebendiges lautgesetz gewesen ist, beweisen wol solche auf ausgleichung (s. § 84) beruhenden formen wie *nakkuat*, *gǫrua*, *tuisuar*, acc. *kuikuan* u. a.

Anm. In der ältesten poesie bis c. 1000 assoniert ein (aus *i*, *í* durch *w*-umlaut entstandenes) geschlossenes *y*, *ý* nicht mit einem (aus *u*, *ú*, *iú* durch *i*- und *j*-umlaut entstandenen) offenen *y*, *ý*, was wol beweist, dass die beiden laute nicht früher als c. 1000 oder etwas später zusammengefallen sind; s. Marstrander, Bidrag, s. 73 mit note 1, F. Jónsson, No.-isl. kultur, s. 241, Kahle, Die sprache der skalden, s. 267 ff.

§ 84. Durch ausgleichung kann der *w*-umlaut beseitigt werden, resp. wo er nicht lautgesetzlich motiviert ist, eindringen (vgl. § 81), z. b. *Ǫlvalde* ein mannsname : *alvaldr* (nach

§ 85. Regressiver labialumlaut.

anderen mit *al-* zusammengesetzten wörtern) herrscher, *Rǫgnvaldr* : *Ragnvaldr* (nach *Ragn-arr, -hildr* u. a.), *Nǫrue* : *Narfe* (*Nare*, nach **narum, -u* zu *nǫrr*. s. § 82, 6) mannsnamen, *nǫkkuarr, nøkkuar* : *nakkuar, nekkuar* (nach *nakkor, nekkor* u. a.), *horvetna* : *huarvetna* (nach *huar*), acc. *ønguan* : *enguan* (nach *engom, -o*) keinen, *gørua* : *gerua* (nach prät. *gerþa*, seinerseits statt *gørþa* nach dem inf. *gerwa vor dem eintritt des *w*-umlautes neugebildet), *tysuar* : *tuisuar* (nach dem präfix *tui-*), *Ynguarr* : *Inguarr* (nach *Ingolfr, -unnr* u. a.) ein mannsname, *Sǫlveig* : *Salveig* (nach *Salbiorg, -gerþr* u. a.) ein frauenname, *Løykvin* : *Leikvin*, anorw. *Børgvin* (s. Hægstad, Vestno. maalf. II, 2, I, s. 73 und 94) : *Bergvin* ortsnamen (nach *berg* gebirge) u. a. m. (s. § 82 passim).

Anm. Es gibt auch fälle, wo eine umlautlose form in ein paradigma hineingekommen ist, das lautgesetzlich keine einzige unumgelautete form aufzuweisen hätte. Hier ist also die analogie anderer paradigmen massgebend gewesen, z. b. *gata* statt *gǫtua (got. *gatwō*) gasse zu pl. aisl. *gǫtor*, aostnorw. *gatur*, nach dem verhältnis von *saga* aussage zu pl. *sǫgor, sagur* u. dgl.; ebenso *suala* statt *solua (s. § 82, 8) schwalbe zu pl. *suφlor, sualur*; ebenso bei "brechung", z. b. *tiara* teer statt *tiorua (vgl. § 82, 7; finn. *terva*) zu obl. *tioro*, aostnorw. *tiaru*, nach *stiarna* gestirn zu pl. *stiornor, stiarnur*; *fiara* strandwasser statt *fiorua (lapp. *fjervva*) zu obl. *fioro, fiaru*.

3. Labialumlaut.

§ 85. Ein regressiver umlaut ist der vorzugsweise anorw., besonders nach 1300 häufige — aber doch sporadische — übergang *i* (das in allen wörtern noch der häufigere laut ist) > *y* vor tautosyllabischem *f, p, m, l, r* mit folgenden konsonanten, z. b. pl. *guðsyfiar* (s. Hertzberg) paten, *øllyfti* (s. § 77, 7) elfte; *klyppa* scheeren, *sypta* (*suipta*) reissen; pl. *ymbrudagar* jejunia quatuor temporum, *Grymkell* ein mannsname, *frændsymi* verwandtschaft, *gymstœinn* (Elis saga) edelstein; *sylfr* silber, *Þorgyls* ein mannsname, *ylmr* duft, *ylma* duften; *fyrra* entfernen, *byrta* kundmachen, *dyrfask* dreist sein, *vyrða* ehren, *herbyrgi* herberge, *hyrða* schützen, *hyrðir* hirt, *hyrta* züchtigen, *Byrgir* und *Byrgitta* personennamen. S. z. b. Hægstad, G. Tr. s. 54, Kong. s. 11, 18, 32, Vestno. maalf. I, 20 und II, 1, s. 44, F. Jónsson, Fagrskinna, s. XXIV f.

Anm. 1. Vor heterosyllabischem *f* (*b*) ist der übergang nur durch *yfa* (Wadstein, F. Hom., s. 79, Þorkelsson, Supplement IV, 183) bezweifeln,

§ 86. Progressiver labialumlaut. § 87. Brechung.

vor *n* nur durch *fynna* (Cod. Tunsb., s. § 15, 30) finden belegt. Ganz unklar bleiben *hyte* hitze und *hytta* finden statt gew. *hite, hitta* (s. Þorkelsson a. o., s. 73).

Anm. 2. Dialektisch scheinen *e* und *œ* vor *f* (*b*), *l*, *r* zu *ø* zu werden, z. b. *gøfet* gegeben, *røfr*, *Røfr* fuchs, resp. mannsname, *øfter* (vgl. § 172 anm. 2) nach, *Løftravágr* (statt *Lœiftra-*, vgl. § 128) ein ortsname (s. Bugge, Ant. tiðskr. f. Sv. X, 224); *heimøle* wohnsitz; *kørtisuœinn* kerzenträger. Ebenso *é* und *œ́* zu *ǿ* vor *m*, resp. *f* (*b*), z. b. *Klǿmœtson* (zu lat. *Clēmens*) ein mannsname, *ǿfenlegr* ewig; vgl. noch mnorw. *Férǿum* st. *Fǽrøyium*. S. Hægstad, G. Tr. s. 69, Vestno. maalf. II, 1, s. 44, Arkiv XXVI, 221; Rygh, Gamle personnavne, s. 200; Lind, No.-isl. dopnamn, s. 693 f., 852 (vgl. noch N. G. L. III, 119).

Anm. 3. Ob derselbe übergang vor *l* stattfindet, bleibt sehr unsicher. Beisp. wären etwa (s. Bugge, Helge-digtene, s. 326) *hølzti* (aber daneben *hǫlzti*) statt *hœlzti* allzu, *Hølge* (und *Hǫlge*; vgl. aber oben § 77, 7, wo auch über *øllyfti* und *Høllu*).

§ 86. Ein progressiver umlaut ist der speziell misl. übergang *á* (jetzt wie *ǫ́* auszusprechen, s. § 106) > *ó* unmittelbar nach tautosyllabischem *v* (und *w*?, vgl. § 250), z. b. *vóði* (älter *vápe*) gefahr, *svó* (*suá*) so, *hvórki* (*huárke*) weder. Der übergang tritt nicht vor 1350 ein (s. Gislason, Aarbøger 1889, s. 360, 363).

Anm. 1. Unklar ist der misl. sporadische übergang *ue* > *uo* (obwol die schrift das *e* gewöhnlich behält) in den wörtern *huorn* jeden, *huossu* wie, *huort* wohin, *huorfa* weggehen (alle schon am ende des 14. jahrhs., s. Boer, Ǫrvar-Odds saga, s. III, Leiden 1888), *kuold* (gegen 1500 belegt) abend. Vgl. nisl. *hvolfa* (*hvölfa*) wölben, *hvolpur* junger hund und *hvör* (*hvur*) jeder, *hvönær* wann, *kvöld* abend, *kvörn* mühle, *tvöfalda* verdoppeln u. a. gegen *hvessa*, *kveða*, *sverfa* u. s. w. (s. B. M. Ólsen, Germania XXVII, 266 f.; Kahle, Gött. gel. anz. 1895, s. 909 ff.).

Anm. 2. Verwandt sind die übergänge *wǫ* > (*w*)*o* § 77, 10 und § 82, 8, *wǫ́* > (*w*)*ó* § 77, 11, *i* > *y* § 77, 5, b, und die § 80, 3 erwähnten aostnorw. erscheinungen.

III. Brechung.

§ 87. Unter brechung verstehen wir hier die entstehung eines parasitischen vokals nach einem andern vokal durch den einfluss eines in der nächsten silbe folgenden sonantischen vokals. Brechung — eigentlich nur ein spezialfall von umlaut — tritt im aisl.-anorw. nur bei *e* ein, welcher vokal (mit den unten § 90, § 94, § 95, b erwähnten ausnahmen) gebrochen wurde so oft in der nächsten silbe ein — in literarischer zeit oft infolge der synkope (§ 153 ff.) geschwundenes — *a* oder *u*

§ 88. 89. Brechung.

folgte. Je nach der verschiedenen qualität des wirkenden vokals haben wir zu unterscheiden zwischen der durch *a* hervorgerufenen *a*-brechung und der durch *u* bewirkten *u*-brechung. Vgl. auch § 96.

Anm. 1. Wo früher eine *w*-brechung angenommen worden ist, liegt vielmehr *u*-brechung vor, indem *w*, vor dem eintritt der brechung, zu *u* sonantisiert worden ist; vgl. § 77, 9.

Anm. 2. Auch ein nach § 128 und § 117 aus *œi* entstandenes *e* wird gebrochen, z. b. anorw. *hiælgi* (nach obl. *hiælga* aus **hialga* § 70, 1 < *helga*; s. Undset, Indskrifter fra middelalderen, Chra. 1888, s. 13) der heilige sowie oft *Hiælgi* als mannsname; s. Noreen, Arkiv I, 170 f., und vgl. Kock, Umlaut und Brechung, s. 263.

§ 88. Durch die *a*-brechung wird aus *e* zunächst der fallende diphthong **ea*, woraus dann steigendes *ia* (vgl. § 133, a), z. b. *biarga* bergen, *hiarta* herz, *stiarna* stern, *gialda* vergelten, *Hialdr* (urn. *helðaʀ* Tjurkö) ein mannsname = *hialdr* kampf, *sialdan* selten, *iafn* eben, *siatna* zusammensinken, *iata* krippe, *iara* streit, *giafare* geber, *iaþarr* rand, *iaxl* backzahn u. a.

Anm 1. Ueber a(ost)norw. *iæ* aus *ia* s. § 70, 1.

§ 89. Durch die *u*-brechung wird aus *e* zunächst **ea*, dann *ia* (das aonorw. vor erhaltenem *u* bleibt, ausser unmittelbar vor *g, k*) und noch später *iǫ* (in der ältesten literatur gewöhnlich geschrieben und vielleicht auch gesprochen *io*, s. Kock, Umlaut und Brechung, s. 281 und die daselbst zitierte literatur, Arkiv XXII, 347 mit note; Jones, The phonology of the Elis saga, s. 5), z. b. *iorþ* erde, *hiorþ* herde, *i fiorþ* (gr. πέρυσι) im vorigen jahre, *hiortr* (ags. *heorot*) hirsch, *hiorr* (got. *haírus*) schwert, *fior* (vgl. got. *faírhus*) leben), *miolk* (got. *miluks*) milch, *fiol-* (got. *filu*) viel-, *ioforr* (aonorw. *iafur*) eber, fürst, *fiotorr* (aonorw. *fiatur*) fessel, *iotonn* (aonorw. *iatun*) riese, *Iokoll* (aonorw. *Iakul*), *Iorundr* (aonorw. *Iarundr*) mannsnamen, *miok* (gr. μέγα) sehr; s. Hultman, Hälsingelagen I, 344 und die dort zitierte literatur. Bei dehnung (nach § 124, 3 oder sonst) wird dies *iǫ* (*io*) zu *ió* (nicht *iǫ́*), z. b. *hiólp* hilfe, *miólk* milch, dat. *siólfom* selbst, *fiórom* (**fioðrom* § 292) vier.

Anm. 1. In einigen fällen findet man anorw. *iu* neben *io*, z. b. *fiugur* vier (ntr.), *fiugrtán* vierzehn, *tiugu* (s. § 449 anm.), *þiukkr* dick, *Þiustulfr* (s. § 95, 1). Wahrscheinlich steht (wie im aschw.) *iu* ursprünglich nur vor erhaltenem *u* oder *w*, also *þiokkr* (**þekwuʀ*), aber dat. *þiukkum*; doch kommt im mnorw. selten als mannsname *Biurn* statt *Biorn* vor.

§ 90—92. Brechung.

Anm. 2. Ueber a(ost)norw. *fialde* menge neben gew. *fiolde* (aisl. *fiolþe*) s. teils Hultman, Hälsingelagen, s. 346, teils Noreen, Arkiv I, 166.

Anm. 3. Wol nur dialektal ist die anorw. brechung eines *i* zu *iu* (selt. *io*) unmittelbar vor *gw*, z. b. *Siugurðr* (aus -*vǫrðr*; einmal *Siogvorðr*), *Siugvalde, Siugvatr* (einmal *Siog-*) neben *Sigurðr, -valde, -(h)uatr* u. dgl. mannsnamen. S. Kock, Arkiv XXXII, 176 ff.

§ 90. Brechung findet nicht statt, wo ein *v, w* (kons. *u*), *l* oder *r* dem *e* unmittelbar vorhergeht, oder heterosyllabisches *h* (das früh mit ersatzdehnung schwand, s. § 230, 1) unmittelbar folgte, z. b. *verþa* werden, *velta* wälzen, *vefa* weben; *huerfa* sich wenden, *suelta* hungern; *leþr* (*leþra*) leder, *legr, lega* grabplatz; *reka* treiben, *røkkr* (s. § 77, 3; vgl. dagegen *þiokkr*) finsternis; *séa (siá)* aus **sehan* (statt **sehwan*, got. *saíƕan*) nach den übrigen stammformen: **sah*, **sāȝum* usw. sehen, *fé* (*fé* < *féu*, got. *faíhu*, s. § 77, 4) vieh, geld. Vgl .noch § 94 und § 95, 3, b.

§ 91. Wo in einem paradigma oder in einer gruppe von verwandten wörtern gebrochene und ungebrochene formen wechseln sollten, ist oft ausgleichung eingetreten, so dass entweder der gebrochene vokal durchgeht, z. b. *bialke* balken nach obl. *bialka, siafne* liebe (vgl. *sefe* gemüt), dat. *hialte* nach nom. *hialt* schwertknopf; oder es ist der ungebrochene vokal verallgemeinert worden, z. b. *þegn* (aschw. *þiægn*) freier mann, *setr* (und *seta* f.) sitz nach dat. *setre* (vgl. auch *setia* sitzen, aus *sætia*), *selr* (aschw. *siæl*) seehund nach dat. **sele, melr* sandbank, *stertr* (aschw. *stiærter*) sterz, *snerta* berühren nach präs. *snertr, gnesta* krachen, *serþa* unzucht treiben, *bera* bärin nach obl. *bero* (s. § 95, 3, b), obl. *sétta* (aschw. *siätta* aus **siähta* < **siahta*) nach nom. *sétte* (**sehte*) sechste; oder endlich sind doppelformen entstanden, z. b. *biarg* und *berg* gebirge, *fiall* und *fell* fels, *berfiall* bärenhaut : *bókfell* pergament, *fialms-* : *felmsfullr* erschrocken, *guþspiall* : -*spell* evangelium, *kiaptr, kioptr* und *keptr* kinnlade, *spiall* und *spell* schaden, *spiald* : *speld* tafel, *siatna* : *setna* zusammensinken, *iata* : *eta* (nach *eta* essen) krippe, anorw. *Þiasmór* : *Þesmór* (s. Hægstad, G. Tr. s. 61) ein ortsname, anorw. *Biarne* : *Berne, Iarpr* : *Erpr, Hiælgi* (s. § 87 anm. 2) : *Hælgi* mannsnamen u. a. m.

§ 92. Das den brechungsvokalen zugrunde liegende *e* kann in gewissen formen (zu *ø*) *w*-umgelautet worden sein

§ 93—95. Brechung. 89

(§ 82, 3), in anderen (zu *i*) *i*-umgelautet (s. § 63, 3), endlich in anderen zunächst in genannter weise *i*-, dann (zu *y*) *w*-umgelautet (s. § 79, 4). Durch ausgleichung entstehen dann doppelformen wie *miorkue* : *mørke* (*myrkue*) und *smior* : *smør* (§ 82, 3 und 77, 9); *fiarre*: *firre* fern, anorw. *tiogo* (nach nom. sg. *tiogr, schwed. *tjog*; 1mal bei Sighuatr) oder *tiugu* (1mal in Fagrskinna, F. Jónssons ausgabe s. 222; s. § 89 anm. 1) zwanzig : acc. pl. *tigo* (nach nom. *tiger*; *tego* nach § 95, 3, b) dekaden; *fiorua*: *fyrua* (s. § 82, 4) ebben, *þiokkr* (anorw. auch *þiukkr*): *þykkr* und *tiara* : *tyrue* § 82, 4. Vgl. noch gegensätze wie *giald* : *gilde* bezahlung, *hialpa* helfen : *hilper* helfer, pl. *hiaþningar* gefolgschaft Heden's (ahd. *Hetan*) : anorw. *Hiðen* (s. § 63, 3) ein mannsname, *kialta* (*kioltung*) : *kilting* schoss, *sniallr* begabt : *snille* begabung; *fior* leben : *firar* (*fyruar* § 82, 4, anal. *fioruar*) männer, *fiorþr* (gen. *fiarþar*) : pl. *firþer* meerbusen; *iolstr* : *ilstre* salix pentandra, *miok* sehr : *mikell* gross, *Skiolf* "hügel" als ortsname : *skilfingr* eine fürstenbenennung.

§ 93. Ebenso sind, wo *a*- und *u*-brechung wechselten, bisweilen ausgleichungen eingetreten, z. b. *kiaptr* : *kioptr* kinnlade, anorw. selt. *tiarn* ntr. : *tiorn* f. kleiner see. Fälle wie aonorw. dat. *Ingibiargu* : awnorw. -*biorgu* ein weibername, *iarðu* : *iorðu* erde, dat. pl. *skialdum* : *skioldum* erklären sich im allg. nach § 89, dagegen fälle wie gen. *Ingibiorgar* statt -*biargar* (Hægstad, G. Tr. s. 61), dat. anorw. *fiatri* (nach nom. *fiatur*, s. § 89) st. *fiotri* durch ausgleichung.

Anm. Der mannsname *Iatmundr* Edmund ist ags. lehnwort. Ueber *iaþarr* : *ioþorr* s. § 173, 5.

§ 94. In schwachtoniger silbe tritt keine brechung ein, z. b. *meþal* zwischen, *meþan* inzwischen, *eþa* (got. *aíþþau*) oder, *ef* wenn (vgl. aschw. *iæf* zweifel). Verschiedene betonung gibt anlass zu doppelformen wie anorw. (s. Wadstein, F. Hom., s. 67 note; Groth, Det AM. Haandskrift 310 qvarto, s. XXIII; Falk und Torp, Dansk-norskens syntax, s. XII note; Kock, Arkiv XXX, 344 ff., XXXII, 185 f.) *iak* (urn. *eka*) : *ek* ich.

§ 95. Die brechung wurde wol am frühesten durch ein ganz unbetontes, erst später durch ein etwas stärker betontes *a*, resp. *u* bewirkt. Infolgedessen haben wir auch in betreff der brechung mehrere perioden — in hauptsächlicher über-

§ 95. Brechung.

einstimmung mit denjenigen der nahen verwandten umlaute (s. § 63, § 77) — zu unterscheiden (s. Söderberg in Öfversigt af filol. sällskapets i Lund förhandlingar 1881—88, s. 95 f.; Kock, Arkiv XVII, 161 ff.):

1. Die zeit (etwa 650—900), wo brechung nur durch urn. ganz unbetontes (daher relativ früh synkopiertes, s. § 153, 1) *a*, resp. *u* bewirkt wird. So besonders in langer starktoniger silbe. Formen wie *hialdr* (urn. *helðaʀ* Tjurkö um 550) kampf, *biarg* (*berga) gebirge gehören schon der letzten urn. zeit, weil das betreffende *a* um 700 nicht mehr da war (vgl. zwar in Schweden schon c. 650 Istaby -*wulafʀ* < -*wulfaʀ, aber gleichzeitig in Norwegen noch By *hroʀaʀ* und erst c. 725 Vatn *rhoaltʀ* mit synkope); *iorþ* erde u. dgl. wiederum der zeit gegen 900 (vgl. § 80, 1 und air. c. 850 *elta* pl. t., das unsynkopiertes anorw. *heltu, d. h. *hiolt* schwertgriff, voraussetzt, s. Marstrander, Bidrag, s. 77). — In fällen wie der mannsname (s. Lind, Arkiv XI, 269) anorw. *Þestolfr* (neben *Þiæst-*, *Þiostolfr*, *Þiustulfr* nach 3 unten) oder (s. Falk, Arkiv III, 306 f.) *spellvirke* beschädigung zu *spiall* (*spell*) schaden, *bergbúe* felseneinwohner zu *biarg* (*berg*) berg, ferner der ortsname *Bergvin* (anal. *Biargvin*, *Biorgvin*) zu *biorg* grat (s. Rygh, Norske gaardnavne, Forord s. 43), *erþgrócnn* (bei Egell, überliefert *iarð-*, aber mit *verþa* assonierend, s. F. Jónsson, Kritiske studier, s. 117 f.) aus der erde gewachsen zu *iorþ* erde u. a. m. ist wol *a*, resp. *u* schon vor dem eintritt der *a-*, resp. *u*-brechung synkopiert worden; anders Kock, Umlaut und Brechung, s. 299 f.

2. Die zeit gegen 900, wo auch ein urn. etwas stärker betontes (daher relativ spät synkopiertes) *a*, resp. *u* brechung bewirkt. So besonders in kurzer starktoniger silbe, z. b. *giafmildr* freigebig aus *ʒebamilðiʀ, *fiolkunnegr* zauberkundig. *mioþdrekka* zeche (ein fall wie *miaþveiter*, *-kona* 'metgeber', -geberin ist wie *sparhaukr* § 80 anm. zu beurteilen, verhält sich also zu *mioþr* wie z. b. *skialdsueinn* statt *skeldsueinn, s. 1 oben, schildträger zu *skioldr*, d. h. ist neubildung nach dem typus *kattbelgr* : *kottr*), *hial* rede, *kiolr* kiel usw. (*mioþ*, *hior*, *miol*, *siot* als einsilbige reime schon in der Hǫfoþlausn, vgl. § 80, 2).

Anm. 1. Fälle mit ungebrochenem vokal wie *metorþ* würdigung, *berfiall* bärenhaut sind wol von *meta* würdigen, *bera* bärin u. a. beeinflusst.

3. Die zeit nach der *a*-, resp. *u*-synkope, wo brechung durch ein urn. noch stärker betontes (daher später erhaltenes) *a*, resp. *u* hervorgerufen wird, z. b. *hiarta* herz, dat. pl. *kiolom* kiele. Dieser fall ist bei *a*-brechung vielleicht schon um 900 durch assonanzen wie (bei Þióðolfr) *blað* : *fiaðrar* u. dgl. (s. Kahle, Die sprache der skalden s. 51; vgl. auch den runennamen *biercan* im Cod. Leid.), bei *u*-brechung etwa gleichzeitig durch air. *eobur* aus anorw. *iofurr* (nicht *iofurr*! nach Marstrander, Bidrag s. 79) und um 1000 durch (bei Sighuatr) *flokke* : *þiokkua* (s. Kahle, Arkiv XII, 375) belegt. Diese jüngere brechung wird von jedem in urn. zeit schwachtonigen *a* und *u* bewirkt, aber nur von solchen; demnach haben wir bei der brechung folgende zwei verschiedene fälle zu unterscheiden (s. Kock, Arkiv XXX, 339 ff. und die dort zitierte literatur, XXXI, 321 ff., Umlaut und Brechung, s. 248 ff.):

a) In langer silbe tritt brechung allgemein ein. Also steht brechung sowol vor urn. unnasaliertem vokal, z. b. *hiarta* (got. *haírtō*) herz, *stiarna* (got. *staírnō*) stern, gen. *iarþar* (got. *aírþōs*) erde, wie vor urn. nasaliertem vokal, z. b. *hialpa* helfen, *biarga* bergen, obl. *bialka* balken, acc. pl. *fiorþo* neben nom. *firþer* meerbusen; sowie auch vor noch in literarischer zeit nasaliertem vokal, z. b. *sialdan* selten, *iafnan* immer, *biarkan* ein runenname, *fiorgyn* (got. *faírguni*) die erde, *kioltung* neben *kilting* (s. § 92).

Anm. 2. Anorw. *gerna* neben gew. *giarna* gern ist wol von dem mndd. *gern* beeinflusst.

b) In kurzer silbe unterbleibt die brechung vor vokalen, die in urn. zeit wegen des schwundes eines folgenden nasals lang geworden oder geblieben sind, und die infolgedessen bei späterer kürzung noch wenigstens halbstark (vgl. § 51 anm. 1) sind. Es tritt demnach zwar brechung auf z. b. in gen. *giafar* (got. *gibōs*) gabe, *iaþarr*, *giafarc*, *iara*, *iata* (gew. *eta* nach *eta* essen), s. § 88, *iotonn* riese, *ioforr* fürst, fehlt aber in *stela* stehlen, *bera* tragen, obl. *þela* frost in der erde, *bero* bärin, acc. pl. *tego* (got. *tiguns*).

Anm. 3. Unklar sind die überhaupt etymologisch etwas dunklen *þegat* (*þagat*) dorthin, *þegar* (anorw. auch *þagar*, s. Hægstad, Vestno. maalf. II, 1, s. 21 und II, 2, 1, s. 37) sogleich, anorw. *þeðan* (aisl. *þaþan*) von dort.

§ 96. Brechung. § 97. Entwickelung der alten di- und triphthonge.

Anm. 4. In gewissen anorw. gegenden steht brechung in kurzer silbe auch (wie im ostn.) vor (einst) nasaliertem *a*, z. b. *giafa* (Hægstad, Vestno. maalf. I, 67, *giæfa* Hægstad, G. Tr. s. 61) neben *gefa* geben, obl. *stiaka* stecken und die spottnamen *Hiaka, Hiæsa* (< *Hiasa s. § 71 anm. 1), wonach nom. *stiaki* u. s. w.

Anm. 5. Unsichere a i sl. spuren dieser brechung sind *iake*, obl. *-a* eisblock, *rápgiafe, -a* ratgeber u. a. auf *-giafe*, die vielleicht auch anders erklärt werden können (s. Kock, Arkiv XXXI, 334 ff.). *Hiala* reden, *skiala* schwatzen und *stiaka* einen stoss versetzen haben sich nach präs. *hialar*, prät. *hialapa* u. s. w. gerichtet (s. a. o., s. 324 ff.).

§ 96. Eine verwandte, wenn auch weit spätere, erscheinung ist die seit dem anfang des 13. jahrhs. in gewissen anorw. hdschr. auftretende *i*-brechung bei *e, æ, ǽ*, welche zu *ei*, resp. *æi* und *ǽi* werden, wenn die folgende silbe ein (son. oder kons.) *i* enthält, z. b. *dreipin* getötet, *veirit* gewesen, *hœifir* hat, *sœitia* setzen, *lǽigi* lage, *landamǽiri* grenze usw. statt *drepenn* usw.; s. Dahlerup, Ágrip, s. XIV; Wadstein, F. Hom., s. 62; Hægstad, G. Tr., s. 70, Vestno. maalf. II, 2, ɪ, s. 121.

IV. Die di- und triphthonge.

a) Entwickelung der alten di- und triphthonge.

§ 97. *œi* (urn. *ai*, s. § 54) wird — vom umlaut (§ 77, 15 und § 79, 13) abgesehen — auf dreifache weise behandelt:

1. In den meisten stellungen ist es im anorw. (in den meisten gegenden) als solches erhalten, dagegen im aisl. natürlich bei dem übergang des *œ* in *e* (s. § 117) zu *ei* geworden, z. b. anorw. *bœit*, aisl. *beit* (got. *bait*) biss, *œinn, einn* (got. *ains*) ein, *hœill, heill* (got. *hails*) heil, *hœita, heita* (got. *haitan*) heissen.

2. Zu *é* kontrahiert vor einem aus schon in urn. zeit auslautendem *ȝ* entstandenen, später geschwundenen, *h* (s. § 230, 2), z. b. 1. 3. sg. prät. *hné* zu *hníga* sich neigen, *sté* (anal. 2. sg. *stét* neben *steigt*) zu *stíga* steigen, *sé* zu *síga* sinken, *mé* zu *míga* harnen neben den anal. neubildungen *hneig, steig* usw.

Anm. 1. Dialektisch kommt dieselbe kontraktion auch in anderen stellungen vor: aisl. belege schon vor 1250, z. b. in Codd. AM. (645, 4⁰, ält. teil?) 655, 4⁰, fragm. II, IV, V und 677, 4⁰, ält. teil (s. L. Larsson, Arkiv V, 142 ff.); shetl. aus dem j. 1355 (Hægstad, Hild., s. 44); onorw. vor 1400 (Hægstad, Upphavet s. 7; Falk und Torp, Dansk-norskens syntax, s. XII note); orkn. aus 1426 (Hægstad, Hild., s. 44).

§ 98. Entwickelung der alten di- und triphthonge.

3. Zu *ǽ* kontrahiert vor erhaltenem (später zu *ƀ* übergegangenem, s. § 250) *w*, s. v. Friesen, N. spr. I, 17 ff., 29 f., II, 11 ff. Beispiele sind *ǽfen* (got. *aiweins*) ewig-, *ǽfe* (vgl. lat. *ævum*) lebenszeit, *langǽr* (lat. *longævus*) lange dauernd, *ǽ* (nach dat. *ǽwe) neben *ey* (got. *aiw*, s. § 77, 15) immer, *hrǽ* (got. *hraiw*) leichnam nach dat. *hrǽfe*, *lǽfirke* (ags. *láwerce*) lerche, *Hlǽfoþr*, *-freyr* (zu urn. *hlaiwa* grab) Odinsnamen, *sǽr* (got. *saiws*) see nach gen. *sǽfar* u. a., *snǽr* (got. *snaiws*) schnee, *slǽr* (ags. *slǽw*) stumpf, *frǽ* (got. *fraiw*) same, *frǽr* fruchtbar, *frǽfask* gedeihen, *vǽ* (finn. *vaiva*, ahd. *wē*, gen. *wēwes*) weh, *lǽ* (ags. *lá*, ahd. *lēwes*) verderb. Ueber die weiterentwickelung der verbindung *ǽw* s. § 106.

Anm. 2. Ueber die kürzungen von *œi*, *ei* zu *œ*, *e* s. § 128, zu *i*, *e* s. § 127 anm. 1.

§ 98. *ọu* (urn. *au*, s. § 55) wird — vom umlaut (s. § 63, 14, § 68, 7 und § 71, 8) abgesehen — auf zweifache weise behandelt:

1. In den meisten stellungen zwar in einigen dialekten als solches erhalten, im allgemeinen aber anorw. zu *ou* (oder *au*), aisl. zu *au* geworden, z. b. anorw. *gout*, aisl. *gaut* (got. *gaut*) goss, *ouka*, *auka* (got. *aukan*) vermehren, *douðr*, *dauþr* (got. *dauþus*) tod, *ouga*, *auga* (got. *augō*) auge. Wenn es durch schwund eines folgenden *ƀ* vor *u* (s. § 235, 2) antesonantisch zu stehen kommt, geht es in *w*, woraus nach § 250 *ƀ*, über, z. b. anorw. *hofuð* (*hufuð* nach § 121), *hofoð*, *hafuð*, aisl. *hofoþ* aus *họwuð < *hauƀuð (ags. *héafod*, vgl. got. *haubiþ*), in alten gedichten noch vereinzelt (s. Sijmons, Die lieder der Edda, Nachträge s. XIV und Einleitung s. CCLIII) *haufoþ* mit wieder eingeführtem *ƀ* nach den synkopierten kasus, z. b. dat. *haufþe* (aschw. *hø̄fþe*) haupt; ebenso *tofr* (bes. nisl.) neben *taufr* (bes. aisl.) durch ausgleichung einer flexion *tofor aus **tau(ƀ)ur* (ags. *téafor*) : dat. *taufre* zauberei.

2. Zu *ó* kontrahiert vor einem urspr. oder aus schon in urn. zeit auslautendem *ʒ* (s. § 230, 2) entstandenen, später geschwundenen *h*, z. b. *þó* (got. *þauh*) jedoch, prät. (selten) *fló* (got. *þlauh*) oder (öfter) *flóþa* (*flauhiðō) floh, subst *fló* (ahd. *flōh*) floh, *hór* (agutn. *haur*, got. *hauhs*; vgl. § 55) hoch, No. Hom. *hǿð* (*hauhiþu) höhe, *ló* (agutn. *Lau*, ahd. *lōh*, litau. *laũkas*, lat. *lūcus*) hain, bes. in ortsnamen wie *Ósló* u. dgl.; 1., 3. sg. prät.

§ 99—101. Entwickelung der alten di- und triphthonge.

ind. *ló* (got. *laug*) zu *liúga* lügen, *só* zu *súga* saugen, *smó* zu *smiúga* schmiegen neben den anal. neubildungen *laug* usw. S. Leffler, Arkiv I, 269 ff.; Pipping, Stud. nord. fil. XII, 1, s. 58 und die dort zitierte literatur.

Anm. Dialektisch kommt dieselbe kontraktion auch in anderen stellungen vor: aisl. schon vor 1250, z. b. in Cod. AM. 677, 4⁰, ält. teil; onorw. *Rómaríki* (1383) statt *Roumaríki*, *Bókstaðer* < *Baugstaðer* ortsnamen (s. L. Larsson, Arkiv V, 146 ff.; Hægstad, Upphavet s. 7). Selten steht (wie im ostn.) *ǿ*, z. b. bisweilen in Cod. AM. 645, 4⁰ sowie mnorw. (drontheimisch, s. Hægstad, Kong., s. 22 und 32 f.) und im orknöischen (s. L. Larsson, Isländska handskriften Nr. 645, 4⁰, s. XLVIII und LIV; Hægstad, Hild. s. 43); in shetländischen urkunden *ú* (s. Wadstein, F. Hom., s. 67 note; Hægstad a. o.). Z. b. *bóþ*, resp. *bǿð* und *búð* statt *bauþ* bot.

§ 99. Das durch *i*-, *j*- oder *ʀ*-umlaut aus *ǫu*, *ou* entstandene *ɵy* (s. § 63, 14, § 68, 7, § 71, 8) ist demnach überwiegend anorw., das aus *au* entstandene *ey* (anorw. *œy*) vorzugsweise aisl. Im 13. jahrh. schwindet *ɵy* auch wo es durch *u*- oder *w*-umlaut aus *ei* entstanden ist, s. § 77, 15 und § 79, 13) im aisl. ganz, wozu der im § 119 erwähnte übergang *ɵ* > *e* beigetragen haben mag.

Anm. Dialektisch kommt kontraktion zu *ǿ* vor, z. b. in Codd. AM. 645, 4⁰, ält. teil und 677, 4⁰, ält. teil, im orknöischen, im shetländischen und mnorw., bes. drontheimisch (s. L. Larsson und Hægstad, a. o.). Selten steht *ý*, z. b. in Codd. AM. 320 fol. und 625, 4⁰ (s. Gislason, Om navnet Ýmir, s. 7 ff., Um frumparta, s. 196) z. b. *hýra* statt *heyra* (*hœyra*), *hɵyra* (*héra*) hören.

§ 100. Der schwebende diphthong *iu* (urn. *eu* > *iu*, s. § 56) wird — vom umlaut (§ 63, 13, § 68, 6 und § 71, 7) abgesehen — zum steigenden diphthongen *iú*, z. b. nom. sg. f. *liúf* (urn. *liuƀu*) Opedal, s. § 56), *iúl* (bes. anorw., s. Fritzner) aus urn. *(*j*)*iulu* (s. § 56) neben gew. *iól* nach § 101, 2 a usurn. *(*j*)*iǫulu* (s. § 56) mit *iǫu* nach **iǫul-* > *ióla-aptann* weihnachten, *iúgr*, *iúr* (s. § 292) euter.

§ 101. Der schwebende triphthong *iǫu* (urn. *eu*, s. § 56) wird zu den zwei steigenden diphthongen:

1. *iú* vor *f, g, k, p*, z. b. *hiúfra* (vgl. got. *hiufan*) wehklagen, *fliúga* fliegen, *siúkr* (got. *siuks*) krank, *kriúpa* kriechen.

Anm. 1. Ausnahmsweise steht *ió* (vgl. 2 unten) vor *f* und *p*. So allgemein in *þiófr* (in mannsnamen auch seltener -*þiúfr*, s. Bugge, Arkiv VI, 225) dieb, selten misl. *stiópmóðir*, -*son* (s. M. Ólsen, Vǫlsunga Saga, s. LXXXVIII) stiefmutter, -sohn, mnorw. *riófa* (s. Hægstad, Kong., s. 21) reissen.

2. *ió* in übrigen stellungen, z. b. *sión* (got. *siuns*) das sehen, *þióþ* (got. *þiuda*) volk, *kiósa* (got. *kiusan*) wählen, *hliómr* ton, *gióta* (got. *giutan*) giessen, *þiórr* stier, *kióll* schiff, *þió* (ags. *þeoh*) lende.

Anm. 2. In anorw. dialekten kann *iú* (wie im aschw.) statt *ió* vorkommen, z. b. *liús* (s. Hertzberg s. 238) licht, orkn. *biúrr* (s. Hægstad, Hild. s. 42) bier.

Anm. 3. Vielleicht war in irgend einem anorw. dialekt der übergang in steigende diphthonge noch im anfang des 13. jahrhs. nicht durchgeführt, s. Wadstein, F. Hom. s. 123.

Anm. 4. Die fallenden brechungsdiphthonge *ea*, *iǫ* werden ebenfalls zu steigenden und zwar zu *ia*, *io* (*iu*), *iá*, *ió* (*iú*); s. § 88 und § 89 mit anm. 1.

b) Entstehung neuer diphthonge.[1)]

§ 102. *e* (altes oder nach § 117 aus *æ* entstandenes) vor *ng* wird seit 1300 (zum teil schon früher, s. Kålund, Heiðarvíga saga, s. XX) im aisl. (selten im awestnorw., s. Hægstad, Gamalnorsk fragment, s. 11, Vestno. maalf. II, 2, 1, s. 121, 122) — doch nicht im westlichen teil der insel (mitteilung R. Arpi's) — zu *ei* z. b. *geingu* (sie) gingen, *leingi* lange.

Anm. Ueber *e* > *ie* nach *k*, *g*, *h* s. § 103; *e* > *ei* vor *i* s. § 96.

§ 103. *é* wird im aisl. (sporadisch auch im awestnorw., aber erst in mnorw. zeit, s. Hægstad, Vestno. maalf. II, 2, 1, s. 89) zu *ié*, dialektisch schon um 1200, allgemein erst um 1300, z. b. *hiér* hier, *iél* schneeschauer, *miér* mir, *liét* liess statt *hér* usw., wiewol die schrift gewöhnlich das zeichen *é* behält; s. J. Þorkelsson, Breytingar, s. 34, Dahlerup, Aarbøger 1889, s. 248. Nach (den palatalen) *k*, *g*, *h* hat gleichzeitig kurzes (nach *h* aber nur geschlossenes, d. h. nicht aus *æ* nach § 117 entstandenes) *e* die analoge entwickelung zu *ie* durchgemacht, z. b. *kietill* kessel, *giekk* ging, *hiekk* hing, *hielt* hielt, *hieðan* von hier, *hieri* (vgl. § 71 anm. 1) hase, *Hieðinn* ein mannsname statt *ketell* usw. Sehr auffallend tritt diphthong auch in *hieraðˋ* (anorw. im allg. *hæraðˋ*, also mit urspr. offenem aisl. *e*) bezirk auf. S. Sievers, Beitr. XVI, 242; Hoffory, K. Z. XXVII, 602.

Anm. Ueber *ēw* > *ió* s. § 106 anm. 1.

[1)] Ueber die brechungsdiphthonge s. §§ 87—96.

§ 104—106. Entstehung neuer diphthonge.

§ 104. *y* wird sporadisch im anorw. (bes. ostländisch) des 14. und 15. jahrhs. zu *iu* (selten *io*) vor *r* oder *l* (bes. kakuminalem) mit folgendem konsonanten, z. b. *Giurð(e)r*, *Giorðr* ein mannsname, *hiurðir* (< *hyrðir* aus *hirðir* nach § 85) hirt, *kiorkia* kirche, *kiurr* still, *kiurtil* rock, *skiorta* hemd statt *Gyrðr* usw.; *kiulna* darrofen, *miulna* mühle statt *kylna*, *mylna*, der mannsname *Giulfe* st. *Gylfe*, *siulfr* (< *sylfr* < *silfr*) silber, *skiuldr*, *skioldr* (< *skyldr* < *skildr*) geschieden. Der übergang tritt auch in nebentonigen ableitungssilben ein, z. b. *lykiul* (< *lykyl* § 145 anm. 5 < *lykill*) schlüssel, *mykiul* gross, *kœtiul* kessel, *Ægiul*, *Æitiul*, *Vigiul*, *Þorgiuls* u. a. mannsnamen. S. Noreen, Arkiv VI, 335; Hægstad, Vestno. maalf. II, 1, s. 45 f. und II, 2, 1, s. 97 f.

Anm. Aus dem Drontheimischen ist nur ein vereinzeltes *tiusdagr* statt *tyrsdagr* (s. § 272, 3) < *týrsdagr* (s. § 127, 5) dienstag zu belegen, s. Hægstad, G. Tr. s. 70; vgl. aber § 106 anm. 2.

§ 105. *ǫ* geht im aisl. in *au* über vor *ng* und *nk*, z. b. *staung* stange, nom. acc. ntr. pl. *laung* lang, *haunk* handhabe statt *stǫng* usw. Spuren hiervon zeigen sich um 1300.

Anm. Derselbe übergang zeigt sich weit früher sporadisch sowol aisl. als bes. anorw. (wie jetzt z. b. in nordwestnorw. dialekten, s. Hægstad, Vestno. Maalf. I, 8) vor *g*, *k* und *l* + kons., z. b. mannsnamen wie *Augmundr*, *-valdr*, *-urr*, *Haugne*; *Aukrene* (s. A. B. Larsen, Maal og minne 1914, s. 166 f.) ein ortsname, *haukstaldr* (so immer; als mannsname *haʒusta[l]ðaʀ* Kjølevig, *haʒustalðiʀ* Valsfjorden, s. § 239, 1, b) häuptling, *raukn* (s Gislason, Nogle bemærkninger om skjaldedigtenes beskaffenhed, s. 27 f.; Wimmer, Læsebog⁵, s. XXI note; Bugge, Bidrag, s. 30) zugvieh; mannsnamen wie *Aulvaldr*, *Aulvér* (anorw. auch *Øyluir* nach § 65), *Saulvér* u. a., *hauldr* (so anorw. immer, aisl. *hǫlþr*) freier grundbesitzer u. a. m. (s. Hægstad, a. o. II, 2, 1, s. 78) neben gew. *Qgmundr* u. s. w. — Vgl. die im nordwestnorw. (wie allgem. im nisl.) angetroffenen spuren eines überganges *ǫ́* (aus *á* nach § 107) > *au*, z. b. *bauðom* beiden, *maugr* verwandter durch heirat u. dgl. (s. Hægstad, a. o. II, 2, 1, s. 88) statt *báðom* u. s. w.

§ 106. *ǣw*, welche verbindung lautgesetzlich nur antesonantisch steht, kann früh (aber erst nach der *u*-synkope) durch ausgleichung in den auslaut oder in antekonsonantische stellung geraten. Schon im 10. jahrh. kommen neubildungen wie *frǣw* (neben *frǣ*) same nach dat. *frǣwi* vor. Wenigstens um 1150 ist das so entstandene *ǣw* (über *eo*) zu *ió* geworden, das dann das ganze paradigma durchdringen kann, so dass

§ 107. 108. Sonstige verschiebungen: *á, e*.

frió (so bes. onorw.), dat. *friófe* neben *frǽ* (so bes. wnorw.), dat. *frǽfe* steht. Sonstige beispiele sind: *friór, frǽr* fruchtbar, *miór, mǽr* schmal, *slióR, slǽr* stumpf, *sióR, sǽr* see, *snióR, snǽr* schnee, *spió* (**spǣw* < **spœiw* § 97, 3, neubildung statt **spøy*, got. *spaiw* § 77, 15, zn **spīwa* nach dem muster *bœit* : *bīta*) spie. S. v. Friesen, N. spr. I, 30 ff., II, 19 ff.

Anm. 1. Wahrscheinlich hat ein auf dieselbe weise entstandenes *ēw* in derselben stellung die gleiche entwickelung durchgemacht, z. b. anorw. nom. acc. pl. *trió* neben *tré* hölzer und *knió* neben *kné* kniee nach gen. **trewa, *knewa* (got. *triwē, kniwē*); vgl. v. Friesen, N. spr. I, 48 f. *Iór* pferd braucht man nicht hierher zu ziehen, denn **ehwaR* (got. *aiƕa-*) gibt **iahuR* § 88, § 226 > **iāuR* (vom ags. lehnwort *Jaulf* < **Iāuwulf* vorausgesetzt, s. Björkman, Nordische personennamen, s. 71) § 123 > *iór* (wozu der mannsname *Iólfr* = ags. *Jaulf)* § 77, 2.

Anm. 2. Ein entsprechendes *īw* ist durch gen. **īws* statt *ýs* zu *ýr*, dat. **īwi* bogen bei Sighuatr belegt; s. v. Friesen, N. spr. I, 57 ff. Ein daraus entwickeltes *iú* könnte in dem § 104 anm. erwähnten anorw. *tiúsdagr* tatt *týsdagr* vorliegen.

V. Sonstige verschiebungen.

§ 107. *á* fällt allmählich im laute mit *ǫ* zusammen. Schon um 1250 ist diese entwickelung abgeschlossen, und seither wird von den beiden nunmehr gleichwertigen zeichen *á* und *ǫ* nur jenes — also mit der lautlichen geltung des ehemaligen *ǫ* — gebraucht, z. b. pl. *áto* assen, *sár* wunden statt älteren *ǫto, sǫr* usw. Bisweilen steht umgekehrt *ǫ* oder *ó* (bei späterer kürzung *o*) statt *á*, z. b. No. Hom. *vǫrr* unser, *mǫl* sprache, *kuǫma* ankunft statt *várr, mál, kuáma* (s. Wadstein, F. Hom., s. 76), anorw. *Nikolos, Borðr* u. dgl. (s. Hægstad, Vestno. maalf. II, 2, I, s. 88), *Ólofr* ein mannsname; shetl. *ó* 'auf', *Órnason* ein mannsname st. *á, Árnason*, s. Hægstad, Hild. s. 34.

§ 108. *e* geht nach ausweis der assonanzen im anorw. schon vor 1000 (s. F. Jónsson, No.-isl. kultur- og sprogforhold, s. 237) in *æ* über zwischen *v* oder *w* (kons. *u*) und *r*, z. b. *værk* werk, *værða* werden, *huærfa* weggehen, *suærð* schwert; in gewissen dialekten in geschlossener silbe nach *v* oder *w*, weniger konsequent nach *b, r, l*, z. b. *væl* wol, *væstr* westen, *vægr* weg (aber pl. *vegar*, wonach analogisch sg. *vegr*), *suæfn* schlaf, *kuæðr* (zu *kueða*) sagt, *bærg* berg, *bærr* (zu *bera*) trägt, *rœgn* regen, *brægða* schwingen, *blœza* segnen, *klœrkr* clericus. Endlich in anderen dialekten tritt *œ* überall ausser nach *g* und *k* ein, z. b. *nœma* nehmen, pl. *vœgar* wege, *bœra* tragen (aber *gefa* geben, *geta* bekommen, *kerte* kerze). Vgl. Sievers, Tübinger bruchstücke, s. 9; Wadstein, F. Hom., s. 55 ff.; Brenner, Literaturblatt für germ. und rom. philol. 1885, sp. 52; Hægstadt, G. Tr. s. 32 und 57; Kolsrud, Arkiv XXXIII, 290; (F. Jónsson) Konungs skuggsjá (1920), Indledning s. 12. Nach M. Kristensen, Arkiv XVII, 87 f. sollen die meisten fälle auf einer art von *a*-umlaut beruhen, was sehr unsicher bleibt.

Anm. 1. Weil dieser übergang in schwachtonigen silben unterbleibt, steht also in wörtern, die oft proklitisch oder enklitisch vorkommen, *e* neben *œ*, z. b. *vera*, seltener *væra*, sein.

Anm. 2. Ueber die weiterentwicklung zu *a* s. § 149 anm. 2.

§ 109. *é* wird im aisl. sporadisch zu *ǽ* vor *tt*, z. b. *sǽtte* (Rímb. und mehrmals St. Hom.) sechste, *lǽttare* (St. Hom.) leichter, bei skalden schon um 1000 *lǽtta*, *rǽttar*, später *stǽttar* (s. Gislason, Njála II, 602) statt *sétte* usw.; bes. oft nach *v* (vgl. Sievers, Beitr. XVI, 244), z. b. in *vǽtt* (zu *vega* heben) deckel, *vǽttvangr* (zu *vega* töten) kampfplatz. In *vǽttr* (got. *waíhts*) wicht ist *ǽ* häufiger als *é*, in *vǽtt* (zu *vega* wiegen) gewicht sogar alleinherrschend, was wol darauf beruht, dass nach *v* (und *w*) der übergang auch von einst folgendem *h* hervorgerufen wurde, z. b. allgemein *suǽra* (got. *swaíhrō*, s. Schulze, K. Z. XL, 401, und vgl. Hellquist, Studier till. E. Tegnér, s. 238 ff.) schwiegermutter, aisl. *tuǽvetr* (**twīh-*, vgl. § 111) zweijährig. misl. *huǽl* (gew. *huél*; ags. *hweohl*) rad, *vǽla* (**wīhl-*, s. § 111; gew. *véla*) sich beschäftigen und vielleicht *suǽnskr* (**swih-*, s. § 110 anm. 4) schwedisch. Möglicherweise kommt derselbe übergang auch zwischen *v* und *l* vor, z. b. *vǽla* (gew. *véla*) überlisten und *vǽl* (gew. *vél*) kunstgriff, s. Kock, Arkiv XI, 140 f.

Anm. Kaum darf man (mit Kock, a. o.) denselben übergang zwischen *v* und *r* wegen des anorw. seit c. 1250, aisl. erst nach 1300 neben *vér* auftretenden *vær* (s. Gislason, Njála II, 602, Jones, The phon. of the Elis saga, s. 10 und Hægstad, Vestno. maalf. II, 1, s. 18 und II, 2, ɪ, s. 30) 'wir' annehmen, denn das anorw. kennt nicht nur *vær*, sondern auch *hær* hier, *mær* wir, *þær* ihr statt gew. *hér* u. s. w. und übrigens *ǽ* sporadisch st. *é* in allerlei stellungen, z. b. *brǽf* brief, *fǽ* vieh, *hǽt* hiess, *lǽrept*, *-reft* (z. b. Norges gamle love II, 346, III, 177, V, 35) leinwand, *rǽtt* recht, *sǽ* sei u. a. m. (s. Hægstad, a. o.)

§ 110. *i* wird vorliterarisch zu *e* (bei dehnung *é*) in folgenden fällen:

1. Wenn unmittelbar nach dem vokal ein nasal (nach § 266 oder § 233) geschwunden ist — jedoch nicht wenn in der folgenden silbe ein *ĭ* oder *ŭ* noch zur zeit des nasalschwundes stand (vgl. Lidén, Uppsalastudier, s. 80 f.) — z. b. *drekka* trinken, *brekka* brink, *ekke* (ags. *inca*) schmerz, *rekkr* (ags. *rinc*, aschw. *Rinka-bȳ*) mann, *søkkua* (aus **sekkua*, s. § 82, 3) sinken, *støkkua* (got. *stigqan*) springen, *hrøkkua* (aschw. *rynkia* aus **hrinkwa*) zurückweichen, *kløkkua* (dän. *klynke*) stöhnen, *økkuenn* (vgl. nisl. *økkr* § 82, 3) dick, *døkkr* (afries. *diunk*, s. § 77, 3) dunkel, *detta* (vgl. aschw. *dynter* schlag) niederfallen, ?nisl. *skuetta* (gr. σπένδειν) bespritzen, mnorw. *sletta* (aschw. *slinta*) gleiten, *spretta* (mhd. *sprinzen*) springen, *þrettán* (**þrinn-tán*, vgl. got. *þrins*) dreizehn, *vet(t)r* neben selt. *vit(t)r* (s. Vigfusson) nach dat. *vit(t)ri, -um*, anal. *vet(t)ri, -um* winter, *klettr* (aschw. *klinter*) felsen, *kleppr* (aschw. *klimper*) klumpen, *krepp-hendr* (vgl. mhd. *krimpfen*) mit krummen händen, *skreppa* (mndd. *schrimpen*) gleiten; vgl. mit lautges. *i skikkia* mantel (zu nschw. *skynke* stück zeug). Dehnung des *e* (nach § 123) zeigen *mél* neben nisl. (und aschw.) *míl* durch ausgleichung einer flexion **minnil*, dat. *méle* (aus **minnlē* < **minþlē*, ags. *míđl*, ahd. *mindil*) mundstück des gebisses und anorw. acc. m. (s. Hertzberg) *þré* (got. *þrins*; anders Hultman, Hälsingelagen, s. 180 note 1), mit anal. *-a þréa* (> *þriá* § 133, b, 2) drei; vgl. mit lautges. *ī fifl* (ags. *fífel*) aus **fimfill* (vgl. *fimbol-* § 317, 1) mit synkope nach dat. **féfle* riese, *ístr* (**inþistra-*, d. *inster*, vgl. lat. *intestīnus*) schmer, *píkis-* neben *pikkisdagr* (aschw. *pinkis-*) pfingsttag.

Anm. 1. Durch ausgleichung kann *i* wieder hergestellt werden, z. b. imperat. *sprikk* zu *springa* zerspringen, *bitt* zu *binda* binden. Statt gen. **økkuar* (got. *igqara*) steht *ykkar* euer beiden nach dat. *ykkr* (got. *igqis*).

Anm. 2. Weil der übergang in schwachtoniger silbe unterbleibt (z. b. anorw. *himiríki* himmelreich aus *himin-*), steht in solchen wörtern, die gewöhnlich proklitisch sind, natürlich *i* (*í*), z. b. ntr. *mitt*, *þitt*, *sitt* zu *minn* mein, *þinn* dein, *sinn* sein; präp. *í* in, präfix *si-* (got. *sin-*) immer-.

2. Vor *R* (wie im ags., s. Behaghel, Germania XXXI, 381, Sievers, Zum ags. vocalismus, s. 33; vgl. Pipping, Gutalag, s. XLV note 1), z. b. *ero* (urg. **izunþ*, agutn. *iru*) sind. Dehnung des *e* (nach § 126, 1) zeigen *mér* (agutn. *mīr*, got. *mis*, ahd. *mir*)

§ 110. Sonstige verschiebungen: *i*.

mir, *þér* dir, *sér* (got. *sis*) sich, *vér* (ahd. *wir*) wir, *ér* (ahd. *ir*) ihr, *ér* (Larsson, s. 358, 361, Wadstein, F. Hom. s. 125; gew. *er*, weil unbetont, vgl. auch den pl.) ist. Vgl. An. gr. II, § 83 anm. 3.

Anm. 3. Dieser vorgang ist, wie Opedal *meʀ* 'mir' zeigt, schon urnordisch (vom agutn. abgesehen). Dass er dann nicht (wie Kock, Arkiv XV, 355 will) in nichthaupttoniger silbe stattfand, beweisen *i*-umgelautete formen wie *brýtr* brichst u. dgl., welche nur aus urn. **briutiʀ* (nicht *-eʀ*) u. dgl. erklärt werden können.

3. Vor (später geschwundenem) *h*, ausser wenn in der folgenden silbe ein *ĭ* oder *ŭ* zur zeit des überganges stand (vgl. Lindgren, Sv. landsm. XII, 1, s. 155 ff.), z. b. mit dehnung nach § 123 *héla* (**hihlōn-*, vgl. aind. *çiçirá-*, s. Bugge, Arkiv II, 354 f.) reif, *él* (**jihla*) schneeschauer; mit dehnung nach § 124, 1 *vét(t)r*, selt. *vít(t)r* nach pl. *víttir* (anal. *véttir*), wicht, *stétt* (zu *stíga* steigen) fuss eines bechers, *sétt* anzahl von sechs, *frétt* frage, *véttvangr* (zu *víg* kampf) kampfplatz, *iáttyrþe* (mit brechung aus **eht-*, ahd. *jiht*) einwilligung, *rétta* (anal. präs. *réttir*) aufrichten, *slétta* schlichten. Vgl. *nit(t)a* nein sagen nach präs. *nit(t)ir*.

Anm. 4. Der vorgang dürfte schon urn. sein nach ausweis von Jordanes *Suehans* (wo das *e* doch auch wol schon durch *a*-umlaut entstanden sein kann, wie übrigens auch in einigen von den oben angeführten beispielen), aschw. *Swēar*, aisl. *Suíar* nach dat. *Suium* und aschw. *Swīar* (s. Wigforss, Namn och bygd VI, 119 f., 124 f.). Dann wäre Tacitus *Suiones* ungenaue schreibung statt *Suihones* (mit demselben kollektivsuffix wie got. *brōþahans* gebildet) wie auch der vielleicht dazu gehörige — aber jedenfalls verwandte — sg. ahd. *gi-swīo* 'verwandter durch anheiratung' statt *-swiho* (so Laistner, Germ. völkernamen, s. 39). Da *-weh-* nach § 109 zu *-wœh-* wird, so hiesse der gen. lautges. **Suǽna* (wie got. *aúhsnē* u. dgl. gebildet), was das auffällige *ǽ* im adj. *suǽnskr* (das doch wol auch die entlehnte aschw. form sein könnte) erklären würde. — Dasselbe **swih-* 'selbst, eigen' (vgl. got. *swi-kunþs* selbstverständlich, ags. *swi-tal* selbstredend) finden wir wol im anorw. *sué-*, *suí-dáe* (auch *suidda*, *suiddauðr* mit aus *hd* assimiliertem *dd*) von selbst gestorben, aisl. *sué-viss* selbstklug, eigensinnig wieder.

Anm. 5. Dass *ih* > *eh* später als *hs* > *ks* (s. § 222, 2) stattfindet, zeigt *vixl* wechsel.

Anm. 6. Sporadische fälle von *i* > *e* in noch anderen stellungen finden sich im orkn. und shetl. des 14. und 15. jahrhs., z. b. *grepin* gegriffen, *velia* wollen, *tel* zu, s. Hægstad, Hild. s. 36; ausserdem überhaupt dann und wann im mnorw., s. Hægstad, Vestno. maalf. II, 1, s. 48 und II, 2, ı, s. 103.

§ 111. 112. Sonstige verschiebungen: *ī, u.* 101

§ 111. *ī* wird vorliterarisch zu *é* in folgenden fällen:

1. Vor einem nach § 299 geschwundenen nasal, ausser wenn die folgende silbe zur zeit des nasalschwundes ein *ĭ* oder *ŭ* enthielt, z. b. *lérept* leinwand zu *lín* lein. Vgl. *pí(n)sl* pein, weil später entlehnt oder nach pl. *píslir* und *pína* peinigen.

Anm. Dass der vorgang nicht (wie Kock, Arkiv XV, 343 f. will) in nicht-haupttoniger silbe stattfand, beweisen *i*-umgelautete formen wie *fréþe* (got. *frōdei, -eins, -ein*) gelehrtheit u. dgl., welche nur aus älterem **frōði(n)*, nicht *-ē(n)*, erklärt werden können.

2. Vor (später geschwundenem) *h*, ausser wenn in der folgenden silbe ein *ĭ* oder *ŭ* zur zeit des überganges stand (vgl. Lindgren, Sv. Landsm. XII, 1, s. 155 ff.), z. b. *Hloþvér* (afränk. *Chlodowīch*) Ludwig, *téa* (got. *teihan*) zeigen, *léa* (got. *leihvan*) leihen, *véla* (litau. *weikalóti*, s. Bugge, Arkiv II, 354) sich beschäftigen, *tuénn* (s. Þorkelsson, Supplement II, 617, sp. 2; vgl. got. pl. *tweihnai*, aschw. *twǣni*) doppelt, *þrénn* (Þorkelsson a. o.; Wadstein, F. Hom. s. 131) dreifach, *léttr* (ahd. *līhti*) leicht, *þéttr* (mhd. *dīhte*) dicht, *vé* (got. *weih* n. a. ntr.) heiligtum, *þél* (urg. **þi[n]hlō*, s. Hellquist, Arkiv VII, 160 note) feile, *fél* (B. M. Ólsen, Aarbøger 1888, s. 85 f.; ahd. *fīhala*) feile, nisl. *þél* (zu *þéttr*, s. Lidén, Studien zur aind. und vgl. sprachgeschichte, s. 39 ff.) zusammengelaufene milch. Vgl. mit lautges. *ī þísl* (durch ausgleichung von nom. **þísil*, gen. **þéslar*; ahd. *dīhsila*, aschw. *þīstil*) deichsel, *Ífarr* (ags. *Inwer*, air. *Imar*, lehnw. wo *n*, resp. *m* die nasalität des vokals bezeichnet; urn. **Įhuhariʀ* > **Įwarʀ* = *Ynguarr* — vgl. Marstrander, Bidrag, s. 67, 108, 117, anders v. Friesen, Rökstenen, s. 139 f. — < **Ingu-hariʀ* nach § 134, a, ags. *Ingar*) ein mannsname; anal. *sía* (ahd. *sīha*) nach obl. *síu* seihe, *sía* seihen, anorw. *litta* (s. Hertzberg) neben gew. *létta* erleichtern nach präs. **líttir*, anal. *léttir*.

§ 112. *u* wird vorliterarisch zu *o* (bei dehnung *ó*) in folgenden fällen:

1. Wenn unmittelbar nach dem vokal ein nasal (nach § 266 oder § 233) geschwunden ist — jedoch nicht wenn in der folgenden silbe ein *ĭ* oder *ŭ* zur zeit des nasalschwundes stand (vgl. Kock, Arkiv XI, 315 ff.) — z. b. *strokkr* (d. *strunk*, Lidén, Uppsalastudier s. 84) butterfass, *þokke* (agutn. *þunki*) wolwollen, *okkarr* (got. *ugkar*) uns beiden zugehörig (wonach

§ 112. Sonstige verschiebungen: *u*.

okkr uns beide statt *ykkr, got. *ugkis*), part. prät. wie *sokkenn*, *stokkenn*, *hrokkenn*, *dottenn*, *sprottenn*, *skroppenn* (zu *søkkua* usw., s. § 110,1) und das adj. *kroppenn* (aschw. *krumpin*) verkrüppelt. Vgl. mit lautges. *u* prät. pl. *sukkum*, *stukkum* usw. sowie (mit *i*-umlaut) *þykkia* dünken, *drykkr* trunk (*drukkenn* getrunken gegen anorw. selt. lautges. nach § 74 und § 162, 2 *drykkinn*, s. § 495 anm. 5 — vgl. auch aschw. *drykkin-skaper* trunksucht — hat *u* aus *drukkum* u. a.), *kryppell* krüppel, *stytta* kürzen (*stuttr* kurz statt *stottr nach dat. *stuttum*, *-u* u. a.). — Dehnung des *o* (nach § 123) zeigen z. b. *ósk* wunsch (aber *ýskia*, anal. *óskia* wünschen), anorw. *ós* (got. *uns*; vgl. aisl. *øss* < *ōsiʀ nach *ōs* statt *ūsiʀ, got. *unsis*, wie auch die beiden kontaminationen aisl. selt. *éss* und das gew. *oss*) uns, *Ratatoskr* (*tóskr § 127, 3 < **tunsk-*, ags. *túsc* zahn) ein mythisches eichhörnchen, pl. *órer* zu *várr* (*óarr oder *úarr § 134, b — agutn. *ōar*, ngutn. *euar* aus *ūar — s. Noreen, Sv. landsm. I, 346, v. Friesen, N. spr. I, 63 ff.), eine neubildung st. *ósarr, f. *úsur zum pl. urspr. **un(z)rēʀ* unser, *Þórr* (aber *Þuriþr* s. § 51, 1, a und nach § 65 *Þyriþr* neben selt. *Þor(r)iþr* und *Þyre* nach § 65 neben *Þorvé* frauennamen, anorw. selt. *Þurgils* und oft nach § 65 *Þyrgils* neben gew. *Þorgils*, mnorw. *Þúre* neben *Þórer* mannsnamen) aus *Þunraʀ (ags. *Þunor*, gen. *Þunres*; s. Lindroth, Namn och bygd IV, 161 ff.) der donnergott, *tópt* (nisl. *tótt*; gew. aisl. *topt* nach § 127, 3 neben anorw. *tuft > *tuft* nach dat. *tuftu*, *-um* u. a.) aus *tumft (anorw. *tumt* — s. Lind, No.-isl. dopnamn, sp. 98 — und *tomt*, aschw. *tompt* mit *o* von *tóft*) bauplatz, präfix *ó-* neben unbetontem (s. § 51, 1, a) *ú-* (so besonders im anorw., aber selten im Nordwesten und im Drontheimischen, s. Hægstad, G. Tr. s. 68 und 96, Vestno. maalf. II, 1, s. 23) un-.

Anm. 1. Die scheinbare ausnahme *húsl* (got. *hunsl*) das heilige abendmahl ist aus ags. *húsl* entlehnt. *Kan(n)úkr* (neben *kanóke*) und *múkr* sind von den gelehrten nebenformen *kanunkr* canonicus und *munkr* (aus ags. *munuc*) mönch beeinflusst. Im anorw. *kuppán* < *kumpánn* kumpan bleibt *u* wegen schwachtonigkeit, denn dass nicht, wie Kock, Arkiv XV, 333 ff. will, nicht-haupttoniges *u(n)* zu *ó* wird, lehren auch *u*-umgelautete formen wie acc. pl. *mǫgo* (got. *maguns*) söhne u. dgl., welche nur aus altem *maȝū, nicht *-ō* (das übrigens, weil nasaliert, später zu *-a* geworden wäre wie in *þeima* aus *þaimūh u. dgl.), erklärt werden können. Das vereinzelte *fúss* (so immer, aber 2 mal *Qlfóss* — s. Kock, Arkiv XV, 325 — ein mannsname,

§ 113. Sonstige verschiebungen: ū.

aschw. 1 mal *fös* und öfter *framfö's* vorwitzig) eifrig dürfte sein *ū* von *fūsiʀ vor dessen übergang in *fýser* gelüstet u. dgl. entlehnt haben.

Anm. 2. Auch vor erhaltenem *n* wird *u* (und *ú*) zu *o* (*ó*) in aostnorw. diall. (selt. im aisl.), z. b. *Ásmondr* u. dgl., *Gonnor* (*Gunvǫr*); *Rónolfr* personennamen, ortsname mnorw. *Rōmœ* zu *rúm* raum (s. Lindroth, De nord. ortnamnen på *-rum*, s. 105 und dort zitierte literatur); dies schon im 12. jahrh., s. Bugge, Arkiv X, 258.

2. Vor (später geschwundenem) *h*, ausser wenn in der folgenden silbe ein *i̯* oder *u̯* zur zeit des überganges stand, z. b. *dróttsete* truchsess, *gnótt* (ahd. *ginuht*) genüge, *flótte* flucht, *knés-bót* (d. *bucht*) kniehöhle (sowie *Bót*, fi. *Pohto*, als ortsname, s. Lind, Namn och bygd II, 173 ff.), *sótt*, *sót* (d. *sucht*) krankheit neben anorw. (s. Wadstein, F. Hom. s. 127; Hægstad, G. Tr. s. 43; Þorkelsson, Supplement IV, 141) *sútt* nach dat. pl. u. a., *i-smótt* das worin man schmiegt (vgl. anm. 3), *lón* (anorw. auch *lún*) stilles wasser (vgl. *logn* § 317, 3, b stille), *flóe* weite und seichte wassersammlung (vgl. aschw. *flȳ* < *fluhja seichte pfütze, s. Saxén, Stud. nord. fil. I, 3, s. 60 f.), *bóla* (**buhlōn-* zu ahd. *buhil* hügel) beule neben aschw. *būla* nach den kas. obl., ebenso (s. Kock, Beitr. XXIII, 538 note) *fóa* (got. *faúhō*) füchsin neben orkn. *fúa*.

Anm. 3. *-smátt* neben *-smótt* (s. oben) beruht nach v. Friesen, N. spr. I, 69, auf gen. *-smáttar*, entstanden durch entgleisung nach dem typus *nótt* : *náttar* u. dgl.

Anm. 4. Urn. *ðohtriʀ* Tune (aisl. *dótr*) töchter hat das *o* aus dem sg. **ðohtœ̄r* entlehnt. Da dies *o* vielleicht durch *a*-umlaut entstanden ist, so ist der übergang *uh* > *oh* (und *ūh* > *ōh*, s. § 113) nicht für das urn. sicher erwiesen, um so weniger als die schreibungen *muha* Kragehul und *hariuha* brakteat von Sjælland (nr. 57) direkt dagegen zu sprechen scheinen. Dass *uh* > *oh* später als *hs* > *ks* (s. § 222,2) stattfindet, zeigt *uxe* (got. *aúhsa*) ochs.

Anm. 5. Wahrscheinlich ist *u* schon urn. (vgl. § 110 anm 3) vor *ʀ* zu *o*, woraus nach § 71, 3 *ø* und mit dehnung nach § 126, 1 *ǿ*, geworden (vgl. Behaghel, Germania XXXI, 381). Beisp. s. § 71, 3 und 4. Die präposition *úr* oder (nach § 71, 6) *ýr* 'aus' und die präfixe **tur-* (später nach § 146, 3 *tor-* und nach § 71, 5 *tyr-*) schwer-, *ur-* (*or-* und nach § 71, 3 *er-*) ohn- sind zur zeit des überganges schwachtonig (*uʀ*, *tuʀ-*) gewesen und daher dem übergange entzogen.

§ 113. *ū* wird vorliterarisch zu *ó* vor (später geschwundenem) *h*, z. b. *ótta* (got. *ūhtwō*) früheste morgenzeit, *þótta* (got. *þūhta*) dünkte, *þró* (ags. *þrùh*) trog, *mór* heideland (fi. *muha* sumpfmark, s. Karsten, Germ.-finn. Lehnwortstudien, s. 60 f.); mit *i*-umlaut *óre* (got. *jūhiza*) jünger, statt dessen man in analogie mit § 112, 2 *ýre erwarten sollte (adän. ȳræ kann vom sup. yngstœr beeinflusst sein, wie noch gründlicher die neubildung aisl. yngre), óska jugend.

Anm. 1. Ueber das unklare anorw. almóge neben -múgi (aschw. mōghe, aisl. múge, ags. múʒa, múha? schar) das ganze volk s. meine unsichere vermutung in Urg. lautl. s. 179 (wozu vgl. Hellquist, Arkiv XXXIV, 183 note 2).

Anm. 2. Ueber ú > ó in aostnorw. diall. s. § 113 anm 2.

§ 114. Ein dialektischer übergang y > i, wenigstens wenn die folgende silbe i enthält, findet, bes. im südwnorw. (wie durchgehends im nisl. wenigstens um 1550, s. Jiriczek, Bósa Rímur, s. XXV) statt (vgl. § 147), z. b. brinia brünne (vgl. den häufigen anorw. mannsnamen Briniolfr), higgia verstand, minni (wol nach ósminni § 147) mündung, lif (wol nach pl. lifiar) arzneimittel, anorw. ifrinn überschüssig, reichlich, anorw. kindir zündet u. dgl. neben brynia usw.; s. Hægstad, G. Tr. s. 69 note, Vestno. maalf. II, 1, s. 47. Der vorgang scheint durch air. lipting (aisl. lypting) schon für das 11. jahrh. bezeugt zu sein (s. Marstrander, Bidrag s. 73). Wo ausnahmsweise ý zugrunde liegt, dürfte zunächst kürzung (nach § 127, 5 und § 151) zu y anzunehmen sein, z. b. prät. sindi zeigte, anorw. imiss wechselnd, híbili wohnsitz, selten (s. Hægstad, G. Tr. s. 69 note) bisna (nach präs. -ir) zu weit gehen neben sýndi, ýmiss (pl. ymsir § 127, 5), híbýle usw., aber so können wol nicht z. b. anorw. selt. hiðing stäupung, lirit(t)r allgemeines recht, Hísingr ein mannsname statt gew. hýðing, lýréttr, -rit(t)r, Hýsingr erklärt werden, sondern dürfte hier ein dialektischer übergang ý > i (wie allgemein im nisl.) anzunehmen sein.

Anm. 1. Ueber das seltene anorw. brill(l)aup (s. z. b. Hægstad, Vestno. maalf. II, 2, ı, s. 32) neben bryllaup (vgl. § 51, 1, a) hochzeit s. ein erklärungsversuch bei Kock, Arkiv XII, 257. Ueber híbýli neben lautgesetzlichem hýbýli s. § 77, 6.

Anm. 2. Mnorw. kann y, besonders vor r und kakuminalem l, in ø übergehen (wie im aschw.), z. b. førre frühere, mølna mühle, øfer über u. dgl., s. Hægstad, Kong. s. 18, Vestno. maalf. II, 1, s. 48 und II, 2, ı, s. 104.

§ 115. ǫ wird verändert:

1. Zu o vor nasalen mit folgendem kons., wenn in der folgenden silbe ein u (o) oder w steht, vorliterarisch in gewissen sowol aisl. wie anorw. dialekten. Für das aisl. wird der übergang bezeugt durch die alten bruchstücke der Olafssaga

§ 116. Sonstige verschiebungen: ǫ́. 105

(§ 12, 10), welche z. b. *monnom* männern, *atgongo* (und *gǫngo*) angriffs, *Rognvaldr* (d. h. *Roɴ-*, s. § 239, 2) ein mannsname haben, während in anderen stellungen konsequent *ǫ* steht, z. b. *hǫnd, rǫnd, Ǫnundr, nǫfnom, mǫrgom* (1mal *morgom*, wol schreibfehler), *fǫþor* usw.; für das anorw. (s. Kock, Arkiv XVI, 254 ff.) durch den ersten anorw. schreiber des Hauksbók (s. § 15, 27) und wol auch Oratio contra clerum (§ 15, 29); vgl. Hægstad, G. Tr. s. 84).

2. Zu (offenem) *ø̄* (nisl. *ö* geschrieben) im aisl. (im anorw. nur in der gegend nördlich von Bergen sowie auf den Färöern) überall ausser vor *ng, nk* (s. § 105) und in dem oben 1 erwähnten falle. Dies *ø* tritt in einzelnen gegenden schon im 13. (z. b. Cod. Am. 645, 4⁰, ält. teil, wo schon gew. *ø* ausser nach kons. *u* steht, also z. b. *vøtn* gegen *suǫr* u. a.), sonst allgemein erst im 14. jahrh. auf, z. b. dat. sg. ntr. *øþro* anderem, dat. sg. *gøto* gasse. Vgl. Lyngby, Tidskr. f. Phil. og Pæd. II, 300 f.; L. Larsson, Isländska handskriften Nr. 645, 4⁰, s. LIII; Kock, Beitr. XX, 122; Hægstad, Vestno. maalf. I, 80 f., 85 und II, 2, II, s. 156; F. Jónsson, Arkiv XXXV, 314 ff.

Anm. Im sonstigen anorw. (wie im ostn.) kommt dieser übergang nur vor *r* und kakuminalem *l* und nur in gewissen dialekten (aber schon bisweilen in den ältesten hdschr.) vor, z. b. *ørn* (No. Hom. 3 mal) adler, *øl* bier.

§ 116. *ǫ́* wird zu *ó*, wo es nasaliert ist (s. § 50), z. b. *spónn* (*spānuʀ, gen. *spánar*, wonach nom. *spánn*) span, *ón* (und *ván* nach gen. *vánar*) hoffnung, *Iorþón* (-*án*) der fluss Jordan', *ón* (ahd. *āno*) neben schwachton. *án* ohne, *hón* und (schwachton.) *hán* (Reykj. Máld.; vgl. das agutn.) sie, *hónom* und *hánom* ihm, 1. pl. *sóm* zu *sá* sah, *mónoþr* (gen. *mánaþr*) monat, 3. pl. *nómo* zu *nám* (wozu neugebildet *nǫ́mo, námo* nach analogie von *bar*: *bǫ́ro, báro* u. a.) nahm, *móto* zu *mat* mass, *nótt* (gen. *náttar*) nacht, *óst* (gen. *ástar*; got. *ansts*) liebe, *óss* name der germ. rune *ansuz (idenfisch mit *ǫ́ss, áss* gott, älter *óss*, gen. *ásar*, wozu der ortsname aostnorw. und aisl. *Ósló* neben awestnorw. *Asló*, lat. *Asloia*, mndd. *Anslo*), *Óle* (ahd. *Anulo*) neben *Ále* (ahd. *Analo*, ags. *Onela*), *Óláfr, -lafr* aus *Anulaiƀaʀ (air. lehnw. *Amlaib*, ags. *Anláf*), *Ón(n)* neben *Ǫ́n(n), Án(n)* mannsnamen, *ól* (anal. *ǫ́l, ál* nach gen. *álar*) riemen (gr. ἀγκύλη), *óll* (und *áll*; sanskr. *ankurá-*) keim, *ró* (anal. *rá*) zu pl. *rár* (anal. *róar*) winkel

§ 117. 118. Sonstige verschiebungen: œ, ǽ.

(vgl. rǫng spant), eld(s)-tó herd neben anal. tá hofplatz und schwachtonigem -ta in nnorw. *elta* herd und nschw. *spilta* verschlag (vgl. finn. lehnw. *tanhua* hürde und ags. *tóh* zäh), ? *Óttarr* neben mnorw. *Attarr* (vgl. ahd. *āhta*, ags. *óht* verfolgung; anders Marstrander, Bidrag, s. 82, 155, 156, und Björkman, Studien z. engl. Phil. LVIII, 85; vielleicht sind zwei namen zusammengefallen) ein mannsname; vielleicht auch hierher *iþrótt* (aschw., adän. *iþrēt*; vgl. Noreen, Vårt språk III, 326 f.) talent und *lómundr* neben *lǽmingr* lemming. Nach ausweis der assonanzen (wie *nótt*: *ótta*) ist *ó* schon um 1050 statt *ǫ́* eingetreten. Vgl. Wadstein, F. Hom., s. 64 ff.; Gislason, Njála II, 607 ff., 612 ff.; Kock, Arkiv V, 46 ff.; Falk, ib. VI, 114 ff.

Anm. Ueber *mór*, *nó*- s. § 72, 2; anorw. *nokkorr* s. § 82, 2.

§ 117. œ fällt im aisl. früh orthographisch und vielleicht auch lautlich mit *e* zusammen, z. b. *selia* (anorw. *sœlia*) übergeben, *erfa* (anorw. *œrfa*) erben usw.; zwar unterscheidet der aisl. grammatiker um 1150 noch *ę* (d. h. œ) und *e*, aber schon die ältesten skaldengedichte lassen die beiden laute assonieren. Vgl. L. Larsson, Isl. hdskr. Nr. 645, 4⁰, s. LII; Heusler, Aisl. Elementarbuch² § 57 anm. 1. — Dagegen im anorw. tritt der übergang œ > *e* im allgemeinen nur vor *nn* sowie vor *n* (und *m*?) mit folgendem heterosyllabischen konsonanten ein; dies schon im anfang des 13. jahrhs., z. b. *kenna* (got. *kannjan*) kennen, *menn* männer, dat. *hende* (aber pl. *hœndr*) hand, *lenge* lange (aber *lœngr* länger); s. Wadstein, F. Hom. s. 50 f.; Sievers, Tübinger bruchstücke, s. 8; Hægstad, G. Tr. s. 68, 79 ff., 83. Im Cod. Holm. 34, 4 — steht *e* ganz regelmässig vor *nn* und *m*, *n* + kons. sowie in *nefna* nennen; aber ausserdem wird *e* wenigstens geschrieben vor *i* oder *u* der folgenden silbe, wiewol die vokalharmonie (*i*, *u*, nicht *e*, *o*, als endungsvokale) zeigt, dass das œ nicht zu gewöhnlichem *e* geworden ist; s. Kolsrud, Arkiv XXXIII, 287 f. Speculum reg. hat *e* nach *g*, *k*, s. Jónssons ausg., Indl. s. 12.

§ 118. ǽ geht im anorw. (selt. aisl.) dialektisch in *é* über, teils (z. b. in Cod. AM. 310, 4⁰, § 15, 13; s. Groth's ausgabe, s. XVI) nach *g* (nach *k* fehlen zufällig beispiele), z. b. *ágétr* berühmt, *géfa* glück; teils (s. Skulerud, Arkiv XXVIII, 259 und dort angeführte literatur sowie Kolsrud, Arkiv XXXIII, 290) vor und nach *n*, z. b. *rénr* raubt, *nér* (auch aisl., s. Larsson)

§ 119—121. Sonstige verschiebungen: o, ø u. a.

nahe; vielleicht auch vor ʀ (ẓ), z. b. *sérr* sät, *Léradalr* ein ortsname (s. M. Olsen, Stednavnestudier, s. 119 und dort angeführte literatur).

§ 119. Geschlossenes ø (nach § 63, 3, § 71, 3, § 77, 3 und § 82, 3 entstanden) wechselt, bes. in aisl. hdschr. (anorw. beisp. bei Hægstad, G. Tr. s. 69 und Vestno. maalf. I, 89) mit *e*, ohne dass man überall imstande ist zu entscheiden, ob ein lautlicher übergang ø > e vorliegt. In einzelnen fällen kann nämlich möglicherweise *e* der ältere, nicht durch *u*- oder *w*-umlaut veränderte, laut sein, z. b. *smer* (*smør*) butter, wie wol sicher der fall ist in *eple* < *æpli* (ahd. *edili*) neben *øple* (s. § 66 anm. 2) begabung, wo übrigens das ø offen ist. Sonstige beispiele — welche keine regel durchblicken lassen (nach Kock, Arkiv IX, 150 note soll das *e* zum teil auf schwachtonige verwendung des betreffenden wortes oder der betr. silbe beruhen, was aber sehr unsicher ist) — sind u. a. präs. *kemr* kommt, *sefr* schläft, *treþr* tritt, prät. konj. *þerþe* wagte, part. prät. *frerenn* gefroren, pl. *steþr* stützen, *sener* söhne, komp. *efre* oberer, *nerþre* nördlicher, *exn* ochsen neben *kømr*, *søfr* usw.

§ 120. *ó* geht im aisl., schon etwas vor 1250, in *ǽ* über, z. b. *dǽma* richten, *stǽrre* grösser usw.; s. J. Þorkelsson, Breytingar á myndum etc., s. 30 f.; Kålund, Palæogr. Atlas (1905), s. VI f. — Ueber vorliterarisches *ý* aus *ó* vor *j* s. § 68, 3. Ueber etwas späteres *ý* aus *ó* vor *gi*, *ki* s. § 75.

Anm. Orkn. ist *é* statt *ó* aus dem j. 1369 belegt, z. b. *béta* büssen; s. Hægstad, Hild. s. 41.

§ 121. Spuren der dem neuostnorw. charakteristischen vokalharmonie, welche einen kurzen vokal in offener (selten in geschlossener) silbe demjenigen der folgenden silbe ganz gleich werden lässt, finden sich schon, wiewol anfangs selten, seit dem 13. jahrh. in onorw. denkmälern, z. b. *á maðal* statt *á meðal* zwischen, *afan* st. *ofan* von oben, *gumul* st. *gǫmul* alt, *hufuð* st. *hǫfuð*, *kana* st. *kona* weib, *samar* st. *sumar* sommer, *skaða* st. *skoða* schauen, *Falke*, *Falkvarðr* st. *Folk-*, *Fanne* st. *Forne*, *Þarsten* st. *Þorstein* und mit urspr. langem vokal *Þaraldr* st. *Þóraldr* u. a. (vgl. Lind, Arkiv XI, 271) mannsnamen, *falage* st. *félage* genosse u. dgl., s. Hægstad, G. Tr. s. 62 f., Vestno. maalf. II, 1, s. 43 und 50; A. B. Larsen, Forhandlinger i Videnskabssels. i Kristiania 1913, nr. 7, s. 29 f.

B. Quantitative veränderungen.
I. Dehnung.

§ 122. Gedehnt wird jeder kurze vokal, der entweder
ursprünglich oder durch schwund folgender laute (vgl. § 123)
auslautend steht, z. b. *sá* (got. *sa*) der, *þú* (got. *þu*) du; *á*
an, *þá* dann, *í* in, *sá* (got. *saƕ*) sah, prät. *vá* zu *vega* aufheben,
brá zu *bregþa* schwingen, präs. *má* zu *mega* können, *kné*
(**knewa*) knie, *tré* baum.

Anm. 1. Wo im auslaute kein konsonant geschwunden ist, kann die
länge des vokals möglicherweise schon urgermanisch sein.

Anm. 2. Auch in urspr. 'halbstarker' silbe (s. § 51 anm. 1) ist
dehnung einst (wenigstens in offener silbe) eingetreten. In anorw. dialekten
ist die länge noch in die literarische zeit hinein (ja noch in nnorw. diall.)
erhalten, z. b. in No. Hom. *verá* sein, *eró* (vgl. das häufige *ró* § 158 anm. 2)
sind, acc. *einsetó* einsamkeit, *etá* (4 mal) essen, acc. *etó* krippe, *getá*
bekommen (formen wie *ifán, varán, eróm, tǫkúm, ávitásk, latér* können von
**ifá, *vará, eró, *taká, *vitá, laté* u. dgl. beeinflusst sein; vgl. jedoch gleich
unten); anders Wadstein, F. Hom., s. 122 ff. In anorw. hdschr. des 14 jahrhs.
kommen oft schreibungen wie *beraa* tragen, *hafaa* haben u. dgl. vor (s.
J. Storm Englische philologie², s. 251), wo jedoch *aa* wol schon nach § 107
ǫ bezeichnet, wie *o* in mnorw. *kono* weib, *meto* messen, *skoðo* schauen
und gleicherweise *ofon* von oben, *somon* zusammen, *uton* von aussen (s.
A. B. Larsen oben § 121 a. o.). Sonst ist kürze eingetreten, weil die halb-
stärke zur schwachtonigkeit geworden ist.

§ 123. Sogenannte ersatzdehnung kommt im inlaut
vor, wo unmittelbar nach dem vokal entweder ein vokal syn-
kopiert wird oder ein konsonant schwindet ohne sich einem
folgenden zu assimilieren (d. h. ohne konsonantische ersatz-
dehnung), z. b. *nár* (**na-uʀ* § 80, 2 < **nawiʀ*) leichnam, *fár* (vgl.
got. *fawai*) gering an zahl; *ó, ǫ́* (**āu*, s. § 77, 2; got. *aƕa*) fluss,
fé, fé (*fēu* § 77, 4; got. *faíhu*) vieh, geld, *tár* zähre, *Ále, Óle*
(ahd. *Analo*, resp. *Anulo*), *Þórr* der donnergott, *gǫ́s* gans, *ǫ́st*
(got. *ansts*) liebe, *áss* (got. *ans*) balken, *Áke* (ahd. *Enihho*), nom.
pl. *huárer* zu *huaþarr* (gew. *huárr* nach dem pl.; got. *ƕaþar*)
welcher von beiden, *Góreþr* statt *Goþreþr* Gottfried, *Frírekr*
Friedrich, *nól* nadel, *mál* (got. *maþl*) sprache u. a. m. (s. §§ 292
bis 299).

§ 124. Dehnung vor konsonantenverbindungen tritt
in folgenden fällen ein:

§ 124. Dehnung.

1. Vor *ht* (später zu *tt* assimiliert, s. § 267), z. b. *dótter* tochter, *átta* acht, *rétta* richten; vgl. Kock, Beitr. XV, 252 note. Die dehnung muss schon um 900 vorhanden gewesen sein, weil die assimilation *ht* > *tt* schon aus dem 10. jahrh. belegt ist. Andererseits zeigt ein fall wie *iáttyrþe* (§ 110, 3), dass die dehnung später als die betreffende brechung (gegen 700, s. § 95, 1) ist. Sie fällt demnach zwischen 700 und 900.

2. Vor *rh* und *lh* (woraus später *r*, resp. *l*, s. § 230) findet sporadisch dehnung statt, z. b. *fýre, fyre* föhrenholz und *fúra, fura* (vgl. ahd. *foraha*) föhre, *suíre* (**swerhian-*, vgl. ags. *swéora* aus **swerhan*) nacken, pl. *váler*, gew. *valer* (vgl. ahd. *walaho*) kelten (s. Bugge, Studier s. 208 note), *fóle* (agutn. *fuli*, vgl. got. *fulhans* verborgen) diebsgut, *ǫ́r* (bei Larsson und oft im Cod. Rantzovianus, § 15, 17) neben *ǫr* (ags. *earh*, vgl. got. *arhazna*) pfeil, *Áll* als ortsname neben aschw. pl. *Alir* (vgl. got. *alhs* tempel), pl. *fírar* (s. Pipping, Neuphil. Mitteilungen 1914, s. 150 f.) neben *firar* (as. gen. *firiho*) männer, vielleicht *Býleiptr* oder *Býleistr* ein mythischer mannsname aus **byl-heiftr* (mhd. *heifte* adj. heftig, subst. sturmwetter), resp. *-heistr* (ahd. *heisti*, ags. *hǽste* heftig), also 'windstossheftig'; aber nur *marr* (ags. *mearh*) pferd, *fior* (ags. *feorh*) leben, *þuerr* (ags. *þweorh*) quer, *for* (jedoch nschw. dial. *fōr*) furche, *snara* (ahd. *snaraha*) schlinge neben nschw. *snår* gestrüpp, *fiol* (**felhō*, s. Wiklund, Finnisch-ugrische Forschungen XII, 33 f.) brett, *melr* (s. ib.) sandhügel, *fela* (got. *filhan*) verbergen, *falr* hülse, *Fialarr* ein name, *malr* (vgl. ahd. *malaha*) sack neben nnorw. *Maal-* in ortsnamen, s. M. Olsen, Arkiv XXII, 105, und aschw. *Mǣlir* als seename, s. Pipping, Stud. nord. fil. XII, 55, *selr* (ags. *seolh*) seehund, *biartr* (ags. *beorht*) hell, licht u. a. Zur erklärung s. vor allem Pipping, Stud. nord. fil. XII, 28 ff. und dort angeführte literatur sowie Noreen, Geschichte[3] § 46, e und dort zitierte literatur.

3. Vor kakuminalem *l* (s. § 40, 2) + konsonant (also hauptsächlich vor *lf, lg, lk, lm, lp*) sind *a, o, ǫ, u* im aisl. und zum teil im südwestlichen (selt. nordwestlichen) anorw. und färöisch (s. Hægstad, Vestno. maalf. II, 2, II, s. 155 und I, 50, 68 sowie Wadstein, F. Hom., s. 121) schon etwas vor 1200 (beisp. schon in St. Hom., vgl. auch Marstrander, Bidrag, s. 79) gedehnt worden, z. b. *hálfr*, f. *hǫ́lf* (*hálf*) halb, *úlfr* wolf, *gólf* fussboden im zimmer; *gálge* galgen, *sólgenn* verschlungen; *skálkr* diener,

fólk volk; *hálmr* stroh, *hiálmr*, dat. pl. *hiólmum* (*hiálmum*) helm, *hólmr* kleine insel; *hiálpa* helfen, *hiólp* (*hiálp*) hilfe, *hólpenn* geholfen. Beispiele der dehnung vor *ln, ls,* welche gruppen nur wo sie durch synkope entstanden sind kakuminales *l* enthalten, sind *o̧ln* (vgl. got. *aleina*) elle, *kólna* (zu aschw. *kolin* gekältet) kalt werden, *bólstr* (anorw. *bolstr* und *bulstr*) polster, *háls* hals, s. Noreen, I. F. IV, 320 ff.; Celander, Om övergången av *đ* > *d*, s. 79 f.

Anm. 1. Die seltenen ausnahmen beruhen auf analogie, z. b. prät. *halp, hulpom* zu *hiálpa* (älter *hialpa*) helfen, *sualg, sulgom* zu *suelga* verschlingen, *skalf, skulfom,* part. prät. *skolfenn* zu *skiálfa* (*skialfa*) zittern nach *barg, burgom, borgenn* zu *biarga* bergen u. dgl. Ebenso pl. *stolner* nach sg. *stolenn* gestohlen u. dgl., s. Noreen a. o., s. 321; über prät. *valpa* zu *velia* wählen u. a. s. ib. note.

Anm. 2. In *sáld* sieb und *skáld* skalde ist die länge ursprünglich.

4. Vor *ng, nk* wird *a* im a i s l. — jedoch nicht im westlichen teil der insel (mitteilung R. Arpi's) — und anorw. nördlich von Bergen (s. Hægstad, Vestno. maalf. I, 145 und II, 1, s. 41) wenigstens um 1350 gedehnt, z. b. *lángr* lang, *kránkr* krank. Vereinzelt steht *kóngr* (*kongr*) neben *konungr*, *-ongr* könig.

Anm. 3. Dialektisch wird in a n o r w. ein vokal vor *rð*, *rt* und *rn* gedehnt, z. b. *bárn* kind (s. Hægstad, Vestno. maalf. II, 2, 1, s. 79 ff.).

§ 125. Zu welcher zeit die in der jüngeren sprache fast überall durchgeführte dehnung jedes kurzen vokals vor kurzen konsonanten eingetreten ist, ist unsicher. Wahrscheinlich fand sie statt zu verschiedenen zeiten je nach verschiedenen orten, auf Island wol erst nach 1400, stellenweise doch vielleicht schon im 13. jahrh. In Norwegen ist sie westnorw. seit dem anfang des 14. jahrhs. belegt (s. Hægstad, Vestno. maalf. I, 145, II, 2, I, s. 83 und II, 2, II, s. 41), z. b. *maat* speise, *laas* las, *eer* ist.

Anm. Vgl. noch Bugge, Beretning om forhandlingerne på det første nordiske filologmøde, s. 141, Wimmer, Læsebog[4], s. XVI ff., Dahlerup, Ágrip, s. VII, Kock, Studier i fornsvensk ljudlära, s. 236 f. — Wegen mnorw. (südwestlich) *okkaar, ódhaal* u. dgl. vgl. Hægstad, Vestno. maalf. II, 2, I, s. 84.

§ 126. Sonstige fälle:

1. Vor tautosyllabischem, aus urn. ʀ (urgerm. *z*) entstandenem *r* (ausser natürlich wo zwei konsonanten folgen,

§ 127. Kürzung. 111

z. b. *mergr* mark, s. § 71 anm. 1), z. b. präpos. *ór*, *úr*, *ǿr*, *ýr*
(got. *us*) 'aus' neben dem privativ-präfix *or-*, *ur-*, *ør-*, nom. pl. f.
þǿr (urn. *þaʀ* Einang < *þōz § 137, 2) die, prät. *vár* (No. Hom.
8 mal, s. Wadstein, F. Hom. s. 121; gew. *var*, weil unbetont)
war, ?dat. (Rígsþula 3) *árne* (anal. *arne*) zu *arenn* herd (s. § 72
anm.), *mér*, *þér*, *sér*, *vér*, *ér* pron. und *ér* (gew. *er*) verb s. § 110, 2.

Anm. 1. Fälle wie *gler* (§ 71, 1) glas, *frør* (§ 71, 3) frost u. dgl. haben
sich nach den zweisilbigen formen *glere* u. s. w. gerichtet; *tyr-* (§ 68, 5)
ist erst nach der dehnungszeit starktonig geworden (vgl. § 72). Also ist
die dehnung älter als der ʀ-umlaut,

Anm. 2. Die selt. prät.-formen *séra*, *snøra* statt *sera* (got. *saísō*)
säete, *snøra* wandte haben wol die länge aus dem inf. *sá*, *snúa*, resp. dem
präs. und part. entlehnt.

2. Sporadisch im anlaut, s. A. B. Larsen, Maal og minne
1914, s. 147 ff., z. b. anorw. *áf* von, anorw. *ákr* acker, mnorw.
ál- all-, mnorw. *ápostole* apostel, anorw. *át* zu, dass, anorw.
Órmr ein mannsname, aisl. *ék* (misl. *jeg*, vgl. § 103), aisl. *éta*
(s. B. M. Ólsen, Germ. XXVII, 262 f.) neben *af*, *akr* usw.); s. Hægstad,
G. Tr., s. 65, Vestno. maalf. I, 50, 89, II, 1, s. 41 und
II, 2, 1, s. 82 f.; Wadstein, F. Hom., s. 121; Hertzberg, s. 854 f.;
Fritzner; Lind, No.-isl. dopnamn.

3. Ueber *iǫu*, *iu* > *iō*, *iū* s. § 100 und § 101.

4. Ueber eventuelle dehnung bei hiatus (z. b. *féar* > *fiár*
viehes) s. § 133, b, 2.

Anm. 3. Ganz unklar sind die verhältnisse bei sehr vielen lehnwörtern,
bes. eigennamen. Denn zwar ist die länge urspr. in z. b. *Ádám* (lat. *Ādām*),
Dávíð (lat. *Dāvīd*) *Jésús* (lat. *Jēsūs*), *Tómás* (gr. Ὀωμᾶς) u. a., aber wie
ist sie zu erklären in z. b. der ersten silbe von *Árón* (lat. *Ărōn*), oder der
zweiten von *Magnús* (lat. *Măgnŭs*), der beiden von *Pétrús* (lat. *Pĕtrŭs*),
Sátán (lat. *Sătăn*) u. s. w.? S. das material bei F. Jónsson in Festskrift til
V. Thomsen (1894), s. 204 ff. (wo s. 220 ein ungenügender erklärungsversuch),
und L. Larsson, Arkiv IX, 118 ff.

II. Kürzung.

§ 127. Vor tautosyllabischer oder durch synkope entstandener
konsonantengruppe — doch nicht den in
§ 124, 2, 3 und 4 genannten verbindungen — oder geminata
tritt kürzung eines langen vokals ein, aber zu sehr verschiedenen
zeiten je nach verschiedenen stellungen. Jedoch
ist dies verhältnis sehr oft nicht mehr aufrecht erhalten, so

§ 127. Kürzung.

dass faktisch die lautgesetzliche kürze nur in verhältnismässig wenigen fällen auftritt. Dies beruht teils auf ausgleichungen nach verwandten formen, wo die länge nicht in der betreffenden stellung stand, teils wol auch darauf, dass in gewissen dialekten die kürzung vor gewissen verbindungen nie eingetreten ist. Jedenfalls ist das lautgesetz durch die isolierten formen als solches gesichert. Von beispielen (vgl. anm. 3) mögen hier angeführt werden:

1. *á > a* in *hann* (gen. *hans*) er neben dat. *hǫnom, hónom* ihm, *gasse* gänserich zu *gǫ́s* gans, *vaþmál* (*váþ-*) kleidstoff zu *vóþ* zeug, *skald* (*skáld* nach dem dat.) dichter, *haske* (*háske*) gefahr, *arna* (*árna*) bote sein, *iarn* (*iárn*) eisen, *natt* (gew. *nátt, nǫtt, nótt*) nacht, *att* (gew. *átt, ǫtt*) geschlecht, ntr. *vart* (*várt*) unser zu f. *vár* (*vǫr, ór*), ntr. *sart* (*sárt*) verwundet zu f. *sár* (*sǫr*), *nakkuarr* (s. § 54, 3, a) irgend ein, *Áslaug, -mundr* neben *Ás-* personennamen.

Anm. 1. Das nach § 97 anm. 1 aus *œi, ei* dialektisch entstandene *é* wird zu *i* verkürzt, z. b. *huimleiþr* (aschw. *hwēmlēþer*) jedem verhasst zu *hueim* jedem, *Indriþe* neben *Eindriþe* ein mannsname, anorw. *inginn* (schon Hoprekstad 2. hand acc. *ingan*; spätere beisp. s. Hægstad, Upphavet, s. 8) neben *œinginn* kein; dazu ntr. *ikki* (s. Hægstad, G. Tr. s. 91) neben *œkki* nicht(s); mnorw. *Girmundr < Geirmundr* ein mannsname.

2. *í > i* in *minn, þinn, sinn* (ntr. *mitt, þitt, sitt*) zu f. *mín, þín, sín* mein, dein, sein, *vitke* (ags. *wítʒa*, ahd. *wīzzago* prophet) zauberer, pl. *litler* (selten *lítler*) zu *lítell* klein, *Skirner* ein mythischer name zu *skíra* (prät. *skirþa, skírþa*) hell machen, *skirr* (*skírr*) zu acc. *skíran* hell, *Vigfúss* ein mannsname zu *víg* kampf, *sild* (*síld*, vgl. den fischnamen *síl*) hering, *huilþ, -d* (*huílþ, -d*) ruhe zu *huíla* ruhen, *litt* (*lítt*) neben *lítet* wenig, *iss* (*íss*) zu pl. *ísar* eis, ntr. *fritt* (*frítt*) zu f. *fríþ* schön, *fifl* (*fífl*) idiot, *iþvandr* (*íþ-*) tatkräftig zu *íþ* tat, *illr* (*íllr*, aschw. *ī̆lder*, nisl. *íllr* neben *íllr*) böse.

3. *ó > o*, selt. *u*, in *Þorsteinn, -finnr* u. a. dgl. namen neben *Þóroddr, -(h)ildr* u. a., *Hroþbiartr* (*Hróþ-*), *Hrolleifr, Hrollaugr, Hrokkell* u. a. dgl. namen zu *hróþogr* ruhmvoll, ntr. *gott* (*gótt*; 3mal *gutt*, wie im aschw., im Cod. AM. 921, 4º, IV, 1, s. Morgenstern, Arnamagn. Fragmente, s. 44 f.) zu f. *góþ* gut, *topt* (selt. *tópt*, s. § 112, 1), anorw. *tuft* bauplatz, *drot(t)ning* (*drót-*) königin zu *dróttenn* (*drottenn*) könig, *ogn* (*ógn*) schreck, *forn* (*fórn*)

§ 127. Kürzung.

opfer, *briost* (*brióst*) brust, *Þorþr* (*Þórþr*) ein mannsname, *lioss* (*lióss*) zu acc. *liósan* licht, hell, *Norvegr* neben *Nóregr* (s. § 235, 1, f) Norwegen, *okr* (got. *wōkrs*) wucher, anorw. *kringlutr* u. dgl. (in Ol. h. leg. saga, § 15, 12) st. *-óttr* (s. Kock, Arkiv X, 330 note 1), mnorw. *sukn* (s. Hægstad, Vestno. maalf. II, 2. 1, s. 33, vgl. selt. aschw. *sukn* < *sōkn*) durch anschluss an *sóknardagr* zu gerichtlicher verhandlung freier tag neben *søkn* (wie oft im aschw.) nach *søkia* gerichtlich belangen st. *sykn* (s. § 77, 12) zu gerichtlicher verhandlung frei, schuldlos, *Rulfr* (aisl. *Hrólfr*), *Þrundr* (aisl. *Þróndr*) mannsnamen. Diese kürzung ist durch air. lehnwörter schon bald nach 800 bezeugt, s. Marstrander, Bidrag, s. 65.

4. *ú* > *u* in *brullaup* aus *brúþlaup* hochzeit zu *brúþr* (gen. *brúþar*) braut.

5. *ý* > *y* in *Knytlengr* zu *Knútr* (dat. *Knúte*), pl. *ymser* zu *ýmiss* (anal. *ymiss*) wechselnd, *ytre* (*ýtre*) äusserer, *yztr* (*ýztr*) äusserster zu *út* hinaus, *dyrka* (*dýrka*) verehren, *dyrþ* (*dýrþ*) herrlichkeit, *dyrr* (*dýrr*) zu acc. *dýran* teuer, *hyske* (*hýske*, ahd. *hīwiski*) hausgenossenschaft, prät. *synda* (*sýnda*) zu *sýna* zeigen, *brynn* (*brýnn*) 'augenscheinlich' zu acc. *brýnan*, anorw. *bryllaup* (= *brullaup*, s. 4 oben).

6. *ǽ* > *œ* (aisl. *e*) in *henne* ihr neben *hánum* ihm, *ellefo* (s. § 54, 3, a) elf, *hestr* < **hǽistr* (urn. *hāhistaʀ < urgerm. **ha(n)histoz*, vgl. ahd. *hengist*) pferd, anorw. *nestr* neben *nǽstr* (s. § 135; auch *néstr* s. § 118) nächst, *þrell* neben gew. *þrǽll* (nach pl. *þrǽlar*; vgl. § 62 anm. 1) sklave, *suenskr* (s. E. Olson, Yngvars saga, s. XXXVIII) neben gew. *suǽnskr* schwedisch.

Anm. 2. *Vettr* wicht kann ebensowol aus *véttr* wie *vǽttr* gekürzt sein; s. § 109 und § 110, 3.

7. *ó* > *o* in *oss* (gew. *oss* s. § 112, 1) neben *ós* (und *ós*) uns. Ob *edda* (aus **odda* nach § 119?) als name eines buches hierher gehört, bleibt sehr unsicher, s. Sijmons, Over afleiding en beteekenis van het woord Edda, Amsterdam 1898, s. 16 ff. und die dort zitierte literatur.

Anm. 3. Beisp. überhaupt bei Gislason, Aarbøger 1866, s. 242 ff., Annaler 1858, s. 89, Om helrim, s. 49 f., Njála II, 953; Mogk, Anz. f. d. A. X, 62 f.; Wimmer, Læsebog[4], s. XIII ff.; Hægstad, G. Tr. s. 73, Vestno. maalf. I, 10 und II, 2, 1, s. 31.

§ 128. In ganz denselben stellungen wird der diphthong *œi* (aisl. *ei*) zu *œ* (aisl. *e*) verkürzt, z. b. *ekke* (*etke*) 'nichts' aus **œitt-gi*, *nekkuerr*, *-arr* irgend ein aus **ne-wœit-ek-hwœrr*, *-hwarr*, *helge* (vgl. air. Lehnwort *Elgi* als mannsname im j. 922, s. Marstrander, Bidrag, s. 63) der heilige zu *heilagr* (anal. anorw. *hœlagr*) heilig, superl. *mestr* zu *meire* grösser, *flestr* zu *fleire* mehrere, *gedda* (zu fi. *kaita*, ags. *ʒád* spitze, s. Lidén, Finn.-ugr. forschungen XI, 137), *flesk* schweinefleisch, *eldr* (aschw. *ēleþer*, *ēlder*, ags. *ǽled*) feuer, *edda* grossmutter zu *eiþa* (vgl. got. *aiþei*) mutter, pl. *heþner* (s. Kålund, Heiðarvíga saga, s. XXIII) zu *heiþenn* heidnisch, *ve(i)tka* ich weiss nicht, gen. pl. *þe(i)rra* ihr, *kle(i)ss* lispelnd, *E(i)ndriþe* (**Ainiða-rāðiē*, s. § 151, 6; vgl. adän. runisch *ainraþi* neben aschw. *ēnda*, adän. run. *ēniþ* einzig, s. Noreen, Arkiv VI, 380) ein mannsname, *ve(i)zla* bewirtung, *e(i)nn* eiñ, *e(i)nge* kein, aisl. *endeme* (*eindóme*) etwas ausserordentliches, pl. *e(i)gner* zu *eigenn* (anal. anorw. *œginn*) eigen, *sue(i)nn* bursche, *ekkia* (aschw. *œnkia*; zu *einka* einzeln, vgl. got. *ainakls* vereinzelt) wittwe, *Sue(i)gþer* (zu *sueigia*, s. Noreen, Uppsalastudier s. 200, 203) ein mythischer name, *hegre* (no. dial. auch *heigre;* ahd. *heigaro*, fi. *heikara*) reiher, anorw. *sérlœstis* (zu *lœistr* fuss, s. An. gr. II, § 80 anm. 6) besonders, *Ge(i)rmundr* (shetl. *Gœrmundr*), *Sve(i)nke* mannsnamen u. a. m.

Anm. 1. S. u. a. Wadstein, F. Hom. s. 58; F. Jónsson in Mindre afhandlinger udg. af det phil.-hist. samfund, Kph. 1887, s. 224; Boer, Orvar-Odds saga, Leiden 1888, s. III; Larsson, pass.; Brate, Ant. tidskr. f. Sv. X, 17 note; Hægstad, G. Tr. s. 73, Hild. s. 44.

Anm. 2. Selten und zum teil unsicher sind spuren einer dergleichen kürzung von *ǫu* (*ou*) zu *ǫ* (*o*) und von *øy* (*œy*) zu *ø* (*œ*), s. Wadstein, F. Hom., s. 76 und Hægstad, G. Tr. s. 73 f., Vestno. maalf. I, 68, 89. Beisp. wären etwa teils aisl. *Qr-*, *Aurvandell* (ags. *éarendel* morgenstern), *Qþr*, *Auþr* personennamen; anorw. *Oðbiorn*, *-finnr*, *-gœir* st. *Auð-* mannsnamen, *Sorshaugr* (zu *saurr* schmutz) ein ortsname, *sǫrgask* (*saurgask*) sich schmutzen, gen. pl. *ǫgna* (*augna*) augen; teils das häufig sowol aisl. als anorw. vorkommende *brott* neben *braut* weg, hin (vgl. § 152, 2); teils anorw. *køpte* (*køypte*) kaufte, *sømdr* (*søymdr*) genäht, *Æstein* (*Æisteinn*, *Øysteinn*) ein mannsname. Vgl. jedoch § 98 anm. und § 99 anm.

§ 129. Ein langer vokal scheint unmittelbar vor einem andern verkürzt worden zu sein, wenigstens fakultativ bis um 1400 (später steht wieder ausschliesslich länge), z. b. *bua* (*búa*) wohnen, *gloa* (*glóa*) glühen, *buenn* (*búenn*) fertig, aber

§ 130. Hiatuserscheinungen.

pl. *búner, daenn* tot, pl. *dáner*. In St. Hom. wären wenigstens *i* und *ú*, nicht aber, scheint es, *ó* (und *á*?) verkürzt worden (s. Kock, Arkiv XIII, 175 ff.). Aber diese kürzung ist bestritten worden (s. Beckman, Arkiv XV, 86 ff., Pipping, Bidrag till eddametriken, s. 1) und ihre annahme vielleicht überflüssig (s. § 49).

Anm. 1. Vgl. noch Bugge, Beretning om ... det første nordiske filologmøde, s. 142 f., Beitr. XV, 391 ff.; Sievers, Beitr. V, 462, 468, XV, 401 ff.; Þorkelsson, Beyging, s. 59; Gislason, Njála II, 945 (vgl. dagegen Hoffory, Gött. gel. anz. 1888, s. 155 f.; Wadstein, Arkiv VIII, 87).

Anm. 2. Eine derartige kürzung darf man als zwischenstufe in den übergängen *é, í, ý, œ* > kons. *i* (§ 133, a und b, 2) und *ó, ú* > kons. *u* (§ 134, b) voraussetzen.

III. Hiatuserscheinungen.[1])

§ 130. Wo zwei gleiche sonanten — *e, é* sind hierbei mit *i, í* sowie *o, ó* mit *u, ú* gleichwertig — zusammentreffen, werden sie zu einem langen von der qualität des stärker betonten kontrahiert. Hier wie in allen im folgenden behandelten kontraktionsfällen setzen die ältesten skaldengedichte (bis gegen 1200) sowie die allermeisten Eddalieder noch fast durchgängig unkontrahierte formen voraus (s. Sievers, Beitr. V, 515, Gislason, Njála II, 260 ff., Udvalg af oldnordiske skjaldekvad, s. X, XIV f., Þorkelsson, Supplement IV, 27 f., 29 f., Sijmons, Die lieder der Edda I, CLXXIII, F. Jónsson, No.-isl. kultur- og sprogforhold, s. 257 ff. und bes. Bugge, Beitr. XV, 394 f.). Z. b. *fá* (got. *fáhan*) bekommen, acc. sg. m. *blán* (älter *bláan*) zu *blár* blau, der Odinsname *Há(a)rr* (s. § 54, 1); *lé(e)* sichel, 3. sg. präs. konj. *sé(e)* sehe, dat. sg. *kné(e)* knie, pl. *fríendr* > *frændr* verwandte, *frelsa* (auch *frialsa* nach *frials*, s. § 133, a) < *fré(h)elsa* < *fríhalsian* (s. § 111, 2) frei machen; dat. pl. *skó(o)m* schuhen, *bónde* (*bóunde* — vgl. aschw. runisch *bounta* An. gr. II, § 440 — neben *búande*) bauer, *Hró(o)lfr* (s. § 228) Rudolf, *Ió(o)lfr* u. a. dgl. sowie *Sǫkkólfr* aus *Sǫkko-olfr* mannsnamen; dat. pl. *húsfrú(o)m* hausfrauen, gen. sg. *trú(o)* glaubens. Später treten durch analogie hiatusformen wie *bláan* (zu *blár* nach *trúan* zu *trúr*) u. dgl. wieder auf.

---

[1]) Ueber kürzung des ersten vokals s. § 129, hiatusfüllendes kons. *i* s. § 312.

§ 131—133. Hiatuserscheinungen.

Anm. Wo der eine komponent ein diphthong ist, bleibt dieser als kontraktionsprodukt, z. b. *veill* < **ve(h)œill* krank. Anorw. *Sæ[h]œimr* ein ortsname ist jedoch auf mehrfache weise behandelt worden: wnorw. *Seimr*, onorw. *Séœimr, Síœimr, Siœimr* (einsilbig), gew. *Sǽmr, Sémr*; s. O. Rygh, Oplysninger til Trondhjemske gaardnavne II, 228 f., Hægstad, G. Tr. s. 71.

§ 131. *á* + *e, i* bleibt unverändert, z. b. *dáenn* todt, *páe* pfau, nom. pl. m. *fáer* wenige.

§ 132. *á* (*ǫ́*) + *o, u* gibt *ǫ́*, z. b. dat. sg. ntr. *blǫ́* (*bláo*) zu *blár* blau, dat. pl. *ǫ́m* (*áom*), *óm* (s. § 116) zu nom. pl. *ár* (*áar*) flüsse, 3. pl. prät. *sǫ́* (*sáo*) sahen, mannsnamen wie *Bǫ́rþr, Ǫ́lfr, Ǫ́n(n)* u. a. (s. § 228), *ól* (*ál* s. § 116) riemen, *óll* (*áll* s. ib.) keim. Später wurde das zeichen *ǫ́*, wie gewöhnlich (§ 107), von *á* verdrängt, also *ám* u. dgl. Noch jünger sind analogiebildungen wie *áum* nach anderen dat. pl. auf -*um* usw.

Anm. Die verbindung *awu* (aus *abu* s, § 235, 2 oder *arƀu, arwu* s. § 234) gibt den diphthong *au*, z. b. *haukr* habicht, *haustr* herbst u. a. (s. a. o.).

§ 133. *e, é, i, í, ý, ǽ, ǿ* + *a, á, o, ó, u, ú*, werden in mehrfacher weise behandelt:

a) Wo der zweite vokal starktonig ist, geht — und zwar verhältnismässig früh (wenigstens etwas vor 1200, s. Marstrander, Bidrag, s. 79) — der erste in konsonantisches *i* über, z. b. *siunde*, selt. *sionde* (*sebunde § 235, 2, as. *sivondo*) siebente, *frials* (*friáls* § 124, 3, anorw. selt. *frœls* nach *frœlsa* § 130, s. Þorkelsson, Supplement IV, 46) frei aus *fréals* (so noch selt. im anorw., s. Hertzberg) < *frīhalsaʀ § 111, 2 (vgl. got. *freihals* freiheit), *fiós* (*fé-hús) viehhof; *miþialdre* von mittleren jahren, anorw. *Miðió* ('mittelfluss') ein ortsname, mannsnamen wie *Heriolfr* aus urn. *Hariwulf(a)ʀ*, *Nefiulfr, Bryniolfr* u. a. dgl. (s. Sievers, Beitr. XII, 486 ff., ZfdPh. XXI, 104 note), *fiande* (*fiánde*, s. § 51, 2, b) feind; *skióttr* (*skýóttr) fleckig, *Biolfr* (*Biólfr* § 124, 3) < *Býolfr, anorw. *Biulfr* < *Býulfr; *Sniolfr* (*Snǽulfr*), *Siolfr* (*Sǽolfr) mannsnamen.

Anm. Die verbindung *ewu* (aus *ebu* s. § 235, 2) gibt zunächst den triphthong *iǫu*, welcher nach § 101 teils als *ió* teils als *iú* auftritt, z. b. *biórr* biber, *Giúke* ein mannsname; vgl. aber *siunde, sionde* (s. oben) mit *iu, io*, wol weil zwei konsonanten folgen.

b) Wo der zweite vokal schwachtonig ist, wird die verbindung verschieden behandelt:

§ 134. Hiatuserscheinungen.

1. Nach *v, w* (kons. *u*) bleibt überall der hiatus, z. b. gen. pl. *véa*, dat. pl. *véom* zu *vé* heilige stätte, pl. *suíar* die schweden.

2. Sonst zeigt sich ein schwanken, so dass in gewissen wörtern nur hiatusformen auftreten, z. b. *nío* neun, *tío* zehn, *sía* seihe, seihen, *sía* geschmolzenes eisen, *knía* diskutieren; in anderen geht (ausser in gewissen anorw. hdschr., s. z. b. Wadstein, F. Hom., s. 53, Hægstad, G. Tr. s. 71) — vielleicht nur wenn der zweite vokal schwach nebentonig ist (s. Kock, Arkiv XIV, 220 f.) — der erste vokal in kons. *i* über, wobei der zweite vokal gedehnt wird (eventuell seine ursprüngliche länge behält), z. b. *siá* (anorw. auch *séa*) und 1. pl. präs. *sióm* (*séom*; anal. *siám* nach dem inf. und der 3. pl.) sehen, *liá* (*léa*) leihen, *bría* (*bréa*; mhd. *brehen*) funkeln, *iárn* (alt *éarn*, s. M. Kristensen, Nordiska studier till. A. Noreen, s. 18 ff.) eisen, gen. sg. *fiár* (*féar*), pl. *fiá*, dat. pl. *fióm* (*féom*; anal. *fiám*) zu *fé* vieh, *knióm* (*kniám*) zu *kné* knie, *trióm* (*triám*) zu *tré* baum, *friádagr* (anorw. auch *fréa-, fré-, friǽ-, frǽ-, frǽa-,* s. Hægstad, Vestno. maalf. II, 1, s. 52 und II, 2, ɪ, s. 35, 117) freitag, gen. *liá* zu *lé* sichel; pl. *hiú* (aschw. *Hiō* als ortsname; ahd. *hīwun*), gen. *hióna* (anal. *hiúna* nach dem nom.; ahd. *hīwōno*) eheleute, familie; gen. sg. *biár*, pl. *biá*, dat. *bióm* (*biám*) zu *bór, býr* dorf; anorw. *gliá* (*glǽa*) glimmern.

§ 134. *o, ó, u, ú* + *a, á, e, é, i, í* werden in zweifacher weise behandelt:

a) Wo der zweite vokal starktonig ist, geht — und zwar verhältnismässig früh — der erste in konsonantisches *u* über, z. b. die personennamen *Bǫþuarr, Bǫþuildr* aus resp. **Baðu-(h)arʀ*, -(*h*)*ildʀ*, *fioluerrenn* vielbeschäftigt zu *fiol* (got. *filu*) und *errenn* (vgl. Sievers, Beitr. XII, 487 f.), der mannsname *Ynguarr* (anal. *Inguarr*) oder *Ífarr* aus **Ingu-*, resp. **Īhu-(h)arʀ*.

b) Wo der zweite vokal schwachtonig ist, bleibt gewöhnlich der hiatus, z. b. *róa* rudern, *flóe* untiefe wassersammlung, *snúa* wenden, *búe* bewohner. Selten geht — wenn der zweite vokal schwach nebentonig ist? (vgl. § 133, b, 2) — der erste vokal in kons. *u* über, wobei der zweite vokal gedehnt wird (eventuell seine urspr. länge behält), z. b. pl. *skuár* (*skúar*, *skóar* Hb. s. XXIX, später *skór*) zu *skór* schuh (s. Wadstein, F. Hom., s. 79); *várr* unser aus *óarr oder *úarr, s. § 112, 1.

Im anorw., bes. dem südlichen, schwindet das kons. *u* nach *l, m, r*, z. b. pl. *már* (*móar*) zu *mór* haideland, *Flár* (*Flóar*) ein ortsname, gen. *brár* (*brúar*) zu *brú* brücke, *Ráld(e)r* (älter *Ruáldr*, aisl. *Hróaldr*), *Rár* (*Ruár*, aisl. *Hróarr*), ?*Prándr* (zu *þróask* gedeihen) neben *Þróndr* (< **Þróundr*, vgl. *bónde* < **bóunde* u. dgl., s. § 130) mannsnamen (s. Bugge, Beitr. XV, 396 f.).

§ 135. Bei *ý, ǽ, ǿ + e, i* schwanken schon die ältesten hdschr., so dass bald hiatus, bald kontraktion in resp. *ý, ǽ, ǿ* stattfindet, z. b. *mý(e)ll* ball, *nýe* der neue, dat. sg. *blý(e)* blei, *Brýn* (*Brúvin*, s. Rygh, Oplysninger II, 242 f.) ein ortsname; dat. sg. *hrǽ(e)* kadaver, *frǽ(e)* samen, konj. *sǽ(e)* sähe, *sǽ(i)ng* bett, *nǽstr* (urn. **nāhistaʀ*) nächst, *blǽingr, hǽll, þrǽll* u. a. (s. § 62 anm. 1), *Hǿn* (*Hávin*) ein ortsname; konj. *dǿ(e)* stärbe, *Hǿ(i)ngr, Klǿ(i)ngr* (s. Gislason, Njála II, 258 f.) mannsnamen, *Mǿn* (*Móvin*) ein ortsname.

Anm. Anorw. sind sowol *øy + œi* als *øy + ui* zu *øy* geworden im ortsnamen *Frøymr* (**Frøyhœimr*, s. Hægstad, Vestno. maalf. II, 2, 1, s. 102), resp. *Øyndr* (runisch *Æyintr* u. dgl.) neben *Øyvindr* ein mannsname.

Kap. 2. **Lautgesetze der schwachtonigen silben.**
I. **Urnordische vorgänge.**

§ 136. *a* ist wahrscheinlich (wie im ags.) wenigstens schon um 500 in einer (später synkopierten) mittelsilbe zu *i* übergegangen, wenn die vorhergehende wurzelsilbe ein son. oder kons. *i* enthielt, sowie unmittelbar nach *ʒ* und *k*, z. b. urn. acc. sg. m. *minino* Kjølevig (got. *meinana*; vgl. as. *ēnna*, ags. *ǽnne* < **aininō*, got. *ainana*) meinen, anorw. dat. sg. *mørne* (< **morʒinē*, vgl. ahd., as. *morgan*) morgen. S. Walde, Die germ. Auslautgesetze, s. 93 f., Wessén, Sprakvetenskapliga sällskapets förhandlingar 1916—18, s. 27; vgl. § 162, 2.

§ 137. *o* und *ō* (später gekürzt) haben, wenn auch zu sehr verschiedenen zeiten (s. anm. 2), ganz dieselbe entwickelung durchgemacht und treten, wo sie nicht später geschwunden sind, in historischer zeit in zweifacher gestalt auf:

§ 137. Urnordische vorgänge in schwachtonigen silben. 119

1. Als *u* (woraus später unter umständen *o*, s. § 146) unmittelbar vor *m* und in unnasaliertem auslaut, z. b. dat. pl. *rúnom* (got. *rūnōm*) runen, 1. pl. präs. ind. *kǫllom* (urn. **kallōmʀ*) rufen, *bindom* (got. *bindam*, urgerm. **bindomiz*) binden, dat. sg. m. *blindom* (got. *blindamma*) blindem; urn. *tʌuiu* (got. *tauja* Overhornbæk (ich) stelle her, urn. nom. sg. fem. Opedal *minu* (got. *meina*) meine und *liuƀu* (got. *liuba*) liebe, dat. sg. *strǫndo* ufer, dat. sg. ntr. *blindo* blindem, nom. sg. f. *sú* (nach § 122 in haupttoniger stellung aus urspr. **su* gedehnt; got. *sō*) die. Ueber das auffallende *minino* Kjølevig meinen statt des zu erwartenden **mininu* s. Hesselman, Västno. studier II, 36.

Anm. 1. Sicherlich ist dieselbe entwickelung nicht auch vor (*nz* >) *nn* eingetreten, wie Kock, Beitr. XXIII, 523 note will (anders, aber ebenso unannehmbar Bugge, No. I., s. 180). Beisp. wären gen. sg. wie *tungo* (got. *tuggōns*, vgl. urn. dat. *iʒijōn* Stenstad?) zunge u. dgl. Aber wahrscheinlich liegt hier urgerm. -*ūnz* (ahd. -*ūn*, as. -*un*) vor, dessen *u*-qualität wol aus dem acc. stammt, s. Paul, Beitr. VI, 223; Möller, ib. VII, 543 f.; Streitberg, ib. XIV, 220; v. Helten, ib. XV, 463; Jellinek, Beitr. zur erklärung der germ. flexion, s. 86 f.; Loewe, Germ. Sprachwissenschaft[2], s. 88 ff.; Noreen, Geschichte[3] § 196, 2 und 3.

2. Als *a* in allen übrigen stellungen, z. b. nom. acc. pl. f. *þǽr* (< **þáʀ* § 71, 2; got. *þōs*, aber urn. schon Einang *þaʀ*) und acc. sg. f. *þá* (got. *þō*) 'die' in haupttoniger stellung aus *þaʀ* nach § 126, 1, resp. **þa* nach § 122 gedehnt, nom. acc. pl. *rúnar* (got. *rūnōs*, urn. *runoʀ* Järsberg, Tjurkö, später *runaʀ* Istaby), gen. pl. *rúna* (urn. *runo* Björketorp) runen, *tunga* (got. *tuggō*) zunge, *hiarta* (got. *haírtō*) herz, 1. sg. präs. ind. *kalla* nenne (aber *kǫllo-mk* nenne mich, nach 1 oben), 2. sg. *kallar* nennst, 1. sg. prät. ind. *orta* (urn. *worahtō* Tune) machte, *fápa* (urn. *faihiðō* Einang, Vetteland, *fahiðo* Rö) ritzte, *kallaþa* (**kallōðō* < **-ōm*) rief, *mánaþr* (got. *mēnōþs*) monat, komp. *frópare*, sup. -*astr* (got. *frōdōza*, -*ōsts*) klüger, -st, acc. sg. f. *blinda* blinde, inf. *kalla* (**kallōn*) rufen, aostnorw. *kallaðo* (vgl. aisl. *kǫlloþo* mit *u*-umlaut) riefen, *spakastom* (aisl. *spǫkostom*) den weisesten u. dgl.; acc. pl. *daga* (urgerm. **ðaʒonz*) tage, inf. und 3. pl. präs. ind. *binda* binden, acc. sg. m. *blindan* blinden, acc. sg. *hana* hahn. Dieselbe entwickelung zeigt ein nach § 98, 2 und § 113 entstandenes *ō*, z. b. *en(n)da* (**enn-ðō*, anders v. Friesen, Rökstenen, s. 32 f.) 'und (doch)' neben *en þó* (got. *þauh*) 'und jedoch', *ǫk(k)la* (ahd. *anklāo*; vgl. *kló* < **kláu* § 77, 2)

fussknöchel, anorw. *Stagla* statt *Stagló* (zu *ló* hain) ein ortsname (s. Hægstad, G. Tr. s. 76); *hérna* (got. *hēr nūh*) eben hier, dat. pl. *þeima* (got. *þaimūh*) diesen.

Anm. 2. Der übergang $\bar{o} > a$ tritt am frühesten in unbetonter silbe ein, z. b. *þaʀ* Einang; dann in nicht nasalierter nebentoniger silbe, z. b. *runAʀ* Istaby (*runoʀ* Järsberg, Tjurkö); am spätesten in nasalierter nebentoniger silbe (s. Walde, Die germ. Auslautgesetze, s. 101), z. b. aisl. gen. pl. *rúna* (noch urn. *runo* Björketorp, vgl. acc. pl. *runo* < *-*ōnz* Einang und noch St. Noleby, s. Walde a. o. s. 51 ff., sowie *raʒinaku[n]ðo* St. Noleby). — Dagegen tritt urgerm. *o* schon in den allerältesten urn. inschriften als *a* auf, z. b. in den zahlreichen nom. und acc. sg. auf -*aʀ*, -*a* (gr. -ος, -ον, lat. -*us*, -*um*), wie -*þewaʀ* Torsbjærg, *horna* Gallehus, *ðaʒaʀ* Einang, *erilaʀ* Kragehul.

Anm. 3. Nicht hierher (s. § 78) gehört der wechsel innerhalb eines paradigmas zwischen *a* und durch *u*-umlaut entstandenem *u* (*o*), je nachdem die folgende silbe urspr. *u* enthielt oder nicht, z. b. *þrifnoþr* (got. -*ōdus*) das blühen, gen. *þrifnaþar*, gen. pl. -*aþa*, dat. pl. -*oþom* (aostnorw. -*aðom*); *skipon* (< *-*anu*, vgl. got. -*ōns*) anordnung, gen. -*anar*; *kallaþa* ich rief, pl. *kǫlloþom* (aostnorw. *kallaðom*) u. s. w.; s. Kock, An. *u*-umlaut in ableitungs- und beugungsendungen (Lund 1918). Bisweilen ist ausgleichung dieses wechsels eingetreten, so dass doppelformen entstanden sind, wie bei den fem. auf -*un* (-*on*), -*an*, z. b. *skipon*, -*an*, gen. sg. *skiponar*, -*anar*, und den mask. auf -*uþr* (-*oþr*), -*aþr*, z. b. *þrifnoþr*, -*aþr*.

Anm. 4. Aus obigem geht hervor, dass man in fällen wie *glíka* (got. *galeikō*) gleich, 1. sg. prät. ind. *sera* (got. *saísō*) säete nasalierten auslaut, resp. analogiebildung nach wörtern mit nasaliertem auslaut (wie den schwachen prät.) voraussetzen muss; vgl. aber Walde, Die germ. Auslautgesetze, s. 108 mit note.

Anm. 5. Nom. acc. f. *tuǽr* (aus *twāʀ § 71, 2) zwei entspricht nicht dem got. *twōs*, sondern ist aus *twā (got. in *twa þūsundja*) mit anal. zugetretenem -*ʀ* entstanden; s. Geschichte[3] § 215, 2 und Torp, Arkiv XIII, 340 note.

Anm. 6. Das späte misl. *mánudagr* (aber schon früh anorw. *mánodagr*) montag hat sich nach *sunnudagr* sonntag gerichtet (s. Bugge, Sproglig-historiske studier til. prof. C. R. Unger, s. 21 mit note), *málu-*, *rápu-*, *þingu-nautr* u. a. -genosse wol nach *fǫru-*, *legu-*, *mǫtu-nautr* u. a., wo teils dat., teils gen. von *fǫr*, *lega*, *mata* u. s. w. vorliegen; vgl., etwas abweichend, Swenning, Arkiv XXIII, 1 ff.

§ 138. *ǽ*, welches in den urn. inschriften durch die *a*-rune wiedergegeben wird (s. Bugge, Arkiv VIII, 17 ff.; Walde, Die germ. Auslautgesetze, s. 62 ff., 102 ff.; anders Hirt, Arkiv XVIII, 373), geht in *e* und weiter in *i* (woraus später unter umständen wieder *e*, s. § 145) über, z. b. 3. sg. prät. ind. *orte* (urn. *w[o]rta* Etelhem, *wurte* Tjurkö, *orte* By — vgl. *sʌte*

§ 139—141. Urnordische vorgänge in schwachtonigen silben. 121

Gummarp setzte — *urti?* Sölvesborg) machte, *Vile* (urn. *wiwila* Veblungsnæs; vgl. *-ðAuðe* tot Björketorp) ein mannsname, *syster* (urn. *swestar* Opedal) schwester, 2. sg. prät. ind. *valþer* (got. *walidēs*) wähltest.

Anm. Der übergang *ǣ > e* findet am frühesten in nicht nasalierter silbe statt (vgl. § 137 anm. 2), z. b. *wurte* Tjurkö c. 550, während noch um 625 *wiwila* mit nasaliertem *-a* Veblungsnæs vorkommt; erst gegen 100 jahre später in nasalierter silbe, z. b. *-ðAuðe* Björketorp (vgl. adän. run. *kuþi* Helnæs, Flemløse um 800, gleich aisl. *goþe* priester).

§ 139. *ai* ist schon in den ältesten urn. inschriften im allg. (s. die flexionslehre) durch kontraktion zu *ē* geworden, welches zum teil schon lange vor dem ende der urn. zeit (s. *haiti-ka* hier unten) als *i* (woraus später unter umständen *e*, s. § 145) auftritt, z. b. 3. sg. präs. konj. *fare* (got. *farai*) fahre, 2. sg. präs. ind. *hefer* (vgl. got. *habais*) hast, 2. sg. präs. imperat. *life* (got. *libai*) lebe, nom. pl. m. *blinder* (got. *blindai*, vgl. urn. *sijosteR* Tune) blinde, 1. sg. präs. ind. *heite* (urn. *haite* Kragehul c. 400, *ha[i]te* Lindholm c. 400 und noch c. 575, *h[a]ite* Järsberg, aber schon brakteat von Sjælland nr. 57 c. 475 *haiti-ka*) heisse, dat. sg. f. *þeire* (vgl. got. *þizai*) der, dat. sg. *ulfe* (vgl. urn. *woðuriðe* Tune, *-kurne* Tjurkö, *waʒe* Opedal u. a.) wolf.

Eine ausnahme macht pænultima von nicht zusammengesetzten wörtern, wo nach kurzer wurzelsilbe *ai* vor kurzer unbetonter (und daher später synkopierten) ultima zunächst wol zu *ā* geworden ist (vgl. § 54, 3, b) und dann zu *a* verkürzt, z. b. *vitaþr* (< *witāðaR*, got. *witaiþs*) angewiesen, *sagaþr* gesagt, *lifat* gelebt; s. Neckel, ZfdA. XLIX, 315, Tijdschr. voor Nederl. Taal- en Letterkunde XL, 239, Kock, Sv. ljudhistoria IV, 168.

§ 140. *au* ist in entsprechender weise zu *ō* kontrahiert und dann weiter (nach § 137) zu *a* oder *u* entwickelt worden, z. b. *átta* (got. *ahtau*) acht, *sonar* (got. *sunaus*) sohnes, konj. präs. *gefa* (got. *gibau*) gebe, prät. *gǣfa* (got. *gēbjau*) gäbe; aber *gefomk, gǣfomk* werde, resp. würde gegeben.

§ 141. *eu, iu* sind (sehr spät) zu *i* (*e*, s. § 145) geworden, z. b. *eyrer* (wol aus lat. *aureus* entlehnt) eine art münze; dat. *mege* (urn. **maʒiu*, vgl. *kunimu[n]ðiu* Tjurkö) sohne, *syne* (ahd. *suniu*) sohne, nom. pl. *syner* (got. *sunjus*) söhne; vgl. Sievers, Beitr. V, 158 mit note 1.

§ 142. Svarabhakti (d. h. entwickelung eines vokals aus dem stimmton eines stimmhaften konsonanten) tritt sporadisch schon in alten urn. inschriften (c. 400—600) — später (c. 600 - 700) bes. in den aus dem südlichen Schweden stammenden — ein, indem konsonantengruppen, die *r*, *l* oder (seltener) *n* enthalten, ein parasitisches *a* zeigen, z. b. *worahto* (aisl. *orta*) Tune machte, *waritu* Järsberg (ich) schreibe, *war*ᴀ*it* (aisl. *reit*) Istaby (er) schrieb, *ƀ*ᴀ*riutiþ* (got. *briutiþ*) Stentoften, *ƀ*ᴀ*rut*ʀ (aisl. *brýtr*) Björketorp bricht, *uþ*ᴀʀ*aƀ*ᴀ*sƀ*ᴀ (aisl. *úþarfaspǫ́*) Björketorp unheilbringende prophezeiung; gen. sg. *asuӡisalas* (aisl. *Ásgísls*) Kragehul, dat. sg. *wita*[*n*]*ða-halaiƀan* (vgl. got. *hlaibs* brot) Tune brotherrn, *-wulaf*ʀ, *-wulafa*, *-wulafi*ʀ Istaby, *-wol*ᴀ*f*ᴀ Gummarp, *-wol*ᴀ*f*ʀ Stentoften (aisl. *-ulfr, -ulf, -olfr, -olf*) wolf, *f*ᴀʟᴀ*h*ᴀ*k* (aisl. *falk*) Björketorp ich verbarg; *haraƀana*ʀ (aisl. *Hrafn*) Järsberg u. a. Dies *a* ist aber später überall geschwunden.

§ 143. Kurzer, unnasalierter, auslautender vokal ist schon vor 500 apokopiert worden, z. b. 1. 3. sg. prät. ind. [*ra*]*ist* Vetteland c. 400 ritzte, *-nam* Reistad -nahm, *was* Tanum war, *war*ᴀ*it* Istaby schrieb (vgl. gr. ϝοῖδα, ϝοῖδε = aisl. *veit* weiss), *m*[*i*]*k* Etelhem c. 475 mich (gr. ἐμέγε), ? 2. sg. imperat. *ƀirӡ* (< **berӡi*, s. § 63, 3) Opedal birg, *bitt* (urn. **ƀind*, s. § 220) binde (vgl. gr. φέρε = aisl. *ber* trage) u. a.

Anm. Ueber sonstige synkope in urn. zeit s. § 153 ff.

II. Sonstige qualitative veränderungen.

§ 144. *a* wird im onorw. — doch nicht im Drontheimischen — etwas vor 1300 (vielleicht am frühesten wo die vorhergehende silbe einen palatalen vokal oder palat. diphthong enthält, s. Hægstad, G. Tr. s. 93 note) zu *æ* nach langer wurzelsilbe, z. b. *sendæ* senden, *høyræ* hören usw. (gegenüber *gera* machen, *vita* wissen u. a.); s. Hægstad, Arkiv XV, 102f., G. Tr. s. 77, 93.

Anm. 1. Anderer art — wol, wenn auch teilweise analogischer, ablaut wie in aisl. *þess, þenna, þetta* u. a. neben *þat, þann* u. s. w. — muss, wenn auch nur zum teil (denn in einem anorw. briefe vom j. 1303 wird zwischen schwachtonigem *þæt* und starktonigem *þat* geschieden, s. Hægstad, Vestno. maalf. I, 141), sein das schon im onorw. des 13. jahrhs. allgemein auftretende *æ* statt des in den ältesten hdschr. gew. (doch nicht in *þegat*

§ 145. Schwachtoniges *i*.

dorthin, *þegar* sogleich, s. § 95 anm. 3) *a* in den pronominalen wörtern *þœt* das, *þœnn* den, *þœr* dort, *þœðan* von dort, *þœngat*, *þœnneg* dorthin (s. Hægstad, G. Tr. s. 65 f., Hertzberg, pass., Þorkelsson, Supplement IV, 186 f.), dies um so mehr als entsprechende wnorw. formen mit *e* vorkommen wie *þéðan* (so regelmässig in Cod. Rantzovianus des Gulathingsgesetzes; vgl. agutn. run. *þiaþan*), *þengat*, *þennug*.

Anm. 2. Im mnorw. wird, zum teil durch dänischen einfluss, dies *œ* oft durch *e* ersetzt, z. b. *hǿre* hören (*sǿghe* suchen) u. dgl.; s. A. B. Larsen, Arkiv XIII, 247.

§ 145. *i* (altes oder nach § 138, § 139, § 141, § 151, 2, 3 und 7, § 152, 1 neu entstandenes) geht in silben, welche nach der haupttonigen stehen, schon vorliterarisch in *e* über:

1. Aisl. (und anorw. in Stavanger amt, 'Rogaland') in allen stellungen (bes. konsequent in den § 12, 1, 3 und 9 genannten denkmälern sowie in dem § 15, 6 erwähnten homilienbuch, 3. hand), z. b. acc. pl. *geste* (got. *gastins*) gäste, acc. sg. *hirþe* (got. *hairdi*) hirt, 2. pl. präs. ind. *bióþeþ* (got. *biudiþ*) bietet, *valeþr* (got. *waliþs*) gewählt; nur dass in gewissen alten hdschr. *i* häufiger ist nach *k* und *g*, z. b. *mikill*, *-ell* gross, *eigi*, *-e* nicht (s. z. b. Wisén, Homíliu-Bók, s. VI), oder wenn die vorhergehende silbe *i* (oder *y*) enthält (s. anm. 1). Aber schon vor 1250 tritt statt *e* allgemein wieder *i* ein, wol teilweise durch einfluss des nördlichen isl., wo nach dem § 12, 11 erwähnten denkmal zu urteilen *i* nie ausser gebrauch geraten ist (vgl. Neckel, Beitr. XL, 66 ff.) — was wol auch der fall ist bei dem § 12, 13 genannten denkmal sowie im südwesten Norwegens (ausser Rogaland) — z. b. *gesti*, *bióþiþ* u. s. w., wenn auch in einigen endungen (bes. vor *r*) das *e* (wenigstens in gewissen hdschr., z. b. den § 12, 18 und 23 genannten) weit länger bleibt (oder von neuem entsteht), z. b. prät. pass. *kallaþesk* wurde genannt, nom. sg. der verwandtschaftswörter wie *faþer*, *-ir* vater, *móþer*, *-ir* mutter, nom. pl. m. der adj. wie *blinder*, *-ir* blinde, präpos. wie *under*, *-ir* unter, *yfer*, *-ir* über, *epter*, *-ir* nach (s. Dahlerup, Ágrip s. XII; Gering, Finnboga saga, s. VIII, Isl. Æv. I, s. XIV f.; F. Jónsson, Egils saga, s. VI f.; Neckel, Beitr. XL, 73 f.); in einigen hdschr. steht (wie im aschw.) *e* fast nur nach langer wurzelsilbe oder nebentoniger ableitungssilbe (s. F. Jónsson, Egils saga, s. VIII, Hb. s. XXXVIII; vgl. auch Kock, Accentuierung, s. 89). Dialektisch (z. b. in der Flateyjar-

§ 145. Schwachtoniges *i*.

bók) tritt wiederum am ende des 14. jahrhs. *e* statt *i* auf, dann aber vorzugsweise in offenen silben (oder vor *r*, s. E. Olson, Yngvars saga, s. XLII).

2. Anorw. (ausser im südwesten) vielleicht schon im 9. jahrh. (s. Marstrander, Bidrag, s. 86), wenn die vorhergehende silbe ein *a, á, e* (altes oder nach § 117 entstandenes), *é, o, ó, ø, ǿ* oder *ǫ, ǽ* enthält (bes. konsequent in onorw. und nordwnorw. schriften wie der leg. Olafssaga, resp. dem homilienbuch, 1. hand), z. b. nom. pl. m. *marger* viele, *ráðenn* geraten, 3. sg. präs. konj. *gefe* gebe, *rétte* richte, dat. sg. *hende* hand, *kononge* könige, *dóme* urteil, *søne* sohne, nom. pl. m. *søter* süsse, *nǫnge* nachbar, 3. sg. prät. ind. *mǽlte* sprach (gegenüber *synir* söhne, *spurði* fragte, dat. sg. *vǽlli* feld, *skildi* schild, *víni* wein, *hǫfði* kopf u. s. w.); s. bes. Hægstad, G. Tr. s. 78ff., Vestno. maalf. passim, Wadstein, F. Hom., s. 88 ff. Jedoch weichen viele hdschr. mehr oder weniger von der regel ab. Die § 15, 4 erwähnten bruchstücke des Gulathingsgesetzes haben *e* auch nach *øy*. Oratio contra clerum (§ 15, 29) hat bisweilen *i* nach *e* und umgekehrt *e* nach *æ*; dies letztere auch die Tübinger fragm. (§ 15, 20) und teile vom Cod. Tunsbergensis (§ 15, 30). Die Hauksbók (§ 15, 27) hat *i* nach *ø* (so auch Cod. Holm. 34, 4⁰, aber nicht nach *ǿ*; s. Kolsrud, Arkiv XXXIII, 284), *ǿ*, gew. auch nach *e, é, ǽ*, aber dagegen *e* nach *ǫ* (s. Hb. s. XXIf.); ein teil der hdschr. bevorzugt zwar *i* nach *i, y, ei*, ist aber übrigens ganz regellos (s. ib. s. LI). Auch in Cod. AM. 310, 4⁰ (§ 15, 13) stehen *e* und *i* ohne sichtbare regel (s. Groth's ausgabe, s. XX ff.). Andererseits haben z. b. diplome aus Agðer der regel nach *i* in allen stellungen (s. Hægstad, Upphavet s. 3); ebenso Elis' saga, wo doch ziemlich oft *e* nach *a* (bes. nebentonigem) und *á* steht (s. Jones' Phonology s. 12f.). Umgekehrt haben No. Hom. 3. hand (s. Wadstein, F. Hom., s. 93) und diplome aus Rogaland c. 1300 sowie die mnorw. königlichen briefe (s. Hægstad a. o. und Kong., s. 21 f., 33) der regel nach *e* in allen stellungen. Thomas' saga hat zwar gew. *-e* (auch vor kons.), aber in der regel *-is(s)*; vgl. Hægstad, Arkiv XV, 101 note. Shetl. und zum teil orkn. sowie in einigen diplomen aus Bergen um 1340 steht im absoluten auslaut *-e*, vor kons. aber *-i-* (s. Hægstad, Hild., s. 56 f., Vestno. maalf. II, 2, II, s. 2).

§ 146. Schwachtoniges *u*.

Anm. 1. Spuren einer derartigen vokalharmonie zeigen sich auch in einigen alten aisl. hdschr., in so fern das *i* statt *e* nach *i* (so z. b. in St. Hom. und Plácítúsdrápa) und *y* (z. b. in Plác.-dr.) beliebt ist.

Anm. 2. Wenn in gewissen, sowol aisl. (z. b. AM. 237, 4° und Eluc., s. Kock; Stud. öfver fsv. ljudlära, s. 228 f.) wie anorw. (z. b. No. Hom., s. Wadstein, F. Hom., s. 89) hdschr. und bes. in den alten skaldengedichten (s. Sievers, Beitr. XII, 483; Jónsson bei Gislason, Udvalg af oldno. skjaldekvad, s. VI f.) das suffix *-ing-* regelmässig *i* zeigt, so beruht dies darauf, dass *-ing-* starktonig war (s. § 51, 2, b und 1, b), z. b. *drotning* (schwachton. *-eng*) königin. Bei schwankender betonung eines kompositums finden sich natürlich ebenfalls doppelformen, z. b. *andlet* (St. Hom.; vgl. *andlete* § 165 No. Hom., leg. Olafssaga) neben *andlit* (mit noch starktoniger ultima) antlitz, *lérept, -ript* leinwand.

Anm. 3. Anorw. (s. z. b. Hægstad, G. Tr., s. 79, Vestno. maalf. II, 1, s. 91 und II, 2, I, s. 56; Wadstein, F. Hom., s. 53) *mek* mich, *þek* dich, *sek* sich, *vet, met* wir zwei neben (vorzugsweise aisl.) *mik, þik, sik, vit, mit* gehören wol auch hierher und zwar als in proklitischer und enklitischer stellung entstanden. Ueber mnorw. $i > e$ vor *ð* (wie in den meisten nnorw. dialekten), z. b. *með* aus *mit* wir zwei s. Hægstad, Vestno. maalf. II, 2, I, s. 103.

Anm. 4. Unklar bleibt der umstand, dass im anorw. das suffix *-lig-* in vielen hdschr. regelmässig die form *-leg-* oder *-læg-* (vgl. § 108) hat ohne rücksicht auf den vorhergehenden vokal, z. b. *nýlegr* neulich, *mildlegr* mild, u. a. In Oratio steht immer *-leg-* vor vokal (jedoch ausnahmslos *elligar* 'sonst') aber *-læg-* oder *-leg-* vor kons. (s. Kock, Arkiv XII, 245 ff.).

Anm. 5. Statt *i, e* zeigt sich dann und wann *y*, (vorzugsweise) wenn ein *y* vorgeht, z. b. aisl. *systkyn* (z. b. St. Hom. mehrmals) geschwister, anorw. *þykkyr* (z. b. oft in der Barlaamssage) es dünkt, *mykyll* gross, *lykyll* schlüssel.

Anm. 6. Im mnorw. des 15. jahrhs. wird auslautendes *-in, -en* über *-an* zu *-a*, z. b. *iorðan* c. 1400, *iorða* 1437 statt *iorðen* die erde; s. Hægstad, Arkiv XV, 105, A. B. Larsen, ib. XIII, 248.

§ 146. *u* (altes oder nach § 137, 1, § 140, § 151, 4 und 5, § 148 entstandenes) geht schon vorliterarisch in *o* über:

1. Aisl. (und anorw. in Stavanger amt, 'Rogaland') in allen silben, welche nach der haupttonigen stehen (bes. konsequent in den § 145, 1 genannten denkmälern), z. b. acc. pl. *sono* (got. *sununs*) söhne, nom. acc. pl. *gǫtor* gassen, 1. pl. präs. ind. *bindom* binden, ebenso in enklitischen wörtern, z. b. *heyrþo* höre (du), *sóno* so (nun), *tottogo* (s. § 77, 10) zwanzig. Aber *u* kommt daneben schon in den ältesten hdschr., bes. in den meisten (wol nebentonigen) ableitungssilben (s. Neckel, Beitr. XL, 51 ff., 56) vor, so dass z. b. St. Hom. es gern nach einem *u, ú, ǫ, ó, ø, ǿ* der vorhergehenden silbe,

§ 146. Schwachtoniges *u*.

AM. 645, 4⁰ oft nach *ǫ* (> *o*, s. § 115, 2) hat (s. Larsson, Stud. över den St. hom., s. 67, Isl. hdskr. nr. 645, 4⁰, s. XLVI). Schon um 1225 steht bei einigen schriftstellern (z. b. dem 3. schreiber des Reykj. Máld., s. Mogk, Anz. f. d. A. X, 67) *u* regelmässig in geschlossener silbe, z. b. *bindum* u. dgl.; nur dass in gewissen hdschr. (z. b. der norvagisierenden Ágrip) *o* vor *r* fortwährend beliebt ist, z. b. *gǫtor, -ur*. Seit 1300 ist *u* auch in offener silbe gewöhnlicher als *o*, z. b. *sonu* söhne, *bundu* banden usw.

2. Anorw. (ausser im südwesten) in nachtoniger silbe, wenn die vorhergehende silbe ein *e* (altes oder nach § 117 entstandenes), *é, o, ó, ø, ǿ* oder *á, ǫ́, ǽ* sowie der regel nach ein nebentoniges *a* (bisweilen auch *î*) enthält (bes. konsequent in onorw. und nordwnorw. schriften; vgl. § 145, 2), z. b. dat. pl. *vegom* wegen, *vélom* kunstgriffen, acc. sg. *kono* weib, 3. pl. prät. ind. *tóko* nahmen, acc. sg. *øðlo* eidechse, *móðgor* mutter und tochter, acc. sg. *gáto* rätsel, 3. pl. prät. ind. *vǫ́ro* waren, dat. pl. *þrǽlom* knechten, 3. pl. prät. ind. *þiónaðo* dienten (gegenüber acc. sg. *dúfu* taube, *mylnu* mühle, *viku* woche, 3. pl. prät. ind. *hafðu* hatten, *buðu* boten u. s. w.); doch scheint *u* vor *m* hie und da gegen die regel beliebt zu sein; s. bes. Hægstad, G. Tr., s. 78 ff., Wadstein, F. Hom., s. 94 ff. (vgl. Kock, Arkiv VII, 370 note). Aber viele hdschr. weichen mehr oder weniger von der regel ab: Oratio contra clerum (§ 15, 29) hat *u* nach *e, é*, gew. nach *á, ǽ* und nicht selten nach *o, ó*; teile vom Cod. Tnnsbergensis (§ 15, 30) haben *u* nach *ǽ* und gew. nach *e, é*; umgekehrt die Tübinger bruchstücke *o* nach *æ*. Die Hauksbók (§ 15, 27) hat *u* nach *é, ø, ǿ* und gew. *-um* nach jedwedem vokal; aber andererseits *o* auch nach *a* (s. Hb., s. XXIII f.); ein teil der hdschr. ist ganz regellos (s. ib. s. LI). Auch in Cod. AM. 310, 4⁰ (§ 15, 13) stehen *o* und *u* ohne sichtbare regel, nur dass unmittelbar nach kons. *i* immer *o* vorkommt (s. Groth's ausgabe, s. XVIII). Andererseits haben z. b. diplome aus Agðer (und einige aus Bergen, s. Hægstad, Vestno. maalf. II, 2, ɪɪ, s. 2) der regel nach *u* in allen stellungen (s. Hægstad, Upphavet, s. 3); vergleichbar ist Elis' saga, wo jedoch *o* nach *á, o, ó, ø, ǿ* überwiegend, nach *e, ǫ* ziemlich häufig ist (s. Jones' Phonology, s. 14). Umgekehrt haben No. Hom. 3. hand (s. Wadstein, F. Hom., s. 99) und diplome aus Rogaland c. 1300 sowie die mnorw. königlichen briefe (s. Hægstad a. o. und Kong.,

§ 147. 148. Schwachtoniges *y*, *ǫ*.

s. 21 f., 33) der regel nach *o* in allen stellungen. Shetl. und zum teil orkn. steht im absoluten auslaut gew. *-o*, vor kons. aber gew. *-u-*, bes. in *-um* (s. Hægstad, Hild., s. 57).

Anm. 1. Spuren einer vokalharmonie zeigen sich gewissermassen auch in einigen aisl. hdschr. s. 1 oben.

Anm. 2. Wenn in gewissen, sowol aisl. wie anorw. hdschr. und bes. in den alten skaldengedichten (s. Jónsson bei Gislason, Udvalg af oldno. skjaldekvad, s. VIII!f.) das suffix *-ung-* regelmässig *u* zeigt, so beruht dies darauf, dass *-ung-* starktonig war (s. § 51, 2, b und 1, b), z. b. *buþlungr* (schwachton. *-ongr*) fürst.

Anm. 3. In Cod. AM. 645, 4° kommt ein progressiver umlaut *io* > *iø* (vgl. § 70, 2) vor *nn* vor; s. Kock, Beitr. XX, 121 f.

Anm. 4. Spuren eines überganges *u* > (geschlossenes) *ø* zeigen sich im aisl. hie und da schon vor der mitte des 13. jahrhs.; s. Gislason, Um frumparta, s. 129; L. Larsson, Isl. hdskr. nr. 645, 4°, s. XLVII.

Anm. 5. Im mnorw. werden sowol *u* wie *o* des suffigierten artikels zu einem dunklen, durch *e* oder *œ* bezeichneten, *e*-laute, z. b. *ríkene* dem reiche, *brévenæ* dem briefe; s. A. B. Larsen, Arkiv XIII, 252, Hægstad, Vestno. maalf. I, s. 21.

3. Sowol aisl. wie anorw. in schwachtonigen präfixen und proklitischen wörtern, z. b. präf. *tor-* (got. *tuz-*), *or-*, präpos. *ór* aus (dann starktonig *ør-*, resp. *ór* nach § 71, 3 und § 126, 1), *mon* (später *mun*) wird, pl. *mono* (*munu*) werden, *skolo* (später *skulu*) sollen, selt. mnorw. *om* statt *um*(*b*) um, shetl. *op* 1355 statt *upp* hinauf und *onder* 1465 statt *undir* unter (s. Hægstad, Hild., s. 38 und 49, Kong., s. 18).

Anm. 6. *Of* (neben seltenerem *uf* — s. Egilsson und Þorkelsson, Supplement IV, 154 — got. *uf*) 'über' kann dem ahd. *oba* entsprechen und also nach § 61 zu erklären sein.

§ 147. *y* wird vorliterarisch zu *i* (*e* § 145), wenn die folgende silbe *i* enthält — dies also eine art von *i*-umlaut — z. b. *ifir* über, *firi*(*r*) für, *þikia* dünken, konj. *skili* solle, prät. *skildi* sollte, *mindi* würde u. a. neben starktonigem *yfir*, *fyri*(*r*), *þykkia* usw.; *apinia* äffin, *innifli* eingeweide (vgl. anorw. ortsnamen wie *Sikk-*, *Sunn-*, *Þunn-*, *Vanifli*), *ósminni* mündung neben *apynia*, *innyfli* usw. mit starktonigem *y* (vgl. § 51, 1, a). S. Noreen, Arkiv I, 168 f. note 3 und die daselbst zitierte literatur; Kock, ib. IV, 163 ff.

§ 148. *ǫ* und nach § 151, 5 gekürztes *ǫ́* werden vorliterarisch zu *u* (*o* § 146), z. b. *forþom* (got. *faur þamma*) ehe-

§ 149. Schwachtoniges œ.

dem, die mannsnamen *Ǫndoþr* (ahd. *Anthad*), *Stǫrkoþr*, *Níþoþr* (ags. *Níðhad*) mit gen. *-aþar* (wonach anal. *Starkaþr*, selt. *Níþaþr*) zu *hǫþr* krieg, die frauennamen *Gunnor* (schon c. 1050), *Steinor* neben *-vǫr*, nom. sg. f., nom. acc. pl. ntr. *nǫkkor* (selt. *nukkurr*, s. Þorkelsson, Supplement IV, 112) irgendwelche zu *huǫr* welche, *at sógoro* (s. § 77, 11) so getan, *orrosta* (*-rasta*, *-rǫsta*; urspr. *orrasta*, obl. *-rǫstu*, *-rosto*, vgl. ahd. *rasta* ruhe) streit, *þroskoldr* (*þreskǫldr*, s. § 77, 3; ags. *þerscwald*) türschwelle, *Gizorr*, *Ǫzorr* < *-vǫrr* mannsnamen, pl. *hundroþ* < *-rǫð* hundert, *Sigorþr* (misl., mnorw. *Sigvarþr* vielleicht aus dem deutschen; urspr. nom. *Sigurþr*, gen. *Sigvarþar*) Sigwart zü *vǫrþr* wache, anorw. obl. *Bótolfsoko*, *-uku* zu *Bótolfsvaka* vigiliæ S. Botulphi, *Vǫlundr* < *-hǫndr* (got. *handus*; s. Brate, Zeitschr. f. d. wortforschung X, 174, 180), *Ior-*, *Ǫnundr* zu *vǫndr* rute (s. Noreen, Namn och bygd I, 143 ff.), nom. sg. f., nom. acc. pl. ntr. *heilǫg* > *-og* heilig, *vesǫl* > *-ol* unglücklich, anorw. *Gunnuldr* neben *-valdr* (s. Lundgren, Uppsalastudier, s. 20; vgl. nom. *Herioldr* : gen. *Haraldar* § 69) mannsnamen. Beisp. von *ǫ́* > *ǫ* > *u* s. § 151, 5. S. Noreen, Arkiv VI, 306 f.

§ 149. *œ* und nach § 151, 6 gekürztes *ǽ* werden vorliterarisch zu *e*, z. b. anorw. pl. *gefendr* zu *gefande* geber, *skynseme* vernunft zu *skynsamr* vernünftig, 2. 3. sg. präs. ind. *hefer* hast, hat, *huerr* welcher, *epter* 'nach' neben starktonigem anorw. *hǽfir*, resp. *huœrr*, *œptir*; gew. *gera* machen, *mega* können, 1. pl. *knegom* vermögen, weil gew. schwachtonig. Ueber *ǽ* > *œ* > *e* s. § 151, 6. S. Wadstein, F. Hom., s. 52, 54 f.; Sievers, Tübinger bruchstücke, s. 8; Hægstad, G. Tr., s. 79.

Dies *e* kann dann in ein mit *e* wechselndes *i* übergehen. So schon vorliterarisch vor *ng* (s. Bugge, Arkiv II, 224, Kock, Beitr. XXIII, 508), z. b. *foringi* (ags. *foreʒenʒa*, got. *faúragaggja*) vorsteher, *væringe* (ags. *wǽrʒenʒa*) söldner, anorw. *unningi*, *undingi* (ags. *úðʒenʒe*) entwischter sklave u. a. urspr. zusammensetzungen mit *-gænge*, *-gængia* (vgl. § 229) wie *lanzofringe* vagabond, *erfinge* erbe, *hǫfþinge* häuptling, *brautinge* reisender, *frelsinge* freier mann, *lausinge* freigegebener, *hamingia* schutzgeist. Später tritt der übergang auch in anderen stellungen ein, z. b. *harþinde* (ags. *heardwende*) härte, *heilinde* (ags. *hálwende*) gesundheit, *leiþinde* (ags. *láðwende*, ahd. *leidwenti*) abscheu u. a.

§ 150. Schwachtoniges *é*. § 151. Kürzung in schwachton. silben.

auf *-inde* (vgl. § 173, 2), *frændsime* verwandtschaft, *gørsime* kostbarkeit, *aþile* (zu *aþal* wesen) hauptmann einer rechtssache, *Erlindr*, mnorw. *Askill* mannsnamen.

Anm. 1. In den wenigen fällen, wo ein altes, kurzes *e* in schwachtoniger stellung zu stehen kommt, geht es ebenso in *i* über, welches nach § 145 wieder mit *e* wechselt, z. b. *hinnig, -eg* aus **hinnweg* (§ 235, 1, f) dort, *þannig* dorthin, *sinnig* jeder für sich, der bestimmte artikel *enn* (in gewissen anorw. hdschr. so immer ohne rücksicht auf benachbarte vokale, s. Wadstein, F. Hom., s. 88 und 61; Hb., s. XXIII; Hægstad, G. Tr., s. 79), *inn* der, die, das, *en, in* noch (vor komparativen, z. b. *en, in meira* noch mehr) neben starktonigem *enn* noch, ausserdem; mnorw. *Fartign* st. *Farþegn* ein mannsname, *Nórigr* (Hægstad, Kong., s. 22, Vestno. maalf. II, 1, s. 29) Norwegen.

Anm. 2. Mnorw. wird, ausser in gewissen wnorw. dialekten, *œ* zwischen *v, w* und *r* zu *a*, z. b. *huarr* jeder, *vara* sein, *varða* werden, *austanvarðr* gegen osten gerichtet, s. Hægstad, G. Tr., s. 67, Hild., s. 46, Vestno. maalf. II, 2, ı, s. 38, Hertzberg, s. 855 und bes. Skulerud, Arkiv XXVIII, 219 ff.

§ 150. Ueber *é* > *i* (*e*) s. § 151, 2; *ó* > *i* (*e*) s. § 151, 7.

Anm. Mnorw. wird in nachtoniger (über vortoniger vgl. § 121) stellung *o* und *u* selt. und sporadisch zu *a*, z. b. *Guttarmr* seit 1400 statt *Guttormr, Vikand* c. 1500 statt *Viðkunnr, Goð-, Guðman* st. *Goð-, Guðmundr* (s. Rygh, Oplysninger II, 238 note). — Das präfix *af-* neben *of-* über-, allzu- (z. b. *of-*, *afstope* übermut, s. u. a. Wadstein, F. Hom., s. 49 f.) gehört nicht hierher, sondern entspricht dem got. *af-* (z. b. in *afdrugkja* trinker, *afetja* fresser), resp. *uf-* (vgl. got. *afar* neben *ufar*).

III. Kürzung.

§ 151. Kürzung langer vokale tritt schon vorliterarisch und wol zum teil sehr frühe (über urn. kürzung s. §§ 137—141) ein. Die fälle sind:

1. *á* > *a*, z. b. die mannsnamen *Ólafr* neben *Óláfr* (mit stark nebentoniger ultima), *Ingemarr* (bei Tacitus *Inguiomērus*, mnorw. auch *Ingemárr*, nnorw. dial. *-mår*) zu *mǽrr* (vgl. § 64) berühmt, *vesall* unglücklich zu *sǽll* (**sāliʀ*) glücklich, *Styrkarr* neben *-kárr* (*Kárr* und *Káre*) ein mannsname, *afraþ* neben *-ráþ* (und anorw. *-rǽðe* § 64) abgabe, anorw. *œrfað(e)* neben *-ǽðe* (s. § 64) arbeit, acc. pl. m. *báþa* (**bá-þá*, got. *bans þans*, vgl. § 122) beide, acc. sg. *hana* neben (selt., s. Gering, ZfdPh. XXIX, 543) haupttonigem *hána* sie; nach § 54, 3, b sowol *ákafr* eifrig, *heraþ* bezirk, *nafarr* bohrer, anorw. *for(r)að* gefährliche

§ 151. Kürzung in schwachtonigen silben.

passage, die mannsnamen *Þórarr, Hróarr* u. a. (so schon in air. lehnwörtern aus dem anfang des 9. jahrhs., s. Marstrander, Bidrag s. 89) aus *-árr* wie die negierenden verbalsuffixe *-a* und *-at* neben haupttonigem *einn* (got. *ain*, vgl. § 54, 3, a), resp. *eitt* (got. *ainata*) etwas; ferner *missare* neben *missere* (aus -*ǽre* nach 6 unten) halbjahr zu *ár* jahr, *dómare* neben (selt.) *dómere* richter u. a. auf *-are* (und *-ere*, s. § 64 sowie unten 6, und vgl. ahd. *-āri*).

2. *é > i* (*e*, s. § 145), z. b. *Hamþer* aus älterem *Hampér* (s. § 51, 2, a) ein mannsname, *Hløþuer* aus *-vér* (afränk. *Chlodowīch*, vgl. § 65 und 111, 2) Ludwig, *huatvetna* was auch immer und *eyvet*, *-ar*, *-o* nichts zu *vét(t)r* (s. § 110, 3) wicht, ding, *lýritr* gesetzliches verbot zu *réttr* recht. Vgl. § 139.

3. *í > i* (*e*, s. § 145), z. b. *hirþer* (got. *hairdeis*) hirt, *frǿþe* (got. *frōdei*) wissenschaft, nom. pl. *gester* (got. *gasteis*) gäste, 1. pl. prät. konj. *byþem* (got. *budeima*) böten. Auffallenderweise steht konstantes *e* in namen wie *Alrekr* (§ 51, 2, a) Alarich, *Hrǿrekr* Rodrich u. a., in vielen hdschr. (vgl. § 145 anm. 4) auch im suffix *-leg-* (aus -**līk-* zu *lík* körper); vgl. Neckel, Beitr. XL, 74 ff. und 79 f.

Anm. *ó > u* ist wenigstens durch aisl. gen. dat. *Óslu* neben *-ló* (s. Jónsson, Skjaldesprog s. 62, Hægstad, Utredning om no. bynavn, s. 12 und 14, G. Indrebø, Sverris saga, s. XVIII, oft) sowie in den vielleicht eher nach § 127, 3 zu beurteilenden anorw. adj. auf *-utr* st. *-óttr*, z. b. *kollutr* ohne hörner, *striputr* gestreift (s. Hægstad, Vestno. maalf. I, 112 und II, 2, I, s. 71 sowie bei O. A. Johnsen, Olafs saga, s. XLII) u. a., s. § 127, 3, belegt.

4. *ú > u* (*o*, s. § 146), z. b. obl. sg. *tungo*, nom. acc. pl. *tungor* (ahd. *zungūn*) zunge, *-en*, nom. acc. pl. *augo* (ahd. **ougūn > ougun*) augen, *utan* von aussen her und *utar* weiter hinaus neben älterem *útan*, resp. *útar* zu *út* hinaus (und *úte* draussen), *nu, no* (bisweilen suffigiert) neben *nú* nun, *vildo* du willst, *esto* du bist zu *þú* du (s. L. Larsson, Stud. över den Stockh. homilieboken s. 54).

5. *ǫ́ > u* (*o*, s. § 146), z. b. dat. pl. *dómorom* richtern, nom. sg. f. und nom. acc. pl. ntr. *vesol* unglücklich, nom. acc. pl. *foroþ* gefährliche passage, pl. (dann auch sg.) *afroþ* abgabe, anorw. *ærfuð* aus **-ǫ́ð* (**-āðu*, **-aiðu*) arbeit; urspr. schwachtonig *hon*, später auch *hun*, neben starkton. (alt) *hón < *hǫ́n* § 116 sie;

§ 152. Kürzung in schwachtonigen silben.

frauennamen wie anorw. *Rǫnnog*, *Sǫlag* s. § 54, 3, b. Vgl. überhaupt 1 oben und § 148. — Bei verhältnismässig später kürzung steht auch *ǫ*, z. b. *Álǫf* (*Álof*) ein frauenname zu dem mannsnamen *Óláfr*; aisl. *hǫnom* (1 mal [*h*]*unom* St. Hom.) neben *hǫnom* (*hónom* § 116) ihm, *vesǫl* neben *vesol*, *-ul* (s. gleich oben und § 64).

6. *ǽ* > *e* (bisweilen *i*, s. § 149), z. b. *ǽ* > *e* 'immer', *ve*-in *vesǽll*, *-sall* (s. 1 oben), *veill* (s. § 130 anm.) zu *vǽ* weh (s. v. Friesen, N. spr. I, 29 note), pl. *Heiþsefar* (anorw. *Æiðsifar*, *-sifiar* durch volksetymologischen anschluss an die ortsnamen *Æið*, *Æiðsvǫllr* und pl. *sifiar*) die einwohner der gegend um den see *Heiþsǽfe*; *missere* halbjahr, *dómere* richter u. a. s. 1 oben; *Hlór*(*r*)*iþe* ein Torsname, *E*(*i*)*ndriþe* (s. § 128) ein mannsname < *-rǽþi* (zu *ráþa* walten); nom. pl. f. *þer* statt gew. *þǽr*.

7. *ó* > *i* (*e*, s. § 145), z. b. *endeme* (*-dimi*) neben *eindóme* (mit stark nebentoniger pänultima) etwas ausserordentliches, anorw. *nórenn* neben *nórónn* (s. § 291, 3) norwegisch.

§ 152. Die diphthonge werden ebenso verkürzt:

1. *œi* (*ei*) > *i* (*e* § 145), z. b. *báþer* aus *bá-þœir* (got. *bai þai*, s. § 54 anm. 2) beide, nom. pl. m. *þer*, gen. pl. *þera*, dat. pl. *þem* st. gew. *þeir*, *þeira*, *þeim*, *erfeðe* (< *œrfœiði* mit einst haupttoniger pänultima) neben anorw. *œrfǽðe*, *-aðe* (s. § 54, 3, b) arbeit, anorw. *Ásger*, *-gir* neben *-gœirr*, *Kolbinn* neben *-bœinn* mannsnamen; mnorw. ortsnamen *Úfiksþueit* (Rygh, Gamle personnavne, s. 188) zu dem mannsnamen *Úfeigr* und *Sǽrefsland*, *-staðir* zu *Sǽrœifr*; St. Hom. *egi* (*œgi* in AM. 921, 4⁰, IV, 1, s. Morgenstern, Arnam. Fragmente, s. 46), *eg* (vgl. aschw. *igh*) neben starktonigem *eige* nicht. Spuren solcher kürzung zeigen air. lehnwörter schon in der mitte des 9. jahrhs., s. Marstrander, Bidrag s. 89.

Anm. Selt. *elifr* (St. Hom. 2mal) ewig ist nicht aus dem gew. *eilífr* entstanden, sondern verhält sich zu diesem wie *ǽ* > *e* § 151, 6 zu *ei* § 77, 15. Ueberhaupt scheint kein übergang *ei* > *e*, *i* in vortonigen silben vorzukommen.

2. *ǫu* (*ou*, *au*) > *o* (selt. *u*), z. b. *Hálogaland* land der anorw. *Háløygir*, *valrof* (ags. *wælréaf*) beute, *ok* (schon Eggjum c. 700 *uk*) 'und' neben starktonigem (bes. anorw.) *auk* 'auch'

(und 'und', z. b. Hb. s. LIII u. a.; vgl. Gíslason, Njála II, 951 note, Sijmons, Die lieder der Edda, s. CLXXXIV, Jónsson, No.-isl. kultur- og sprogforhold, s. 231 f.), *brot*(*t*), *brutt, bort, burt* (s. § 315), *brǫt* (! s. G. Storm, Otte brudst., s. 5, Þorkelsson, Supplement IV, 17) neben starktonigem *braut* (hin)weg (vgl. § 128 anm. 2), *brullup* (s. Hægstad, Vestno. maalf. II, 2, 1, s. 32) neben -*laup* hochzeit; anorw. *ørtog, ærtug* (vgl. agutn. *ertaug*; doch vielleicht zu § 166) eine art münze, mnorw. *Hiælmlop* < *Hialmalaup* (Hægstad, G. Tr., s. 76), *Allsogh* < *Alvishaugr* (s. Rygh, Oplysninger II, 157) ortsnamen, *Ásgotr* (-*gautr*), *Guþlogr, Hrollugr*, anorw. *Hærlogr, -lugr* u. a. mannsnamen auf -*laugr*, mnorw. *Áslog, Gíslog* u. a. frauennamen auf -*laug*.

IV. Schwund.

§ 153. Gegen die mitte der urn. zeit und im anfang der vikingerzeit, also etwa zwischen 450 und 900, wird allmählich jeder **unbetonte kurze** (urspr. oder in urn. zeit gekürzte wie alle in unnasalierter ultima und $\bar{\imath}$, $\bar{e}$ — aus *ai* nach § 139 — in pänultima vor nicht synkopierender ultima) vokal synkopiert. Wenn wir von vielleicht schon urgerm. synkope auslautender kürzen (s. § 143) absehen, so sind die ältesten belege *fahi* (*faihiu) Åsum c. 475 male (vgl. aber unten 7, 3 mit anm.), *an* (got. *ana*) Tjurkö c. 550 an, *wate* (*wātiē) Strøm c. 625 nässe. — Ueber die chronologie der einzelnen synkopierungsfälle sind folgende allgemeine bemerkungen zu machen (vgl. Noreen, Geschichte[3], s. 84 ff. und die oben § 66 und § 80 zitierte literatur):

1. Synkope tritt früher nach langer als nach kurzer wurzelsilbe ein, weil nach jener nicht wie nach dieser ursprünglich ein nebenton folgte, der erst schwinden musste. So z. b. hat die Sölvesborger-inschrift c. 775 im acc. sg. der *u*-stämme *asmu*[*n*]*t* (aisl. *Ásmund*), aber *sunu* (aisl. *sun*) sohn, die adän. inschr. von Helnæs (c. 800) ebenso *Kuþumu*[*n*]*t* (aisl. *Guþmund*), aber *sunu*. Abecedarium nordmannicum (s. § 80, 1) hat die runennamen *sól* (*sōlu) 'sonne' und *ós* (*āsuʀ) 'Gott', aber *féu* (aisl. *fé*) 'vieh' und *lagu* (aisl. *lǫgr*) 'flüssigkeit'. Die 3. sg. präs. ind. weist in der Björketorper-inschrift (c. 700) die form ᛒᚨᚱᚢᛏᛉ (aisl. *brýtr*) 'bricht' auf, aber noch die aschw.

§ 153. Schwund der vokale.

inschr. von Rök (c. 850) hat *sitiʀ* (aisl. *sitr*) 'sitzt' (vgl. den, wenn nicht etwa deutschen, runennamen *þuris* = aisl. *þurs*, im Abeced. nordm.).

2. Synkope tritt früher in binnensilben als in der ultima ein, z. b. Strøm c. 625 *wate* (*wātiē, aisl. *véte*) nässe, aber *hali* (d. h. *halli*, aschw. *hæl*) stein; vgl. Rök *fatlaþʀ* (**fatil-* zu aisl. *fetell* tragband) umgebunden, aber *sitiʀ* sitzt.

3. Synkope tritt früher nach schwachtoniger als nach starktoniger und früher nach nebentoniger als nach haupttoniger silbe ein, z. b. *an* (got. *ana*) Tjurkö c. 550 'an' und *uilald* Overhornbæk c. 550 kunststück, aber *hlaiwa* Bø c. 550 grabhügel, *wraita* Reistad c. 575 ritzung, *horna* Strøm c. 625 horn; *ᴀfunþ* Valby c. 700 neid, aber *þaliʀ* Bratsberg c. 550 und noch Rök *sitiʀ* sitzt; *fahi* (*faihiu; vgl. aber anm. unten) Åsum c. 475 (ich) male, aber *tᴀuiu* Overhornbæk c. 550 (ich) stelle her. Dies dürfte der eigentliche grund sein, weshalb der umlaut fehlt in den früher — d. h. vor der umlautszeit — synkopierten *Ingemarr*, *o̢k(k)la* u. dgl. gegenüber den synkopierten *mǽrr*, *kló*; vgl. § 64 und § 78.

4. Synkope tritt früher vor starktoniger als vor schwachtoniger silbe ein. Daher *kuánlauss* gegen die umgelauteten *dǿmþa* und *kuǽn* (s. § 66, 1) und *kattbelgr* gegen *mo̢tkan* und *ko̢ttr* (s. § 80, 1).

5. Synkope scheint früher vor konsonanten als im absoluten auslaut eingetreten zu sein, wenigstens nach den runennamen des Cod. Leidensis (s. § 80, 1) *aus* (d. h. aisl. *ǫ́ss*), aber *reidu* (aisl. *reiþ*), *soulu* (aisl. *sól*) und *laucr* (aisl. *lǫgr*), aber *fiu* (aisl. *fé*) zu urteilen; vgl. auch Istaby *-wulafʀ*, aber *-wulafa* (unten 6).

6. Synkope tritt früher bei unnasaliertem als bei nasaliertem vokal ein. Die Istabyer-inschrift um 650 hat schon nom. sg. *-wulafʀ* (aus **-wulfaʀ*, s. § 142), aber noch acc. sg. *-wulafa* (aus **-wulfa* mit nasaliertem *a*, weil aus *-om*, lat. *-um*, gr. *-ov*); ebenso die wenig jüngere inschr. von Gummarp acc. sg. *-wolᴀfᴀ*, erst die adän. Helnæser-inschr. c. 800 *-ulf* wolf.

7. Synkope tritt wahrscheinlich unter sonst gleichen verhältnissen am frühesten bei *a* ein, wol etwas später bei *i*, am spätesten bei *u*; aber mit irgendwelcher sicherheit ist es aus dem dürftigen material nicht zu schliessen, und die zeitlichen

§ 153. Schwund der vokale.

differenzen sind jedenfalls ziemlich unbedeutend. Die urn., oft natürlich allzu spät auftauchenden, ersten belege der synkope sind die folgenden: 1) *a* fehlt nach kurzer, unbetonter silbe in Tjurkö c. 550 *an* an, nach langer Valby c. 700 *wiþr* 'gegen', nach schwach nebentoniger Overhornbæk c. 550 *uilald* kunststück, nach stark nebentoniger (und zwar unnasalierter vor kons.) Istaby c. 650 *-wulafʀ* (neben *-wulafa*, nasaliert und auslautend, s. oben 5 und 6), nach langer, haupttoniger Eggjum c. 700 *stain* stein (*fiskʀ* fisch, *sot* gesucht u. a.), nach kurzer aber erst in den adän. inschr. von Tryggevælde und Glavendrup c. 900 acc. sg. *uar* (aisl. *ver*) mann; 2) *i* in pänultima nach langer silbe Strøm c. 625 *wate* (aisl. *væte*) nässe, nach kurzer Gummarp c. 675 *sʌte* (vgl. *satiðo* Rö) setzte, in ultima nach schwachtoniger silbe Stentoften c. 675 *-ʒestumʀ* -gästen, nach starktoniger Valby c. 700 *ʌfunþ* neid, nach langer haupttoniger Eggjum *manʀ* männer und Björketorp c. 700 *barutʀ* bricht (nach kurzer aber noch nicht in Rök *sitiʀ*; 3) *u* in ultima nach schwach nebenton. silbe in Åsum c. 475 *fahi* (auffallend früh und daher verdächtig, sonst Stora Noleby c. 600; vgl. anm.), nach stark nebenton. Björketorp c. 700 *-sbʌ* (aus **-spāhu*), in mittelsilbe nach stark nebenton. silbe Sölvesborg c. 775 (zu später beleg) *asmu[n]t*, nach schwach nebenton. Eggjum c. 700 *nʌkða[n]* nackten, in ultima nach langer haupttoniger silbe erst in Abeced. nordm. 10. jahrh. *ōs, sōl* (Cod. Leidensis zwar *aus*, aber *reidu* und *soulu*, s. 5 oben), nach kurzer nebenton. silbe zwar etwas nach 900 nom. *-sunʀ*, acc. *-sun* sohn in den aschw. inschr. von Sparlösa, resp. Gursten, aber noch um 850 Rök *sunu, karuʀ* (aisl. *gǫrr*) und etwa gleichzeitig, ebenfalls aschw., Kälvesten *sunu* gegen adän. Tryggevælde, Rönninge c. 900 *sun*. Das durch sonantisierung von *w* (s. § 226) entstandene *u* scheint etwas später als das alte synkopiert worden zu sein, denn die aschw. Vedelspangerinschrift gegen 950 hat noch *Siktriku* (aisl. *Sigtrygg*) neben *sun*.

Anm. Nach Hesselman, Västno. studier II, sind *a* und *i* in kurzer pänultima nach langer silbe oder kurzer ableitungssilbe früher als *u* in ultima (vgl. 2 und 1 oben) synkopiert worden, was den auffallenden gegensatz part. prät. *dómþr* : *taleþr* erklären würde. Die entwickelung wäre dann nom. sg. f. und nom. acc. pl. ntr. *ðōmiðu : *taliðu > *ðōmðu : *taliðu > *dōmð* : *talið, wozu analogisch nom. sg. m. *dōmðr* : *taliðr*. Gegen Hesselmans regel verstösst das oben mehrmals erwähnte *fahi* Åsum, Stora

§ 154. 155. Synkope.

Noleby, *fai* Vatn c. 725, das — wenn überhaupt richtig gelesen — dann wol als eine, zwar auffallend früh, nach 2. 3. sg. **fāhiR* vorgenommene umbildung von zu erwartendem *fæhu* (oder dem älteren **faihiu*) aufzufassen wäre; vgl. Hesselman, a. o. s. 49 f.

Wir gehen jetzt dazu über die verschiedenen synkopierungsfälle zu besprechen:

§ 154. In unbetonten silben wird vortoniger vokal synkopiert, z. b. *teygia* (got. *ataugjan*), s. Wadstein, Arkiv XVIII, 180 f.) zeigen; *breiþa* bereiten (s. Kock, Arkiv XXIV, 184); *frýja* (got. *frawrōhjan*, s. § 68, 3) absprechen; *granne* (got. *garazna*) nachbar, *greiþa* (got. *garaidjan*) in ordnung bringen, *glíkr* (got. *galeiks*) gleich, *glam* neben *hlam* lärm, *glymr* starker klang neben *hlymr* klang, *glófe* handschuh zu *lófe* handfläche, *gneiste* (vgl. ahd. *ganeistra*) funke, ?*gneggia* neben nisl. *hneggia* (ags. *hnǽȝan*, mhd. *neien*) wiehern, *gnógr* (vgl. got. *ganōhs*) hinreichend, *gnía* (ahd. part. prät. *ginūan*) reiben, *gǫrr* (as. *garu*) neben *ǫrr* (as. *aru*) fertig, *grein* (got. *garaideins*) bescheid, *gredder* einer der zu speisen gibt (vgl. ags. *ȝercordian* speisen), *gǽra* schaffell zu *hǽra* haartuch vgl. mhd. *gehār* behaart) u. a. wörter mit dem präfix *ga*- (s. Bugge, Arkiv II, 212 f., 238 f.; Erdmann, Ant. tidskr. f. Sv. XI, 4, s. 29 ff., Wadstein, I. F. V, 12 ff., wo vieles unsichere, vgl. z. b. Lidén, Bezz. Beitr. XXI, 114 ff.); prät. sg. *sueip* (**seswœip*) zu *sueipa* einhüllen, ? selt. (s. § 502 anm.) *heit* (got. *haihait*) neben gew. *hét* zu *heita* heissen; *slíkr* (got. *swaleiks*) solcher. — Vgl. mit betonter vorsilbe pl. *gǫtuar* (ags. *ȝeatwe*) rüstung (s. Kluge, K. Z. XXXVI, 70, v. Grienberger, Zeitschr. f. d. österr. gymnasien 1905, s. 753), prät. *sera* (got. *saísō*) aus älterem **sezō* zu *sá* säen.

Anm. In lehnw. wie *postole* (ags. *postol*) apostel, *pistell* (ags. *pistol*) epistel, *spitale* (ahd. *spitāl*) hospital, *paþreimr* hippodrom, *Púl* Apulien ist wol der vokal meistens schon vor der entlehnung geschwunden. — Unklar ist das verhältnis von *dís* zu as. *idis*, ags. *ides* hehres weib. — Erst mnorw. trifft man *pá* st. *uppá* auf, an (s. Hægstad, Vestno. maalf. II, 1, s. 89).

§ 155. Unbetonter kurzer vokal in der ultima wird ausser vor urn. *n, m, r* synkopiert, z. b. *dagr* (urn. *đaȝaR* Einang) tag, *heitenn* (urn. *haitinaR* Tanum) geheissen, *gestr* (urn. *-ȝastiR* Gallehus) gast, *sunr* (got. *sunus*) sohn, *fé* (got. *faíhu*) vieh, acc. sg. *stein* (urn. *staina* Tune) stein, *horn* (urn. *horna* Gallehus) horn, *mǫg* (urn. *maȝu* Kjølevig) sohn, nom. sg. f. und nom. acc.

pl. ntr. *ǫnnor* (got. *anþara*) andere, gen. sg. *gísls* (urn. *-ᴢīsalas* Kragehul) geissel, dat. sg. *feþr* (lat. *patri*) vater, acc. sg. m. *einn* (vgl. got. *ainnō-hun*) einen, *blindan* (got. *blindana*) blinden, dat. sg. m. *blindom* (got. *blindamma*) blindem, nom. pl. *dǿtr* (urn. *dohtriʀ* Tune) töchter, 1. pl. konj. präs. *berem* (got. *baíraima*), prät. *bǿrem* (got. *bēreima*), 1. sg. präs. ind. *ber* (got. *baíra*) trage, 2. sg. imperat. *sǿk* (got. *sōkei*) suche, *fiol-* (got. *filu*) viel-, *heldr* (got. *haldis*) mehr, *hatr* (got. *hatis*) hass, 2. sg. präs. ind. *brýtr* (got. *briutis*) brichst u. a. — Vgl. dagegen mit kurzem vokal vor *n*, *m*, *r* z. b. acc. pl. *daga* (got. *dagans*) tage, *geste* (got. *gastins*) gäste, *suno* (got. *sunus*) söhne, 3. pl. prät. ind. *buþo* (got. *budun*) boten, inf. und 3. pl. präs. ind. *gefa* (got. *giban*, resp. *giband*) geben, acc. sg. *hana* (got. *hanan*) haben, *nío* (got. *niun*) neun, 1. pl. *bindom*, *bundom* (got. *bindam*, resp. *bundum*) binden, banden, *yfer* (got. *ufar*) über u. a.; ferner mit langem vokal z. b. *valþer* (got. *walidēs*) wähltest, *syster* (urn. *swestēr*, § 138) schwester, 3. sg. prät. ind. *orte* (urn. *w[o]rtǣ*, § 138) machte, nom. pl. *gester* (got. *gasteis*) gäste, *fiskar* (got. *fiskōs*) fische, gen. pl. *rúna* (got. *rūnō* mit urspr. nasaliertem *ō*, weil aus **-ōm*) runen, acc. sg. *tungo* (ahd. *zungūn*) zunge u. a. m. s. § 137—141.

Anm. Die 3. sg. prät. konj., z. b. *byþe* (got. *budi*) böte, welche lautgesetzlich synkope erleiden sollte, hat wol schon urn. langes *ī* von der 2. sg. und dem pl. (got. *budeis*, resp. *budeima*, *-eiþ*, *-eina*) entlehnt. Die verba präteritopräsentia, welche im präs. konj. (das ja urspr. ein prät. konj. ist) fast nie *i*-umlaut zeigen, haben wol (wie im aschw. alle verba, s. Noreen, Geschichte[3], s. 215 f.) schon vor der umlautszeit die endungen des funktionell ja gleichwertigen präs. konj., welche sämtlich lautges. nicht synkopiert werden (z. b. 3. sg. got. *-ai* u. s. w.), entlehnt. Die erhaltung des vokals in der 2. pl. starker verba, z. b. *bindeþ* (got. *bindiþ*) bindet, *bundoþ* (got. *bunduþ*) bandet, beruht wol auf einfluss der lautgesetzlichen typen *dǿmeþ* (got. *-eiþ*) und *hafeþ* (got. *-aiþ*), welcher einfluss ja offenbar bei *kalleþ* st. *-aþ* (got. *-ōþ*) vorhanden ist.

§ 156. Unbetonter kurzer vokal in pänultima wird, wenn ultima nicht nach § 155 synkopieren soll, synkopiert, z. b. 1. sg. prät. ind. *fáþa* (urn. *faihiðo* Einang) malte, gen. pl. *augna* (ags. *éaᴣena*, *éaᴣna*) augen, gen. dat. sg. f. *hennar*, *-ne* (**hāniʀōʀ*, *-iʀē*) zu *hōn* (**hānu*) sie, gen. pl. *gumna* (got. *gumanē*) männer, nom. acc. pl. *himnar*, *-a* (got. *himinōs*, *-ans*) himmel, *numner*, *-a* (got. *numanai*, *-ans*) genommene, *valþer* zu sg. *valeþr* (anal. später *valþr*) gewählt, dat. pl. *hǫfþom* (vgl. got. *haubidam*) köpfen,

§ 157. Synkope.

ellre (got. *alþiza*) älter, *minzte* (got. *minnista*) der kleinste, pl. *mensker* (anal. sg. *menskr*; got. *manniskai*) menschliche, *fagna* (got. *faginōn*) sich freuen u. a. — Urspr. langer vokal, sowie das nach § 139 aus *ai* entstandene *ē*, wird zunächst gekürzt und dann synkopiert — *a* jedoch nur nach nicht haupttoniger silbe — z. b. nom. pl. m. *gullner* (got. *gulþeinai*) goldene, *mátker* (wenn gleich got. *mahteigai*) mächtige, pl. *lausner* (got. *lauseinōs*) lösungen; *munþe* (got. *munaida*) erinnerte sich, *vitte* (got. *witaida*) beobachtete, gen. *þagnar* (vgl. got. *þahainais*) schweigens, gen. pl. *blindra* (got. *blindaizō*) blinder, *mikella* (got. *mikilaizō*) grosser; komp. *veglegre* (got. *-ōza*) und sup. nom. pl. m. *veglegster* (got. *-ōstai*) zu *veglegr* prächtig gegenüber z. b. *armare* (got. *armōza*) ärmer, 1. sg. prät. ind. *losnaþa* (got. *lusnōda*) wurde los, *skapere* (vgl. ahd. *-āri*, got. *-areis*, s. § 151, 1) schöpfer. Vgl. Neckel, ZfdA. XLIX, 315 ff., Tijdschr. voor Nederlandsche Taal- en Letterkunde XL, 238 ff., Sverdrup, Arkiv XXVII, 185 f., Kock, Arkiv XXI, 107 f.

Anm. Fälle, wo (wenigstens scheinbar) sowol die ultima als die pänultima synkopiert worden ist, erklären sich teils nach § 159 (beisp. s. dort), teils wol nach § 153 anm., z. b. acc. sg. m. *einn* 'einen', *minn* (< **minnu* < *mīnino*, s. § 136) 'meinen' oder part. wie *bundenn* (< **bundinnu* < **bundenanō*) gebunden, vgl. got. *ainnō(hun)*, ?*meinna* (Matth. 11, 10); ebenso nom. acc. sg. ntr. *blint* blindes aus **blintu* < **blindatō*, got. *blindata* oder *heilagt* < **hœilagtu* < **hailaʒatō* heiliges (vgl. dagegen *þat* 'das', welches nicht got. *þata*, sondern *þat* in *þat-ūh*, vgl. gr. τόδε — got. *þata* aus **þatō* gäbe in verbindung mit *-ūh* ein **þatōh*, s. Noreen, Arkiv VI, 374 note — entspricht; got. *þata* wäre aisl. **þǫt*); ferner fälle wie *dýpþ* < **dýpþu* < **diupiþu*, *-iþō* (got. *diupiþa*) tiefe. S. Hesselman, Västno. studier II, 7 f., 43 ff.

§ 157. Unbetonter kurzer vokal sowol in antepänultima wie in ultima wird synkopiert, z. b. dat. sg. m. *bundnom* (got. *bundanamma*) gebundenem, acc. sg. m. *valþan* (got. *walidana*) gewählten, *gotneskr* aus **ʒotaniskaʀ* gutnisch. — Vgl. dagegen mit nebentoniger antepänultima und langer ultima — deshalb mit synkopierter pänultima nach § 156 — z. b. gen. dat. sg. f. und gen. pl. *mikellar*, *-elle*, *-ella* (< **ilēʀō*) zu *mikell* gross.

Anm. Fälle, wo drei silben nach einander synkopiert zu sein scheinen, sind immer zum teil analogisch entstanden. So z. b. entspricht nom. acc. sg. ntr. *valt* gewähltes nicht got. *walidata*, sondern ist nach der analogie *blindr* : *blindan* : *blint* wie *valþr* : *valþan* : *x* gebildet.

§ 158. Enklitische einsilbige wörter werden — wo nicht assoziation hindert — wie sonst unbetonte ultima (s. § 155) synkopiert, z. b. *emk* (neben *em ek*) ich bin, *mǽltak* (*mǽlta ek*) ich sprach, *kǫllomk* (**kallō-mik*) ich nenne mich zu *kalla* (ich) nenne (über den gegensatz *-a* : *-o-mk* s. § 137, 1 und 2), *létom* (**létu-mʀ* aus **létu-meʀ* gleich *léto mér*) sie liessen mir, *kallask* (**kalla-sik*) sich nennen, *snúas* (**snúa-sʀ* aus **snúa-seʀ*) sich wenden, *sás* (*sá es*), *þeims* (*þeim es*) derjenige, resp. demjenigen welcher, *nús* (*nú es*) nun ist, *þaz* (*þat es*) das ist, *unz* (**und-es*) bis, *þót(t)* neben selt. *þó at* wiewol, *suát* (*suá at*) so dass, selt. anorw. (s. Fritzner) *hít* (**hí-at*, s. Noreen, Arkiv V, 373) hierher, anorw. *þít* (**þí-at*) dorthin, weil, *máttet* (**mátti-at*) konnte nicht, *þát eins* St. Hom. (*þá at eins*) nur dann, anorw. *aldregen* (**aldrege-enn*, s. Kock, Arkiv IX, 161) noch nie, *huœrgin* (**huœrgi-enn*, ib. XI, 126) noch nirgends u. a. Reichliche beisp. aus den skaldengedichten bieten u. a. Sievers, Beitr. V, 491 ff. und Jónsson bei Gislason, Udvalg af oldn. skjaldekvad, s. XIX ff. — Wenn das zu synkopierende wort vor dem (schwindenden) vokal *w* hat, wird dies nach § 226 sonantisiert, z. b. *hinnog* neben *hinn(v)eg* (s. § 235, 1, f) dort, *þannog* n. gew. *þanneg* (*þann veg*) dahin, *huernog* (*huern veg*) wohin, *huersug* wie. Vgl. aber *slíkr* (got. *swaleiks*) § 154.

Anm. 1. In derselben weise sind vielleicht (nach einer vermutung Lidén's) entstanden die formen auf *-t* und *-r* der 2. pl., z. b. *bindet* (aus *bindið-t*, s. § 268, 2, § 285, 5), anorw. *bindir* (*bindið-r*, s. § 292) gleich *bindið it, ér* (auch *bindi þit, þér*) ihr bindet.

Anm. 2. In den zweisilbigen verbalformen *erom*, *eroþ*, *ero* wird *e* nur (? s. Sievers, Beitr. V, 495) nach unmittelbar vorhergehendem *r* synkopiert. Das dadurch entstandene *rr* wird bisweilen vereinfacht (§ 285 anm. 1), die einstige länge des ultimavokals in *eró* (s. § 122 anm. 2) gewöhnlich (bes. in St. Hom.) erhalten, eventuell auch auf *erom* übertragen. Z. b. *vér(r)óm* (*vér erom*) wir sind, *þeir(r)ó* (*þeir ero*) sie sind, *sǽlerró* (*sǽler ero*) selig sind.

§ 159. Wo innerhalb eines paradigmas synkopierte und unsynkopierte formen (resp. formen mit synkope bald in der ultima, eventuell auch der antepänultima, bald in der pänultima) mit einander wechseln, ist oft ausgleichung — gewöhnlich zu gunsten der synkopierten formen — eingetreten oder doppelformen entstanden. Z. b. *valþr* neben *valeþr* nach pl. *valþer* gewählt, *danskr* statt **deneskr* nach pl. *dansker* dänisch, *eldr*

§ 160. Synkope.

(aschw. noch selt. ēleþer, ags. ǽled) nach dat. elde feuer, Hǫrþr (aschw. run. noch gen. haruþs Rök) ein mannsname nach pl. hǫrþar einwohner von Hordaland, beztr und baztr aus urspr. *betistr (got. batists), acc. baztan bester, magn und megn neben megen nach dat. magne stärke, nøktr neben nøkkueþr, nekkueþr, (bes.) anorw. auch nǫkkueþr (s. z. b. Leffler, Om v-omljudet s. 13 note) nackt aus urspr. nøkkueþr, acc. nekþan, nǫkþan (s. v. Friesen, N. spr. I, 7), ntr. bút (als adv. 'vielleicht') statt búet nach búnom, -no, -ner usw. 'fertig', ebenso anorw. dát(t) statt dáet totes und nánn statt náenn nahe u. a., s. die flexionslehre.

§ 160. Weit später, erst zur zeit der ältesten hdschr. durchgeführt, ist die synkope des anlautenden vokals im pron. enn, inn bei dessen übergang in den suffigierten artikel. Das nähere hierüber s. § 472, 1.

Anm. Sonstige beispiele späterer synkope sind im aisl. selten und unklar, z. b. gen. pl. ørna neben ørenda zu ørende in der bedeutung 'notdurft'. In proklitischer stellung sind möglicherweise entstanden die mannsnamen Bárþr (alt Bároþr, air. Barid, ags. Bared) und Þórþr (ags. Þored). Vielleicht auf dissimilation beruhen kongr (erst gegen 1300, s. Gislason, Njala II, 216) neben konongr (anorw. häufiger kungr aus kunungr, s. Hægstad, Vestno. maalf. II, 2, I, s. 67, Kong., s. 22) könig, pengr (auch anorw. s. Hægstad, Vestno. maalf. II, 2, I, s. 112) neben pen(n)engr münze (vgl. aber Kock, Arkiv XXIV, 194 ff.). Dagegen ist das adv. lit(t) 'ein wenig' kaum aus dem ntr. lítet kleines entstanden, sondern entspricht wol dem genau gleichwertigen got. adv. leita, worüber s. Grienberger, Untersuchungen zur got. wortkunde, s. 146. Fiogrtán vierzehn ist nicht aus fiogortán entstanden, sondern wie dies aus *fioðrtán durch partiellen, resp. vollständigen anschluss an fiogor vier; s. Noreen, Svenska etymologier, s. 41. Nicht hierher, sondern zur wortbildungslehre gehören die von Hellquist, Om de svenska ortnamnen på -inge, s. 246 mit note, angeführten fälle des typus borgfirþingar leute von Borgarfiorþr; indem hier keine synkope von -ar vorliegt, u. dgl. — Wiederum in anorw. ist eine sekundäre synkope keineswegs selten (bes. nicht seit c. 1300) und zwar am häufigsten auftretend in lehnwörtern (wo die synkope vielleicht zum teil vor der entlehnung stattgefunden hat) sowie in personen- und ortsnamen, z. b. (s. bes. Hægstad, G. Tr., s. 93 ff., Kong., s. 22, M. Olsen, Hedenske kultminder I, 51) Ben(e)dikt, Lar(en)s; Phil(i)pus, Ól(a)fr, Eir(i)kr, Øy(vi)ndr, Marg(a)réta, Kat(a)rína, Mari(u)mæssa, Gregóri(u)smæssa, Ing(i)biorg, -gærðr, -mundr, -ríðr, resp. Nór(e)ge Norwegen, Hál(o)galand, Ó(þe)nsal, Nið(a)róss, Biark(a)røy, -heimr, Gœit(a)r(h)œimr, Efrúsum (Øfrahúsum), Stiór(a)dall, Brig(i)ðaruð, sonst má(naðar)matr esswaren, bróð(e)r bruder, móð(e)r mutter, skoddom < skoðaðom (wir) schauten, frænk(on)a verwandtin (zur erklärung s.

§ 161. Svarabhakti.

Noreen, Vårt språk III, 422 note 3), dǿ(yia) sterben, frý(ia) absprechen, flý(ia) fliehen, husfrey(ia) ehefrau, ásan(a) die gräte, iorðen(e) der erde, talað(e) redete, s. Hægstad, Vestno. maalf. II, 1, s. 52, 53 und II, 2, I, s. 101, 112, 113, 116, 118; in proklitischer stellung há (schon 1299) aus hafa haben, lúk(a) upp 1346 aufschliessen. Nicht hierher gehören dial. formen wie Siúrðr, orkn. tuttū (statt Siugurðr Sigwart, tuttugu zwanzig), welche nach § 293, 4 und § 130 zu erklären sind.

V. Svarabhakti.

§ 161. Svarabhakti tritt in etwas jüngerer sprache zwischen auslautendem *r* und einem vorhergehenden konsonanten ein:

a) Im aisl. ist der svarabhaktivokal *u*, von dem spuren schon vor 1300 sich zeigen, z. b. ríkur (statt ríkr) mächtig, pl. bǿndur (bǿndr) bauern usw. Um 1400 ist wol die aussprache *-ur* allgemein üblich gewesen, obwol die schreibung *-ur* erst nach 1550 völlig durchdringt; s. Þorkelsson, Um *r* og *ur* í niðrlagi orða, Reykjavík 1863, E. Olson, Yngvars saga, s. XLIII.

b) Im anorw. ist der svarabhaktivokal verschieden in verschiedenen gegenden. Wnorw. tritt südlich von Bergen *u* oder *o*, nördlich davon *i* oder *e* (orkn. *i*, shetl. *e*, später auch *u*) ein; onorw. dagegen im allg. *a*, in gewissen gegenden auch *e* (so regelmässig im Drontheimischen) oder *æ*, z. b. wnorw. *aftur, -or, -ir, -er*, onorw. *aftar, -er, -ær* statt *aftr* zurück, usw. In einigen denkmälern richtet sich der svarabhaktivokal nach demjenigen der vorhergehenden silbe, wie z. b. in der Barlaams saga *heilagar* heilig, *slíkir* solcher, *máttogor* mächtig, *atburður* ereignis usw. statt *heilagr* usw. Die entwickelung tritt (wenigstens in Barlaams saga und im Drontheimischen) schon um 1250 auf, wird seit 1325 häufiger und ist wol im allgemeinen während des 14. jahrhs. vollzogen worden. Vgl. J. Storm, Norvegia I, 35; Hægstad, G. Tr., s. 91 f., Hild., s. 58, Vestno. maalf. I, 145.

Anm. 1. Cod. Holm. 34, 4° zeigt auffallender weise svarabhakti nur vor einem aus $z > R$ entstandenem *r*, vor urspr. *r* aber nicht, z. b. *eter* isst, *slíker* solch, aber *akr* acker, *alldr* alter; s. Kolsrud, Arkiv XXXIII, 284 note 2.

Anm. 2. In anorw. runeninschriften kommen auch nicht selten im inlaut spuren von svarabhakti nach der art der urn. inschriften (s. § 142) vor, z. b. *beleitir* (d. h. *bleytir*, Aardal, 13. jahrh.) netzt, acc. *buruþur* (d. h. *bróðor* Tanberg) bruder; s. Bugge, Foreningens til norske fortidsmindesmærkers bevaring aarsberetning for 1869, s. 33. In der anorw. literatur kommen selten beisp. von svarabhakti zwischen *r* und kons. vor, z. b. *kirikia* st. *kirkia* kirche, *kores* st. *kors* kreuz, dat. ntr. *okoro* st. *okro* zu *okkor* uns beiden zugehörig, dat. sg. *gareðe* zu *garðr* hof, s. Hægstad, Vestno. maalf. II, 2, I, s. 122 f., Kolsrud, Arkiv XXXIII, 284 note 2. Vereinzelt steht einmaliges *tuweir* st. *tuœir* zwei, s. Hægstad, a. o., s. 123.

Kap. 3. Vokalwechsel aus urgermanischer zeit stammend.

I. Spuren speziell urgerm. lautgesetze.

§ 162. *e* wurde zu *i*:

1. Unmittelbar vor nasal mit folgendem konsonanten. Daher gen. pl. *kuinna* (**kwen-nō*, gebildet wie got. *aúhsnē*. *abnē* u. a.) neben *kuenna* (aus **kwenanō* synkopiert, vgl. got. *qinōnō*) und zusammensetzungen wie *kuen-kendr* weiblich (vgl. got. *qina-kunds*, s. Bugge bei Fritzner III, 1110) zu *kona* (aber obl. *kuenu*, geschrieben *cuinu* in einer runeninschr. aus Man und als air. lehnwort *cuiniu*, s. Marstrander, Bidrag, s. 107) weib, *snema* und *snimma* (durch kontamination auch *snemma* und *snima*) früh. Ebenso ist aus *brinna* (alt und selt.), *rinna* (ziemlich selt.) neben *brenna* brennen, *renna* fliessen zu erschliessen, dass in der urspr. flexion dieser verben *nn* mit *n* gewechselt haben muss (vgl. *brune* brunst, *rune* rinnen); s. Noreen, Urg. lautl., s. 13.

Anm. Prät. pl. *gengo* gingen, *fengo* bekamen (neben den bis etwas nach 1200 weit häufigeren *gingo, fingo*; s. Larsson, Ordförrådet, und Jónsson bei Gislason, Udvalg af oldno. skjaldekvad, s. XI f., und Skjaldesprog, s. 98, sowie Þorkelsson, Beyging), *hengo* hingen, *blendo* mischten haben *e* von sg. *gekk, fekk, hekk, blett* entlehnt (vgl. umgekehrt aschw. sg *gik, fik* nach dem pl.), während wiederum part. prät. *gingenn, fingenn* statt der in der ältesten zeit fast ausschliesslich (s. Jónsson a. o.) gebräuchlichen *gengenn* (anorw. *gænginn*, also aus **ganginn* durch palatal-umlaut, s. § 74), *fengenn* sich nach *gingo, fingo* gerichtet haben. Das selt. anorw. *hengat* (Heilagra manna sögur II, 208 und bei Hertzberg; *hœngat* No. Hom.) statt *hingat* hierher ist wol nach *þengat* dorthin (das sich zu *þangat* wie *þenn, þœnn* zu *þann* § 144 anm. 1 verhält) umgebildet worden, während andererseits die form *þingat* auf einfluss des *hingat* beruht.

2. Unmittelbar nach *ȝ* und *k* sowie wenn die vorhergehende silbe ein son. oder kons. *i* enthielt, z. b. *slaȝinaʀ* Möjebro (später *slegenn*) geschlagen, *haitinaʀ* Tanum verheissen. Ueber scheinbare ausnahmen (ohne *i*-umlaut) s. § 74 anm. Vgl. § 61, 2, § 73, § 74, § 137 und bes. Wessén, Språkvet. sällskapets i Upps. förhandlingar 1913—1915, s. 56 ff., 1916—1918, s. 28.

§ 163. *au, eu* und *aw, ew* wechselten in der weise, dass jenes vor konsonanz (und auslautend), dieses vor sonanten stand (vgl. got. *taujan* : prät. *tawida, kniu* : gen. *kniwis* u. dgl.). Daraus erklären sich folgende gegensätze:

1. *au* (oder *j*-umgelautet *ey*) : *aw*, woraus nach der synkope *á*, z. b. pl. *meyiar* (got. *maujōs*) : sg. *mǽr* (*mawiʀ § 80, 2 und § 71, 2; got. *mawi*) mädchen; *dauþr* tod, tot und *deyia* sterben : part. prät. *dáenn* (statt *dafenn < *dawenʀ nach pl. *dáner* u. a. synkopierten kasus); *heyia* ausführen : prät. *hápa* (*hawiðō); *þreyia* sich sehnen : prät. *þrápa*; *þeyia* tauen : *þǫ́* aufgetaute erde. Gewissermassen hierher gehören fälle wie *ey* aue, insel : *ó* § 77, 2, *ǫ́* (got. *ahva*) fluss; *hey* gras : *hó* § 77, 2, *hǫ́* nachgras; vgl. § 317 anm. 2.

2. *eu* (woraus *ió, iú* § 100 und § 101 oder *j*-umgelautet *ý*) : *ew, iw*, woraus nach der synkope *é, í*, in z. b. *hlý* (*hliuja) obdach und *hlýia* schirmen : prät. *hlépa* (*hlewiðo), *hlé* (*hlewa, ags. *hléo*) lee; *trióna* stange und *trýio-sǫþoll* (= *trog-sǫþoll*) eine art sattel : *tré* holz, baum; *knýia* drängen : prät. *knípa* (nach dem anal. inf. *knía* diskutieren); *gnýia* lärmen : prät. *gnípa*; *þiónn* diener und pl. *þýiar* (got. *þiujōs*) : sg. *þír* (*þiwiʀ, got. *þiwi*) magd; *skiól* schirmdach, *skióþa* tasche und dat. pl. *skýiom* : *skí* (s. § 80, 2) wolke; gen. *Signýiar* : nom. *Signí* (s. § 80, 2), gen. *Bor(g)nýiar* : mnorw. *Borní* (anal. *Borný*, aisl. *Borgný*) frauennamen.

Anm. Eine verwandte erscheinung ist der wechsel *ū* (auslautend und vor konsonanz) : *w* (aus *u*, vor sonanten) in z. b. *súl* säule : *suill* § 77, 12 grundschwelle; *sýr* § 71, 6 (acc. *sú*) sau : *suín* schwein.

II. Ablaut.

§ 164. Unter **ablaut** verstehen wir jeden vokalwechsel innerhalb einer gruppe etymologisch verwandter wörter, den das urgerm. aus ieur. zeit übernommen oder analogisch nach-

§ 165. 166. Ablaut. 143

gebildet hat. Je nach der natur der wurzeln ist der ablaut verschiedener art. In den germ. sprachen zeigen sich folgende sieben ablautsreihen, die bes. deutlich in der tempusbildung der sog. starken verben hervortreten. Vgl. Noreen, Urg. lautl., s. 37 ff.; Streitberg, Urgerm. grammatik, s. 79 ff.

§ 165. Die erste ablautsreihe lautet:

urgerm. *ī* — *ai* — *i*; anorw.-aisl. *i* — *œi (ei)* — *i, e* (§ 60), z. b. *bíta* beissen : prät. *beit* : pl. *bitom* : part. prät. *bitenn* u. a. verben; ferner *íþ* tat : *iþia* geschäft; *stígr* : *stigr* pfad; *víþer* weidebusch : *viþ* gerte; *víg* kampf : *vega, viga* (§ 159, 1) kämpfen; *Þor-gísl (-gils)* u. dergl., *Gísle* mannsnamen : *geisl, geisle* stock; *suí* : *suei* pfui; *skírr* : *skǽrr* (**skairis* § 54, 2) hell; *heitr* heiss : *hite* hitze; *feitr* fettig : *fita* fett; *kleif* reihe von klippen : *klif* klippe; *keikr* zurückgebogen : *kikna* hinsinken; *þueite* ntr. : *þuita* f. abgespaltenes stück; *geil* : *gil* kluft; *deigr* teig : *digoll* tiegel; *streitask* : *stritask* sich sträuben; *líta* sehen : *suart-leitr* von schwärzlichem aussehen, *leita* suchen (got. *wlaitōn* spähen) : *litr* farbe, aisl. *andlit(e), -let*, anorw. auch *-lete* § 145, anm. 2 (got. *wlits*) antlitz; u. a. m. s. z. b. Kock, Svensk ljudhistoria I, 89 ff.

Anm. Selten kommt in dieser reihe auch ein ablautsvokal urgerm. *ē*, aisl.-anorw. *é* vor, z. b. *hér* : *hiþra, heþra* (s. § 159, 1) hier, *higat, hegat* hierher, *heþan* hievon : anorw. (s. § 158 ff.) *hít* hierher.

§ 166. Die zweite ablautsreihe lautet:

urgerm. *eu* — *au* — *u* oder *ū*; anorw.-aisl. *iú, ió* § 100, § 101 — *ǫu (ou, au* § 98) — *u, o* (§ 61) oder *ū*, z. b. verben wie *kriúpa* kriechen (*gióta* giessen, *súpa* saufen) : prät. *kraup* : pl. *krupom* : part. prät. *kropenn*; ferner *rióþr* : *rauþr* rot : *roþe* röte; *stýra* (got. *stiurjan*) steuern : *staurr* stange : *styria* stör (s. Lidén, Uppsalastudier, s. 91 note); *hriúfr* schorfig, *hrýfe* schorf : *hrufa* rinde einer wunde; *liúga* lügen : *lyge* lüge, *lugvitne* falscher zeuge; *striúpe* : *strúpe* kehle; *striúgr* : *strúgr* neid; *niótr* geniessend : *nautr* genosse : *note* gleich(en); *biúgr* krumm : *baugr* ring : *boge* bogen; *skióþa* tasche : pl. *skauþer* vorhaut des pferdes; *lióna* (s. F. Jónsson, Fernir forn íslenskir rímnaflokkar, Kph. 1896, s. VIII) : *leyna* verhehlen; *lióþ* lied : *lúþr* horn zum blasen; *hlióþ* aufmerksamkeit : *Hloþvér* Ludwig; *liótr* ungestalt : *lútr* gekrümmt; *taug* : *tog, tug* seil; *gautar* : *gotar* völkernamen; *baula* kuh : *bole* stier, *bylia* brüllen; *hlaut* f. anteil (der götter)

: *hlutr* los, teil; *dauþr* tod, tot : *doðe* ein spottname, aisl. (s. Möbius, Analecta norrœna[1], s. 196) *doþna* wie tot werden (vgl. nisl. *doði* erschlaffung, *doðna* erschlaffen); *hiúpr* wünschen : *tǫtroghypia* lumpiges weib; *miúkr* weich : *moka* ausmisten, *mykr* mist; *haufoþ, hǫfoþ* (s. § 98, 1) haupt : *húfa* haube; *brauþ* brot : *broþ* (s. Vigfusson) brühe; *gnauþ* : *gnyþr* lärm; *frauþ* : *froþa* schaum; aisl. *frauke*, anorw. *frauþr* : *froskr* frosch; *daufr* taub : *dofe* duselei; *leygr* flamme : *loge* lohe; *blautr* weich : *blotna* weich werden; *þraut* anstrengung : *þrote* schwulst : *þrútenn* geschwollen; *aurr* nass : *úr* regen, niederschlag; *aurr* griess, *eyrr* sandbank : anorw. pl. *Yriar, -a* ortsnamen; *lauss* los : *losna* los werden; *saurr* schmutz : *súrr* sauer; *mýrr* (*meuz-) moor : *mose* moos; *tryggr* (*triuw-, s. § 227, 2) treu : *traust* trost : *trúa* trauen; *greyfa* : *grýfa* vorüber beugen; *suín* (*su-, s. § 163 anm.) schwein : *sýr* (*sū) sau; ? *kuíga* färse : *kýr* kuh; *kiúklingr* gänseküchlein : *kokr* hahn; *hrúga* haufen : *hroke* (nschw. *råge*) aufmass; u. a. m., s. z. b. Kock, a. o. II, 320 ff.

Anm. 1. Auffallend ist *au* (vielleicht aus der zweiten silbe entlehnt) im 2maligen *braullaup* (Hb. XXXVIII; gleich aschw. *brølløp*?, vgl. aber An. gr. II, § 116) neben gew. *brullaup, brúþlaup* hochzeit. Vgl. das noch mehr auffallende konstante *brudgaumi* st. *brúþgume* bräutigam in Bósa saga nach Cod. AM. 586, 4° gegen 1450 (s. Jiriczek's ausgabe, s. XXVII).

Anm. 2. Selten kommt in dieser reihe ein *ó* (aus *ōu*) vor, z. b. *nór* schiff : *naust* schuppen für böte; *bónde* (s. § 130) bauer, *landbóle* (orkn. -*búli*) pächter, *ból, béle* (anders Ekwall, Suffixet *ja*, s. 41) wohnort, *bǿr* dorf : *búa* (anorw. selt. *bóa*) wohnen, *búande* (anorw. auch *bóande* s. § 422) bauer, *bú* wohnsitz, *búþ* bude, *búe* (anorw. auch -*bóe*, s. Jónsson, Fagrskinna, s. XXV, und als mannsname *Bóe*) einwohner, *búr* stube, *hýbýle* wohnung, *býr* dorf, *byggua* wohnen; *stórr* gross : *gný-stýrer* grossen lärm machend; prät. *dó, gó* zu *deyia* sterben, *geyia* bellen. Nicht hierher gehörig, sondern aus verschiedenen sprachen oder dialekten entlehnt sind *skóle* (ags. *scól*, lat. *schola*) : anorw. (seltener) *skúli* schule (mhd. *schuole*) und *dókr* (mndd. *dōk*) : (häufiger) *dúkr* (mndd. *dūk*) tuch.

Anm. 3. Ebenfalls selten zeigt diese reihe ein *œ(w)*, z. b. *grár* § 81 grau : *grýia* (s. Vigfusson) grauen, dämmern : ? *grey-hundr* (graue?) hündin; anorw. *snǽlda* (*snā-ðl-iōn-) spindel : *snúa* drehen, zwirnen.

§ 167. Die dritte ablautsreihe lautet:

urgerm. *e — a — u*; anorw.-aisl. *e, i* (§ 63, 3) *— a — u, o* (§ 61), z. b. verben wie *verpa* werfen : prät. *varp* : pl. *urpom* : part. prät. *orpenn*; *binda* binden : prät. *batt* : pl. *bundom* : part. prät. *bundenn*; ferner *giallr* (*ʒella- § 88) : *gallr* hell

§ 167. Ablaut. 145

tönend; *bialke* balken : *bǫlkr* scheidewand; *giorþ* (*ʒerðu § 89) gurt : *garþr* zaun, garten : *gyrþa* gürten; *vella* : anorw. (selt., s. Wadstein, F. Hom., s. 48) *valla* wallen, sieden; *Nyrue, Nioruasund* § 82, 4 : *Nørua-, Nǫruasund, Nǫrr* § 82, 6; *þing* volksversammlung, *Þingill* (anorw., s. Rygh, Oplysninger II, 230) : *Þengell* ein mannsname (aisl. auch als fürstenbenennung); *strind* rand (anorw.; auch als ortsname) : *strǫnd* ufer; *niste* (*nestia) spange : *nesta* (*nastian; vgl. agutn. *nast* heftnadel) heften; *vindr* schief : *vandr* schwierig, misslich; *minnask* sich küssen, *mél* (s. § 110, 1) mundstück des gebisses : *munnr* mund (s. Lidén, Uppsalastudier, s. 79 f.), *mynne* (*minne* § 114) mündung; *kind* nachkommenschaft : *-kundr, -kunnr* herstammend; *hindre* später : *handan* jenseits (vgl. agutn. *handar mair* weiter hin); *tindr* zahn am rade : *tǫnn* (*tanþu) zahn, *Gullentanne, Hildetannr* beinamen : *Tunne* (vgl. got. *tunþus*) ein mannsname, *sannr* wahr : *nauþ-syn* (vgl. got. *sunjis* wahr) not; *miolk* milch : *molka* melken; *biarg* berg : *borg* burg, *Borgund* ein ortsname; *kiarne* kern : *korn* korn; *verk* werk : *yrkia* würken; *þerra* (vgl. got. *ga-þaírsan* verdorren) dörren : *þurr* dürr; *duergr* zwerg : *dyrgia* zwergin; *verþa* werden : *urþr* schicksal; *virgell* strick : *vargr* räuber; *lend* (**landi-*) lende : pl. *lunder* schinken; *skars* hexe : *skyrse* schrecknis; *sterkr* : *styrkr* stark, *storkna* starr werden; *gǫltr* (*ʒaltuʀ) ferkel : *gyltr* sau; *faldr* : anorw. (selt., s. Fritzner) *foldr* falte; ? *trǫll* (s. Noreen, Svenska etymologier s. 8f. und die daselbst zitierte literatur sowie Gislason, Efterladte skrifter II, 160, Jónsson, Aarbøger 1912, s. 9) : *troll* (vgl. mhd. *trolle*) dämon; *suartr* schwarz : *sorta* schwärzen, *sorte* dunkelheit (auch als mannsname), *sortna* schwarz werden, *Surtr* ein feuerriese; *valda* walten : prät. *olla*; *hallr* sich senkend (ahd. *hald* geneigt) : *hollr* hold; *bǫllr* ball : *bolle* bowle; *grann-* : *grunnleitr* hohlbäckig (s. Karsten, Stud. öfver de nord. spr. prim. nominalbildning II, 144); *há* (**ha[n]hōn*, vgl. lit. *kanka* qual) quälen : *hungr* hunger; *seþr* (< *sennr) für sich, je : *sundr*, anorw. (s. Hertzberg, s. 860, sp. 2) auch *syndr* abgesondert, entzwei (s. Noreen, Arkiv VI, 370 ff.), ? einmaliges *dǫkkr* (s. F. Jónsson, No.-isl. kultur- og sprogforhold, s. 308; nnorw., shetl. *dokk*; aus **dankwa-*) : *døkkr* (**dinkwa-*, s. § 77, 3, § 110, 1; oder ist es **dankwia-* nach § 87, 6?) dunkel : *dunkr* ein beiname (s. § 266 anm. 3).

Anm. Ueber den ablaut *i — a — u* in ableitungssilben s. § 173.

§ 168. Die vierte ablautsreihe lautet:

urgerm. *e — a — ǣ — u*; anorw.-aisl. *e, i* (§ 63, 3) — *a — á* (§ 53) — *u, o* (§ 61), z. b. verben wie *stela* stehlen : prät. *stal* : pl. *stǫ́lom* : part. prät. *stolenn*; *nema* nehmen : *nam* : *nǫ́mom* : *numenn* (anorw. auch *nomenn*); ferner g. pl. *kuenna* (u. a. mit *kuen-*, s. § 162), *kuinna* (§ 162, 1) : *kuǽn* (**kwāni-*) : *kona, kuna* (s. § 61, 1) weib; *suima* schwimmen : prät. *suam* : pl. *suǫ́mom* : *symia* schwimmen, *sund* (**swumð-*) das schwimmen; *suefn* schlaf : *suaf* schlief, *suefia* beruhigen : *suǽfa* einschläfern, pl. *sófom* schliefen (s. § 77, 11) : *sofa* schlafen, *syfia* schläfrig machen; *vin(r)* freund : *vanr* gewohnt : *vǽnn* schön : *una* zufrieden sein; *grim(m)r* : *gramr* feindselig; *meþal-* mittel-, *miþr* mittler : *undorn* (**umð-*) nachmittag; *vel* wol, *vilia* wollen : anorw. *val* (so regelmässig im landgericht könig Magnus', oft in Hb. u. a., s. Fritzner, Hægstad, Vestno. maalf. II, 1, s. 21 und II, 2, ɪ, s. 38; as., ahd. *wala*) wol, *val* wahl; *saman* : anorw. auch *soman* (s. Hertzberg, s. 535, 862; aschw. *soman, suman*, s. Noreen, Arkiv VI, 365 ff.) zusammen; *samr* : dat. sg. ntr. *sumo* (Cod. AM. 645, 4⁰) derselbe, *sumr* ein gewisser; *gemlingr* einjähriger widder : *gymbr* junges weibliches schaf; prät. *traþ* tritt : pl. *trǫ́þom* : *troþa* treten; *vatn* wasser : *vátr* nass : *otr* otter; *sualr* kalt : *suǽla* rauchen (s. Torp, Nyno. et. ordbok); *vefa* weben : *vefr* (**wabja-*) webe, *vafra* hin und her fahren : *váfa* hin und her schwanken : *ofenn* gewoben.

Anm. Bisweilen kommt in dieser reihe *ó* vor, z. b. *kómr* (**kōmi-*) neben *kuǽmr* (**kwāmi-*) passabel, zu pass : *koma* kommen; *skóra* kampf, anorw. *skóra* (s. Hertzberg) aufschneiden : *skera* schneiden : *skarþr* beschnitten : pl. *skǽre* schere : *skor* einschnitt; *suefn* usw. (s. oben) : *sófa* töten. Vgl. § 170 anm. 1, § 171 anm. 2. — Ueber *brúþgaumi* st. *-gumi* s. § 166 anm. 1.

§ 169. Die fünfte ablautsreihe lautet:

urgerm. *e — a — ǣ*; anorw.-aisl. *e, i* (§ 63, 3) — *a — á* (§ 53), z. b. verben wie *gefa* geben (*biþia* bitten) : prät. *gaf* (*baþ*) : pl. *gǫ́fom* : part. prät. *gefenn*; ferner *þess* des : *þat* das (anorw. *þeðan* : *þaðan* u. a., s. § 144 anm. 1); *stiake* kleiner stecken : *stake* stecken; *bikkia* : grey-baka hündin; *hlé* lee : *hlǽr* lau; *siá* (< *sehan, s. § 235 anm. 4) : *Sága* name einer göttin ('die seherin'); *ǫ́* (got. *ahva*) fluss : *Ǽger* der meergott (vgl. ags. *ǽȝ-weard* wache an der see); *mǫgr* sohn : *mágr* verwandter

§ 170. Ablaut.

durch heirat; *tagl* steifes haar, *tǽia* (got. *tahjan*) karden
: *tǫ́g* faser.

Anm. Bisweilen kommt in dieser reihe *ó* vor, z. b. *lékr* (**lōki-*) bach
: *leka* leck sein : prät. *lak* : pl. *lǫ́kom*; *lóg* lagerbestand für einen tag : *liggia*
liegen, *leg* friedhof : *leggia* legen, *lag* ordnung : *lágr* niedrig, *lǫ́g* liegender
baum, *lǽge* lage; *mót* form, art : *meta* messen : prät. *mat* : *máte* art und
weise; *fótr* fuss : *fet* fusstapfe, *fit* schwimmfuss : prät. *fat* fand einen weg
: pl. *fǫ́tom*; *frék(en)n* mutig : *frekr* gierig; *rékr* legitim, *rékia* beachten
: *réttr* recht : *rakr* gerade, *røk* (s. § 77, 7), *rǫk* darlegung, *rekia* darlegen
: *rǫ́k* furche; *snákr* ringelnatter : *snókr* als beiname; *ségr* (: aschw. *saghi*,
mndd. *sage*) schnitzel : *sigþr* sense : *sǫg* säge. Vgl. § 170 anm. 1, § 171 anm 2.

§ 170. Die sechste ablautsreihe lautet:

urgerm. *a — ō*; anorw.-aisl. *a — ó*, z. b. verben wie *skafa*
schaben : prät. *skóf*, pl. *skófom* : part. prät. *skafenn*; ferner *hagr*
geschickt : *hógr*, *hóglegr* leicht zu bewältigen; *dagr* tag : *dǿgr*
tag oder nacht; *staþr* platz : *-stóþingr* -einwohner; *þefia*
musig machen : *þóf* zank; *net* netz : *nót* zugnetz; *hane* hahn
: *hǿna* henne, *hǿns* hühner; *fnasa* : *fnǿsa* schnauben; *skaþe*
: *skóþ* schade; *skage* vorgebirge, *skegg* bart : *skógr* wald; *aþal*
eigenart : *óþal* eigenart, eigentum; *batna* besser werden, *betre*
besser : *bót* besserung, busse; *sama* : *sóma* passen; *hake* haken
: *hǿkia* krücke; *age* : *ógn* schreck, *ógiask* erschrecken, *ótte* furcht;
slakr schlaff : *slókr* herumschlenderer; *sǫk* sache : *sǿkia* suchen.

Anm. 1. Bisweilen kommt in dieser reihe *ǽ*, an. *á* vor, z. b. *kuǽfa*
: anorw. *k(u æfia*, aisl. *kefia* ersticken, *k(u)afna* erstickt werden : *kéfa*
ersticken; *grǽfr* : *gréfr* einer der begraben werden darf : *grafa* graben; *dǽld*
tälchen, *dǽla* rinne : *dalr* : *dél* tal; *háfr* fischhamen : *hefia* heben : prät. *hóf*;
athǽfe verhalten, *auþ(h ǽfe* (s. z. b. Wadstein, F. Hom., s. 59) reichtum,
anorw. *háfa* (d. lehnwort?) hab und gut : *hafa* haben, behalten, enthalten,
hafask sich verhalten : *hóf* das richtige verhältnis, *héfa* das ziel erreichen,
auþ(h)ǿfe reichtum, anorw. *athǿfe* (Hb., Cod. AM. 310, 4⁰) verhalten. Vgl.
§ 171 anm. 2.

Anm. 2. Ausnahmsweise kommt in dieser reihe auch *u*, *o* vor, z. b.
kulþe kälte : *kaldr* kalt, *kala* frieren : prät. *kól*; *dylia* verschweigen : *duelia*
verzögern, *duǫl* ausruhen : *délskr* töricht; prät. pl. *uxom* : *vaxa* wachsen
: prät. *óx*; *gryfia* grübchen zu *grǽfr*, *gréfr*, *grafa* s. oben anm. 1; *gnótt* (ahd.
ginuht, s. § 112, 2) genüge : *gnógr* (vgl. got. *ganōhs*) genügend; *luma* los-
lassen : *lame* lahm : *lómr* schlechtheit (s. Noreen, Svenska etymologier,
s. 50 ff., Hultman, Hälsingelagen s. 213 note 3).

§ 171. Die siebente ablautsreihe lautet:

urgerm. *ǣ — ō*; anorw.- aisl. *á — ó*, z. b. *gráta* weinen
: *gréta* zum weinen bringen; ? anorw. *Norð-*, *Sunnmǽre* (Hægstad,

G. Tr. s. 69, Vestno. maalf. I, 20) : -*møre* ortsnamen; *rámr* heiser : *rómr* stimme; *næra* nähren : *nøra* stärken; *láfe* : *lófe* dreschtenne; *suá* : anorw. (z. b. Hægstad, G. Tr. s. 51, Vestno. maalf. I, 9 und 92; selt. aisl. wie z. b. E. Olson, Yngvars saga, s. XXXII) auch *só* (ahd., as. *sō*; vgl. aber *sóno* § 77, 11) so; *huǽsa* zischen : *hóste* husten; *huáta* (s. Bugge, Tidskr. f. Fil. N. R. III, 264; Dorkelsson, Supplement II, 217) : *hóta* (s. Hertzberg) treiben, stossen, stechen, *hót* drohung, *hǿta* drohen; *glǽ(f)a* glänzen u. a. (s. v. Friesen, N. spr. I, 37 und 57) : *glóa* (ags. *ʒlówan*) glühen; *fǽgelegr* : *fǿgelegr* angenehm; *dǿþ* geschicklichkeit, *dǽll* fügsam : *dómr* urteil; *grápa* zu sich raffen : *grópasamlega* brutaler weise; *flǫ́* (< **flahō*) fläche : *fló* schicht.

Anm. 1. Unklar bleibt (trotz Kock, ZfdA. XL, 196; vgl. dagegen Hellquist, Arkiv VII, 46 und Sv. etym. ordbok) *blǽia* (zu mhd. *blahe*) neben selt. (z. b. Goþrúnarkuiþa I, 13) *blǿia* (wie im aschw.) bettuch.

Anm. 2. Bisweilen kommt in dieser reihe *a* vor, z. b. *latr* faul : *láta* lassen (: aschw. *lōt* liess); *snefia* aufspüren : *snǽfr* : *snǿfr* flink; *krake* : *krákr* : *krókr* haken; *huatr* keck, *huass* scharf wol zu *huáta*, *hǿta* (s. oben); *gløggr* scharfsichtig zu *glǽa*, *glóa* (s. oben), *fegenn* froh zu *fǽge-*, *fǿgelegr* (s. oben). Vgl. § 168 anm., § 169 anm., § 170 anm. 1.

§ 172. Berührungen dieser reihen untereinander (vokalische wurzelvariation') sind nicht selten, wiewol grossenteils erst sekundär entstanden entweder durch "entgleisung" eines wortes aus einer reihe in eine andere, partiell übereinstimmende, oder durch assoziation etymologisch nicht verwandter, aber lautlich wie begrifflich ziemlich übereinstimmender wörter. Ausser dem, was schon in den anm. zu §§ 168—171 angeführt worden ist, mögen hier noch folgende fälle in aller kürze erwähnt werden:

1. Vermischung der 1. und 2. reihe, z. b. in *skírr*, *skǽrr* (§ 165) : *skýrr* hell, rein; *rífa* : *riúfa* zerreissen; *grípa* greifen, *greip* klaue : *greypa* in einander hineingreifen lassen; *gnípa* : *gnúpr* steiler abhang, *gneypr* vorüberliegend; *hlaupa* laufen : anorw. prät. (wie im dalekarlischen) *lép* (s. Fritzner); *hrista* rütteln : *hriósa* schaudern; *ellefo* § 54, 3, a : anorw. selt. *ǽllugu*, mnorw. (s. Hægstad, G. Tr. s. 54) *ǽlluva* (vgl. § 77, 7 sowie ahd. *einluph*, ags. *endlufan*, afries. *andlova*) elf; *bríme* feuer : *breyma* brünstig; *síma* strick : *saumr* saumnaht: *strýkua* § 82, 5 : *striúka* streichen.

§ 172. Ablaut.

Anm. 1. Sehr selten ist vermischung der 1. und 5. reihe, z. b. *bíþa* erwarten, *beiþa* verlangen : *biþia* bitten, *baþ* bat, *bǫ́þom* baten; *víg* kampf, *vega*, *víga* (s. § 60) kämpfen, prät. *vá* (aus **waih**: pl. *vǫ́gom.*

2. Vermischung der 1. und 7. reihe, z. b. in *gnípa* (s. oben 1) : *gnapa* vorüberliegen; *suipa*, *sueipa* : *sópa* fegen; *grípa*, *greip* (vgl. oben 1) : *grápa*, *grópasamlega* (s. § 171); ? prät. selt. (z. b. Hægstad, G. Tr. s. 70, M. Olsen, Vǫlsunga saga, s. XXI und regelmässig in Cod. AM. 291, 4⁰, s. Petersens, Jómsvíkinga Saga, Kph. 1882, s. X f.) *reiþ*, wenn nicht umgekehrte schreibung (vgl. Hesselman, Arkiv XXVII, 351 ff.), was jedoch nicht für alle fälle annehmbar ist : *rápa* raten; *reik* haarfurche : *rǫ́k* (§ 169 anm.) furche (Noreen, Svenska etymologier, s. 62 f.); *bleikr* bleich : *blakkr* fahl; *huísla* flüstern : *huǽsa*, *hóste* (§ 171); *blístra* pfeifen, prät. *blés* : *blása* blasen; *grína* greinen : *grenia* heulen.

3. Vermischung der 2., 6. und 7. reihe, z. b. in *fnýsa* : *fnasa*, *fnǿsa* (§ 170) schnauben; *gnúpr*, *gneypr* : *gnapa* (s. oben 1 und 2); *tugr*, *togr* (vgl. ahd. *zwein-zug*, *-zog*) : *tigr*, *tegr*, *tøgr* (§ 77, 3) anzahl von zehn; *gnauþ*, *gnyþr* (§ 166) lärm : *gnadd* brummen; ? *dys* steinhaufen : *des* (kaum aus dem air., s. Marstrander, Bidrag, s. 154) heuhaufen; *kliúfa* spalten, *klauf* gespaltene klaue, *klyf*, *klofe* : *klafe* etwas zweispaltiges, saumsattel; *greypa*, s. oben 1 : *grópasamlega* § 171, *gróp* aushöhlung, *grápa* § 171; *baula*, *bole*, *bylia* (§ 166) : *belia* brüllen; *lasmeyrr* : *-mǽrr* gebrechlich; *stofn* stamm, *stubbr* stumpf : *stafn* steven; *stafr* stab; *styþia* stützen : *steþia* fixieren; *knútr* knoten, *ú-knytter* böse streiche : *knǫttr* ball; *fliúga* fliegen, *flokkr* schar : ? *flóke* haarflocke, *flǫkra* umherstreifen.

Anm. 2. Ganz unklar sind anorw. *eyðla* : aisl. *eþla* eidechse; *auplingr* (Bugge bei Fritzner III, 1103; wol von *aupr* reichtum beeinflusst) : *oþlingr* edeling. Ueber anorw. *optir*, *ofter* (s. z. b. Wadstein, Antiqvitetsakademiens månadsblad 1891, s. 78, Hægstad, Vestno. maalf. II, 1, s. 44), färöisch rnn. *uftiʀ* Kirkebø 'nach', 'über' statt *œptir* § 85 anm. 2.

4. Vermischung der 3., 4. und 6. reihe, z. b. in *miol* mehl, *mole* brocken, *mold* (staub)erde : *mala* mahlen, prät. *mól*; *fiorþr* enger meerbusen, 'fahrwasser', *fár* gefahr : *fara* fahren, prät. *fór*; anorw. oft (s. Sievers, Tübinger bruchstücke, s. 8 note; Hægstad, G. Tr. s. 49 und 81; Fritzner) *drega* (ob mit aus dem präs. übertragenem *e*??) ziehen, *dorg* angelschnur : *draga* ziehen, *dróg* streifen; *kunna* können, *kann* (und *kná*) kann : *kønn* erfahren.

§ 173. Ablaut.

Anm. 3. Noch verwickelter sind die verhältnisse z. b. in *tiara* teer, *tyrue* kienholz : *tré* holz, *tryggr* fest : *traust* sicherheit : *trúr* treu : *trog* trog; *hiortr* hirsch : *hrútr* widder; *biorn* bär : *brúnn* braun; *duergr*, *dyrgia* (§ 167) : *draugr* gespenst; s. Noreen, Urg. lautl. s. 90, 85, 224. Etwas unklar ist *þerna* (wol aus einem dem mndd. *derne* zugrunde liegenden as. *thĕrna < *thiorna*) dirne : *þiónn* diener.

§ 173. Ein, in vielen fällen wol analogisch entstandener, ablaut *i — a — u* kommt in ableitungssilben häufig vor, wie in: 1. Suffix *-il-*, *-al-*, *-ul-*, z. b. subst. *wié vaþell* (anorw. auch *veðill*, s. Hertzberg s. 831) : pl. *vǫþlar* (*waðulaʀ; anal. *vaþlar*) furt; *drasell* : dat. *drǫsle*, pl. *drǫslar* (Bugge, Studier s. 394 f. note; Jónsson, Skjaldesprog, s. 19; Noreen, I. F. XIV, 396 ff.) eine benennung des pferdes; *bitell* : *-oll* gebiss; *virgell* : *-oll* strick; *gymbell* schaf : anorw. *gumbull* als beiname; *smyrell* zwergfalke : air. lehnw. *Smurull* als mannsname (s. Marstrander. Bidrag, s. 54); *Engell* : *Ǫngoll*, mnorw. *Brøkill* : *Brǫkull* mannsnamen; *ferell* reisender : adj. *fǫroll* fahrend; *á miþel* in der mitte : *meþal-* (vgl. § 63, 3) mittel-; *ávitall* : *-oll* anzeichen; *aþal* : *øþle* (*aþulia § 63, 8) begabung, eigenart; oder adj. wie *aþal-* edel- : dat. sg. m. best. f. *ǫþla* (s. § 63, 8) begabt; selt. *þagall* : *þǫgoll* (vgl. subst. *ofþøgle* < **-þaʒulia* § 63, 8) schweigsam; selt. *giafall* : *giofoll* freigebig; anorw. selt. *hæimall* : gew. *-ill* : *-ull* verfügbar; *hugall* achtsam : *flá-hugoll* hinterlistig (vgl. *athygle* < **-huʒulia* § 63, 8 nachdenken); *Suipall* ein beiname Odin's : *suipoll* veränderlich; *veitall* freigebig : *ó-veitoll* karg; *smugall* : *-smogoll* (s. § 61, 1) durchschlüpfend.

Anm. 1. Gegensätze wie *vaþell* : pl. *vǫþlar*, *drasell* : dat. *drǫsle* pl. *drǫslar*, urn. *erilaʀ* (s. § 63, 3) jarl? : pl. als völkername latinisiert *Erulos* (acc. = urgerm. nom. *Erulōz) Herulen zeigen, dass in urn. zeit, wenigstens bei vielen mask. subst., die suffixformen *-il-* und *-ul-* innerhalb eines paradigmas derart verteilt waren, dass jene nebentonig und daher später nicht synkopierend, diese unbetont und daher später synkopierend war. Eine entsprechende verteilung von *-al-* und *-ul-* dürfte bei den adj. durch fälle wie *þagall* : *þøgle*, *hugall* : *hygle* u. dgl. erwiesen sein, so dass die mit der zeit immer häufiger auftretenden formen auf *-ull* (z. b. nisl. nur *þögull*, *hugull*) als vor der synkope entstandene neubildungen (statt formen auf *-all*) nach den später synkopierenden kasus anzusehen sind. (*Hugall*, *smugall* statt der lautgesetzlich *a*-umgelauteten *hogall, *smogall sind wol am ehesten von *hug* sinn, resp. *smuga* loch beeinflusst). S. Noreen, I. F. XIV, 396 ff. und vgl. anm. 3.

2. Suffix *-and-* (*i*-umgelautet *-ænd-* > *-end-*, bes. wnorw.. s. Hægstad, G. Tr. s. 41. Vestno. maalf. I, 109 und II, 2, 1,

§ 173. Ablaut. 151

s. 50, 70, > *-ind-* § 149), *-und-* (*i*-umgelautet *-ynd-*, bes. onorw., > *-ind-* § 147), z. b. *réttende, -indi-* : *-ynde* recht; *sannende, -indi* und (nach § 64) *-ande* : *-ynde* und (nach § 64) selt. anorw. *-unde* wahrheit; *harþende, -indi* : *-ynde* härte; *fegrende, -indi* : *-ynde* schönheit; *hógende* (auch *hǿgende, -indi* nach *hǿgr* bequem und zwar immer in der bedeutung 'kissen') und *ó-hógande* (s. Larsson) : *hǿgynde* bequemlichkeit; *hlunnende, -indi* (mnorw. auch *-ande*, s. Hægstad, Vestno. maalf. II, 2, 1, s. 70) : *-ynde* landwirtschaftliche nützlichkeit; *tíþende, -indi* neuigkeit; *heilende, -indi* : *-ynde* gesundheit; *rangende, -indi* : *-ynde* ungebührlichkeit; *vitand, -end, -ind* : *-und* wissen; *búande* : *bónde* (*bōunde § 130) bauer; ? *Þrándr* : *Þróndr* § 134, b ein mannsname; *hefiande* : *hǫfundr* urheber.

Anm. 2. Die form *-inde*, welche in den ältesten hdschr. überhaupt nicht vorkommt, ist wol durchgehends nach § 147 und § 149 aus *-œndi* und *-yndi* entstanden, also nur scheinbar ablautend. Die formen beruhen sicherlich grossenteils auf zusammensetzung mit einem adj. *wandia mit der nebenform *wundia, die entweder ablautend (s. Falk, Beitr. XIV, 50) oder wol eher nach § 226 entstanden ist. S. § 149.

3. Suffix *-ing-, -ang-* (selt.), *-ung-,* z. b. *ǽttinge* : *ǫttungr* verwandter; *Skeringr* ein mannsname : *skǫrungr* hervorragender mensch; *hemingr* : *hǫmungr* haut eines hinterfusses; *hǽðing* (anorw. und selt.) : *hǿþung* spott; anorw. selt. pl. *skǽningar* (s. Jónsson, Fagrskinna, s. XXVII): *skǿnungar* leute aus Schonen. Vgl. agutn. *laiþingr* : anorw.-aisl. *leiþangr* (s. § 229) : aschw. *lēþonger* kriegsexpedition zur see.

4. Suffix *-ig-, -ag-* (sehr selt.), *-ug-,* z. b. *gǫfegr* : *-ogr* edel; *nauþegr* : *-ogr* genötigt; *ǫfegr* : *-ogr* umgekehrt; *auþegr* : *-ogr* reich; *kunnegr* : anorw. selt. (s. Hægstad, G. Tr. s. 42) *kunnugr* bekannt. Vgl. *heilagr* heilig.

5. Sonstiges, z. b. *myrgenn* (s. § 74) : *morgonn* (durch kontamination *morgenn*) morgen; *Óþenn* : mnorw. auch *Óðon*; *feþgen* vater und mutter : selt. anorw. (s. Fritzner III, 1096) *fæðgan* vater und tochter; *undarn* : *-orn* nachmittag; *iaþarr* : *ioþorr* rand; *øx* (*œx*; *akwis) : *ǫx* (*ax*; *akus) axt, s. § 77, 7; *set, setr* (gr. ἕδος) sitz : *siot* (*setu[*n*]) wohnsitz; *elptr* (ahd. *albiz*) : *ǫlpt* (**albut-*) schwan; anorw. *ærtug* (**ariti-* § 66 anm. 2) : *ørtog* (**aruti-* § 63, 8) $^{1}/_{24}$ mark; *halr* (ags. *hæle, hæleð*) 'held', freier mann : *hǫlþr* (**haluþ-*) freier grundbesitzer.

Anm. 3. Aus einem gegensatz wie *Heþenn* (anorw. *Hiþin* nach § 63, 3) ein mannsname: *hiaþningar* (*heðan-) Hedin und seine leute dürfte hervorgehen, dass in urn. zeit, wenigstens bei einigen wörtern, die suffixformen *-in-* und *-an-* innerhalb eines paradigmas derart verteilt waren, dass jene nebentonig und daher später nicht synkopierend, diese unbetont und daher später synkopierend war. Vgl. anm. 1.

Kap. 4. Etymologische übersicht über die sonanten.

I. Die sonanten der starktonigen silben.

1. Monophthonge.

§ 174. Aisl.-anorw. *a* hat folgenden ursprung (vgl. § 195, 1):

1. Gewöhnlich geht *a* auf urgerm. *a* zurück, z. b. *faþer* vater, *halda* halten, *hafa* haben, *dagr* tag, *band* band, *allr* all.

2. Bisweilen ist *a* aus älterem *á* verkürzt, s. § 127, 1; § 129.

§ 175. *á* ist:

1. Gewöhnlich urgerm. *ǣ*, s. § 53.
2. Bisweilen aus *a* gedehnt, s. §§ 122—126.
3. In einigen fällen urgerm. *ai*, s. § 54, 1—3.
4. Selten urgerm. *ā*, z. b. *fá* (got. *fāhan*) bekommen, *þátta* (got. *þāhta*) wurde gewahr, *gátt* (got. *-gāhts*) türöffnung (und weg?, s. v. Friesen, Arkiv XVIII, 74), *þáttr* (ahd. *dāht*) abteilung, *há* (vgl. lit. *kankà* qual) plagen, *hár* hai, dulle (vgl. fi. lehnwörter wie *hanho* trinkgefäss mit zwei handgriffen, *hanka* ruderpflock u. a. m., s. Lidén, Uppsalastudier, s. 89 ff., Setälä, Journal de la Société Finno-ougrienne XXIII, 1, s. 30 f.), *rá* (*ró* § 116) winkel, *tá* (*tó* § 116) hofplatz, *áll* (*óll* § 116) riemen, *þá* (got. *þāhō*, ags. *ðóhe*) lehmboden, *há-mót*, *-sin* (vgl. ags. *hóh*, aisl. *hǽll* ferse) fersenglied, -flechse, *vó*, *vá* unfall und *vá* verargen (vgl. ags. *wóh*, got. *un-wāhs*), wozu *vándr* bös und *váþe* gefahr (s. v. Friesen, N. spr. I, 9 ff.), *þrár* (ags. *ðróh* ranzig) zudringlich, beharrlich. Dies *á* ist immer nasaliert (s. § 52).

5. Selten mnorw. aus *óa*, *úa* entstanden, s. § 134, b.

Anm. Ueber *á* als orthographischer stellvertreter des älteren *ǫ́* s. § 107.

§ 176. *e* (vgl. § 188) hat folgenden ursprung:

1. Gewöhnlich urgerm. *e*, z. b. *nema* nehmen, *gefa* geben, *veþr* wetter, *vegr* weg, *verþa* werden.
2. Seltener urgerm. *i*, s. § 60, § 110, 1.
3. Im aisl. allgemein (vgl. § 188), im anorw. seltener aus älterem *œ* entstanden, s. § 117.
4. Sporadisch kommt *e* neben älterem *ɵ* vor, s. § 119.

§ 177. *é* hat sehr verschiedenen ursprung:

1. Urgerm. *ē* regelmässig, aber sehr selten, z. b. *hér* (got. *hēr*) hier.
2. Urgerm. *ī*, s. § 111.
3. Urgerm. *i*, s. § 110.
4. Gedehnt aus älterem *e*, s. §§ 122—126.
5. Kontrahiert aus *œi* (urn. *ai*), s. § 97, 2 und anm. 1.
6. Im anorw. dialektisch aus *ǽ* entstanden, s. § 118.
7. Steht orknöisch statt *ǿ*, s. § 120 anm.

Anm. Hie und da beruht *é* auf entlehnung aus dem deutschen oder ags., z. b. *klénn* klein, *péna* (ags. *þēnian* aus *þeȝnian*?; die echt nordische form *þióna* ist dann ein verschiedenes wort, aber vielleicht ist *péna* eine kontamination von *þióna* zu *þiónn* diener und mndd. *dēnen* — vgl. *þerna* § 172 anm. 3 — oder auch aus **þewanōn* entstanden, vgl. urn. *þewaʀ* diener) dienen, *bréf* brief, *lén* (echt nordisch *lán* § 54, 1) lehn.

§ 178. *i* vertritt:

1. Gewöhnlich urgerm. *i*, z. b. *binda* binden, *bitom* (wir) bissen, *fiskr* fisch.
2. Oft urgerm. *e* nach § 63, 3 und § 68, 3.
3. Hie und da urgerm. *ī*, nach § 127, 2 und § 129 verkürzt.
4. Selten älteres *y* nach § 114.
5. Selten aus *é* verkürzt, s. § 127 anm. 1.

§ 179. *í* entspricht:

1. Gewöhnlich urgerm. *ī*, z. b. *bíta* (got. *beitan*) beissen, *rífa* reiben, *íss* eis, *síþa* seite, *ríkr* reich (adj.).
2. Bisweilen urgerm. *i*, nach §§ 122—126 gedehnt.

§ 180. *o* entspricht (vgl. § 199 und § 210):

1. Gewöhnlich urgerm. *u* nach § 61 und § 112, 1.
2. Selten älterem *ó*, nach § 127, 3 und § 129 verkürzt.
3. Selten gekürztem *ǫu*, s. § 128 anm. 2.

§ 181—185. Uebersicht über die starktonigen sonanten.

4. Selten *u*- oder *w*-umlaut von postkonsonantischem *ua*, s. § 77, 10 und § 82, 8.
5. Dialektisch nasaliertem *ǫ*, s. § 115, 1.

§ 181. *ó* hat sehr verschiedenen ursprung (vgl. § 200):
1. Gewöhnlich urgerm. *ō*, z. b. *bróþer* (got. *brōþar*) bruder, *bók* (got. *bōka*) buch, *fróþr* (got. *frōþs*) gelehrt, prät. *fór* fuhr.
2. Dehnung eines *o*, s. §§ 122—126.
3. Urgerm. *ū*, s. § 113.
4. Urgerm. *u*, s. § 112.
5. Aus *ǫu* (urn. *au*) kontrahiert, s. § 98 und anm.
6. Nasaliertes *ǫ́*, s. § 116.
7. *u*-umlaut von *á*, s. § 76, 2.
8. *u*-umlaut von *uá*, s. § 77, 11.
9. Misl. aus *á* nach *v* entstanden, s. § 86.

Anm. Ueber *ó* als orthographischer stellvertreter des *ǫ́* (*á*) s. § 107.

§ 182. *u* entspricht (vgl. § 201, 3 und 4):
1. Fast überall urgerm. *u*, z. b. *hundr* hund, *ungr* jung, *þurr* dürr, *bundenn* gebunden, *gutom* (wir) gossen.
2. Selten älterem *ú*, nach § 127, 4 und § 129 gekürzt.
3. Selten *ó* durch kürzung, s. § 127, 3.

§ 183. *ú* entspricht:
1. Gewöhnlich urgerm. *ū*, z. b. *dúfa* (got. *dūbō*) taube, *hús* (got. *hūs*) haus, *brúþr* (got. *brūþs*) braut, *lúka* (ags. *lúcan*) schliessen.
2. Bisweilen urgerm. *u*, nach §§ 122—126 gedehnt.
3. Shetländisch älterem *ǫu*, s. § 98 anm.

§ 184. *y* hat folgenden ursprung (vgl. § 203):
1. Gewöhnlich *i*-, *j*-, *R*- oder palatal-umlaut von *u*, s. § 63, 5, § 68, 5, § 71, 5, § 73 und § 74.
2. Seltener *u*-, *w*- oder labial-umlaut von *i*, s. § 77, 5, § 82, 4 und § 85.
3. Selten *i*-umlaut von *iu*, s. § 63, 12.
4. Selten *u*- oder *w*-umlaut von *ui*, s. § 77, 12 und § 82, 10.
5. Selten kürzung von *ý*, s. § 127, 5 und § 129.

§ 185. *ý* hat sehr mannigfachen ursprung:
1. Gewöhnlich *i*-, *j*- oder *R*-umlaut eines *ú*, s. § 63, 7, § 68, 6 und § 71, 6.

§ 186—190. Uebersicht über die starktonigen sonanten. 155

2. Oft *i*-, *j*- oder *r*-umlaut eines *iú*, s. § 63, 13, § 68, 7 und § 71, 7.
3. Selten *u*- oder *w*-umlaut eines *í*, s. § 77, 6 und § 82, 5.
4. Selten *u*- oder *w*-umlaut von *uí*, s. § 77, 13 und § 82, 11.
5. Selten *j*- oder palatal-umlaut von *ó*, s. § 68, 4, resp. § 75.
6. Dehnung eines *y*, s. §§ 122—126.
7. Dialektische kontraktion von *ey* (*ey*), s. § 99 anm.

§ 186. *ǫ* (vgl. § 204) ist überall durch *u*- oder *w*-umlaut eines *a* entstanden, s. § 77, 1 und § 81, 1.

§ 187. *ǫ́* ist zweierlei ursprungs:
1. Gewöhnlich *u*- (selten *w*-)umlaut von *á*, s. § 77, 2 (resp. § 82, 2); über *ǫ́* aus *á* (*ǫ́*) + *u*, s. § 132; über *ǫ́* gleich sonstigem *á* in späterer zeit s. § 107.
2. Selten dehnung eines *ǫ*, s. §§ 122—126.

§ 188. Anorw. *œ* (aisl. überall durch *e* ersetzt, s. § 117; vgl. § 176, 3) ist (vgl. § 205):
1. Gewöhnlich *i*-, *j*-, *r*- oder palatal-umlaut eines *a*, s. § 63, 1, § 68, 1, § 71, 1, § 73 und § 74.
2. Selten *i*-umlaut von *ia*, s. § 63, 9.
3. Aus älterem *e* entstanden, s. § 108.
4. Aus *œi* verkürzt, s. § 128.
5. Aus *ǽ* verkürzt, s. § 127, 6.

§ 189. *ǽ* hat folgenden ursprung (vgl. § 206):
1. Gewöhnlich *i*-, *j*-, *r*- oder palatal-umlaut eines *á*, s. § 63, 2, § 68, 2, § 71, 2 und § 73.
2. Aus *œi* kontrahiert, s. § 97, 3.
3. Selten aisl. aus *é* entstanden, s. § 109.
4. Im späteren aisl. durchgehends statt älteren *ó*, s. § 120.
5. Sehr selten dehnung eines *œ*, s. §§ 122—126.

§ 190. *ø* hat sehr mannigfachen ursprung (vgl. § 207):
1. *i*- oder *r*-umlaut eines *o*, s. § 63, 4 und § 71, 3.
2. *i*-umlaut eines *ǫ*, s. § 63, 8; im aisl. später jedes *ǫ̨* vertretend, s. § 115, 2.
3. *i*-umlaut eines *io*, s. § 63, 10.
4. *u*-, *w*-, dialektisch auch labial-umlaut eines *e*, s. § 77, 3, § 82, 3 und § 85 anm. 2.

§ 191—195. Uebersicht über die starktonigen sonanten.

5. *u-*, *w-* (dialektisch wol auch — z. b. anorw. *skynsømð* verstand, s. Bugge bei Fritzner III, 1102 — labial-)umlaut eines *œ*, s. § 77, 7, § 82, 6 (und § 85 anm. 2).
6. *w-*umlaut von *uœ*, s. § 82, 12.
7. Kürzung eines *ó*, s. § 127, 7 und § 129.
8. Mnorw. aus *y* entstanden, s. § 114, anm. 2.

§ 191. *ǿ* hat ebenso sehr verschiedenen ursprung (vgl. § 208):
1. *i-*, *j-* oder *R-*umlaut eines *ó*, s. § 63, 5 (auch wenn *ó* aus *ǫ́* entstanden ist, s. ib. anm. 4), § 68, 4 und § 71, 4.
2. *i-*umlaut von *ió*, s. § 63, 11.
3. *u-*umlaut eines *é*, s. § 77, 4.
4. *u-*umlaut von *ǽ*, s. § 77, 8.
5. *u-*umlaut von *uǽ*, s. § 77, 14.
6. Dialektische kontraktion von *ǫu* (*au, ou*), s. § 98 anm.
7. Dialektische kontraktion von *ey*, s. § 99 anm.
8. Dehnung eines *ø*, s. §§ 122—126.

2. Diphthonge.

§ 192. *au* (*ou*, s. § 98, 1) hat folgenden ursprung:
1. Gewöhnlich urgerm. *au*, urn. *ǫu*, s. § 55 und § 98, 1.
2. Urgerm. *-aƀu-*, *-arƀu-*, s. § 132 anm.
3. Aus *ǫ* diphthongiert, s. § 105 mit anm.

§ 193. *ei* (*œi* § 97, 1) entspricht:
1. Urgerm. *ai*, urn. *œi*, s. § 54 und § 97, 1.
2. Aelterem *e*, s. § 96 (anorw.) und § 102 (aisl.).

§ 194. *ey* (*øy* § 99) ist:
1. Gewöhnlich *i-*, *j-* oder *R-*umlaut von *au* (*ou*), s. § 63, 14, § 68, 8 und 71, 8.
2. Selten *u-* oder *w-*umlaut von *ei* (*œi*), s. § 77, 15 und § 81, 13.

§ 195. *ia* hat folgenden ursprung:
1. Gewöhnlich *a-* (anorw. auch *u-*)brechung eines *e*, s. § 88 (und § 89):
2. Aus *é*, *i*, *í* + *a* kontrahiert, s. § 133, a.

Anm. Ueber *ia* im anorw. *giagnum* s. § 263 anm. 1.

§ 196—203. Uebersicht über die starktonigen sonanten. 157

§ 196. *iá* ist:
1. Dehnung eines *ia*, s. §§ 122—126.
2. Aus *é, í, ý, ǽ + a* kontrahiert, s. § 133, b, 2.
3. Urgerm. *jah* in *iá* jawol, s. § 231 anm. 1.

Anm. Ueber *iá* in *giár, giáta* s. § 263 anm. 1.

§ 197. *ie* ist nur aisl. und entspricht:
1. Aelterem *iæ*, vgl. § 176, 3 und § 205.
2. Aelterem *e* nach *g, h, k*, s. § 103.

§ 198. *ié* ist nur aisl. und immer aus älterem *é* entstanden, s. § 103.

§ 199. *io* (vgl. § 204) hat folgenden ursprung:
1. Gewöhnlich *u*-brechung eines *e*, s. § 89.
2. Selten aus *i, ý, ǽ + o, u* kontrahiert, s. § 133, a.
3. Selten anorw. aus *iu* (< *y*, s. § 201, 4) entstanden, s. § 104.

§ 200. *ió* hat sehr mannigfachen ursprung:
1. Urn. *iǫu*, s. § 101, 2.
2. Dehnung von *iǫ* (*io*), s. § 89 und § 124, 3.
3. Aelteres *ǽw*, s. § 106.
4. Selt. älteres *éw* (und *íw*), s. § 106 anm. 1 (und 2).
5. Aus *e, é, i, í, ý, ǽ + o, ó, u* entstanden, s. § 133, a und b, 2.
6. Urgerm. -*eƀu*-, s. § 133 anm.

§ 201. *iu* ist überhaupt selten und zwar als:
1. *i, ý + u*, s. § 133, a.
2. Urgerm. -*eƀu*-, s. § 133, a mit anm.
3. Anorw. entwickelung von *io*, s. § 89 anm. 1.
4. Anorw. aus älterem *y* entstanden, s. § 104.
5. Anorw. selten brechung von *i*, s. § 89 anm. 3.

§ 202. *iú* ist:
1. Urn. *iu*, s. § 56 und § 100.
2. Urn. *iǫu*, s. § 56 und § 101, 1.
3. Aus *í, ý + u* entstanden, s. § 133, b, 2.
4. Selten urgerm. -*eƀu*-, s. § 133 anm.

§ 203. *iy* ist sehr selten und immer *i*-umlaut von *iu*, s. § 63, 12.

§ 204. *iǫ* (*io*) ist immer durch *u*- oder *w*-umlaut von *ia* sowie *u*-brechung von *e* entstanden, s. § 77, 9, § 82, 7 und § 89.

Anm. Ueber *iǫ* in *giǫrr, giǫgnum* s. § 263 anm. 1.

§ 205. *iœ* (aisl. *ie*, s. § 197, 1) ist *i*-umlaut von *ia*, s. § 63, 9; im anorw. auch durch progressiven *j*-umlaut aus *ia* entstanden, s. § 70, 1.

§ 206. *iǽ* ist mnorw. durch progressiven *j*-umlaut aus *iá* entstanden, s. § 70, 2.

§ 207. *iø* ist in ältester zeit sehr selten und immer *i*-umlaut von *io*, s. § 63, 10; später auch durch progressiven *j*-umlaut aus *io* entstanden, s. § 70, 3.

§ 208. *iǿ* ist selten und urspr. nur durch *i*-umlaut aus *ió* entstanden, s. § 63, 11; dann mnorw. auch durch progressiven *j*-umlaut aus *ió*, s. § 70, 4.

§ 209. *ua, ue, ui* (anlautend *va, ve, vi*) sind entstanden aus:
1. *w* + *a, e, i*, über deren ursprung s. § 174, § 176 und § 178.
2. *u* + *a, e, i*, s. § 134, a.

§ 210. *uá, ué, uí* (anlautend *vá, vé, ví*) sind entstanden aus:
1. *w* + *á, é, í*, über deren ursprung s. § 175, § 177 und § 179.
2. *ó, ú* + *a, e, i*, s. § 134, b.

§ 211. *uo* vertritt im misl. selten älteres *ue*, s. § 86 anm. 1.

§ 212. *uǫ, uǫ́, uœ, uǽ, uø, uǿ* (anlautend *vǫ, vǫ́* usw.) sind immer aus *w* + *ǫ, ǫ́, œ, ǽ, ø, ǿ*, über deren ursprung s. §§ 186—191, entstanden. Vgl. aber bes. für *uǫ* § 77, 10 und § 82, 8; *uǫ́* § 77, 11; *uœ* § 63, 15 und § 68, 9; *uǽ* § 63, 16; *uø* § 82, 9 und 12.

§ 213. Das seltene anorw. *ǽi* (über *œi* s. § 193) entspricht älterem *ǽ*, s. § 96.

§ 214. Die triphthonge *uau* (*uou*), *uei* (*uœi*), *uey* (*uøy*) sind immer aus *w* + *au, ei, ey*, über deren ursprung s. §§ 192—194, entstanden.

II. Die sonanten der schwachtonigen silben.

§ 215. *a* entspricht:
1. Urgerm. und urn. *ō*, s. § 137, 2.
2. Urgerm. *o*, urn. *a*, s. § 137, 2.
3. Urgerm. *au*, urn. *ō*, s. § 140.
4. Seltener älterem *á*, nach § 151, 1 verkürzt.
5. Selten urgerm. *ai*, s. § 139.
6. Selten mnorw. *o*, s. § 150 anm.
7. Später ist *a* im aonorw. svarabhaktivokal, s. § 161, b.
8. Mnorw. *œ*, s. § 149 anm. 2.

Anm. Ueber *a* als urn. svarabhaktivokal s. § 142.

§ 216. *e* und *i*, nach § 145 wechselnd, entsprechen:
1. Urgerm. *ī*, s. § 151, 3.
2. Urgerm. *i*, z. b. *ynglingr*, *-engr* jüngling, *valeþr*, *-iþr* gewählt, acc. pl. *geste*, *-i* (got. *gastins*) gäste, 2. pl. präs. ind. und imperat. *bíteþ*, *-iþ* beisset, part. prät. *bitenn*, *-inn* gebissen u. a. Vgl. auch § 73, § 74.
3. Urgerm. *ǣ*, s. § 138.
4. Urgerm. *ai*, urn. *ē*, s. § 139.
5. Urgerm. *eu*, *iu*, urn. *iu*, s. § 141.
6. Aelterem *é* durch kürzung, s. § 151, 2.
7. Aelterem *œ*, s. § 149.
8. Selten älterem *ǽ* durch kürzung, s. § 151, 6.
9. Urgerm. *e*, s. § 61, 2 und § 149 anm. 1.
10. Selten älterem *y*, s. § 147.
11. Selten älterem *ei*, s. § 152, 1.
12. Sehr selten älterem *ó*, s. § 151, 7.
13. Später sind sie im nordwestnorw. svarabhaktivokale, s. § 161, b. Vgl. 16 unten.

Ohne mit *i* zu wechseln kommt *e* ausserdem vor:
14. Aelterem *œ* entsprechend, s. § 149.
15. Aelterem *ǽ* entsprechend, s. § 151, 6.
16. Im späteren aonorw. als svarabhaktivokal, s. § 161, b.

§ 217. *o* und *u*, nach § 146, 1 und 2 wechselnd, entsprechen:
1. Urgerm. *ō*, s. § 137, 1.
2. Urgerm. *o*, s. § 137, 1.
3. Urgerm. *ū*, s. § 151, 4.

4. Selten urgerm. *au*, s. § 140.
5. Selten urgerm. *u*, z. b. acc. pl. *suno*, *-u* (got. *sununs*) söhne, 1. pl. prät. ind. *bitom*, *-um* (got. *bitum*) bissen. Vgl. 11 unten.
6. Selten älterem *ǫ*, s. § 151, 5.
7. Aelterem *ǫ*, s. § 148.
8. Aelterem *w*, s. § 226.
9. Selten älterem *w*, s. § 158, § 226.
10. Im etwas späteren südwestnorw. sind sie svarabhaktivokale, s. § 161, b. Vgl. 12 unten.

Nur ausnahmsweise mit *u* wechselnd kommt *o* ausserdem vor:

11. Aelterem *ǫu* (*au*, *ou*) entsprechend, s. § 152, 2.
12. Urn. *u* entsprechend, s. § 146, 3.

Ohne mit *o* zu wechseln kommt *u* ausserdem vor:

13. Im späteren aisl. als svarabhaktivokal, s. § 161, a.

§ 218. Von den übrigen vokalen kommen in schwachtoniger stellung nur *y*, *œ* und *ø*, alle verhältnismässig selten, vor und zwar:

1. *y* selt. statt *i*, s. § 145 anm. 5.
2. *œ* im späteren aonorw. teils älteres *a* vertretend, s. § 144; teils als svarabhaktivokal, s. § 161, b.
3. *ø* sporadisch im etwas späteren aisl. statt eines älteren *u*, s. § 146 anm. 4.

Anm. Ueber die diphthonge in schwachtoniger silbe s. § 354 und § 355.

III. Abschnitt.   Die konsonanten.

§ 219. Das urnordische übernahm aus urgerm. zeit folgende konsonanten:

		labiale	dentale	palatale u. velare
Explosivæ:	stimmlose:	*p, pp*	*t, tt*	*k, kk*
	stimmhafte:	*b, bb*	*d, dd*	*g, gg*
Spiranten:	stimmlose:	*f, ff*	*þ, s; þþ, ss*	*h, hh*
	stimmhafte:	*ƀ* —	*ð, z* —	*ȝ* —
Nasale:		*m, mm*	*n, nn*	*ŋ* —
Liquidæ:		—	*l, r; ll, rr*	—
Halbvokale:		*w, ww*	—	*j, jj*

§ 220. 221. Urnordische veränderungen von *d*, *g*, *þ*.

Anm. 1. *b*, *d*, *g* kamen wahrscheinlich nur nach den entsprechenden nasalen vor; *d* ausserdem nach *l* (sofern dies nicht wegen assoziation kakuminal gewesen ist, s. Pipping, Stud. nord. fil. VI, 5, s. 25 ff.). Vgl. Paul, Beitr. I, 147 ff.

Anm. 2. Urgerm. *ff*, *þþ*, *hh* waren sehr selten, sodass *ff* und *hh* überhaupt nicht im an. durch sichere belege vertreten sind; s. Kluge, Beitr. IX, 157 ff.; Kauffmann, ib. XII, 504 ff.; Lidén, Arkiv IV, 98 f.; v. Friesen, Om de germ. mediageminatorna, s. 10 und 115 f.

Die entwickelung dieser laute innerhalb des (urnordischen und) altwestnordischen wurde durch folgende lautgesetze bestimmt.

Kap. 1. Urnordische vorgänge.

A. Qualitative und quantitative veränderungen.

§ 220. Die stimmhaften explosivæ *d*, *g* in den verbindungen *nd*, *ŋg* und *ld* (s. § 219 anm. 1) werden im urspr. (d. h. vor der synkope) urn. auslaut einer starktonigen silbe zu *t*, resp. *k* (aus *nt*, *ŋk* wird später *tt*, *kk* nach § 266, 2 und 3), z. b. imperat. *bitt*, *sprikk*, *gialt*, prät. *batt*, *sprakk*, *galt* zu *binda* binden, *springa* zerspringen, *gialda* bezahlen. Scheinbare ausnahmen wie imperat. *bind*, *vald*, *giald*, *hald*, *gang*, prät. *sprang* neben gew. *bitt*, *valt*, *gialt*, *halt*, *gakk*, *sprakk* zu *binda*, *valda* walten, *gialda*, *halda* halten, *ganga* gehen, *springa* sind dem infinitiv, präs., prät. pl. u. a. nachgebildet. — Nach schwachtonigem vokal scheint *nd* zu *nn* geworden und dann wie jedes solche nach § 299, 5 geschwunden zu sein, z. b. 3. pl. präs. ind. *binda* (got. *bindand*) binden.

Anm. 1. Der übergang ist früher als die synkope eines auslautenden nasalierten *a* nach langer wurzelsilbe (§ 153, 6) durchgeführt worden, wie aus dem erhaltenen *d*, *g* in formen wie acc. sg. *band* (urn. **bandą*) band, *giald* bezahlung, *gang* gang erhellt.

Anm. 2. Ein entsprechender übergang -*mb* > -*mp* (-*pp* nach § 266, 1) ist wol anzunehmen, wenn auch sichere beispiele fehlen.

§ 221. Die stimmlose spirans *þ* wird zu:

1. *ð* (aisl. *þ* geschrieben) nach stimmhaften lauten sowie anlautend in schwachtoniger silbe, z. b. anorw. *bróðer* (got. *brōþar*) bruder, *kueða* (got. *qiþan*) sagen, *værða* (got. *wairþan*) werden, *Sigðir* (**Siᵹiþewaʀ*), *Hamðer*, *Eggðer* u. a. mit urn. *þewaʀ* zusammengesetzten mannsnamen, *Ber(g)ðórr*, *Hafðórr*

neben -*þórr* u. a. dgl. mannsnamen; ferner anorw. *ðu* du, *ðinn* dein, *ðat* das, *ðesse* dieser, *ðar* dort u. a. (s. z. b. Hb, s. LV; aisl. beisp. bei Storm, Otte brudstykker, s. 6) neben betonten *þú*, *þinn* usw.

Anm. 1. Durchsichtige zusammensetzungen behalten oft *þ* nach massgabe des simplex, z. b. *arfþege* erbe, *hiorþing* schlacht, *Suiþióð* Schweden, *alþýða* das ganze volk, *iþrótt* kunst u. a. neben seltneren lautgesetzlichen formen wie *arfðege*, *hiorðing*, *Suiðióð*, *alðýða*, *iðrótt* usw. zu resp. *þiggia* empfangen, *þing* gericht, *þióð* volk, *þróttr* stärke u. a. (s. Falk, Arkiv V, 120). Vgl. noch Lindroth, Namn och bygd III, 41 ff.

Anm. 2. Die urn. inschriften bis gegen 700 (z. b. noch Eggjum, s. Olsen, No. I. III, 189 note 3) scheiden noch etymologisch zwischen *þ* und *ð* (s. Bugge, Aarbøger 1884, s. 86). Aber schon um 775 zeigt sich eine verwechselung, die wol wenigstens für Schweden den übergang *þ* > *ð* beweist, z. b. die umgekehrte schreibung Sölvesborg *wAþ(i)* ein mannsname (ags. *Wada*, ahd. *Wato*). In Dänemark wiederum scheint dieselbe verwechselung weit früher belegt zu sein durch Overhornbœk *auþa* (ags. *Éada*, ahd. *Ōto*) c. 550. Ob sie in Norwegen schon c. 650 durch By *m[arki]þé*? belegt ist (vgl. ebendaselbst *alaifu*? st. *-bu*) bleibt unsicher.

2. *f* anlautend vor *l*, z. b. *flýia* (got. *þliuhan*) fliehen, *flár* falsch (vgl. got. *gaþlaihan* liebkosen), wenn wirklich das got. *þl* primär ist (s. aber die bedenken bei Noreen, Urg. lautl., s. 197 f., und Zupitza, Die germ. gutturale, s. 131).

§ 222. Die stimmlose spirans *h* (deutsch *ch*) wird zu:

1. Blossem hauchlaute (*h*) anlautend ausser vor konsonantischem *i* und *u* (wenigstens in gewissen gegenden, vgl. Marstrander, Bidrag, s. 104), z. b. *horn* horn, *hane* hahn, *hefia* heben, *hlaupa* springen, *hniga* hinsinken, *hringr* ring.

Anm. 1. Der übergang ist wol schon durch *siʒaðuʀ* (Svarteborg) st. *-haðuʀ*, aber jedenfalls aus dem anfang der vikingerzeit bezeugt durch das air. lehnw. *elta* knopf oder schutzvorrichtung am schwert, urn. **helta* (aisl. *hialt*).

Anm. 2. Dialektisch werden dann *hl*, *hn*, *hr* weiter zu gehauchten *l*, *n*, *r* (geschrieben *nh*, *rh*; *lh* ist noch unbelegt) entwickelt. Der übergang ist schon etwas nach 700 bezeugt durch die schreibung der Vatner inschrift: *rhoAltʀ* statt urn. **Hrōþuwalðuʀ* oder *-aʀ* (aisl. *Hróaldr*); dann etwas vor 1100 durch den spitznamen *Nhaki* statt *Hnakke* in einer inschrift aus Man (s. Bugge, Aarbøger 1899, s. 236). Vgl. weiter Noreen, Geschichte[3], s. 13, § 8, 6.

2. *k* vor *s*, ausser wenn anderer konsonant als *l* oder *n* folgt (*ks* wird dann *x* geschrieben), z. b. *ax* (got. *ahs*) ähre, *sex* sechs, *vaxa* wachsen (wonach *vǫxtr* gewächs), *fylxne* (got.

§ 223. 224. Urnordische Veränderungen von b, ð, ʒ, z. 163

fulhsni) versteck, *ǫxl* achsel, *óxla* vermehren, pl. *yxn* (vgl. got. gen. *aúhsnē*) ochsen; dagegen aber *liós* (vgl. got. *liuhaþ*) licht, *lióss* hell, *lǫstr* (**lahstus*, vgl. ags. *leahtor*) laster, *mistr* (**mihst-*) dampf, *mistelteinn* (vgl. got. *maíhstus* dünger) Viscum album, *niósn* das spähen (**niuhsīn-*, got. *niuhseins* besuch), *nýsa* (got. *niuhsjan*) spähen, *óst* (vgl. ahd. *uohsana*) höhle über dem schlüsselbein; über die scheinbare ausnahme *þísl* s. § 111, 2. S. Sverdrup, I. F. XXXV, 149 ff., 163, Pipping, Inledning till studiet av de nordiska språkens ljudlära, s. 175 f.

Anm. 3. Der übergang ist wenigstens älter als die in § 112, 2 und § 110, 3 erwähnten übergänge *u* > *o* (> *ó*) und *i* > *e* (> *é*) vor *h*. Sonst wären ja formen wie *uxe* ochs, *vírl* wechsel unmöglich; vgl. § 106 anm. 5 und § 112 anm. 4.

§ 223. Die stimmhaften spiranten *b̃*, *ð*, *ʒ* werden zu:

1. *b*, *d*, *g* anlautend (s. Wimmer, Runenschrift, s. 220ff.), z. b. *brýtr* (urn. *ʙArutʀ* Björketorp) bricht, *dagr* (urn. *ðaʒaʀ* Einang) tag, *gestr* (urn. -*ʒastiʀ* Gallehus, Berga) gast.

Anm. 1. Schon urn. zusammensetzungen behalten im sekundären inlaut einstweilen die spirantische aussprache nach ausweis air. lehnwörter wie *Trevan* 830, *Colvan* (aus *Kolbainn*), s. Marstrander, Bidrag s. 106; ebenso *iópís* (im Ynglingatal) zu *iór* pferd und *dís* hehre frau (die form *ióðdís* in Snorra Edda beruht wol auf volksetymologischem anschluss an *ióð* neugeborenes kind). Vgl. aschw. *Ōwrādher* st. *Ōbradher* u. a., s. Noreen, An. gr. II, § 225 anm.

Anm. 2. Der übergang scheint um 700 durch die umgekehrte schreibung -*sbA* Björketorp st. -*spā* prophezeiung bezeugt zu sein.

2. *f*, *þ*, *h* (welches später nach § 230, 2 schwindet) auslautend, wenigstens etwas vor 700 (s. Bugge, Arkiv VIII, 14 note; vgl. Groth, Det AM. haandskrift 310 qvarto, s. XXXIV f.), z. b. Stentoften *ʒAf* gab und *bAriutiþ* bricht. Beisp. von *ʒ* > *h* s. § 230, 2. Ueber die spätere entwickelung von diesen *f* und *þ* s. § 240, 1, resp. § 221, 1.

3. Inlautend vor *u* wird *b̃* zu *w*, welches später nach § 235, 2 schwindet. Beisp. s. ebendaselbst.

§ 224. Die stimmhafte spirans urgerm. *z* (weiches *s*) ist in den ältesten finnisch-lappischen lehnwörtern noch als spirans erhalten, z. b. finn. *armas* (got. *arms*, aisl. *armr*) elend, *tiuris* (aisl. *dýrr*) teuer u. a., später aber — vielleicht schon vor 550 (s. anm. 1) — allgemein (vgl. aber 2 unten)

1. zu ʀ (palatalem *r*) geworden, z. b. Torsbjærg -*þewaʀ* (got. *þius*) diener, -*mariʀ* (got. *mērs*) berühmt, Gallehus -*ʒastiʀ* (got. *gasts*) gast, Einang *ðaʒaʀ* (got. *days*) tag (als mannsname).

Anm. 1. Dass urn. ʀ wirklich einen *r*- und nicht einen *s*-laut bezeichnet, ist vielleicht aus Jordanes *fervir* einwohner von Fjäre zu erschliessen (s. Bugge, No. I. II, 511). Beispiele aber, wo man bisher verwechselung von ʀ und *r* angenommen hat, sind alle hinfällig.

2. *zð*, *zn* (eventuell *ʀð*, *ʀn*) werden zu (*ðð*, woraus, wenigstens schon um 950 [s. Marstrander, Bidrag, s. 102], nach § 238, 1, a) *dd*, resp. *nn*, z. b. *gaddr* (got. *gazds*) stachel, *hodd* (got. *huzd*) hort, *rǫdd* (got. *razda*) stimme, *oddr* ort, spitze, *broddr* (ahd. *brort*) spitze, *gredder* § 154 einer der zu speisen gibt; *rann* (got. *razn*) haus, *granne* § 154 nachbar, *ǫnn* (ahd. *aran*; vgl. got. *asans*) jahreszeit für feldarbeit, *hrǫnn* (ags. *hœrn*) woge, *fǫnn* (lit. *pusnìs*) schneefeld, *hiarne*, *þorna* s. § 283. Ueber die scheinbare ausnahme prät. *eirþe* (aschw. *edde*) zu *eira* (aschw. *ēdha*) gefallen s. Noreen, Arkiv V, 394 note.

Anm. 2. Diese assimilation muss sehr früh, vor dem eintritt des ʀ-umlautes (ob auch vor dem übergang $z > ʀ$? so Setälä, Journal de la Société Finno-ougrienne XXIII, 1, s. 34, dagegen aber Karsten, Neuphilologische Mitteilungen 1906, nr. 12, s. 15 f.), durchgeführt worden sein; sonst würde man ja ʀ-umlaut des vorhergehenden vokals (§ 71) finden.

Anm. 3. Ueber eine, vielleicht schon urgerm., assimilation $zl > ll$ in *knylla* schlagen zu *knosa* zerstossen, *hrolla* zittern zu *hrjósa* schaudern s. Kluge, Beitr. VIII, 524.

Anm. 4. Ist *zm* (*ʀm*) — oder *ðm* (s. § 268 anm. 3) — zu *mm*, woraus dann nach § 285 anm. 1 *m*, geworden in dem häufigen *þykke mér* statt *þykker mér* (oder *þykkeþ mér*) es scheint mir? Vgl. *þykke þér* aus *þykkeþ þér nach § 241 (vgl. § 285 anm. 1).

§ 225. *mn* wird zu *ƀn*, z. b. *nafn* name, *safn* sammlung (zu *saman* zusammen), *hefna* rächen und *hafna* verwerfen neben *hemia* hemmen, dat. sg. *hifne* (anal. wieder *himne*) und *gafne* (*gamne*) zu *himenn* himmel, resp. *gaman* freude; hierher wol auch der schlangenname *Fáfner* (< *Faðmnir* § 292; auch *Famner*, s. M. Olsen, Vǫlsunga saga, s. XXVIII) neben anorw. *Faðmer* 'umarmer' wie anorw. (s. Hertzberg) *fafn* neben gew. *faðmr* busen (vgl. adän. *fafnœ* neben aisl. *faþma* umarmen). S. Bugge, Arkiv II, 214 ff., Studier, s. 343 note.

Anm. 1. Die erscheinung stammt vielleicht zum teil schon aus urgerm. zeit, s. Noreen, Urg. lautl. s. 140 f.; Brugmann, Grundriss d. vgl. gram.² I, 383; dagegen J. Schmidt, Kritik der sonantentheorie, s. 133 ff.

Anm. 2. Dies *ƀn* kann später wieder zu *mn* werden, s. § 237, 2.

§ 226. Die halbvokale *j*, *w* werden, wo sie durch synkope des folgenden sonanten antekonsonantisch oder auslautend zu stehen kommen, sonantisch d. h. zu silbenbildendem *i*. resp. *u*. Insofern diese neuerschaffenen sonanten schon vor der allgemeinen *i*, resp. *u*-synkope (s. § 153) entstanden sind, werden sie gleichzeitig mit altem *i*, *u* synkopiert (s. v. Friesen, N. spr. I, 3 ff.), z. b. urn. *Harja-* > später *Hari-* > aisl. *Har-* in mannsnamen (s. § 69); urn. dat. sg. *kunimu[n]ðiu* Tjurkö aus *-iwi* ein mannsname; urn. *ʒarwaʀ* (ahd. *garwēr*) bereit und acc. *Siʒitriggwa* (vgl. got. *triggws*) ein mannsname > in der vikingerzeit *karuʀ*, resp. *Siktriku* (s. § 153, 7 und 77, 5, a) > aisl. *gǫrr*, resp. *Sigtrygg*; vgl. aschw. *nakudher* nackt durch kontamination von *nakwidher* : acc. *nak(u)ðan* (aisl. *nøkkueþr* : *nǫkþan*, s. § 159). Sonst bleiben *i*, *u*, z. b. bei enklitischer verwendung von *-weg* in *hinnog* dort, *þannog* dahin, *huernog* wohin, *huersog* wie (s. § 158), oder wo die pänultima späterer zusammensetzungsglieder mit der zeit zu völliger unbetontheit niedersinkt und daher der synkope anheimfällt, z. b. *ǫndugi* hochsitz statt des älteren *ǫndvege* (*andvege*, s. § 79), *dǫgorþr* neben *-verþr* frühstück, *ǫndorþr* neben *-verþr* vorwärts gerichtet, wol auch fälle wie *harþynde* (ags. *heardwende*) härte, *heilynde* (ags. *hálwende*) gesundheit (s. § 173, 2 mit anm. 2), *Aun(n)* Edwin durch kontamination von *Auwinn* (bei Einhard als *Aovin* belegt; aus *Auðvinʀ*, s. § 228; latinisiert *Auduen(n)us*, s. Lind, Dopnamn, s. 105 und 1278, air. *Oduind*, ags. *Eádwine*) und gen. *Auþunar* (wonach nom. *Auþon*, *-onn*, wie umgekehrt nach *Aunn* der gen. *Aunar* entsteht), gen. *Ingunar* zu *Ynguinn* (s. Noreen, Namn och bygd VIII, 1 ff.), *Hákon(n)* neben anorw. latinisiert *Haquinus* (air. *Acuind*; anorw. und aschw. durch kontamination *Háquon*, s. Noreen a. o.) mannsnamen oder *Biorgyn* Bergen statt urspr. *Biorgvin* (zu *vin*, gen. *viniar* weideland) : gen. *Biorgyniar* (< *-uniar* durch *j*-umlaut), später auch durch kontamination *Biorgin*, gen. *Sigyniar* (wonach nom. *Sigyn*) zu nom. *Sygvin* oder (s. Lind, a. o. s. 901) durch kontamination *Sygin* ein frauenname; u. a. dgl.

§ 227. *jj* (got. *ddj*) und *ww* (got. *ggw*) werden wenigstens im anfang der vikingerzeit zu *ggj*, resp. *ggw*. Nach dem urn. *niuwila* Næsbjærg ein mannsname zu urteilen wäre der übergang nicht (früh-)urnordisch (sonst stände *Niʒwila*); vgl. aber

Bugge, Arkiv VIII, 22. Jedenfalls ist aber das finn. lehnwort *kuva* bild (aisl. *skugge*, got. *skuggwa*, s. unten 2) vor dem übergang entlehnt worden (s. Karsten, Germ.-finn. Lehnwortstudien, s. 151).
1. *jj* > *ggj*, z. b. gen. *tueggia* (got. *twaddjē*, ahd. *zweiio*) zu *tueir* zwei, *veggr* (got. *waddjus*) wand, *egg* (dat. pl. *eggiom*) ei, *Frigg* (gen. *Friggiar*; ahd. *Frīa*) Odins gattin, *gneggia* (s. § 154) wiehern, gen. *beggia* zu *báþer* (s. § 54 anm. 2) beide, *þriggia* (ahd. *drīo*, aber got. *þrijē*, vgl. Osthoff, Etymologische parerga, s. 139) zu *þrír* drei, *skeggia* beil zu *skeina* streifwunde.
2. *ww* > *ggw*, z. b. *tryggr*, acc. *-gguan* (got. *triggws*, ahd. *triuwi*) treu, *gløggr* (vgl. § 82, 6), acc. *-gguan* (got. *glaggwus*) deutlich, *skugg-siá* spiegel, *skugge* (got. *skuggwa* spiegel) schatten, *skyggua* überschatten, *hǫggua* (ahd. *houwan*) hauen, *dǫgg*, gen. *-gguar* tau, *hryggua* (vgl. ahd. *hriuwan*) betrübt machen, *bruggenn* (vgl. ags. *bréowan*) gebraut, *bygg*, dat. *-ggue* (ags. *béow*) gerste, *hnøggr*, acc. *-gguan* (ags. *hnéaw*) karg, *hnǫggua* (s. § 77, 7) stossen, *snøggr*, acc. *-gguan* (vgl. got. *sniwan*) hurtig, *tyggua* kauen, *gyggua* schreck einflössen, *snugga* schielend spähen (vgl. *snúa* drehen), *rǫgg* grobe haare zu *rýia* rupfen, *byggua* neben *búa* wohnen, *gluggr* lichtöffnung zu *glóa* (ags. *glówan*) leuchten.

B. Schwund.

§ 228. *ð*, altes oder nach § 221, 1 aus *þ* entstandenes, schwindet sporadisch vor *w* (s. Noreen, Arkiv VI, 315 ff.), z. b. die personennamen *Hrólfr* (ags. *Hróðwulf*) Rudolf, *Hǫlfr* (urn. *hAþuwulafR* Istaby, *-wolAfR* Stentoften), *Ólfr* (belege dieser schreibung gibt Bugge bei Fritzner III, 1105 und Lind; aschw. run. *Āulfr*, ags. *Æðwulf*) Adolf, *Ǫnn*, *Ǫn* (mnorw. oft nach § 116 *Ón*, s. Rygh, Gamle personnavne s. 10, och Lind, Dopnamn, neben *An*; ahd. *Adwin*), *Aunn*, *Aun* neben *Auþon(n)* Edwin (s. § 226), mnorw. *Awwlff* (s. Lind) neben gew. *Auðulfr*, *Kǫlfr* (ahd. *Cathwulf*, ags. *Ceaðwulf*), pl. *mó(þ)ylfingar* nachkommenv on *Móþulfr, Hróaldr* (ahd. *Hródowald*, vgl. § 235, 1, d), *Hróarr* (**Hrōþu[ʒ]ārR*, ags. *Hróðʒár*) Rüdiger; ferner *þý(þ)-verskr* deutsch, pl. *Unavágr* mythischer ortsname zu *unaþ* genuss. Vgl. aber mit erhaltenem *ðw* — wol im allgemeinen durch einfluss verwandter wörter — z. b. *Bǫþuarr, Bǫþuildr* (s. § 134, a), *stǫþua* hemmen, *vǫþue* muskel u. a.

Anm. Das alter (spätestens bald nach 700) der erscheinung wird durch *rho₄ltR* = *Hróaldr* in der Vatner inschrift erwiesen. Uebrigens zeigt die entwickelung *Hrōþuwolfaʀ* > *Hrōðwolfʀ* > *Hrō(w)olfr* > *Hrólfr* u. dgl., dass der vorgang nach der betreffenden *u*-synkope aber vor dem schwunde des *w* vor *o* stattfindet.

§ 229. ʒ fehlt ohne ersichtliche regel im anlaut einiger späteren zusammensetzungslieder: *-gísl* (*-gisl* § 127, 2, *-gils* § 313, 4), *-geirr*, *-genge*, z. b. die mannsnamen *Aþisl* (*Aþils*, alt wol noch *Aþgils*, s. Sievers, Beitr. XII, 487), mnorw. *Auðels* neben *Auþgísl* (ags. *Eádʒils*); *Hróarr* (s. § 228, § 151, 1; ags. *Hróðʒár*), *Þórarr* (*Þorgeirr*, s. § 54, 3, b; air. *Tomrair*), *Óttarr* (aisl. auch *Ottir*, s. Marstrander, Bidrag, s. 89 und 156), ferner *nafarr* (ahd. *nabagēr*) bohrer; *væringe*, *foringe*, *lanzofringe*, anorw. *unningi* (*undingi*), *hofþinge*, *erfinge*, *brautinge*, *frelsinge*, *lausinge*, *hamingia* s. § 149 (Bugge, Arkiv II, 224 f.); *leiþangr* kriegszug zur see zu *gangr* gang (s. E. Olson, De appellativa substantiven, s. 206).

Anm. Wenigstens in den namen auf *-isl* fehlt das ʒ schon in der vikingerzeit nach ausweis des mannsnamens aschw. pl. *HąislaR* (Rök).

§ 230. *h* schwindet:

1. Inlautend in allen stellungen, ausser vor *s* (nach § 222, 2) und zwischen vokal und *t* (nach § 267). Die ältesten beisp. wären etwa, wenn die inschr. richtig gedeutet sind, Svarteborg *siʒaðuʀ* aus *-haðuʀ* (vgl. Kjølevig *haðulaikaʀ*) ein mannsname, Etelhem *w[o]rta* (vgl. Tune *worahto*), Tjurkö *wurte*, By orte, Sölvesborg *urti* machte, Björketorp *-sb₄* aus *-spahu* prophezeiung, Vatn 1. sg. präs. *fai*? (< *fahi* Åsum und noch St. Noleby < *faihiu*; vgl. prät. 1. sg. Einang, Vetteland *faihiðo*, Rö *fahiðo*, aber 3. sg. adän. run. um 800 *faþi* Helnæs, *fuaþi* Flemløse) male, aber andererseits noch Tjurkö *wllhu* (statt *walha-*) wälsch, Björketorp *f₄l₄h-₄k* ich verbarg. Aisl. beisp. sind u. a. *ó*, pl. *ár* (got. *ahva*, pl. *ahvōs*, vgl. § 77, 2) fluss, *siá* (got. *saíhvan*) sehen, *fela* (got. *filhan*) verbergen, *for* furche, *fá* (got. *fāhan*) bekommen, *fé* (got. *faíhu*, Abeced. nordm. *feu*, Cod. Leid. *fiu*) vieh, *slá* (got. *slahan*; als lehnw. im Orrmulumm *slān*) schlagen, *malr* (ahd. *malaha*) sack.

2. Auslautend erst später, z. b. *þó* (got. *þauh*; noch als ags. lehnw. *þoh*, s. Björkman, Scandinavian loanwords, s. 73 f., 181) doch, *á* (got. *aih*, urn. *₄ih* Overhornbæk, *aih* Fonnås?)

besitze, *fló* (got. *þlauh*; adän. run. *flu* Hællestad um 980, der älteste beleg des *h*-schwundes im auslaut) floh. — Ebenso wenn *h* nach § 223, 2 aus *ʒ* entstanden ist, z. b. präs. *má* zu *mega* können, prät. *þá* zu *þiggia* (*þiȝia, s. § 279, 1) empfangen, *dró* zu *draga* ziehen, *sté* § 97, 2 neben anal. *steig* zu *stíga* steigen, *ló* § 98, 2 neben anal. *laug* zu *liúga* lügen.

§ 231. *j* schwindet anlautend, z. b. *ár* jahr, *ok* joch, *ungr* jung, *enn* (got. *jains*) der, *ostr* (finn. *juusto*) käse, *ýsa* (lapp. *jukso*) gadus aeglefinus, ?*einer* (lat. *jūni-perus*, s. Tamm, Arkiv II, 347 f.) wacholder, *eykr* zugvieh (vgl. got. *juk* joch), *iól* (ags. *ȝeohhol*) weihnachten, *ýler* (got. *jiuleis*) weihnachtsmonat, *iokoll* (vgl. ags. *ȝicel*) eiszapfen.

Anm. 1. Eine scheinbare ausnahme, die bejahende partikel *iá* (got. *ja*), erklärt Lidén, Arkiv III, 235 ff. *Iaga* jagen, *iungfrú* jungfrau u. dgl. sind (spät) aus dem deutschen entlehnt.

Anm. 2. Dass schon um 550—650 *j* geschwunden war, beweisen die inschriften von Fonnås und Istaby, wo die alte *jāra*-rune die bedeutung *A*, d. h. *a* (nicht mehr *j*) hat. Ihr name war also schon damals *ār* (nicht mehr *jāra*), wie im Abecedarium nordmannicum.

§ 232. *m* ist wol (wie *n*, s. § 233) vor *s* geschwunden. z. b. *láss* (*lamsaʀ zu aisl. *lǫm* türangel an einem kästchen, lat. *lammina* metallplatte, s. Noreen, Arkiv III, 13) riegel, ?*áss* (got. *ams* schulter, s. Torp, Nyno. et. ordbok) bergrücken.

§ 233. *n* schwindet (vielleicht schon in vorchristlicher zeit, s. Wiklund, Le Monde Oriental V, 235) vor *s*, z. b. *auđaȝasu* Vi ein frauenname zu aisl. *gós* gans, gen. *asuȝisalas* Kragehul und acc. *asmu*[*n*]*t* Sölvesborg mannsnamen zu aisl. *ǫss* gott (vgl. got. *Ansi-* in namen), *báss* (nhd. *banse*) kuhstall, *fúss* (ahd. *funs*) willig, *ístr* (nhd. *instr*) schmer, *ós*, *ós* (*oss*, *øss*, s. § 112, 1) uns, *ósk* wunsch, *ǫst* (got. *ansts*) liebe, *Ratatoskr* (s. § 112, 1) mythisches eichhörnchen, *ǽs* (vgl. lat. *ansa* griff) schuhloch.

Anm. 1. Ob die erst misl. je 1 mal belegten *hunsl*, -*a* (s. Unger, Heilagramanna sögur I, 41, 394) neben gew. *húsl* (s. § 112 anm. 1) auf ausgleichung von *hunisla-: *hunsla- beruht (s. v. Grienberger, Untersuchungen zur got. wortkunde s. 122; anders, aber unannehmbar, Kock, Arkiv XV, 327 note), bleibt sehr unsicher.

Anm. 2. Auch vor *þ* eines späteren zusammensetzungsgliedes ist *n* verstummt nach ausweis von *uþᴬʳᴬᵇᴬˢᵇᴬ* Björketorp unglücksprophezeiung.

§ 234. 235. Urnordischer konsonantenschwund: r, w.

§ 234. r schwindet vor *wo, wu* (vor dem schwunde des
w nach § 235, 1, a) um 800 (s. Noreen, Arkiv VI, 303 ff.; anders
Kock, Arkiv IX, 154 ff.), z. b. *Þóolfr* (ags. lehnw. *Toulf*, s. Björkman, Nordische personennamen, s. 63 mit note 3) > *Þólfr*
neben *Þórolfr* (*-wolfʀ*), *Stólfr* neben *Stórolfr* mannsnamen,
naumr (*narwumʀ*, vgl. as. *naru*, ags. *nearu*) eng. Ebenso wo
w nach § 223, 3 aus *ƀ* entstanden ist, z. b. *aumr* (*arƀumʀ*)
neben *armr* (*arƀm-*) elend, *haust* (*harbusta*, vgl. ahd. *herbist*,
ags. *hǽrfest*) herbst. — In fällen wie dat. *spǫrfum* zu nom.
spǫrfar sperlinge u. dgl. war die verbindung *rwu* zur zeit des
r-schwundes nicht vorhanden (s. § 235 Anm. 1).

§ 235. *w*, sowol altes wie nach § 223, 3 aus *ƀ* entstandenes,
schwindet:

1. Ursprüngliches *w* in folgenden stellungen:

a) Vor *o, ó, u, ú* und (zum teil wol schon vor der umlautszeit) deren umlauten *y, ý, ø, ǿ* allmählich während der zeit
650—800, z. b. By *orte*, Sölvesborg *urti* (aber noch Tjurkö
wurte, got. *waúrhta*; vgl. Tune *worahtō*) machte, aisl. *orf* (ahd.
worf) sensenstiel, *ormr* (adän. *Urm* bei Einhard c. 800, got.
waúrms) schlänge, wurm, *orþ* wort, *sorg* (ahd. *sworga*) kummer,
1. pl. *syngom* zu *syngua* singen, dat. pl. *vǫlom* zu *vǫlua* wahrsagerin; *óþr* (got. *wōds*) rasend, *Óþenn* (vgl. ahd. *Wōtan*) ein
göttername, *ómon* stimme (vgl. ags. *wōma* laut), pl. *órar* verwirrung, *ǿrr* verwirrt (vgl. ahd. *wōrag* berauscht, ags. *wériʒ*
ermüdet), *óp* geschrei, *øpa* (got. *wōpjan*) schreien, *hót* (got. *hwōta*)
drohung, *hóste* (ags. *hwósta*) husten; *ulfr* (noch Istaby *-wulafʀ*,
Rävsal gen. *-wulfs*, aber adän. run. c. 900 *Ulfs* Hammel) wolf,
in mannsnamen *-olfr* (noch Stentoften *-wolafʀ*), *ull* wolle, *undr*
wunder, *?urt* (as. *wurt* oder got. *aúrti-gards* garten, s. Wiklund,
Le Monde Oriental V, 248) kraut, *und* wunde, *yrkia* würken,
sylta (got. *swultjau*) stürbe. — Ueber alte fälle wie *Wóþenn,
worþ, wulfr* in gedichten s. Þorkelsson, Supplement IV, 179,
181 f. (zweifelhaft).

Anm. 1. Durch einfluss verwandter formen kann das *w* anal. erhalten
resp. wieder eingeführt werden, z. b. prät. *s(u)ór* zu *sueria* schwören; umgekehrt auch anal. entfernt werden, z. b. *k(u)efia* niederdrücken (nach prät.
kóf), *k(u)afna* ersticken, *gata, suala, tiara, fiara* statt **gotua* usw., s. § 84
anm. — Nachdem *w* zu *v* (*f*) geworden ist (s. § 250), kann die analogische
einführung dieses lautes natürlich noch leichter vor sich gehen, z. b. prät.

§ 235. Urnordischer konsonantenschwund: *w*.

pl. *vunnum* statt *unnom* zu sg. *vann*, part. prät. *vunninn* statt *unnenn* zu *vinna* ausführen, *vorþinn* statt *orþenn* zu *verþa* werden, prät. (*v*)*óx* zu *vaxa* wachsen, dat. pl. *spǫrfum* statt *spǫrom* nach nom. *spǫrfar* < *spǫruar* zu *spǫrr* sperling, *máfum* nach *máfar* zu *mór* (anal. *már*, später auch *máfr*) möve, dat. sg. f. *gǫrfri* nach acc. *gǫrfa* < *gǫrua* zu *gǫrr* fertig. Beisp. zeigen sich schon um 1250, am frühesten in anorw. hdschr. (z. b. AM. 310, 4º), dann in aisl., wo aber diese erscheinung immer ziemlich selten bleibt.

b) Vor *r* mit folgendem *o, ó, u, ú, y, ý, ø, ö* (s. Bugge, Ant. tidskr. f. Sv. X, 265), z. b. *roskenn* (zu got. *ga-wrisqan*) gereift; *róta* (ags. *wrótan*) aufwühlen, *róg* streit; *régia* (as. *wrógian*) vorwürfe machen. In anderen stellungen bleibt *w* vor *r* einstweilen erhalten, s. § 288.

c) Vor *l*, z. b. *litr* (got. *wlits*) farbe, *líta* (ags. *wlítan*) sehen.

d) Nach *ó*, z. b. *Hróaldr* (schon Vat_n rho$_A$lt_R), *Hróarr* (aus **Hrōðw-*, s. § 228 und § 229) personennamen, *róa* (ags. *rówan*) rudern, *flóa* (ags. *flówan*) überfliessen, *spóe* (nschw. *spov* zu ags. *spówan*, s. Noreen, Tidskr. f. Fil. N. R. IV, 37 f.) wettervogel, *Nóatún* (zu lat. *nāvis*) ein mythischer ortsname, *Móensheimar* = *Móu* (s. § 65, § 135 und Bugge, Helge-Digtene, s. 135 f.), pl. *þrónder* (ags. *þrówend-*, s. Bugge, No. I. s. 358) ein völkername und *Þróndheimr* Drontheim zu *þróask* gedeihen (vgl. Noreen, Fornvännen 1920, s. 47), *glóa* (ags. *glówan*) leuchten.

Anm. 2. Das auffallende *lófe* (aschw. lautges. *lōe*, finn. *luuva*, vgl. gr. ἀλωϝή) dreschtenne hat wol sein *f* von der nebenform *láfe* (s. § 83, § 171) bekommen.

e) Nach *g, k*, wenn die vorhergehende silbe *u* oder *o* enthält (vgl. Kock, Arkiv XII, 241 ff.), z. b. *skugge* (got. *skuggwa*) schatten, part. prät. *tuggenn* zu *tyggua* kauen, *sungenn* zu *syngua* singen, *sokkenn* (got. *sugqans*) gesunken u. a. m.

f) Nach langer, auf anderen konsonanten als *g, k* (vgl. e oben) endender silbe (s. Heinzel, Anz. f. d. A. XII, 49, z. b. *ótta* (got. *ūhtwō*) frühe morgenzeit, *benda* (got. *bandwjan*) anzeigen, *Þórer* aus **-vér* (s. Marstrander, Bidrag, s. 156), *Steinarr* (aus *stainawarijaʀ* Rö), *Þóraldr* neben *Þorvaldr* (s. § 127, 3), anorw. *Þórífill* zu *Vífill* und *Íóris* zu *víss* weise (s. Lundgren, Arkiv X, 178 f.) personennamen, *Nóregr* (s. Sievers, Beitr. VI, 290, VIII, 59; Kahle, Sprache der skalden, s. 254; Gislason, Efterladte skrifter I, 206; Noreen, Svenska etymologier, s. 22 f.;

§ 235. Urnordischer konsonantenschwund: w.

Hægstad, Vestno. maalf. II, II, 1, s. 56) neben selt. (z. b. Hertzberg, s. 817; Storm, Otte brudstykker, s. 7) *Norvegr* (s. § 127, 3; durch kontamination dann auch *Noregr*) Norwegen, *Þýþ(u)erska* Deutschland, *harþende* (vgl. ags. adj. *heardwende*) härte, *leiþende* (vgl. ags. adj. *láðwende*) abscheu. In zusammensetzungen ist das *w* natürlich oft anal. enthalten, z. b. *Þrúþvangr* mythischer ortsname, *Ásvaldr, Rǫgn-, Ragnvaldr* neben *Ragn-, Rǫgnaldr*, anorw. *Þóraldr* neben selt. (im aisl. allg.) *Þorvaldr, Gunn(v)aldr, Rann(v)æig* neben *Rǫnnog* (s. § 151, 5), *Aul(u)ir, Øyl(u)ir* und *Saul(u)ir* (s. § 105 anm.) personennamen, *brún(v)ǫlue* der finster blickende, *hinn(v)eg* dort, anorw. *þann(v)eg* (Hægstad, G. Tr., s. 66) dahin u. a. dgl.

Anm. 3. Vor kons. *i* scheint *w* ebenfalls zu schwinden, z. b. *hiól* (ags. *hwéol*) rad, *siót* (Vǫlospǫ́ 40, 3, Hyndlolióþ 43, 8, Fiolsuinzmǫ́l 1. 3, Biskupa sögur I, 647; ags. *swéot*) schar.

Anm. 4. Wo *w* sonst geschwunden ist, beruht dies auf dem einfluss verwandter formen, z. b. *ykkar* (got. *igqar*) euer (von zweien) nach *ykkor, ykkrom, -rer* usw., *yþ(u)arr* euer (von mehreren) nach *yþor, yþrom* u. a., *tyr(u)e* kien nach den synonymen *tyro-tré, tyr-viþr* u. dgl., *Fyr(u)e* ein ortsname nach *fiara* strandwasser, *kuik(u)ende* animal nach *kuikr* lebendig, *keyk(u)a* neben *kueikia* beleben (s. § 82, 13), anorw. *Bløykin* ein ortsname statt *-vin nach *bleikr* bleich, *dáenn* tot (s. § 163, 1), *mý(f)ell* (**mūwilaʀ*, s. Falk, An. Waffenkunde, s. 87 note) ball nach pl. *mýlar, áe* urgrossvater neben *afe* grossvater (s. Kock, I. F. V, 163 ff.), *Leik(v)angr* ein ortsname nach *kaupangr* stadt, *Biorg(v)in* § 226, *Sygin* mythischer frauenname durch kontamination von **Sygvin* : gen. *Sigyniar* (anal. auch nom. *Sigyn, Sigun*, gen. *Sigunar*, vgl. § 226), *siá* < *séa* < **sehan* (st. **sefan*, got. *saílvan*) sehen nach prät. **sah* > *sá*, 1. pl. präs. **sehum* > *sióm* u. dgl., *þiá* (aus *þéa* nach § 133, b, 2), prät. *þiáþa* durch ausgleichung einer flexion **þefa* (got. *gaþiwan*), prät. **þéþa* knechten, *Haraldr* § 148, *gá* beachten st. **gafa* (mengl. *ʒawen*, s. Björkman, Nord. stud. s. 169 ff.) nach prät. *gápa*, pl. *firar* männer (as. gen. pl. *firiho*, und vgl. aisl. *fior* leben (§ 124, 2) neben *fioruar* und *fyruar* (vgl. got. *faírƕus* welt), *hiá* 'neben' (s. § 405). Im anorw. *s(u)ívirðing* missachtung könnte wol der *w*-schwund dissimilatorisch sein.

Anm. 5. *Sá* (4 mal in St. Hom., nicht selt. im anorw., s. Hertzberg) neben gew. *suá* 'so' ist wol eine kontamination von *suá* und *só* (s. § 171 und § 77, 11). *Pá* neben dem wol anal. neugeschaffenen *páe* (z. b. Sn. E. II, 489, Njála I, 325, 351, Fornm. sögur II, 19, Kormaks saga 1832, s. 118; mitteilung R. Arpi's) pfau ist wol mittelenglisches lehnw. (s. Kock, I. F. V, 166).

2. Aus *b* nach § 223, 3 entstandenes *w* vor ursprünglichem *u* (nicht aus *ō* entstandenem) *u*, vielleicht schon um 550, wenn nämlich der mannsname *haukoþuʀ* Vånga zu aisl. *haukr* (finn.

havukka, ahd. *habuh,* ags. *heafoc)* habicht gehört. Andere aisl. beisp. sind z. b. *au-* (**aƀu-,* gr. ἀπύ = ἀπό) ab- in *auvirþ* (ags. *œfwyrd)* verächtlicher mensch, *aukuise* entarteter mensch, *auvisle* schade; *aur-* (ahd. *abur-)* zurück in *aurkunnask* entarten, *aurvase* einer der wieder zum kind geworden ist (vgl. nschw. *vase* bube), *aurgatǝ* (zu *geta)* empfang; anorw. (s. Hertzberg, s. 756) *oukt* statt *ǫfukt, ǫfugt* verkehrt; *biórr* (ags. *beofor,* adän. *biævær* aus **beƀur-)* biber; *biórr* (vgl. lat. *fibra)* streifen; *nióĺ* (ahd. *nebul,* ags. *nifol)* neben *nifl; sió (siau)* sieben und *sionde (siaunde)* siebente; *Giúke* (**Geƀuke,* vgl. got. *Gevica,* ahd. *Gibihho)* ein mannsname; *sióle* (vgl. mhd. *un-sivel* unfreundlich) ein fürstenepitet; *Iórvík* (aus ags. *Eoforwíc)* York, *Iór-* (ahd. *ebur)* in personennamen wie *Iór-unn, -eiþr, -ís* (s. Lundgren, Arkiv X, 179; Bugge, No. I. s. 248) neben *ioforr* nach dat. *iofre* u. a. 'eber' als fürstenepitet; anorw. selt. (s. Hægstad, Vestno. maalf. II, 2, I, s. 197, resp. Fritzner und Hægstad, G. Tr. s. 54) *ælliufu, ælliufti* nach *ælliu (< **ælliƀu)* neben *ællifu* elf, *ællifti* elfte; *ýrenn* (zu ahd. *uƀur)* neben *yfrenn* (anorw. *ifrinn* § 147) und *øfrenn* (zu ahd. *obar),* durch kontamination auch *ǿrenn* überschüssig, zahlreich. Ueber *haustr, aumr* s. § 234. S. weiter Noreen, Arkiv I, 163 f., VI, 310 ff.

§ 236. *þ* schwindet vor *l, z* b. *mál* (got. *maþl)* sprache, *nǫl* (got. *nēþla)* nadel, *stál* (ahd. *stadal)* der einer halbstrophe eingefügte parenthetische satz, heuschober, *válaþ* (zu ahd. *wadal)* elend, *síl* (**sīþla-)* ein fischname neben *síld* hering (**sīðla-,* s. E. Smith, Maal og minne 1910, s. 141).

Anm. Das auffallende anorw. (und aschw.) *mall* (s. Hertzberg) statt gew. *mál* ist wol mit wgerm. *mallo-* in Lex salica u. a. zu vergleichen.

Ohne zweifel sind mehrere der im folgenden behandelten lautgesetze auch der urnordischen zeit zuzuschreiben, was jedoch zur zeit nicht erweisbar ist.

§ 237. Die stimmhaften spiranten: ƀ.   173

Kap. 2. Altwestnordische lautgesetze.
I. Wechsel der artikulationsarten.
A. Die stimmhaften spiranten.

§ 237. ƀ unterliegt folgenden veränderungen:

1. Zu (stimmlosem) *f* — wo nicht assoziation hindert — vor *k, s, t, þ,* z. b. *rífka* vermehren zu *rífr* (ndd. *rībe*) freigebig, gen. *liúfs* und nom. acc. sg. ntr. *liúft* zu *liúfr* lieb, mnorw. *Haftór* ein mannsname aus *-þórr.* Nach *k, s, t* ist *f* selten, weil gewöhnlich assoziationsbildungen eintreten; vgl. jedoch z. b. *knésfótr* neben *knésbót* (zu *bót* < *ƀót bucht, s. § 223, 1) kniehöhle, *réttfangr* neben *véttvangr* (zu *vangr* < *ƀangr § 255 < *wangʀ § 250 feld) ort an dem ein kampf stattgefunden hat.

Anm. 1. Ueber die weitere entwickelung von *fs, ft* zu *ps, pt* s. § 240 anm. 4.

2. Zu nasaliertem *ƀ* (geschrieben *mf*, selten *fm*, s. z. b. Hægstad, Vestno. maalf. II, 1, s. 33, II, 2, ı, s. 60, resp. I, s. 16 und 110, II, 2, ı, s. 61), woraus um 1200 *m*, vor *n* und zwar vorzugsweise anorw., z. b. *iafn, iamfn, iamn (iæmn)* eben. In gewissen (bes. aostnorw. sowie shetl. und orkn.) dialekten tritt *ƀn* > *mn* überall ein (z. b. in Ól. hel. leg. saga); in andern nur wenn *ƀn* tautosyllabisch ist, z. b. *suemn*, dat. *suefne*, schlaf (dann ausgleichungen); in anderen (wie z. b. Cod. Holm. 34, 4⁰, färöisch und wol auf Man, s. Marstrander, Bidrag, s. 130, 158) nur vor konsonanten, z. b. *nafn*, gen. *nam(n)s*, name; in andern nur vor labialen konsonanten, z. b. *iam(n)fríðr* ebenso schön, aber *iafndiarfr* ebenso kühn; in andern nur in schwachtoniger silbe, z. b. (mit haupttoniger ultima) anorw. *iam(n)væl* (statt *emnvel, aschw. *œmvæl*, s. § 94) 'ebenso wol' zu *iafn* eben; in andern (aisl. und zum teil südnorw.) endlich nie; vgl. Wadstein, F. Hom. s. 108 f.; Kock, Arkiv VI, 37 f. Bisweilen zeigt sich *m* statt *ƀ* auch vor einem nasalierten vokal (vgl. Bugge, Sv. landsm. IV, 2, s. 8 f. note; Kock, Arkiv XIII, 242 note), z. b. *ofan*, anorw. *oman* von oben; selt. *helfingr* neben *helmingr* hälfte; *þialfe, þialme* (vgl. aber keltisch *tailm, telm*) bezwinger, schlinge; *skilfingr*, selt. *skilmingr* könig in Uppsala; *Þambarskelfe*, selt. *-skelme* ein zuname. Ueber wahrscheinlich nicht hierher gehöriges *nema* (anorw. selt. *neima*! s. Hertzberg) 'wenn nicht'

§ 288. Die stimmhaften spiranten: ð.

(zu got. *imma* dem?; anorw. 1 mal, wie im adän., *em*, s. Hertzberg) neben selt. *nefa* (zu got. *niba*) s. v. Friesen, Vår älsta handskrift på fornsvänska, s. 43 f.

Anm. 2. Unklar sind aisl. *þermlask* (sehr selt. *þerflask*) entbehren zu *þǫrf* bedürfnis; *huilmt* : *huilft* (vgl. got. *hvilftri* sarg) höhle, ntr. *féskylmt* : *-skylft* < *skyflt* (s. § 313, 1; zu *skyfla*, vergeuden) geldvergeudend; *ialmr* : *-ialfr* (selt.) geräusch; anorw. *hœim(f)t* : aisl. *heipt* (got. *haifsts*, vgl. § 291 anm. 2) hass; mnorw. gen. *Óleims* st. *Óleifs* Olafs. Ueber anorw. *Ælmtrartiorn* ein ortsname zu *ælfir* (vgl. ält. ndän. *elmte*) schwan (vgl. nschw. *Ämterud* = anorw. **Ælftruð*, s. Noreen, Namn och bygd I, 9 f. Aus lat. *scamellum, scabellum* entlehnt ist *skemell*, resp. *skefell* schemel.

Anm. 3. Seltene schreibungen (s. z. b. Bugge, Helge-Digtene, s. 343) wie *sopna* (*sofna*) einschlafen, dat. *hipni* (*hifni*) himmel sind vielleicht nur schreibfehler (s. Brieskorn, Arkiv XXV, 168).

3. Zu *b* nach *l* und *r* im westisländischen des 13. und 14. jahrhs., z. b. *tolb* (*tolf*) zwölf, *þǫrb* (*þǫrf*) bedürfnis; s. Hoffory, Arkiv II, 14; Vigfusson, Eyrbyggja saga, s. XLV.

Anm. 4. Mnorw. kommt bisweilen *b* auch vor *ð* vor, z. b. *hœbdhi* (< *hœfði*) hatte, *libde* (< *hlífðe*) schützt, s. Hægstad, Vestno. maalf. II, 2, I, s. 126 f. und II, 2, II, s. 40. Vgl. das nisl.

§ 238. *ð* (altes oder nach § 221, 1 entstandenes) ist ebenso in mehrfacher weise verändert worden:

1. Zu *d* in folgenden fällen:

a) Wo zwei *ð* durch synkope zusammentreffen, entsteht schon in der vikingerzeit *dd*, z. b. prät. *eydda* (**auðiðō* < **auþiðō* § 221, 1; vgl. got. *auþeis* öde) zu *eyþa* veröden, *fódda* zu *fóþa* nähren, *gladda* zu *gleþia* freuen, *hadda* (vgl. lat. *catena*) kette, *edda* grossmutter (§ 128), *rudda* keule zu *ryþia* aufräumen, *samfeddr, -móddr* (vgl. § 291, 10) von demselben vater, resp. mutter geboren zu *faþer* vater, *móþer* mutter.

Anm. 1. Schreibungen mit *ðd, þd* (s. § 44, 2 mit anm. 2) beruhen auf analogischem anschluss an formen mit einfachem *ð, þ* (z. b. *fóða, fóþda* nach *fóða, fóþa*), s. Hoffory, Arkiv II, 31 f. note.

Anm. 2. Nach konsonanten tritt *ðð* teils (z. b. immer im Cod. AM. 310, 4°) als *d* (aus *dd* nach § 283), teils (nach § 245, 2) als aisl. *þ*, anorw. *ð* auf, z. b. prät. *hirda* (*hirðda, hirþda*, s. anm. 1) und *hirþa, hirða* zu *hirþa, hirða* bewachen. Spätere formen wie prät. *hirta* (aus *hirð-ta*) haben zur verdeutlichung des tempus nach der analogie anderer verba mit lautgesetzlichem *t* (wie *ræna* rauben, prät. *rænta*) *t* angenommen.

Anm. 3. Ueber *zð* (*Rð*) > *dd* s. § 224, 2.

b) Schon vorliterarisch und zwar nach ausweis der skaldenreime wenigstens schon um 900 (s. H. Celander, Om övergången av ð > d) nach einer auf *l*, *n* auslautenden langen silbe (ausser in dem unten 2, b erwähnten falle), z. b. *huíld* ruhe, prät. *girnda* machte begierig, die mannsnamen *Arndórr* (fast ausschliesslich anorw., vgl. § 275), *Halldórr, Kelldórr* (vgl. § 221, 1), *Steindórr* zu *Þórr*, prät. *felda* (*falliðō) fällte, *kenda* kannte, *skal(l)do* du sollst, *mon(n)do* (*mundu*) du wirst zu *ðu* (*þu*, § 221, 1); im anorw. Cod. AM. 310, 4⁰ u. a. auch nach langer silbe auf -*r*, z. b. *fir(r)dr* entfernt, *fegrd* schönheit (s. Groth's ausgabe, s. XXIV und vgl. Celander, Om övergången av ð > d, s. 95 f.). Später, anorw. im allg. schon etwas vor 1200, im südwesten — z. b. Cod. Delag. 4—7, AM. 310, 4⁰, haupthdschr. des Spec. reg., Thomassaga — doch erst 1250—1300, aisl. wiederum erst etwas nach 1300, ja zum teil erst nach 1400 (s. Olson, Yngvars saga, s. LV) nach einer auf *l*, *n* auslautenden kurzen starktonigen silbe sowie nach *m*, z. b. prät. (*talþa*) *talda* zu *telia* zählen, (*vanþa*) *vanda* zu *venia* gewöhnen, *Valdiúfr* zu *þiúfr* (*þiófr*) dieb (§ 221,1), *tamda* zu *temia* zähmen, *dómdr* verurteilt, *Hamdir* (s. § 221, 1) ein mannsname. Noch später, doch im anorw. zum teil (wie im No. Hom.) schon vor 1250, allg. um 1250, im aisl. aber erst nach 1300, auch nach *b*, *lf* (d. h. *lv*), *lg*, *ng*, *rg*, z. b. prät. *kembda* (älter *kembþa*) zu *kemba* kämmen, *skelfda* zu *skelfa* schütteln, *fylgda* zu *fylgia* folgen, *hengda* zu *hengia* hängen, *Ber(g)dórr* ein mannsname. Vgl. Wimmer, Læsebog[4] Xf.; Wisén, Homiliu-bók, s. XII; Bugge, Ant. tidskr. f. Sv. X, 247; Wadstein, F. Hom. s. 106; vor allem Celander, a. o., und Pipping, Stud. nord. fil. VI, 5.

Anm. 4. Ueber vereinzelte, auf neubildung beruhende, fälle wie *sælþ* glück, *huilþ, girnþa*, s. Celander, a. o. s. 4 ff., 9 ff. und — wol besser — Pipping, Stud. nord. fil. VI, 5, s. 23 f., 38.

Anm. 5. Wo also in älterer zeit *d* nach einer kurzen auf *l*, *n* auslautenden silbe auftritt, wie in prät. *selda* zu *selia* verkaufen, *vilda* zu *vilia* wollen, *skylda* zu *skolo, skulu* sollen, *munda* zu *mono, munu* werden, hat keine synkope stattgefunden, sondern *d* ist nach § 219 anm. 1 zu beurteilen, also schon urnord. So vielleicht auch in Vǫlsungasagas (s. M. Olsens ausg., s. XXVII) *skillde* (vgl. *sellda* u. dgl.) scheidete gegenüber *hulde, kualde, valde* u. dgl.

2. Zu (stimmlosem) *þ*, woraus dann *t*, allgemein nach und vor stimmlosen konsonanten, also:

a) Nach *s*, z. b. prät. *reista* (got. *raisida*) zu *reisa* aufrichten, *huesta* zu *huessa* schärfen, *busta* zu *bysja* strömen, estu (*es-ðu) du bist, anorw. lǽgstu 'du legst dich' zu ðu (þú) du, u. a. (s. Wadstein, F. Hom. s. 115).

Anm. 6. Die mittelstufe þ zeigt sich in runeninschriften, z. b. *raispi* (er) richtete auf.

b) Nach *ll, nn*, wo sie aus *lþ, nþ* entstanden sind (s. § 265), sowie nach *l, n*, vor welchen ein stimmloser konsonant steht oder in urn. zeit gestanden hat, wodurch *l, n* auch einmal stimmlos geworden sind (eine aussprache dieser laute, die vielleicht noch in literarischer zeit einstweilen stattfand; vgl. Hoffory, ZfdA. XXII, 375 ff.), z. b. prät. *vilta* (schon Eggjum part. prät. pl. m. *wiltiʀ*) zu *villa* (vgl. got. *wilþeis*) irre führen, *nenta* zu *nenna* (got. *nanþjan*) wagen; *óx(l)ta* zu *óxla* vermehren, *víx(l)ta* zu *víxla* wechseln, *mǽlta* zu *mǽla* (got. *maþljan*) sprechen, *stǽlta* zu *stǽla* (vgl. ahd. *stahal*) stählen, *vélta* zu *véla* (litau. *veikalóti*) sich beschäftigen, *vǽpnta* zu *vǽpna* bewaffnen, *rǽnta* zu *rǽna* (ahd. *bi-rahanen*) berauben.

c) Nach (stimmlosem) *f, k, p*, wo die älteste literatur noch die mittelstufe þ bewahrt. Nach langer silbe tritt aber *t* neben þ nach (anorw. wol schon vor) 1200 auf und wird ziemlich bald herrschend, z. b. *merkta* (alt *merkþa*) zu *merkia* bezeichnen, *dreypta* zu *dreypa* tropfen lassen; nach kurzer silbe dagegen dringt *t* erst etwa 50 jahre später durch, z. b. prät. *vakþa*, *vakta* zu *vekia* wecken, *glapþa, glapta* zu *glepia* narren, mnorw. *Haftór* (s. § 237, 1) neben *Hafðórr* (zu *Þórr*, s. § 221, 1) ein mannsname; vgl. Wimmer, Læsebog[1] X f., Hoffory, Tidskr. f. Fil. N. R. III, 293, Wadstein, F. Hom. s. 107, Celander, a. o. s. 100.

Anm. 7. Wo also in den ältesten hdschr. *t* nach *f, p* ausschliesslich herrscht, wie in prät. *þurfta, keypta* zu *þurfa* bedürfen, *kaupa* kaufen, ist *t* schon urgermanisch. *þurfta* ist got. *þaúrfta*; über *keypta* < *keyfta* (§ 240, 2) < *køyftða* (§ 268, 2, § 283) < *kauftiðō* zu *kaufta* (ahd. *koufta*) s. E. Noreen, Språkvetenskapliga sällskapets i Upps. förhandlingar 1916—1918, s. 96 ff.

Anm. 8. *Helfþ, -t* hälfte neben lautgesetzlichem (anorw.) *hælfð, -d* (**halbið*-) ist wol nach *tylft* zwölfter u. dgl. umgebildet worden (vielleicht zum teil unter fremdem einfluss; vgl. mndd., afries. *helft*); ebenso anorw. *þýft*, aisl. *þýfþ* (**þiubið*-) diebstahl nach *þyrft* bedürfnis u. a.

Anm. 9. Vor *f* ist derselbe übergang belegt durch anorw. *statfesta* feststellen (s. Hægstad, Vestno. maalf. II, 2, I, s. 125).

d) Vor *s*, wo nicht assoziation hindert. So steht häufig schon in den ältesten hdschr. *z* statt *þs* in ableitungen auf

§ 238. Die stimmhaften spiranten: ð. 177

-*ska*, -*sla*, -*sle*, superl. auf -*st* und 2. pl. reflex. der verben, z. b. *gǿzka* güte zu *góþr* gut, *føzla* nahrung zu *føþa* nähren, *brigzle* vorwurf zu *bregþa* schwingen, *sizt* am wenigsten' zu *síþr* weniger, 2. pl. *hrǽþezk* zu *hrǽþask* fürchten; selten vor *s* in einsilbigen reflexivformen, z. b. prät. *kuazk* zu *kueþa* sagen, und im gen. sg., z. b. *góz* zu *góþr* gut, adv. *víz* weit, eigentlich gen. sg. zu *víþr* weit; in den ältesten anorw. hdschr. sind aber formen wie die letzten nicht gerade selten (in einigen späteren alleinherrschend); in aisl. hdschr. werden sie während des laufes des 13. jahrhs. regel, wo dem *þ* ein *r* vorhergeht. z. b. gen. sg. *orz* zu *orþ* wort. Am seltensten ist *z* (*ts*), wo *ð* und *s* verschiedenen zusammensetzungsgliedern gehören, z. b. *baztofa* (*baþstofa*) badstube, *Heizǽfesþing* gerichtsversammlung der Upplǫnd, anorw. *Autsetr* (zu *auðr* öde) ein ortsname. Vgl. Hoffory, Arkiv II, 32ff., 86ff., Mogk, Anz. f. d. A. X, 64, Gering, Isl. Æv. I, XVIIIf.

Anm. 10. Die textausgaben haben hier gewöhnlich etymologische schreibung mit *ðs*.

e) Vor *k*, z. b. *blíþka* sänftigen zu *blíþr* sanft, *víþka* erweitern zu *víþr* weit. Hier bleibt gewöhnlich *ð*, *þ* durch assoziation; vgl. ohne solche den namen *Hrokkell* aus *Hrotkell (s. § 274, 1) und dies aus *Hroþkell (§ 127, 3) < *Hróð-kell.

Anm. 11. Auch hier haben die meisten textausgaben etymologische schreibung mit *ð*.

f) Ausserdem tritt im etwas späteren aisl. statt *ð* (oder *þ* wie konsequent im Stockholmer fragm. der Laxdóla, s. Kålund's ausgabe, s. XXIIf.) auslautend nach schwachtonigem vokal *t* ein, was doch möglicherweise nur auf umgekehrte schreibung (vgl. § 248) beruht (so Celander. Om övergången av *ð* > *d*, s. 95 note 1, und F. R. Schröder, Beitr. XLIII, 497ff.; vgl. aber das aschw., s. Noreen. Grunddragen av den fornsvenska grammatiken, 2. aufl. § 63), z. b. *met* (selten) neben *meþ* mit, acc. sg. *skilnat* zu *skilnaþr* verschiedenheit, *hreinsut* nom. sg. f. zu *hreinsaþr* gereinigt; s. Gering, Isl. Æv. I, XVIII, L. Larsson, Isländska hdskr. No. 645, 4⁰, s. LXV, Kålund. Laxdœla saga, s. VII, Hb. s. XLVIII und L, M. Olsen. Vǫlsunga saga, s. XLI, E. Olson, Yngvars saga, s. L mit note. Ausnahmsweise tritt die erscheinung auch in anorw. hdschr. auf. z. b. *vit* bei, *met* mit, *hundrat* hundert u. a. (s. Jones, The phonology of the Elis saga, s. 22, Hægstad, Vestno. maalf. II, 2, 1, s. 126.

Anm. 12. Formen wie acc. *bet* statt *beþ* bett, prät. *kuat* statt *kuaþ* sprach, misl. *bat* (Olson, Yngvars saga, s. LI) st. *baþ* bat u. dgl. sind wol aus gen. *bez*, pass. *kuazk* (s. oben d), *bazk* abstrahiert (anders Celander, a. o. s. 94 f.). Natürlich können so auch formen wie *forat* (-*aþ*) gefährliche passage, *hofut* (*hofoþ*) kopf erklärt werden. — Misl. imperat. *vert* (z. b. Bósa saga, Jiriczek's ausgabe s. 18[7]) statt *verþ* ist aus *verttu* (*verþ-þú* nach § 241) abstrahiert. Wegen mnorw. *vart* (Hægstad, Vestno. maalf. II, 2, 1, s. 126) wurde vgl. Noreen, An. gr. II, § 260 anm. 7 (schluss).

Anm. 13. Was bedeutet *tð* statt *ð*, z. b. *matðr* (*maðr*) mann, *ytðr* (*yðr*) euch, *bitðia* (*biðia*) bitten u. a. im anorw. (Þiðreks saga)? Eine vermutung bei Celander, a. o. s. 96.

3. Dialektisch, bes. im anorw., scheint *ð* auslautend und (besonders) vor *l, n, s* in einen (interdentalen?) *r*-laut (*ðr* geschrieben) übergegangen zu sein, z. b. *orðr* (schon in St. Hom.) statt *orð* wort, gen. *guðrs* zu *guð* Gott, pl. *hœiðrnir* zu *hœiðinn* heidnisch, *œðrli* (aisl. *eþle*) natur, u. a., s. Hægstad, G. Tr. s. 37 f.

Anm. 14. Auf dissimilation beruht wol *ð* > *r* in anorw. *hofuðbarmr* (-*baðmr*) männliche seite (stammbaum, hauptzweig), aisl. *hróþrbarmr* 'ruhmbaum' (doch auch *ættbarmr*, -*baþmr* stammbaum). Aber anorw. *lanzøyra* neben *landøyða* verwüstung eines landes? *Suíþior* (Ágrip) st. *Suíþióð* ist dittographie (s. Brieskorn, Arkiv XXV, 148).

Anm. 15. Ein dialektischer übergang *ðm* > *nm* (vgl. An. gr. II, § 257 anm. 7) ist durch anorw. *vanmál* (z. b. Hægstad, G. Tr. s. 73) neben *vaðmál* kleiderstoff und häufiges mnorw. *Gunmundr* st. *Guðmundr* ein mannsname belegt.

Anm. 16. Ueber *rð* > kakum. *l* s. § 252 anm.

Anm. 17. Anorw. *l* statt *ð* vor *b* ist im mannsnamen *Gulbrandr* (wie auch im aschw.) belegt (s. E. Schröder, ZfdA. L, 222 f. und bes. E. Noreen, Namn och bygd IX, 53).

§ 239. *ȝ* wird in folgender weise verändert:

1. Zunächst stimmlos, dann zu *k*:

a) Regelmässig nach *s, t,* z. b. gen. sg. m. *enskes* zu *enge* keiner, *huárskes* zu *huár(r)ge* keiner von beiden, *lýske* lauskrankheit zu *lúsogr* lausig, mnorw. *Aski,* kurzname zu *Ásgautr*; acc. sg. m. *mót(t)kan* zu *móttogr* mächtig, *huatke* (dat. *huíge*) was auch immer, *huár(t)ke* keines von beiden, *vitke* zauberer (s. § 127, 2), *sys(t)ken* (vgl. *feþgen* eltern) geschwister.

b) Häufig auch vor *s, t,* z. b. gen. *Nórex* zu *Nóregr* Norwegen, *dax* zu *dagr* tag, *bóxl* neben *bógr* bug, *haukstaldr* vor-

§ 240. Die stimmlosen spiranten.

nehmer mann neben urn. *haʒusta[l]ðaʀ* (s. § 105 anm.), anorw. ortsnamen wie *Baukstaðer*, *Úfœikstaðer* zu den mannsnamen *Baugr*, resp. *Úfœigr*; *brixle* aus **brik(t)sli* (nach § 291, 11) > *brigzle* (s. § 238, 2, d) vorwurf, ntr. *heilakt, driúkt* zu *heilagr* heilig, *driúgr* tüchtig, anorw. *Syktryggr* (Keyser & Unger, Olafs saga, Chra. 1849, s. 59 note) statt *Sygtryggr* ein mannsname. Dass man häufiger *g* als *k* findet, beruht auf assoziation.

Anm. 1. Der übergang in *k* vor *t* ist früher in unbetonten silben eingetreten als in betonten, welche in den allerältesten aisl. hdschr. noch immer *g* aufweisen; vgl. Hoffory, Arkiv II, 19 ff., Wadstein, F. Hom. s. 110.

Anm. 2. Dialektisch und selt. tritt derselbe übergang im schwachtonigen auslaut ein, z. b. aisl. *þannok* (Unger, Alexanders Saga, s. 51) neben *þannog* dorthin, anorw. *allrek* (s. Hertzberg) statt *aldrege* nie; vgl. (§ 238, 2, f und) An. gr. I¹, § 258, 3.

Anm. 3. Vor *þ* ist *ʒ* > *k* im mannsnamen anorw. *Hakþorsson* neben *Hag-* (vgl. aschw. *Haghþorn*).

2. Dialektisch geht *ʒ* im 13. jahrh. (oder noch früher, denn ein bruchstüch des ältesten Gulathingsgesetzes — s. § 15, B, b, 4 — schreibt *gegner* st. *gengner*, vgl. anm. 4) vor *n* in velaren nasal (oft *ng*, seltener *ƞ* geschrieben) über, z. b. *skyngn* statt *skygn* klarsehend, gen. *rens* (aus *reŋns* § 291, 9 statt *regns*) regens, u. a., s. Hægstad, G. Tr. s. 36.

Anm. 4. Daher erklärt es sich, dass statt etymologisch berechtigten *ng* nicht selten *gn* geschrieben wird, z. b. gen. *fagns (fangs)* zu *fang* griff, empfang, ntr. *lagnt* statt *langt* langes u. dgl.

3. Ueber *ʒ* > *gg* bei dehnung s. § 279, 1.

B. Die stimmlosen spiranten.

§ 240. Ueber *f* ist folgendes zu bemerken:

1. Nach vokalen und *l*, *r* (*ʒ*? s. anm. 1) wird es, wenn kein *s*, *t* oder *þ* folgt, gegen das ende der vikingerzeit stimmhaft (d. h. *ƀ*), z. b. *hefia* (got. *hafjan*) heben, *ulfr* wolf, *þarf* bedarf.

Anm. 1. Dass derselbe übergang lautgesetzlich auch da eintrat, wo *f* als anlaut des späteren gliedes eines zusammengesetzten wortes stand, geht aus schreibungen wie air. *Torbend* aus **Þorbinnr* st. *-finnr* (s. Marstrander, Bidrag s. 105), (anorw.) *Þorvastr* < *Þorfastr* (dazu der kurzname *Vaste* statt *Faste*) ein mannsname, *tuévalldr* < *tuéfaldr* doppelt u. dgl. hervor. So auch nach *ʒ* dann und wann; z. b. mnorw. *Si(g)vaster (-fastr)* ein mannsname.

§ 240. Die stimmlosen spiranten.

Anm. 2. Dass dieser vorgang nicht der urn. zeit, sondern erst dem 9. jahrh. (s. Marstrander, Bidrag s. 106) angehört, beweisen ausser air. lehnwörtern auch aschw. und adän. runeninschriften der vikingerzeit, die noch in der bezeichnung streng zwischen dem stimmlosen *f* (got. *f*) und dem stimmhaften *b* (got. *b*) scheiden (vgl. aber By *alaifu*?, s. § 221 anm. 2); s. Noreen, Geschichte[a], § 6, 21 und § 64, a sowie An. gr. II, § 259, 1; vgl. auch M. Olsen, No. I. III, 189 note 3 über die Eggjum-inschrift.

2. Vor *s*, *t* geht es (das noch bilabial ist, s. § 36, 1) ohne klare regel seit etwas vor 1000 (s. Kahle, Die sprache der skalden, s. 68) in *p* über. Schon in den ältesten hdschr., sowol aisl. als anorw., findet sich eine menge hierher gehöriger beispiele (neben formen mit *fs, ft*), z. b. *repsa* (ahd. *refsan*) züchtigen, gen. *Þórolps, Ólaps, Ósuips, Skarps, Valdiúps* mannsnamen, *hepta* (got. *haftjan*) hindern. Besonders beliebt ist *pt* nach schwachtonigem vokal, z. b. *epter* neben *efter* (vgl. got. *afta*) nach, *ellepte* elfte; oder wo *pt* tautosyllabisch ist, z. b. *opt* oft; oder wo verwandte formen mit *p* vorhanden sind, z. b. *skipta* (jedoch vielleicht aus **skipatjan*, also mit urspr. *p*) verteilen neben *skipa* ordnen; oder nach *a*, z. b. *skapt* schaft neben *gift* gabe usw., vgl. Kock, Arkiv VI, 42, Wadstein, F. Hom. s. 109, Hægstad, Vestno. maalf. I, 87; anders, aber verfehlt, Heusler, Aisl. Elementarbuch[2] § 159. Später ist in aisl. hdschr. *pt*, in anorw. (bes. onorw.) hdschr. *ft* (zum teil vielleicht wieder aus *pt* entwickelt, s. § 247) weit überwiegend (vgl. Olson, Yngvars saga, s. XLVII).

Anm. 3. Die 2. sg. prät. starker verben richtet sich gewöhnlich nach der 1. sg.; also *drap, drapt* tötete, -test, aber *gaf, gaft* gab, gabst. Auch sonst liegen vielfach analogiebildungen vor.

Anm. 4. Auch das aus *b* (nach § 237, 1) entstandene *f* kann in *p* übergehen, z. b. *ups* (got. *ubizwa*) traufdach, anorw. gen. *skaps* zu *skaf* rinde zum essen, *erpskinn* zu *erfr* vielfrass, *Stúpsruð* ein ortsname zum mannsnamen *Stúfr*, wenn auch dies weit öfter durch analogiebildung verhindert wird, z. b. *hapt* (selt.), *haft* gehabt zu *hafa* haben, *leypt, leyft* gelobt zu *leyfa* loben, *øpstr, øfstr* oberster. Vgl. Hoffory, Arkiv II, 4 ff., Hægstad, Vestno. maalf. I, 111 und II, 1, s. 34, Kålund, Heiðarvíga saga, s. XXI.

Anm. 5. Die nicht seltenen schreibungen *pft*, (seltener) *fpt* drücken wol verschiedene übergangsstadien aus; vgl. Noreen, Geschichte[3] § 64, b.

Anm. 6. Nach *s* ist *f* zu *p* geworden in *húspreyia* (so z. b. regelmässig in der Laxdǿla nach Möðruvallabók; anorw. auch *húspreya, -prey, -præia, -prei*, s. Hægstad, Vestno. maalf. I, 20 und II, 2, 1, s. 101, 124, 126) neben *húsfreyia* (nach *freyia* frau aufgefrischt) hausfrau.

Anm. 7. In *Ióseppr* (griech. Ἰώσηπος) neben *Iósef* (griech. Ἰωσήφ) ist die doppeltheit alt.

§ 241. þþ wird nach starktonigem vokal zu *tt*, z. b. *motte* (ags. *modde*) motte, *spotta* spotten, *rytta* (ags. *ryðða*) lumpenhund, *brotfall* (als lehnw. mengl. *broþþfall* im Orrmulumm) fallsucht, *Suttungr* (*suþ-þungr* 'vom absud beschwert' zu *soþ*, aschw. *suþ* 'absud', s. Noreen, Uppsalastudier, s. 208; durch volksetymologie selt. *Súptungr*) der riese des dichtermets, imperat. *bióttu* biete (du), *kuettu* sage (du; s. Þorkelsson, Beyging, s. 36 und 284) aus *bióþ* (s. § 223, 2), resp. *kueþ þú, kuittr* geschwätz zu *kueþa* sagen. Nach schwachtonigem vokal tritt *ð* (aus *þ* § 221, 1 und dies aus *þþ* § 285, 1) ein, z. b. *meþan* (got. *miþþan-ei*) während, *siþan* (ags. *siððan*) 'seitdem' neben *síþan* (nach *síþare* 'später' umgebildet) 'nachher', *eþa* (got. *aiþþau*) 'oder' neben sehr seltenem *etþa* (Physiologus I 1mal; kompromiss von *etta und *eða*), *Guttormr* (*Gutthormr, Guðþormr* u. a. schreibungen) ein mannsname zu *þyrma* ehren.

Anm. 1. Mnorw. wird *þ* allmählich in allen stellungen zu *t*, in Jämtland schon um 1350, sonst erst etwas später, am spätesten im südwesten (s. Hægstad, Upphavet s. 9, Kong. s. 35, Vestno. maalf. II, 1, s. 31 f. und II, 2, ı, s. 59, Festskrift til Torp, s. 69), am frühesten nach *s*, z. b. ortsnamen wie *Gaukstorp, Gautstorp* zu *þorp* dorf. Am allerfrühesten — schon seit c. 1100 — tritt *t* in hypochoristischen namen ein und dann auch im aisl., z. b. *Tobba* st. *Þorbiorg, Todda* st. *Þordís, Tubbe* st. *Þorbiorn* und vielleicht *Toste* st. *Þorsteinn*; vgl. F. Jónsson, Aarbøger 1907, s. 301.

Anm. 2. Unklar ist das *t* statt *þ* in den mannsnamen *Angantýr* (ags. *Ongenþeow*; vielleicht nach *týr* gott umgebildet) und *Hialmtér, -þér* aus urn. *þewaʀ*.

§ 242. *sl* wird in wnorw. mundarten schon im 14. jahrh. zu *tl* oder *hl* (s. § 14, e), z. b. *sýtla* (*sýsla*) beschäftigung, *Pintlar* (*Pinslar*) ein ortsname, *gøymhla* (*gøymsla*) aufbewaarung. S. z. b. Hægstad, Vestno. maalf. I, 146 und II, 2, ı, s. 125.

Anm. Ueber *ls, rs* > kakum. *s* s. § 252.

§ 243. *hw* wird zu *kv* wnorw. schon im anfang des 14. jahrhs. (s. Hægstad, Vestno. maalf. II, 1, s. 57 und II, 2, ı, s. 126 f.), onorw. um 1400, im norden und westen Islands wol noch später, z. b. *kvat* (*huat*) was, *kvítur, -ar* (*huítr*) weiss.

Anm. Vor vokal fallen *hi* und *þi* anorw. beide in eine palatale frikativa (*ch*) zusammen, dies zum teil schon bald nach 1300, z. b. *þiá* st. *hiá* bei, *hiónosta* st. *þiónosta* dienst u. dgl. (s. Hægstad, Vestno. maalf. II, 1, s. 60, 61 f. und II, 2, ı, s. 132, 133.

C. Die stimmhaften explosivae.

§ 244. *b* wird, wo assoziation nicht hindert, zu *p* nach *s*, z. b. gen. *Aspiannar* (im Hoprekstader notizbuch, 2. hand) statt *Ásbiarnar* zum mannsnamen *Ásbiorn*.

Anm. Nach vokal ist *b* zu *b* geworden in *biflia* neben *biblia* bibel und vielleicht dem Ópens-namen *Biflinde*, *Biblinde*. Unklar ist misl. *Vernarðr* neben *Bernarðr* (*Biarnharþr*) Bernhard.

§ 245. *d* wird schon zur zeit der ältesten hdschr.:

1. Zu *t* vor und nach *k, s, t*, wo nicht assoziation hindert, z. b. *stentk* (*stend ek*) ich stehe, *Otkell* (*Oddkell*) ein mannsname, anorw. *Mørtalr* (**Myrk-dalr*) ein ortsname; *unz* (**und es*) bis, gen. sg. *lanz* zu *land* land, *elz* zu *eldr* feuer, *Gaustalr* ein ortsname, *tý(r)st(d)agr* (*týsdagr*) dienstag, *þórst(d)agr* (*þórsdagr*) donnerstag, mnorw. *Ástís* st. *-dís* ein frauenname; anorw. *þuáttagr* st. *-dagr* sonnabend (s. Hægstad, Vestno. maalf. II, 2, 1, s. 125). Vgl. Hoffory, Arkiv II, 92 ff.

Anm. 1. In den ältesten skaldengedichten (und einigen späteren) ist jedoch *ds*, nach ausweis der reime, noch erhalten; s. Mogk, Anz. f. d. A. X, 65.

2. Zu *ð* nach stimmhaften lauten, wo nicht assoziation hindert, z. b. *samfeþr, -méþr* von demselben vater, resp. mutter geboren aus *-feddr, -méddr* (s. § 238, 1, a, § 284, § 291, 10), prät. *hirþa* < *hirda* < **hirdda* (s. § 283; vgl. § 238 anm. 2) zu *hirþa* bewachen, prät. *brigþa* < *brigda* < **brigdda* zu *brigþa* brechen; vgl. aber *abbadís* äbtissin, *Þordís* ein frauenname nach *dís* ehrwürdiges weib u. dgl.

Anm. 2. Vereinzelt steht mnorw. *Hallingedaal* aus *Haddingiadalr* (s. Hægstad, Vestno. maalf. II, 1, s. 59).

§ 246. *g* wird zur selben zeit:

1. Zu *k* vor (stimmlosem) *f, s, t*, wo nicht assoziation hindert, z. b. *iunkfrú* (*iungfrú*) jungfrau; *ynxte* der jüngste, gen. *konunx* königs; ntr. *gløkt* zu *gløggr* deutlich, *rankt* zu *rangr* verkehrt.

Anm. Die von Bugge (Helge-Digtene, s. 129 note und s. 344) angenommene entwickelung *ggl* > *kl* ist durch kein sicheres beisp. gestützt.

2. Zu *ȝ* nachvokalisch vor konsonanz, z. b. prät. *bygþa* zu *byggua* wohnen, *skygþa* zu *skyggua* überschatten u. dgl. (s. Lidén bei Ottelin, Studier öfver codex Bureanus I, 80 f. note, Gíslason, Njála, s. 362 ff.), *skygn* klarsehend, *gugna* zu *gyggua* schreck einflössen, *ugla* (ahd. *ūwila*) eule. Vgl. § 284.

D. Die stimmlosen explosivae.

§ 247. *ps* und *pt* treten im **anorw.** sehr selten (aisl. noch seltener, aber nisl. allgemein, wiewol die schrift *p* behält) als *fs*, resp. *ft* (beides mit labiodentalem *f*, s. § 255) auf, z. b. aisl., anorw. allg. *glefsa* kläffen neben *glepia* zum kläffen bringen, gen. anorw. *Greifs*, *Iakofs* zu *Greifr*, *Iakopr*, aisl. *Hófs* zum seenamen *Hóp* (Kålund, Heiðarvíga saga, s. 64 note); prät. *leyfti* (*leypti*), anorw. *stœyftizt* (*stœyptizt*) zu *leypa* laufen lassen, *stœypa* stürzen; s. Wadstein, F. Hom., s. 109 note, Hægstad, G. Tr. s. 35.

Anm. Vor einem auf *b*, *d* anfangenden zusammensetzungsglied ist *p* zu *b* geworden in anorw. *ubborit* aufgetragen, *Ubdale* ein ortsname; s. Hægstad, Vestno. maalf. II, 2, 1, s. 124, 126. Zur erklärung s. Noreen, Minnesskrift tillägnad A. Erdmann, s. 1 ff., Lindroth, Namn och bygd III, 37 ff. (bes. s. 50).

§ 248. In unbetonter silbe (bes. im auslaut) werden *t*, *k* nach vokal häufig zu *ð* (woraus *t* nach § 238, 2, f; s. Kålund, Laxdœla saga, s. XXII f.), resp. *ȝ*. Beispiele kommen (wenigstens bei *t* > *ð*), wenn auch selten, schon in den allerältesten hdschr. bei einigen pro- und enklitischen wörtern vor, z. b. *aþ* (*at*) 'zu', 'dass'. Später werden die fälle häufiger. In hdschr. des 13. jahrhs. treffen wir z. b. *miog* (*miok*) viel, *mig* (*mik*) mich, *þig* (*þik*) dich, *sig* (*sik*) sich, *viþ* (*vit*) wir zwei, *iþ* (*it*) ihr zwei, *skylduþ* (*skyldu-at*) sie sollten nicht, nom. acc. sg. ntr. wie *mikiþ* (*-it*) gross, *kallaþ* (*-at*) geheissen, *þakiþ* (*-it*) das dach u. dgl. Um 1300 und später werden die beispiele noch häufiger, z. b. *eg* (*ek*) ich, *og* (*ok*) und, *huað* (*huat*) was, *hið* (*hit*) jenes, *Peðar*, *Peðr* st. *Pétarr*, *Pétr* Petrus.

Anm. 1. Einige aisl. hdschr. (z. b. das Kringla-fragment, Hauksbók, Finnboga saga nach Möðruvallabók und Jomsvikinga saga nach cod. AM. 291, 4°; zum teil auch Elis saga), die nicht zu den ältesten gehören, haben eine art dissimilation durchgeführt, so dass immer *ð* steht, wenn die silbe mit *t* anlautet, z. b. *litið* wenig; sonst ist *t* häufiger, z. b. *tekit* genommen; vgl. Gering, Finnboga S., s. XI, Jones, The phonology of the Elis S., s. 19, Hægstad, Vestno. maalf. I, 115, 131. Umgekehrt ist oft *t* besonders gut bewahrt, wenn die silbe mit *ð* oder *d* anlautet, z. b. *boðit* geboten, *bundit* gebunden; vgl. P. Pálsson, Krókarefs saga, s. XV, M. Olsen, Vǫlsunga saga, s. XLI, Kålund, Kirialax saga, s. XIII, Hægstad, a. o., II, 2, 1, s. 130.

Anm. 2. Im südwestlichen mnorw. sowie gleichzeitig im orkn. (im 15. jahrh. auch bisweilen anderswo, aber dann durch dänischen einfluss) treten *b*, *d*, *g* statt *p*, *t*, *k* auch nach haupttonigem vokal ein, z. b. *rœig-*

§ 249. Stimmlose explosivae. § 250. Halbvokale, nasale u. liquidae.

nœda (schon 1344 statt *ræiknaðe*) zählte, orkn. *lúga* (1369 st. *lúka*) schliessen, *bordo* (1426 st. *burtu*) weg, *weghe* (1529 st. *vika*) woche u. a. dgl.; s. Hægstad, Upphavet s. 7, Arkiv XV, 106, Hild. z. 65 und 67, Vestno. maalf. II, 1, s. 58, J. Storm, Norsk Retskrivning I, 10.

Anm. 3. In 'Rímur' des 15. jahrhs. steht regelmässig (sporadisch weit früher) *ð* statt *t* auslautend nach langem haupttonigen vokal, z. b. *séð (sét)* gesehen, *spáð (spát)* prophezeit. Das häufig schon früher vorkommende *búð (bút)* als adv. 'vielleicht' neben *búiþ (búet)* als adj. 'fertig' erklärt sich nach (§ 248 und) § 159.

Anm. 4. Vereinzelte schreibungen wie *Gopland, Gaupland, Goðþioð* land der Goten, Gauten u. dgl. (s. Heinzel, Ueber die Hervararsaga, s. 75 f.) beruhen auf volksetymologischer umbildung nach *goþ* götter. Das schon in der ältesten zeit auftretende *-ligr, -legr* in adj. wie *dagligr* täglich u. dgl. beruht wol wesentlich auf analogischer umbildung von *-líkr* 'gleich' durch anschluss an adj. wie *auþigr, -egr*, ntr. *auþikt, -ekt* reich (ebenso in adv. wie *ellegar* = got. *aljalaikōs* 'sonst'); zum teil anders Sverdrup, Arkiv XXVII, 2 f.

Anm. 5. Vor einem auf *d, g* anfangenden zusammensetzungsglied ist *t* zu *d* geworden in anorw. *Fladdal < Flatðalr* (s. No. gaardnavne VII, 331), *Gr(i)ódgarðr* (Hægstad, Vestno. maalf. II, 2, 1, s. 125, 127), *Gród-* (s. § 295 anm. 3) ein mannsnamen. Zur erklärung s. die § 247 anm. angeführte literatur.

§ 249. Anlautendes *kn* wird im misl. (jedoch nicht in den nördlichen mundarten) des 15. jahrhs., selten im anorw. seit 1300 (s. Hægstad, Vestno. maalf. II, 2, 1, s. 151 f.) zu *hn*, z. b. *hnútur (knútr)* knoten, *hnífur (knífr)* messer.

Anm. Hieraus erklärt sich, dass hie und da umgekehrte schreibungen mit *kn* statt etymologisch berechtigtem *hn* anzutreffen sind.

E. Die halbvokale, nasale und liquidae.

§ 250. *w* d. h. kons. *u*) geht anlautend und nach vokal allmählich seit dem ende der vikingerzeit, nach heterosyllabischen konsonanten wol erst im 13. jahrh. in bilabiales *b*, woraus dann (s. § 255) labiodentales *v* (geschrieben *v, f*, s. § 42, § 36, 2), über, z. b. *var* (vgl. urn. *was* Tanum) war, *vinna* (got. *winnan*) ertragen, pl. *háfer* zu *hór (hár)* hoch, *œfe* (vgl. got. *aiws* zeit) leben, *sniófa* (vgl. ahd. *snīwan*) schneien, part. *snifenn* beschneit; nach 1200 auch z. b. *gerfe* kleidung (zu *gerr* gemacht), *stoþfa* (älter *stoþua*) hemmen; vgl. auch neuschöpfungen wie *máfr* möwe statt *mór (már)* nach pl. *máfar* (§ 83), dat. sg. f. *gǫrfri* statt *gǫrre* nach acc. *gǫrfa* zu *gǫrr* gemacht (vgl. § 235 anm. 1). Eine frühzeitige spur des assonierens eines nach-

§ 251—253. Die halbvokale, nasale und liquidae.

vokalischen *ū* aus *w* mit altem *ū* ist vielleicht *Suivor* : *life* bei Þorbiorn dísarskald (c. 1000), aber sonst kommen solche assonnanzen erst nach 1300 häufig vor. Andererseits scheint anlautendes *w* noch im Cod. AM. 310, 4⁰ (gegen 1250) erhalten zu sein. Vgl. Kahle, Die sprache der skalden, s. 69; Groth, Det AM. haandskrift 310 qvarto, s. XXXIV; v. Friesen, N. spr. I, 62 f.; Mogk, I. F. XXVI, 209 ff.; E. Noreen, Stud. nord. fil. III, 5. — Weit später (und wol zu sehr verschiedener zeit in verschiedenen dialekten) tritt derselbe übergang nach tautosyllabischen konsonanten ein, z. b. *svartr* st. *suartr* usw. Nach *h* ist *w* in gewissen gegenden noch erhalten, z. b. nisl. *huat* neben (nördlich u. westlich) *kvat* (beides *hvat* geschrieben); vgl. § 243.

§ 251. Kons. *i* wird wenigstens dialektisch seit 1250 zur spirans *j*, wie aus assonanzen mit *g* : *i* wie *geiga* : *sýiur*, *eigi* : *skýium* u. dgl. (s. Kahle, Die sprache der skalden, s. 69) hervorgeht.

§ 252. *r* und kakuminales *l* schmelzen im onorw. — zu sehr verschiedener zeit in verschiedenen mundarten — mit folgendem *d* (*ð*), *n*, *s*, *t* zu kakum. *d*, resp. *n*, *s*, *t* (geschrieben *rd*, *ld*, *d*; *rn*, *ln*, *n* usw.) zusammen, wenn die betreffende konsonantengruppe durch synkope entstanden ist, bei *rð* und *rt* auch sonst, z. b. run. (schon Flatdal) gen. sg. m. *kamas* (d. h. *gamals*) zu *gamall* alt; nach 1300 *Súrdǿler* 1301 ff. st. *Súldǿler* einwohner von *Súldal*, *áltíð* st. *ártíð* seelentag (Hægstad, Vestno. maalf. II, 1, s. 92), *kólsbróðer* (st. *kórs*-) kanonikus, gen. sg. *Bœrdóls* st. *Bœr(g)ðórs* (*Bergþórs*), *Giuls* st. *Giur(ð)s*, *Vardiúfr* st. *Valdiúfr* (*Valþiófr*), *Pa(l)ne*, *miu(l)na* mühle, *kiu(l)na* darrofen; mnorw. ortsnamen (s. Rygh, Oplysninger II, 155, 241, vgl. 194) wie *Mo(l)skones*, *Vígu(l)staðer*.

Anm. Kakuminales *d* wird dann mnorw. zu kakum. *l*, z. b. *Fingal* 1351 < -*garðr*, latinisiert *Hallualus* (*Hallvarðr*) 1351 (Lind, Dopnamn, s. 1290) mannsnamen, *Kammefiol* < *-*fiorð* ein ortsname.

§ 253. *r* (altes oder nach § 265 aus *R* entstandenes) wird:

1. Bisweilen zu *ð* durch dissimilation infolge eines in der vorhergehenden silbe vorkommenden *r*, z. b. aisl. *hrøðask* neben *hrørna* in verfall geraten, *hrǿðe* oder *hrǿþa* unruhe zu *hrǿra* bewegen, anorw. *Fríðikr* (*Frírikr* aus *Friðrikr* § 292) Friedrich, *Þrýðikr* (*Þrýrikr*), *Þórið* (Wadstein, F. Hom. s. 137) < *Þórir* mannsnamen, *Ragndíðr* (nach § 238, 1, b aus *-*ðíðr* < *-*riðr*) ein frauenname. Vgl. Bugge, Arkiv II, 241 f., 247 ff.

§ 254. Die halbvokale, nasale und liquidae. § 255. Die labiale.

Anm. 1. Das erste *r* ist dissimiliert worden im anorw. ortsnamen *Læiðangr* (um 1200 *Læirangr*, s. Rygh, Oplysninger II, 244 f.). Dagegen ist *baþmr* 'beide ausgebreitete arme, busen, baum' (eigentlich 'verzweigung') wol nicht, wie allgemein geschieht, mit *barmr*, got. *barms* busen, resp. *bagms* baum zu identifizieren, sondern vielleicht eine nebenform von *faþmr* 'beide ausgebreitete arme' (gr. ποταμός? vgl. Noreen, Urg. lautl. s. 126).

Anm. 2. Unklar bleiben einige fälle von (seit.) *ð* statt *r*, wo dissimilation nicht vorliegen kann, z. b. *bǫ́féþa* neben *-féra* (s. Falk, Beitr. XIV, 16) brünne (vgl. *boþfara* brünne), *mannleþa* neben *-løra* (und *mannleyse*) verächtlicher mensch, ? dat. sg. *boþue* und *borue* zu *borr* baum.

2. Bisweilen anorw. zu *l* durch dissimilation infolge eines vorhergehenden *r*, z. b. *Borgal(z)stadir* (No. gaardnavne II, 171 und III, 178) ein ortsname zum mannsnamen *Borgarr* (vgl. auch § 252), *morteel* (mndd. *morter*) mörser, *quartell* (mndd. *quartēr*) viertel (s. Hægstad, Vestno. maalf. II, 1, s. 100, resp. 101), *Sorkel*, *Serquill* ein mannsname (s. § 82, 12).

Anm. 3. Das erste *r* ist dissimiliert in mnorw. *Cantelbergh* (Hægstad, Vestno. maalf. II, 1, s. 60) st. anorw. *Kantarabyrg* Canterbury.

§ 254. *l* wird bisweilen durch dissimilation zu *r* oder *n*, z. b. das zweite *l* in *hialmur-*, *hialmun-* (*hialmu-*, s. § 297) neben *hialmul-vǫlr* (eine tautologische zusammensetzung, denn *hialmul-* < *hialmvǫl-* nach § 148), *hialmvǫlr* helmstock, *al(e)mandr* neben *alemandel* mandel und wol auch *helfningr*, *helmningr* hälfte st. *helflingr* (ags. *hylfling*, mhd. *helbelinc*, s. E. Olson, De appellativa substantivens bildning, s. 256 note), anorw. (selt.) *nykill* st. *lykill* (anders Byskov, Arkiv XXV, 179 f.) schlüssel.

Anm. Unklar ist *ulfalde* kamel gegen got. *ulbandus*, ags. *olfend*, und anorw. *hógeldekirkia* (Hægstad, Vestno. maalf. I, s. 39) st. *hógindekirkia* private kirche. Nicht verwandt sind *bulke* (engl. *bulk*) und anorw. *bunki* (afries. *bunk*) schiffsladung. — Unklar ist auch der wechsel *l : r* in *kongol-* (selt.) : *kongorváfa* spinne. — Ueber einen wol fraglichen übergang anorw. *lr > ðr* im ortsnamen *Odhrin*, *Æðrin* und *órir* (*ǫðrir?) erle neben *ǫlr*, *œlrir* erle s. No. gaardnavne XII, 64 f. und Amund B. Larsen, Maal og minne 1914, s. 165 f.

II. Wechsel der artikulationsstellen.

A. Die labiale.

§ 255. Die bilabialen spiranten, urgerm. und noch urn. *f* und *b̃*, gehen, wol während des 13. jahrhs. (im aisl. jedenfalls zum teil nach dem § 237, 3 erwähnten übergang *lb̃*, *rb̃* > *lb*, *rb*),

§ 256—258. Die labiale.

in die entsprechenden labiodentalen spiranten (beide mit *f* bezeichnet) über.

Anm. Die verbindungen *lft, rft* werden im nisl. zum teil noch bilabial ausgesprochen, s. B. M. Ólsen, Germania XXVII, 271 f.

§ 256. *b* wird in anorw. mundarten sporadisch zu *ʒ*, z. b. *stoga*, acc. *stugu* (*stofa, stufa*) stube, *Algarœim* (aisl. *Alfarheimr*) ein ortsname, *Liðskialg* (aisl. *Hlipskialf*) ein mythischer ortsname, *hælgdar*- (*hælfðar*-)*land* stück land von gewisser grösse, *Stagló* (*Stafló*), *Ragund* (*Rafund*) ortsnamen, *Lǫgðarhorn* (*Lofðar*-) ein gebirgsname (jetzt 'Lyderhorn'), *nagle* (gew. *nafle*) nabel, *sugl* (*sufl*) zuspeise, *Valdiúgœr* (*Valdiúfr*, aisl. *Valþiófr*), *Vígiul*- in ortsnamen st. *Vífill* (s. § 104, § 145 anm. 5) mannsnamen, *œllugu* (vgl. *œlluva* § 172, 1 und gew. *œllifu*) elf, *stiúg*- (*stiúf*-) stief-, mnorw. *Biúgr* oft st. *Biú(l)fr* ein mannsname. — Ebenso wo *w* zu grunde liegt, z. b. *siógarbúð*, -*hús* (Hægstad, Vestno. maalf. II, 2, ı, s. 132; *siófar*-) baude am see, mnorw. mit hiatusfüllendem *w* (s. § 312, 2) *Iógan* (*Iówan, Ióan, Ióhan*), *Iógar* (*Iówarr, Ióarr*), *Rógar* (*Rówar, Róarr*), *Ró(g)alder, Ró(g)e, Tró(g)en* mannsnamen.

Anm. Die anorw. mannsnamen *Hagþór(e)r* und *Hafþorn* sind wol am ehesten durch kontamination von den beiden ursp. verschiedenen namen *Hagþorn* und *Hafþór(e)r* entstanden; vgl. § 239 anm. 3.

§ 257. *p* wird ebenfalls im anorw. sporadisch zu *k*, bes. vor *n*, z. b. (ziemlich selt.) *vákn* (auch nisl. selt. *vókn*, s. Maurer, Arkiv IV, 284 ff., Þorkelsson, Supplement IV, 180; färöisch *vákn*, finn. *vaakuna*) statt gew. *vápn* waffe, *Gaukna* st. *Gaupna* (s. Rygh, Sproglig-historiske studier tilegnede Unger, s. 41 note) ein ortsname, *gauka*? 1 mal (s. Hertzberg) st. *gaupa* luchs, *stiúk*-, *stýk*- (*stiúp*-, *stýp*-) stief-, *ux* (s. Rygh, No. gaardnavne, Indledning s. 83) st. gew. *ups* (vgl. § 240 anm. 4) traufdach, *øllykti* (vgl. § 77, 7 und *œllugu* § 256; gew. *œllipti*) elfte.

Anm. Vielleicht durch umgekehrte schreibung kommt seit dem 15. jahrh. *finngálpn* statt -*gálk(a)n* kentaur vor; s. Bugge, Aarbøger 1895, s. 127.

§ 258. *m* wird, wo nicht assoziation hindert:

1. Zu velarem (*n* geschriebenem) nasal vor *g, k*, z. b. dat. pl. *mǫlonge* zu *mǫlom* mahlzeiten, dat. sg. pl. *huǫronge* (-*omge*) zu *huárge* keiner von beiden, *huerionge* zu *huerge* keiner von allen, *einonge* zu *enge* kein, 1. sg. präs. ind. pass. *minnonk* (gew.

-omk) ich erinnere mich, anorw. *Grinkell* (selt. *Grim-*, s. Rygh, Gamle personnavne, s. 94) ein mannsname.

2. Zu *n* vor *d, s, t*, z. b. *Handir* (selt.) statt *Hamdir* (§ 238,1, b) ein mannsname; *Ǫnd* st. *Ǫmd* (s. Bugge in No. gaardnavne XVI, 411) ein inselname; der anorw. ortsname *Lanornstadir* zum mannsnamen *Landormr*, misl. passivendung (seit c. 1500) *-unzt* statt *-umzt*; *ónta* (s. Fritzner) st. *ómta* berücksichtigen, anorw. (Cod. Tunsb.) *þrentánde* (*þrem-tánde, vgl. ahd. *zweinzug*, ags. *twéntiʒ*, wol gleich got. *twaim tigum*; aschw. *þrǣntānde*, s. An. gr. II, § 493 anm. 1; zum teil wol von *þrennir* drei beeinflusst; anders Kock, Arkiv IX, 140 f.) dreizehnte.

Anm. 1. Auf dissimilation beruht *m* > *n* in *ánu-mapkr* statt *ámu-mapkr* eine art made, anorw. *Munán* neben *Munámr, Monámr* (s. § 54,3,b; wol unrichtig Rygh, Gamle personnavne s. 183) ein mannsname; wol auch *móna* mutter (ahd. *muoma*, mndd. *mōme, mōne*, mengl. *mōne* muhme), mnorw. *millin* (Hægstad, Vestno. maalf. II, 2, i, s. 132) st. *millim* zwischen. Vgl. noch § 278 anm. 2. — *Bukran*, *-ram* eine art zeug ist mlat. *bucaranum*, resp. mhd. *buckeram*; *siklatun* ist afranz. *siglaton*, während *siklatum* wol dat. pl. von *siklat* (lat. *cyclas*) eine art zeug ist.

Anm. 2. Unklar ist der wechsel *fiós* : später *þiós* walfischfleisch.

B. Die dentale.

§ 259. *ð* (urspr. oder nach § 221,1 entstandenes) wird schon vorliterarisch zu *ʒ* zwischen *io, iu, au* und einem (erhaltenen) sonantischen *u* (s. Noreen, Svenska etymologier, s. 40 ff.), z. b. ntr. *fiogor* (*fioður nach § 89 aus *feðuru, vgl. got. *fidur-*, aschw. *fioþer-*) vier; *iúgr* neben *iúr* (*iuðr § 292) euter durch ausgleichung von nom. *iúgur (urn. *iuðura, afries. *iader*, mndd. *jeder*) : dat. *iúre* (< *iúðre); anorw. *laugur-dagr* sonnabend neben aisl. *lauþr* (nach den synkopierten kasus; ags. *léaðor* < *lauþur) aschenlauge; anorw. *Augun* (s. Rygh, Gamle personnavne, s. 25, Lind, Dopnamn, sp. 105) neben *Auðun* (nach sonstigen namen auf *Auð-*) ein mannsname. — In fällen wie dat. *trauþum, -u* (*blauþum, rauþum* usw.) ist *ð* erhalten durch einfluss von formen wie *trauþr, -an, -ra* usw. unwillig (vgl. umgekehrt nschw. dial. *traug*, nnorw. dial. *blaug, raug* u. a. nach *traugum, *-u* < **trauðum, -u* u. a.).

Anm. 1. Über *gagarr* (air. *gagar*, erst später *gadhar*) hund s. Marstrander, Bidrag s. 158. Ueber selt. *fagma* (s. Möbius, Analecta norrœna², s. 309) neben *faþma* (vgl. ags. *fæðm*) umarmen s. An. gr. II, § 274 anm. 3.

Anm. 2. Zweimaliges *Biarkmarr* st. *Biartmarr* ein mannsname ist wol nur schreibfehler.

§ 260. Vor einem nach § 238, 1, b entstandenen *d* (aber nicht vor *ð*) und vor altem oder nach § 238, 2, b entstandenem *t* werden bald nach 1200 kakuminales *l* und *n* in starktoniger silbe zu dentalem (oft *ll, nn* geschriebenem) *l, n*, z. b. *huíld > huíllð* ruhe, *greinda > greinnda* erörterte, erst weit (vgl. § 238, 1, b) später (anorw. schon früh, s. Wadstein, F. Hom., s. 134) *skilda > skillda* entschied u. dgl.; *fúlt > fúllt* hässliches, *mǽl(l)ta* sprach, *van(n)t* gewohntes, *rǽn(n)tr* beraubt; vgl. Åström, Sv. Landsm. VI, 6, s. 109 ff., XIII, 2, s. 62 ff., Kristensen, Arkiv XII, 313 f., Pipping, Stud. nord. fil. VI, 5. Die schreibung mit *ll, nn* hat also jetzt die aufgabe bekommen, die qualitative art der *l-, n-*laute anzugeben (vgl. § 40, 1 und 2, § 41, 1 und 3). Daher werden jetzt auch die altererbten verbindungen *ld, lt, nd, nt,* wo *l, n* von alters her dental gewesen sind, oft mit *ll,* resp. *nn* geschrieben, ohne dass dadurch eine veränderte aussprache angegeben werden dürfte, z. b. *hallda* halten, *sallt* salz, *lannd* land, ntr. *vannt* zu *van(n)dr* schwierig. Vor *r* steht aber oft *nd* (nicht *nnd*), was vielleicht angibt, dass hier *nd* etwas alveolar ausgesprochen worden ist, s. Pipping, Stud. nord. fil. VI, 5, s. 3 ff.

Anm. Cod. AM. 921, 4° hat (nach der mitteilung Kristensens) immer *mǽlta*, aber *mǽllt* neben *mǽlt*, sodass hier *l > ll* vielleicht nur vor tautosyllabischem *t* stattgefunden hat; vgl. ? St. Hom. *rǽntesk* gegen *rǽnnt(r)*.

§ 261. *nn* (altes oder nach § 275 und § 277, 2, c entstandenes) wird vor *r* (wegen ʀ s. § 277, 4, b) zu *ð*, z. b. *iþre* aus **inneri* innerer (vgl. *minne* aus **minniʀ*, got. *minniza* minder), *suþr* südwärts zu *sunnan* von süden, pl. *aþrer* zu *annarr* anderer. Da die gruppe *nnr* überall durch synkope entstanden ist, fällt demnach dieser übergang frühestens in die vikingerzeit (beisp. bei Einarr Skálaglamm gegen 1000). Aber auch wo etwas später ein (urspiüngliches oder aus ʀ nach § 265 entwickeltes) *r* zu *nn* tritt, findet dieselbe entwickelung statt, z. b. pl. *meþr* (mit neu zugetretenem plural-*r*) aus *menn* (**manniʀ*, got. *mans*) männer, 2. sg. präs. *breþr* (**brenn + r*) neben *brenn* (got. *brinnis*) zu *brenna* lodern. Durch ausgleichung entstehen dann häufig nebenformen mit *nnr*, z. b. *innre* (*iþre*) nach *innan* innerhalb, (alt, s. Jónsson, Skjaldesprog, s. 63) *mannr* (*maþr*) nach dat. *manne* mann und pl. (s. ib.) *mennr* (*meþr*) nach gen. *manna*, *brunnr* (*bruþr*) brunnen und *munnr* (*muþr*) mund nach pl. *brunnar* und *munnar*, *suinnr* (*suiþr*) weise, *sannr* (*saþr*) wahr, *kunnr* (*kuþr*) kund nach acc. *suinnan, sannan, kunnan, tuennr* (*tueþr*) neben *tuenne* doppelt, 2. sg. präs. *finnr* (*fiþr*), *vinnr* (*viþr*) zu *finna* finden, *vinna* ausführen usw.

Anm. Ob das auffallende *yþr* (got. *izwis*) euch hierher gehört, indem es ein nach *unsis* umgebildetes **inzwiz* > **innwiʀ* > **ynnr* voraussetzt? Ebenso entspräche *yþrum* einem nach *unsaramma* umgebildeten **inzwaramma*, und *yþuarr* wäre dazu neugebildet statt **ynnwarr*.

§ 262. *n* wird, wo assoziation nicht hindert, zu:

1. *m* vor *b* und *p*, z. b. *almboge* (selt., z. b. F. Jónsson, Sn. Sturluson Edda, s. VI) neben *ǫl(n)boge, alboge* ellenbogen, acc. sg. *Gestumblinda* aus **Gœst unblinda* 'den nicht blinden gast' (Kock, Arkiv VII, 180), *Vimboldr* (mndd. *Winbold*), *Fimbogi, Stœimbiorn, Ambiorn* st. *A(r)nbiorn* u. dgl. mannsnamen, anorw. *Umblauzstaðir* ein ortsname zu dem mannsnamen *Úblauðr* (vgl. § 299 anm. 5), *amboð* st. *an(d)boð* instrument, anorw. *ambon* (aisl. *ǫmbon*) st. *andbun* (s. Hertzberg) lohn; *kampr* neben *kanpr* (afries. *kanep*) schnurrbart, *hampr, hanpr* (ags. *hœnep*) hanf, *Dampr, Danpr* (got. *Danaper*) Dniepr. — Ausnahmsweise tritt *m* auch vor *f* ein, z. b. mnorw. *Emfrith* neben *Enfridh* ein frauenname.

Anm. Aus umgekehrter schreibung erklärt es sich wol, dass (selt.) *np* statt alten *mp* geschrieben wird, z. b. *kenpa, kempa* kämpe.

2. Velarem nasal (gew. *n* geschrieben) vor *g* und — wo der nasal nicht schwindet (s. § 299, 1) — *k*, z. b. *munát* (*mungát*) heimisches bier, *viniof* (*vingiof*) schlüsselgeld; *kanunkr* (*kanúkr*) canonicus, u. a.

C. Die palatale und velare.

§ 263. Velares *g*, *ȝ*, *k* wird vor palatalen vokalen palatalisiert. Die in dieser weise modifizierte aussprache erhält der regel nach keine besondere bezeichnung (vgl. jedoch § 37 anm. 1, § 39 anm. 1). Wo aber, bes. durch synkope eines dazwischenstehenden palatalen vokals, ein palatales *g*, *ȝ*, *k* vor

§ 263. Die palatale und velare.

einen nicht palatalen vokal zu stehen kommt, tritt die schreibung *gi, ki* auf, welche ohne zweifel in sehr vielen mundarten als *g, ʒ, k + i* aufzufassen ist, z. b. *merkia* (2-silbig) aus **markian* (3-silbig) merken, dat. pl. *ríkiom, engiom, lǽgiom* zu *ríke* reich, *enge* wiese, *lǽge* lage. Ein durch vorhergehenden palatalen vokal hervorgerufenes *ki, gi* tritt (fast) nur in lehnwörtern auf, z. b. *kirkia* (ags. *cirice*) kirche, *Grikkiar* (und *Grikker*) Griechen, *fíkia* (sehr selt. *fíka*; lat. *ficus*) feige, *Mik(i)áll* Michael, *blíkia* (ags. *blícan*) blinken, *suíkia* (ags. *swícan*) betrügen, *víkia* (ags. *wícan*) weichen; *gigia* (mhd. *gīge*) geige. In *mergr*, gen. *mergiar* mark scheint *gi* durch das einst vorhergehende frikative ʀ (vgl. asl. *mozgŭ*) hervorgerufen zu sein. — Mnorw. ist anlautendes *g(i)* zur spirans *j* geworden, z. b. *Iœrþrúð* st. *Gœ(i)rþrúðr* ein frauenname. Inlautend ist *gi* zum teil weit früher zu *j* geworden, z. b. *teyia* st. *teygia* zeigen, *Ryia-* st. *Rygiafylki* die landschaft Ryfylke u. dgl. (vgl. umgekehrte schreibungen wie *flýgia* st. *flýia* fliehen, *nýgian* st. *nýian* neuen), s. Hægstad, Vestno. maalf. II, 2, ɪ, s. 134 und II, 1, s. 60 f. Vgl. noch § 293, 2.

Anm. 1. Durch kontamination entstanden ist *gi* in *giorr* (auch *gǫrr*) statt *gǫrr* 'gemacht' nach *gǫrua* (woneben dann *giorua* nach *giorr*) machen, *i giár* (bes. anorw., s. Fritzner) st. **i gár* (s. § 71, 2) nach *í gǽr* gestern, anorw. *giognum* (s. Fritzner und Þorkelsson, Supplement IV, 54) oder *giagnum* (s. Bugge bei Fritzner III, 1101, Hægstad bei O. A. Johnsen, Olafs saga, s. XXXV; *giœgnum* § 70,1) statt *gǫgnum* (s. Bugge, a. o.), resp. **gagnum* (vgl. § 80, 3) nach *gǽgnum* und *gǫgnum* (s. § 77, 7) 'durch'. Unklar ist anorw. *giáta* (z. b. in No. Hom. 4 mal, vgl. Hægstad, Vestno. maalf. I, 50) neben *gǽta* hüten.

Anm. 2. Sehr selt. stehen *k, g* statt zu erwartenden *ki, gi* z. b. *drykk(i)a* trunk, was vielleicht nur ungenaue schreibung ist (wie in den runeninschriften, s. M. Kristensen, Tidskr. f. Fil. III R. XV, 150 f.), vielleicht aber auch eine verschiedene aussprache anzugeben hat (vgl. § 389 anm. 4).

Anm. 3. *ʒ* wird im anorw. dialektisch wenigstens nach *a, ú, ǫ* (vgl. An. gr. II, § 279, 1) zu *b (f)*, z. b. *Kagastaðum* > *Kǫfstǫðum* (vgl. Rygh, Gamle personnavne, s. 152) ein ortsname, *kúga* > *kúfa* bezwingen, *kǫgurr* > selt. (s. Fritzner) *kǫfurr* teppich, anorw. *rúfa* (aisl. *hrúga*, s. Noreen, Vårt språk III, 259) haufe, *Ǫfmundr* < *Ǫgmundr* ein mannsname.

Anm. 4. *kn* wird im anorw. dialektisch zu *tn*, z. b. ortsnamen wie *Gaukna* (vgl. § 257) > *Gautna, Bœrknœs* > *Bœrtnœs*, **Au(ð)kn* (aschw. ȳpkn, ȳkn, s. An. gr. II, § 308 anm. 3) > *Autn*; s. Rygh, Oplysninger I, 32 f., No. gaardnavne I, 5, Indledning s. 42. — *Skarlat* (-*að*, s. § 248) neben *skarlak(an)* scharlach ist mhd. *scharlāt* (mengl. *scarlat*), resp. *scharlach*

§ 264. 265. Die palatale und velare. § 266. Regressive assimilation.

(mndd. *scharlaken*). Unklar ist das verhältnis von *trane* zu mhd. *krane* (andd. *krano*, ags. *cran*) kranich.

Anm. 5. Mnorw. fallen *k(i)* und vorvokalisches *ti* (sowie *þi* und *hi*, s. § 241 anm. 1 und § 243 anm.) in eine palatale frikativa (*ch*) zusammen, z. b. *Kiésos* st. *Tiósás* ein ortsname (vgl. umgekehrte schreibungen wie *Tie-* st. *Kiðia-*), s. Hægstad, Vestno. maalf. II, 2, 1, s. 138.

§ 264. Velarer nasal (*n*) ist zu *n* geworden in *enskr* aus *eng(l)skr* englisch, *harþenskr* einer aus Harðangr, anorw. *Ban(g)se* ein mannsname, *œnti* aus *œngti nichts, *syn saka* statt *syng s.* oder *sygn s.* (s. Hertzberg) freigesprochen, mnorw. *Ben(k)t*, gen. *Drœn(g)s* mannsnamen, *Ran(g)díðr* < *Ragn(f)ríðr* (s. § 239, 2 und 253); zu *m* in *iumfrú*, *iomfrú* (anorw. auch *ionfrú*) neben *iungfrú* (aus dem deutschen) jungfrau; beides durch partielle assimilation an den folgenden konsonanten.

§ 265. Das aus urgerm. *z* entstandene urn. *ʀ* (s. § 224, 1) ist schon vorliterarisch (vgl. F. Jónsson, No.-isl. kultur- og sprogforhold, s. 206, 262 f.; anders Marstrander, Bidrag, s. 116 f.), am frühesten nach dentalen und interdentalen konsonanten (s. Noreen, Geschichte[3] § 62), mit altem *r* zusammengefallen, z. b. *betre* (got. *batiza*) besser, *meire* (got. *maiza*) mehr, *er* (got. *iz-ei*) welcher u. a. (s. § 71 und § 72).

III. Quantitative veränderungen.

A. Dehnung.

1. Assimilation.

a) Regressive assimilation.

§ 266. Die nasale werden schon in der vikingerzeit in folgenden fällen assimiliert:

1. *mp* > *pp*, z. b. *kapp* kampf, *kappe* kämpe, *kleppr* § 110, 1 klumpen, *kroppenn* § 112, 1 verkrüppelt, *skreppa* § 110, 1 gleiten, *suǫppr* (schon als air. lehnw. *sopp*; mndd. *swamp*) pilz, *apr* (*appr § 284; mschw. *amper*) bitter.

Anm. 1. *mp* kommt fast nur in lehnwörtern, oder wo es (nach § 262, 1) älteres *np* vertritt, vor; dialektisch ist *mp* bisweilen erhalten, z. b. *dumpa* schlagen, *gumpr* steiss, *stumpr* stumpe, *kumpr*, *rympell*, *vimpr* beinamen (s. Lidén, Stud. nord. fil. I, 1, s. 47). Wegen der schwachtonigkeit der silbe ist *mp* assimiliert worden im lehnw. *kumpánn* > selt. anorw. *kuppánn* (s. Kock, Arkiv XI, 317 note).

§ 266. Regressive assimilation.

2. *nt* (altes oder nach § 220 aus *nd*) > *tt*, z. b. *stuttr* (aschw. *stunter*) kurz, *vetr* (*rettr § 284; misl. *vintur*, s. Jónsson, Fernir fornísl. rímnaflokkar, s. VII, und Þorkelsson, Supplement IV, 178, ist vielleicht ein danismus) winter, *klettr* § 110, 1 fels, *spretta* § 110, 1 springen, nisl. *skuetta* § 110, 1 bespritzen, *detta* § 110, 1 niederfallen, *þrettán* (*þrinn-tán < *þrinz § 277, 2, c + *t.*, vgl. got. *þrins*) dreizehn, *tottogo* (*twann-tuzunn, vgl. got. *twans tiguns*, s. § 77, 10) zwanzig, *vǫttr* (aschw. *vanter*) handschuh, *fattr* (lat. *pandus*) biegsam, *brattr* (aschw. *branter*) steil; (mit *nt* aus *nd*) prät. *batt* (sehr selt. *bant* mit wieder anal. nach dem pl. eingeführtem *n*), imperat. *bitt* zu *binda* binden, prät. *blett* zu *blanda* mischen, *ratt* zu *vinda* winden, *hratt* zu *hrinda* stossen u. dgl. Auch alte lehnwörter nehmen an dieser assimilation teil, z. b. *mǫttoll* (anorw. auch *mantull*) mantel, *kleme(n)zmessa* missa Clementis, mnorw. *Laure(n)z* Laurentius. Wenn aber *nt* erst durch synkope entstanden ist (auch wenn das *n* urspr. kakuminal gewesen ist, s. § 41, 3, und erst durch das zusammentreffen mit *t* dental geworden, s. § 260):

a) bleibt es im allg. in starktoniger silbe wegen starker assoziation, z. b. prät. *nenta* zu *nenna* wagen, ntr. *vant* zu *vanr* gewöhnt, *blint* zu *blindr* blind, *leiþint* zu *-indr* (mit stark nebentoniger ultima) langweilig. Lautgesetzliche formen sind nur ntr. *satt* zu *sannr* wahr (wol von dem m. *saþr* § 261 gestützt, nach der analogie *glaþr* : *glatt* froh u. dgl.; vgl. superl. *syztr* st. *synnztr* nach komp. *syþre* südlich), *vǽtta* (neben *vǽnta* nach *vǽna*) erwarten; ferner ntr. *mitt*, *þitt*, *sitt*, *eitt* zu *minn* mein, *þinn* dein, *sinn* sein, *einn* ein, wo die erhaltung der assimilation in dem überaus häufigen gebrauch der wörter (die drei ersten sogar oft als schwachtonige, s. unten b) zu suchen ist;

b) wird es in schwachtoniger silbe (wo *n* wahrscheinlich von alters her dental gewesen ist, s. § 41, 1) zu *tt*, welches aber nach § 285, 5 zu *t* verkürzt worden ist, z. b. ntr. *bundet* zu *bundenn* gebunden, *heiþet* zu *heiþenn* heidnisch, *et* (got. *jainata*) 'das' (als artikel).

Anm. 2. Nicht durch synkope entstandenes *nt* kommt wol nur in einigen lehnwörtern vor sowie in der 2. sg. prät. ind., z. b. *kannt* kannst, *mant* erinnerst dich, *munt* wirst u. dgl. formen, die nach 1. 3. sg. *kann*, *man* u. s. w. neugebildet sind.

§ 266. Regressive assimilation.

3. *nk* (altes oder nach § 220 aus *ng*) > *kk*, z. b. *drekka* trinken, *brekka* brink, *ekke* § 110, 1 schmerz, *rekkr* § 110, 1 mann, *søkkua* sinken, *þokke* § 112, 1 wolwollen, *okkarr* § 112, 1 uns beiden zugehörig, *strokkr* § 112, 1 butterfass, *þykkia* dünken, *støkkua* (aschw. *stiunka*) springen, *hrøkkua* § 110, 1 zurückweichen, *kløkkua* § 110, 1 stöhnen, *døkkr* § 110, 1 dunkel, *ykkarr* (got. *iggar*) euch beiden zugehörig, *ekkia* § 128 wittwe, *bekkr* bank, *hlekkr* (aschw. *lænker*) fessel, *þakka* danken, *þekkr* anmutig, *þokke* wolgefallen, *blakkr* (ahd. *blanch*) blass, *þekkia* (got. *þagkjan*) gewahr werden, *ǫk(k)la* (vgl. § 137, 2 und aschw. *ankul*) fussknöchel, *hlakka* (lat. *clango*) kreischen, *makke* (nschw. *manke* (wampe u. a.; (mit *nk* aus *ng*) prät. *stakk* zu *stinga* stechen, *sprakk* zu *springa* zerspringen, *gekk* zu *ganga* gehen, *hekk* zu *hanga* hängen, *fekk* neben pl. *fingom* zu *fá* bekommen u. dgl. Auch bei alten lehnwörtern tritt assimilation ein, z. b. *akkere* anker, *þikkisdagr* (s. 110, 1) pfingsttag, pl. *Frakkar* (*Frankar*) Franzosen. Ueber die behandlung eines durch synkope entstandenen *nk* s. § 299, 1.

Anm. 3. *nk* kommt vielleicht nur in lehnwörtern und neubildungen wie *dunkr* ein beiname (einheimisch? vgl. as. *dunkar* dunkel), *hǫnk* (vielleicht einheimisch) henkel und *hanke* haspen (wol aus mndd. *hank* handhabe), *krankr* krank, anorw. *senktr* besetzt u. a. vor; vgl. noch § 299, 1.

4. *nl* > *ll* wahrscheinlich nur unmittelbar nach urspr. schwachtonigem vokal, z. b. *ellefo* (got. *ainlif*; vgl. § 51, 1, a) elf, *mullaug* (mit urspr. haupttoniger ultima?) neben *mun(d)laug* waschbecken zu *mund* hand und mit kürzung nach § 285, 5 *kriste(n)-legr* christlich u. dgl. (s. Sverdrup, Arkiv XXVII, 147). Ueber die behandlung des *nl* nach haupttonigem vokal s. § 299, 2.

Anm. 4. Beispiele einer assimilation *mb* > *bb* sind wol nicht (s. v. Friesen, Om de germ. mediageminatorna, s. 8 note) *klubba*, *klumba* keule, *kubbr*, *kumbr* klotz; vgl. *kamb* kamm, *lamb* lamm, *vǫmb* bauch u. a.

Anm. 5. Die von Noreen, Arkiv VIII, 147, als wahrscheinlich und von Kock, ib. XIII, 186 f. und XXI, 118 f. als sicher angenommene assimilation *mn* > *nn* existiert nicht (vgl. über *mn* > *mm* § 278 anm. 2). *Hinna* (zu *skinn* haut und air. *ceinn* schuppe, s. Lidén, Bezz. Beitr. XXI, 107 ff.) und einmaliges *himna* (zu agutn. *hīmin*, nnorw. *hīm*, *hīma* haut) häutchen sind nicht verwandt; *málfinne* (s. Egilsson), *-fime* beredsamkeit und *vélfinne*, *-fime* kunstfertigkeit gehören zu *finna* (er)finden, resp. *fimr* rasch. Ueber den von Kock ebenfalls hierher geführten typus *kauponautr* s. § 137 anm. 6.
— Eher ist eine assimilation *nm* > *mm* anzunehmen, s. § 299 anm. 2 und misl. *Brummaðr* st. *Brúnmaðr*? ein mannsname.

§ 267. *ht* wird vor 900 (s. Marstrander, Bidrag s. 98), ja nach Eggjum *sot* (d. h. *sótt*) gesucht zu urteilen wenigstens wnorw. schon um 700, zu *tt*, das dann antekonsonantisch (s. § 284) und nach schwachtonigem vokal (s. § 285) zu *t* wird, z. b. *dótter* (vgl. urn. pl. *ðohtriʀ* Tune, aisl. *dótr*, wonach auch sg. *dóter*) tochter, *rétta* richten, *nótt*, *nátt* nacht, *átta* acht, *mátta* mochte, *sǫtt*, *sǽtt* (ags. *seht*) vertrag, *frétt* orakelbefragen (ags. *freht* orakelspruch), *váttr* zeuge (vgl. ahd. *giwaht* erwähnung) u. a. m. (s. z. b. §§ 110,3; 111,2; 112,2; 113; 175,4; 321). Vgl. mit *t* z. b. pl. *nǽtr* nächte, *ǽtla* (mengl. *ehtlen*, zu as. *ahtōn*) die absicht haben, *átián* (zu *átta* acht) achtzehn, *rétr* (und *réttr* nach den 2-silbigen kasus) recht, richtig, *drótenn* (*dróttenn*) nach dat. *drótne* fürst, *almátegr* (*-máttegr*) nach acc. *-mátkan* allmächtig u. a.; *eyvet*, *-ar*, *-o* § 151, 2 nichts, *þóta* neben haupttonigem *þótta* schien, *þót* (seltener *þótt*, vgl. § 158 und § 230, 2, s. Jónsson bei Gislason, Udvalg af oldno. skjaldekvad, s. XX), gen. *lýrit(t)ar* § 151, 2 des allgemeinen rechts.

Anm. 1. *t* statt *tt* in *frǽta* (gew. *frétta*) ausfragen, *þrǽt(t)a* zanken (wonach *þrǽta* zank), *nít(t)a* verneinen ist eine neubildung zu *tt* in prät. *frǽtta* usw. nach der analogie von verben wie *vǽta*, *hlíta* : prät. *vǽtta*, *hlítta* (s. v. Friesen, De germ. mediageminatorna, s. 16 note). *Iáta* (ahd. *gi-jāzen*) bejahen ist urspr. von *iátta* (ahd. *jihtan*) 'gestehen' verschieden, s. Lidén, Arkiv III, 238 f. Unklar bleibt *t* in *Bót*, *knésbót* und *sót(t)*, s. § 108, 2.

Anm. 2. Ob seltene schreibungen wie *recta* st. *rétta*, *magtigr* st. *máttegr*, *gect* st. *gǽt*, *aktag* st. *áttak*, *þokt* st. *þótt*, *freckt* st. *frétt*, *lyrictar* st. *lýrit(t)ar* eine dialektische aussprache des alten spiranten (noch in literarischer zeit) bezeichnen oder nur schreibfehler sind, bleibt unsicher; vgl. Bugge, Arkiv IV, 116 f., Runeindskriften paa ringen i Forsa, s. 57, Wadstein, F. Hom. s. 110, Kock, Undersökningar i sv. språkhistoria, s. 81 ff., Lidén, Arkiv III, 238 note. Noch unklarer sind schreibungen wie *lyriftar*, *liriptar* (vgl. *typta* st. *tykta* züchtigen; d. lehnw.), *lyrirtar*.

Anm. 3. Eine assimilation *hd* > *dd* ist wol durch anorw. *suiddá*, *suiddauðr* (s. § 110 anm. 4) belegt; *hk* > *kk*? s. § 280, 2 (schluss).

§ 268. *d* und *ð* werden in folgenden fällen assimiliert:

1. *dt*, *ddt* > *tt* ausnahmslos, z. b. ntr. *blint* (aus *blintt* nach § 283) zu *blindr* blind, *fǿtt* zu *fǿddr* geboren.

2. *ðt* > *tt* ausnahmslos, z. b. ntr. *glatt* zu *glaþr* froh, *gott* zu *góþr* gut.

Anm. 1. *Glaðt*, *goðt* u. dgl. in späteren hdschr. sind wol nur etymologische schreibungen. Anders Hoffory, Arkiv II, 31 note.

3. *ðd* > *dd*, wo nicht assoziation hindert, z. b. *guddómr* gottheit zu *guþ* gott, *hofoddúkr* kopftuch zu *hofoþ* kopf.

4. *ðl* > *ll*, z. b. *frilla* konkubine zu *friþell* liebhaber, *á mille*, *millom* neben *á meþal*, *í miþel* zwischen, *brullaup* (aisl. auch *brúþhlaup*, anorw. auch *brúðlaup*, *brýðlaup*, *bryllaup*, *brullup* § 152, 2) hochzeit zu *brúþr* braut, *sílla* < *síþla* spät, *brálla* < *bráþla* plötzlich, *traulla* (*trauþlega*) kaum, *hrapallegr* eilend zu *hrapaþr* eile, *kuilla* wehklage zu *kuíþa* ängstlich sein, mannsnamen wie *Gullaugr*, *-leifr*, *-leikr* (und deren kurzname *Gulle*) neben *Guþlaugr* usw., *Hrolleifr*, *Hrollaugr* gegen *Hróþgeirr*, *-marr*, *frolleikr* (St. Hom.) < *fróþleikr* wissen. Unter, noch nicht bestimmbaren, umständen bleibt *ðl*, z. b. anorw. *øyðla*, aisl. *eþla* eidechse, *eple* neben *aþal* natur u. a. m. Vgl. endlich § 292.

Anm. 2. *ddl* ist ebenso (über *dl* § 284 > *ðl* § 245, 2) zu *ll* geworden in den personennamen *Olleif*, *-r*, *Ollaug* neben *Oddleif*, *-r*, *Oddlaug*; vgl. aber Arpi, Nord. stud. s. 74.

Anm. 3. Vereinzelt steht *ðb* > *bb* in anorw. *Gu(ð)brand*, *Robbœrder* (isl. *Hróþbiartr*) mannsnamen; *ðm* > *mm* in anorw. *Gummundr* ein mannsname, *vammál* < *váðmál* kleiderstoff; *ðn* und *ddn* > *nn* in anorw. *Ronný*, resp. *Onný* frauennamen.

§ 269. Das stimmhafte *f* (*ƀ*) kann sich einem folgenden *ƀ* oder stimmlosen *f* assimilieren, z. b. *abbragþ* statt *afbragþ* das was sich vor andern auszeichnet, *abbinde* stuhlzwang, *abburþr* < *afburþr* überlegenheit, *obbelde* < *ofbelde* übermut; *affor* abreise. Vgl. Hoffory, Arkiv II, 9.

§ 270. *ggk* wird *kk*, z. b. *hykk* (*hygg ek*) ich denke, *þikkat* (**þigg-ek-at*) ich empfange nicht.

Anm. *ȝm* scheint anorw. (wol über *vm*, vgl. § 239, 2 und An. gr. II, § 258 anm. 1) zu *mm* geworden zu sein im mannsnamen *Ammundr*, *Qmmundr* (z. b. schon im Hoprekstader buche, 2. hand; s. übrigens Lind, Dopnamn) neben *Agmundr*, *Qgmundr*. — Vereinzelte fälle sind auch: *ȝb* > *bb* in anorw. *Sibborg* (*Sigbiorg*) ein frauenname, mnorw. *Habbarðr* ein mannsname; *ȝf* > *ff* in mnorw. *Daffinder* (*Dagfinnr*). Auffallend ist *ȝt* > *dd* (wol über *ȝð*) in ags. *Sidroc* 871 (*Sigtryggr*, s. Marstrander, Bidrag, s. 159, und Björkman, Nordische Personennamen, s. 120) ein mannsname.

§ 271. *pt* wird im mnorw. dialektisch zu *tt*, z. b. *tutt* (anorw. *tupt* < *tuft*; vgl. nisl. *tótt* < aisl. *tópt*; s. § 112, 1) bauplatz, anorw. (bes. mnorw.) und orkn. *a(t)ter* < *aptr* zurück,

§ 272. Regressive assimilation.

ætter < *æptir* noch; s. Hægstad, Vestno. maalf. II, 1, s. 35 und II, 2, 1, s. 138, 140, Hild. s. 66, O. Skulerud, Telemaalet, s. 79.

Anm. Vereinzelt steht *pk* > *kk* im selt. (s. Fritzner) *skakker* < *skapker* (und volksetymologisch *skaptker*) bowle; s. Falk, Arkiv XIII, 203.

§ 272. *r* wird im aisl. und vielen anorw. mundarten in literarischer zeit in folgenden fällen assimiliert:

1. *rl* > *ll*, z. b. *kall* < *karl* alter mann, *kelling* < *kerling* altes weib, *iall* < *iarl* jarl, *valla* (schon in St. Hom.) < *varla* kaum, *framalla* (schon St. Hom.) < *framarla* weiter vorwärts, die mannsnamen *Þolleifr* < *Þorleifr*, *Þollákr* < *Þorlákr*, *Stullaugr* (als kurzname *Stulle*) < *Sturlaugr* u. a. m., s. bes. Gislason, Njála II, 435 ff., Efterladte skrifter II, 165 f.

Anm. 1. In gewissen gegenden ist nur tautosyllabisches *rl* assimiliert worden, z. b. aisl. *kall*, aber dat. pl. *korlum* u. a. (Hb., s. XLIX).

2. *rn* > *nn*, z. b. anorw. *Bionn* (schon im Hoprekstader buche, 2. hand, vor 1300) ein mannsname (vgl. § 244), *honn* (ib.) horn st. *Biorn*, resp. *horn*, in personennamen häufig *Ann*- st. *Arn*-, pl. (ib.) *prestanner* (-*arner*) die priester; *páfanner* die päpste; vgl. J. Storm in Norvegia I, 101, 124 note. Im aisl. ist wol die assimilation etwas später als im anorw., aber jedenfalls vor 1400, eingetreten (vgl. Arkiv IX, 382 und Arpi, Nord. stud., s. 75). Nach air. *Torbend* 1014 aus *Þorbiorn* zu urteilen ist *rn* (das in air. lehnwörtern derselben zeit in haupttoniger silbe durchgehends steht) im südnorw. weit früher in schwachtoniger als in haupttoniger silbe zu *nn* geworden (s. Marstrander, Bidrag, s. 129 f. und 151).

Anm. 2. Anderer art ist wol *spenna* (prät. *spenta* und *spann*) neben wahrscheinlich unverwandtem *sperna* (*spernta*, *sparn*) einem fussstoss versetzen; vgl. nschw. dial. *spänna* (*spann*). S. Persson, Beiträge zur indog. Wortforschung, s. 412 note 2.

3. *rs* > *ss* (doch, der assoziation wegen, nur ausnahmsweise wo *s* der flexionsendung gehört, z. b. Cod. AM. 921, 4⁰ *annas staþar* statt *annars st.* anderswo), z. b. *foss* < *fors* wasserfall, *huessu* < *huerso* wie, *skass* < *skars* hexe, mnorw. *Besse* < *Berse* ein mannsname. In einigen hdschr. nur wenn *rs* antekonsonantisch steht, weshalb *ss* (nach § 284) zu *s* verkürzt wird, z. b. *fy(r)str* erster, *ve(r)sna* sich verschlimmern, *þo(r)skr* dorsch, *bu(r)st* borste u. a. m. (s. Gislason, Efterladte skrifter

§ 273. 274. Regressive assimilation.

II, 166 f.) Die assimilation ist nach ausweis der skaldenassonanzen wenigstens schon um 1300 (vereinzelt schon um 1200, z. b. Rímb. *fyst,* anorw. Cod. AM. 655, 4⁰, IX *huassu* wie) da; s. Mogk, Anz. f. d. A. X. 186; Morgenstern, I. F. Anz. VI, 96.

Anm. 3. Hieraus erklärt sich wol, dass man (durch umgekehrte schreibung) bisweilen *rs* statt etymologisch berechtigten *ss* geschrieben findet; so besonders in anorw. hdschr. (aisl. beisp. s. z. b. Hb., s. XLV).

Anm. 4. Ueber eine andere behandlung der gruppen *rn, rs* im onorw. s. § 252.

§ 273. *Rs* wird zu *ss* assimiliert und dann eventuell nach § 284 verkürzt, z. b. 3. sg. präs. ind. pass. *kallask* aus **kallaʀ-s(i)k* nennt sich, mannsnamen wie gen. *Þorgei(r)s,* anorw. *Géstœin* (aisl. *Geirsteinn*).

Anm. 1. Eine assimilation *ʀl > ll* (mit späterer kürzung) wird wol vom onorw. mannsnamen *Gœi(r)laugr* (zu *gœirr* aus **ʒaiʀaʀ* speer) vorausgesetzt.

Anm. 2. Ueber eine möglicherweise vorhandene assimilation *ʀr > rr* s. Pipping, Neuphilologische Mitteilungen 1909, s. 214.

§ 274. *t* wird in folgenden fällen assimiliert:

1. *tk, ttk > kk,* z. b. *nekkuerr* (s. § 128) irgendein, selt. *huakke < huatke* was auch immer, selt. *þakke* (*þatke*) 'nicht einmal das' (Þorkelsson, Supplement IV, 186), *ekke <* selt. *etke* (s. § 128) nichts, *vekke < vet(t)ke, vǽttke* nichts, acc. sg. m. (schon in der Flatdaler inschr. um 1150) *almakkan < -máttkan* (vgl. § 239, 1, a) zu *almáttegr* allmächtig, *Hrokkell* (s. § 238, 2, e), *Bokke* (*< *Botke < *Boþke* zu *Boþuarr,* s. Lind, Dopnamn, s. 185) mannsnamen, *hlykk* (aus *hlýt-ek*) ich bekomme, *lekkaþ* (aus *lǽt-ek-at*) ich lasse nicht, anorw. *vækka* (**vǽtka*) feuchtigkeit u. a. (s. Bugge, Tidskr. f. Phil. og Pæd. IX, 125; Studier, s. 137 note).

2. *ts (z) > ss* in intervokalischer stellung (über antekons. *ts* s. § 303, 2) dialektisch schon um 1150, allgemein (wo nicht assoziation hindert) seit um 1250, z. b. *blesson* (*blezon*) segen, *Gissurr* (*Gizorr*) ein mannsname, *Þiassi* (*Þiaze*) ein riesenname u. a.; s. Mogk, Anz. f. d. A. X, 66; Gislason, Njála II, 626 ff.

Anm. Vereinzelt steht *tl > ll* (wol über *ðl,* s. § 268, 4 und § 248) in *Þorkell* u. a. mannsnamen auf *-kell < -ketl* (so sehr selt., z. b. im mnorw. ortsnamen *Rafnketlsstaðir*) statt *-ketell* nach dem dat. *-katle*; vgl. § 359, 2.

b) Progressive assimilation.

§ 275. *lþ, nþ* werden zu *ll*, resp. *nn* wenigstens um 950, wie aus ags. lehnwörtern wie *Gunner* Günther (Björkman, Nordische Personennamen, s. 34 f.) u. a., sowie auch Reichenauer Necrologium *Arnur* (d. h. *Arnórr* < *Arnþórr*) ein mannsname hervorgeht, aber noch nicht um 700, nach Valby *ᛁfunþ* zu urteilen, wiewol andererseits aus lapp. *skidnē* (< urn. *skinna*, s. Wiklund, Finn.-Ugr. Forschungen XII, 34 f.) hervorzugehen scheint, dass die assimilation irgendwo schon vor dem schwund des auslautenden *a*, also c. 700, vorhanden war; vgl. Noreen, Geschichte[3] § 6, 16. Z. b. *goll, gull* (got. *gulþ*) gold, *hollr* (got. *hulþs*) hold, *ellre* (got. *alþiza*) älter, *hallr* (vgl. got. *halþei*) geneigt, *vǫllr* (ahd. *wald*) feld, prät. *fell* (selt., s. Egilsson; gew. *felt*, dem pl. nachgebildet, nach § 220; vgl. got. *faífalþ*) zu *faldan* falten, prät. *hell* (selt., s. Egilsson; gew. *helt*, s. § 317, 2, a) zu *halda* halten, prät. *olla* zu *valda* walten, *Ullr* (got. *wulþus*; vgl. urn. *owlþu-þewaʀ* Torsbjærg) ein göttername; *annarr* (got. *anþar*) ein anderer, *finna* (got. *finþan*) finden, *munnr* (*muþr* § 261; got. *munþs*) mund, *skinn* (vgl. ahd. *scindan*) haut, *linnr* (ahd. *lint*) lindwurm, *unnr* (ahd. *undea*) welle, *hlenne* (vgl. ahd. *landeri*, ags. *hlóðere*) räuber, *tinna* (vgl. mhd. *zinden*) flinte, *sinn* (vgl. got. *sinþ-s*) gang, *kynne* (got. *kunþi*) kunde, prät *kunna* (got. *kunþa*) konnte, prät. *unna* liebte, *minne* (got. *gaminþi*) gedächtnis, *nenna* (got. *nanþjan*) wagen, *tǫnn* (vgl. got. *tunþus*) zahn, *suinnr* (*suiþr*; got. *swinþs*) weise, *sunnan* (ags. *súðan*) von süden her, *sannr* (*saþr*; ags. *sóð*, lat. *sōns*, gen. *sŏntis*) wahr, *ǫlonn* (vgl. ahd. *alunt*) eine fischart, *stinnr* (*stiþr*; ags. *stíð*) steif, u. a. m. (vgl. § 317, 2).

Anm. In onorw. mundarten der mnorw. zeit werden *ld, nd* zu *ll*, resp. *nn*, z. b. *Vestfoll* (so auch Hb., s. XLV, wol norvagismus) < *-fold* ein landschaftsname, *Rangnill* < *Ragnhildr* ein frauenname; *bann* < *band* band. S. bes. Hægstad, Vestno. maalf. II, 2, 1, s. 148, resp. 146 f.

§ 276. *tð* wird zu *tt* ausnahmslos, z. b. *átte* (got. *ahtuda*) der achte, prät. *bótta* (got. *bōtida*) büsste, prät. *matta* (got. *matida*) schlürfte, *gaftattu* (aus *gaft-at-ðu*) du gabst nicht, *bri̇óttu* (*brióṫ ðu*) brich (du), *þóttu* (aus *þóh-at-du*) obgleich du, *líttat* (*lítt ðat*) ein wenig, u. a. (s. Wadstein, F. Hom., s. 115). — Ebenso würde *dð* zu *dd* werden; nach § 283 ist aber kürzung des *dd* eingetreten, z. b. prät. *venda* (got. *wandida*) zu *venda* wenden.

Anm. Eine assimilation *td* (oder vielleicht auch hier *tð*, s. § 223, 1) > *tt*, woraus nach § 283 *t*, zeigen anorw. ortsnamen wie *Aftalr* (< *Aftdalr), *Gæstalr* u. a., s. Fritzner I, 236. — Ebenso ist *pb* (oder *pb*) zu *pp* geworden im aisl. ortsnamen *Pappýli* aus *-býli* (s. Kålund, Bidrag til en historisk-topografisk beskrivelse II, 276).

§ 277. Die gruppen *l*R, *n*R, *r*R, *s*R (über *m*R s. anm. 4 unten) wurden gegen das ende der urn. zeit fast überall zu resp. *ll*, *nn*, *rr*, *ss* (woraus später oft *l*, *n*, *r*, *s*, s. § 283, § 285, 5, § 286). Folgende fälle sind zu unterscheiden:

1. Wo ein langer vokal (oder diphthong) oder ein kurzer, schwachtoniger vokal vorhergeht, tritt assimilation ein, z. b. *stóll* (got. *stōls*) stuhl, *heill* heil, *ketell* kessel (vgl. air. *Erell* 848 ein mannsname — s. Marstrander, Bidrag, s. 115 und 159 — aus urn. *erila*R Lindholm, Kragehul, Järsberg); 3. sg. präs. *skinn* zu *skína* glänzen, *steinn* (schon Eggjum c. 700 *st*A*in* aus *staina*R Krogsta?) stein, *heitenn* (urn. *haitina*R Tanum) geheissen (vgl. schon Eggjum *skorin* aus **skorena*R geschnitten; ferner air. *Agonn* aus *Hákonn*, s. Marstrander, Bidrag, s. 118); *mærr* (urn. -*mari*R Torsbjærg) berühmt, *aurr* sand, *hamarr* hammer (vgl. air. *Badbarr* vor 850 == aisl. *Boþuarr* ein mannsname); *iss* eis, 3. sg. präs. *eyss* zu *ausa* schöpfen, *lauss* (urn. -*l*A*us*R Björketorp) los, *ýmiss* wechselnd.

Anm. 1. Statt *ss* tritt um 1300 bei adj. auf -*s* in obliquen kasus analogisches *sr* auf, z. b. g. pl. *vissa*, später *visra* (nach *gópra* u. a. formen gebildet) zu *viss* weise, g. sg. f. *ýmissar*, -*srar*, dat. sg. f. *ýmisse*, -*sri*, g. pl. *ýmissa*, -*sra*.

2. Wo ein kurzer, starktoniger vokal vorhergeht:

a) Treten *rr*, *ss* überall ein, z. b. *barr* (vgl. got. *bariz-eins*) nahrung, *farre* (vgl. uhd. *färse*) stier, *byrr* günstiger fahrwind, *vorr* niederschlag (vgl. lat. *versus* strich), *þurr* (vgl. got. *þaúrsus*) dürr, *verre* (vgl. got. *wairsiza*) ärger, 3. sg. präs. *ferr* zu *fara* reisen, *less* zu *lesa* lesen, *yss* lärm, *þyss* getümmel, *gyss* spott. Vgl. § 286 anm.

b) Dagegen ist *ll* verhältnismässig selten, z. b. *fiall* felsen, 3. sg. präs. *gell* (und *gelr*) zu *gala* singen, *stell* (seltener *stelr*) zu *stela* stehlen, *skill* (und *skilr*) zu *skilia* scheiden, *vill* (sehr selt. *vilr*) zu *vilia* wollen, anorw. (Hægstad, Vestno. maalf. II, 2, I,

§ 277. Progressive assimilation.

s. 144) *tell* (gew. *telr*) zu *telia* zählen. Gewöhnlich aber steht *lr*, z. b. *ǫlr*, *elrer* erle, 3. sg. präs. *hylr* zu *hylia* hüllen, *selr* seehund, *melr* sandhaufe. Der grund der doppelheit ist unklar (vgl. Tamm, Beitr. VII, 453; Kock, Språkhist. unders. om svensk akcent II, 452 f., Arkiv VI, 52 f., VIII, 386, XIII, 193 f.).

c) *nʀ* bleibt, wo die gruppe durch synkope entstanden ist, unassimiliert, z. b. *suanr* schwan, *linr* mild, 3. sg. präs. *venr* zu *venia* gewöhnen u. a. m. Nur scheinbare ausnahmen sind solche fälle, wo der vorhergehende vokal entweder ursprünglich lang gewesen ist, z. b. *hann* er (§ 127, 1), dat. *henne* (gen. *hennar*) ihr (§ 127, 6), *minn* mein, *þinn* dein, *sinn* sein (§ 127, 2), oder gewöhnlich schwachtonig ist, z. b. *enn* (got. *jains*) 'der' (als artikel), *hinn* jener (auch als artikel). Solche formen sind also nach 1 oben regelmässig. — Dagegen wo die gruppe schon urn. ist, wird *nʀ* (*nz*? s. § 224) immer zu *nn* assimiliert, wiewol dies *nn* später immer nach § 284 gekürzt worden und dann nach § 299, 5 oder § 266 geschwunden ist, z. b. acc. *daga* (got. *dagans*) tage, *tuá* (got. *twans*) zwei, anorw. *þré* (got. *þrins* § 110, 1) drei, *þrettán* (*þrinntán* § 266, 2) dreizehn, *tottogo* (vgl. got. *twans tiguns*) zwanzig; vgl. noch § 261 anm.

Anm. 2. Auffallend ist das einigemal vorkommende anorw. *sonn, sunn* (s. Hægstad, Vestno. maalf. II, 2, 1, s. 145 und Hertzberg, selt. aisl., s. Egilsson; got. *sunus*) sohn neben selt. *sonr* (aisl. gew. *sonr, sunr*) und gew. *son* (vielleicht urspr. als letztes zusammensetzungsglied wie regelmässig im aisl.), selt. *sun*.

3. Wo ein konsonant vorhergeht, müssen die durch assimilation entstandenen *ll, nn, rr, ss* zu *l, n, r, s* werden (§ 283), z. b. *iarl* (vgl. urn. *erilaʀ* Lindholm, Kragehul, Järsberg) jarl?, *hrafn* (urn. *haraƀanaʀ* Järsberg) rabe, *vakr* (urn. *wakraʀ* Reistad) wachsam, *dǿ(t)tr* (urn. *ðohtriʀ* Tune) töchter, *þurs* riese, *lax* lachs.

Anm. 3. In adj. auf *-n* ist in den obliquen kasus das *r* analogisch wieder hergestellt worden, z. b. gen. sg. f. *iafnrar* (nach *góþrar* u. dgl.), dat. sg. f. *iafnre*, g. pl. *iafnra* zu *iafn* eben Später können auch derartige formen bei adj. auf *-s* vorkommen, z. b. *friáls(r)ar, -(r)i, -(r)a* zu *friáls* freigeboren, *huass(r)ar, -(r)i, -(r)a* zu *huass* scharf.

Anm. 4. Ueber die wörter auf *-ll, -nn* s. unten 4.

4. Eine sonderstellung nehmen die wörter auf *ll* und *nn* ein:

§ 278. Progressive assimilation.

a) Nach *ll* steht fast ausnahmslos *r*, was sehr wol lautgesetzlich sein kann in den fällen, wo *ll* aus *lþ* (§ 275) entstanden ist, z. b. *hollr* hold, *ellre* älter; denn in dieser stellung ging ʀ (nach § 265) sehr früh in *r* über, welches nicht assimiliert wird. Aber sonst muss wol *llr* auf analogiebildung (statt des sehr seltenen *ll*) beruhen, z. b. 3. sg. präs. *fellr* zu *falla* fallen, *allr*, gen. pl. *allra* (No. Hom. 1 mal *alla*), gen. sg. f. *allrar* (St. Hom., Plácítúsdrápa und No. Hom. je 1 mal *allar*), dat. sg. f. *allre*, ganz, *illr*, gen. pl. *illra* (St. Hom. 1 mal *illa*), bös.

b) Nach altem *nn* ist ʀ assimiliert in *minne* (got. *minniza*) minder, pl. *menn* (*manniʀ, got. *mans*) neben *meþr* (selt. *mennr*, s. § 261) männer, 3. sg. präs. *brenn* (alt; später *brennr*, *breþr*) brennt, *renn* (*rennr*) rennt, fliesst; sonst steht allgemein anal. *nnr* oder (nach § 261) *þr*, z. b. *brunnr*, *bruþr* brunnen, *maþr* (alt *mannr*, selt. *mann*, erst spät öfter *mann* nach dem acc.) mann u. a. m., s. § 261. Wo aber *nn* aus *nþ* entstanden ist (§ 275), steht lautgesetzlich (vgl. aber Kahle, I. F. Anz. V, 96 und Pipping, Stud. nord. fil. VI, 5, s. 55) *þr* oder anal. *nnr*, weil in dieser stellung ʀ sehr früh (nach § 265) zu nicht assimilierbarem *r* wurde, z. b. *guþr*, *gunnr* (ags. *ȝúð*) streit; jedoch hat man neben pl. *teþr* (selt. *tennr*) auch *tenn* zähne (vgl. sg. *tǫnn* neben *Hildetannr*), neben *uþr*, *unnr* (ags. *úð*) woge die vielen frauennamen auf *-unn* (neben *-uþr*, *-unnr*), z. b. *Iþunn*, *Þórunn*.

Anm. 5. Auch *mʀ* ist wol nach schwachtonigem vokal zu *mm* (woraus dann nach § 285, 6 *m*) assimiliert worden. Wenigstens kommt im No. Hom. 10 mal dat. pl. *ǫllumm* neben sonstigem *ǫllom* 'allen' vor (s. Wadstein, F. Hom., s. 135). In derselben weise entstanden sind fälle wie *létom* < **-omʀ* (*léto mér*, s. § 158) sie liessen mir, *erom* (*ero mér*) sie sind mir u. dgl. Vgl. dat. pl. selt. *tueimr* (gew. und ältest *tueim* — eine urspr. dualform, ags. *twám*, s. Loewe, KZ. XLIII, 91 f. — s. Jónsson, Hb., s. XXX) analogisch (nach *þrimr*, s. Loewe, a. o., s. 92) zweien, gew. *þrimr* (später *þrim* — so 1 mal schon in St. Hom. — nach anderen dat. pl.) dreien mit *-mr* nach starktonigem vokal und urn. ʒ*estumʀ* (Stentoften) gästen mit noch unassimiliertem *-mʀ*. *Framm* (got. *framis*, s. Sievers, Beitr. XV, 405 note) 'hervor' ist wol ursprünglich nur schwachtonig gewesen (daher später — aber in der skaldenpoesie noch äusserst selten [wiewol schon bei Egell], s. Jónsson bei Gislason, Udvalg af oldno. skjaldekvad, s. XVII f. — *fram* nach § 285, 1 und 3), dann aber auch starktonig gebraucht worden.

§ 278. Eine eigentümliche assimilation von anlautendem *w* mit einem vorhergehenden, auslautendem *m* kommt vor in fällen von enklise wie *oþrom megen* (statt *vegenn*, s. Kock, Arkiv XXXV, 82) oder *megom* (statt *vegom*) auf der andern seite, *bóþom m.* auf beiden seiten, *ǫllom m.* auf allen seiten u. a.; dann steht *megen*, *megom* auch in ausdrücken, wo das nächstvorhergehende wort nicht auf *m* endet. In derselben weise sind die fast ausschliesslich anorw. formen *mit, met* neben *vit, vet* 'wir zwei', *mér* neben *vér* 'wir' entstanden, denn diese pronomina standen oft unmittelbar nach ihrem verbum, das auf *-m* auslautet, z. b. anorw. *kallum mér* wir rufen.

Anm. 1. *mb* wird nach schwachtonigem vokal zu *mm*, woraus *m* nach § 285, 1. Altes beispiel ist nur die präpos. *umb* (alt und dichterisch, s. Jónsson, Skjaldesprog, s. 122), später *umm* (anorw. bald nach 1200, s. Wadstein, F. Hom., s. 135, Hertzberg, s. 660), gew. *um* um. Spät m n o r w. tritt *mb* > *mm* auch in starktoniger silbe auf, s. Hægstad, Vestno. maalf. II, 2, I, s. 146.

Anm. 2. Schwachtoniges *mn* ist wol zu *mm* (woraus nach § 285, 5 *m*) assimiliert worden in dem mit suffigiertem artikel versehenen dat. pl., z. b. selt. *mǫnnomnom* > **mǫnnom(m)om* (aschw. *mannomom*, s. A n. gr. II, § 294, 1) > gew. *mǫnnonom* (mit dissimilation des mittleren *m* um die spezifische dativendung *-om* zu wahren; vgl. auch § 258 anm. 1) den männern; s. Lidén, Bezz. Beitr. XXI, 110 note 3; Noreen, Geschichte [3] § 267, c.

2. Sonstige fälle von konsonantendehnung.

§ 279. Vor einem anderen konsonanten tritt dehnung in folgenden fällen ein:

1. Vor kons. *i* werden (vor 900) *ʒ* und *k* nach kurzem vokal zu *ʒʒ*, woraus (vgl. *ðð* > *dd* § 238, 1, a) *gg*, resp. zu *kk*, z. b. *leggia* (got. *lagjan*) legen, *hyggia* (got. *hugjan*) denken, *byggia* (got. *bugjan*) vermieten, *hryggr* (gen. *-iar*) rückgrat, *egg* (gen. *-iar*) schneide; *lykkia* schlinge zu *lok* schluss, *bikkia* neben *greybaka* hündin, anorw. *horrækkia* (s. Bugge bei Hertzberg) neben aisl. *hornreka* (winkel)beischläferin, anorw. (s. Hertzberg) *knækkia* (zu aschw. *knaka*) zerknicken, *bekkr* (gen. *-iar*) bach. Weil in den meisten fällen nach *ʒ*, *k* bald kons. *i* stand, bald nicht, ist sehr oft ausgleichung eingetreten — bei *ʒ* gewöhnlich zugunsten der geminata (*gg*), bei *k* gew. (bes. im aisl.) zugunsten des kurzen lautes — oder auch sind doppelformen entstanden, z. b. präs. *liggr* statt *ligr* (anorw. nicht selt.; aschw. *ligher*, got. *ligis*) nach *liggia* liegen, *þig(g)r* zu

§ 279. Konsonantendehnung vor konsonanz.

þiggia empfangen, *seggia* (z. b. Cod. Tunsb. oft, sonst sporadisch, s. Gislason, Njála II, 451 ff., Jónsson, Skjaldesprog, s. 109) neben gew. *segia* sagen nach präs. *seger, þegia* (Cod. AM. 645, 4⁰ 2mal *þeggia*) schweigen nach präs. *þeger*; pl. *bekker, Grikker* (und *Grikkiar*, selt. *Griker*) nach gen. *bekkia*, resp. *Grikkia* Griechen, *vekkia* neben *vekia* wecken nach präs. *vekr*, anorw. acc. sg. *sæ(k)kian* neben aisl. *sekian* zu *sækr*, resp. *sekr* schuldig, anorw. *sæ(k)kia* schuldig machen, anorw. *þæ(k)kia* neben aisl. *þekia* decken zu *þak* dach, anorw. *ræ(k)kia* neben aisl. *rekia* recken, aisl. (oft) *rekia* neben *rekkia* bett, *ly(k)kia* f. eingezäuntes grundstück, v. zuschliessen u. a. m. (vgl. Bugge, Beitr. XIII, 171 f., Gislason, Njála II, 351 ff., Annaler 1863, s. 329).

Anm. 1. In literarischer zeit tritt im anorw. (ziemlich sporadisch, z. b. Þiðreks saga, Cod. Tunsb.) dehnung auch bei *n* und *t* (hier auch im aisl., obwol sehr selten) vor kons. *i* auf, z. b. *synnia* weigern, *brynnia* brünne, *vittia* besuchen, *sættia* setzen, *sittia* sitzen u. a. gleich aisl. *synia* usw.

2. Vor kons. *u* (*w*) wird (wol zur selben zeit) *k* nach kurzem vokal zu *kk*, z. b. *sløkkua* auslöschen zu *slokenn* erloschen, *nǫkkue* nachen, *þykkr* (acc. *þykkuan*; vgl. air. *tiug*) dick. Oft kommen durch ausgleichung doppelformen vor, z. b. *røk(k)ua* finster werden, *røk(k)r* (got. *riqis*) finsternis, acc. sg. m. *kuikuan* neben selteneren *kuikkuan* (*kykkuan*) zu *kuikr* lebendig, *nøk(k)ueþr* (vgl. § 226 und got. *naqaþs*) nackt, anorw. präs. *vækkir* zu *vøk(k)ua* zum fliessen bringen.

3. Vor *l* werden *ȝ*, *k* sporadisch zu (*ȝȝ*, woraus) *gg*, resp. *kk*, z. b. *mǫg(g)lan* das brummen, pl. *mik(k)ler* zu *mikell* gross, dat. *iok(k)le* zu *iokoll* eiszapfen u. a.; vgl. Gislason, Njála II, 443, Wadstein, F. Hom., s. 134; Jones, Phonology of the Elis saga, s. 24, Gering, Isl. Æv. I, XX.

Anm. 2. Vor *r* werden im anorw. (selten im aisl.) *k* und *t* sporadisch gedehnt, z. b. *blak(k)ra* flattern, *vak(k)r* wachsam, gen. pl. *spak(k)ra* zu *spakr* weise; *bæt(t)ri* besser, *vit(t)ra* klugheit, präs. *ettar* (§ 161, b) statt *etr* zu *eta* (bisweilen anal. *etta*) essen. Vgl. u. a. Wadstein, F. Hom., s. 134, Hb., s. LVII. — M norw. kann *ð* vor *r* (zu *dd*) gedehnt werden, z. b. *þydder* < (*þ*)*yðr* euch, *medder* < *meðr* mit; s. Larsen, Arkiv XVIII, 86.

Anm. 3. Vor *n* kommt dehnung sehr selt. (am häufigsten bei *t*, s. Hb., s. LVII) vor, z. b. *vit(t)ne* zeuge, *Þót(t)n* ein ortsname, nom. pl. m. *lyg(g)ner* zu *lygenn* lügnerisch.

§ 280. Nach langem, haupttonigem vokal tritt bisweilen dehnung ein (vgl über diese schwierige frage Noreen, Arkiv VI, 319 ff., und Kock, ib. VII, 334 ff.). Die fälle sind:

1. In urspr. (d. h. urn. auslaut) wenigstens bei *t*, z. b. prät. *hétt* (selt., s. Larsson, s. 141, sp. 2, Hertzberg, s. 859, M. Olsen, Vǫlsunga saga, s. XL) hiess und *létt* (im Hoprekstader buche; aschw. selt. *lætt*, s. An. gr. II, § 297 anm. 4) liess neben gew. *hét* und *lét*; *útt* (oft, s. Hertzberg, Hægstad, Vestno. maalf. I, s. 133 und II, 2, 1, s. 171, F. Jónsson, Gunnlaugs saga, s. VIII, E. Olson, Yngvars saga LXXI f., Kålund, Alfræði íslenzk I, xv; vgl. das sehr häufige aschw. *utt*, s. An. gr. II, a. o.; ob vielleicht aus **út-at* wie *hít*, anorw. *þít* u. a. nach § 158 gebildet?), wonach anal. *úttan*, *úttar*, *úttastr*, neben *út* (*útan* usw.) hinaus.

Anm. 1. Imper. wie *blótt* opfere, *grátt* weine neben *blót*, *grát* können aus *blóttu* (< *blót-ðu* § 276), *gráttu* abstrahiert sein; prät. wie *biótt* wohntest, *hiótt* hiebst neben selt. *biót*, *hiót* können zu der 1. sg. *bió*, *hió* neugebildet sein nach der analogie *slótt* (< **slōht* § 267) schlugst, *hlótt* lachtest zu *sló*, *hló*.

2. Wo der konsonant durch synkope mit dem vokal zusammentrifft, wird wenigstens *r* vor unbetontem vokal gedehnt (doch noch nicht in den ältesten hdschr.), z. b. gen. sg. f. *grár(r)ar*, dat. sg. f. *grár(r)e*, gen. pl. *grár(r)a* (wonach nom. sg. m. selt. *grárr* neben gew. *grár*) grau, komp. *fǽr(r)e* weniger, *smǽr(r)e* geringer, *nýr(r)e* neuer u. dgl., *Hló(r)riþe* (zu *hlóa* heiss sein; vgl. § 151, 6) ein Torsname; vielleicht auch *k* in fällen wie *sék(k)a* aus **sé-(e)k-a* ich sehe nicht, *ák(k)a* ich habe nicht u. a., wiewol andererseits möglich ist, dass *sékka* aus **seh-k-a*, **āh-k-a* mit assimilation des *hk* zu *kk* (vgl. *ht* > *tt* § 267) entstanden sind.

Anm. 2. Nicht hierher gehört das schon in einigen der ältesten hdschr. (z. b. Cod. AM. 315 F — s. § 15, B, b, 4 — wo *þeirri*, aber noch *fǽre*, nicht *fǽrre*) alternativ vorkommende -*rr*- der nicht durch synkope entstandenen formen *þeir(r)ar*, -*r(r)e*, -*r(r)a* 'der(er), deren' nach deren analogie dann zum pron. *siá* 'dieser' *þessar(r)ar*, -*ar(r)e*, *ar(r)a* statt *þessar*, -*se*, -*sa* entstanden sind. Nach E. Olson, Östgötalagens 1300-tals-fragment, s. XCVI f., wäre *þeirrar* usw. ein urn. *þaiRiRŌR* usw., d. h. eine umbildung von *þaiRŌR* usw. nach **blindiRŌR* (< *blindrar*) u. dgl.

Anm. 3. Ueber das wol nicht hierhergehörige anorw. *suiddauðr*, -*da* neben *suídauðr*, -*dá* s. § 267 anm. 3.

§ 281. 282. Konsonantendehnung.

Anm. 4. Wo kein vokal folgt, ist vielleicht überhaupt (vgl. doch 1 oben) keine lautgesetzliche dehnung anzunehmen. Z. b. ist wol das schon in den ältesten hdschr. auftretende komp.-adv. *nǽrr* 'näher' so zu erklären, dass, nachdem der urspr. komp. *nǽr* (got. *nēƕis*) früh die bedeutung 'nahe' angenommen hatte, die komp.-endung -*r* zum zweiten male hinzugetreten ist (wie in *miþr* < *minnr* weniger neben aschw. *min*, got. *mins*, oder *fremr* 'weiter' zum urspr. komp. *framm*, got. *framis*, s. § 277 anm. 5); ebenso in dem eines eigentlichen positivs entbehrenden komp. *meirr* (so schon in den ältesten hdschr. häufiger als *meir*, got. *mais*) mehr. Von *nǽrr*, *meirr* u. a. ist wol *rr* anal. übertragen worden in fällen wie *optar(r)* 'öfter', *neþar(r)* 'weiter unten'. — Ebenso zweifelhaft ist dehnung bei anderen auslautenden kons. als *r*. So z. b. ist vielleicht *ss* urspr. (vgl. *þess, huess, hirþess* u. dgl.) in solchen gen. wie adj. *grás(s)* u. a., subst. ntr. *bús(s), trés(s)* — so schon im St. Hom. — m. *Týs(s), mós(s)*, wozu möglicherweise *rr* in nom. *Týr(r), mór(r)* eine neubildung ist. Seltenes *siákk* statt *siák* 'ich sei' kann ja nach *siákka* (s. 2 oben) u. dgl. sein *kk* angenommen haben. Und es konnte wol auch sein, dass das schon in den ältesten hdschr. weit überwiegende *tt* in sg. n. a. ntr. wie *fátt* weniges, *miótt* schmales u. dgl. auf assoziation beruhte, indem *fátt* statt des selt. *fát* zu *fár*, *miótt* zu *miór* neugebildet wäre nach der analogie *smátt* (*smāht nach § 267, vgl. ahd. *smāhi*) : *smár*, *hótt* (*hōht, got. *hauhata*) : *hór* u. dgl.; umgekehrt selt. *smát*, *hát* nach *fát* u. a. *Upp* (ags., as. *upp*; vgl. aisl. *uppe, yppa* u. a.) neben seltnerem (s. Larsson, bes. s. 340) *úp* (ags., as. *ūp*, ahd. *ūf*; vgl. aisl. selt. *úpi*, s. Larsson, ib.), selt. durch kontamination *úpp* hinauf ist wol nach § 318, 2 zu erklären (s. Johansson, Beitr. XV, 240 ff.).

§ 281. Nach kurzem, haupttonigem vokal tritt, scheinbar ganz regellos, dehnung in einigen fällen auf, wie in *brot(t), brutt* (vgl. § 152, 2) neben *braut* weg, hin, selt. *huatta* beschleunigen, *hatta* hassen u. a. statt *huata, hata* (s. Bugge, Norrøne skrifter, s. 356), *skattyrþe* neben *skóting* hohn u. a. (s. Falk, Arkiv V, 121 f.), anorw. *forrað* (s. z. b. Wadstein, F. Hom., s. 133) gefährliche passage und *huarra*, -*e* wo in aller welt neben *forað, huara*; vielleicht auch das rätselhafte *snimma, snemma* (s. § 162, 1) neben seltenerem (bei den älteren skalden nie vorkommendem, s. Jónsson, Skjaldesprog, s. 113) *snema, snima* (aschw. *snima*; vgl. got. *sniumundō*) früh, bald.

Anm. Das im mnorw. häufige *till* statt *til* 'zu' ist wol wie im aschw. zu erklären (s. An. gr. II, § 299).

§ 282. Nach gewissen konsonanten, bes. *l, n, r*, tritt (wie im aschw., s. An. gr. II, § 301) dialektisch dehnung ein und zwar nach *l, n, r* in der anorw. Barlaams saga, z. b. *birtta*

§ 283. 284. Konsonantenkürzung.

offenbaren, *endda* enden, *halldda* halten; nach *f, g, r* in der Flateyjarbók; bei *l* nach *r* und bei *n* nach *f, g, r* im anorw. Cod. AM. 655, 4⁰, fragm. IX, b und Cod. Holm. der Ólafs saga helga (vgl. Brenner, Beitr. X, 436 ff.); bei *n* nach *f, r* in Cod. Reg. n. s. 1824 b, 4⁰, c. 1400 (s. M. Olsen, Vǫlsunga saga, s. XXXIV); bei *l̃, n* nach *r* in einem teile der Hauksbók (s. Hb., s. XLIV) und (hier auch bei *n* nach *f*) in Jöfraskinna (s. De bevarede brudstykker s. XVIII), z. b. *nafnn* name, *karll* alter mann *kornn* korn, same.

Anm. In lehnwörtern wird *d* nach haupttonigem vokal zu *dd*, z. b. *kredda* (ags. *créda*) credo, *stedda* (ags. *stéda*) stute. Zur erklärung s. Noreen, Vårt språk IV, 62.

B. Kürzung.

§ 283. Nach einem anderen konsonanten (nicht aber konsonantischen vokal) wird geminata verkürzt, z. b. ntr. *blint* (aus **blintt* § 268, 1; got. *blindata*) blind, prät. *venda* (aus **vændda, -dða* § 276) zu *venda* wenden, ntr. *huárt(t)ueggia* jedes von beiden, *karl* (**karll* < **karlʀ* § 277, 3) alter mann, *botn* (**botnn* < **botnʀ*) boden, *lax* (**lakss* < **laksʀ*) lachs, *hiarne* (**hernne, *herznǽ* § 224, 2; vgl. *hiarse* scheitel und § 317, 4) hirn, *þorna* (**þorzna*, vgl. got. *þaúrsus*) dorren. Vgl. dagegen z. b. *teinn* zweig, *ǫurr* lehm, nass, *eyss* schöpft u. dgl.

§ 284. Vor einem anderen konsonanten sind schon vor 1200 alle geminaten (wenigstens in der schrift) vereinfacht worden, ausser *ll, mm, nn, rr* vor *l, m, n, r* und *gg, kk* vor kons. *i, u*. Jedoch ist schon in den ältesten hdschr. diese regel durch ausgleichung vielfach durchbrochen worden. Beispiele des alten verhältnisses sind u. a. *hlátr* (ahd. *hlahtar*) gelächter, *vát(t)r* zeuge, *slátr* schlachtfleisch, *látr* ruhestätte der seehunde, *nǽtr, dǿtr* (selt. *dǿttr*) u. a. § 267, *vetr* § 266, 2, *ketlingr* junge katze (zu *kǫttr* katze), *Otkell* § 245, 1, *etki* nichts (zu *eitt* ein), *vetke* gar nichts (**wétt-ǥi* nach § 239, 1, a; vgl. ahd. *wiht*), *brotfall* § 241, *miskunn* barmherzigkeit (zu präfix *miss-*), *ǫk(k)la* § 266, 3, *bygþa, gugna, ugla* § 246, 2, **skygna* (**skuggwinōn*) spähen, *galdr* (**gaðl-* § 313, 2, § 245, 2, zu *gaddr*) fussstapfe im schnee, ntr. *þurt* zu *þurr* dürr, prät. *kipta* zu *kippa* rücken, *samfeþr* § 245, 2, *apr* § 266, 1. Vgl. Hoffory,

Arkiv II, 38 ff., Mogk, Anz. f. d. A. X, 61 ff., Wadstein, F. Hom.,
s. 127 ff.

§ 285. Nach schwachtonigem vokal tritt regelmässig
kürzung ein, jedoch nur zu sehr verschiedenen zeiten in verschiedenen
fällen, je nachdem ein ursprünglich starktoniger
vokal früher oder später schwachtonig geworden ist. Beispiele
sind:

1. Enklitische und proklitische wörter (von denen die
meisten natürlich auch oft haupttonig vorkommen, dann fast
immer mit erhaltener geminata), z. b. *eþa* oder, *meþan* während,
siþan seitdem (vgl. über diese drei § 241), *þikia* (haupttonig
þykkia, vgl. § 147) scheinen, *ek(k)e* nicht, *os(s)* uns, *kan(n)*
kann, *han(n)* er, *hin(n)* der (als artikel), *en(n)* noch, *þan(n)*
den, *huer(r)* jeder, *þes(s)* des, *um* (*umm*, *umb* § 278 anm. 1) um,
hineg dorthin, hierher neben *hinneg* (aus *hinn-weg* nach § 235, 1, f)
dort, *þan(n)eg* dahin, *vil(l)* will, anorw. *nok(k)or(r)* irgendein,
sin(n), *sit(t)* sein u. a. (s. z. b. Wadstein, F. Hom., s. 130 ff.).

2. Schwachtonige vorsilben einfacher wörter, z. b. gew.
teningr (mit haupttoniger pänultima *tenningr*, s. § 51, 1, b)
würfel, *þre(n)ning* dreieinigkeit, *ke(n)ning* poetische umschreibung,
mi(n)ning erinnerung, s. Kock, Accentuierung,
s. 225 f. und die daselbst zitierte literatur; Wadstein, F. Hom.,
s. 125; Hb., s. XXIX (wo unrichtige erklärung) und s. XLIII.
Peningr (so z. b. oft in Norges gamle love) neben *penningr*
pfennig ist wol aus ags. *pen(n)inȝ* entlehnt.

3. (Urspr.) schwachtonige erste zusammensetzungsglieder
(s. § 51, 1, a), z. b. *forynia* (s. Falk, Arkiv IV, 357 f.) vorbote,
Þuriþr (aus **Þurfriþr* § 291, 4, b) ein frauenname, *oṛosta*
(s. z. b. Wadstein, F. Hom., s. 126), *-rosta* (z. b. Krákumál; gew.
orr-, s. § 148) kampf, *fosyster* aus **fós(t)systir* und dies aus
fóst(r)systir (vgl. § 291, 10 und 11) pflegeschwester, *iþrótt*
geschicklichkeit (s. Kock, Accentuierung, s. 214), *spanýr*
(St. Hom.) neben *spánnýr* nagelneu, anorw. *malauss* (s. Kock,
ZfdA. XL, 199) neben gew. *mállauss* stumm, *iam(m)ikit* gleich
viel, *stór(r)áðr* grosse pläne hegend (s. Kock, Accentuierung,
s. 218), *brilaup* neben *bryllaup* (vgl. § 114 anm. 1) hochzeit.

4. Schwachtonige zweite zusammensetzungsglieder, z. b.
vinát(t)a freundschaft, *eyvet*, *lýrit(t)ar* s. § 267, *miskun(n)*,

§ 285. Konsonantenkürzung.

barmherzigkeit, anorw. *œmbǽt(t)e* amt, u. a. m., s. Wadstein, F. Hom., s. 126.

5. Schwachtonige ableitungs- und endungssilben, z. b. dat. sg. m. *blindom* (got. *blindamma*) blindem, dat. pl. *ǫllom* (*ǫllumm* § 277 anm. 5) allen, nom. acc. sg. ntr. *bundet* (**bundint* § 266, 2, b) gebunden, *kallat* (**kallaðt* § 268, 2) gerufen; entsprechend *hǫfo(d)dúkr* aus *hǫfuðdúkr* (§ 268, 3) kopftuch, *diofo(l)legr* teuflisch, *kristelegr* (vgl. § 266, 4) christlich, *heimo(l)lega* behörig u. dgl. (s. Sverdrup, Arkiv XXVII, 7). Nach langem vokal (auch wo dieser schon in der ältesten literatur verkürzt worden ist) und wo die geminata verhältnismässig spät entstanden ist, bleibt sie — *tt* vielleicht besonders lange, s. Sjöros, Stud. nord. fil. VIII, 3, s. 13 f. — einstweilen, z. b. gen. sg. *hirþess* (vgl. *þess, huess*) zu *hirþer* (got. *haírdeis*) hirt, *kollóttr* kahl, *ketell* kessel, gen. sg. *kýrennar* der kuh u. dgl. Später kann die geminata auch in diesen fällen verkürzt werden; im aisl. kommt dies in älterer zeit nur ziemlich sporadisch vor, z. b. *annar(r)* anderer, *drótten(n)* herr u. dgl. in St. Hom. (andere beisp. bei Gislason, Njála II, 628 ff., später aber regelmässig in gewissen hdschr. (s. Jiriczek, Bósa saga, s. XXXII); dagegen im anorw. (bes. onorw.) ist diese kürzung nach 1200 ganz regelmässig, z. b. *nokkor(r)* irgendein, *kristin(n)* christen, *drepen(n)* getötet (Tüb. bruchst.), *gamal(l)* alt, *annar(r)* anderer, gen. pl. *fiugur(r)a* vier (Cod. Tunsb.), *mykil(l)* gross, *himin(n)* himmel, *ambót(t)* dienstmagd (No. Hom.; weitere beispiele bei Wadstein, F. Hom., s. 130 ff.), gen. pl. *ýmis(s)a* zu *ýmis(s)* wechselnd, der suffigierte artikel -*en(n)*, -*in(n)*, gen. f. sg. -*en(n)ar*, -*in(n)ar* usw.

Anm. 1. Die oben erwähnten kürzungen können auch dann eintreten, wenn die geminata aus dem auslaut eines wortes und dem anlaut eines folgenden besteht, z. b. *þá kua(þ) þat Blindr* 'dann sprach so B.', *drepe(þ) þá* tötet sie, *þykke þér* aus **þykkið* (got. *þugkeiþ) ðér* (*þér*) 'es scheint dir', *a(þ) þat* (*at þat*, s. § 248) 'dass es', *tóko(m) mér* (*mit*) 'wir (zwei) nahmen', *þei m*) *mon* 'in dem masse', *vé(r) róm* aus *vér erom* (§ 158 anm. 2) 'wir sind'.

Anm. 2. Anders zu beurteilen sind fälle wie die urspr. zusammengesetzten mannsnamen *Hákun* neben selt. -*kunn* (s. Egilsson), auch -*konn* (s. Lind, Dopnamn; air. *Agonn* 847, s. Marstrander, Bidrag, s. 118), später gew. -*kon* (s. Gislason, Efterladte skrifter I, 3), *Aun*(*n*) § 228 neben (sehr selt. anorw. *Auðunr*, s. Lind, Arkiv XIII, 193, und) gew. *Auþun(n)*, -*on* und *Ǫn(n)* < **Áun(n)* § 226 und § 228, wo auch in aisl. hdschr. -*n* häufiger als -*nn* ist.

§ 286. Konsonantenkürzung. § 287. Konsonantenschwund im anlaute.

In jenen formen fehlt nämlich die nominativendung wie bisweilen im simplex *kon* (s. Egilsson), *vin* neben *konr* sprössling, *vinr* freund. Zur erklärung s. Noreen, Arkiv III, 14 note, VI, 308 f., Uppsalastudier, s. 195 f. und 201. Auffallend ist *son, sun* neben *sonr, sunr, sonn, sunn* (s. § 277 anm. 2) und *Halfdan* neben selt. *-danr* st. des zu erwartenden *Halfdann (doch air. *Albann* 874, 876, *Albdann* 934, s. Marstrander, Bidrag, s. 118).

§ 286. Nach langem, starktonigen vokal (oder diphthong) wird auslautende geminata in älteren aisl. hdschr. nur ganz ausnahmsweise (sporadisch) verkürzt, z. b. *þión(n)* knecht, 3. sg. präs. *skín(n)* leuchtet, *is(s)* eis, *laus(s)* los, *vis(s)* weise, 3. sg. präs. *frýs(s)* friert, *stól(l)* stuhl, *sǽl(l)* glücklich, *heil(l)* gesund, *þiór(r)* stier, *skír(r)* klar u. a. schon um 1200 (s. Gislason, Njála II, 628 ff.), fälle die wol sämtlich auf übertragung aus formen mit lautgesetzlich einfachem konsonanten (wie acc. sg., 1. sg. präs. u. dgl.) beruhen können; in den misl. rímur aber ganz regelmässig (s. Jónsson, Fernir fornísl. rímnaflokkar, s. VI f.). Dagegen in anorw. (bes. onorw.) hdschr. ist schon früh (in nebentoniger silbe schon um 800 durch air. lehnwörter bezeugt, s. Marstrander, Bidrag, s. 119) diese kürzung durchaus regelmässig (s. Wadstein, F. Hom., s. 130 ff.), z. b. ntr. *brát* zu *bráðr* hastig (aber *satt* zu *saðr* wahr), *vís* weise (aber *koss* kuss), *krós* (vgl. ahd. *chrūzi*) neben *kross* kreuz.

Anm. Fälle wo eine geminata nach kurzem, starktonigem vokal verkürzt worden zu sein scheint, beruhen — mit ausnahme der misl. kürzung eines auslautenden *rr*, worüber s. Gislason, Efterladte skrifter II, 169 f. (und vgl. An. gr. II, § 305) — wol auf anal. übertragung, z. b. 3. sg. präs. selt. *stel, skil, fer*, oft *les* statt *stelr* (*stelr*, s. § 277, 2, b) stiehlt, *skill* (*skilr*) scheidet, *ferr* fährt, *less* liest, wol durch entlehnung aus der 1. sg. präs. Unklar bleiben *þaka* (so immer im Cod. AM. 645 4°) neben *þakka* danken, *þori* (so immer im aisl. teile der Hauksbók, s. Hb., s. XLIV, wie zum teil im nisl.) neben *þorre* der 4. wintermonat, aisl. *þes(s)a* dieses, *-er* (gen. sg. und pl.; ein erklärungsversuch bei Hänninger, Fornskånsk ljudutveckling, s. 38; aber vielleicht kommt *þesa* nur in solchen hdschr.: z. b. St. Hom., vor, wo *ss* durch *s* wiedergegeben wird, s. § 45 anm.).

IV. Uebrige lautgesetze der konsonanten.
A. Schwund.
1. Im anlaute.

§ 287. Wo durch synkope einer unbetonten vorsilbe (§ 154) eine der sprache fremde konsonantengruppe oder auch eine geminata entstehen sollte, schwindet der anlautende konsonant,

z. b. *næma* (ags. *benǽmen*) berauben, *stolenn* (ags. *bestolen*) beraubt; *burþr* (got. *gabaúrþs*) geburt, *minne* (got. *gaminþi*) gedächtnis; prät. *sueip* § 154 u. a. m. Vgl. Delbrück, Synkretismus, s. 5 f. und 178, Vonhof, Zur entwicklung der germ. echten verbalkomposita, s. 4 f.

Anm. Aus demselben grund fehlt gew. *p* in den lehnwörtern (*p*)*salmr* psalm und (*p*)*saltare* psalter.

§ 288. *w* schwindet im allg. schon vorliterarisch vor *r*, z. b. *reiþr* (aschw. *vrēþer*) zornig, *reka* (aschw. *vrœka*, got. *wrikan*) treiben, *rangr* (aschw. *vranger*, engl. *wrong*) schief, *rata* (got. *wratōn*) wandern, *rist* (nschw. *vrist*) rist, *rise* (vgl. as. *wrisilīk*) riese, *rípa* (aschw. *vrīþa*, ags. *wríðan*) drehen, *ríta* (ags. *wrítan*, mndd. *wrīten*, vgl. urn. prät. *war*ₐ*it* Istaby, präs. *waritu* Järsberg) schreiben, *ráþe* (vgl. ags. *wrǽð*, got. *wriþus* statt *wrēþus, s. Bugge, Bezz. Beitr. III, 114) ferkel, *ró* (aschw. *vrā*) winkel, *reine* hengst (vgl. aschw. *vrēna*, mndd. *wrenschen* wiehern), *reitr* (aschw. *wrēter*, vgl. urn. *wraita* Reistad) abgesteckte fläche.

Anm. 1. Noch im 10. jahrh. ist *w* in dieser stellung nicht fortgefalllen, wie bewiesen wird durch gedichte, die zu dieser zeit verfasst worden sind, wo wörter, die später mit *r* statt *wr* anfangen, durch die alliteration mit solchen wörtern verbunden sind, wo *w* als *v* auch später geblieben ist, z. b. bei Eilífr Guþrúnarson: [*W*]*reiþr stóþ* [*W*]*rǫsko bróþer, vá gagn faþer Magna*, u. a. (s. Bugge, Bidrag s. 8). Noch später als auf Island schwand *w* in Norwegen und hier später im süden (wo, bes. onorw., noch heute *wr* als *vr* in vielen dialekten herrscht; vgl. anorw. *vreiðe* zorn aus dem j. 1381, s. Fritzner III, 58) als im westen und norden. Vgl. noch Sijmons, Die lieder der Edda I, CLXXIV und CCLXXXIV, F. Jónsson, Arkiv VI, 150 f., No.-isl. kultur- og sprogforhold, s. 264 ff., B. M. Ólsen, Tímarit XV, 43 ff.

Anm. 2. In anorw. hdschr. seit dem 13. jahrh. kommt es einigemal vor, dass statt wegfall von *w* metathesis von *w* und *r* eingetreten ist, z. b. *rúœiði* (gew. *rœiði*) zorn, *ruangr* (*rangr*) schief: s. Vigfusson, Eyrbyggja saga, s. XLIX note; Fritzner III, 58; Hægstad, Kong. s. 24 und 35, Vestno. maalf. II, 2, I, s. 151; G. Flom, University Studies IV, 2, s. 15 (wo unrichtige erklärung).

§ 289. Im anorw. schwindet *h* schon vorliterarisch vor *l*, *n*, *r*, z. b. *lutr* (aisl. *hlutr*) teil, *niga* (aisl. *hníga*) sich neigen, *rœinn* (aisl. *hreinn*) rein.

Anm. 1. Die orthographie einiger alten runeninschriften (wie *Hrikariki* = *Hringariki* Alstad im 10. jahrh., *Hrabisun* = *Hrœppiss sun* Skollevold c. 1000, s. Bugge, Norsk Sagafortælling, s. 124 note 2) und die alliteration

212 § 290. Kons.-schwund im anlaute. § 291. Im in- und auslaute.

der ältesten anorw. gedichte zeigen, dass im 10. und 11. jahrh. *h* noch da war; andererseits fehlt es schon in der Fåberger inschr. c. 1050 (*Ruar = Hróarr*, s. Bugge, ib.) und in der literatur schon bei Theodoricus monachus um 1175 (*Ranason = Hranason, Ringr = Hringr*). Orkn. blieb es wenigstens bis ins 13. jahrh. (s. Vigfusson, Eyrbyggja s., s. XXXV); shetl. ist noch aus dem j. 1360 *Hrolfs* bezeugt (s. Hægstad, Hild. s. 64).

Anm. 2. Auch in aisl. hdschr. des 13. und 14. jahrhs. finden sich einige beispiele von dem wegfall des *h* vor *l, n, r* (s. z. b. Bugge, Norrœn Fornkvæði, s. XII und 446; Gering, Isl. Æv. I, XX).

Dagegen fehlt sporadisch, sowol in aisl. als in anorw. hdschr., anlautendes *h* vor vokalen; so z. b. oft in St. Hom., in Ágrip u. a.

Anm. 3. Dieser unsicherheit des anlautenden *h* verdankt wol das bisweilen zugesetzte unetymologische *h* (§ 306) sein dasein.

§ 290. Seit 1300 schwindet im aisl. *g* vor *n*, z. b. *(g)naga* nagen, *(g)neisti* funke; mnorw. auch in einigen dialekten, z. b. *Núpr* st. *Gnúpr* ein mannsname.

Anm. Die schon früher (und auch anorw.) auftretenden *nógr* hinreichend, *líkr* gleich neben älteren *gnógr, glíkr* sind wol selbständige bildungen ohne das präfix *ʒa*-.

2. Im in- und auslaute.

§ 291. Wo durch synkope, zusammensetzung oder sonst eine aus drei konsonanten zusammengesetzte gruppe entsteht, welche sonst nicht der sprache geläufig ist, fällt der mittlere konsonant fort, wo er nicht durch assoziation erhalten wird:

1. *b* fällt zwischen *m* und *s*, z. b. *Dum(b)s haf* das eismeer, gen. *dram(b)s* zu *dramb* (das) prahlen; zwischen *m* und *l* wol in *kum(b)l* (as. *kumbl, -al*) grabdenkmal zu *kumbr* (vgl. griech. γόμφος pflock) keule (s. Meringer, I. F. XIX, 447 und XXI, 298).

2. *d*, z. b. *fræn(d)kona* muhme, pl. *syn(d)ger* zu *syndogr* sündig, *van(d)lega* sorgfältig, *mun(d)laug* handfass, *tial(d)búþ* zelt, *hol(d)gan* incarnatio, *hal(d)kuǽmr* nützlich, pl. *hal(d)ner* zu *haldenn* gehalten, *slønguan(d)bauge* ringvergeuder, *Vellan(d)katla, Hengiankiapta* u. a. dgl. poetische benennungen (Falk, Beitr. XIV, 42); bes. häufig in dem präfix *and*-, z. b. *an(d)marke* fehler, *an(d)lit* antlitz, *an(d)lát* tod, *an(d)nes* vorgebirge u. a. sowie die vielen adj. auf *-an(d)legr*, z. b. *elskanlegr* liebenswürdig

§ 291. Konsonantenschwund in dreikonsonantischer gruppe. 213

neben *dugandlegr* tüchtig (s. Sverdrup, Arkiv XXVII, 156 ff.); ferner häufig wo *d* zwischen zwei *l* oder zwei *n* kommt, z. b. *mil(d)lega* sanft, *veral(d)legr* weltlich, *el(d)legr* feurig, pl. *bun(d)ner* zu *bundenn* gebunden, *blan(d)ner* zu *blandenn* gemischt. — In fällen wie *an(d)suar* (*anzuar*) antwort, *-skote* gegner, *-spiall* gespräch, *-styggr* hässlich oder gen. *tial(d)s* zeltes, *sun(d)s* sundes u. a. (s. Gislason, Njála II, 634 f.) ist wol eher *t* (s. § 245, 1) geschwunden.

3. *ð*, z. b. *Vin(þ)land*, *norrénn* (ahd. *nordrōni*; auch *nórénn*, s. Gislason, Efterladte skrifter I, 208, anorw. *nórenn* § 151, 7, nach *Nóregr*) norwegisch, pl. *nor(þ)menn* norweger, dat. ntr. *brug(þ)no* zu *brugþenn* geschleudert, *har(þ)la* sehr, *iar(þ)legr* irdisch, *skur(þ)goð* götzenbild, *stir(þ)na* steif werden, pl. *or(þ)ner* zu *orþenn* geworden, dat. *ǫr(þ)gom* zu *ǫr(þ)ogr* heftig, aufrecht, aufsätzig, *ǫr(þ)ga* aufrichten, heben, *ver(þ)gangr* bettelei, die mannsnamen anorw. *Háfar(ðr)*, *-vǫr(ðr)*, *Sigur(ðr)*, die wol auch nach § 292 anm. 2 erklärt werden können u. a. — In fällen wie anorw. *mar(ð)skinn* marderfell ist wol am ehesten *t* (s. § 238, 2, d) geschwunden.

4. *f*: a) Stimmhaftes (*ƀ*), z. b. *þar(f)nask* bedürfen, personennamen wie *Ul(f)gestr*, *-rekr*, *Al(f)dís*, *-gautr*, anorw. *hæl(f)ningr* hälfte, *hælda-* neben *hælfðar-land* stück land von gewisser grösse, anorw. *tolmónaðr* (Cod. AM. 315 F.) st. *tolf-* jahresfrist, prät. *œl(f)ði*, *yl(f)ði* s. § 313, 1. b) Stimmloses (*f*, eventuell *p*, s. § 240, 2), z. b. *fimt* anzahl von fünf, *fimte* fünfte, anorw. *tomt*, *tumt* (vgl. § 112, 1 und 298, 2) bauplatz, *land-skial(f)te* erdbeben, *al(f)t* schwan, *Sigrøþr* (so schon um 1000, s. Marstrander, Bidrag s. 92 und 106; *Sigr-frøðr), *Goþ-*, *Guþrøþr* (sehr selt. *-frøþr*) Gottfried u. a. mannsnamen auf *-røþr* (vgl. *Hallfrøþr* u. a.), *Sigríþr*, *Guþríþr*, *Þuríþr* (*Þurfríþr), *Ragn(f)ríþr*, *Arn(f)ríþr*, *Holm(f)ríþr* u. a. frauennamen auf *-(f)ríþr*, gen. *Bótol(f)s*, *Bryniol(f)s* (wonach auch ein mnorw. nom. *Bryniol*), *Eyiol(f)s*, *Ol(f)s* (< *Ólafs*) mannsnamen, anorw. *Biol(f)staðer* ein ortsname.

5. *g* fehlt sehr häufig in den synkopierten formen von *morgonn* (*morgenn*) morgen, z. b. dat. sg. *mor(g)ne*, nom. pl. *mor(g)nar*; ferner z. b. *fyl(g)þ* begleitung, *ábyr(g)þ* verantwortlichkeit und personennamen wie *Ber(g)dórr*, *Ber(g)sueinn*,

§ 291. Konsonantenschwund in dreikonsonantischer gruppe.

Bor(g)ný (mnorw. *Borni*), *Dol(g)finnr*, mnorw. *Mar(g)réta*. — Im ntr. *mart* (so überall in den ältesten aisl. hdschr., sehr häufig auch in älteren anorw. hdschr.; erst später tritt *margt*, *markt* auf) zu *margr* 'mancher' ist es wol zunächst der stimmlose spirant (s. § 239, 1, b), welcher fortgefallen ist.

Anm. 1. Explosives *g* (oder wol eher *k*, s. § 246,1) fehlt in *enskr* (sehr selt. *engskr*, vgl. 7 unten), *harþenskr*, anorw. *ionfru*, s. § 264.

6. *k*, z. b. ntr. *beis(k)t* zu *beiskr* bitter, gen. *ver(k)s* zu *verk* werk, *heims(k)legr* von törichter art und viele andere adj. auf *-s(k)legr* (s. Sverdrup, Arkiv XXVII, 7 und 48), *fyl(k)sne* versteck § 222, 2, *hannyrþ* kunstfertigkeit < *-*yrkþ* (zu *yrkia* verfertigen, s. Hultman, Hälsingelagen I, 66 note), *iartegn* wahrzeichen aus (nach Lidén) *iarktegn (das wol in der schreibung *iargtegn*, s. § 293, 3, vorliegt) < **iark(n)tegn* (s. unten 9) zu *iarkna-steinn* edelstein (got. *-airkns*, ahd. *erchan* echt), anorw. *Mortalr* (*Myrk-dalr, s. § 245, 1) ein ortsname, *kir(k)messa* kirchenfeier. Vgl. anm. 1.

7. *l*, z. b. *kar(l)maþr* mann, gen. *kar(l)s* (wonach sehr selt. nom. *kar*) zu *karl* alter mann, gen. *iar(l)s* zu *iarl* jarl, *engskr* (gew. *enskr*, s. anm. 1) aus **æng(l)skr* neben unsynkopiertem *engliskr* englisch; bes. oft in prät. *óx(l)ta* zu *óxla* vermehren, *sýs(l)ta* zu *sýsla* verrichten, part. prät. *víx(l)tr* zu *víxla* wechseln.

8. *m*, z. b. *Hol(m)steinn*, *Hulviþr* (< *Hulmviðr), mnorw. *Hol(m)fastr*, *Hol(m)ger* mannsnamen, *Or(m)snæs* ein ortsname.

9. *n*, z. b. *ber(n)ska* kindheit, 3. sg. prät. *gir(n)tesk* zu *girnask* verlangen, *ǫl(n)boge* ellenbogen, ntr. *iam(n)t* zu *iamn* (anal. sehr selt. *iam*) eben, *iam(n)búenn* 'ebenso bereit', gen. *vaz* (so immer in den ältesten hdschr.) zu *vatn* wasser, *boz* (*botns*) zu *botn* boden, *naf(n)s* zu *nafn* name, *gangs* (*gans*) statt *gagns* (*gans* § 239, 2) nutzen, *iartegn* (s. oben 6) wahrzeichen, *Ar(n)biorn*, *Ar(n)móþr*, *Rag(n)-*, *Rǫg(n)valdr* mannsnamen; anorw. beisp. sind u. a. *horrækkia* (s. § 279, 1) beischläferin, *næf(n)dr*, *næf(n)t* genannt, gen. *stof(n)s*, *stom(n)s* stumpfes, mnorw. *Ar(n)viðr* u. a. auf *Ar(n)-*, *Biar(n)móðr*, gen. *Bior(n)s* mannsnamen, *Ram(pn)staðer* ein ortsname.

10. *r*, z. b. die verwandtschaftswörter pl. *feþgar* (aschw. run. *faþrkaʀ*, d. h. *fæðrʒaʀ*) vater und sohn, *møþgor* (aschw. run. *muþrku*, d. h. *møðrʒu*) mutter und tochter, *møþgen* (adän. run.

§ 292. Konsonantenschwund im in- und auslaute: *ð*.

muþrkin, d. h. *mǿðrȝin*) mutter und sohn, *systken* (*systrȝin; vgl. 11) geschwister, *sammǿddr* (*-*mǿðriðr*) von derselben mutter, u. a.; ferner schwankend z. b. gen. *myrk(r)s* zu *myrkr* finsternis, *aust(r)ker* (vgl. 11) schöpfgefäss, *fóst͜(r)syster* pflegeschwester, nom. sg. *ulfge* (*ulfr-gi) 'ein wolf nicht', nom. acc. pl. *kuerk(r)nar* die kehle, gen. *Alexand(r)s* ein mannsname.

Anm. 2. Unsicher bleibt, ob *s* in der gruppe *fst* (*pst*) schwinden kann (vgl. § 309, 1). *Heipt*, *heift* und selt. (3 mal bei Larsson) *heifst* hass können mit verschiedenen suffixen (-*ti*-, resp. -*sti*-) gebildet sein (vgl. mhd. *heifte* sturmwetter : got. *haifsts* neben *haifts*, s. Streitberg, Got. elementarbuch[6], s. 88, streit), oder auch ist *heifst* nach § 309, 1 aus *heift* entstanden. Ebenso können das nicht seltene (s. z. b. Larsson) *eftr*, *eptr* (vgl. got. *iftuma*?) und das gew. *efstr* letzt sich zu einander verhalten.

11. *t*, z. b. *heip(t)giarn* rachgierig, *kris(t)ne* christentum, *huár(t)ke* keines von beiden, *aus(t)ker* (s. oben 10), *Bes(t)la*, *Biar(t)marr* personennamen, gen. pl. *hiar(t)na* (s. H. Rydberg, Die geistlichen drápur, s. XXX) beizen, *sys(t)ken* geschwister, dat. *þis(t)le* zu *þistell* distel, gen. *hes(t)s* pferdes, *Kris(t)s* Christus, *fosyster* (§ 285, 3) aus *fóstsyster* (s. oben 10) pflegeschwester, *brixle* aus *brigzle* (aus *brigðsli* § 238, 2, d) vorwurf, anorw. *op(t)lega* oft, *Aus(t)maðr* ein mannsname; bes. oft in den synkopierten kasus von *aptann* abend, z. b. dat. sg. *ap(t)ne*, nom. pl. *ap(t)nar*. — S. auch oben 2 (schluss) und 3 (schluss).

§ 292. *ð* (altes oder nach § 221, 1 aus *þ* entstandenes) schwindet sporadisch vor *r*, *n*, seltener vor *m*, *g*, *l*, *f*, *k*, z. b. die personennamen *Góreþr* (*Goþreþr*) Gottfried, *Gýríþr* (*Guþríþr*, mnorw. auch *Gúríðr*), *Þrý(þ)rekr*, *Mórekr* (ahd. *Mōderīh*), *Bǫrekr* (*Bǫðríkr, ahd. *Paturīh*), *Frírekr* (*Friþrekr*) Friedrich, *Þió(þ)rekr* Dietrich, *Hrǿ(þ)rekr* Roderich, mnorw. *Pé(ð)r*, ferner z. b. *á(þ)r* vorher, *iúr* euter, *fiórer* (*feðurer > *fioðrir) vier und *fer-* (aus schwachtonigem **feðr-*?, s. Noreen, Svenska etymologier, s. 41; selt. anorw. *fier-*, s. Hægstad, Vestno. maalf. I, 130, entspricht wol aschw. *fiæþr-*, mschw. *fiær-*) vier-, *ýr* (*yþr*) euch, *lýritr* (*lýðréttr) allgemeines recht, pl. *huárer* zu *huaþarr* (gew. anal. *huárr*) wer von zweien, mnorw. *Endri(ð)r* ein mannsname, *nér* (*niðr*) hinunter (s. Hægstad, Vestno. maalf. II, 1, s. 32, resp. II, 2, 1, s. 60); *Skáney* (ags. *Scedeniȝ*, aber *Scóneȝ* schon bei Wulfstán vor 900; lat. *Scadinauia*, aber *Sconia* bei Adam von Bremen c. 1050) Schonen, pl. *heiner* (bei Widsið *hǽðnas*, vgl.

Ptolomaeus Χαιδεινοί in Schweden) einwohner der *Heiþmǫrk*
(ebenso Hb. s. LVI *heinir* statt gew. *heiþnir* heidnische), *grein*
bescheid zu *greiþa* in ordnung bringen (vgl. § 154), *reyner*
sperberbaum zu *rauþr* rot, pl. *tróner* (*troþner*) zu *troþenn*
getreten, vielleicht *Rǫ́n* die meerfrau zu *ráþa* walten (s. Kock,
ZfdA. XL, 205); die mannsnamen *Hró(þ)mundr*, *Gu(þ)mundr*,
Hrei(þ)marr (s. Lind, Arkiv XI, 269), anorw. *Rá(ð)mundr*
(s. Rygh [und Bugge], Gamle personnavne, s. 197 f. mit note),
mnorw. *Frómundr* (ahd. *Frōdomund*); mnorw. *Augaut* (*Auðgautr),
Rógard (*Hróðgarðr); *Fri(þ)leifr* (s. Hb., s. XLV), *gó(þ)legr*
schön (über das zweifelhafte *ólegr* s. v. Friesen, N. Spr. I, 11),
mnorw. *Sauland* (Hægstad, Vestno. maalf. II, 2, 1, s. 60) ein
ortsname zu *sauðr* schaf; *Fáfner* (s. § 225, aus *Faðmner* Hægstad bei O. A. Johnsen, Olafs saga, s. XLIX) mythischer
schlangenname, *bófǿra* neben *bǫþfara* brünne (vgl. § 253
anm. 2), mnorw. *sta(ð)feste* (Hægstad, ib.) bestätigen; anorw.
(sehr selt. aisl.) *Vi(ð)kunnr* ein mannsname. Beispiele kommen
schon bei Þióðolfr (um 900) vor. Vgl. Bugge, Ant. tidskr.
f. Sv. V, 41, Ringen i Forsa kirke, s. 56, Arkiv II, 212 f., 218 f.,
246 ff.; Gislason, Udvalg af oldno. skjaldekvad, s. 64 und 72.

Anm. 1. Ueber zweifelhafte fälle, wo *ð* vielleicht nach schwachtonigem
vokal auch vor anderen konsonanten als den oben erwähnten geschwunden
ist, s. Falk, Arkiv IV, 354 (bes. die note) und andererseits Noreen, Urg.
lautl., s. 171.

Anm. 2. Anorw. fällt bisweilen *ð* teils intervokalisch, z. b. *swara(ð)e*
antwortete u. dgl. (s. Hægstad, Vestno. maalf. II, 1, s. 32 und II, 2, 1, s. 60),
mnorw. *Vier* (*Viðarr*) ein mannsname, teils auslautend nach *r*, z. b. *órskur(ðr)*
entscheidung, *skipgǿr(ð)* schiffsausrüstung, mnorw. *ior(ð)* erde (s. Hægstad,
ib. I, 15 und II, 2, 1, s. 60, vgl. 132). Mnorw. kann *ð* auch inlautend nach *r*
schwinden, z. b. *gior(ð)e* machte, *Har(ð)angr* ein ortsname (s. Hægstad, ib.
II, 2, 1. s. 60). — Vgl. auch § 303, 3.

§ 293. *ȝ* schwindet:

1. In nicht haupttoniger silbe zwischen *u*, *y* und *ð*, sowie
vielleicht in unbetonter silbe zwischen *u* und *l*, z. b. die vielen
zusammensetzungen auf -(*h*)*úþ*, -*ýþ* neben -(*h*)*ugþ*, -*ygþ* wie
ást(h)úþ liebe, *illúþ* bosheit (vgl. Bugge, Beitr. XIII, 508), ferner
afbrýþe (-*brygþe*) eifersucht, *ábrúþegr* eifersüchtig; *iþu(g)lega*
unaufhörlich, *mǫ́ttulegr* neben *mǫ́ttugr* mächtig, *nauþu(g)legr*
streng u. a. (s. Kock, Arkiv XXI, 108 ff.).

§ 294. Konsonantenschwund im in- und auslaute: *h*. 217

2. Vor kons. *i* allgemein gegen das ende des 13. jahrhs. (ausnahmsweise schon früher, z. b. anorw. in No. Hom. und Cod. AM. 310, 4⁰), wie aus schreibungen wie *gý(g)iar* zu *gýgr* riesin und umgekehrte schreibungen wie *þý(g)iar* zu *þýr* magd, *blǽ(g)ia* decke, *Orknǿ(g)iar* die Orknöer erhellt; vgl. Bugge, Norrœn Fornkvæði, s. XII, Lidén, Blandade språkhistoriska bidrag I, 39 note und oben § 263 (schluss).

3. Sporadisch vor *w*, selt. auch *d*, ?*f*, *l*, *m*, ?*n*, *r*, z. b. *A(g)valdr*, anorw. *Ra(g)valdr*, *Si(g)varðr* mannsnamen, *Ber(g)vin* (s. Hægstad, Vestno. maalf. II, 2, ɪ, s. 74) Bergen, mnorw. *Si(g)valdr*, *-vastr* (*-fastr*), *-vatr*, *-viðr* mannsnamen; mnorw. *laudagr* (Hægstad, ib. II, 2, ɪ, s. 117) sonnabend zu *laug* bad; anorw. *Vi(g)fastr*, aisl. *Vi(g)fúss* mannsnamen (in welchen wahrscheinlich doch *f* als *ƀ*, *v* nach § 240 anm. 1 aufzufassen ist; vgl. Bugge, Arkiv II, 165, Lundgren, ib. X, 181); *hlǿ(g)legr* lächerlich; anorw. (selt. misl.) *A(g)mundr* (vgl. § 270 anm. und Lind, Dopnamn, sp. 1239), anorw. *Si(g)mundr* mannsnamen; *ǫmbon* (anorw. auch *andbun*, s. § 262, 1; aus *andabuȝni*-?, s. Falk, Arkiv III, 342) lohn, *iartei(g)n* (*:tegn*, später — wol volksetymologisch — *-teikn*, selt. *iarðteikn*, *hiar-*, *iarg-*, *artegn*, *iartign*, s. Wadstein, F. Hom., s. 60, anders Hultman, Hälsingelagen s. 76) wahrzeichen; *fárlíkt* < *fagrlíkt*? schönes (so Mogk, Literaturblatt f. germ. u. rom. phil. 1893, sp. 278), mnorw. *Si(g)ríkr*, *Si(g)ríðr* personennamen.

4. Dialektisch zwischen zwei *u* (*o*), z. b. *fo(g)uti* (auch *fogutti*, *folguti*, *fuviti* u. a. unklare formen) vogt, anorw. *Siurðr* (schon 1338; shetl. *Seorðr* 1452) aus *Siugurðr* (§ 89 anm. 3) Sigwart, orkn. *tuttū* aus *tuttugu* zwanzig (s. Hægstad, G. Tr., s. 94, Hild. s. 63); vgl. § 263 anm. 3.

Anm. 1. Vereinzelt steht mnorw. *Stian* st. *Stigandr* (schreibfehler??) ein mannsname. Ueber die nicht hinreichend erklärten adv. auf *-la* neben *-lega* s. bes. Sverdrup, Arkiv XXVII, 181 ff. und Kock, ib. XXVIII, 178 ff.

Anm. 2. Auslautend in *hize(g)* dort, *huersu(g)* wie und mnorw. *Ingebior(g)* ein frauenname.

§ 294. *h* schwindet, wo es durch zusammensetzung in den inlaut zu stehen kommt, wiewol es natürlich oft durch assoziation erhalten wird, z. b. *óneiss* bedeutend zu *hneiss* unbedeutend, *óf* aus *óhóf* (s. Jónsson, Skjaldesprog, s. 24) grosse menge, *umboge* (ags. *ymbhoȝa*) sorge, *at(h)ǽfe* gebärde, *ør(h)ǽfe* küste ohne hafen, *ǫr(h)óf* unmenge, *austr-*, *vestr-*, *norþr(h)alfa* (danach anorw. anal. auch als simplex *alfa* neben *halfa*) östlicher usw. weltteil, *elsk(h)uge* liebe, *afr(h)endr* vollendet, *lík-(h)amr*, *-me* körper, *frials* (vgl. got. *freihals*) frei, *Gimlé* wohnort der seligen (zu *hlé* obdach), *gullaþ* (*gullhlaþ*) goldenes band, *brullaup* (selt., z. b. St. Hom., *brúþlaup*) hochzeit, *ein(h)arþr* zuverlässig, *varþ(h)ald* wache, *Seimr* oder *Sǽmr* (§ 130 anm.) aus *Sǽ(h)eimr*, anorw. *Ullarváll* (< *-huáll*, s. M. Olsen, Maal og minne 1917, s. 48) ortsnamen; ferner eine menge von personennamen, z. b. *Illuge* (zu *huge*), *Níþoþr* (zu *hǫþr*; ags. *Niðhad*), *Alf(h)eiþr*, *Móeiþr*, *Ragneiþr*, *Randeiþr*, *Arn(h)eiþr* (zu *heiþr*), *Alf(h)ildr*, *Bǫþuildr*, *Yng-*, *Inguildr*, *Gunn(h)ildr*, *Grím(h)ildr* (zu *hildr*), *Sig(h)uatr*, *Þór(h)allr*, *Þór(h)addr* und bes. die vielen auf *-arr* (zu *herr*), z. b. *Gunnarr* (ahd. *Guntheri*), *Hárr* (alt *Háarr*, s. § 54, 1).

Anm. Ueber das möglicherweise hierhergehörige — dann aus den vielen zusammensetzungen losgelöste — *reifr* froh (nisl. *hreifr*) s. Pipping, Runinskrifterna på Ardre-stenarna, s. 21 f.

§ 295. Kons. *i* (welches urspr. überhaupt nur antesonantisch nach kurzer silbe vorkam, s. § 226) schwindet in nicht haupttoniger silbe vor palatalen vokalen, z. b. 2. pl. präs. *veleþ* (got. *waljiþ*) zu *velia* wählen, *vile* (gen. *vilia*) wille. In alten gedichten zeigt sich noch bisweilen *i* vor *œ*, *ø*, z. b. nom. pl. part. präs. *dyliœndr* verneinend, *hyggiœndr* denkend, *viniøy* weideland am wasser u. a. (s. Sievers, Beitr. XII, 486, ZfdPh. XXI, 104 note). Später kann lautgesetzlich erhaltenes *i* durch analogie schwinden, z. b. *miþ(i)aldr* 'von mittleren jahren' (nach *miþr* mittlerer), *skegg(i)ǫld* kriegerische zeit (nach *skeggøx* 'securis barbata' u. dgl.).

Anm. 1. Durch dissimilation ist *i* geschwunden in *siaután*, selt. *sautián* (*seytián*) neben *siautián* (*sieytián*) siebzehn (Gislason, Aarbøger 1879, s. 161; Noreen, Arkiv VI, 331 f.).

Anm. 2. Ueber das scheinbar erhaltene *i* nach langer auf ʒ, *g*, *k* endenden silbe s. § 263.

Anm. 3. *Frelsa* frei machen (zu *frials* § 133, a frei) hat kein *i* verloren, sondern ist aus **fré(h)elsa* < **frĭhalsian* entstanden. Aber sonst schwindet nicht selt. im anorw. und noch häufiger im mnorw. *i* zwischen *r* und haupttonigem vokal, z. b. *fr(i)als* frei, *fr(i)œdagr* (s. § 70, 2) freitag, *Gród-*, *Gréd-* (s. § 248 anm 5), *Grét-* (vgl. § 70, 4) st. *Griótgarðr* ein mannsname, *Strǫnsstǫðum* (*Strións-*) ein ortsname, *þr(i)ú* drei, *þr(i)ózka* wider-

§ 296—298. Konsonantenschwund im in- und auslaute: *k, l, m.*

spenstigkeit; seltener auch nach *l*, z. b. *Léðolfr* (*Lióð-*), *Lót-, Létulfr,
-olfr* (*Liót-*) mannsnamen, *lép* (aus *hlióp*) lief; noch seltener nach *n*, z. b.
snénám (*snió-*, s. § 70, 4) schneeschmelzung; s. bes. Hægstad, Vestno. maalf.
II, 1, s. 54, 87 und II, 2, 1, s. 119. — Norw. frauennamen wie anorw. *Ingiborg,
-burg*, mnorw. *Gunnborg, Hallborg* (statt der älteren *-biorg*) sind wol den
wgerm. auf *-burgis* (neben *-berga*) gleichzustellen, sei es dass sie urn. verwandt oder wol eher entlehnt sind.

§ 296. *k* kann vor *sk* durch dissimilation schwinden, z. b.
prät. pass. *lau(k)sk* schloss sich, *tó(k)sk* nahm sich, *fe(kk)sk*
(vgl. § 284) empfing u. dgl. (s. Wadstein, F. Hom., s. 139),
gri(k)skr griechisch, *háley(k)skr* aus *Hálogaland* stammend.

§ 297. Kakuminales *l* schwindet dialektisch im anorw.
(vorzugsweise wnorw., s. M. Olsen, Namn och bygd II, 248 f.)
vor labialen und gutturalen konsonanten, z. b. 3. präs. konj.
(runisch) *hiabi* (Aardal, Bygland), d. h. *hiápe* (*hialpe*) helfe
wie Hb. s. XXXVIII *hiáp*; im Hoprekstader buche *úvaldr, hóf*
statt *ulfalde* kamel, *hǫlf* halb; in Hb. *siá(l)fo*; ferner *Biú(l)fr,
Brynio(l)fr, Gunnu(l)fr, Hró(l)fr, Sando(l)fr, Ú(l)fgestr, Sǫ(l)fe,
Þó(l)fr, Stó(l)fr, Nótto(l)fr* mannsnamen, *háfsáld, -sǽlda* halbes
mass, *hialmu(l)vǫlr* (s. § 254) helmstock; *E(l)ftaleyti; Á(l)mdaler*
ortsnamen, *Hó(l)mstæinn, Sá(l)mundr, Viliá(l)mr; Ko(l)biorn;
Hæ(l)ge, Va(l)garðr* mannsnamen, *fy(l)gt* gefolgt; *he(l)kn* steinboden, *fó(l)k* volk, *Fó(l)ke* ein mannsname; vgl. umgekehrte
schreibungen wie *þiolfr* statt *þiófr* dieb, *Húndiulfr, Valdiulfr*
statt *-diúfr* (s. § 238, 1, b). Vgl. z. b. Hægstad, Vestno. maalf.
II, 1, s. 75 und II, 2, 1, s. 154, sowie 11, s. 47.

Anm. 1. Selten ist dieser schwund bei dentalem *l*, z. b. *fria(l)s* frei,
kyndi(l)smessa lichtmesse, *Páfa(l)stað* ein ortsname; *Ha(ll)dórr* ein mannsname, *landsky(l)d* pachtgeld (s. z. b. Hægstad, a. o.). Shetländisch ist
Hiatland (schon 1226) st. *Hialtland* (s. Wadstein, F. Hom., s. 67 f. note);
vgl. nshetl. *getling* aus **gœltlingr*.

Anm. 2. Ausnahmsweise kann *l*, sowol aisl. als anorw., im unbetonten
auslaut nach vokal schwinden, z. b. *helzti, mikilsti* allzu, *nǫkkursti* 'ein
bisschen zu' neben *til* 'zu', *ska(l)* soll.

§ 298. *m* schwindet:

1. Im urspr. auslaut, z. b. *frá* (got. *fram*) 'von' (vielleicht
noch mit lautges. inlaut. *m* in St. Hom. *frambǽrr* neben *frábǽrr*
'ausgezeichnet'), 1. sg. präs. *þióna* (ahd. *dionōm*) diene u. dgl.
(vgl. § 531 anm. 2).

§ 299. Konsonantenschwund im in- und auslaute: *n*.

Anm. Mnorw. schwindet *m* ziemlich allgemein in der dativendung -*um*, -*om*, z. b. *gardeno*, -*ne* st. *garðenom* dem hofe; s. A. B. Larsen, Arkiv XIII, 250 f., Hægstad, Vestno. maalf. II, 2, ı, s. 160.

2. Vor urspr. stimmlosem *f*, z. b. *fífl* (s. § 110, 1) riese, tor neben *fimbol*- riesen-, *tóft* (*toft*, anorw. *tuft*, s. § 112, 1) bauplatz neben anorw. *tomt*, *tumt* (nach § 291, 4, b), beides aus **tumft*-; *fim*, selt. *fimm* (got. *fimf*) fünf hat sich nach *fimte* (got. *fimfta*), *fimtán* u. a. gerichtet (s. Noreen, Arkiv III, 39 f. note.

§ 299. *n* ist in folgenden stellungen fortgefallen:

1. Vor *k*, wo die laute durch synkope zusammentreffen und nicht assoziation oder gelehrter einfluss das *n* (dann als velaren nasal) erhält, z. b. *Áke* (adän. run. *qaki*, ahd. *Anihho*), *Háke* (ahd. *Hannihho*), *dýkr* (*dynkr* zu *dynr*) lärm, *múkr* (ags. *munkr*, ags. *munuc*, s. § 112 anm. 1) mönch, *kan*(*n*)*úkr* (*kanóke*, *kanunkr*) canonicus, pl. *píkisdagr* (vgl. lat. *pentecoste*) pfingsttag (vgl. Bugge, Ant. tidskr. f. Sv. X, 42 note); aber *seinka* verzögern zu *seinn* spät, *Sueinka* zu *Sueinn* mannsnamen usw.

2. Vor *l* nach starktonigem vokal (vgl. § 266, 4) etwa bald nach 900 (s. Marstrander, Bidrag, s. 61 f., F. Jónsson, No.-isl. kultur- og sprogforhold, s. 292, Björkman, Nordische Personennamen, s. 5), z. b. die personennamen *Ále* (ahd. *Analo*), *Óle* (s. § 116), *Áleifr* (nicht ganz sicher belegt, s. Hesselman, Minnesskrift utg. av Fil. Samfundet i Göteborg, s. 55 ff.; air. *Amlaib*, ags. *Anláf*), *Óláfr* (s. § 116), *Eileifr*, -*láfr* (wol zu *einn*) mannsnamen, *Álof*, mnorw. *Suálaug* neben seltnerem *Suanlaug* frauennamen, *Vále* (ahd. *Wanilō*), *Beyla* (vgl. ahd. m. *Bōnila*, s. Sievers, Beitr. XVIII, 582 ff.) mythische personennamen, *úsélegr* (zu *sénn* gesehen, s. Sverdrup, Arkiv XXVII, 159) hässlich anzusehen, der ortsname *Grǿ*(*n*)*land*, *Gréland* (*Grenland*), *mél* (s. § 110, 1) mundstück des gebisses.

3. Vor *r*, z. b. *lérept* (zu *lín*) leinwand, pl. *órer* (§ 112, 1) unsere, *Þórr* aus **Þunraʀ* (s. § 112, 1) der donnergott, *Eirekr* (**Æinríkr*) Erich, anorw. *himi*(*n*)*ríki* himmelreich.

Anm. 1. Der vorgang gehört der vikingerzeit, z. b. air. *Turges* 845 (aisl. *Þorgestr*; s. Marstrander, Bidrag, s. 118), adän. run. *Þur* (d. h. *Þórr*) Nørre Nærå (c. 850), Glavendrup (c. 900).

4. Vor *s* (vgl. § 233) nur sporadisch, z. b. *pí*(*n*)*sl* peinigung zu *pína* peinigen, anorw. *ræi*(*n*)*son* reinigung zu *ræinn* rein,

§ 299. Konsonantenschwund im in- und auslaute: *n*.

aisl. *vístre* (selt., z. b. St. Hom.) neben *vinstre* der linke, pl. *hǿ(n)sn* (vgl. v. Unwerth, Beitr. XXXVI, 23 und 29) hühner, *Mo(n)str* ein ortsname.

Anm. 2. Ob *n* lautgesetzlich auch vor *m* schwindet (oder vielleicht eher *nm* -zu *mm* assimiliert — vgl. § 267 anm. 5 — und dann *mm* nach schwachtonigem vokal und? nach diphthong verkürzt wird)? Wenigstens hat St. Hom. 2 mal *þolemǿþe* geduld, St. Hom. und Cod. AM. 645, 4⁰ je 1 mal *þolemóplega* geduldig neben gew. *þolen-*, und der mannsname *Eymundr* scheint ags. *Éanmund*, ahd. *Aunimund* zu entsprechen (s. Levander, Ant. tidskr. f. Sv. XVIII, 3, s. 21, Björkman, Studien z. engl. Phil. LVIII, 14 ff.). Ob *Ámundr* (wie Björkman, a. o., s. 16 f., annimmt) aus **Ánmundr* entstanden ist?

Anm. 3. Vor *w* dürfte *n* geschwunden sein im mannsnamen mnorw. *Áfarr* (adän. run. *auaiʀ*, agutn. *Āwair*, s. Bugge, Arkiv II, 224) und aisl. *iviþgiarn* böse (zu as. *inwid* bosheit), *iviþia* hexe.

5. Im urn. auslaut, z. b. *á* (urn. *an* Tjurkö, aber schon c. 800 adän. *a̱* Snoldelev, ja schon Eggjum c. 700 scheint *a* zu haben) an, *þá* (got. *þan*) dann (vgl. *meþan* = got. *miþþanei* während), *i* (so vielleicht schon Eggjum) in, inf. *binda* binden, 3. pl. präs. ind. *binda* (s. § 220) binden, acc. pl. *daga* (got. *dagans* s. § 277, 2, c) tage, *þá* (got. *þans*) sie, die, *tuá* (got. *twans*) zwei, gen. dat. acc. sg. *hana* (vgl. urn. dat. *þrawijan* Tanum, *-halaiƀan* Tune, got. acc. *hanan*) hahn, gen. dat. acc. sg. *tungo* (ahd. *zungūn*) zunge.

Anm. 4. Wo *n* im urn. durch einen auslautenden vokal geschützt war, bleibt es, z. b. acc. sg. *blindan* (got. *blindana*) blinden, *einn* (got. *ainnō-hun*) ein. Zur erklärung der scheinbar widersprechenden 3. pl. konj., z. b. präs. *bere* (gegen aschw. *bœrin*, got. *baíraina*), prät. *bǽre* (gegen aschw. *bārin*, got. *bēreina*) und nom. acc. pl. der schwachen neutra, z. b. *augo* neben seltnerem anorw. *augun* (aschw. *ǿghon*, got. *augōna*) augen, s. teils Noreen, Geschichte³ § 252, 3 und 195, 7, teils Falk, Anz. f. d. A. XVIII, 191 (anders Kock, Beitr. XV, 244 ff.; noch anders Holthausen, ib. XI, 555).

Anm. 5. Die präfixe *ó-*, *ú-* (got. *un-*) 'un-' und *sí-* (got. *sin-*) 'immer-' sind vor *k, l, r, s (f?, h?, m?, w? þ?)* eines späteren zusammensetzungsgliedes lautgesetzlich (s. 1—4 oben sowie anm. 2 und 3) entstanden und von da aus verallgemeinert worden. Vgl. die lautgesetzlichen *Gest-umblinda*, *Umblauzstaðir* (§ 262, 1).

Anm. 6. Dialektisch schwindet im anorw. *n* auch im unurspr. auslaut, z. b. *siða(n)* später, *norða(n)* von norden her u. a., s. Kock, Arkiv XIII, 173 note; beisp. aus dem mnorw. s. A. B. Larsen, ib. XIII, 253, Hægstad, Vestno. maalf. II, 1, s. 71 und II, 2, ɪ, s. 162, 166; vgl. noch oben § 145 anm. 6.

§ 300. *r* (urn. *r*, vgl. § 301) schwindet:

1. Vor *n, t* in unbetontem auslaut (vgl. aber anm. 1), z. b. schon in den ältesten hdschr. acc. sg. m. *annan*, ntr. *annat* (aschw. run. noch *ǫnart* Rök um 900) zu *annarr* ein anderer; etwas später auch *okka(r)n, -a(r)t* zu *okkarr* uns beiden zugehörig, *ykka(r)n, -a(r)t* zu *ykkarr* euch beiden zugehörig, *yþua(r)n, -a(r)t* zu *yþuarr* euer, *nǫkko(r)n* zu *nǫkkorr* irgendein. Die *r*-formen beruhen auf anal. neuerung oder auf schwachem, in *kofa(r)n* schosshund auf starkem nebenton.

Anm. 1. Vielleicht ist eher analogische umbildung anzunehmen. *Nǫkkon* kann sehr wol nach ntr. *nǫkkot*, das nie *-rt* gehabt hat (vgl. *huat*), umgebildet sein. Noch wahrscheinlicher ist, dass *annat* u. dgl. anal. zu *annarr, annan* neugebildet ist nach massgabe von *nǫkkor (nakkuarr)* : *nokkot (nakkuat), þan(n) : þat* u. a. m.

2. Durch dissimilation (schwankend) in z. b. anorw. *F(r)írekr, Friþ(r)ekr* Friedrich, *Þrýþ(r)ekr* ein mannsname, anorw. *Magretta* (mnorw. auch *Margeta*) Margareta, *my(r)kr* finsternis, *dia(r)fr* kühn u. a. (vgl. Wadstein, F. Hom., s. 140). Vgl. noch § 301, 1.

Anm. 2. *Fyre, fire* — neben häufigerem *fyrer, firer* (s. § 147) oder *fyr, fir* — kann hierher gehören, aber beruht wol eher wie im agutn. (s. Pipping, Gutalag, s. LXXXIV) auf sandhi, so dass *ʀ* vor gewissen konsonanten (durch assimilation, vgl. § 273 mit anmerkungen) geschwunden ist.

§ 301. *r* (urn. *ʀ*, vgl. § 300) schwindet:

1. Durch dissimilation (jedoch wol erst nachdem *ʀ* zu *r* geworden ist, so dass die betreffenden fälle eigentlich zu § 300, 2 gehören) bisweilen in *Krist(r)* Christus, selt. in andern nominativen auf *-r*, z. b. anorw. *styrk(r)* stärke, *frið(r)* friede, *burð(r)* geburt, *fyrst(r)* erst, *værst(r)* bösest (Wadstein, F. Hom., s. 140). Ausserdem wol in anorw. ortsnamen wie *Biark(r)øy* (vgl. § 160 anm.), *Nærð(r)eimr* (s. M. Olsen, Hedenske kultminder I, 51), *Orka-, Stiórna-, Súrna-, Veradalr* aus **Orkaʀ* usw. (s. M. Olsen, Historisk Tidsskrift IV R. V, s. 158).

2. Im onorw. sporadisch seit c. 1300 nach dem svarabhaktivokal *a* (*œ*), z. b. *Guðlœifœ* (schon 1349) < *Guðlœifr* ein mannsname, seltener wnorw., z. b. *brǿðe* (schon 1338) < *brǿðr* brüder; seit c. 1300 auch sonst nicht selten, z. b. pl. *konunga(r)* könige, *alle(r)* alle u. dgl., s. Hægstad, G. Tr. s. 93, Kong. s. 23 und 35, Vestno. maalf. I, s. 146, II, 1, s. 67 f., II, 2, ɪ, s. 156 f. und II, 2, ɪɪ,

s. 47; Falk und Torp, Dansk-norskens syntax. s. XIV note 1 und 2.

§ 302. *s* fehlt nicht selten durch dissimilation auslautend nach *st*, z. b. gen. sg. (vorzugsweise anorw.) *Krist(s)* Christus, *hest(s)* pferdes, *prest(s)* priesters, *mest(s)* meist (Wadstein, F. Hom., s. 141). Ob schreibungen wie *Kriz* (oft in St. Hom.), *prez* die ausstossung des ersten *s* angeben? Vgl. jedoch § 316 anm.).

Anm. 1. Vereinzelt steht der dissimilatorische schwund des inlautenden *s* im anorw. *silki(s)parlak* seidener vorhang.

Anm. 2. Ueber *iárn* (alt *éarn*, aus dem keltischen) neben älterem *ísarn* eisen s. M. Kristensen, Nord. Stud., s. 23.

§ 303. *t* fehlt:

1. Bisweilen durch dissimilation auslautend nach *z* (d. h. *ts*), z. b. *helz(t)* am liebsten, *síz(t)* am wenigsten, 2. sg. prät. ind. *léz(t)* liesst, *veiz(t)* weisst (vgl. Gering, Isl. Æv. I, s. XIX, XXIII); so immer in einigen hdschr. bei den superl.-endungen -*az* st. -*ast*, -*azt* (s. § 310 anm. 3), z. b. *huataz* am keckesten u. dgl., s. H. Rydberg, Die geistlichen drápur, s. XXXf., XXXII, E. Olson, Yngvars saga, s. LIII note, welche — vielleicht mit recht — *z* als eine nur orthographische variante zu *st* ansehen.

2. Vor antekonsonantischem *s* schon um 1000, z. b. *bǫsto*, beste (acc. sg. f.), *óstr* vornehmst, *þrióska* widerspenstigkeit, *góska* güte, *kuask* sagte sich statt *bǫzto*, *óztr* usw., s. Morgenstern, Arkiv X, 207 f., I. F. Anz. VI, 95 f.; Wadstein, F. Hom., s. 119; Gislason, Udvalg af oldno. skjaldekvad, s. 133. Vgl. § 274, 2.

3. Mnorw. bisweilen im schwachtonigen auslaut, was wol zunächst einen übergang *t* > *ð* nach § 248 (vgl. auch § 292 anm. 2) voraussetzt, z. b. *bréfe(t)* der brief, *lege(t)* gelegen, s. Hægstad, Vestno. maalf. I, s. 24 und II, 2, 1, s. 161.

Anm. Ueber mnorw. schwund von *w* zwischen *l*, *m*, *r* und betontem vokal s. § 134, b.

B. Zusatz.

§ 304. *b* wird anorw. selt. zwischen *m* und *r* (wie im aschw.) eingeschoben, z. b. dat. *ham(b)re*, *sum(b)ri* zu *hamarr* hammer, *sumar* sommer.

§ 305. Von *ddl, ddn* statt *ll, nn* (sowol alten wie aus *rl, rn* nach § 272 entstandenen) zeigen sich spuren im misl. des 15. jahrh. und in gewissen mnorw. dialekten (s. Marstrander, Bidrag, s. 115, Hægstad, Vestno. maalf. II, 1, s. 116 und II, 2, ɪ, s. 142 f.), z. b. *faddla, hoddn* st. *falla* fallen, *horn* horn. Vgl. das nisl.

Anm. 1. Vereinzelt steht der einschub von *d* zwischen *n(n)* und *l, r* (vgl. das aschw.) in *Vín(d)land, Sun(d)lendinga fiorþungr* (s. Hb., s. XLI) ortsnamen, anorw. (nach 1300) *andrum, -a* anderen, *-e* (s. § 455 anm.), mnorw. *Dagfin(d)er* ein mannsname. Unklar bleibt der aisl. (selt. anorw.) mannsname *Họskoldr* neben (gew. anorw.) *Họskollr, họskollr* graukopf.

Anm. 2. In lehnwörtern tritt nicht selt. ein unurspr. *d* nach auslautendem *n* auf, z. b. *prísund* (afranz. *prisun*) kerker, *vend* (ags. *wén*) namen des buchstaben *v,* u. a., s. Bugge, Studier I, 130 f.

Anm. 3. Mnorw. ist auslautendes *au* dialektisch zu *aug* geworden in *siaug* sieben, *tuaug* zwei, *þaug* die, s. Hægstad, Vestno. maalf. II, 1, s. 76 und II, 2, ɪ, s. 170, 190 sowie Kong., s. 37.

§ 306. *h* wird nicht selt. im anlaut vor vokalen (selt. vor *l, n, r*) zugesetzt, z. b. *(h)elska* lieben, *(h)af* 'von', *(h)er* 'ist' (alle in St. Hom.) u. a.; s. Gislason, Um frumparta, s. 64 ff., Om navnet Ýmir, s. 5 ff., Wadstein, F. Hom., s. 111, Bugge, Norrœn Fornkvæði, s. 417. Vgl. § 289 anm. 3. — Immer *h* zeigt *hiúpr* (vgl. frz. *jupe* und oben § 243 anm.) kurze jacke ohne ärmel.

Anm. Auffallend ist der (wie im aschw., s. An. gr. II § 328) sporadisch vorkommende einschub von kons. *i* nach anlautenden konsonanten im mnorw., z. b. *f(i)orn* von alters her, *h(i)engia* aufhängen, *l(i)opt* luft, *m(i)ellom* zwischen, *n(i)œttr* nächte, s. Hægstad, Vestno. maalf. II, 2, ɪ, s. 123. — Das ziemlich häufige anorw. *millium* (s. Fritzner) 'zwischen' ist wol aus *milli* und *millum* kontaminiert.

§ 307. *k* wird in anorw. mundarten sporadisch vor *st* eingeschoben, z. b. ortsnamen wie *Kui(k)staðer, Lœiri(k)stúnir, Óri(k)staðer, Gau(k)storp* (aus *Gautsþorp*), *Gau(k)staðer* u. a. (s. Rygh, Oplysninger, Gaardnavne, Personnavne u. a. passim).

§ 308. *p* tritt ziemlich selt. zwischen *m* und *t* ein, z. b. *Iam(p)taland*, ntr. *skam(p)t* (in St. Hom.) zu *skammr* kurz, *ósóm(p)t* (in St.Hom.) zu *ósómr* unpassend, *sum(p)t* (in Ágrip) zu *sumr* irgendein. Noch seltener, mnorw. jedoch ziemlich häufig (s. Hægstad, Kong., s. 34 f.), sind fälle von eingeschobenem *p* zwischen *m* und *n*, z. b. *sam(p)na* (in Ágrip) sammeln, anorw. *Ram(p)n-* (aisl. *Hrafn-*) in ortsnamen. Vgl. das aschw. (s. An. gr.

§ 309. 310. Zusatz von konsonanten.

II, § 332). — Sehr selt. ist (wie im aschw.) mnorw. *mps* st. *ms*, z. b. *Ónempshúser* ein ortsname, s. Lidén, Språk och stil VI, 12 note.

Anm. Ueber das nicht genügend erklärte *r* in *iþu(r)legr* unaufhörlich. *náþu(r)legr* gnädig u. a. s. Sverdrup, Arkiv XXVII, 172 ff.

§ 309. *s* wird eingeschoben:

1. In mehreren alten aisl. hdschr. zwischen *f* und *t*, wenn die gruppe *ft* alt ist, d. h. nicht durch synkope entstanden. z. b. *ofst* (*oft, opt*) oft, *krafstr* (*kraftr, kraptr*) kraft, *afstr* (*aftr, aptr*) zurück u. a. Vgl. Hoffory, Arkiv II, 10 ff., Wisén, Homíliu Bók, s. X.

2. Dialektisch im ostländischen onorw. um 1300 zwischen *t* (welches später schwindet, vgl. § 303, 2) und *l*, z. b. *litli* > *litsli* > *lisli* der kleine, *Atle* > *Atsle* > *Asle* ein mannsname, pl. *kœtslar* (s. Hertzberg, s. 860) kessel. Vgl. Hægstad, Vestno. maalf. II, 2, I, s. 125 und II, 2, II, s. 45.

§ 310. *t* wird in vielen stellungen eingeschoben:

1. Vorliterarisch zwischen *ll*, *nn* und einem folgenden *s*: statt *ts* wird *z* geschrieben (vgl. Hoffory, Arkiv II, 88 ff.), z. b. gen. *al(l)z* zu *allr* ganz, *gol(l)z* zu *goll* gold, superl. *el(l)ztr* zu komp. *ellre* älter; gen. *mun(n)z* zu *munnr*, *muþr* mund, *san(n)z* zu *sannr*, *saþr* wahr, superl. *min(n)zt* mindest, refl.-pass. *fin(n)zk* es findet sich.

Anm. 1. In den ältesten hdschr. kommt noch *s* statt *z* dann und wann vor.

2. Zwischen *s* und altem *r* (urn. *r*, nicht *ʀ*; vgl. § 277), z. b. die personennamen *Ástráþr* (s. Wimmer, De da. runemindesmærker IV, s. XL; adän. run. *ąsraþr*), *Ástríþr* (noch runisch *ąsriþr* — adän. *ąsfriþr* — z. b. Dynna, s. Bugge, Tidskr. f. Phil. og Pæd. VIII, 190, und auf Man, s. Brate, Fornvännen 1907, s. 32), *hústrú* (ziemlich spät) statt *húsfrú* hausfrau, in welchen fällen *sfr* zunächst nach § 291, 4, b zu *sr* geworden ist. Vgl. Noreen, Arkiv I, 295 ff., Hoffory, ib. I, 38 ff.

3. In einigen anorw. hdschr. (z. b. Barlaams saga immer im anlaut, Ól. H. leg. saga auch sonst) zwischen *s* und *n*. z. b. *s(t)núa* wenden, *s(t)niór* schnee, *s(t)nøggr* hurtig. *laus(t)n* erlösung, *niós(t)n* ausforschung, u. a.; selt. im aisl., z. b. *raus(t)n* s. Jónsson, Arkiv IX, 377 ansehen.

§ 311. 312. Zusatz von konsonanten. § 313. Metathese.

4. Bisweilen zwischen *s* und *l*, z. b. in den mannsnamen *Ás(t)lákr*, *Ás(t)leifr* (oder ist hier assoziation mit *ást* liebe anzunehmen?).

Anm. 2. Vereinzelt steht anorw. *rœik(t)na* rechnen (s. Hægstad, G. Tr., s. 37); vgl. § 263 anm. 4. — Ueber selt. (s. Hertzberg) anorw. *aldrigi(t)* 'nie' s. die erklärungsversuche bei Kock, Svensk ljudhistoria IV, 74.

Anm. 3. Etwas unklar ist das, bes. in anorw. hdschr., seit c. 1250 häufige *z* statt *s* zwischen *a* und *t*, z. b. der frauenname *Áztríðr* und bes. die vielen superl. auf *-aztr*, ntr. *-az* (statt *-azt* nach § 303, 1?), wie *diúpaztr* neben *-astr* tiefster (aber z. b. nur *flœster* zahlreichster, *siðarstr* spätester usw.); s. z. b. Brenner, Beitr. X, 432, Gering, Isl. Æv. I, s. XIX, Wadstein, F. Hom., s. 118, F. Specht, Acta Germanica III, 18 f., 34 f., Hb., s. XXXIV und LVI, F. Jónsson De bevarede brudstykker af .. Jöfraskinna, s. XVIII, Rydberg, Die geistlichen drápur, s. XXXII, Olson, Yngvars saga, s. LII, G. Indrebø, Sverris saga, s. XXVII. Wahrscheinlich ist *z* nur eine orthographische variante zu *s* und *st*, s. § 43 und § 303, 1. Vgl § 316 anm. — Ueber *arz*, *raz* s. § 315 anm. 3.

§ 311. Volksetymologischer art ist wol der einschub von *g*, *r*, *n* in fällen wie aisl. *Rik(g)arþr* (Lind, Arkiv XI, 266) Richard, anorw. *Kristia(r)n* (nach den namen auf *-iarn* und *-biarn*, s. Lind, ib. 257 f., Kock, ib. XII, 269) Christian, *linspund* neben selt. *lí(f)spund* (aus mndd. *līspunt*, *līvespunt* livischer pfund.

Anm. Ueber anorw. *aldrege(n)*, *huœrgi(n)* s. § 158.

§ 312. Hiatusfüllend tritt bisweilen im **anorw.** ein:

1. Kons. *i* oder (*i*, *j*, *ghi* geschriebene) spirans *j* (s. § 251) zwischen palatalem und nicht-palatalem vokal, z. b. *fré(i)adagr* freitag (Bugge, Arkiv IV, 123), *fé(i)ar* viehes (Hertzberg, s. 857), *tí(j)u* zehn, *tí(ghi)und* (vgl. § 263 schluss) zehnt u. dgl. schreibungen (s. z. b. Hægstad, G. Tr., s. 71), *ský(i)are* bedienter (s. Fritzner), *úfrœials* (s. Hægstad, Vestno. maalf. I, s. 143) unfrei, pl. *s(u)í(i)ar*, *s(u)ý(i)ar* (s. Hægstad, Vestno. maalf. II, 2, II, s. 35 und vgl. § 77, 13) schweden.

2. Kons. *u* (*w*) zwischen *ó* und *a*, *i*. Beisp. s. § 256 (schluss).

C. Metathese.

§ 313. *l* kann in folgenden gruppen umgestellt werden:

1. *bl*, *fl* > *lb*, *lf*, z. b. *innylfe* neben *-yfle* (vgl. ahd. *innōfili*) eingeweide, *féskylfr* (*-skyflr*) vergeudend zu *skyfla* vergeuden, *filfski* (Hb., s. XLV) der törichte neben *fíflska* torheit, prät.

§ 314. Metathese.

(anorw.) *ylfði* (*ilfði*, s. § 114) und part. *ylft* zu *yfla (ags. *yflian*; s. Bugge bei Hertzberg, s. 730 f.) unrechtfertig anklagen, part. *telfðr* (s. Hertzberg) zu *tefla* spielen, *alfe* und *afle* stärke, *elfa* und *efla* (vgl. ahd. *avalōn*) zuwege bringen; ebenso wol *kylfa*, *kyfla* tappen, stottern (s. Bugge, Norrœn Fornkvæði, s. 419).

2. *ðl* > *ld* (statt *lð*, s. § 223, 1) wol schon urn. regelmässig in dem suffixe *-ðla-*, z. b. *sáld* sieb, ? *skáld* dichter, *síld* hering (s. § 236), *heimold* (vgl. got. *haimōþli* heimat) recht, *bílda* beil u. a.; ausserdem wol in *galdr* fussstapfe im schnee aus **gaðl-* < **gaðð-l-* zu *gaddr* (**gaðð-* < **ʒazð-*, got. *gazds*) stachel, s. Bugge, Sv. landsm. IV, 82 f. note.

3. *ʒl* > *lʒ* antekonsonantisch selten, z. b. gen. *galgs* (*gagls*) und in zusammensetzungen *galy-* (*gagl-*) zu *gagl* vogel, part. *nelgdr* (Hb., s. XXIX) statt *negldr* vernagelt. Vgl. umgekehrte schreibungen wie *tegldr* statt *telgdr* (s. Fritzner) geschnitzt.

4. *sl* > *ls* oft im auslaut, z. b. mannsnamen auf *-(g)ísl*, die gew. auf *-(g)ils* enden, wie *Þorgils* (*-gísl*), *Hergils*, *Aþils*, welche bisweilen konsequent nom. *-ils*, aber dat. *-isle* zeigen (s. Jónsson, Egils Saga 1894, s. 43 note und s. 154 note), der kurzname *Gils* neben *Gísl*, selt. *beils* (s. Vigfusson), *huls* (s. Fritzner), *smyrls*, *skrimls* (Hb., s. XLV, Kålund, Kirialax saga, s. XI), oft *pils* (s. Gislason, Um frumparta, s. 119, Þorkelsson, Supplement IV, 121) neben *beisl* (auch *beizl*, anal. nach *beita*) gebiss, *húsl* sakrament, *smyrsl* salbe, *skrimsl* gespenst, *písl* peinigung. Inlautend vielleicht im suffix *-else*, z. b. in *reykelse* weihrauch, aus **-isli* (vgl. Sievers, Beitr. V, 529).

Anm. Vereinzelt stehen *aþal* st. *alaþ* nahrung (Gislason, Aarbøger 1881, s. 224 f.), *eþle* st. *elþe* leibesfurcht, gen. *Skapls* (Hb., s. XLV, 2 mal) zu *Skalpr* ein mannsname.

§ 314. *n* wird ausnahmsweise umgestellt in den auslautenden gruppen *sn*, *tn*, *kn* (*þn*? s. anm. 2), z. b. selt. *launs* (Hb., s. LVI; vgl. An. gr. II, 337, 9) st. *lausn* erlösung, anorw. pl. *ynx* (! Fritzner II, 922, 2 mal) st. *yxn* ochsen, anorw. *vant* (s. Hertzberg, s. 686) st. *vatn* wasser, anorw. *sonk* (s. Hægstad, Vestno. maalf. II, 2, 1, s. 176, Skulerud, Telemaalet, s. 47; auch aschw.) und (durch kontamination?) *sonkn* (Hoprekstad) statt *sókn* kirchspiel.

Anm. 1. Anorw. *sygn* neben *sykn* (got. *swikns*, s. § 77, 12) schuldlos, zu gerichtlicher belangung frei kann aus dem ntr. *syknt* > *synkt* > *syvt* (geschrieben *synkt, syngt, sygnt, syngnt,* s. Hertzberg) stammen, indem zu *syvt* ein m. *sygn* geschaffen worden ist nach der analogie *lovt* (< *lovnt* < *lognt,* s. § 239, 2 mit anm. 4 und § 291, 9) : *logn* ruhig u. dgl.

Anm. 2. Im anorw. dürfte auch ausnahmsweise (wie im aschw., s. An. gr. II, § 337, 5) auslautendes *pn* zu *mp* werden können. Dann wäre selt. *vampn* (s. Hertzberg) waffe als kontamination von nom. *vamp < *vápn* und dat. *vápne* aufzufassen (vgl. *sonkn* oben). Dunkel bleibt die selt. anorw. form *vamn* (Hoprekstad; vgl. auch Heinzel, Ueber die ostgot. heldensage, s. 55, wogegen aber F. Jónsson, Heimskringla IV, 53 note), denn zwar könnte sie eine vereinfachung (nach § 291?, vgl. aber § 308) von dem eben genannten *vampn* sein, aber vielleicht entspricht sie eher dem ebenfalls unklaren ags. *wǽmn* (neben *vǽpn*) und dem *wāmbn-um* des Hildebrandsliedes.

Anm. 3. Vereinzelt steht anorw. *Mághins* (früh nschw. *Mågens*) aus *Mágnus*; anders Hægstad, G. Tr., s. 94.

§ 315. *r* wird bisweilen nach dem folgenden vokale versetzt, z. b. schwachtonig *bort, burt* neben starktonigem *brot(t), brutt* (s. § 152, 2) weg, hin, *akarn* (got. *akran*) ecker, pl. *Girker* und *Grikker* Griechen, *girskr* und *gri(k)skr* (s. § 296) griechisch, mnorw. *Anders* und *Andreas*; auffallend umgekehrt mnorw. *Prú(g)ils, Próels, Pruls* neben gew. *Þorgils* ein mannsname.

Anm. 1. Gewaltsamer ist die umstellung gewesen in *fífrilde* aus **fífildri* (vgl. ahd. *fífaltra*) schmetterling (vgl. nisl. *fiðrildi* aus **fiðildri* zu aschw. *fœdhal* u. a.). In *kokodrillus* statt *crocodilus* ist die umstellung schon auf ausländischem boden vorgenommen.

Anm. 2. Ueber anlautendes *rw* statt *wr* s. § 288 anm. 2.

Anm. 3. Die verschiedene stellung der *r* im adj. (urspr. part.) *skorpenn* eingeschrumpft und *skreppa* (wozu neu gebildet part. *skroppenn*) gleiten stammt aus urgerm. zeit; vielleicht auch selt. *hors* neben *hross* (vgl. as. *hros* und lat. *currere* laufen aus *curs-*). Ueber die euphemistischen formen *ragr* neben *argr* (ahd. *arg*) feige, *raz* neben *arz* arsch, einmaliges *erþr* (Fritzner II, 50) neben gew. *reþr* (ib. III, 47) männliches glied, *freta* furzen (: schwed. *fjärta,* ahd. *ferzan,* gr. πέρδεσθαι), *streþa* (part. prät. *stroþenn*) neben *serþa* (*sorþenn*) perverse unzucht treiben s. E. Noreen, Studier i fornvästnordisk diktning II, 60 ff. — *Gramr* neben *Garmr* (zu mnorw. *garma, gorma* lärmen) name eines mythischen hundes ist wol das von *Garmr* etymologisch verschiedene adj. *gramr* zornig.

§ 316. *s* erleidet (von den § 313, 4 und § 314 erwähnten fällen abgesehen) selten metathese wie in *geispa* (zu *geipa* den mund verzerren) gähnen, *rispa* (zu no. und schwed. dial. *ripa* ritze; vgl. Noreen, Vårt språk III, 187 mit note 2) f. ritze, v. ritzen, *britxle* neben *brixtle* (*brixle* § 239, 1, b) statt *brigzle* § 238, 2. d vorwurf, *syzken* statt *systken* geschwister, *fylskne*

§ 317. Urgerm. lautgesetze: Verners gesetz.

statt *fylxne* § 222, 2 versteck, anorw. *Axnes* oder *Asknes* (s. Rygh, Oplysninger II, 155) ein ortsname.

Anm. Kaum annehmbar ist, dass fälle wie gen., seltener acc., *Kriz* statt *Krist* (s. § 302) und superl. ntr. *diúpaz* statt *-ast* (gegen ausschliessliches *flœst* u. dgl., s. § 310 anm. 3) hierher gehören. Denn die annahme einer metathese von auslautendem *-st* (so dass m. *diúpaztr* zu dem ntr. *diúpaz* neu gebildet wäre statt des lautgesetzlichen *diúpastr*) erklärt weder den gegensatz *diúpaz* : *flœst* noch warum *Kriz* u. dgl. häufiger im gen. als im acc. auftritt (vgl. § 302 schluss). Vgl. § 310 anm. 3 (schluss) und § 303, 1.

Kap. 3. Konsonantenwechsel aus urgermanischer zeit stammend.

I. Spuren urgermanischer lautgesetze.

§ 317. Unter allen urgerm. lautgesetzen ist das weitaus wichtigste das s. g. Vernersche gesetz, wonach inlautendes *f, þ, h* und *s* (ausser in den verbindungen *fs, ft, hs, ht, sk, sp, ss, st*) in resp. *ƀ, ð, ʒ* (nach nasalen resp. *b, d, g*) und *z* (d. h. stimmhaftes *s*) übergehen, wenn der nächst vorhergehende sonant nach der altererbten betonung nicht den hauptton trug. Bei verschiedener betonung entstehen demnach doppelbildungen mit *f* : *ƀ* (*b*), *þ* : *ð* (*d*), *h* : *ʒ* (*g*) und *s* : *z*.

1. Der wechsel *f* : *ƀ* ist im nordischen durch die übergänge *f* > *ƀ* (§ 240, 1) und *ƀ* > *f* (§ 223, 2 und § 237, 1) fast immer aufgehoben worden, z. b. *þarf* bedarf : pl. *þurfom* gegen got. *þarf* : *þaúrbum*. Nur ist von dem wechsel *mf* (an. > *f* § 298, 2) : *mb* eine spur bewahrt in *fífl* riese, tor (ags. *fífel* untier) : *fimbol-* riesen- (in zusammensetzungen wie *fimbolvetr* furchtbarer winter).

2. Von dem wechsel *þ* : *ð* ist wol noch eine spur bewahrt in dem urn. gegensatze von *hᴀpuwulafʀ* (Istaby; vgl. auch Stentoften und Gummarp) und *haðulaikaʀ* (Kjølevig) wie auch wol *siʒaðuʀ* (Svarteborg) — vgl. ags. *Heaðoláf*, aber *Niðhad* — und vielleicht *ᴀfunþ* (Valby) gegen aisl. *ǫfund* neid. Später ist aber durch den übergang *þ* > *ð* (§ 221, 1) und *ð* > *þ* (§ 223, 2 und § 238, 2) der wechsel aufgehoben worden, z. b. anorw. *bróðer* (got. *brōþar*) bruder wie *faðer* (got. *fadar*) vater; dies jedoch nicht nach *l* und *n*, weil *lþ, nþ* ja zu *ll, nn* (§ 275)

§ 317. Urgerm. lautgesetze: Verners gesetz.

und *lð*, *nð* zu *ld* (§ 223,1), *nd* (dies schon urgerm., s. oben) geworden sind. Also gehören hierher folgende zwei fälle: a) *ll* : *ld*, z. b. *ballr* (vgl. got. *balþei* kühnheit; aber *baldr* Hamþesmǫl 25) gefährlich, *ballriþe* (*bald-*) kühner reiter : *baldr* (ags. *bealdor*) fürst, *baldenn* übermütig, *ofbelde* übermut; *ellre* (got. *alþiza*) älter, *elle* alter : *aldenn* alt, *aldr* alter, (*ver*)*ǫld* zeitalter; prät. *fell* (das nähere s. § 275) bedeckte : pl. *feldom*; prät. (s. § 275) *hell* (vgl. ahd. *halthan* neben *haltan*) hielt : pl. *heldom*; prät. *olla* : später (und daher vielleicht neubildung) *olda* zu *valda* verursachen.

Anm. 1. Unklar ist *ll* : *ld* in *guþspiall* evangelium, *skillingr* münze, anorw. auch -*spiald*, *skildingr* (dies, wiewol selt., auch im aisl.), *Hǫskollr*, -*koldr* (s. § 305 anm. 1) und *haukstaldr* (nur einmal -*stallr*, s. Egilsson) häuptling, wo nach got. *spill*, *skilliggs* und mndd. *kol* das *ll*, resp. nach got. -*staldan* das *ld* schon urgerm. ist. Ob in den zwei ersten fällen nur umgekehrte schreibungen mit *ld* nach § 275 anm. vorliegen? Wegen *skildingr* vgl. aber E. Schröder, KZ. XLVIII, 254 f.

b) *nn* : *nd*, z. b. *finna* (got. *finþan*) finden, prät. *fann* : pl. *fundom*, part. *fundenn*; *sinn* (vgl. got. *sinþ-s*) reise : *senda* (got. *sandjan*) senden; -*kunnr* (*kuþr*) : -*kundr* (got. -*kunds*; s. Gislason, Aarbøger 1881, s. 208) entsprossen, *kundr* sohn; *enne* stirn : *ender* ende; *grunnr* (*gruþr*) grund : *grund* boden; *linnr* (*liþr*) lindwurm : *linde* band; anorw. *unningi* : selt. *undingi* entwischter sklave, *undan* weg von (vgl. got. *unþa-þliuhan* : afries. *und-flia* entfliehen, s. Bugge, Arkiv II, 224); *unnr* (*uðr*, ags. *ýð*) welle : *Verm-undr* ein seename.

3. Der wechsel *h* : ʒ zeigt sich im nordischen seit dem schwunde des *h* (§ 230) als ein wechsel zwischen:

a) Formen ohne und mit ʒ, z. b. *slá* (got. *slahan*), prät. *sló* : pl. *slógom*, part. *slegenn* schlagen ; *flá*, *fló* : *flógom*, *flegenn* schinden; *siá*, *sá* (got. *sahv*) : pl. (anorw. selt., s. § 498 anm. 4) *ságom* sehen, *Sága* name einer göttin (s. § 169); *þuá* (got. *þwahan*), *þó* : *þógom*, *þuegenn* waschen; *hlæia* (got. *hlahjan*), *hló* : *hlógom*, *hlegenn* lachen; *flýia* fliehen, prät. (selt.) *fló* : pl. (selt.) *flugom*; *fela* (got. *filhan*) verbergen, *fóle* (§ 124) diebsgut : part. *folgenn* verborgen, *fulga* dünne schneedecke; *tióa* (got. *tiuhan*) oder *týia* ausreichen : *togenn* gezogen; *tiá* (got. *teihan*) : alt auch (s. F. Jónsson, Aarbøger 1912, s. 44) *tega* zeigen, *tigenn* ausgezeichnet, *iarteign*, -*tegn*, -*tign* (vgl. § 293, 3) wahrzeichen; *á* (got. *aih*) : pl. *eigom* besitzen, *eigenn* eigen; *liá* leihen : *leigia* mieten; *tíо* zehn : *tegr*, *tigr* anzahl von zehn; *hór* (*hár*) : anorw. auch *haugr* (sehr selt., s. Fritzner) hoch, *haugr* hügel; *hére*? (s. § 60) : *hegre* (s. § 128) reiher; *lǽr* schenkel : *leggr* (*laʒja- § 279,1) bein; *lǫ́* strandwasser : *lǫgr* wasser; prät. *vá* (got. *waih*) kämpfte : part. *vegenn* getötet, *víg* kampf; *sía* seihen : *síga* sinken; prät. St. Hom. *gnǿþe-sk* (got. *ganōhida*) : *gnǿgia* befriedigen; *lón* stilles wasser : *logn* stille; *skial-*? : *skialgr* schief (s. Hesselman, Västnordiska studier I, 25); *fló* schicht : *flaga* dünne schicht (s. Persson, Beitr. zur indogerm. Wortforschung, s. 238); *briá* (mhd. *brehen*) oder *brá* funkeln : *braga* flammen; *fior* (ags. *feorh* leben, got. *faírhvus* welt) leben : in zusammensetzungen auch *fiarg-* (s. Gislason, Efterladte Skrifter I, 175), Lokasenna 19 pl. *fiory* (ags. *feorʒ*) lebende wesen; *vé* (got. *weih-s*) heimstätte : -*veig* 'heimisch, hausgenosse' in frauennamen wie *Rann-*, *Þorveig* (s. Noreen, Urg. lautl., s. 130); *Vé*(*e*) (got. *weiha*) ein mythischer mannsname, pl. *véar* die heiligen : *vígia* weihen; *ǫ́* (got. *ahva*) fluss : *Æger* (vgl. ags. *ǽʒweard* uferwächter) gott des meeres. Vgl. noch nisl. *tǽja* (anorw. dial. fasern; got. *tahjan* reissen) : *tǫ́g* faser, *tagl* haar.

b) Formen ohne und mit *ng*, wo *n* schon urgerm. vor *h* geschwunden ist (s. Noreen, Urg. lautl., s. 25 f.), z. b. *fá* (got. *fāhan*) : prät. *fekk* (aus *fing § 220, dem pl. nachgebildet), pl. *fingom*, part. *fingenn* bekommen; *ǿre* (got. *jūhiza*) jünger, *ǿska* jugend : *ungr* jung; *ró* (*rá* § 116) winkel : *rǫng* spant; *tǫ́* (s. § 116) fest zugestampfter boden : *tǫng* zange, *tengia* zusammenbinden; *Ífarr* : *Ynguarr* (anal. *Inguarr*) s. § 111,2; *vǫ́* unfall (s. § 175,4), *vá* verargen : *vangr* (Sn. E. II,601) falsch (s. Noreen, Urg. lautl., s. 222), *vange* backen (eig. krümmung, rundung); *há* quälen : *hungr* (s. § 167) hunger; *háske* gefahr (vgl. got. *hāhan* hangen), *hétta* (§ 321) riskieren : *hanga* hangen; *-vér* (afränk. *-wīch*, zu got. *weihan*, lat. *vincere*) 'kämpfer' in mannsnamen wie *Hloþvér* Chlodwich : *Ving-þórr*, *Vingner* benennungen des donnergottes.

Anm. 2. Weil *hw* unter umständen zu urgerm. *f* wurde, ist der wechsel *hw* : *ʒw* (woraus teils *ʒ*, teils nach § 319,1 *w*) bisweilen durch einen wechsel *f* : *ʒ* wie in *ofn* (vgl. got. *aúhns*) : anorw. (selt. s. Fritzner) *ogn*, ofen, *ulfr* wolf : *ylgr* wölfin ersetzt worden. Sonst ist der wechsel *hw* : (*ʒ*)*w* im nordischen gew. nicht bemerkbar, weil nicht nur *h*, sondern auch *w* (s. § 235,1) in den meisten stellungen schwinden musste. Nur in den wenigen fällen, wo *w* (aus *ʒw*) schon urgerm. vokalisiert worden ist oder in einem diphthong vorkommt (vgl. § 163), entstehen (vokalische) doppelformen, z. b. *siá* sehen : *sión* (**seɀwni-*) gesicht; *hǫ́* nachgras : *hey* gras (s. § 163, 1); *ǫ́* (got. *alva*) fluss : *ey* (**aɀwja-*) insel, aue; *huél* (**hwehla-*, ags. *hweohl*) : *hiól* (**hweɀwla-* § 235 anm. 3, ags. *hwéowol, hwéol*) neben (nicht redupliziertem, s. Noreen, I. F. IV, 320 ff.; anders Kock, Arkiv XIV, 246) *huel* (**hwela-*, vgl. asl. *kolo*; die kürze des *e* ist durch den schwedischen dialekt von Dalarna sicher bezeugt, s. Noreen, Sv. landsm. IV, 106, so dass der zweifel Bugge's bei Fritzner III, 108 hinfällig ist) rad.

4. Der wechsel *s* : *z* tritt als *s* : *r* (urn. ʀ § 224, 1, § 265) auf, z. b. *kiósa*, prät. *kaus* : pl. *kørom* (*kurom* § 72, anal. auch *kusom*), part. *kørenn* (*korenn, kosenn*) wählen; (bes. anorw.) *kos*in zusammensetzungen : gew. *kør* wahl; *friósa, fraus* : *frørom* (*frusom*), *frørenn* (*frosenn*) frieren; *vesa* (anal. *vera*), *vas* (*var*) : *vǫ́rom, veret* (anal. *veset*) sein; *sá* säen : prät. *sera* (**sezō-*, vgl. got. *sléþan* : *saízlēþ*); *mestr* (got. *maists*) grösster : *meire* (got. *maiza*) grösser; *yngstr* jüngster : *øre* (got. *jūhiza*) jünger usw. in komparativen; *ysia* feuer : *eim-yria* glühende asche; *þysia* : *þyria* hervorstürzen; *ofse* : *ofr* übergrösse; *hams* : *hamr* hülle; *þorste* durst, *þyrstr* durstig, *þorskr* dorsch : *þurr* (aber got. *þaúrsus*) dürr, *þorna* § 283 (aber got. *gaþaúrsnan*) dorren; *hlust* das äussere ohr : *hløra* lauschen, *hlýr* wange; *geisl* geissel : *geirr* ger; *hiarse* scheitel : *hiarne* (**herzn-* § 283) hirn; *versna* schlimmer werden : *verre* (**verʀʀe* < **verziz-*, vgl. got. *waírsiza*) schlimmer; *mose* moor : *mýrr* sumpf; *heilsa* grüssen : *heill* (**hœilʀ* § 277, 1) heil, glück; *iolstr, ilstre* weide : *ǫlr* erle; *ós, ǿs, øss, oss* uns : pl. *órer* (**unzarai-*, s. § 112, 1; anal. *osser*) unsre; *glys* glimmer : *glyrna* auge; *Glaser* mythischer hain mit goldenem laubwerk, *glǽsa* glänzend machen : *gler* glas; *hugsa* sinnen : *hugr* sinn; *hroste* gemeischtes malz : *hrǿra* rühren, *hrǫnn* (s. § 224, 2) woge u. a. (Bugge, No. I., s. 98); *fauskr* mürbes holz : anorw. (Hertzberg, s. 857) *føyra* poröses zellgewebe; *lasenn* kraftlos (vgl. got. *lasiws* schwach) : *ganglere* reisemüde, *mannlera* entarteter mensch, *sóttlera* durch krankheit entkräfteter mensch, *ǽttlera* entarteter geschlechtsgenosse.

§ 318. **Wechsel von einfachem konsonanten mit geminata** (welche nach konsonanten und nach langem vokal verkürzt wird) findet in folgenden fällen, meistens infolge urgerm. assimilation eines *n* statt (s. Noreen, Urgerm. lautl., s. 154 ff., 160 ff., 163 ff.; v. Friesen, De germ. mediageminatorna, pass.; Sievers, I. F. IV, 335 ff.):

§ 318. Urgerm. lautgesetze: Geminaten.

1. *b* (*f*) : *bb*, z. b. *stúfr, stúfe, stofn, stufn* : *stubbr, stubbe* stumpf; *lauf* laub, *lúfa* dickes haar : *lubba* grosser dorsch; *kúfóttr* kugelförmig : *kobbe* robbe, *saltkubbe* salzklumpen; prät. *gafði* (v. Friesen, a. o., s. 39) gaffte : *gabba* spotten.

2. *b* (*f*) : *pp*, z. b. *kúfóttr* kugelförmig : *koppr* erhöhung (des helmes); *krof* kropf : *kroppr* rumpf; *knefell* knebel : *knappr* knopf; *ákafr* (s. § 54, 3, b) eifrig : *kippa* (schwed. auch *kīpa*; vgl. E. Olson, Från filol. föreningen i Lund III, 59 ff.) schnappen; *ofan* von oben : *uppe* oben, *upp* und mit kürzung des *pp* selt. (s. § 280 anm. 4) *úp* hinauf; *Gleifner* (vgl. Kock, I. F. X, 109) : *Gleipner* mythische fessel.

Anm. 1. Durch ausgleichung kann (auch nach kurzem vokal) ein wechsel *b* : *p* entstehen (vgl. anm. 3), z. b. prät. *gafði* (s. oben 1) : *gapa* gaffen.

3. *ð* : *tt*, z. b. *buþkr* büchse, *boþn* ein gefässname, *bióþr* tisch : *bytta* bütte, ?*bauta* stossen (*t* durch ausgleichung, vgl. anm. 1 und 3, auch in *buta* kappen, *butr* stück holz?); *knoþa* kneten : pl. *ú-knytter* böse streiche, *knútr* knoten; ?*geldr* gelt : *goltr* kastriertes ferkel, *gyltr* sau. — Durch ausgleichung auch *dd* : *tt*, z. b. *todde* bisschen : *tuttr* kleine person.

Anm. 2. Ein urspr. *þ* : *þþ* liegt in *maþkr* made : *motte* (s. § 241) motte vor.

4. *ȝ* : *gg*, z. b. *vagn* wagen : *vagga* wiege.

5. *ȝ* : *kk*, z. b. *smiúga* schmiegen : *smokkr* brustlatz; *fliúga* fliegen, *fluga* fliege : *flokkr* fliegende schar, *boge* bogen : ?*bokkr* bock, 'krummhorn'; *hrúga* : *hraukr* haufen (nisl. *hrúka*); ?*snigell* schnecke : *snákr, snókr* ringelnatter; *tega* zeigen, *iarteign, -tegn, -tign* (s. § 293, 3) : *teikn* zeichen.

Anm. 3. Durch ausgleichung entstehen sowol *ȝ* : *k* (vgl. anm. 1), z. b. *hrúga* haufen : *hroke* aufmass, wie auch *gg* : *kk*, z. b. ?*bagge* packen : *bakke* anhöhe, *kinnbakke* backen; *koggoll* fingerspitze, *kaggr, kagge* : *kakke* fässchen, *kokkr* klumpen.

6. *h* : *kk*, z. b. *tiá* (got. *teihan*) zeigen : *teikn* zeichen (vgl. oben 5); ?*hol* (ags. *holh*) höhlung : *holkr* zwinge.

7. *j* : *jj* (an. *ggj*, s. § 227, 1), z. b. *þrír* : gen. *þriggia* drei; *tueir* : gen. *tueggia* zwei; *báþer* (got. *bai þai*) : gen. *beggia* beide.

Anm. 4. *Friá-dagr* freitag (zu *Frigg* Odens gattin) ist lehnw. (ahd. *friatag*, ags. *friȝedæȝ*).

§ 319. Sonstige urgerm lautgesetze der kons.

8. *k* : *kk*, z. b. *kiúklingr* gänseküchlein : *kokkr* hahn; *brók* hose, 'gebrochenes kleidstück' : *Brokkr* mythischer schmied, 'der sich mit brocken beschäftigt'; *stake* stecken : *stakkr* schober, 'das stehende' (lat. *stagnum*); *bakr* rücken (runde erhöhung) : *bakke* (u. a., s. anm. 3).

9. *l* : *ll*, z. b. *bolr* bauch : *bolle* bowle; *miol* mehl : *mioll* neugefallener schnee; präfix *al-* ganz : *all-* all-; *stóll* stuhl : *stallr* stall.

10. *m* : *mm*, wol in z. b. *suim(m)a, symia* schwimmen; *stam(m)r* (got. *stamms* : ags. *stamor*) stotternd; *grim(m)r* (vgl. *gramr*) wild; *skam(m)r* kurz; *ram(m)r* stark; *skǫm* (Hb., s. XLIII, Olsen, Vǫlsunga saga, s. XXXII) : gew. *skǫmm* schande; *gamle* adler : *gammr* geier; *glam(m)* lärm; *hlum(m)r* handhabe des ruders; *hrum(m)r* schwach; *hamingia* : anorw. selt. (s. Hertzberg) *hemmingia* glück; *Hem(m)ingr* ein mannsname; möglicherweise auch *snema* (vgl. got. *sniumundō*) : *snimma* (u. a., s. § 162, vgl. § 281) früh; vgl. noch *hrammr* bärenpfote : aschw. *ram-* (ahd. *rama*). S. z. b. Olsen, a. o.

11. *n* : *nn*, z. b. *spune* gespinnst : *spinna* spinnen; *brune* brunst : *brenna* brennen; *rune* fluss : *renna* fliessen; vgl. *kona* weib : gen. pl. *kuenna* (s. § 100).

Anm. 5. Ueber *man-* in zusammensetzungen (*manvit* und pl. *manheimar*, s. Bugge bei Fritzner III, 1110; vgl. got. *manasēþs*) neben *mannr* (*maþr*, got. *manna*, dem vielleicht *manne* Vafþrúþnesmǫl 55 entspricht; anders Neckel, K. Z. XLV, 6) mit unurspr. *nn* s. Noreen, Urg. lautl., s. 159 f.

12. *p* : *bb*, z. b. *snopa* schnauze : *snubba* anschnauzen (vgl. 13); *gapa* gaffen : *gabba* spotten (vgl. 1 und anm. 1 oben).

13. *p* : *pp*, z. b. *sleipr* schlüpfrig : *sleppa* entschlüpfen; *snopa* : *snoppa* (vgl. 12) schnauze.

14. *w* : *ww* (an. *ggw*, s. § 227, 2), z. b. *biórr* bier?, *búa* : *byggua* wohnen, *bygg* gerste; *trúr* : *tryggr* treu; *snúa* drehen : *snugga* schielend spähen; prät. *hió* hieb : pl. *hiuggom* hieben; *glóa* (ags. *ʒlówan*) leuchten : *gluggr* lichtöffnung; *rýia* rupfen : *rǫgg* grobe haare.

§ 319. Sonstige, spärlicher vertretene, erscheinungen sind:

1. Nachvokalisches *ʒ* schwindet vor *w*, z. b. (vgl. § 317 anm. 2) *mǫgr* sohn : *mær* (got. *mawi*) mädchen; *Æger* gott des meeres : *ey* (*auja im latinisierten *Scadinauia*) insel, aue; *taug* seil : *taumr* (**tauʒw-*) zaum; *fliúga* fliegen : *flaumr* schwarm;

§ 320. 321. Indoeuropäische lautgesetze der kons.

draugr gespenst : *draumr* traum; *Naglfar* 'leichenschiff'? (vgl. gr. *νέκυς*) : *nár* (got. *naus*, pl. *naweis*) leiche.

2. *đ* und *þ* schwinden im auslaut, bleiben aber im inlaut. Daraus erklären sich doppelbildungen wie z. b. *máne* mond, monat : *mánaþr* monat; *nefe* neffe : *nift, nipt* nichte; *miot* mass : *miotoþr* (got. *mitaþs* mass) schicksal; *ǫl* (ags. *ealu*, obl. *ealođ*) : anorw. gen. pl. *ǫlda* (s. Bugge bei Hertzberg, s. 162 und 535) bier (vgl. *ǫlþr* bier, schmaus); *halr* (ags. *hæle*) freier mann : *hǫlþr* (ags. *hæleđ*) freier grundbesitzer; pl. *skǫp* (as. *giscapu*) schicksal : *skǫpoþr* schöpfer; *ef* zweifel, 'wenn' : *efa(þ)samr* zweifelhaft; *leika* (*- : *leikande* spielzeug.

3. *m* wird vor *d* zu *n*, z. b. *symia* schwimmen : *sund* (das) schwimmen; *koma* kommen : *samkund* zusammenkunft; *brim* brandung : *brundr* brunft.

4. *hw* und *kw* werden vor *u*, *ū* zu *h*, resp. *k*, z. b. *huat* was neben *hú* wie; gen. pl. *kuinna, kuenna* : *kuna > kona* weib.

5. *t* schwindet vor *sk*, z. b. *bitr* : *beiskr* bitter, *latr* faul : *lóskr* schlaff, *vatn* wasser : *vaska* waschen.

6. *n* schwindet vor *h*. Beispiele s § 317, 3, b und § 175, 4.

II. Spuren indoeuropäischer lautgesetze.

§ 320. *t, d, đ, þ + t* treten als *ss*, nach oder vor kons. sowie nach langem vok. oder diphthong als *s* auf, z. b. *vita* wissen : prät. *vissa* wusste, *víss* (pl. *víser*) weise, gewiss, *vísa* weisen, *vísa* gebundene rede; *huatr* keck, *huetia* anspornen : *huass* scharf; *sitia* sitzen : *sess* sitz; *gióta* giessen : *gióssa* sich gewaltsam ergiessen, *geysa* in heftige bewegung versetzen, vgl. nisl. *Geysir* name einer quelle; *hníta* anstossen : *hniss* widriger geschmack; *meita* abhauen : *meiss* art holzgerät; *fundr* fund : *fúss* (**funss-*, s. § 233) begierig; *hlaþa* laden : *hlass* fuhre; *hnoþet* gehämmert : *hnoss* geschmeide; *sníþa* schneiden : *sneis* spiess; *hróþr* ruhm : *hrósa* rühmen; *fǿþa* füttern : *fóstr* (**fósra-* mit eingeschobenem *t*) nahrung.

§ 321. *k, g, ʒ, h + t* treten als *ht* (an. *tt*, s. § 267) auf; vor *ht* schwindet ein *n* (s. § 319, 6). Beispiele sind u. a. *sǿkia* suchen : prät. *sótta*; *þykkia* scheinen : prät. *þótta*; *þekkia* merken : prät. *þátta*; *yrkia* bewirken : prät. *orta* (urn. *worahto* Tune);

§ 322. Indoeuropäische lautgesetze der kons.

siúkr krank : *sótt* sucht; *miolk* milch : *mialtr* (*melhtaʀ) melk; *mega* können : prät. *mátta*; *stíga* steigen : *stétt* fuss eines bechers; *haga* einrichten : *hǫ́ttr* beschaffenheit; *draga* ziehen : *drǫ́ttr* (mengl. *draught*) zug; *ganga* gehen : *gǫ́tt* (got. *-gāhts*) gang, durchgang; *hanga* hangen : *hǽtta* (vgl. mengl. *hāht, haughte* gefahr) von etwas abhängig sein lassen, riskieren.

§ 322. Anlautendes *s* kann unter umständen fehlen (s. Noreen, Urg. lautl., s. 202 ff., Siebs, K. Z. XXXVII, 277 ff., H. Schröder, Beitr. XXIX, 479 ff. und die dort — s. bes. s. 484 mit note 1 — erwähnte literatur). Statt *sk, sp, st* stehen dann *h, f, þ*. Beispiele sind u. a.:

1. *sk* : *h*, z. b. *skera* schneiden : *hiorr* schwert; *skǫr* : *hár* haar; *skióþa* ledersack, pl. *skauþer* vorhaut des pferdes : *húþ* haut; *skúme* : *húm* dunkel; *skare* gefrorene kruste des schnees : *hiarn* reif; pl. *skurfor* : *hrufa, hrýfe* schorf, *hriúfr* schorfig; *skrǽkr* geschrei : *hrókr* seerabe; *skríkia* schreier, eichelkrähe : *hríka* knirschen; *skrukka* runzel, pl. *skrykker* wellenbewegungen : *hrokkenn* runzelig; *skraume* : *hraume* schlingel; *skark* : *hark* tumult; *skiallr* laut, *skial* : *hial* geschwätz; *ský* wölkchen : *hý* flaum; *skemmask* sich schämen ('sich hüllen') : *hamr* hülle, gestalt; *snykr* (**sknyk-*) : *hnykr* stank.

2. *sp* : *f*, z. b. *sprekla* fleckchen : pl. *freknor* sommersprossen; *sprǽkr* rührig : *frekr* gierig, frech, *frakkr, frǿkn* mutig (s. Torp, Sprogl.-histor. studier til Unger, s. 183 ff.).

3. *st* : *þ*, z. b. *stirfenn* starrköpfig, *stiarfe* erstarrung : *þiarfr* derb; *stynia* stöhnen : *Þórr* (*Þunraʀ, s. § 112,1) der donnergott.

4. Sonstige fälle, z. b. ?*smár* (ahd. *smāhi*) klein : *magr* mager; *snǫs* felsenvorsprung : *nǫs* nasenloch, *nes* erdzunge; *snefia* aufspüren, *snafþr* mit feiner nase, *snǽfr, snǿfr* flink : *nef* nase, *nǿfr* klug (s. Lidén, Bezz. Beitr. XXI, 101 note, Armenische studien, s. 64 f.).

Anm. Im anlautenden *skr* scheint *r* bisweilen schwankend zu sein, z. b. *sk*(*r*)*okkr* ranzen, *sk*(*r*)*ukka* runzel, pl. *sk*(*r*)*ykker* wellenbewegungen; *skreppa* ranzen : *skeppa* scheffel; *skríþa* gleiten (z. b. vom schiff), *skreiþ* (das) gleiten, lavine (ags. *scrád* schiff) : *skeiþ* f. schiff, ntr. lauf. Aber wahrscheinlich liegen hier nur reimwörter vor.

Kap. 4. Etymologische übersicht über die konsonanten.

I. Die stimmlosen explosivae.

§ 323. *p* entspricht:

1. Gew. urgerm. *p* im in- und auslaut sowie nach anlautendem *s*, z. b. *grípa* (got. *greipan*) greifen, *skepia* (got. *skapjan*) schaffen, *hialpa* (got. *hilpan*) helfen, *skip* (got. *skip*) schiff, *spǫrr* sperling, *springa* entzweispringen.

Anm. Anlautendes *p* kommt, soweit die etymologischen verhältnisse klar sind, fast nur in lehnwörtern vor, z. b. *penningr* pfennig, *pund* pfund, *prestr* priester und vielen anderen. Ueber mehr oder weniger sichere fälle von urspr. an. *p*- s. K. F. Johansson, K. Z. XXXVI, 342 ff.

2. Aelterem *f*, s. § 240, 2.
3. Aelterem *b̄*, s. § 240 anm. 4 (und § 237 anm. 3??).
4. Selt. älterem *b*, s. § 244.
5. Es ist selten eingeschoben, s. § 308.
6. Es ist selten aus *pp* verkürzt, s. § 284.

§ 324. *pp* entspricht:

1. Gew. älterem *mp*, s. § 266, 1.
2. Seltener urgerm. *pp*, z. b. *klappa* klopfen, *hoppa* hüpfen, *snoppa* schnauze, *knappr* knopf.

§ 325. *t* hat mehrfachen ursprung:

1. Regelmässig urgerm. *t*, z. b. *tueir* (got. *twai*) zwei, *tré* (got. *triu*) baum, *hiarta* (got. *haírtō*) herz, *eta* (got. *itan*) essen, *vatn* (got. *watō*) wasser.
2. Aelteres *ð*, s. § 238, 2.
3. Aelteres *d*, s. § 220, § 245, 1.
4. Ist eingeschoben, s. § 310.
5. Aus *tt* verkürzt, s. §§ 283—286.
6. Dialektisch (anorw.) aus *s* enstanden, s. § 242.
7. Selt. (anorw.) älteres *k*, s. § 263 anm. 4.
8. Aelteres *þ* (mnorw.), s. § 241 anm. 1 (vgl. anm. 2).

Anm. Ueber kakuminales *t* s. § 252.

§ 326. *tt* hat sehr verschiedenen ursprung:

1. Aelteres *nt* (*nd*), s. § 266, 2 (§ 220).

2. Urgerm. *ht*, s. § 267.
3. Aelteres *ðt*, s. § 268, 2.
4. Aelteres *d(d)t*, s. § 268, 1.
5. Aelteres *tð* (und *td*?), s. § 276 (vgl. anm.).
6. Aus *t* gedehnt, s. § 279 anm. 1, 2 und 3, § 280, 1, § 282.
7. Urgerm. *tt*, z. b. *skattr* (got. *skatts*) schatz, *hǫttr* (ags. *hætt*) hut, *knǫttr* ball (vgl. ags. *cnotta* knoten), *kǫttr* katze.
8. Urgerm. *t + t*, durch synkope zusammengestossen, z. b. ntr. *liótt* (got. *liutata*) zu *liótr* hässlich u. dgl.
9. Urgerm. *þþ*, s. § 241.
10. Selt. (mnorw.) *pt*, s. § 271.

§ 327. *k* (velares und palatales) hat folgenden ursprung:

1. Gew. urgerm. *k*, z. b. *kné* knie, *kenna* kennen, *akr* acker, *ek* (got. *ik*) ich, *ríke* (got. *reiki*) reich.
2. Urgerm. *h*, s. § 222, 2, § 243.
3. Aelteres *ʒ*, s. § 239, 1.
4. Aelteres *g*, s. § 220, § 246, 1.
5. Aus *kk* verkürzt, s. § 284, § 285.
6. Selt. (anorw.) *p*, s. § 257.
7. Selt. (anorw.) eingeschoben, s. § 307.
8.? Selt. älteres *t*, s. § 259 anm. 2.

§ 328. *kk* hat mehrfachen ursprung:

1. Gew. aus älterem *nk* (*ng*), s. § 266, 3 (§ 220).
2. Urgerm. *kk*, z. b. *sekkr* sack, *bokkr* bock, *flekkr* fleck, *hnakke* nacken, *smokkr* (ags. *smocc*) unterkleid, *stokkr* stock, *lokkr* locke, *lokka* verlocken, *flokkr* schar.
3. Aus *k* gedehnt, s. § 279, 1, 2, 3 und anm. 2, § 280, 2.
4. Aus *t(t)k* assimiliert, s. § 274, 1.
5. Aus *ggk* assimiliert, s. § 270.

II. Die stimmhaften explosivae.

§ 329. *b* kommt nur anlautend und nach *m* vor. Es entspricht:

1. Urgerm. *ƀ*, s. § 223, 1, § 237, 3.
2. Urgerm. *b* (§ 219 anm. 1), z. b. *kambr* (ags. *comb*) kamm, *lamb* (got. *lamb*) lamm, *umb* (ags. *ymb*) um, *vǫmb* (got. *wamba*) bauch.

3. Selt. älterem *p*, s. § 247 anm.
4. Ist selt. (anorw.) eingeschoben, s. § 304.

§ 330. *bb* ist im ganzen selten. Es ist:
1. Urgerm. *bb*, z. b. *krabbe* krabbe, *gabba* (ags. *ʒabbian*) spotten, *stubbr* stumpf. Vgl. § 318, 1 und 12.
2. Aus ƀ + *b* assimiliert, s. § 269.
3. Selt. aus ðb assimiliert, s. § 268 anm. 3.
4. Selt. aus ʒb assimiliert, s. § 270 anm. (schluss).

§ 331. *d* kommt nach vokalen nur in zusammensetzungen (z. b. *friádagr* freitag) vor. Es hat folgenden ursprung:
1. Gew. urgerm. ð, s. § 223, 1, § 238, 1, b.
2. Urgerm. *d* (§ 219 anm. 1), z. b. *binda* binden, *hǫnd* hand, *land* land u. a.
3. Selt. älteres *þ*, s. § 238, 1, b verglichen mit § 221, 1.
4. Selt. älteres *t*, s. § 248 anm. 5.
5. Aus *dd* (ðd) verkürzt, s. § 283.
6. Ist eingeschoben oder zugesetzt, s. § 305 anm. 1 und 2.
Ueber kakuminales *d* s. § 252.

§ 332. *dd* hat folgenden ursprung:
1. ð + ð, s. § 238, 1, a.
2. Urgerm. *zð* (urn. *Rð*?), s. § 224, 2.
3. Urgerm. *dd*, z. b. *kodde* (vgl. ags. *codd*) tasche, *todde* (ahd. *zotto*) wollflocke.
4. Aus ðd assimiliert, s. § 268, 3.
5. Aus ð gedehnt (anorw.), s. § 279 anm. 2, § 280 anm. 3, § 282.
6. In lehnwörtern *d*, s. § 282 anm.
7. Ist eingeschoben? (misl. und mnorw.), s. § 305.

§ 333. *g* (velares und palatales) kommt nur anlautend und nach *n* vor. Es ist:
1. Anlautend urgerm. ʒ, s. § 223, 1.
2. Urgerm. *g* (§ 219 anm. 1), z. b. *langr* lang, *sǫngr* gesang, *ungr* jung.

§ 334. *gg* hat dreifachen ursprung:
1. Aus gedehntem ʒ, s. § 279, 1 und 3 mit anm. 3.
2. Urgerm. *jj*, s. § 227, 1.

3. Urgerm. *ww*, s. § 227, 2.
4. Urgerm. *gg*, z. b. *vagga* (vgl. mengl. *waggin*) wiege, *bagge* packen.

III. Die stimmlosen spiranten.

§ 335. *f* kommt nur anlautend und im inlaute vor *k*, *s*, *t*, *þ* vor; auslautend ist es früh nach § 240, 1 zu *ƀ* geworden. Es entspricht:
 1. Gew. urgerm. *f*, z. b. *fótr* fuss, *flióta* fliessen, *friósa* frieren, *gift* (got. *gifts*) gabe.
 2. Urgerm. *ƀ* in- (und aus)lautend, s. § 237, 1 (und § 223, 2).
 3. Urgerm. *þ*? (anlautend vor *l*), s. § 221, 2.
 4. Selt. (anorw.) urgerm. *p*, s. § 247.

§ 336. *ff* kommt fast nur in lehnwörtern vor, z. b. *offra* opfern, die buchstabennamen *eff* = *f* und *vaff* = *v*. In echt nordischen wörtern ist es aus *ƀ* + *f* entstanden, s. § 269.

§ 337. *þ* kommt nur anlautend und im inlaute vor *k* sowie nach *k*, *p* vor; auslautend ist es früh nach § 221, 1 zu *ð* geworden. Es entspricht:
 1. Anlautend urgerm. *þ*, z. b. *þola* (got. *þulan*) dulden, *þrír* (got. *þreis*) drei, *þiófr* (got. *þiufs*) dieb, *þuá* (got. *þwahan*) waschen.
 2. In- (und aus)lautend älterem *ð*, s. § 238, 2, c—f (und § 223, 2).

§ 338. *s* ist:
 1. Gew. urgerm. *s*, z. b. *sonr* sohn, *standa* stehen, *kiósa* (got. *kiusan*) wählen, *oxe* ochs, *hals* hals, *gras* gras.
 2. Aus *ss* verkürzt, s. §§ 283—286.
 3. Eingeschoben, s. § 309.
 Anm. Ueber kakuminales *s* s. § 252.

§ 339. *ss* hat mehrfachen ursprung:
 1. Urgerm. *ss*, z. b. *huass* (got. *hvass*) scharf, *vissa* (got. *wissa*) ich wusste, *hlass* fuhre, *sess* sitz, *hnoss* geschmeide.
 2. *s* + *s*, durch synkope zusammengestossen, z. b. gen. sg. *húss* hauses, *víss* eines weisen.
 3. Aelteres *sR* (urgerm. *s* + *z*), s. § 277.

4. Aelteres (später gekürztes) *rs*, s. § 273.
5. Aus *rs* assimiliert, s. § 272, 3.
6. Aus *ts* assimiliert, s. § 273, 2.

§ 340. Der (velare und palatale) spirant *h* kommt nur anlautend vor kons. *i* und *u* vor und entspricht immer urgerm. *h* (s. § 222, 1), z. b. *hiarta* herz, *huat* (vgl. got. *hva*) was.

Anm. 1. Derselbe laut — jedoch *g* geschrieben — kommt als übergangsstufe in der entwickelung ȝ > spir. *h* > *k* vor, s. § 239, 1.

Anm. 2. Ueber *ch* aus *hi-, þi-, ki-* s. § 243 anm., § 263 anm. 5.

§ 341. Der hauchlaut *h* kommt (ausser in zusammensetzungen) nur anlautend vor sonanten vor und entspricht:
1. Gew. urgerm. spirantischem *h*, s. § 222, 1.
2. Aelterem *k* vor *n* (misl.), s. § 249.
3. Ist zugesetzt, s. § 306.

IV. Die stimmhaften spiranten.

§ 342. *b*, später (s. § 255 und vgl. § 250) *v* (anlautend durch *v*, sonst durch *f* bezeichnet) entspricht:
1. Urgerm. *ƀ*, z. b. *grafa* graben, *liúfr* lieb, *erfinge* erbe, *kalfr* kalb.
2. Urgerm. *f*, s. § 240, 1.
3. Urgerm. *w*, s. § 250; (im diphthonge *au* s.) § 98, 1.
4. Selt. urgerm. *m*, s. § 225.
5. Selt. älterem ȝ (anorw.), s. § 263 anm. 3.
6. Selt. älterem *b*, s. § 244 anm.

§ 343. *ð* kommt sehr selten anlautend (s. § 221, 1) vor. Es hat folgenden ursprung:
1. Gew. urgerm. *ð*, z. b. *faþer* (got. *fadar*) vater, *bióþa* (got. *biudan*) bieten, *garþr* (got. *gards*) gehöft, *þióþ* (got. *þiuda*) volk.
2. Urgerm. *þ*, s. § 221, 1.
3. Aelteres *t*, s. § 248.
4. Aelteres *nn*, s. § 261.
5. Aelteres *þþ*, s. § 241 (schluss).
6. Aelteres *ðð*, s. § 285 anm. 1.
7. Aelteres *r*, s. § 253.
8. Aelteres *d(d)*, s. § 245, 2.

§ 344. ʒ (velares und palatales) kommt nur nach vokalen und ð, (stimmhaftem) *f, l, r* vor. Es entspricht:
1. Fast überall einem urgerm. ʒ, z. b. *eiga* (got. *aigan*) haben, *dagr* (got. *dags*) tag, *slegenn* geschlagen, *vígia* weihen.
2. Selt. älterem *k*, s. § 248.
3. Dialektisch älterem *ƀ*, s. § 256.
4. Selt. älterem *ð*, s. § 259.
5. Aelterem *g(g)*, s. § 246, 2.
6. Ist selt. zugefügt, s. § 365 anm. 3.
  Anm. Ueber spirantisches *j* aus *i* s. § 251, aus *g(i)* s. § 263 (schluss).

V. Nasale.

§ 345. *m* entspricht:
1. Gew. einem urgerm. *m*, z. b. *máne* mond, *nema, nam* nehmen, nahm, *armr* arm.
2. Seltener älterem *ƀ*, s. § 237, 2.
3. Selt. älterem *n*, s. § 262, 1.
4. Selt. älterem *v* (*ng*), s. § 264.
5. Aelterem *mm* durch kürzung, s. § 284, § 285.
  Anm. Ueber anlautendes *m* statt *w* s. § 278. Ueber auslautendes stimmloses *m* s. § 34 anm. 2 (schluss).

§ 346. *mm* ist sehr mannigfachen ursprungs:
1. Fast überall urgerm. *mm*, z. b. *ramm* (got. *wamm*) schande, *dimmr* (ags. *dimm*) dunkel.
2. Selt. älteres *mb*, s. § 278 anm. 1.
3. Selt. älteres *mn*, s. § 278 anm. 2 und § 266 anm. 5 (schluss).
4. Selt. älteres *mʀ*, s. § 277 anm. 5.
5. Selt. älteres *m + w*, s. § 278.
6. Selt. älteres *ðm* (anorw.), s. § 268 anm. 3. Vgl.? § 224 anm. 4.
7. ? selt. älteres *ʒm* (anorw.), s. § 270 anm.
  Anm. Ueber eventuelles *mm* aus urgerm. *z + m* s. § 224 anm. 4. Etwas unklar ist das *mm* in *fim(m)* fünf (vgl. § 298, 2); vgl. auch mehrere der im § 318, 10 angeführten wörter.

§ 347. Das dentale oder kakuminale *n* (vgl. § 349) ist:
1. Gew. urgerm. dentales oder kakuminales *n*, z. b. *nótt, nótt* nacht, *hane* hahn, *kyn* (got. *kuni*) geschlecht, *laun* lohn.

§ 348. 349. Uebersicht über die nasale. § 350. 351. Die liquidae. 243

2. Selt. älteres *m*, s. § 258, 2.
3. Selt. älteres velares *n* (*ŋ*), s. § 264.
4. Selt. älteres *l*, s. § 254.
5. Selt. älteres *đ* (anorw.), s. § 238 anm. 15.
6. Aus *nn* verkürzt, s. §§ 283—286.

Anm. Ueber kakuminales *n* s. auch § 252; über stimmloses *n* s. § 41 anm. 3.

§ 348. *nn* ist sehr mannigfachen ursprungs:
1. Urgerm. *nn*, z. b. *spinna* spinnen, *kunna, kann* können, kann, acc. sg. *brunn* brunnen.
2. Urgerm. *nþ*, s. § 275.
3. Urgerm. *zn* (urn. ʀ*n*?), s. § 224, 2.
4. Aelteres *n*ʀ, s. § 277. Vgl. § 285 anm. 2.
5. Aelteres *rn*, s. § 272, 2.
6. Selt. älteres *nd* (anorw.), s. § 275 anm.
7. Aus *n* gedehnt, s. § 282.
8. Urgerm. *n + n*, z. b. gen. pl. *kuenna* zu *kona* weib.
9. Selt. aus *đn* oder *ddn* assimiliert, s. § 268 anm. 3.

§ 349. Das velare *n* (*ŋ*) kommt fast nur vor *g* (sehr selt. *k* — dies vielleicht nur in lehnwörtern — und *n*) vor und entspricht:
1. Gew. urgerm. velarem *n*, z. b. *langr* lang, *tunga* zunge, *hǫnk* henkel.
2. Selt. älterem *m*, s. § 258, 1.
3. Selt. älterem dentalen oder kakuminalen *n*, s. § 262, 2.
4. (Geschrieben *g, ng*) älterem *ȝ* vor *n*, s. § 239, 2.

VI. Liquidae.

§ 350. *l* ist:
1. Gew. urgerm. *l*, z. b. *langr* lang, *vilia* (got. *wiljan*) wollen, *blóme* blume, *stela, stal* stehlen, stahl.
2. Selt. älteres *r*, s. § 253, 2.
3. Aus *ll* verkürzt, s. §§ 283—286.

Anm. Ueber stimmloses *l* s. § 40 anm. 2.

§ 351. *ll* hat sehr mannigfachen ursprung:
1. Urgerm. *ll*, z. b. *ull* wolle, *fullr* voll, *falla* fallen.
2. Urgerm. *lþ*, s. § 275.

§ 352. 353. Uebersicht über die liquidae. § 354. Die halbvokale.

3. Aelteres *lʀ*, s. § 277.
4. Aelteres *ðl*, s. § 268, 4. Vgl. § 274 anm.
5. Aelteres *rl*, s. § 272, 1.
6. Selt. älteres *nl*, s. § 266, 4.
7. Selt. urgerm. *zl* (oder urn. *ʀl*), s. § 224 anm. 3, § 273 anm. 1.
8. ? Selt. älteres *d(d)l*, s. § 268 anm. 2.
9. Selt. älteres *ld* (anorw.), s. § 275 anm.
10. Aus *l* gedehnt, s. § 281 anm., § 282.
11. ? Aelteres *tl*, s. § 274 anm.
12. Vereinzelt *d*, s. § 245 anm. 2.

§ 352. *r* ist folgenden ursprungs:
1. Urgerm. *r*, z. b. *réttr* recht, *bera* (got. *baíran*) tragen, *rerr* (got. *waír*) mann, *armr* arm.
2. Urgerm. *z* (urn. *ʀ*), s. § 224, 1, § 265.
3. ? Selt. älteres *ð*, s. § 238, 3.
4. Selt. älteres *l*, s. § 254.
5. Aus *rr* verkürzt, s. §§ 283 — 286.
6. ? Eingeschoben, s. § 308 anm.

Anm. Ueber auslautendes stimmloses *r* s. § 34 anm. 2 (schluss).

§ 353. *rr* ist folgenden ursprungs:
1. Aelteres *rʀ*, s. § 277.
2. ? Aus *r* gedehnt, s. § 281, § 280, 2.
3. Urgerm. *rr*, z. b. *kuirr*, *kyrr* (got. *qaírrus*) ruhig, *fiarre* (got. *faírra*) fern.
4. *r + r*, z. b. *norrǿnn* (ahd. *nordrōni*) norwegisch.
5. *ʀ + ʀ* (urgerm. *z + z*), z. b. *reyrr* (vgl. got. *raus*) rohr, *geirr* (gr. als lehnwort γαῖσος) spiess.
6. *ʀ + r*, z. b. *Geirrøþr* (*Gœiʀfrøðʀ) ein mannsname.
7. ? Aus *ʀ* gedehnt, s. § 280, 2.

VII. Halbvokale.

§ 354. *i* findet sich in starktoniger silbe — ausser in den § 306 anm. erwähnten fällen — nur in den § 193, §§ 195 —208, § 213 und § 214 schon erwähnten diphthongen und triphthongen. In schwachtoniger silbe ist es:

§ 355. Uebersicht über die halbvokale.

1. Urgerm. kons. *i* inlautend nach kurzer silbe, z. b. *velia* (got. *waljan*) wählen, *leggia* (got. *lagjan*) legen, *brynia* (got. *brunjō*) panzer.
2. Nach palatalem ǥ, *g*, *k* entwickelt, s. § 263.
3. Selt. hiatusfüllend (anorw.), s. § 312.

§ 355. *u* (*w*) findet sich in starktoniger silbe nur in den § 192, §§ 209—212 und § 214 erwähnten diphthongen und triphthongen. In schwachtoniger silbe entspricht es:
1. Fast immer einem urgerm. *w*, z. b. *syngua* (got. *siggwan*) singen, *vǫlua* wahrsagerin.
2. Ist selt. hiatusfüllend (anorw.), s. § 256 (schluss).

Flexionslehre.

I. Abschnitt. Deklination.

Kap. 1. Deklination der substantiva.

A. Vokalische stämme (starke deklination).

I. a-stämme.

§ 356. Die *a*-stämme sind maskulina und neutra, welche letzteren nur im nom. sg. und nom. acc. pl. von den maskulinen abweichen. Die endungen sind:

	mask.	neutr.		mask.	neutr.
Sg. N.	-ʀ	—	Pl. N.	-ar	— (*u*-uml. d. wurzelv.)
G.	-s		G.	-a	
D.	-i, -e (§ 145)		D.	-um, -om (§ 146)	
A.	—		A.	-a	— (*u*-uml. d. wurzelv.)

Anm. 1. Nom. sg. m. endete urn. auf -*aʀ*. Die hierhergehörigen beispiele (auch adj.) sind (chronologisch geordnet): *owlþuþewaʀ* (Torsbjærg, *þewaʀ* Valsfjorden), *laukaʀ* (Fløksand, brakteat aus Schonen, Börringe, Skrydstrup), *ðaʒaʀ* (Einang), *erilaʀ* (Lindholm, Kragehul, Järsberg, *irilaʀ* Veblungsnæs, By), *wilaʒaʀ* (Lindholm), ... *ðaʀ* (Vetteland), *frawaraðaʀ* und *slaʒinaʀ* (Möjebro), *hraþaʀ*, *stainawarijaʀ*, *sɥirawiðaʀ* und *swabaharjaʀ* (Rö), *holtijaʀ* (Gallehus), *halɥʀ* (Stenstad), *hou[h]aʀ* (brakteat aus Fünen), *ʒakaʀ* (brakteat aus Schonen), *akaʀ* (Åsum), *ubaʀ* (Skärkind, Järsberg), *leuʒaʀ* (Skåäng), *sʈainaʀ* (Krogsta), *wiwaʀ* (Tune), *haðulaikaʀ* und *haʒusta[l]daʀ* (Kjølevig und, wenn -*iʀ* st. -*aʀ* verschrieben ist, *haʒustalðiʀ* Valsfjorden), *fakaʀ* (Fæmø), *haitinaʀ* (Tanum), *helðaʀ* (Tjurkö), *la[n]ðawarijaʀ* (Tørviken I), *harabanaʀ* (Järsberg), *iuþinʒaʀ* und *wakraʀ* (Reistad), *laiþiʒaʀ* (Møgedal), *hiwiʒaʀ* (Årstad), *h[l]aiwiðaʀ* (Amle), *hau[h]aʀaʀ* (Eidsvåg), *hroʀaʀ* (By), *mʌlʌ[u]sʌʀ* Stentoften). Spät-urn. steht nur -*ʀ*, z. b. *haþuwulafʀ* (Istaby, -*wolʌfʀ* Stentoften), *mʌlʌusʀ* (Björketorp), *fiskʀ* und mit assimilation nach § 277, 1 und 3 *skorin*, *stʌin*, *fokl* (Eggjum), *rhoʌltʀ* (Vatn), *tʌitʀ* (Tveito), *ʒaɥʀ*? (Flistad). Vgl. § 370 anm.

§ 357. Reine *a*-stämme. 247

Anm. 2. Nom. acc. sg. ntr. hatte urn. die endung -*a*. Beispiele: *lina* (Fløksand), *horna* (Gallehus, Strøm), *auja* (Seeland, Skodborg), *arbija* (Tune), *hlaiwa* (Bø), *aRina*? (By). Ueber die synkopierten *uilalð* (Overhornbæk), *lant, sot* (Eggjum) s. § 153, 7.

Anm. 3. Gen. sg. endete urn. auf -*as*. Beispiele sind: *asuʒisalas* (Kragehul), *ʒoðaʒas* (Valsfjorden), *hnabuðas* (Bø), *wa[n]ðaraðas* (Saude). Spät-urn. steht nur -*s* z. b. *hAriwulfs* (Rävsal).

Anm. 4. Dat. sg. hatte urgerm. die endung -*ai*, die vielleicht noch in den allerältesten urn. inschr. erhalten ist, z. b. *ʒisai* (hobel von Vi), *marihai* (zwinge von Vi), *hahai* (Möjebro); später steht -*ē*, z. b. *ski[n]þale* (Skärkind), *woðuriðe* (Tune), *wllhakurne* (Tjurkö), *waʒe* (Opedal), *sAkse* (Eggjum).

Anm. 5. Acc. sg. m. endet urn. auf -*a*, z. b. *makia* (zwinge von Vi), (*sta*)*ina* (Vetteland, *staina* Tune), *wraita* (Reistad), *haha*? (Strøm), *hAriwulafa* (Istaby), *hApuwolAfA* (Gummarp).

Anm. 6. Nom. acc. pl. m. sind aus alter urn. zeit nicht belegt, müssen aber die endungen -*ōR*, resp. -*ann* (vgl. got. -*ōs*, resp. -*ans*) gehabt haben. Spät-urn. steht im nom. -*aR*, z. b. *stAinAR* (Rävsal), im acc. -*a*, z. b. *kAibA* (Eggjum). Nom. acc. pl. ntr. sind ebenfalls aus urn. zeit nicht belegt, müssen aber auf -*u* geendet haben; vgl. das finn. lehnw. *joulu* (aisl. *iól* pl. t.) weihnachten (noch älter wol -*ō*, vielleicht in finn. *jukko* joch entlehnt). Diese endung ist später fortgefallen, zeigt aber ihre frühere existenz durch *u*-umlaut oder -brechung in der wurzelsilbe des wortes.

Anm. 7. Gen. pl. ist urn. nicht belegt, aber endete wol auf nasaliertes -*ō*.

Anm. 8. Dat. pl. endet urn. auf -*umR* nach ausweis zweier anal. gebildeten *i*-, resp. *an*-stamms-dative: *haʒestumR, haborumR* (Stentoften).

Als unterabteilungen der *a*-stämme werden gew. abgesondert die *ia*-, *ja*- und *wa*-stämme; die übrigen fasst man als 'reine' *a*-stämme zusammen. Wir behandeln hier zunächst die letzteren.

a) Reine *a*-stämme.

§ 357. Paradigmen: mask. *armr* arm, *hamarr* hammer, *mór* heideland; neutr. *barn* kind, *sumar* sommer, *bú* wohnsitz.

	muskulina:			neutra:		
Sg. N.	armr	hamarr	mór(r)	barn	sumar	bú
G.	arms	hamars	mós(s)	barns	sumars	bús(s)
D.	arme	hamre	mó	barne	sumre, -*i* (§ 145)	búe, -*i*
A.	arm	hamar	mó	barn	sumar	bú
Pl. N.	armar	hamrar	móar	bǫrn	sumor, -*ur* (§ 146)	bú
G.	arma	hamra	móa	barna	sumra	búa
D.	ǫrmom, armum	hǫmrom, hamrum	móm	bǫrnom, barnum	sumrom, sumrum	búm
A.	arm	hamra	móa	bǫrn	sumor, -*ur*	bú

§ 358. Reine a-stämme.

Anm. Die *kursiv* gedruckten formen sind hier und in allen folgenden paradigmen die altnorwegischen (bes. ostnorwegischen).

§ 358. Wie *armr* flektieren die meisten einsilbigen mask. mit langer wurzelsilbe, z. b. *dómr* urteil, *fiskr* fisch, *gluggr* lichtöffnung, *hundr* hund, *kambr* kamm, *móþr* mut, *skattr* tribut, *toppr* oberste spitze, *vargr* wolf, *þiófr* dieb usw.; ferner die vielen zweisilbigen auf *-engr* (*-ingr*; oft daneben *-inge* nach § 403), *-ongr* (*-ungr*), *-angr* (vgl. anm. 2), *-leikr* (oft daneben *-leike* nach § 401) sowie die zahlreichen urspr. zusammengesetzten mannsnamen auf *-arr* (urn. *-harjaʀ, -warijaʀ* Rö), *-geirr* (*-arr* § 54, 3, b, § 151, 1), *-gísl* (*-gisl, -gils, -isl, -ils,* s. § 229), *-kell* (vgl. § 359, 2), *-laugr, -leifr* (*-láfr* § 54, 3, b), *-leikr* (*-lákr* § 54, 3, b), *-marr* (s. § 151, 1), *-ráþr, -rekr* (s. § 151, 3), *-tannr* (*-taþr*) u. a. (vgl. s. 250), z. b. *búnengr* rüstung, *konongr* könig, *kaupangr* stadt (vgl. anm. 2), *kǽrleikr* liebe, *Ragnarr, Þorgeirr* (*Þórarr*), *Auþgisl, -gils* (*Auðils*), *Hrollaugr, Óleifr* (gew. *-láfr,* selt. *Áleifr,* air. *Aleib,* s. Marstrander, Bidrag, s. 89), *Þorleikr* (*-lákr*), *Biartmarr, Aþalráþr, Eirekr, Hildetannr* (*-taþr*); dagegen von einsilbigen wörtern mit kurzer wurzelsilbe nur sehr wenige wie — von den urspr. langsilbigen *malr* § 230, 1, *marr* § 124, 2, *melr* (s. Bugge, Sv. landsm. IV, 150 note) sandabschuss, *selr* § 124, 2 abgesehen — *dagr* tag, *huerr* kessel, *refr* fuchs, *verr* mann und die schwankenden (s. 4 unten) *dalr, smiþr, stafr, stigr, vegr* (*hualr, valr* u. a., s. § 387, 2); ausserdem noch einzelne wörter wie die namen *Heriann, Regenn* und fast alle lehnwörter auf kons., z. b. *bikarr* becher, *Pétarr* (*Pettarr*) Peter, *Kristr* Christus usw.; vgl. Wimmer, Forn. forml. § 32, § 35 § 36, § 47, Larsson, s. 422 f., Jónsson, Skjaldesprog s. 7 ff. — Ueber die einzelnen kasusendungen ist zu bemerken:

1. Im nom. sg. ist zu beachten die verschiedene behandlung des *-r* (*-ʀ*) bei den wörtern auf *l, n, r, s* (§ 277), z. b. *stóll* stuhl, *steinn* stein, *íss* eis; *selr* seehund; *fugl* (alt *fogl*) vogel, *hrafn* rabe, *akr* (gen. *akrs,* dat. *akre* usw., s. anm. 2) acker, *þurs* riese; *hallr* stein, *muþr* (§ 261; jünger *munnr*) mund, *bruþr* (*brunnr*) brunnen. — Ueber misl. *-ur,* das auch vor dem artikel eindringt, s. § 161.

Anm. 1. Die endung fehlt ganz in einigen fremdwörtern: *biskop, -up* (alt auch *byskop, -up* § 77, 5, b), anorw. aber auch oft *biskuper* (s. Hægstad, Kong., s. 23) bischof, *sinióʀ* herr und eigennamen wie *Benedikt, Israel,*

§ 358. Reine *a*-stämme.

Nikolás, *Magnús* (seltener *Mǫgnús*), *Salomón*, *Satán*, *Simón* u. a.; gew. (s. Jónsson in Festskrift til V. Thomsen, s. 226) in *Ádám(r)*, *Dáviþ(r)* (auch anal. *Dáfiþr*, *-finnr*, gen. *-finz* nach *Fiþr*, *Finnr* : *Finz*), *Iákob(r)*, *Iósef*, gew. *Iósep* (*Ióseppr*, s. § 240 anm. 7), bisweilen in *Krist(r)* § 301, 2. Ueber *Ǫn(n)*, *Aun(n)*, *Auþun(r)*, *Hákun(n)* (s. § 226), *Halfdan(r)* s. § 285 anm. 2; *stól(l)*, *þiór(r)*, *ís(s)* u. dgl. § 286; *ulfge* (*ulfrgi) u. dgl. § 291, 9. In den misl. 'rímur' fehlt die endung durchgehends in wörtern auf *-ing*, *-ung* sowie in vielen mannsnamen, bes. denjenigen auf *-mund* (s. Gislason, Efterladte skrifter II, 167, 174). Mnorw. kann die endung *-r* überhaupt fehlen (s. Falk und Torp, Dansk-norskens syntax, s. XIV note), wol durch entlehnung der acc.-form.

Anm. 2. Nicht endung, sondern dem stamme gehörig und daher in der flexion durchgehend ist *-r* in *akr* (vgl. 1 oben) acker, *aldr* alter, *andr* schneeschuh, *angr* reue, meerbusen, *arþr* pflug, *austr* schöpfen, *bakstr* backen, *Baldr* Balder, *blómstr* blume, *bolstr* polster, *galdr* zauberlied, *gambr* strauss (tier), *hafr* bock, *hrúþr* schorf, *hungr* hunger, *klungr* hagebuttenstrauch, *kurr* lärm, *lióstr* fischgabel, *lúþr* horn (zum blasen), *motr* kopftuch, *naþr* schlange, *nykr* nix, *otr* otter, *pústr* ohrfeige, *sigr* (selt. ntr. *sig*, s. Egilsson und zur erklärung Noreen, Arkiv III, 14 f. note) sieg und alle auf *-angr*, z. b. *leiþangr* kriegszug (jedoch schwankt im anorw. *kaupangr* stadt, z. b. dat. *-ge* neben *-gre*); ferner die 2 unten erwähnten *hlátr*, *hróþr*, *lemstr*, *meldr*, *veþr* und (alle schwankend) *apaldr*, *gróþr*, *heiþr*, *rekstr*, *róþr* (s. Ekwall, Suffixet *ja*, s. 68 note). Im gen. sg. ist dies *r* bisweilen nach § 291, 9 schwankend, z. b. *apald(r)s*, *arþ(r)s*, *kaupang(r)s*.

2. Im gen. sg. haben viele wörter die endung *-ar* (wie bei den *i*- und *u*-stämmen, aus deren flexion die meisten von diesen wörtern hierher getreten sind) statt *-s*. Solche sind *grautr* grütze, *gróþr* (gen. *gróþrar*, alt auch *gróþar*) wachstum, *hlátr* (gen. *-rar*) gelächter, *hofundr* hauptmann, *lemstr* (gen. *-rar*) verstümmelung, *mundr* brautkaufsgabe, *rekstr* (gen. *-rar* und *-ar*) das treiben, *reyrr* (auch nach § 384) rohr, *snúþr* vorteil, *sueigr* kopftuch, *trúþr* gaukler, *úrr* auerochs, *visundr* bisonochs und mannsnamen wie *Vǫlundr*, *Þundr* und diejenigen auf *-(f)reþr* (s. § 77, 3, § 291, 4, b; oft auch *-froþr*, *-roþr*, s. Bugge, Arkiv II, 250 f., vielleicht durch vermischung mit den namen auf *-roþr*, *rauþr*, s. § 397 anm. 2), *-(f)reþr* (s. § 119), z. b. *Hall-freþr*, *Goþreþr*. Andere schwanken zwischen *-s* und *-ar*, wie *apaldr* (gen. *-drs*, *-ds*, s. anm. 2, und *-dar*) apfelbaum, *auþr* reichtum, *bastarþr* bastard, *eiþr* eid, *garþr* (selt. *-ar*, s. Jónsson, Skjaldesprog, s. 8) umzäunung, *heiþr* (gen. *heiþar*, später *heiþrs*) ehre, *hróþr* (gen. *-rs*, *-rar*) ruhm, *kraptr* kraft, *lávarþr* herr, *lundr* hain, *meiþr* baum, *meldr* (gen. *-rar*, *-rs*) mahlen, *óss* (gen.

§ 358. Reine *a*-stämme.

óss, aber *Niþarósar* neben *-óss* Drontheim) mündung, *óþr* (gen. *-ar*, *-s*, aber als eigenname immer *Óþs*) gedicht, *róþr* (gen. *-rs*, *-rar*) rudern, *seiþr* zauberei, *sigr* (gen. *-rs*, aber bes. bei zusammensetzung auch *sigrar-*) sieg, *skógr* wald, *smiþr* (s. Þorkelsson, Supplement II) schmied, *teigr* erdstreif, *tírr* ehre, *vegr* weg, *veþr* (gen. *-rar*, später *-rs*) widder, *vindr* wind und eine menge von eigennamen wie *Andrés* (erst später *-s*), *Áron* (selt. anorw. *-ar*), *Ásgautr* (selt. anorw. *-ar*), *Auþon(n)*, *Bórþr*, aisl. *Eiþr*, anorw. *Eindriðr*, *Erlendr* (selt. aisl. *-ar*), *Eyvindr* (erst misl. und mnorw. *-s*, s. Gislason, Efterladte skrifter II, 175, Rygh, Gamle personnavne, s. 289), *Gizorr*, *Gyrþr*, *Hákun(n)*, *Halfdan(r)*, *Heimdal(l)r* (selt. *-dǫllr*, s. Bugge, No. I., s. 181; misl. auch *-dǽll*, s. Gislason a. o. II, 196, vgl. *dǽll* < *dǿll* talbewohner), anorw. *Hiarrandr*, *Hǫskoldr*, *-uldr*, *-ollr*, *-ullr* (s. § 305 anm. 1), *Magnús* (gen. alt *-ss*, erst später *-sar*, s. Jónsson, Festskrift til V. Thomsen, s. 226 f.), *Rikarþr*, *Sig(h)uatr* (nur einmal anorw. *-ar*), *Sigorþr* (*-varþr*, *-verþr*), *Simón*, *Stefán* (selt. misl. *-ar*), *Surtr* (auch schwach gen. *Surta*), *Ullr*, *Vigfúss* (selt. aisl. *-ar*), anorw. *Víglaugr*, *Víþkunnr* (selt. *-s*), *Þomás* (selt. *-ar*), *Þórþr*, *Þorgils* (*-ar* nur anorw.), *Þróndr* (*Þrándr*, s. § 134, b und § 173, 2), *Ǫndóttr*, *Ǫnundr* (anorw. auch *Anundr*), *Ǫzorr* (anorw. auch *Azarr*) und diejenigen auf *-móþr* (z. b. *Arn-*, *Þormóþr*), *-mundr* (z. b. *Ás-*, *Geir-*, *Guþ-*, *Sigmundr*), *-(v)aldr* (z. b. *Ás-*, *Rǫgnvaldr*, *Arn-*, *Har-*, *Þóraldr*), *-varþr* (z. b. *Há-*, *Hall-*, *Þorvarþr*) und *-viþr* (z. b. *Ar(n)viþr*), wo im allg. *-s* bes. anorw. und verhältnismässig spät ist

Anm. 3. In wörtern auf *s* mit einem vorhergehenden konsonanten ist natürlich der gen. dem nom. gleich (§ 283), z. b. *þurs* riese, *lax* lachs. Ueber fälle wie *hest(s)*, *Krist(s)* s. § 302 (*hess*, *Kriss* § 291, 11); *liós(s)* u. dgl. s. § 286. Sonst fehlt *-s* nur in einigen fremden eigennamen wie *Dávíþ(s)*, *Israel*.

Anm. 4. Wörter auf *ll*, *nn* haben *z* statt *s* (§ 310, 1), z. b. *hal(l)z* zu *hallr* stein, *mun(n)z* zu *munnr*, *muþr* mund. Ueber formen wie *elz* zu *eldr* feuer s. § 245, 1; über *garz* zu *garþr* umzäunung u. dgl. s. § 238, 2, d; *kar(l)s*, *iar(l)s*, *bot(n)s*, *stof(n)s* s. § 291, 7 und 9.

Anm. 5. Statt *Nóregs* Norwegens kommt mnorw. ein nach dem dat. gebildeter gen. *Nór(e)ges* (s. § 160 anm.) bisweilen vor (s. Hægstad, Kong., s. 22 und 23). — Anorw. *Eirikis* (aschw. run. *Airikis* Sparlösa), *Erikis*, *Ærkis* (s. § 160 anm.) entspricht got. (*Friþa)reikeis* und geht von dem adj. **ríkir*. (später zu *ríkr* umgebildet) aus, vgl. got. *-mēreis* (urn. *-mariʀ* Torsbjærg s. § 385 anm., aisl. *mǽrr*), **auþeis* (aschw. *øþe*, aisl. *auþr*, aber

§ 359. Reine *a*-stämme.

als erstes zusammensetzungsglied und substantiviert *eype*), *wilþeis* (an. *ville*-) u. dgl., s. Streitberg, Die got. Bibel II, 110; vgl. v. Grienberger, Gött. gel. Anz. 1908, nr 5, s. 423. Vgl. auch § 425 anm. 2.

Anm. 6. Mnorw. wird selt. -*s* zu der alten endung -*ar* gefügt, z. b. *Auðunars*.

3. Dat. sg. ist nicht selten endungslos (wie bei den *i*-stämmen), z. b. *Aun*(*e*), *dóm*(*e*), *eld*(*e*), *Grím*(*e*), *Gunnare* (anorw., bes. mnorw., oft ohne -*e*), *Regen* (so immer), *skóg*(*e*), *smiþ*(*e*), *varg*(*e*), *veg*(*e*), *ver*(*e*), *Þór*(*e*) u. a. m. (s. Jónsson, Skjaldesprog, s. 7 ff., Walde, Die germ. auslautgesetze, s. 4 f.). Sehr selten kommt dies in alter zeit (misl. öfter, s. Gislason, Efterladte skrifter II, 174) bei den wörtern auf -*ingr*, -*ongr* vor.

Anm. 7. Von *dagr* tag heisst der dat. *dege* (s. § 73) neben selt. *dag*, welche form bei dem eigennamen *Dagr* die in alter zeit einzig gebräuchliche ist (mnorw. aber auch *Dage*). Bei dem urspr. *u*-stamm *mundr* (s. oben 2) kommt im anorw. (die *u*-stammsform) *myndi* neben *mundi* vor.

4. In nom. acc. pl. können *ryzar* (aber nicht die nebenform *ruzar*) russen, *sigr* sieg (s. Þorkelsson, Supplement IV, 129 f.), *smiþr* künstler, *stafr* stab (in der bedeutung 'runenstab' immer) und (selt.) *vermar* die bewohner von Värmland, später auch *dalr* tal und *marr* (pl. *marar*, -*ir*) pferd wie *i*-stämme flektieren; *smiþr* und *vegr* (z. b. noch in Vǫlsunga saga, s. Olsens ausg., s. LXX, und oft in den anorw. gesetzen) selt. auch als *u*-stämme (vgl. 2 oben). *Prettr* list, *stígr* oder *stigr* steig können nur im acc. pl. wie *u*-stämme flektiert werden.

Anm. 8. Gen. pl. von *vegr* zeigt die form *vegna* (statt gew. *vega*) in adverbiellen ausdrücken wie *tueggia vegna* beiderseits, *minna vegna* meinetwegen u. dgl.; vgl. An. gr. II, § 407, 4, und Bugge bei Hertzberg, s. 699.

§ 359. Wie *hamarr* flektieren die meisten mehrsilbigen mask. mit kurzer ableitungssilbe, z. b. *þumall* daumen, *þistell* distel, *diofoll* teufel, *aptann* (anorw. oft *œftann*, s. z. b. F. Jónsson, Fagrskinna, s. XXV, und Hertzberg; wol mit *œ* nach *œftir* 'nach', s. Kock, Svensk ljudhistoria IV, 22) abend, *himenn* himmel, *Heþenn* ein mannsname, *iotonn* riese, *iaþarr*, *ioþorr* rand, *fiotorr* fessel; vgl. Wimmer, Forn. forml. § 37, Larsson, s. 423, Jónsson, Skjaldesprog, s. 18 ff. Die synkopierung des ableitungsvokals tritt (nur) vor vokalisch anlautender

§ 359. Reine *a*-stämme.

endung ein. Jedoch erleidet diese regel scheinbar einige ausnahmen:

1. Synkope kommt überhaupt nicht vor in einer anzahl von wörtern, die meist urspr. zusammensetzungen oder auch fremdwörter sind, wie z. b. *bikarr, Gunnarr, Pétarr* oder *Pettarr, Þióþmarr, Þórarr, Gamall* (vgl. aber mit synkope das adj. *gamall* § 428), *Níall, Heriann, Regenn, Alrekr* u. a., s. § 358 mit 1 und 2.

2. Durch ausgleichung bekommen bisweilen sämtliche kasus den anschein synkopiert worden zu sein, z. b. *mýll* neben *mý(f)ell* ball (zum etymon s. H. Falk, An. Waffenkunde, s. 86 note); *ǫndr, andr* (s. Jónsson, a. o. s. 20) neben *ǫndorr* schneeschuh aus urspr. **andurr* (> *ǫndorr*, s. § 80, 3) : pl. *ǫndrar*; *Ión* (erst nach 1200, s. Jónsson, a. o. s. 23) neben älterem *Jóan* Johann nach dat. *Jó(a)ne*; *Þorkell* u. a. namen auf *-kell* (schon aus dem 11. jahrh. belegt, s. Gislason, Njála II, 269 ff.; Jónsson, a. o. s. 19, Arkiv IX, 381; Bugge, Bidrag, s. 98 f.) aus *-ketl* (s. § 274 anm.) neben altem *-ketell* nach dat. *-katle* (vgl. anm. 1; erst spät auch *-keli* nach dem neuen nom. auf *-kell*); *eldr* feuer statt **eileþr* (aschw. noch einigemal *ēledh*, s. An. gr. II, § 384 anm. 2; ags. *ǣled*) nach dat. *elde* (§ 128). Wol schon urn. standen nebeneinander die stämme **erla-* (ags. *eorl*), **karla-* (ags. *carl*; vgl. ags. *ceorl* < **kerla-*) und **erila-* (**erula-* s. § 173 anm. 1), **karula-*, jene durch aisl. *iarl* jarl, *karl* alter mann, diese durch urn. *erilaʀ*, lat. (lehnw.) *carolus* repräsentiert.

Anm. 1. Wörter mit kurzer wurzelsilbe und dem ableitungsvokal *i* sollten eigentlich in den nicht synkopierten kasus umgelauteten, in den synkopierten kasus aber nicht umgelauteten vokal aufweisen (§ 66, 2 und 3). Diese regel ist aber nur in wenigen wörtern aufrecht erhalten worden: *fetell* tragband, *ketell* kessel, *lykell* schlüssel, *trygell* kleine schüssel, *tygell* schnur der und eigenname *Egell* mit dat. *katle, lukle* usw., pl. *katlar* usw. Jedoch kommen auch bei diesen wörtern (bes. bei *fetell*) in den synkopierten kasus nebenformen mit umgelautetem vokal (bei *Egell* sogar später und selt. ein nicht synkopierter dat. *Egili*) vor, doch bei *ketell* nicht im pl. (erst spät onorw. pl. *kœtslar*, s. § 309, 2) und nur selt. (s. z. b. Gislason, Efterladte skrifter II, 243) im sg. Bei allen anderen wörtern ist ausgleichung durchgeführt worden und zwar sowol zu gunsten des umgelauteten vokals wie in *ferell* reise, reisender (pl. *ferlar*, statt **farlar*) als des unumgelauteten wie in *stuþell* stütze statt **styþell* (pl. *stuþlar*). Wenn der ableitungsvokal *u* ist, haben im aisl. und awnorw. alle kasus *u*-umlaut oder -brechung in der wurzelsilbe, im aonorw. dagegen nur die synkopierten, z. b. *sǫþoll* (*saðull*)

§ 360. 361. Reine *a*-stämme.

sattel, *ioforr* (*iafurr*) fürst, pl. *sǫþlar*, *iofrar* (§ 80, 2 und 3). — Ueber den gegensatz *vaþell* (*veðill*) : pl. *vǫþlar* (anal. *vaþlar*), *drasell* : dat. *drǫsle*, pl. *drǫslar* s. § 73 anm. 1.

Anm. 2. Ueber nom. sg. mit einfachem auslautenden kons., wie *hamar*(*r*), *drótten*(*n*), *kyrtel*(*l*) u. dgl., s. § 285, 5. Umgekehrt kann, wenn auch sehr selt., doppelkonsonant (durch anal. übertragung aus dem nom.) vor dem gen. -*s* erscheinen, z. b. (bisweilen) *drótten*(*n*)*s* zu *dróttenn* herrscher; ebenso *stein*(*n*)*s* steines u. dgl.

Anm. 3. Dat. sg. von *morgenn*, *morgonn*, *myrgenn* (s. § 74) morgen heisst im anorw. oft *mørne* und pl. *mørnar* (s. § 136 und Hægstad, Vestno. maalf. I, s. 92, 95, sowie Hertzberg), wonach bisweilen nom. *mørgenn* (s. § 74).

Anm. 4. Ueber die synk. kas. von *morgonn* morgen, *aptann* abend, *himenn* himmel vgl. noch § 291, 5 und 10, resp. § 225.

§ 360. Wie *mór*(*r*) flektieren nur wenige wörter, alle auf langen vokal endigend, z. b. *brandnór* schiff mit galeone, *Gór*(*r*) ein mythischer mannsname, *Hlér*(*r*) name des meergottes, *iór* pferd (dicht.), *Mór* ein mythischer pferdename, *skór* schuh, die eigennamen auf -*vér* und -*þér*, wie *Hloþvér*, *Randvér*, *Eggþér*, *Hialmþér* u. a. (Ueber *kliár*, *liár* s. § 404 anm. 1). Bei der flexion dieser wörter sind die § 130 ff. behandelten hiatuserscheinungen zu beachten, z. b. dat. sg. *Hlé* (< *Hlée*), dat. pl. *móm* (< *móom*; später wieder anal. *móum*).

Anm. 1. Wegen nom. sg. -*rr* und gen. sg. -*ss* (gew. -*s*) s. § 280 anm. 4.

Anm. 2. Dat. sg. ist fast immer ohne endung (vgl. § 358, 3); je 1 mal sind *brandnóe* und *Móe* belegt.

Anm. 3. Nom. acc. pl. von *iór* kann auch wie von einem *i*-stamme gebildet werden, also *ióer*, -*e*. Vgl. anm. 5.

Anm. 4. *Skór* flektiert im pl.: nom. *skúar* (*skóar*, später *skór*) neben (alt und selt.) *skuár*, gen. *skúa*, *skuá*, dat. *skóm*, acc. *skúa* (*skóa*, später *skó*), *skuá*; s. § 134, b.

Anm. 5. Die eigennamen auf -*vér* und -*þér* können auch, nach kürzung des *é* (§ 151, 2), wie *ia*-stämme (auf -*ver*, -*þer*) flektieren. In der späteren sprache (zum teil vielleicht doch schon um 1000, s. Marstrander, Bidrag, s. 117) kommt auch eine flexion *Hloðvér*, *Hialmþér*, gen. -*vérs*, -*þérs* usw. mit durchgängigem *r* vor; ebenso spät von *iór* gen. *iórs*, pl. *iórar* usw.

§ 361. Wie *barn* gehen fast alle neutra auf konsonanz, z. b. einsilbige wie *bak* rücken, *fiall* berg, *goþ* (seltener *guþ*, vgl. § 61, 1, § 387) heidnischer (seltener christlicher) gott, *hialt* (auch f. *hiolt* nach § 375) schwertknopf, *hǫlkn* (anorw. auch *hælkn*) steinboden, *hóns*, *hónsn*, *hósn* (§ 299, 4) pl. t. hühner, *laun*

§ 362. Reine *a*-stämme.

pl. t. (anorw. auch f. sg.) lohn, *lǫg* pl. t. (anorw. auch f. sg. nach § 375) gesetz, *lǫgn* pl. t. (anorw. auch f. sg.) zugnetz, *skald, skáld* (§ 127, 1) skalde, *þing* versammlung; zweisilbige wie *heraþ* bezirk, *mǿþgen* pl. t. mutter und sohn. Vgl. Wimmer, Forn. forml. § 34; Larsson, s. 423 f.; Jónsson, Skjaldesprog s. 24 f.

Was oben § 358 anm. 3 und 4 für das mask. bemerkt ist, gilt auch in betreff der neutra. Ausserdem ist hier zu beachten, dass durch die in nom. acc. pl. einmal vorhandene endung -*u* (§ 356 anm. 6) ein vokalwechsel in der nächstvorhergehenden silbe hervorgerufen wird, z. b. *fiall*, pl. *fioll* durch *u*-brechung, *heraþ*, pl. *heroþ*, *mannlíkan* bildnis, pl. -*on* (vgl. *sumar* § 357) nach § 78.

Anm. 1. Ueber den gen. sg. *vaz* (später anal. *vatns*) zu *vatn* (alt und selt. *vatr*, s. Gislason, Udvalg af oldno. skjaldekvad, s. 206) wasser, *dramb(s)*, *tial(d)s*, *sun(d)s*, *ver(k)s*, *naf(n)s*, *gangs (gagns)*, *myrk(r)s* u. a. derartige fälle s. § 291, 1, 2, 6, 9, und 10. Von *lán* leihe kommen in zusammensetzungen sowol *lánar(dróttenn)* wie *láns(fé)* vor.

Anm. 2. Im dat. sg. fehlt die endung gewöhnlich bei *góz* gut (urspr. gen. sg. ntr. zu *góþr* gut), sonst (im gegensatz zu dem mask.) nie, weshalb Swennings versuch (Arkiv XXIII, 24 ff.) das dunkle *ǫþrovís(e)* 'auf andere weise' hierher zu führen verfehlt ist.

Anm. 3. Ob etwaige spuren des alten instrumentalis auf -*u* (vgl. § 393 anm. 5) in zusammensetzungen wie *kaupo-*, *mǫlo-*, *þingo-nautr* kauf-, gesprächs-, dinggenosse u. dgl., wie Swenning, Arkiv XXIII, 15 ff. vermutet, vorliegen?

Anm. 4. In nom. acc. pl. haben *berg* berg, *eiþ* landzunge, *holt* holz, wald, *hrís* gebüsch, *hús* haus, *land* land, *torg* markt, *tún* hof, *þorp* gehöft u. a. als ortsnamen gebraucht auch formen auf -*ar* oder -*ir*, also *Bergar*, *Eiþar*, *Holter* (ahd. *holzir*), -*ar*, *Hrísar* (vgl. ahd. *hrīsir*), *Húsar*, -*er* (ahd. *hūsir*), *Lander*, *Torgar*, *(Sig)túner* und *Túnar*, *Þorpar*. Diese formen sind im allg. femininen geschlechts; s. O. Rygh, No. gaardnavne, Forord s. 11 f., Oplysninger II, 216, v. Unwerth, Namn och bygd 1914, s. 55 ff. (dagegen Hægstad, Maal og minne 1915, s. 168 f.).

§ 362. Wie *sumar* (1mal als mask. belegt, s. Jónsson, Skjaldesprog s. 18) flektieren nur sehr wenige neutra: *óþal* eigentum, *gaman* (vgl. § 225) freude, *megen* stärke, *regen* pl. t. götter, *hǫfoþ* haupt. Die übrigen zweisilbigen neutra mit kurzen ableitungssilben synkopieren nicht, z. b. *heraþ*, dat. sg. *heraþe* (§ 361).

Anm. 1. *Óþal* kann auch ohne synkope flektieren. Nom. acc. pl. heisst sowohl *óþǫl* als *óþol*, s. § 78.

§ 363. Reine *a*-stämme. § 364. 365. *wa*-stämme.

Anm. 2. *Regen* hat in den synkopierten kasus keinen *i*-umlaut des wurzelvokals, *megen* dagegen hat doppelformen (vgl. § 359 anm. 1); bei beiden wörtern kann die synkope durch ausgleichung auch in den nom. acc. eindringen, also *magn* (1 mal auch gen. *magns*), *megn* sg., *rǫgn* pl.; endlich kann zu diesem *rǫgn* und dat. *rǫgnom* ein gen. *rǫgna* statt *ragna* gebildet werden. Bei *gagn* (selt. *gegn*) vorteil (vgl. ahd. *gagin*) sind keine unsynkopierten formen mehr anzutreffen.

§ 363. Wie *bú* gehen *blý* blei, *dá* entzückung, *fé* vieh (vgl. anm. 1), *hlé* lee, *kné* knie, *strá* stroh, *tré·* baum, *vé* geweihte stätte. Hier sind die § 130 ff. erwähnten regeln zu vergleichen; z. b. gen. pl. *strá* (aus *stráa*), dat. pl. *strǫ́m* (*stráum*), später *strám* (§ 107), noch später *stráum* (§ 130, schluss); dat. sg. *kné* (*knée*), gen. pl. *kniá* (*knéa*), dat. pl. *knióm* (*knéom*), aber gen. pl. *véa*, dat. pl. *véom*; dat. pl. *búm* (*búom*), später *búum*.

Anm. 1. Im gen. sg. kommt oft -*s* neben etwas häufigerem -*ss* vor. Der urspr. *u*-stamm *fé*, selt. *fǿ* § 77, 4 (got. *faíhu*) endet auf -*ar*, also *fiár* (*féar*), mnorw. anal. zu *fiárs*, *féars* erweitert (s. A. B. Larsen, Arkiv XIII, 245; Falk und Torp, Dansk-norskens syntax, s. XV note; vgl. § 358 anm. 6 und § 363 anm. 1).

Anm. 2. Nach gen. pl. *kniá*, *triá* wird später dat. pl. *kniám*, *triám* statt *knióm*, *trióm* gebildet. Nach dem dat. pl. *knióm*, *trióm* sind vielleicht die anorw. nebenformen nom. acc. pl. *knió*, *trió* statt *kné*, *tré* sowie gen. pl. *trió* statt *triá* geschaffen worden; vgl. jedoch § 106 anm. 1.

b) *wa*-stämme.

§ 364. Paradigmen: mask. *hǫrr* flachs, neutr. *hǫgg* hieb.

	mask.	neutr.		mask.	neutr.
Sg. N.	hǫrr	hǫgg	Pl. N.	hǫruar	hǫgg
G.	hǫrs	hǫg(g)s	G.	hǫrua	hǫggua
D.	hǫrue, -*i*	hǫggue, -*i*	D.	hǫrom, *harum*	hǫggom, *haggum*
A.	hǫr	hǫgg	A.	hǫrua	hǫgg

§ 365. Wie *hǫrr* flektieren *bǫrr* baum (dicht.), pl. *fioruar*, *fyruar* (s. § 82, 4) leute, *hiorr* (vgl. anm. 1) schwert, *mǫrr* ungeschmolzener talg, *rǫggr* haarbüschel (vgl. *rǫgg* § 380), *spǫrr* (vgl. anm. 1) sperling, *sǫngr* gesang, pl. *søruar* § 82, 6 (*syruar* § 82, 4, s. Egilsson) männer (dicht.) und eigennamen wie *Niþhǫggr*, *Nǫrr*, *Sigtryggr* u. a. Das charakteristische *w* darf urspr. nur vor einem *a* oder *e* (*i*) der endung stehen (§ 226, § 235, 1). In der etwas späteren sprache wird aber durch ausgleichung oft *w* entweder auch in dieser stellung beseitigt, oder es dringt auch vor dem *w* der endung ein (vgl. § 235 anm. 1). — Sehr bunt

§ 366. *wa*-stämme. § 367. *ja*-stämme.

infolge der vielfachen ausgleichungen und auch sonst wesentlich abweichend ist die flexion der wörter *mór(r)* § 77, 2 möwe, *siór* § 106 see, *sniór* § 106 schnee und *Týr(r)* § 77, 6 ein göttername (dazu pl. *tífar* götter, selt. sg. *týr* gott):

Mór(r), später *már(r)*, *máfr* § 235 anm. 1; gen. *mós(s)*, *más(s)*, später *márs*; dat. *máfe*, *mófe* § 83; acc. *mó*, *má*; pl. n. *máfar*, *mófar*; g. *máfa*, *mófa*; d. *móm*, *máfom*; a. *máfa*, *mófa*.

Sióг, *sǽr,.siár*; gen. *sǽfar*, *siófar*, *siáfar*; selt. *sǽs(s)*, *siós(s)*, *siás(s)*, später *sǽrs*, mnorw. auch *siófars* (vgl. § 358 anm. 6); dat. *sǽ(fe)*, *sió(fe)*, *siá(fe)*, selt. *sǿ* § 77, 8; acc. *sió*, *sǽ*, *siá*, selt. *sǿ* § 77, 8; pl. n. *sǽfar*, *siófar*, *siáfar*; g. *sǽfa*, *siófa*, *siáfa*; d. *sǽ(f)om*, *siófom*, *siáfom*; a. *sǽfa*, *siófa*, *siáfa*.

Sniór geht wie *siór*, ausser dass im gen. sg. *-s* älter als *-ar* ist und dass eine form *snǿ* nicht in alter zeit (vgl. aber § 70, 4 und § 295 anm. 3) belegt ist.

Týr(r); gen. *Týs(s)*, später *Týrs*; dat. *tífe*, *Tý(fe)*, *Týre*; acc. *Tý*; pl. *tífar*; g. *tífa*, selt. *týfa*; d. *tífom*; a. *tífa*.

Anm. 1. Im gen. sg. hat der urspr. *u*-stamm *hiorr* (got. *haírus*) neben *hiors* auch *hiarar* (nach § 396), *spǫrr* neben *spǫrs* auch *sparrar* und als mannsname *Spar(r)ar*.

Anm. 2. Dat. sg. ist oft ohne endung, z. b. *bǫr(ue)*, *hior(ue)*, *hǫr(ue)* *sǫng(ue)*; vgl. § 358, 3, § 360 anm. 2.

§ 366. Wie *hǫgg* gehen *bygg* gerste, *bǫl* unglück, *fior* leben, *frió*, *frǽ* (*frǿ*, s. § 77, 8) samen, *fǫl* dünner schnee, *glygg* wind, *hrǽ* aas, *kiot* fleisch, *lyng* heidekraut, *lǽ* (*lǿ*, s. § 77, 8) betrug, *miol* mehl, *skrǫk*, *skrǫk* § 82, 6 (anorw. auch *skrœk*) unwahrheit, *smior* (*smøг*, dat. sg. auch *smyrue*; s. § 77, 9, § 92) butter, *sǫl* eine art meertang, *ǫl* bier; über *hey* s. § 369 anm. Das *w* kann später fehlen, z. b. dat. *glyggi* (gegen 1300), *frió(e)* neben *friófe* (s. Þorkelsson, Supplement IV, 47), *kiot(u)i* u. dgl.

Anm. Ueber anorw. gen. pl. *ǫlda* (später *ǫldra* nach dem synonym *ǫldr*) zu *ǫl* s. § 319, 2.

c) *ja*-stämme.

§ 367. Paradigmen: mask. *niþr* abkömmling, neutr. *kyn* geschlecht.

	mask.	neutr.		mask.	neutr.
Sg. N.	niþr	kyn	Pl. N.	niþiar	kyn
G.	niþs, niþiar	kyns	G.	niþia	kynia
D.	niþ	kyne, *-i*	D.	niþiom, *-um*	kyniom, *-um*
A.	niþ	kyn	A.	niþia	kyn

§ 368. 369. *ja*-stämme. § 370. *ia*-stämme.

§ 368. *Niþr* (auch *niþe* nach § 403) steht fast ganz allein mit seiner flexion (die dagegen im aschw. sehr zahlreich vertreten ist, s. An. gr. II, § 391, § 392). Der ortsname pl. *Nesiar* (zu *nes* § 369; vgl. § 361 anm. 4) darf hierher gerechnet werden. Von *vǽngr* flügel, anorw. *vǽringr* (gew. wie im aisl. -*gi* nach § 403) varäger, pl. *grikker*, *girker* griechen, pl. *ryger* einwohner von Rogaland und vielleicht noch einigen wörtern, welche gewöhnlich als *i*-stämme flektieren, kommen in sehr alten hdschr. hierher gehörige formen (nom. acc. pl. -*iar*, -*ia*) vor, deren kons. *i*, sofern es nach langer silbe steht, nach § 263 zu erklären ist. Ausserdem ist von *beþr* bett einmal acc. pl. *beþia* (s. Gislason, Aarbøger 1879, s. 194) neben gew. *beþe* belegt. Sonst sind die alten *ja*-stämme in die *i*-deklination übergegangen.

Anm. Anorw. *ĭst* einmal acc. pl. *niði* belegt (s. Fritzner).

§ 369. Wie *kyn* flektiert eine anzahl von wörtern mit kurzer wurzelsilbe: *ber* beere, *egg* ei, *fen* sumpf, *flet* fussboden, *fley* schiff, *fyl* fohlen, *geþ* gemüt, *gil* kluft, *gren* höhle, *grey* hündin, *hey* (vgl. anm.) heu, *hregg* sturm, *kiþ* zicklein, pl. *lyf* (sg. gew. als *jō*-stamm, s. § 382) arznei, *men* halsschmuck, *nef* nase, *nes* (vgl. § 368) vorgebirge, *net* netz, *niþ* (auch f. pl. *niþar*, selt. *neþar*, s. § 160) abnehmender mond, *ný* neumond, *rif* rippe, *sel* sennhütte, *skegg* bart, *sker* schären, *ský* (*skí* § 80, 2) wolke, *stef* kehrreim, *ver* fangort, *veþ* pfand, *þil* diele. Ueber *ben*, *skyn* s. § 382 — Das charakteristische *i* kann hie und da fehlen, gew. bei *niþ*, bisweilen bei *kiþ*, sehr selt. bei *kyn*.

Anm. *Hey* hat im dat. sg. auch die form *heyfe* (zur erklärung s. Lidén, Uppsalastudier, s. 94 note) wie von einem *wa*-stamm (s. § 366) neben *heye* oder, auffallenderweise, *hey* (s. bes. Þorkelsson, Supplement IV, 63).

d) *ia*-stämme.

§ 370. Paradigmen: mask. *hirþer* hirt, neutr. *kvǽþe* gedicht.

	mask.	neutr.		mask.	neutr.
Sg. N.	hirþer, -*ir*	kvǽþe	Pl. N.	hirþar	kvǽþe
G.	hirþes(s), -*is*	kvǽþes(s)	G.	hirþa	kvǽþa
D.	hirþe, -*i*	kvǽþe	D.	hirþom, -*um*	kvǽþom
A.	hirþe, -*i*	kvǽþe	A.	hirþa	kvǽþe

Anm. Ein paar vielleicht hierher gehörige nom. sg. m. auf -*iʀ* $<$ *ʀ* $<$ *-*aiʀ* (s. § 139) $<$ *-*aiaʀ* (s. Sievers, Berichte d. K. sächs. Ges. d. Wiss.

1894, s. 139 f.) sind aus der späteren urn. zeit belegt: hroʀeʀ (By), hᴀeru-
wulafiʀ (Istaby). In alter zeit steht -ijaʀ, z. b. holtijaʀ (Gallehus); vgl.
§ 356 anm. 1.

§ 371. Wie *hirþer* geht eine sehr grosse anzahl von
wörtern (von denen jedoch die meisten der dichterischen
sprache eigen sind) mit langer wurzelsilbe, z. b. *elrer* erle,
heller felsenhöhle, *herser* herse, *lǽkner* arzt, *mǽker* schwert,
þyrner dornbusch und bes. eine grosse menge von eigennamen
wie *Gretter*, *Gylfer* (auch schwach *Gylfe*), *Skírner*, *Skǿrer*,
Suerrer, *Víler* (auch schwach *Víle*), *Ǽger* der meergott u. a.;
s. Falk, Beitr. XIV, 20 ff.; Hellquist, Arkiv VII, 21 ff.; Sievers,
a. o., s. 133 f., 142, 150. Ausnahmsweise ist die wurzelsilbe
kurz, z. b. in den eigennamen *Brimer*, *Gimer*, *Gymer*, *Hymer*,
Nefer, *Rerer*, *Siner*, *Ymer* (Sievers, a. o., s. 129 ff.), mnorw.-
Sælir (öfter *Sæli* nach § 403). Der *i*-umlaut der wurzelsilbe
fehlt in einigen namen, wo nicht urn. -*iaʀ*, sondern -*aiaʀ* zu-
grunde liegt (s. § 370 anm. und Sievers, a. o., s. 136 ff.) wie
z. b. *Glaser*, *Góer*, *Guser* (auch schwach *Guse*), *Kuaser*, *Móer*,
Þraser; aus demselben grunde wol in den meisten der vielen
wörter auf -*ner* und in einigen auf -*þer*, z. b. *Fáfner*, *Miollner*
(*Mellunir), *Vafþrúþner* (aber *Mýlner*, *Rýmner*), *lǫgþer* schwert
u. a.; s. Sievers, a. o., s. 148 ff., 151. Ebenso fehlt lautgesetzlich
der umlaut bei urspr. zusammensetzungen auf -*þér*, -*vér*, die
hierher übergetreten sind, z. b. *Hamþer*, *Hloþuer* (neben *Hloþvér*),
Sǫluer (neben *Sǫlvér*; auch schwach *Sǫlue*, *Sǫlfe*) — vgl. § 360
anm. 5 und § 151, 2 — *Þórer* (*Þór-wér?, s. Marstrander, Bidrag,
s. 156). Bei *eyrer* 'öre' (ein gewicht) fehlt auffälligerweise
der umlaut im pl. (*aurar*, *aura* usw.).

Anm. 1. Ueber spuren dieser flexion bei den wörtern auf -*are* (got.
-*areis*) s. § 402 anm.

Anm. 2. Gen. dat. acc. sg. werden bei dem eigennamen *Mímer*
oft wie von einem *an*-stamme (§ 401) gebildet. Ausserdem kommt nicht
ganz selt. ein gen. (nach § 358) *Míms* vor. *Ender* ende geht im nom. sg.
bisweilen, im gen. sg. fast immer, im dat. acc. sg. immer wie ein *an*-stamm;
zur erklärung s. Noreen, Geschichte[3], § 195, 4 (schluss). Vgl. § 402 anm.
und *Gylfer*, *Víler*, *Guser*, *Sælir*, *Sǫlver* oben. Mnorw. werden fast alle
hierhergehörige wörter schwach flektiert (s. Hægstad, Kong. s. 13 und 24.

Anm. 3. Im pl. muss das charakteristische *i* nach § 156 synkopiert
werden. Also *hirþar* aus *hirðiaʀ usw.

Anm. 4. In der etwas späteren sprache werden diese wörter mit
durchgängigem *r* (gen. sg. *lǽknirs* usw.; so mnorw. bes. bei mannsnamen,

§ 372. *ia*-stämme. § 373. *ō*-stämme.

s. Hægstad, a. o., s. 24) flektiert und dann entweder nach § 358 (nom. pl. *lǽknirar* usw.) oder nach § 359 (nom. pl. *hellrar* usw. zu *hellir*).

§ 372. Wie *kvǽþe* flektieren sehr viele wörter, die entweder lange wurzelsilbe oder auch zwei silben vor der endung haben, z. b. *dǿme* behauptung, *enge* (vgl. *eng* § 382) wiese, *enne* stirn, *merke* merkzeichen, *ríke* reich; *erfeþe* arbeit, *forellre* (anorw. auch -*œldri*, s. Hertzberg; auch m. pl. -*ellrar* oder -*ellar*, später, bes. anorw., -*eldrar*) vorfahren, *ørinde* geschäft u. a. (s. Larsson, s. 424 f.; Hellquist, Arkiv VII, 31 ff.). Kurze wurzelsilbe vor der endung kommt vor nur bei *grene* fichtenholz, *teþe* mist, *þile* (neben *þil*, s. § 369) bretterwand, sowie in späteren zusammensetzungsgliedern vieler wörter mit kollektiver bedeutung, z. b. *ungviþe* junge bäume, *illgrese* unkraut u. a. (s. Hellquist, a. o., s. 34); endlich in *hádege* mittagsstunde.

Anm. 1. Gen. dat. pl. von wörtern auf -*ki*, -*gi*, -*ʒi* müssen nach § 263 ein parasitisches *i* vor der endung aufweisen, also *ríkia*, *ríkiom* zu *ríke* u. dgl.

Anm. 2. Von *birke* birkenwald, *eike* eichenwald, *bǿle* wohnsitz u. a. kommen ortsnamen pl. *Birkiar*, *Eikiar*, resp. *Bǿler* vor, s. Rygh, Oplysninger II, 216, No. gaardnavne, Forord, s. 12, und vgl. § 361 anm. 4.

Anm. 3. *Lǽte* betragen, laut hat gen. pl. *láta*, dat. pl. *lǫ́tom* (wie von *lát* nach § 361 und mit derselben bedeutung), aber auch *lǽtom* (s. F. Jónsson, Arkiv IX, 378).

Anm. 4. Von *fylke* schar, *kerte* wachslicht, *kippe* büschel, *klǽþe* kleid, *ǽte* speise, *þueite* eine gewisse münzeinheit kommen gen. pl. *fylkna* (*fylkia*), *kert(n)a*, *kippna*, *klǽþ(n)a*, *ǽtna*, anorw. *þuœit(n)a* vor; zur erklärung (aus alten -*ini*-stämmen) s. A. Erdmann, Arkiv VII, 75 ff.

II. *ō*-stämme.

§ 373. Die *ō*-stämme sind nur feminina. Die regelmässigen endungen sind:

Sg. N. (*u*-uml. des wurzelvokals)
G. -*ar*
D. — (*u*-uml. des wzv.) oder -*u*, -*o* § 146
A. — (*u*-uml. des wzv.) oder -*u*, -*o*

Pl. N. -*ar*
G. -*a*
D. -*um*, -*om* § 146
A. -*ar*

Anm. 1. Nom. sg. endet urn. auf -*u*, ist aber bei subst. nicht sicher belegt. Beisp. wären etwa: *suliu*? (Kylver), *alu* (Lindholm, Darum I, Schonen, Bjørnerud, Skrydstrup, Elgesem), *laþu* (Darum II, Fünen, Schonen), *tau* (Elgesem); ganz sicher aber sind die adj.-formen *minu*, *liubu* (Opedal). Vgl. noch lappische lehnwörter wie *farru* (aisl. *fǫr*) wanderschar, *lauku* (aisl. *laug*) waschen (s. weiter Wiklund, Laut- und formenlehre der Lulelapp. dial., s. 88) und finnische wie *arkku* (aisl. ǫrk) kasten, *panku* spange oder (wol noch älteres -ō voraussetzend) *runo* rune, *sakko* sache. Die endung ist später (schon in urn. -sbA Björketorp, s. § 153, 7) fortgefallen, wird aber durch den *u*-umlaut oder -brechung des wurzelvokals noch bezeugt.

Anm. 2. Gen. sg. ist urn. nicht belegt, muss aber auf -ōʀ (vgl. got. -ōs) geendet haben.

Anm. 3. Dat. und acc. sg. sind aus alter urn. zeit nicht ganz sicher zu belegen, müssen aber die endungen -*u* (das später synkopiert wird) und ?-*ū*, woraus das spätere -*u*, -*o* (vgl. ahd. dat. *erdu, erdo*) gehabt haben. Urn. beisp. des dat. wären etwa *aaðaʒasu* (spange von Vi), *tanulu* (Börringe), *saralu*? (Årstad), *alaifu*? (By), später *solu* (Eggjum).

Anm. 4. Nom. acc. pl. endeten urn. auf -ōʀ, z. b. acc. *runoʀ* (Järsberg, Tjurkö), woraus später *runAʀ* (Istaby, Björketorp) nach § 137, 2; hierzu auch das zahlwort nom. *þrijoʀ* (Tune) und das pron. acc. *þaiAʀ* (Istaby; *þaʀ* Einang, s. § 137 anm. 2). Eine acc. nebenform auf (wol nasaliertes) -*ō* ist durch acc. *runo* (Einang, St. Noleby) und das adj. *raʒinaku*[n]ðo (St. Noleby) belegt (vgl. Walde, Die germ. Auslautgesetze, s. 51 ff., Noreen, Geschichte[3], § 192, 5; anders Bugge, Arkiv XV, 144 f., No. I. s. 288 und 528).

Anm. 5. Gen. pl. urn. auf (nasaliertes) -*ō* ist wol durch das späte -*runo* (Björketorp) belegt. Eine später ausgestorbene nebenform auf -*ōnō* zeigt vielleicht das ebenfalls späte *runono* (Stentoften); vgl. ahd. *erdōno*, as. *gebono*, ags. north. *sorʒona*, aind. *áçvānām* u. dgl.

Anm. 6. Dat. pl. ist urn. nicht belegt.

Als unterabteilungen der ō-stämme haben wir in analogie mit den *a*-stämmen aufzustellen: *wō*-stämme, *jō*-stämme, *iō*-stämme und 'reine' ō-stämme.

a) Reine ō-stämme.

§ 374. Paradigmen: *sǫg* säge, *kerling* altes weib, *Ingebiorg* ein frauenname, *Skǫgol* (anorw. *Skagul*) name einer walküre, *ǫ́* fluss.

Sg. N. sǫg	kerling	Ingebiorg	Skǫgol, *Skagul*	ǫ́
G. sagar	kerlingar	Ingebiargar	Skǫglar	ár
D. sǫg	kerlingo, kærlingu	Ingebiorgo, *Ingibiargu*	Skǫgol, *Skagul*	ǫ́
A. sǫg	kerling	Ingebiorgo, *Ingibiargu*	Skǫgol, *Skagul*	ǫ́
Pl. N. sagar	kerlingar			ár
G. saga	kerlinga			á
D. sǫgom, sagum	kerlingom, kærlingum			ǫ́m
A. sagar	kerlingar			ár

§ 375. 376. Reine ō-stämme.

§ 375. Wie *sǫg* geht eine ziemlich grosse anzahl von einsilbigen wörtern, z. b. *brú* brücke, *dreif* zerstreuen, *dǫf* speer, *dél* tal, *elztó* (selt. *eldtó*, s. § 116) feuerstätte, *fioþr* feder, *for* furche, *geil* kluft, pl. *gerþar* anzug, *giorþ* gurt, *gymbr* mutterschaf, *hlíf* schutz, pl. *iþrar* eingeweide, *kleif* steiler abhang, *kuí* (anorw. auch schwach *kuía*) hürde, *kuǫl* qual, *kǫr* krankenbett, *kǫs* haufe, *leif* überrest, *lifr* leber, pl. *limar* (vgl. § 395) zweige, *lǫm* eine art haspen, *lǫn* reihe, pl. *meiþmar* kostbarkeiten, *mǫn* mähne, *nǫl* nadel, *nǽfr* (anorw. einmal pl. *-ir*, s. Fritzner) birkenrinde, pl. *órar* verwirrung, *rauf* loch, *reim* riemen, *rim* schindel, *ró* ruhe (vgl. *ró* ecke § 379), *rún* rune, *sin* sehne, *skor* schnitt, *skǫr* kopfhaar, *sneis* splitter, *steik* braten, pl. *sualar* gedeckter gang, *trú* glaube, *tǫl* betrug, pl. *várar* gelübde, *veig* trank, *vigr* speer, *vǫg* schlitten, *ǽs* schuhloch, anorw. *ørtog* (*ærtog* § 173, 5) ¹/₂₄ mark, frauennamen wie *Hlíf*, *Hlǫkk*, *Rǫ́n*, *Vǫ́r*, ortsnamen wie *Bókn*, pl. *Hillar*, pl. *Hírar*, *Rín*, *Suǫlþ(r)*. Sehr viele können auch wie *i*-stämme (nach § 390) flektieren, z. b. pl. *barar* (selt. *-er*; auch schwach *bǫror*) bahre, *dorg* eine art fischzeug, *duǫl* aufenthalt, *fiol* brett, *flaug* flucht, *giof* gabe, *gísl* geisel, *grǫf* grab, *grǫn* schnurrbart, *gǫrn* darm, *kuern* mühle, *kuisl* zweig, *lend* (selt. pl. *-er*) lende, *nǫf* nabe, *nǫs* nasenloch (pl. *nase*), *roþ* reihe, *skǫl* schale, *slíþr* (gew. pl.) scheide, *spior* lappen, *sǫk* rechtssache, *taug* (*tog*, *tug* § 166) seil, *vél* list, *vǫr(r)* lippe, *þǫrf* bedürfnis, *ǫgn* spreu, *ǫln* (vgl. § 378) elle; diese flexionsweise ist in der späteren sprache bei diesen wörtern die gewöhnliche (bei einigen auch die ursprüngliche). Ueber sonstige wörter, welche alternativ hierher gehören, s. § 390, 4, § 395 (*limr*), § 416, 3, § 417 anm. 2 und § 418 anm. 2.

Anm. 1. Ueber anorw. *lan* neben *lǫn* und dgl. s. § 81, c.

Anm. 2. Im pl. hat *brú* neben *brúar* sehr selt. *brúr*, anorw. auch *brýr* (nach § 416) oder *brár* (s. § 134, b), dies jedoch wol erst mnorw., aber dann selt. auch im gen. sg.

§ 376. Wie *kerling* gehen zunächst die sehr zahlreichen zweisilbigen wörter auf *-ing* und *-ung*, z. b. *drótning* herrin, *lausung* unverlässlichkeit u. a. (Larsson, s. 425); ferner *Agnés* (auch nach § 384) ein frauenname, *Hleiþr* (gen. *Hleiþar* neben gew. *Hleiþrar*, s. Jónsson, Skjaldesprog, s. 42) ein ortsname, *hlíþ* seite, *laug* bad, *mioll* sg. t. neugefallener schnee,

§ 377—379. Reine ō-stämme.

paradís (auch *-díse* nach § 410) paradies, *rein* rain, *ull* sg. t. wolle, *ǫl*, *ól* (§ 116) riemen, *ǫr* ruder sowie die, bes. in etwas späterer sprache, auch wie *i*-stämme (nach § 391) flektierenden *fǫr* reise, *hlít* genüge, *leiþ* reise, *reiþ* reiten, *vǫk* loch im eise; über *iorþ*, *sól*, *ǫld* s. § 391 anm. 2. Alle diese wörter können, bes. in der etwas späteren sprache, auch nach § 375 flektieren, die wörter auf *-ing*, *-ong* doch ziemlich selten (s. Jónsson, Skjaldesprog, s. 40 f.).

Anm. 1. Gen. sg. anorw. *laugurdagr* ist wol von dem aisl. *laugardagr* sonnabend urspr. etymologisch verschieden, s. § 259.

Anm. 2. Selten, wenigstens in der älteren sprache, endet bei wörtern auf *-ing* auch der acc. sg. auf *-o* (*-u*) nach § 377.

§ 377. Wie *Ingebiorg* gehen nur eigennamen: die zusammengesetzten auf *-biorg* (selt. *borg*, s. § 295 anm. 3; mnorw. auch durch ausgleichung *-biarg*, *-biærg*), *-huít*, *-laug* (selt. *-log*, s. § 152, 2), *-leif*, *-lǫþ*, *-rún*, *-veig*, *-vǫr* u. a., z. b. *Droplaug*, *Suanhuít*, *Asleif*, *Gunnlǫþ*, *Guþrún*, *Rannveig*, *Skialdvǫr*; ferner *Bergliót*, *Ósk* und fremdwörter wie z. b. *Katrín*, *Kristín*, *Margrét*.

Anm. Hie und da kommt neben der regelmässigen form ein acc. ohne *-o* (*-u*) nach § 376 vor, wie *Almveig*, *Gullveig*, *Ósk* (so auch im dat. sg.). Auffallend kommt bisweilen im anorw. ein gen. *Anbiorgo* vor.

§ 378. Wie *Skǫgol* gehen nur *Gǫndol* name einer walküre, *Vimor* ein flussname und noch einige seltene walküren- oder flussnamen (s. Hesselman, Västnordiska studier II, 9) sowie das auch im pl. vorkommende *alen* (statt lautges. *elen*, vgl. § 67 und agutn. *eln*), woneben mit durchgeführter synkope (vgl. § 359, 2 und § 362 anm. 2) und dann regelmässig nach § 375 oder als *i*-stamm nach § 391 flektierend *ǫln*, *ǫ́ln* (§ 124, 3), anorw. (dicht.) auch *alun* (wozu dat. sg. *alnu* nach § 376) elle.

§ 379. Wie *ǫ́* (*ó*, s. § 77, 2) flektieren fast alle fem. auf *-ǫ́*. z. b. *brǫ́* wimper, *giǫ́* kluft, *Gnǫ́* ein mythischer frauenname, *hǫ́* nachgras, *lǫ́* flüssigkeit, *rǫ́* (*ró* § 116; pl. *rár*, später *róar*) ecke, *rǫ́* rahe, *rǫ́* reh, *skrǫ́* schrift, *slǫ́* schlagbaum, *spǫ́* wahrsagung, *þinghǫ́* gerichtsbezirk, *þrǫ́* sehnsucht. Ueber formen wie *áar*, *áa*, *áum* s. § 130 und § 132.

Anm. Seltene nebenformen nach der *i*-stamms-flexion sind pl. *áer*, *spáer* (Hb., s. XXIX). Ein schwacher pl. *áor* ist anorw. 1 mal belegt (s. Þorkelsson, Supplement IV, 193).

b) *wō*-stämme.

§ 380. Paradigma: *dǫgg* tau.

Sg. N. dǫgg
G. dǫgguar
D. dǫgg(o), *daggu, dǫgg*
A. dǫgg

Pl. N. dǫgguar
G. dǫggua
D. dǫggom, *daggum*
A. dǫgguar

So gehen nur noch *bǫþ* (dicht.) kampf, pl. *gǫtuar* anzug, *lǫgg* kimme, *rǫgg* (vgl. *rǫggr* § 365) ziegenhaar, *stǫþ* landungsplatz, pl. (anorw.) *trygguar* (run. auch dat. sg. *triku*, d. h. *tryggu*, s. Aarbøger 1899, s. 241) vertrauen, *þrǫng* druck, *ǫr* pfeil. Ueber die behandlung des *w* gilt das § 365 bemerkte.

Anm. 1. Im dat. sg. ist die endung -*o*, -*u* verhältnismässig selten.
Anm. 2. Spät kommen nom. acc. pl. *daggir* (dann auch gen. sg. *daggar*, pl. *dagga*), *arir* statt *dǫgguar*, *ǫruar* vor.

c) *jō*-stämme.

§ 381. Paradigmen: *ben* wunde, *egg* schneide.

Sg. N. ben   egg
G. beniar   eggiar
D. ben   eggio, *æggiu*
A. ben   egg

Pl. N. beniar   eggiar
G. benia   eggia
D. beniom, *bænium*   eggiom, *æggium*
A. beniar   eggiar

§ 382. Wie *ben* (selt. ntr. nach § 369) gehen einige wörter mit kurzer wurzelsilbe: *des* heuhaufen, *dregg* hefen, *dys* grabhügel, *fit* schwimmhaut, aue, *fles* klippe im meer, pl. *hreþiar* scrotum, *il* fusssohle, *iþ* (auch *íþ* nach § 390) wirksamkeit, *klyf* saum, *lyf* (vgl. § 369) arznei, pl. *miniar* gaben zum andenken, *nyt* nutzen, *skel* schuppe, *skyn* (selt. ntr. nach § 369) einsicht, *syn* leugnen (*nauþsyn* bedürfnis hat im anorw. auch pl. -*ir*), *viþ* band; mit langer wurzelsilbe nur *eng* wiese (vgl. *enge* § 372).

§ 383. Wie *egg* flektieren nur wenige appellativa (sämtlich mit kurzer wurzelsilbe) wie *ey* insel, *hel* tod, *mær* (s. anm. 1) junge frau, *þý* (s. anm. 1) magd; dagegen viele frauennamen, z. b. *Frigg, Sif* (pl. *sifiar* verwandtschaft), *Sigg* und bes. die zusammengesetzten auf -*ey*, -*ný* (vgl. aber anm. 3), -*yn* oder -(*v*)*in* (s. § 226, § 235 anm. 4), z. b. *Laufey, Borgný, Fiorgyn, Sigyn* (*Sygin, Sigun*, s. a. o.); endlich einige ortsnamen wie *Vigg, Biorg(v)in* (s. § 226) oder *Biorgyn* Bergen u. a. auf -*yn*,

-(v)in, bei welchen im anorw. das kons. *i* schwankend ist, z. b. gen. sg. *Biorgvin(i)ar* (vgl. aisl. gen. *Sigunar* neben *Sigyniar*).

Anm. 1. Nom. sg. zu dem stamme *maujō-*, heisst *mér* (s. § 163,1; erst spät und selt., den übrigen kasus nachgebildet, *mey*, noch seltener *meyia* nach § 408 flektierend) wie von einem *iō*-stamme (§ 384), aber gen. *meyiar* (got. *maujōs*) usw.; zu *þý* (ebenfalls den übrigen kasus nachgebildet) kommt eine selt. (dicht.) nebenform *þír* (s. § 163,2) vor; neben *Signý* selt. anorw. *Signi* (s. § 163, 2 und § 80, 2), wozu gen. *Signiar*.

Anm. 2. Dat. sg. kann, doch nicht bei *hel*, auch endungslos sein, also nach § 382.

Anm. 3. Acc. sg. endet auf *-io* (*-iu*) bei eigennamen auf *-uj* (vgl. § 377).

d) *iō*-stämme.

§ 384. Paradigma: *heiþr* (die) heide.

Sg. N. heiþr   Pl. N. heiþar
    G. heiþar   G. heiþa
    D. heiþe, *hœiði*   D. heiþom, *hœiðum*
    A. heiþe, *hœiði*   A. heiþar

So flektieren noch eine anzahl von appellativen mit langer wurzelsilbe, z. b. *abbadís* (vgl. anm. 2) äbtissin, *byrþr* bürde, *elfr* fluss, *ermr* ärmel, *eyrr* sandufer, *festr* band, *fleyþr* (gen. *fleyþrar*) dachsparren (s. Hertzberg, s. 857), *flóþr* flut, *forkuþr* (*-kunnr*, s. § 261) neugier, *fyllr* fülle, *guþr* (*gunnr*) kampf (dicht.), *gýgr* (vgl. anm. 4) riesenweib, *gyltr* sau, *helgr* feier, *herþr* (gew. pl.) schulter, *hildr* (dicht.) kampf, pl. *hreysar* steinhaufen, *merr* (anorw. selt. gen. sg. und nom. acc. pl. *marar*, worüber s. Hesselman, Västnordiska studier II, 32 note 2; die wurzelsilbe ist erst sekundär kurz, denn der stamm ist urspr. **marhiō-*, ahd. *meriha*, vgl. *marr* § 124, 2) stute, *mýrr* sumpf, *reyrr* (s. Þorkelsson, Anmærkninger s. 44; auch nach § 358, 2) rohr, *reyþr* forelle, *rýgr* (vgl. anm. 4) weib (dicht.), *veiþr* jagd, *ylgr* (vgl. anm. 4) wölfin, *œþr* eider, *œþr* (oder *œþ* nach § 390) ader, *øx* (vgl. anm. 2), *ox*, *ax*, anorw. auch *œx* (s. § 77, 7 und § 173, 5) axt; ferner frauennamen wie *Agnés* (auch nach § 376), *Auþr*, *Elín* (neben *Elína* nach § 408), *Fríþr*, *Gefn*, *Gerþr* (pl. *gerþar* kleidertracht sowie anorw. *almosogœrðar* almosen, aber *gerþ* handlung nach § 390), *Gríþr*, *Hildr*, *Ilmr*, *Rindr*, *Þrúþr*, *Ýrr* (vgl. *Yre* § 401) und bes. die zahlreichen auf *-dís* (vgl. anm. 2; aber *dís* — selt. *díss*, s. Sjöros, Stud. nord. fil. VIII, 3,

s. 5 — ehrwürdiges weib nach § 390), *-eiþ(r)*, *-(f)ríþ(r)*, *-gerþr*, *-guþr* (*-gunnr*), *-hildr*, *-unn* (*-uþr*, *-unnr*, s. anm. 2), *-þrúþr* und die selt. auf *-elfr*, z. b. *Þordís*, *Ragneiþr*, *Iófríþr*, *Sigríþr*, *Þorgerþr*, *Þorguþr*, *Ragnhildr*, *Iþunn*, *Sigþrúþr*, *Þórelfr*; endlich der ortsname *Dyflinn* Dublin. Ueber schwankende wörter s. § 390, 3, § 416, 1.

Anm. 1. Der zu erwartende *i*-umlaut fehlt in einigen hierher übergetretenen *i*- oder *ō*-stämmen, wie *Auþr*, *forkuþr*, *guþr*, *Þrúþr* und den namen auf *-guþr*, *-unn*, *-þrúþr* (der umlaut im namen *Þrýþrekr*, *Þrýrekr* ist wol nach § 65 zu erklären); vgl. noch anorw. pl. *marar* (s. oben). Zu anorw. *œlfr* fluss kommt ein alter gen. sg. ohne umlaut im ortsnamen *Alfarhæimr* vor (s. Bugge, Arkiv II, 209 ff.); vgl. § 390 anm. 1.

Anm. 2. Im nom. sg. fehlt gew. die endung bei den namen auf *-dís* (und *abbadís*) statt *-diss* (§ 277, 1) und *-unn* (aber daneben *-uþr*, *-unnr* mit *-r*); in alten anorw. hdschr. auch sehr oft bei den namen auf *-œið(r)* und *-(f)rið(r)*, später und seltener in aisl. hdschr. bei namen auf *-(f)ríþr* und (sehr selt.) *-hildr* (s. Hb., s. XLIX; Gislason, Efterladte skrifter II, 176; Kålund, Gull-Þóris saga, s. V). Dagegen fehlt *-r* nur scheinbar in *ex* (*eksR* § 277, 3).

Anm. 3. In der späteren sprache endet der nom. sg. oft auf *-i* wie dat. acc. Umgekehrt fehlt bisweilen in den rímur das *-i* des acc. sg. (s. Gislason, Efterladte skrifter II, 177); vgl. einmaliges anorw. *mýr* (s. Fritzner).

Anm. 4. Wörter wie *gýgr*, *rýgr*, *ylgr* schieben nach § 263 vor einem *a* oder *o* (*u*) der endung ein kons. *i* ein. Ausnahme macht *helgr*, pl. *helgar*; zur erklärung s. Hesselman, Västnordiska studier II, 17 note 3.

Anm. 5. Anorw., bes. mnorw., kommt nicht selt. gen., dat., acc. *Ástríðu* (wie nach § 408) vor.

III. *i*-stämme.

§ 385. Die *i*-stämme sind mask. und fem., bei welchen letzteren man eigentlich, ausser im acc. pl., dieselben endungen wie bei den mask. erwarten sollte. Diese sind:

Sg. N. *-r*
    G. m. *-s* oder *-ar*; f. *-ar*
    D. —
    A. —

Pl. N. *-ir*, *-er*
    G. *-a*
    D. *-um*, *-om*
    A. m. *-i*, *-e*; f. *-ir*, *-er*

Die feminina folgen aber (bis auf wenige spuren, s. § 390, 1 und 3 sowie anm. 1) im sg. der flexion der *ō*-stämme (§ 375 und § 376).

Anm. 1. Nom. sg. endet urn. auf *-iR*, z. b. *hlewagastiR* (Gallehus), *liliR* (Darum III), *glëaugiR* (Dannenberg), *saligastiR* (Berga), *þaliR* (Bratsberg), *asugasðiʀ* (Myklebostad), *-iʀ* (Amle) und die adj. *-mariʀ* (Torsbjærg; urspr. *ia*-stamm *mariaʀ, got. *-mēreis*, s. § 358 anm. 5), *unʒandiʀ* (Nordhuglen).

Anm. 2. Acc. sg. urn. auf *-i* ist wol durch *hali* (Strøm, aschw. *hæl*) belegt und später durch das schon synkopierte *ᴀfunþ* (Valby).

Anm. 3. Ein vok. sg. steckt vielleicht in *alawin* (Skodborg) und ein acc. pl. *-inn* (got. *-ins*) in *hallin* 'einwohner von Halland' bei Jordanes.

Anm. 4. Alle übrigen kasus sind urn. nicht belegt, ausser dat. pl. aus der spätesten zeit und in unursprünglicher form (s. § 356 anm. 8). Eine spur der urspr. endung *-imʀ* (vgl. got. *-im*) ist in der literatur nur das zahlwort *þrimr* drei.

§ 386. Paradigmen sind: mask. *gestr* gast, *staþr* stätte. *bekkr* bach; fem. *ǫxl* achsel, *rǫst* meile.

	maskulina			feminina	
Sg. N.	gestr	staþr	bekkr	ǫxl	rǫst
G.	gests	staþar	bekks, bekkiar	axlar	rastar
D.	gest	staþ	bekk	ǫxl	rǫsto, *rastu*
A.	gest	staþ	bekk	ǫxl	rǫst
Pl. N.	gester, *gæstir*	staþer	bekker, *bækkir*	axler	raster
G.	gesta	staþa	bekkia	axla	rasta
D.	gestom, *gæstum*	stǫþom, *staðum*	bekkiom, *bækkium*	ǫxlom, *axlum*	rǫstom, *rastum*
A.	geste, *gæsti*	staþe	bekke, *bækki*	axler	raster

§ 387. Wie *gestr* (als mannsname mnorw. auch mit gen. *-ar*, dat. *-e*) gehen recht viele wörter, z. b. *alr* ahle, *brestr* (s. anm. 3) mangel, *bugr* biegung, *bulr*, *bolr* rumpf, *dugr* tüchtigkeit, *dyttr* schlag, *dǿll* talbewohner, *falr* schafthülse des spiesses, *Glaþr* ein pferdename, *glǿpr* verbrechen, *gramr* (s. anm. 2) kriegsheld (dicht.), *griss* (s. 2 unten) ferkel, *guþ* (seltener *goþ*, vgl. § 161, § 361; s. noch 2 unten sowie anm. 1 und 2) gott, *hagr* lebensbedingung, *halr* (s. anm. 4) mann (dicht.), *hamr* (s. anm. 2) hülle, *hár* (pl. *háer*, selt. *háfer*, s. Egilsson) ruderdulle, *hlumr* (oder *hlummr* nach § 358) handhabe des ruders, *hualr* (s. 2 unten) walfisch, *lík(h)amr* (selt. *líkamn*, Hb., s. LVI) auch *líkame* nach § 401) körper, *lýþr* (s. 2 unten und § 392) mensch, *nár* (s. anm. 2) leichnam, *pyttr* pfütze, *sár* (s. 2 unten) zuber, *skellr* klatschen, *slagr* saitenspiel, *sullr* geschwür, *suanr* schwan, *suiþr* rasche bewegung, *valr* (pl. fehlt) die gefallenen, *valr* (s. 2 unten und anm. 2) falke, *vanr* (s. anm. 2) eine art götterwesen, *vaþr* angelschnur, *vegr* (pl. fehlt) ruhm, *þrekr* kraft und viele völkernamen wie *daner* (sg. als mannsname

§ 388. *i*-stämme.

Danr, gen. *-s*, selt. *-ar*), *egþer* (s. 2 unten), *fríser, kúrer, rauþsender, skeyner, strender, valer, vestfylder, þrónder* u. a. Ueber die einzelnen kasus ist zu bemerken:

1. Im nom. sg. kommen, wie bei den *a*-stämmen, die § 277 gegebenen regeln zur anwendung, z. b. *dóll, halr, skellr, suanr, gríss*.

Anm. 1. In *guþ, goþ* fehlt die nom.-endung, weil das wort ursprünglich neutr. ist. In St. Hom. fehlt die endung einigemal auch im gen. sg.

Anm. 2. Dat. sg. hat bei *guþ* immer, bei *gestr, gramr, hamr, nár, valr* falke, *vanr* bisweilen die endung *-e* (*-i*).

2. Im nom. acc. pl. haben viele wörter *-ar*, resp. *-a*, wie die *a*-stämme, neben *-er*, *-e* (*-ir*, *-i*). Solche sind *gramr, guþ, hualr, lýþr* leute, *sár* (pl. aisl. *sáer*, anorw. *sár* aus *sáar*), selt. *egþer, gríss, valr* falke. Ueber *dalr, marr* pferd, *ryzar, smiþr, stafr, vermar* s. § 358, 4.

Anm. 3. Von *brestr* ist der acc. pl. selten nach den *u*-stämmen (§ 385) gebildet.

Anm. 4. Von *halr* heissen gen. und dat. pl. nur *hǫlþa* (s. § 319, 2), resp. *hǫlþom*, nom. acc. pl. aber sowol *hǫlþar, -a* wie (neugebildet) *haler, -e*; s. Gering, Vollständiges Wörterbuch, sp. 1398.

§ 388. Wie *staþr* flektiert eine ziemlich grosse anzahl von einsilbigen wörtern, wie *bragr* dichtkunst, *burr, borr* (s. 1 unten) sohn (dicht.), *burþr* geburt (vgl. 2 unten), *feldr* (s. 2 und 3 unten) mantel, *flugr* flucht, *fundr* (s. 2 unten) zusammenkunft, *gripr* (s. 4 unten) kostbarkeit, *grunr* argwohn, *hlutr* (s. 4 unten) los, teil, *hugr* sinn, *konr* (vgl. anm.) geschlechtsangehöriger (dicht.), geschlecht (so nur in adv. wie z. b. *alzkonar* von jeder art), *kostr* (s. 2 und 4 unten) bedingung, *marr* (s. 1 und 2 unten) meer (dicht.), *matr* (s. 3 unten) speise, *munr, monr* (s. 2 unten und anm.) sinn, unterschied, *rugr* roggen, *salr* (s. 1 unten und anm.) saal, *sauþr* schaf, *skriþr* (s. 1 unten) lauf, *skurþr* scheren, *skutr* hintersteven, *stulþr* diebstahl, *sultr* (s. 1 und 2 unten) hunger, *vinr* (s. 2 unten und anm.) freund, *þróttr* (s. 1 unten) stärke, *þulr* redner, *þurþr* verminderung und die zahlreichen wörter auf *-skapr* (dat. pl. aisl. *-skǫpom* § 78, anorw. *-skapum*), z. b. *fiandskapr* feindschaft. Doch kommen bei vielen von diesen wörtern schwankungen nach der seite der *a*- oder *u*-stämme vor:

1. Gen. sg. auf -s neben -ar bei *burr, marr, munr, salr, skriþr, sultr, þróttr*, anorw. auch *staþr* in der bedeutung 'stadt' (erst mnorw. in der bedeutung 'stätte', s. Hægstad, Kong., s. 36; mnorw. auch *stadhars*, vgl. § 358 anm. 6, § 363 anm. 1 und die daselbst zitierte literatur) und *vinr* (s. F. Jónsson, Arkiv XI, 378).

2. Dat. sg. auf -e (-i) bei *atburþr* ereignis, *feldr, fundr, kostr, marr, munr, staþr, sultr*.

3. Nom. acc. pl. auf -ar, resp. -a neben -er, -e (-ir, -i) bei *feldr* und selt. *matr*.

4. Acc. pl. auf -o (-u) kommt, obwol selten, bei *griþr* (s. Hægstad, Vestno. maalf. I, 117), *hlutr* und *kostr* vor.

Anm. Im nom. sg. kann -r fehlen bei *mun(r), mon(r)* und *vin(r)*, sehr selten bei *kon(r)* und (s. Noreen, Uppsalastudier, s. 201 f.) *sal(r);* vgl. *Auþon* (ags. *Éadwine*), *Aun*, *Ǫn* und *Hákon* § 358 anm. 1. Zur erklärung s. § 285 anm. 2 und die daselbst zitierte literatur.

§ 389. Wie *bekkr* gehen mask., welche *i*-umgelautete, entweder kurze oder auf *ʒ, g, k* endende lange wurzelsilbe haben (s. Wimmer, Forn. forml., § 41, b; Jónsson, Skjaldesprog, s. 32 ff.), z. b. *Báleygr* ein mythischer mannsname, *bekkr* bank, *belgr* balg, *berserkr* berserker, *beþr* (vgl. § 368 und anm. 2 unten) bett, *bylr* windstoss, *býr* oder *bǿr* (s. anm. 3 und 4 unten) dorf, *byrr* günstiger fahrwind, *drengr* (vgl. anm. 2) junger mann, *drykkr* (vgl. anm. 2) trank, *dýkr* lärm, *dynr* getöse, *elgr* elentier, *eykr* zugvieh, *fengr* fangst, *fnykr* stank, *Freyr* ein göttername, *glymr* geklirr, *gnýr* getöse, *gnyþr* brummen, pl. *grikker, girker* (vgl. § 368) griechen, *gyss* (*gys_R*) spott, pl. *háleygr* einwohner von Halogaland, *heggr* traubenkirsche, *herr* (vgl. anm. 2; nom. acc. pl. nicht belegt) heer, *hlekkr* kette, *hlymr* getöse, *hlynr* ahorn, *hrekkr* ränke, *hryggr* rücken, *hrytr* schnarchen, *hylr* schlund, *hyrr* feuer (dicht.), *kengr* bügel, *kylr* kälte, *leggr* schenkel, *lýr* eine art dorsch, *lǿkr* bach, *mergr* (vgl. anm. 2) mark, *reykr* (vgl. anm. 2) rauch, *rifr* weberbaum, pl. *ryger* (vgl. § 368) einwohner von Rogaland, *rykkr* ruck, *rymr* lärm, *seggr* kampfgenosse (dicht.), *sekkr* (vgl. anm. 4) sack, pl. *serker* sarazenen, *serkr* (vgl. anm. 2) hemd, *skrǽkr* geschrei, *skykkr* erschütterung, *slógr* vorteil, *sprengr* sprengen, *stekkr* schafhürde, *strengr* strang, *strykr* sturmwind, *stynr* stöhnen, *styrr* streit (dicht.), *suelgr* schlund, *sylgr* trank, *sǿgr* ungewitter, *vefr* gewebe, *veggr* wand, *verkr* schmerz, *viggr*

§ 390. *i*-stämme. 269

pferd (dicht.), *vǽngr* (vgl. anm. 4 und § 368) flügel, *Yggr* ein name Odins, *ylr* wärme, *ymr* lärm, *yss* (*ysʀ) lärm, *þefr* geruch, *þeyr* tauwetter, *þrymr* donner, *þuengr* schuhriemen, *þykkr* verdruss, *þyss* (*þysʀ) tumult, *þytr* lärm.

Anm. 1. Im gen. sg. sind *Báleygr, drengr, dynr, Freyr, glymr, gnýr, kengr, lýr, seggr, sprengr, suelgr, sǿgr* nur und *elgr* fast nur mit *-s* belegt; *byrr, fengr, hryggr, hylr, lǿkr, viggr, ylr, þykkr* nur und *drykkr* fast nur mit *-iar*.

Anm. 2. Im dat. sg. kommt die endung *-e* (*-i*) sehr selt. vor, z. b. bei *beþr, drengr, drykkr, herr, mergr, reykr* und *serkr*; häufiger erst im mnorw.

Anm. 3. *Bǿr, býr* (s. § 68, 4) hat gen. sg. *bǿ(i)ar, bý(i)ar* (selt. *bǿs, býs, býss*) und *biár* (§ 133, b, 2), gen. pl. *bǿ(i)a, bý(i)a* und *biá*, dat. pl. *bǿ(i)om, bǿm, býiom* und *bióm, biám* (vgl. § 363 anm. 2).

Anm. 4. Einige von diesen wörtern können auch wie reine *a*-stämme flektieren, z. b. *sekkr*, pl. *sekkar, -a* usw. statt *-iar, -ia* (vgl. § 263 anm. 2), anorw. nom. pl. *bǿar* (s. Jónsson, Fagrskinna, s. XXVII, Hægstad bei O. A. Johnsen, Olafs saga, s. XLIX), acc. pl. *bǿa* (s. z. b. Flom, The language of the Konungs skuggsjá), *býa*. Dat. pl. *vǽngom* (z. b. 2 mal in St. Hom.) neben *vǽngiom* erklärt sich wol daraus, dass *vǽngr* nach § 135 aus *vǽingr entstanden ist und also ursprünglich zu § 358 gehört.

§ 390. Wie *ǫxl*, also im sg. nach § 375, gehen die meisten aisl.-anorw. feminina, z. b. *sorg* sorge, *þǫkk* dank, bes. viele auf *-d, -þ, -t, -n*, wie *vídd* weite, *tíþ* (scheint in den ausdrücken *i þann* oder *þenna tíþ* 'zu jener zeit' mask. zu sein) zeit, *dóþ* tüchtigkeit, *sótt* krankheit, *norn* norne sowie alle auf *-on* (gen. sg. *-anar*, nom. pl. *-aner* usw., bald auch nom. dat. acc. sg. *-an*; umgekehrt bisweilen, bes. in den ältesten hdschr., gen. sg. *-onar*; vgl. § 137 anm. 3) und *-kunn*, z. b. *skipon, -an* anordnung, *varkunn* nachsicht u. a. (vgl. Wimmer, Forn. forml. § 48). Ueber die einzelnen kasus ist zu bemerken:

1. Im nom. sg. ist die alte und ursprüngliche endung *-r* (vgl. got. *-s*) noch erhalten bei *brúþr* braut, frau, *nauþ(r)* notwendigkeit, *Urþr* name einer norne — *urþr, yrþr* schicksal, verhängnis (dicht.) ist mask., s. Gislason, Aarbøger 1881, s. 242 f. — *uþr, unnr* welle (dicht.), *váttr* (seltener *véttr, víttr*, s. § 109, § 110, 3; in zusammensetzungen *-ví(t)tr* und dann ausnahmsweise mit nom. acc. pl. nach § 413, z. b. *hialmvítr* walküre) wicht, wesen. — Ueber durch ausgleichung entstandene, umlautslose nom. acc. wie *hafn* hafen, *skamm* (s. Gislason, Efterladte skrifter II, 175) schande statt *hǫfn, skǫmm* s. § 81, c.

2. **Gen. sg.** endet als erstes zusammensetzungsglied selt. auf *-s*, z. b. (zu *hiolp*) *hialpsmaþr* heiland, pl. *hísingsbúar* einwohner von *Hísing*.

> Anm. 1. Spuren einer uralten endung *-ēʀ* (vgl. got. *-ais*) bieten vielleicht aisl. *vetterges* 'nichts' zu *vǽttr, véttr* wicht, ding und anorw. *Alfer-* in ortsnamen zu dem in die flexion der *iō*-stämme übergetretenen *ælfr* (s. § 384 anm. 1).

3. **Dat. acc. sg.** auf *-e* (*-i*) nach § 384 zeigen *brúþr* frau, *dís* ehrwürdiges weib, *Hrist* (acc. auch ohne *-e*) ein mythischer frauenname (s. Jónsson, Skjaldesprog, s. 54), *vǽttr, véttr* wicht. Ebenso dat. von *eir, hlíþ, lind*, aber nur wenn sie in frauenbezeichnungen gebraucht werden (s. Gislason, Udvalg af oldnordiske skjaldekvad, s. 59); ausserdem einmal acc. von *nipt* schwester.

> Anm. 2. Ein nach § 391 gebildeter dat. von *vǽttr, véttr* scheint in *vettoge* 'nichts' vorzuliegen. Von *ǫxl* ist 1 mal anorw. dat. *ǫxlu* belegt (s. Þorkelsson, Supplement IV, 194).

4. Alt und selten kommen nom. acc. pl. auf *-ar* nach § 375 vor, z. b. von *ambǫ́tt, ambótt* dienerin, *hǫfn* hafen, anorw. (später) *nœfnd* nennung. — Von *vóþ* zeug kommt bisweilen (dicht.) pl. *vǽþr* nach § 416 vor (s. Jónsson, Skjaldesprog, s. 54); ebenso anorw. einigemal von *véttr* wicht pl. *véttr*, aisl. nur in zusammensetzungen *-ví(t)tr* (s. 1 oben).

5. **Gen. pl.** von *vǽttr, véttr* heisst ausser *vǽtta* (z. b. in *ekke vǽtta* oder mit suffig. artikel *vǽttana* 'durchaus nichts') auch *vetna, vitna* in zusammensetzungen wie *hotvetna, -vitna* 'was auch immer', *horvetna, -vitna* 'wo auch immer'. Vgl. § 358 anm. 8.

§ 391. Wie *rǫst*, also im sg. nach § 376, gehen *borg* burg, *braut* weg, *fold* boden, erde, *gipt* gabe, *grund* erde, *hiorþ* herde, *hurþ* tür, *hǫll* (hall s. § 81, c) halle, *iorþ* erde, *laut* tälchen (dicht.), *mold* staub, erde, *mǫrk* wald (vgl. *mǫrk* mark § 413), *rǫdd* stimme, *rǫnd* rand, *skuld* (s. Hertzberg) schuld, *snót* weib (dicht.), *sól* sonne, *spǫng* platte, *strǫnd* strand, *stund* zeit, *stǫng* stange, *sǫ́l* seele, *tǫng* zange, *vist* aufenthalt, *vón, ón* (§ 81 anm.) hoffnung, *þióþ* volk, *ǫld* zeitalter, *ǫnd* atem und vielleicht noch einige. Von diesen wörtern gehen jedoch *mǫrk, rǫnd, spǫng, strǫnd, stǫng, tǫng* im pl. (*tǫng* und seltener *mǫrk* auch im gen. sg.) auch nach § 416 oder § 417. Uebrigens können die meisten

§ 392. *i*-stämme. 271

auch, wiewol seltener. nach § 390 gehen (beisp. bei Jónsson, Skjaldesprog, s. 51 ff.).

Anm. 1. Gen. sg. von *sól* zeigt im anorw. auffallend *sólo*-(*dagr*, -*glaðan*) neben *sólar*(-).

Anm. 2. Alt und selten kommen in der dicht. sprache nom. acc. pl. auf *-aʀ* (nach § 376) vor, wie z. b. von *fold* (s. Hjelmqvist, Arkiv XXIV, 171), *iorþ*, *sól*, *ǫld*.

§ 392. Die *i*-stämme sollten lautgesetzlich in nom. acc. pl., die mit langer wurzelsilbe auch in nom. acc. sg. (§ 66, 1), *i*-umlaut des wurzelvokals aufweisen. Aber bei sämtlichen wörtern ist — von vereinzelten fällen wie den völkernamen *ryger* : (gen. *rygia*, aber der landschaftsname) *Roga-land*, *þiler* : *Þela-mǫrk*, *háleyger* : (gen. *háleygia*, aber) *Háloga-land* (s. § 152, 2) abgesehen; s. Much, ZfdA. XXXIX, 40, M. Olsen, Namn och bygd 1916, s. 58 — ausgleichung eingetreten (vgl. § 67) entweder

1. zugunsten des nicht umgelauteten vokals, wie in m. (s. § 388) *sauþr* (agutn. *soyþr*), *skurþr* (aschw. *skyrþ* f.), *staþr* (agutn. *steþr*), *stulþr* (aschw. *styld* f.), *sultr* (aschw. *sylt* f. und *sulter* m.) und (s. § 387) *slagr* (agutn. *slegr*); — f. *dóþ* (aber noch Karlevi pl. *taiþir*, d. h. *dǽðir*) tat, *sǫgn* (aschw. *sœgn*) sage, *urt* (aschw. *yrt*) pflanze, *vǫrn* (aschw. *værn*) verteidigung;

2. oder zugunsten des umgelauteten vokals, wie in m. (s. § 387) *gestr*, *glópr*, ferner *belgr*, *bekkr* u. a. auf -*ʒ*, -*g*, -*k* (s. § 389) und vielen nur im pl. vorkommenden völkernamen, wie *þrǿnder*, *vestfylder* u. a.; seltener in f. wie (den zwar als *ō*-stämme, aber wol einst als *i*- oder *iō*-stämme flektierenden, s. § 375) *dél*, *gymbr*, *nǽfr*, *ǽs*;

3. oder es sind doppelformen entstanden, wie m. *húner* : *hýner* (s. Fritzner; auch *húnar* nach § 358) hunnen, *hlumr* : selt. (s. Egilsson) *hlymr* griff des ruders, *dunn* : selt. (s. Fritzner) *dynn* schar, *fundr* : selt. (s. Leffler, Sv. landsm. I, 278 note, Þorkelsson, Supplement IV, 49, Hægstad, Vestno. maalf. 1, s. 83 und 71, II, 2, I, s. 33, sowie bei O. A. Johnsen, Olafs saga, s. XXXV) *fyndr* zusammenkunft, *burþr* : selt. f. *byrþ* (s. Leffler, a. o., und Jónsson, Skjaldesprog, s. 48) geburt, *urþr* : *yrþr* verhängnis (vgl. § 390, 1), *fúrr* : selt. (s. Bugge, Runeindskriften i Forsa kirke, s. 21) *fýrr* feuer (dicht.), *úrr* (pl. *úrar* nach § 358) selt. *ýrr* (Gislason, Aarbøger 1881, s. 208) auerochs, *gluggr*

(pl. -*ar* nach § 358) : anorw. *glyggr* (s. Fritzner; ausserdem in Konungsskuggsiá) lichtöffnung, *þytr* : selt. *þutr* (s. Falk, Arkiv III, 296) lärm, *dúnn* : selt. *dýnn* (s. Vigfusson) daune, *lýþr* : selt. *lióþr* (s. Fritzner und Egilsson) mensch, *hlútr* : anorw. selt. *lytr* (s. Hertzberg, s. 860) los, teil, *egþer* als völkername : *Agþer* als landschaftsname (s. Noreen, Fornvännen 1920, s. 45 f.), *ýtar* männer : *iótar* jüten (s. Noreen, a. o., s. 40 f.); — f. *ǫtt* : *ǽtt* himmelsgegend, familie, *sǫtt* : *sǽtt* vertrag, *kuǫn* : *kuǽn* hausfrau, *bón* : *bǿn* bitte, *sión* : *sýn* sehen, *þurft* : *þyrft* bedarf, *tylft* : selt. *tolft* zwölfter, *nauþ(r)* : selt. *neyþ* notwendigkeit, *skuld* : *skyld* schuld, *lund* : anorw. selt. *lynd* (s. Hertzberg, s. 860) art, *ferþ* : selt. pl. *farþer* (s. Jónsson, Skjaldesprog, s. 54) fahrt, *íþrótt* : selt. pl. *íþrótter* (s. Larsson) talent, *flóþ* : *flǿþ* (vgl. *flǿþr* § 384) flut, *gnótt* : selt. *gnǿtt* (s. Fritzner) genüge, zusammensetzungen auf -(*h*)*úþ* : -*ýþ* oder -(*h*)*ugþ* : -*ygþ* s. § 393, 1; vgl. noch *brúþr* braut, aber *bryllaup* (neben *brullaup*, *brúþlaup*) hochzeit, *vóþ* zeug, aber anorw. *vǽðmál* (neben *váðmál*, *vaðmál* § 127, 1, durch volksetymologie *vefmál*, durch mndd. einfluss *vatmál*; vgl. pl. *vǽþr* § 390, 4) kleiderstoff, anorw. *Alfarhǿimr* zu *ælfr* (§ 384 anm. 1).

IV. *u*-stämme.

§ 393. Die *u*-stämme sind nur maskulina (über das fem. *hǫnd* s. § 416 anm. 1, das neutrum *fé* s. § 363 anm. 1). Die endungen sind:

Sg. N. -*r* (*u*-umlaut d. wurzelvok.)   Pl. N.   -*ir*, -*er* (*i*-uml. d. wurzelvok.)
G. -*ar*   G.   -*a*
D. 1) -*i*, -*e* (*i*-uml. d. wurzelvok.) D.   -*um*, -*om*
   2) —   (*u*-uml. d. wurzelvok.)   A. 1) -*u*, -*o*
A.   —   (*u*-uml. d. wurzelvok.)   2) -*i*, -*e* (*i*-uml. d. wurzelvok.)

Anm. 1. Nom. sg. endet urn. auf -*uʀ*. Beispiele sind: *siᴢaðuʀ* (Svarteborg), *haukoþuʀ* (Vånga), *waruʀ* (Tomstad).
Anm. 2. Gen. sg. und der ganze pl. ist urn. nicht belegt.
Anm. 3. Dat. sg. endet urn. auf -*iu*. Beispiel ist *kunimu[n]ðiu* (Tjurkö).
Anm. 4. Acc. sg. endet urn. auf -*u*. Beispiele sind: *maᴢu* (Kjølevig), *laþoðu?* (Trollhättan), *sunu* (Sölvesborg; ebenso in aschw. und adän. runeninschriften) neben synkopiertem *asmu[n]t* (Sölvesborg).
Anm. 5. Vielleicht ist ein instrum. sg. (vgl. § 361 anm. 3) durch *haþu* (Strøm) und ein vok. sg. durch *alawið* (Skodborg) belegt.

§ 394. Paradigmen sind: *vǫndr* rute, *fiorþr* meerbusen, *fǫgnoþr* freude.

Sg. N. vǫndr	fiorþr	fǫgnoþr, *fagnuðr*
G. vandar	fiarþar	fagnaþar
D. vende, vǫnd	firþe, *-i*	fagnaþe
A. vǫnd	fiorþ	fǫgnoþ, *fagnuð*
Pl. N. vender	firþer, *-ir*	fagnaþer
G. vanda	fiarþa	fagnaþa
D. vǫndom, *vandum*	fiorþom, *fiarðum*	fǫgnoþom, *fagnaðom*
A. vǫndo, *vandu*, vende	fiorþo, *fiarðu*	fagnaþe

§ 395. Wie *vǫndr* geht eine ziemlich grosse anzahl von wörtern, z. b. *blǫ́str* (gen. *blástar*, später *blástrar*, dat. *blǽste*, sp. *blǽstri* usw.; vgl. anm. 2 unten) blasen, *bógr* (dat. *bǿge*) bug, *bǫlkr* (anorw. selt. acc. pl. *bǫlka*, s. Þorkelsson, Supplement IV, 18; vgl. anm. 2 unten) balken, *bǫllr* ball, *bǫrkr* rinde, *drǫ́ttr* zug, *flǫtr* fläche, *friþr* friede, *grǫptr* (gen. *graptar*, später *graptrar* usw.; vgl. anm. 2) grab, *grǫ́þr* gier, *gǫltr* eber, *Hǫrþr* ein mannsname, *hǫttr* (vgl. anm. 2) hut, *hǫ́ttr* art und weise, *Hǫþr* ein mythischer name, *knǫrr* (gen. *knarrar*) handelsschiff, *knǫttr* ball, *kuistr* zweig, *kuittr* (auch als *a*-stamm nach § 358) geschwätz, *kuiþr* zeugnis, bauch, *kǫkkr* klumpen, *Kǫrtr* ein beiname und pferdename, *kǫstr* haufen, *kǫttr* (vgl. anm. 2) katze, *limr* (pl. auch *limar* f. § 375, selt. m., z. b. in No. Hom.) glied, zweig, *litr* farbe, *liþr* (vgl. 2 unten) gelenk, *lǫgr* flüssigkeit, *lǫstr* laster, *mǫgr* sohn (dicht.), *mǫkkr* staubwolke, *mǫlr* motte, *mǫrþr* marder, *mǫ́ttr* macht, *reitr* (später — aber doch schon urn. *wraita* Reistad — auch als *a*-stamm) ritze, *réttr* recht, *siþr* sitte, *slǫ́ttr* mähen, *sonr*, *sunr* (vgl. 1 unten) sohn, *spǫlr* schindel, *spǫ́nn*, *spónn* (pl. *spǽner*, *spǿner* § 63 anm. 4) span, *suǫppr* pilz. *suǫrþr* schwarte, *tøgr* (*tegr*, *tigr*, *tugr*, *togr*, vgl. anm. 3) zehner, *vǫttr* (nur anorw., s. Hertzberg und Möbius, An Glossar; aisl. und anorw. *váttr* geht als *a*-stamm nach § 358) zeuge, *verþr* (vgl. anm. 1) mahlzeit (wozu *dǫgorþr* frühstück und *nóttorþr* nachtmahl, ohne vokalwechsel in der flexion), *viþr* holz, wald, *vǫlr* stab, *vǫllr* feld, *vǫrr* (gen. *varrar*) ruderzug, *vǫrþr* (vgl. 2 unten) wacht, *vǫttr* handschuh, *vǫxtr* wachstum, *ǫrn* (vgl. anm. 2) adler, *ǫ́rr* (pl. *árar* neben *ǽrer*; vgl. anm. 2) bote, *ǫ́ss* heidnischer gott (auch *áss* nach § 358 und so immer in der bedeutung 'balken'), *þreskǫldr* (*þrøskoldr* § 77, 3, § 79, § 148,

§ 395. *u*-stämme.

durch volksetymologie *þreskioldr, þraskioldr, þrepskioldr, þrepskuldr*; vgl. noch anm. 2) türschwelle, *þrǫmr* rand, *þrǫstr* drossel, *þróþr* (selt. anorw. nach § 413, s. Jónsson, Arkiv IX, 378; vgl. auch 2 unten) zwirn, *þuǫttr* waschen, *þóttr* abteilung. Ueber *prettr, smiþr, stígr (stigr), vegr* s. § 358, 4; *spǫrr* s. § 365 anm. 2; anorw. *mundr* s. § 358 anm. 7; *brestr* s. § 387 anm. 3; *gripr, hlutr, kostr* s. § 388, 4; *fótr, fingr, vetr* s. § 414. Ueber die einzelnen kasus sei bemerkt:

1. Im nom. sg. fehlt sehr oft das -*r* bei *son(r), sun(r)*, aisl. (aber nicht anorw.) regelmässig, wenn das wort als späteres zusammensetzungsglied steht (s. Vigfusson). Ueber *spǫnn, ǫrn, ǫ́ss* s. § 277, 1 und 3.

2. Gen. sg. endet auf -*s* oft bei *vǫrþr (vǫrþs´*neben *varþar*) und mannsnamen auf -*viþr* (z. b. *Arnviþr*), bisweilen bei *liþr* und *þróþr*, spät-mnorw. *Ǫrn* (gen. *Arns*, vgl. anm. 2). — Mnorw. steht oft *sonars* statt *sonar* (s. A. B. Larsen, Arkiv XIII, 245; vgl. § 358 anm. 6, § 363 anm. 1, § 388, 1), bisweilen *sons* (s. Hægstad, Kong. s. 24).

3. Dat. sg. ohne endung (*vǫnd*) ist etwas später als die form auf -*i* (*vende*) — daher wol aus dem acc. entlehnt — und nur bei gewissen wörtern wie *friþr, gróþr, knǫrr, limr, litr, liþr, lǫgr, mǫgr, móttr, réttr, siþr, sonr, stigr, viþr, vǫndr, vǫrþr, þrǫmr, þóttr, ǫrr, ǫ́ss* neben der längeren belegt.

Anm. 1. Von dem nur im sg. gebräuchlichen *verþr* kommt neben *verþe* selt. (z. b. Hávamól 32 und 116) ein alter, lautgesetzlicher (s. § 63, 3) dativ *virþe* vor. Vgl. aber Gislason, Udvalg af oldno. skjaldekvad, s. 160 f. und Bugge, Norrœn Fornkvæði, s. 394. Sonst zeigt sich kein *i*-umlaut von *e*.

4. Acc. pl. auf -*i* (wie *vende*) kommt in der ältesten literatur nur bei wenigen wörtern (alternativ) vor: *limr, sonr, sunr* (acc. pl. *søne, syne*), *ǫrr (ǽre), ǫ́ss (ǽse)*. Sonst zeigen sich solche formen erst später, werden aber immer gewöhnlicher.

Anm. 2. Der wechsel von umgelauteten und nicht umgelauteten formen hat bisweilen ausgleichung und doppelformen veranlasst, z. b. mit anal. *i*-umlaut *sønr* (acc. *søn*, gen. pl. *søna*, dat. pl. *sønom*, s. Larsson) statt *sonr, œrr* (No. Hom.) st. *ǫrr, þreskeldr* st. -*ǫldr*, anorw. gen. sg. *grœftar* (s. Hertzberg) st. *graftar*, dat. pl. *ǽsum* (s. Gislason, Efterladte skrifter II, 178; vgl. auch namen wie *Ǽstríþr*, in Ágrip, statt gew. *Ástríþr*, der vorzugsweise aisl. kurzname *Ǽsa* neben dem vorzugsweise anorw. *Ása*, anorw. *Ǽsbiorn, -gǽirr, -kell* neben *As-* zu *ǫ́ss*) statt *ǫ́som*. Umgekehrt ist der *i*-umlaut anal. entfernt, z. b. anorw. dat. sg. *blǫ́ste* st. *blǽste, ørne*

§ 396. 397. *u*-stämme. 275

(aus *ǫrne, s. § 115 anm.) st. *erne*, beides in No. Hom.; ebenso der *u*-umlaut in *balkr* (dat. *balki*, s. Hægstad, Vestno. maalf. II, 2, 1, s. 33, pl. *balkar*), *hattr*, *kattr*, *þreskaldr*, mnorw. *Arn* als mannsname neben *bǫlkr* usw.

Anm. 3. Das urspr. zu § 396 gehörende (vgl. § 91 anm.) *tǫgr* (§ 77, 3) zehner flektiert in den ältesten hdschr.: sg. nom. *tǫgr* (*tegr*), gen. *tegar*, dat. *tige*, acc. *tǫg*, pl. nom. *tiger*, gen. *tega*, dat. *tegom* (*tigom*), acc. *tego* (*togo*, s. § 172, 3); später *tigr*, *tegr*, *tǫgr*, *togr*, *tugr*, gen. *tigar*, *tegar* usw. ohne jeden vokalwechsel innerhalb des paradigmas.

§ 396. Wie *fiorþr*, also mit *i*-umlaut von *e* (§ 63, 3) im dat. sg. und nom. pl., mit brechung in allen übrigen kasus, gehen *biorn* (*biornʀ) bär, *hiortr* hirsch, *iostr* gäscht, *kiolr* kiel, *mioþr* met, *Niorþr* ein göttername, *skioldr* schild, *stiolr* steiss. Ueber *hiorr* schwert s. § 365 anm. 1.

Anm. 1. Durch ausgleichung steht mehrmals dat. sg. *skialde* statt *skilde* (s. Gislason, Efterladte skrifter I, 32, Jónsson, Skjaldesprog s. 56), 1 mal vielleicht nom. pl. *skialdar* st. *skilder* (Jónsson a. o.), spät und selt. dat. sg. *hiort*, *mieð* (Gislason, a. o. II, 177); anorw. als mannsname gen. *Biornar* (*Bernar*), mnorw. dat. *Biorn(e)*, nom. -*biærn*, -*birn* (s. Lind, Dopnamn, s. 38, 64, 703).

Anm. 2. Als mannsname ist gen. sg. *Biorns* anorw. (mnorw. auch *Biarns*) mehrmals belegt. Vgl. § 395, 2.

§ 397. Wie *fǫgnoþr*, also ohne jedweden *i*-umlaut (dies wegen der schwachtonigkeit der betreffenden silbe, s. § 64), gehen alle mask. auf -*oþr*, später anal. -*aþr* (also *fagnaþr*, s. § 137 anm. 3), z. b. *búnoþr* zubehör, *glǫtoþr* verderber, *iolfoþr* (geu. *ialfaþar*, vgl. anm. 1) ochs, *skilnoþr* scheidung u. a. (s. von Bahder, Die verbalabstracta in den germ. spr., s. 104 f.; Falk, Beitr. XIV, 33 ff.) sowie mannsnamen, z. b. *Níþoþr*, *Stǫrk-oþr* (dat. 1 mal *Starkeþe* — s. Jónsson, Skjaldesprog, s. 49 — also noch mit starkem nebenton wegen der urspr. zusammensetzung, s. § 148, § 64), *Ǫndoþr*. Ueber *mónoþr* (*mánaþr*) s. § 414.

Anm. 1. Gen. sg. endet bei den wörtern auf -*noþr* (-*naþr*) bisweilen anorw. auf -*naðr* (vgl. *mánaþr* § 414) statt -*naðar*, s. Gislason, Um frumparta, s. 78 f., Wadstein, F. Hom., s. 104. — *Iolfoþr* hat als Odinsname gen. *Iolfoþs*; ebenso zeigt *grǫndoþr* schädiger 1 mal -*grǫnduðs* (s. Jónsson, Skjaldesprog, s. 49 f.).

Anm. 2. *Geirroþr* : gen. *Geirraþar* (Sn. E. II, 300 f. 6 mal, I, 290 note, Grímnessmǫl 49, Landnámabók, Kph. 1900, s. 154) ist wol nach diesem paradigma anal. umgebildet statt *Geirrauþr* (so mehrmals in Landnáma u. a.; öfter -*roþr*, -*ruþr* nach dem gen. und dat.) : *Geirroþar* (dat. -*roþe*), welche formen sich dann zu einander verhalten wie *Háleyger* : *Háloga(land)*, s. § 152, 2. Gen. *Sigraþar* (Bugge, Arkiv II, 251) statt -*rǫþar*, -*roþar* ist wol zu *Sigroþr* anal. neugebildet.

B. *n*-stämme (schwache deklination).

I. *an*-stämme.

§ 399. Die *an*-stämme sind fast nur maskulina (über fem. vgl. § 401) und neutra, die, ausser im nom. sg. und nom. gen. acc. pl., dieselben endungen haben, nämlich:

	mask.	neutr.		mask.	neutr.
Sg. N.	-i, -e	-a	Pl. N.	-ar	-u, -o
G.		-a	G.	-a	-na
D.		-a	D.	-um, -om	
A.		-a	A.	-a	-u, -o

Die maskulina haben also (bis auf wenige spuren, s. § 401. 2 und 3) im pl. die flexion der *a*-stämme (§ 357) angenommen.

Anm. 1. Nom. sg. m. endet urn. auf *-ē*. Beispiele: *raunija*? (Øvre Stabu), *ala* (zwinge von Vi), *laasauwija* (spange von Vi), *harja* (kamm von Vi), *bera* (messerschaft von Kragehul), *muha* (lanzenschaft von Kragehul), *ʒuðija* (Nordhuglen), *frohila* (Darum II), *uha* (Darum III), *m[a]r[i]la* (Etelhem), *niuwila* (Næsbjærg), *hariuha* (Seeland), *aupa* und *uo[n]twa*? (Overhornbæk), *wiwila* (Veblungsnæs), wozu das adj. *faŗauisa* (Seeland). Spät-urn. steht *-e: welaðauðe* (Björketorp). — Nom. sg. ntr. ist nicht belegt.

Anm. 2. Gen. sg. ist urn. kaum sicher belegt, aber endete vielleicht auf *-an*, z. b. *...an* (Tomstad, wenn nicht dat., s. anm. 3). Ueber eine mutmassliche endung *-inn* (got. *ins*), etwa im lat. *Scadin-auia* s. Noreen, Geschichte[3] § 195, 4.

Anm. 3. Dat. sg. endet urn. auf *-an* (aus dem acc. entlehnt, s. Noreen, a. o.). Beispiele: *harijaŗ*? (Skåäng), *wita[n]ðahalaiban* (Tune), *prawijan* (Tanum), *kepan* (Belland), *...an* (Tomstad? vgl. anm. 2). Später steht *-a*, z. b. *ʒla[n]ta*? (Flistad).

Anm. 4. Acc. sg. und nom., dat., acc. pl. sind urn. nicht belegt.
Anm. 5. Gen. pl. endet urn. auf *-anō: arbijano* (Tune).

§ 400. Paradigmen sind: mask. *hane* hahn, *harpare* harfner *bryte* verwalter, *páe* pfau; neutr. *hiarta* herz.

	maskulina				neutr.
Sg. N.	hane	harpare	bryte, *bryti*	páe	hiarta
G. D. A.	hana	harpara	brytia	pá	hiarta
Pl. N.	hanar	harparar	brytiar	pár	hiorto, *hiartu*
G.	hana	harpara	brytia	pá	hiartna
D.	honom, *hanum*	horporom, *harparum*	brytiom, *brytium*	pǫm	hiortom, *hiartum*
A.	hana	harpara	brytia	pá	hiorto, *hiartu*

§ 401. *an*-stämme.

§ 401. Wie *hane* geht eine sehr grosse anzahl von mask., z. b. *arfe* (1mal *erfe*, s. Larsson, gleich got. *arbja*, aschw. *ærve* und urn. gen. pl. *arƀijano* Tune) erbe, *barđage* kampf, *félage* genosse, *granne* nachbar, *máne* mond, *mǫskue* (dat. pl. *mǫskom* § 235, 1, a) masche, *skaþe* schade, *tíme* zeit, *trane* (später auch *trana* nach § 407) kranich, *víse* (später auch *víser* nach § 371) anführer u. a. (s. Larsson, s. 427; Jónsson, Skjaldesprog, s. 58 f.); ausserdem die weiblichen eigennamen *Skaþe* und *Yre* (neben *Ýrr*, s. § 384), während dagegen die drei dichterischen benennungen des weibes: *sprakke*, *suanne* und *suarre* mask. sind (s. Sievers, Berichte d. K. sächs. Ges. d. Wiss. 1894, s. 141). Ueber die einzelnen kasus ist zu bemerken:

1. Auch der nom. sg. endet auf *-a* bei den lehnwörtern *herra* (neben *herre* und selt. *harre*) herr, *papa* (auch *-e*, gew. *páfe*), *sira* (anorw. auch *siri*) herr (bes. von geistlichen), sehr selt. *postola* (gew. *-e*) apostel und *profeta* (gew. *-e*) prophet u. a. (s. Hægstad, Vestno. maalf. I, s. 146 f.), sowie den mannsnamen *Attila*, *Ecca*, *Falka*, *Sifka* und *Viþga*.

Anm. 1. Acc. sg. von *ande* geist kann bisweilen (z. b. in St. Hom. und No. Hom.) *ande* statt *-a* heissen; ebenso einmal *landskialfte* st. *-a* erdbeben.

2. Im pl. zeigt *uxe*, *oxe* ochs eine sehr altertümliche flexion (vgl. got. *mans* aus *man-niz*, gr. ἄρνες u. dgl.) : nom. acc. *yxn* (*yxnn < *yxnʀ, urn. *uhsniʀ; vgl. ags. *œxen*, afries. *ixen*) oder *øxn* (beides später auch als neutr. gebraucht; die selt. m. form *øxner*, *yxnir* s. Vigfusson und Egilsson, ist wie *menner* § 415 zu erklären), gen. *yxna*, *øxna* (anal. statt des seltenen — s. Sn. E. I, 484 — *uxna*, *oxna, aschw. *uxna*, got. *aúhsnē*), dat. *yxnom*, *øxnom*. Flexion nach § 357 (nom. pl. *uxar*, *oxar* usw.) kommt erst später vor.

Anm. 2. Eine andere urspr. endung des nom. pl., nämlich *-a* (vgl. got. *-ans*) ist in 'indeklinablen' wörtern wie z. b. *samfeþra*, *-mœþra* 'diejenigen welche gemeinsamen (-e) vater (mutter) haben' bewahrt. Ueber spuren der urspr. endung *-nu* des acc. pl. s. Noreen, Geschichte[3] § 195, 9.

3. Im gen. pl. kommen spuren der alten endung *-na* (gew. *-a* nach § 357) vor (ausser bei *uxe*, s. 2 oben, und einmaligem *bogna* zu *boge* bogen, s. Gislason, Efterladte skrifter I, 107) nur in einigen wörtern, die sämtlich männliche wesen bezeichnen, der dichterischen sprache eigen sind und oft das *n*

aus dem gen. in die übrigen kasus des pl. eindringen lassen: *bragnar* pl. 'principes' (sg. *Brage* als mannsname), *flotnar* pl. seeleute, *got(n)ar* pl. 'goten' (sg. *Gote* als beiname und pferdename), *gume*, pl. *gum(n)ar* (aber nur *brúþgumar*, gen. *-guma* zu *-gume* bräutigam), mann, *skate*, *skat(n)ar* hervorragender mann.

§ 402. Wie *harpare* gehen alle mask. auf *-are*, z. b. *dómare* richter, *leikare* gaukler, *skapare* schöpfer. Weil diese wörter ursprüngliche *ia*-stämme sind (vgl. got. *-areis*, ahd. *-āri*), zeigen sie in alter zeit noch oft *-ere* neben *-are* (vgl. § 151, 1 und § 64), s. Larsson, s. 428.

Anm. Spuren der urspr. flexion (nach § 371) kommen in alter zeit sehr selt. vor, z. b. nom. sg. *gangvere(r)* kleider, *valdere(r)* gebieter, gen. sg. *mútares* falke, *vartares* ein fischname; s. Gislason, Njála II, 42 f.

§ 403. Wie *bryte* (aus **brytie* § 295) gehen alle mask. auf *-bygge*, *-inge*, *-nyte*, *-skegge*, *-vere*, *-virke*, z. b. *aptrbygge* krieger im hinterteil des schiffes, *erfinge* (der) erbe, *arfnyte* erbnehmer, *eyiarskegge* inselbewohner, *skipvere* matrose, *illvirke* missetäter; ferner *aþile* hauptmann einer rechtssache, *einhere* kämpfer (in Walhall), *guþsife* pate, *klegge* heuschober, bremse, *niþe* (s. § 368) abkömmling, *skyle* könig (dicht.), *skyte* schütze, *steþe* amboss, *tygge* (s. Gislason, Om helrim, s. 42 ff.) oder *tigge* (nach § 84; vgl. *Tiggue* als zwergname) fürst, *tyrke* türke, *vile* wille und die mannsnamen *Bele*, *Iþe*, *Víge* und mnorw. *Sǿli* (auch *-ir*, s. § 371). Auch nach § 401 gehen z. b. *aþile*, *skyte*, selt. *bryte*, *niþe*, *vile* und die auf *-vere*; auch nach § 365 im pl. die auf *-bygge*; anorw. auch nach § 389 im pl. die auf *-vere*.

§ 404. Wie *páe* (vgl. anm. 1), also unter beachtung der in § 130 ff. enthaltenen regeln, flektieren einige wenige wörter wie z. b. *áe* urgrossvater, *búe* (dat. pl. *búm*) dorfbewohner, *flóe* (dat. pl. *flóm*) sumpfige stelle (pl. als ortsname anorw. *Flóar* und mnorw. *Flár*, vgl. § 134, b), *klé* stein zum straffziehen des gewebes, *knúe* knöchel, *lé* (alt *lée*; gen. sg. *liá* aus *léa* usw.) sense, *Vé* (alt *Vée*; gen. sg. *Véa* usw.) ein göttername.

Anm. 1. Im nom. sg. kommen später die formen *liár*, *kliár* neben *lé*, *klé* vor. Neben *páe* kommt auch *pá* (mengl. *pā*) vor; vgl. § 235 anm. 5.

Anm. 2. Im gen. pl. ist vielleicht eine spur der urspr. endung *-na* (vgl. § 401, 3) in *ána-sótt* altersschwäche (zu *áe*) bewahrt, s. Leffler, Arkiv III, 188 f., 287 f.

§ 405. Wie *hiarta* gehen die wenigen neutr. auf *-a*: *auga* auge, *biúga* wurst, *eista* hode, *eyra* ohr, *flagbrióska* brustknorpel, *heima* heimat, *hióna, hiúna* (nur im sg. vorkommend in der bedeutung 'dienstboten'; in der bed. 'ehegatten' kommt zwar ein nom. acc. pl. vor, ist aber dem sg. ganz gleich, dies weil das wort urspr. ein nach § 399 auf *-na* gebildeter gen. pl. des unten erwähnten pl. *hiú* ist, s. Kock, Arkiv XI, 138 f. note) hausleute, *hnoþa* knäuel, *huéla* rad, *leika* spielzeug, pl. *lungo* (anorw. einmal *lungusótt* — wie von einem schwachen f. — schwindsucht st. *lungna-*, s. Hægstad, Vestno. maalf. I, s. 138) lunge, *miþmunda* (gewöhnl. *-e* nach § 401) mittelpunkt, *nýra* niere, *síma* (auch m. *síme* nach § 401) seil, *viþbeina* schlüsselbein, *ǫk(k)la* (auch m. *ǫkle* nach § 401) fussknöchel.

Von diesen haben im anorw. wenigstens *hiarta, ouga* und *øyra* nicht selt. (s. Wadstein, F. Hom., s. 14) im nom. acc. pl. *-un* (wie im aschw., vgl. got. *-ōna*) statt *-u*. Im aisl. ist diese endung anscheinend im pl. *hión, hiún* neben *hiú* (s. § 133, b, 2) ehegatten, hausleute belegt, aber hier ist das *-n* wol aus dem gen. *hióna* entlehnt wie in *flotnar* nach *flotna* u. dgl. (s. § 401, 3); der urspr. dazu gehörige sg. *hiá* (statt *hífa nach dem pl. *hiú* umgebildet, vgl. § 235 anm. 4) ist nur als präpos. 'bei, neben' (*i hiá* 'in der nähe') im gebrauch und wird als subst. ersetzt teils (und gew.) durch die nach dem pl. neugebildeten formen *hión, hiún* oder *hióna, hiúna* (s. oben), teils durch das (zu *hý-* § 77, 6 neugebildete) m. *hýe* 'diener' (vgl. m. *síme* neben ntr. *síma* u. dgl.).

II. *ōn*-stämme.

§ 406. Die *ōn*-stämme sind fast nur feminina (über mask. vgl. § 408 und § 409. Die endungen sind:

Sg. N. *-a*   Pl. N. *-ur, -or*
G. *-u, -o*   G. *-na*
D. *-u, -o*   D. *-um, -om*
A. *-u, -o*   A. *-ur, -or*

Anm. 1. Nom. sg. endete urn. auf nasaliertes *-ō*. Beispiele sind vielleicht *talijo* (hobel von Vi), *hariso* (Himlingøje), *leþro* (Strårup), *fino* (Berga), [*i*]*nʒubǫrǫ*? (Opedal), *aluko* (Førde); vgl. übrigens finn. lehnw. *kaltio* (aisl. *kelda*) quelle, *saatto* (aisl. *sáta*) heuhaufen u. a.

Anm. 2. Ein urn. gen. sg. auf *-ōn* ist kaum (vgl. anm. 3) *iʒijon* (Stenstad); vgl. § 137 anm. 1. Spät-urn. mit vom acc. entlehntem *-u* ᚨᚱᚨᚷᛖᚢ (Stentoften, Björketorp).

§ 407. 408. ōn-stämme.

Anm. 3. Dat. sg. ist wol durch *igijon* (Stenstad) belegt.
Anm. 4. Acc. sg. ist vielleicht spät-urn. durch *ronu* (Björketorp) belegt.
Anm. 5. Nom. acc. pl. sind sicher urn. nicht — wie auch gen. und dat. pl. — belegt, enden aber in der vikingerzeit (wenigstens alternativ noch) auf *-u* (vgl. ahd. *-ūn*, s. § 137 anm. 1), wie aus dem acc. *lą[n]kmuþrku* (wäre aisl. *langmǿþrgo*) der sehr alten aschw. inschr. von Kärnbo hervorgeht. Wahrscheinlich ist diese endung auch im aisl.-anorw. hie und da erhalten, nämlich regelmässig beim schwachen adj. (z. b. *góþo* die guten), sehr selt. beim subst. (z. b. nom. pl. *skófo* 'späne' in Haustlǫng, vgl. Arkiv V, 287, und *brióstkirkio* 'kirchen im herzen' in St. Hom.), endlich im zahlwort *ellefo* elf. Die gew. endung *-ur*, *-or* — vielleicht schon durch Stentoften *-ronoʀ* belegt — hat wol ihr *-r* anal. von den übrigen deklinationen übernommen. Vgl. Bugge, Ant. tidskr. f. Sv. V, 101 f.; Leffler, Tidskr. f. Fil. N. R. IV, 285 f.; Noreen, Geschichte[3] § 196, 4.

§ 407. Paradigmen sind: *gata* strasse, *smiþia* schmiede.

Sg. N.	gata	smiþia
G. D. A.	gǫto, *gatu*	smiþio, *-u*
Pl. N.	gǫtor, *gatur*	smiþior, *-ur*
G.	gatna	smiþia
D.	gǫtom, *gatum*	smiþiom, *-um*
A.	gǫtor, *gatur*	smiþior, *-ur*

§ 408. Wie *gata* flektiert noch eine sehr grosse anzahl von femininen wie z. b. *bylgia* (gen. pl. *bylgna*, s. § 226) woge, *Freyia* (sehr selt. *Freyfa*, s. Larsson; vgl. § 408, 1) name einer göttin, *gáta* (gen. sg. aisl. *gǫ́to*) rätsel, *Gróa* (gen. *Gró* § 130; anorw. auch *Grúa*, vgl. § 134, b) ein frauenname, *kirkia* § 263 (gen. pl. *kirkna*) kirche, *stiarna* (gen. pl. *stiarna* § 283) stern, *sýia* (gen. pl. *sýna*, s. § 226) naht der schiffsbekleidung, *trúa* (gen. *trú* § 130; auch nom. *trú* nach § 379 flektiert) glaube, *tunga* zunge, *vika* (anorw. selt. *uka*; aus ags. *wicu*, resp. *wucu* entlehnt) woche, *vǫlua* wahrsagerin (gen. sg. *vǫlo* § 235, 1, a; so auch *slǫngua* schleuder und der eigenname *Rǫskua*) u. a.; ausserdem einige wenige mask., z. b. *kempa* (auch *kappe* nach § 401) kämpfer, *rytta* schuft (diese beiden auch f.) und die mannsnamen *Ella*, *Sifka*, *Skúta*, *Sturla* (auch m. *Sturle* nach § 401), *Úrǿkia* (vgl. Kock, Skandinavisches Archiv I, 1 ff.). Ueber die einzelnen kasus ist zu bemerken:

1. Nom. sg. ist ohne endung bei *frú* (bisweilen *frau*, *frou*, sehr alt *frúva*, *frauva*, *froua*, *frouva*) frau, *húsfrú* (später auch *hústrú* § 310, 2) hausfrau, *iungfrú* jungfrau. Später kann *frú* im sg. auch nach § 379 flektieren.

Anm. 1. In No. Hom. kann nom. sg. sehr selt. auf *-u*, *-o* wie der acc. enden, wie umgekehrt (etwas häufiger, bes. mnorw., s. Hægstad, Kong., s. 36, Vestno. maalf. II, 2, I, s. 179) acc. sg. auf *-a* wie der nom. (Wadstein, F. Hom., s. 103 und 106).

Anm. 2. Gen. sg. kann im anorw.: selt. auf *-ur*, *-or* (wie im agutn.) enden, z. b. (im Cod. Tunsb.) *kirkiur*, *stefnor* zu *kirkia* kirche, *stefna* zusammenkunft. Im aisl. sind solche formen nur in zusammensetzungen belegt, z. b. *eisor-fála* riesin zu *eisa* feuer, *geigo(r)-skot* feindlicher schuss. Vgl. Noreen, Geschichte³ § 196, 2.

2. Gen. pl. von *kona*, *kuna* (später auch *kuinna*, am frühesten auf Man belegt, s. Bugge, Aarbøger 1899, s. 235) frau heisst *kuenna* oder (Jónsson, Skjaldesprog, s. 61; Gislason, Efterladte skrifter II, 156 f.) *kuinna*, worüber s. § 162, 1 und § 168.

Anm. 3. Bei den wörtern auf *-ua* (und den weitaus meisten von den übrigen) ist der gen. pl. nicht zu belegen.

§ 409. Wie *smiþia* gehen diejenigen wörter auf *-ia*, welche unmittelbar vor dem *i* einen anderen konsonanten als *ʒ*, *g* oder *k* haben, z. b. *brynia* brünne, *gyþia* priesterin, *lilia* lilie, *skytia* erker, *styria* stör, *viþia* draht u. a. sowie die mask. *hetia* (auch f.) mutiger mensch und *skytia* (vgl. m. *skyte* § 403) schütze; ferner wörter auf *-siá* (aus *-séa*), z. b. *ásiá* (gen. sg. *ásió*, pl. *ásiá* (§ 133, b, 2) aussehen, fürsorge, *skuggsiá* spiegel. Von diesen letzteren können einige, bes. in etwas späterer zeit, auch nach § 379 flektieren (sg. nom. *ásió*, gen. *-siár* usw.).

III. *īn*-stämme.

§ 410. Die *īn*-stämme sind nur feminina. Die endungen sind: sg. in allen kasus *-i*, *-e*; pl. fehlt bei fast allen hierher gehörigen wörtern, sollte aber, nach ausweis von § 435 eigentlich nom. gen. acc. *-i*, *-e*, dat. *-um*, *-om* haben. Paradigma: *elle* alter.

Sg. N. G. D. A. elle, *œlli*
Pl. fehlt.

Anm. Aus urn. zeit ist kein kasus belegt.

§ 411. Wie *elle* geht noch eine sehr grosse anzahl von wörtern, meist abstrakter bedeutung, z. b. *frøþe* (auch neutr. nach § 372) kunde, *gleþe* freude, *góe* (als frauenname einmal

Gó) der fünfte wintermonat, *heiþne* heidentum, *helge* heiligkeit, *hlýþne* gehorsam, *kǽte* munterkeit, *lete* faulheit, *rétvíse* rechtschaffenheit, *snille* trefflichkeit, *hyggiande* verstand und viele andere auf *-ande, -ende, -inde, -ynde* sowie noch andere (Wimmer, Forn. forml. § 74; Larsson, s. 429). Zu den einzelnen kasus ist zu bemerken:

1. Nom. sg. von *myke* dung hat die nebenform *mykr*.
2. Gen. sg. endet auf *-ar* bei *fiske* (gen. *fiskiar* § 384 anm. 4, selt. *fiske*) fischfang, *gørseme* kostbarkeit, *gørue* tracht, *rekende* fessel; bisweilen auch bei *milde* milde, *ǽfe* zeitalter. Die endung *-is, -es* zeigt sich nicht selten, z. b. bei *forvitne* neugier, *frǽndseme* verwandtschaft, *kristne* christentum, *reiþe* zorn und vielen andern sowie auch oft in zusammensetzungen, z. b. *óglepes-klǽpe* trauerkleider (Þorkelsson, Athugasemdir, s. 7 ff.).
3. Pl. kommt bei einigen wenigen wörtern vor: *gørseme* kostbarkeit, *gørue* tracht, *lyge* (pl. nom. *lygar*, nicht *-iar* usw.) lüge gehen nach § 374; *rekende* fessel nach § 422; *freist(n)e* versuchung, *barnsýke* kinderkrankheit, *ǽfe* zeitalter sehr selt. nach § 386.

C. Uebrige (konsonantische) stämme.

I. Einsilbige stämme.

§ 412. Diese sind maskulina und feminina. Die endungen beider geschlechter wären eigentlich:

Sg. N. *-r*	Pl. N. *-r* (*i*-uml. d. wurzelvok.)
G. *-r* (*i*-uml. d. wurzelvok.)	G. *-a*
D. — (*i*-uml. d. wurzelvok.)	D. *-um, -om*
A. —	A. *-r* (*i*-uml. d. wurzelvok.)

Diese endungen sind aber fast nur im pl. geblieben. Im sg. nämlich flektieren die meisten mask. ganz wie *u-* oder *a*-stämme, die fem. ganz oder teilweise wie *ō*-stämme.

Anm. Aus urn. zeit ist kein kasus belegt.

§ 413. Paradigmen sind: mask. *fótr* fuss, *nagl* nagel; fem. *rǫng* spant, *mǫrk* mark (geld oder gewicht), *kýr* kuh.

§ 414. 415. Einsilbige stämme.

	maskulina		feminina		
Sg. N.	fótr	nagl	rǫng	mǫrk	kýr
G.	fótar	nagls	rangar	merkr, mærkr	kýr
D.	fǿte	nagle	rǫng	mǫrk	kú
A.	fót	nagl	rǫng	mǫrk	kú
Pl. N.	fǿtr	negl, nægl	rengr, rœngr	merkr, mærkr	kýr
G.	fóta	nagla	ranga	marka	kúa
D.	fótom	nǫglom, naglum	rǫngom, rangum	mǫrkom, markum	kúm
A.	fǿtr	negl, nægl	rengr, rœngr	merkr, mærkr	kýr

§ 414. Wie *fótr* (vgl. anm.), also im sg. nach § 395 (aber mit dat. sg. nur auf -*i*, -*e*), gehen: *fingr* (**fingrʀ* § 277, 3; also gen. sg. *fingrar*, später *fingrs* nach § 415, nom. pl. *fingr*) finger (selt. als ntr. nach § 361 flektiert), *vetr* (**vettrʀ*; gen. sg. *vetrar*, später selt. *vetrs* Hb., s. XXX) winter, die völkernamen pl. *eistr* (auch *eister*, *eistrer* nach § 387) estländer, pl. *vinþr* (Bugge, Arkiv II, 228 ff., Þorkelsson, Supplement IV, 178; später *vindr* § 238, 1, b und *vinder* nach § 387; gen. pl. selt. *venþa*, s. Bugge, Arkiv II, 229, neben *vinþa* nach § 63, 3, vgl. lat. *venedi*, aber ahd. *winid*) wenden, pl. *þrǿndr* (Jónsson, Skjaldesprog s. 64; gew. *þrǿnder* nach § 387) einwohner der gegend von Drontheim und pl. *iamtr* (ohne *i*-umlaut, also spät aus **iamatr* nach gen. *iamta* umgebildet, vgl. Noreen, Urg. lautl. s. 52 und 85; auch *iamtar* nach § 358) bewohner von Jämtland; endlich das zweisilbige *mónoþr*, *mánaþr* (im pl. auch nach § 397, aber später bisweilen im acc. pl. mit der endung -*u*; im anorw. kann der pl. auch als *a*-stamm flektieren) monat, welches wort übrigens allein (vgl. aber § 397 anm. 1) unter den mask. auch den alten gen. sg. auf -*r* (*mánaþr*, anal. auch *mónoþr*, gleich nom. acc. pl.) aufweisen kann.

Anm. Gen. sg. von *fótr* ersetzt als späteres zusammensetzungsglied von spitznamen in der etwas späteren sprache die form -*fótar* (s. Jónsson, Skjaldesprog s. 63) durch -*fóts*, z. b. *uxafóts*, aber alt *þyrnefótar*.

§ 415. Wie *nagl* (**naglʀ*, pl. *negl* < **næglʀ*, s. § 277, 3), also im sg. nach § 358, geht nur noch *maþr* (alt auch *mannr* — Eggjum *ma*[*n*]*ʀ* geschrieben — s. § 261; spät — bes. mnorw., s. Falk und Torp, Dansk-norskens syntax s. XV note, Hægstad, Vestno. maalf. II, 2, 1, s. 132 und 179 — auch *mann*) mann, gen. *man(n)z*, dat. *manne*, acc. *mann*, pl. nom. acc. *menn*

(§ 277, 4, b), *meþr*, alt auch *mennr* (Eggjum *manʀ* geschrieben; s. § 261), gen. *manna*, dat. *mǫnnom* (vgl. noch § 318 anm. 5). Die mit artikel versehene form (*menn-ener* oder selt.) *menner* (aus *menn-ner, vgl. § 472, 1) wird als unbestimmte form (vgl. pl. *gester* u. dgl.) aufgefasst und daher nochmals mit artikel versehen : *menner-ner* (selt.); vgl. *øxner(ner)*, *yxnir(nir)* § 401, 2.

§ 416. Wie *rǫng*, also im sg. ganz nach § 375 oder § 379, geht eine ziemlich grosse anzahl von wörtern, z. b. *brík* tafel, *brók* (pl. *brǿkr*) hose, *dreif* band (aber *dreif* zerstreuen auch im pl. nach § 375), pl. *dyrr* (vgl. anm. 4) tür, pl. *ertr* (vgl. anm. 3) erbsen, *fló* (pl. *flǿr*) floh, *fló* schicht, *gǫ́s* (vgl. anm. 3) gans, *gǫ́t* (s. Þorkelsson, Anmærkninger, s. 23) umsicht, *hind* hindin, *hnot* (vgl. anm. 3) nuss, *hǫnd* (vgl. anm. 1 und 2) hand, *kinn* (vgl. anm. 3) wange, *kló* klaue, *ló* regenvogel, *lús* (vgl. anm. 3) laus, *mús* (vgl. anm. 3) maus, pl. *mǿtr* (s. Þorkelsson, a. o., s. 41) wertschätzung, *nót* fischnetz, *oblǫ́t*, *oflǫ́t* (auch schwach *obláta*, *ofláta*) hostie, *reik* haarfurche, *rist* rist, *ró* eisenplatte, *rót* wurzel, *spík* fliesse, *stóþ* (s. Noreen, Svenska etymologier, s. 69) stütze, *syll* (selt. schwach *sylla*) grundstock, *tint* (s. Þorkelsson, Supplement IV, 149) flasche, *tǿ* (pl. -*tǿr*, gen. *tá*, dat. *tǿm*) zehe, *tǫnn* (vgl. anm. 3) zahn, *veit* wassergraben sowie folgende, welche schwankungen nach andern paradigmen aufzuweisen haben:

1. Auch nach § 417, also mit (*i*-umgelautetem) gen. sg. auf -*r*, flektieren: *eik* eiche, *geit* geiss, *nǫ́tt*, *nótt* (s. § 116; gen. sg. *nǿtr*, *náttar*, sehr selt. *nǿtr*, s. § 63 anm. 4) nacht, *sǽ(i)ng* bett, *tík* hündin, *tǫng* zange, *ǫrk* kiste; selt. *bók* buche, buch, *mǫrk* wald und *ǫlpt* (im sg. auch, bes. anorw., *ælptr*, nach § 384 flektiert; im pl. gew. *alpter* nach § 386; ausserdem kommen noch sehr unregelmässig acc. sg. *elptr* oder *elpt*, gen. pl. *elptra*, dat. pl. *elptrom* vor) schwan (vgl. § 173, 5 und betreffs *alvitr* in der Vǫlundarkuiþa teils Wadstein, Uppsalastudier, s. 175 note, teils Bugge, Helge-digtene, s. 18).

2. Auch nach § 376, also mit dat. sg. auf -*u*, -*o*, können im sg. flektieren: *grind* gitter, *mǫrk* wald, *nǫ́tt*, *nótt* nacht, *rǫnd* (vgl. anm. 1) rand, *strǫnd* strand, *stǫng* stange, *sǽ(i)ng* bett.

3. Auch im pl., also durchgehends, nach § 375 können flektieren: *flík* zipfel, *galeiþ* galeide, *greip* hand, *síld* hering,

§ 417. Einsilbige stämme.

skeiþ schiff, *tǫ́g* wurzelfaser, *þró* ausgehölter baum oder stein, selt. *hǫnk* handhabe. Ueber *brú* brücke s. § 375, 2.

4. Wie *i*-stämme können im pl. flektieren: *rít* (Jónsson, Skjaldesprog, s. 65) schild (dicht.), *skeiþ* schiff, *spǫng* platte, (*um*)*sǫ́t* (s. Þorkelsson, Anmærkninger, s. 41 und 51) hinterhalt, *tǫng* zange, *vǫ́g* hebel und anorw. *vett* (s. Þorkelsson, Supplement IV) gewicht, gew. *vǫ́þ* zeug und *ǫlpt* (vgl. 1 oben) schwan, selt. (dicht.) *bót* busse, *glóþ* glühende kohle, *kind* wesen, familie, *skript* (s. Egilsson) schrift, *ǫnd* (alt *ǫnþ*, s. Celander, Om övergången av *ð > d*, s. 50) ente und im anorw. *brún* (s. Þorkelsson, Supplement IV) augenbraue, spät *stoþ* (vgl. anm. 3), *stuþ* stütze, welche wörter also ganz nach § 390 gehen können; ferner *grind* (selten), *mǫrk* wald, *rǫnd, strǫnd, stǫng*, die also ganz nach § 391 flektieren können (vgl. oben 2).

Anm. 1. Nom. (dat., vgl. anm. 2) acc. sg. von *hǫnd* und *rǫnd* können bisweilen auch *hand*, *rand* ohne *u*-umlaut heissen (s. Þorkelsson, Supplement IV, 60; Gislason, Efterladte skrifter II, 178), was auf ausgleichung nach dem gen. sg. beruht. Vgl. § 81, c und § 375 anm. 1, § 390, 1.

Anm. 2. Dat. sg. von *hǫnd* heisst *hendi*, weil das wort alter *u*-stamm ist (got. *handus*); später auch *hǫnd* (*hand*, s. anm. 1).

Anm. 3. Nom. acc. pl. *kinnr, kiþr* zu *kinn* und *teþr*, *tenn, tennr* zu *tǫnn* (aber *Hildetannr* und *Taþr, Tannr, Tanne* als mannsnamen) erklären sich nach § 277, 4, b und § 261; *brýnn, gǿss, lýss, mýss* zu *brún, gós, lús, mús* nach § 277, 1; pl. *ertr* (gen. *ertra* usw.) nach § 277, 3. Ueber *hnøtr, hnetr* (anorw. *nǿtr*, bisweilen seit um 1300 gen. *nata*, dat. *natum* neben *nota*, resp. *notom*; jene formen wol nach dem verhältnis *nǿtr : nátta, hǿndr : handa* u. dgl. neugebildet) und *støþr, steþr* zu *hnot, stoþ* s. § 119; der auffallende *i*-umlaut in diesen kurzsilbigen wörtern (s. § 66, 2) erklärt sich nach Wessén, Språkvetenskapliga Sällskapets Förhandlingar 1916—1918, s. 73 ff., daraus dass sie die accentuierung der weit zahlreicheren hierhergehörigen langsilbigen früh angenommen haben und daher gleichzeitig mit ihnen (und zwar mit umlaut, s. § 66, 1) synkopiert worden sind.

Anm. 4. *Dyrr* (später auch *dyr*) pl. t. tür kommt in älteren hdschr. auch als ntr., doch nur im nom. acc., vor. In etwas späterer zeit dringt der *i*-umlaut (über welchen s. anm. 3 schluss) in gen. dat. pl. ein: *dyra, dyrum* statt älteren *dura, durom*.

§ 417. Wie *mǫrk* flektieren: *kuerk* (vgl. anm. 3) kehle, *miolk* (vgl. anm. 1 und 2) milch, *ríp* fels (dicht.), *vík* bucht und, wenn auch schwankend, die oben § 416, 1 erwähnten *bók, eik, geit, mǫrk* wald, *nótt, sǽ(i)ng, tík, tǫng, ǫlpt, ǫrk*.

Anm. 1. Gen. sg. von *miolk* ist ohne *i*-umlaut (*miolkr*), weil spät aus *miolokr (*melukiʀ, vgl. got. *miluks*) nach dem nom. acc. umgebildet (vgl. *iamtr* § 414); pl. ist nicht belegt.

Anm. 2. Dat. sg. von *miolk* kann anorw. auch *miolko* heissen (s. Hb., s. XXX).

Anm. 3. Nom. acc. pl. auf *-ar* (§ 375) kann bei *kuerk* vorkommen.

§ 418. Wie *kýr*, also mit erhaltung der ursprünglichen, *R*-umlaut bewirkenden endung des nom. sg., flektieren nur *sýr* sau und *ǽr* (dat. acc. ǫ́) mutterschaf.

Anm. 1. Als beinamen haben *kýr* (anorw. auch einmal als appellativ, s. Hægstad, Vestno. maalf. II, 2, i, s. 178) und *sýr* im dat. acc. sg. *kýr, sýr* neben *kú, sú; sýr* ausserdem im gen. sg. *sýrs, sýrar* oder *súrar* neben *sýr*.

Anm. 2. Nom. acc. pl. auf *-ar* (nach § 379) zeigt der pl. *slagár* mutterschafe, die geschlachtet werden sollen. Ein nach § 379 flektierendes simplex ǫ́ (statt *ǽr*) ist sehr selten.

II. *r*-stämme.

§ 419. Die *r*-stämme sind maskulina und feminina. Paradigmen sind: mask. *faþer* vater, fem. *móþer* mutter.

	mask.	fem.		mask.	fem.
Sg. N.	faþer	móþer	Pl. N.	feþr, fæðr	mǿþr
G.	fǫþor, faður	móþor	G. feþra, fæðra		mǿþra
D.	feþr, fæðr, fǫþor, faður	móþor	D. feþrom, fæðrum		mǿþrom
A.	fǫþor, faður	móþor	A.	feþr, fæðr	mǿþr

Anm. 1. Aus urn. zeit sind nur nom. sg. *swestar* (Opedal) und nom. pl. *ðohtriR* (Tune) belegt.

Anm. 2. Ueber nom. acc. pl. *feþr, mǿþr* (*fæðrR*, *mǿðrR*) s. § 277, 3.

§ 420. Wie *faþer* geht nur noch *bróþer*, pl. *brǿþr*, bruder.

Anm. 1. Später und ziemlich selt. kommen die formen *feþr, brǿþr* auch in nom. (beisp. schon aus dem j. 1229), gen., acc. sg. vor, s. Gislason, Efterladte skrifter II, 178 f.; Þorkelsson, Supplement IV, 29; Kålund, Gullþóris saga, s. VI; Fritzner; Olsen, Vǫlsunga saga, s. LXX.

Anm. 2. Von *faþer* kann (dicht.) in zusammensetzungen eine flexion: sg. nom. *-fǫþr*, gen. *-fǫþrs, -fǫþr* (s. Lind, Dopnamn, s. 11; vgl. *foðr-*, d. h. *fǫðr-*, Kålund, Heiðarvíga saga, s. XXVI), dat. acc. *-fǫþr* vorkommen, z. b. *Al-* und *Valfǫþr* namen Odins. Später und selt. kommt *fǫþr* (anorw. *faðr*) auch als simplex vor. — Ein gen. sg. aisl. (z. b. St. Hom., Lind, a. o., und Olsen, a. o.) *fǫþors*, anorw. (z. b. Cod. Tunsb.) *faðurs* ist einigemal belegt. Mnorw. sind die formen *faðurs, bróðors* (auch misl., s. Olsen, a. o.) häufig (s. Falk und Torp, Dansk-norskens syntax, s. XIV note, XV note). Zu solchen gen. ist wol der in rímur (c. 1400) ausnahmsweise auftretende nom. *bróður* (s. F. Jónsson, Fernir fornísl. rímnaflokkar, s. VII) anal. neugebildet.

Anm. 3. Gen. und dat. pl. können im anorw. (wie im aschw., s. An. gr. II, § 438, 6) bisweilen ohne *i*-umlaut gebildet sein, z. b. *bróðra, -om*, s. Hægstad, G. Tr. s. 49.

§ 421. Wie *móþer* flektieren nur noch *dótter* (nom. acc. pl. *dǿtr*, selt. *dǿttr* § 284) tochter, *syster* schwester.

Anm. Selt. kommen im dat. sg. *móþr, dǿtr* (nach § 420) vor, s. z. b. Sijmons, Die lieder der Edda, s. CLXXVI. Später und ziemlich selt. treten dieselben formen auch in nom. (s. Gislason a. o.), gen. (s. z. b. *systr* Sijmons, a. o., Kålund, a. o.), acc. (s. z. b. *systr* Sijmons, a. o.; dagegen — auch betreffs gen. und dat. — F. Jónsson, No.-isl. kultur- og sprogforhold, s. 306) sg. auf; vgl. § 420 anm. 1. Ein nom. sg. *móðr* ist anorw. (z. b. Cod. Tunsb.) einigemal belegt, *móður* misl. c. 1400 (s. Jónsson, Fernir fornísl. rímnaflokkar, s. VII). Mnorw. kommt oft der gen. sg. *móðors* vor (s. Falk und Torp, a. o.).

III. *nd*-stämme.

§ 422. Hierher gehören fast nur maskulina. Die flexion ist im sg. die der schwachen *an*-stämme (§ 401), im pl. diejenige der einsilbigen stämme (§ 412). Paradigma ist *gefande* geber.

Sg. N. gefande | Pl. N. gefendr
G. gefanda | G. gefanda
D. gefanda | D. gefǫndom § 78, -ondom § 148, *gefandom*
A. gefanda | A. gefendr

So flektieren alle substantivisch (sehr selt. auch adjektivisch) gebrauchten participia präs. (meist nur als mask. gebraucht), unter welchen drei zu reinen substantiven geworden sind: *fiande* (selt. *fiánde* § 51, 2, b; nom. acc. pl. ohne umlaut *fiandr*, alt und selt. *fíandr*, s. § 64) feind (zu *fiá* hassen), *frǽnde* (statt *friande — anders Sievers, Beitr. XVIII, 410 — nach dem pl. *frǽndr*, alt und selt. noch unkontrahiert wol *fríendr*, s. § 130) verwandter (urspr. part. präs. zu *friá* aus *fría lieben), *búande* (anorw. oft *bóande*, s. § 166 anm. 2, so z. b. in AM. 315 F fol., oft in Ól. hel. leg. saga, gew. in No. Hom. und regelmässig im Cod. Rantzovianus des älteren Gulathingsgesetzes) oder *bónde* (§ 130), pl. alt gew. *búendr*, später gew. *bǿndr*, selt. *bóendr*, bauer (zu *búa*, anorw. auch *bóa* wohnen). Sonstige hierher gehörigen wörter s. bei Sütterlin, Gesch. d. nom. agentis, s. 25 f.; Falk, Beitr. XIV, 42; Jónsson, Skjaldesprog s. 67 f.

Anm. 1. Nicht selten ist der *i*-umlaut aus nom. acc. pl. in den dat. (selt. gen.) pl. eingedrungen, z. b. *búendom, bǿndom* (gen. anorw. *búenda, bǿnda* sehr selt.) zu *búande, bónde*; anorw. (s. Wadstein, F. Hom. s. 58) *dómǿndum* richtern, *misgǿrǿndum* missetätern. Umgekehrt kann im anorw. der *i*-umlaut des nom. acc. pl. anal. entfernt (oder nach § 64 unterblieben) sein, z. b. *bóandr* (Hægstad, G. Tr. s. 49), *hafnandr* missbilliger u. a. (Hb., s. LVII).

Anm. 2. Pl. *rekendr* (der selt. sg. *rekende* geht nach § 410) fessel ist gew. fem., sehr selt. neutr. oder mask. Sehr selt. sind auch die pluralformen *rekander* f., *rekende* ntr.

Anm. 3. Pl. nom. *-ar*, acc. *-a* nach § 358 kommen seit 1200 dann und wann vor, z. b. aisl. *smíþandar* verfertiger u. a. (s. Jónsson, Skjaldesprog, s. 68), anorw. *œigandar* eigner u. a. (s. Hægstad, Vestno. maalf. II, 1, s. 81).

Anm. 4. Spuren der einstigen starken flexion auch im sg. kommen hie und da noch im gen. sg. (vgl. got. *nasjandis*) vor, z. b. *siánz-vitne* zeugnis eines sehenden, *segianz-saga* hörensagen, *fianz-boþ* botschaft eines feindes u. a. zusammensetzungen; vgl. Brate, Bezz. Beitr. XIII, 38 f., Bugge, Arkiv IV, 139, Falk, Beitr. XIV, 41 f. Ausserdem ist der urspr. konsonantstamm in zusammensetzungen wie *dugand-maþr* taugender mann, *frœndkona* verwandtin u. a. bewahrt, s. Falk a. o. Vgl. noch nomina propria wie *Hiarrandr* neben *-ande*, *Stígandr* neben *-ande*, *Þróndr* und appellativa wie *hǫfundr* (§ 358, 2; vgl. § 173, 2 und § 539 anm. 3) urheber, *tǫnn* (**tanþ-*) zahn, *þróndr* geschnittener eber, *vitund* wissen, s. Noreen, Vårt språk II, 270 note 2.

Kap. 2. Deklination der adjektiva.

§ 423. Die weitaus meisten aisl.-anorw. adjektiva können im positiv und superlativ sowol **stark** als **schwach** flektiert werden. Die schwache flexion wird gebraucht, wenn das adj. vom artikel bestimmt steht (z. b. *enn góþe konongr* der gute könig), oft auch im vokativ (z. b. *góþe konongr!* guter könig!) und als beiname (z. b. *Hákon góþe* H. der gute); sonst kommt fast überall die starke flexion zur anwendung. Dagegen wird der komparativ nur **schwach** flektiert.

Anm. Ueber die im pos. und sup. nur **schwach** flektierenden adj. s. § 434, § 435, § 456—458. Nur **stark** gehen z. b. *allr* all, *annarr* ander, *miþr* mittel, *sialfr* selbst, *sumr* irgend ein.

A. Starke deklination.

§ 424. Eigentlich müsste man bei den adj., in übereinstimmung mit den substantiven, *a*-, *ō*-, *i*- und *u*-stämme mit ihren verschiedenen flexionen erwarten. Dies ursprüngliche verhältnis ist aber durch zwei vorgänge schon in urgerm. zeit durchgreifend verändert worden:

§ 424. Starke adj.-deklination.

1. Die *i*- und *u*-stämme sind mit den *a*- und *ō*-stämmen zusammengefallen. Diese veränderung ist in urgerm. zeit (vgl. das got.) noch nicht ganz durchgeführt, im aisl.-anorw. aber in allen formen.

Anm. 1. Noch in urn. zeit haben *i*-stämme wenigstens im nom. sg. m. (s. § 385 anm.) ihre alten formen bewahrt, z. b. finn. lehnw. *tiuris* (aisl. *dýrr* teuer, urn. *-māriʀ* (aisl. *mǽrr*) berühmt. Die *u*-stämme (welche urn. nicht belegt sind) müssen wol im allg. schon urn. im nom. sg. zu den *a*-stämmen übergetreten sein, denn sonst wäre das fehlen des *u*-umlautes in *harþr* (got. *hardus*) hart u. dgl. unbegreiflich; s. Kock, Umlaut und brechung, s. 130 ff. — Ueber die *ia*-stämme s. § 358 anm. 5 (schluss).

Anm. 2. Alte *u*-stämme können bisweilen noch in aisl.-anorw. zeit als solche erkannt werden durch das nebeneinander vorhandensein von formen ohne und mit *i*-umlaut (vgl. den gegensatz von got. *hardus* nom. : *hardjana* acc. sg. m.), z. b. selt. (s. § 82, 6) *glǫggr* (got. *glaggwus*) : gew. *glǫggr* genau, deutlich; selt. (s. § 82, 6) *snǫggr* : gew. *snøggr* mit kurzem haare, hurtig; *ǫngr* (got. *aggwus*) : *øngr* eng; *þiokkr* (*þekkwu-*) : *þykkr* (*þikkwia*- § 82, 4, ahd. *dicki*) dick; *þrǫngr* (litau. *trankùs*) : selt. (s. § 82, 6) *þrøngr* eng; *starkr* (s. Jónsson, Skjaldesprog s. 70, No.-isl. kultur- og sprogforhold, s. 309) : *sterkr* stark; *Nǫrr* : *Nørua-sund*, s. § 82, 6; *hóg*- (s. Gislason, Udvalg af oldno. skjaldekvad, s. 49; vielleicht *i*-stamm und dann als *kuán-lauss* u. dgl. nach § 66, 1 zu erklären) : *hǿgr* bequem; ?*hárr* (s. § 54, 2; vielleicht von *hár* haar beeinflusst) : *hǽrr* (vielleicht nach *hǽra* grauhaarigkeit) grauhaarig; *þurr* (vgl. got. *þaúrsus*) : anorw. selt. (wie im mschw.) *þyrr* (s. Hægstad, G. Tr. s. 49, Vestno. maalf. II, 1, s. 19) dürr; ? aisl. *stiúp-* : anorw. *stýp(faðer)* stief(vater); ?*fránn* : nisl. auch *frænn* glänzend; *-lundr* (s. Jónsson, Skjaldesprog s. 70) neben *lyndr* gesinnt ist wahrscheinlich von *lund* gesinnung beeinflusst; über das nicht hierhergehörige *gǫrr* : *gørr* s. § 82 anm. 3. Vgl. folgende fälle, wo die doppelheit erst durch heranziehung des ostn. oder nnorw. ans licht tritt: aisl. *þunnr* (aind. *tanús*, gr. *ταϝυ-*) : mschw. *thynder* dünn; aisl. *fastr* : aschw. *fæster* (ahd. *festi*) fest; aschw. selt. *dāl* : aisl. *dǽll* leicht; aschw. *galder* : aisl. *geldr* (mndd. *gelde*) unfruchtbar; ? aschw. *lugn* (vielleicht vom subst. *lugn* beeinflusst) : aisl. *lygn* (vielleicht von *lygna* ruhig werden beeinflusst) still; aschw. *napper* : aisl. *hneppr* spärlich; aschw. *kuœr* (got. *qaírrus*) : aisl. *kuirr* (und *kyrr*, s. § 77, 12) ruhig; aisl. *suárr* : nnorw. *svœr* (ahd. *swāri*) schwer; nnorw. *nogg* : aisl. *hnøggr* (§ 82, 6) knapp; nnorw. *maur* : aisl. *meyrr* mürbe. — Bei den *i*-stämmen kommen derartige doppelformen selt. und nur bei kurzer wurzelsilbe vor, z. b. aisl. *framr* (vielleicht von *fram* 'hervor' beeinflusst) : aschw. *frœmber* aus *frœmr (ags. *freme*) hervorragend; aschw. *saker* (vielleicht von *sak* rechtssache beeinflusst) : aisl. *sekr* schuldig. — Vgl. Söderberg, Forngutnisk ljudlära, s. 12; Noreen, Sv. landsm. I, 691 f., 733, Arkiv I, 167 f., An. gr. II, § 455, 1; Karsten, Stud. öfver de nord. språkens primära nominalbildning II, 183 ff.

2. Etwa die halbe anzahl der alten nominalen endungen

§ 425. Starke adj.-deklination.

sind von pronominalen (den endungen des pron. demonstrativum, got. *sa, sō, þata*) verdrängt worden.

§ 425. Jedes adj. flektiert sowol als *a-* wie als *ō-*stamm. Jener tritt in m. und ntr., dieser im f. auf. Die endungen — die von der substantiv-dekl. abweichenden kursiv gedruckt — sind nun:

	mask.	fem.	neutr.
Sg. N.	-r	— (u-uml. d. wurzelv.)	-t
G.	-s	-*rar*	-s
D.	-*um*, -*om*	-*ri*, -*re*	-*u*, -*o*
A.	-*an*	-*a*	-*t*
Pl. N.	-*ir*, -*er*	-ar	— (u-uml. d. wurzelv.)
G.	-*ra*	-*ra*	-*ra*
D.	-um, -om	-um, -om	-um, -om
A.	-a	-ar	— (u-uml. d. wurzelv.)

Anm. 1. Von den mit pronominalen endungen versehenen kasus sind aus urn. zeit nur acc. sg. m. *minino* (Kjølevig; vgl. § 156 anm.), *hino* (Strøm), spät-urn. synkopiert *nAkða*[*n*] (Eggjum), *sin* (Sölvesborg) und nom. pl. m. *sijosteR* (Tune), *snAreR, wiltiR* (Eggjum) belegt. Zu vergleichen sind aber noch die urn. belege bei einigen demonstr. pronominen. — Die etwa 16 belege (nur nom. sg. und pl. m., nom. sg. und acc. pl. f.) der mit nominalen endungen gebildeten kasus sind schon § 356 anm. 1, § 373 anm. 1, § 385 anm. 1 und § 399 anm. 1 angeführt worden.

Anm. 2. Nom. acc. sg. ntr. sind selten nominal statt pronominal gebildet, also ohne -*t* (vgl. got. *blind* neben *blindata*), z. b. (im St. Hom.) *verþ, all,* (im No. Hom.) *lung, mild,* (im Cod. Tunsb.) *half, slík* u. a. m. neben gew. *vert* wertes, *allt* alles, *langt* langes, *milt* mildes, *halft* halbes, *slíkt* solches. S. Noreen, Arkiv VI, 361, 366 und Geschichte[3] § 205, 1; Wadstein, F. Hom., s. 141. In adverbialem und substantivischem gebrauch sind dagegen solche formen häufig, z. b. *saman* zusammen, *sialdan* selten, *fiol-* viel-, *miok* sehr, *á meþal* oder *í mipel* zwischen, *nóg* genug, *til* zu, *í gegn* entgegen, *diúp* tiefe, *full* becher, *hol* loch, *liós* licht, *kol* (vgl. *Kolr* als mannsname) kohle, *sáp* aussaat, *skarþ* scharte, *verþ* wert, *eigen* eigentum, *bunden* garbe, *megen* (vgl. § 428 anm. 1), *eyþe* (s. § 358 anm. 5) einöde, *gilde* bezahlung, gilde, *dauþyfle* (zu got. *dauþubleis*) kadaver, *innyfle* eingeweide u. a.

Anm. 3. Acc. sg. m. zeigt seit dem 14. jahrh. oft (z. b. in der Flateyjarbók, M. Olsen, Vǫlsunga saga, s. XXXIII, E. Olson, Yngvars saga, s. LVI) die endung -*ann* statt -*an* (s. J. Þorkelsson, Breytingar á myndum viðt., s. 35), wo -*nn* wol von *kristenn, minn* u. dgl. übernommen ist (s. Walde, Die germanischen auslautgesetze, s. 96). Vgl. aber die partikel *siþann* (in alten hdschr., wol um die dentale natur des *n* hervorzuheben, vgl. § 260) neben *siþan, siþan* seitdem.

§ 426. 427. Adj. reine a-, ō-stämme.

Anm. 4. Eine kontamination von dat. sg. *(milli)* und pl. *(millum)*
zeigen wol mehrere von folgenden präpositionalen formen: *(í) millem*, anorw.
auch *mellem*, *mœllim* (s. z. b. Hægstad, G. Tr. s. 68, resp. Kong., s. 11)
'zwischen' neben *mille, millom*, anorw. *millum, millium* (s. Fritzner, Hægstad,
Vestno. maalf. II,2, I, s. 22 f.), *mellom*, aus *miðli*, resp. *miðlum (§ 268, 4) zu
(á, í) meþal (miþal in Agrip; ahd. metal 'medius') oder miþel (s. § 63, 3).
Aisl. *gegnem* (häufig in der Hauksbók, sonst sehr selt., s. Hb. s. XLVI,
Þorkelsson, Supplement IV und Egilsson) neben *gegnom* 'durch' zu *gegn*
'gerade' (vgl. § 428 anm. 1) dürfte von *millem* beeinflusst sein. S. Kock,
Arkiv XXXV, 85.

Anm. 5. In den 'rímur' des 15. jahrhs. fehlt bisweilen jede endung
bei einem nach seinem subst. stehenden adj.

a) Reine *a-*, *ō*-stämme.

§ 426. Paradigmen: *spakr* verständig, *gamall* alt, *grár* grau.

Sg. N.	spakr	spǫk	spakt
G.	spaks	spakrar	spaks
D.	spǫkom, *spakum*	spakre	spǫko, *spaku*
A.	spakan	spaka	spakt
Pl. N.	spaker	spakar	spǫk
G.	spakra	spakra	spakra
D.	spǫkom, *spakum*	spǫkom, *spakum*	spǫkom, *spakum*
A.	spaka	spakar	spǫk
Sg. N.	gamall § 277, 1	gǫmol, *gamul*	gamalt
G.	gamals	gamallar	gamals
D.	gǫmlom, *gamlum*	gamalle	gǫmlo, *gamlu*
A.	gamlan	gamla	gamalt
Pl. N.	gamler	gamlar	gǫmol, *gamul*
G.	gamalla	gamalla	gamalla
D.	gǫmlom, *gamlum*	gǫmlom, *gamlum*	gǫmlom, *gamlum*
A.	gamla	gamlar	gǫmol, *gamul*
Sg. N.	grár(r) § 280,2	grǫ́	grátt § 280 anm. 4
G.	grás(s) § 280 anm. 4	grár(r)ar	grás(s)
D.	grǫ́m § 132	grár(r)e	grǫ́
A.	grán § 130	grá	grátt
Pl. N.	gráer	grár	grǫ́
G.	grár(r)a	grár(r)a	grár(r)a
D.	grǫ́m	grǫ́m	grǫ́m
A.	grá	grár	grǫ́

§ 427. Wie *spakr* gehen die meisten adjektiva, z. b. *siúkr*
krank, *kuþr*, *kunnr* (§ 261 und § 277, 4, b) bekannt, *iafn* (§ 277, 3)
eben, *vǽnn* (§ 277,1) schön, *heill* (§ 277,1) gesund, *fagr* (pl. *fagrer*;
§ 277, 3) schön, *huass* (pl. *huasser*; § 277, 3) scharf, *víss* (pl.
víser; § 277, 1) weise, die auf *-óttr* wie *háróttr* behaart, part.

§ 428. Adj. reine *a*-, *ō*-stämme.

prät. auf *-aþr* wie *kallaþr* genannt, superl. auf *-astr* (mit ausnahme derjenigen auf *-legastr*, s. § 428) wie *spakastr* verständigst.

Ueber die kasus, die das paradigma mit den substantivischen *a*- und *ō*-deklinationen gemeinsam hat, s. was dort angeführt worden ist. Ueber die abweichenden kasus sei bemerkt:

1. Im nom. acc. sg. ntr. assimiliert sich dem *-t* ein vorhergehendes *d*, *ð* (§ 268, 1 und 2); *tt* wird dann nach einem konsonanten oder schwachtonigen vokal gekürzt (§ 283; § 285, 5). Z. b. *blint* zu *blindr* blind, *fǿtt* zu *fǿddr* geboren, *breitt* zu *breiþr* breit, *hart* zu *harþr* hart, *fast* zu *fastr* fest, *hitt* zu *hittr* gefunden, *kallat* zu *kallaþr* genannt.

Anm. 1. Ueber *mart* (später *margt*, *markt*) zu *margr* mancher s. § 291, 5; *iam(n)t* zu *iafn* eben § 291, 8; *satt* zu *saþr*, *sannr* wahr § 266, 2, a; *gott* (neben *gótt*) zu *góþr* gut § 127, 3.

2. In gen. dat. sg. f. und gen. pl. ist bei wörtern auf *-l*, *-n*, *-r*, *-s* zu beachten die verschiedene behandlung des anlautenden *-r-* in den endungen *-rar*, *-ri*, *-ra* nach den in § 277 dargestellten gesetzen. Z. b. gen. sg. f. *vǿnnar* zu *vǿnn* schön, *linrar* zu *linr* mild, *iafnrar* zu *iafn* eben, *saþrar*, *sannrar* zu *saþr*, *sannr* wahr; *vissar* (später *visrar*) zu *viss* weise, *huassar* (später *huassrar*) zu *huass* scharf; *heillar* zu *heill* heil, *hollrar* zu *hollr* hold; *bitrar* zu *bitr* (pl. *bitrer*) bitter.

Anm. 2. Im anorw. schwindet seit 1300 (am frühesten, wie es scheint, im Drontheimischen) das *-r-* analogisch auch bei anderen wörtern, z. b. gen. sg. f. *æfenleg(r)ar*, dat. sg. f. *half(r)e*, gen. pl. *góð(r)a*, s. Hægstad, Arkiv XV, 102, Kong. s. 25, Vestno. maalf. II, 1, s. 74 und II, 2, I, s. 181, 183, Falk und Torp, Dansk-norskens syntax, s. XV note. Mnorw. kann im gen. pl. *-s* nach der analogie der substantiva hinzutreten, z. b. *allæs* statt *allra*, s. Falk und Torp a. o. Vgl. überhaupt die aschw. entwickelung, worüber s. An. gr. II, § 454, 2, 3, 5 und anm. 9.

Anm. 3. Adj. auf *-legr* können mnorw. in nom. sg. m. und f. auf *-ligen* enden, s. Hægstad, Kong. s. 25.

§ 428. Wie *gamall* gehen, von den unten 1—5 erwähnten abweichungen abgesehen, die meisten zweisilbigen wörter mit kurzer ableitungssilbe, z. b. *hugall* aufmerksam, *fǫroll* umherstreifend, *litell* (pl. *litler*, *litler* § 127, 2) klein, *mikell* (*mykill* § 77, 5, b); *openn* offen, alle part. prät. auf *-inn*, wie *bundenn* gebunden; *auþegr* reich, *máttegr* (pl. *mátker* § 239, 1, a) oder

§ 428. Adj. reine a-, ō-stämme.

mǫ́ttogr (pl. mǫ́tker) mächtig, mǫ́logr gesprächig, heilagr (pl. helger § 128) heilig; nøk(k)ueþr (pl. nøkþer, nøkter § 226, § 159, § 238, 2, c; seltener nǫk(k)ueþr, s. § 159) nackt, alle part. prät. auf -iðr, wie valeþr gewählt; mit langer ableitungssilbe nur ý́miss (*ý́-missʀ), ymiss (§ 127, 5), anorw. auch imiss (§ 114) 'wechselnd' und die superl. auf -legastr (aber im allg. nicht die sonstigen auf -astr, s. § 156), z. b. veglegastr (pl. veglegster) prächtigst (s. Cederschiöld, Arkiv IX, 95 f.).

In betreff der synkopierung ist zu bemerken:

1. Die synkope unterbleibt infolge ursprünglicher länge des ableitungsvokals in den part. prät. auf -aðr (got. -ōþs), z. b. kallaþr genannt; infolge des starken nebentones in heimell, heimoll verfügbar, bisweilen auch in andern wörtern auf -l, z. b. vesall (pl. aisl. vesaler, aber anorw. vesler) elend; nicht selt. (bes. im anorw., aber im aisl. erst seit c. 1300) bei den wörtern auf -g, z. b. auþegr, heilagr, dreyrogr blutig (pl. auþger und auþeger usw.); endlich nicht selt. in ý́miss (dann pl. ý́misser neben ymser, ý́mser, anorw. auch imsir).

2. Die synkope ist durch ausgleichung in allen kasus durchgeführt worden bei den wörtern auf -eþr, die schon in den ältesten hdschr. keine nicht-synkopierten formen in gen., dat. sg. f. und gen. pl. mehr aufweisen. Später haben sie durchgehende synkope, also nøkþr, nøktr statt nøk(k)ueþr, valþr statt valeþr. Wenn die wurzelsilbe auf ð oder t endet, ist die (früher eingetretene, s. § 66, 1 und die daselbst zitierte literatur) synkope schon in der ältesten sprache durchgängig, z. b. gladdr (nie *glaþeþr) erfreut, huattr (zweimal huettr, nie *huateþr) geschärft, mettr (zu got. matjan essen) satt; s. Noreen, Språkvetenskapliga sällskapets förhandlingar 1916—1918, s. 92.

Anm. 1. Auch von ý́miss kommt bisweilen ein anal. synkopierter gen. pl. yms(r)a vor. Neben megenn kräftig steht ein durchsynkopiertes megn (über das substantivierte ntr. megen, megn, magn s. § 362 anm. 2 und § 425 anm. 2); neben frǿkenn mutig steht frǿkn, neben náenn 'nahe' anorw. auch nánn; über ntr. dát(t) und bút s. § 159. Nur synkopierte formen, aber teils mit, teils ohne i-umlaut (vgl. § 359 anm. 1 und § 362 anm. 2) sind durch ausgleichung entstanden bei gegn gerade, vorteilhaft, gagn-stígr richtweg, i gegnom, gǫgnom durch, i gegn, gǫgn entgegen, gagn-vart gegenüber, gagn (selt. gegn) vorteil (substantiviertes ntr., s. § 425 anm. 2).

§ 429. Adj. reine *a-*, *ō*-stämme.

Ueber die bildung der einzelnen kasus sei bemerkt:

3. Im nom. acc. sg. ntr. wird bei den wörtern auf *-enn* das *n* dem *t* assimiliert, *tt* dann verkürzt (§ 266, 2, b), z. b. *heiþet* zu *heiþenn* heidnisch. Ueber *heilakt* (ebenso gen. sg. m. ntr. *heilaks*) zu *heilagr* u. dgl. s. § 239, 1, b.

Anm. 2. Ueber *lítell, mikell* s. unten 5.

4. Ueber die behandlung des anlautenden *-r-* der endungen in gen. dat. sg. f. und gen. pl. s. § 277, 1; also gen. sg. f. *heimellar* zu *heimell, heiþennar* zu *heiþenn*. Von *ýmiss* kommen neben *ýmissar, -sse, -ssa* später *ýmisrar, -ri, -ra* vor (§ 277 anm. 1).

5. Im acc. sg. m. haben die wörter auf *-enn* (gleichwie alle — auch einsilbige — adjektivpronomina und zahlwörter auf *-n* oder *-r*; zur erklärung s. v. Friesen, N. Spr. I, 63 note) statt der endung *-an* nur *-n* (vgl. § 156 anm.), z. b. *kristenn* (nicht **kristnan*, wie häufig im aschw.) zu *kristenn* christlich. — *Lítell* klein und *mikell* gross bilden sowol acc. sg. m. als auch nom. acc. sg. ntr. wie von einem adj. auf *-enn*, also acc. (mnorw. selt. auch nom., s. Hægstad, Vestno. maalf. II, 2, ɪ, s. 186) sg. m. *lítenn, mikenn*, nom. acc. sg. ntr. *lítet, miket*, woneben als adv. *lit(t)* — worüber s. § 160 anm. — wenig, *miok* (**meku*, gr. μέγα) sehr.

Anm. 3. Ueber die doppelformen im nom. sg. f. und nom. acc. pl. ntr. *vesǫl, heilǫg* oder *vesol, heilog* zu *vesall* und *heilagr* s. § 78 und § 151, 5 (vgl. § 148).

Anm. 4. Nom. acc. pl. ntr. von *ymiss* hat bisweilen die ganz unregelmässige form *ymse* oder *yms*.

Anm. 5. Ueber die flexion *yfrenn, ýrenn, órenn* reichlich, pl. *ýrner, órner* s. § 235, 2 und Noreen, Arkiv VI, 312 f.

§ 429. Wie *grár(r)* flektieren die meisten (über *frár, frǽr, hár, mǽr, slǽr* s. § 430, *nýr* § 431) adj. auf langen vokal, z. b. *blár* blau, *fár* gering an zahl, *flár* falsch, *flór* warm, *hlýr* (poet.) oder *hlǽr* lau, *hrár* rau, *knár* tüchtig, *rór* ruhig, die auf *-skár* (z. b. *herskár* kriegerisch), *smár* gering, *spár* prophezeiend, die auf *-sǽr* (z. b. *auþsǽr* leicht sichtbar), *trúr* treu, *þrár* trotzig, die auf *-ǽr* (z. b. *skammǽr* kurzlebend).

Anm. Ueber späte formen wie acc. sg. m. *gráan*, dat. pl. *gráum* u. a. s. § 130, § 132.

b) *wa-, wō*-stämme.

§ 430. Paradigma *fǫlr* bleich.

	mask.	fem.	neutr.
Sg. N.	fǫlr	fǫl	fǫlt
G.	fǫls	fǫlrar	fǫls
D.	fǫlom, *fǫlum*	fǫlre, *fǫlri*	fǫlo, *fǫlu*
A.	fǫluan	fǫlua	fǫlt
Pl. N.	fǫluer, *fǫluir*	fǫluar	fǫl
G.	fǫlra	fǫlra	fǫlra
D.	fǫlom, *fǫlum*	fǫlom, *fǫlum*	fǫlom, *fǫlum*
A.	fǫlua	fǫluar	fǫl

So flektieren noch: *dyggr* (vgl. anm. 4) treu, *døkkr* (*dǫkkr*, s. § 167) dunkel, *frár, frór* (§ 80, 2 schluss sowie anm. 2 und 3 unten) munter, *frǽr* (pl. *frǽfer*), *friór* (§ 106) fruchtbar, *gløggr* (§ 424 anm. 2) deutlich, *gǫrr* (pl. *gǫruer*), *gørr* (*gerr* § 82 anm. 3) bereit, *hár*, alt *hór* (§ 98, 2 sowie anm. 2 und 3 unten) hoch, *hnøggr* knapp, *hryggr* (vgl. anm. 4) betrübt, *hǫss* (pl. *hǫsuer*) grau, *kløkkr* sentimental, *kuikr, kykr* (§ 82, 10, § 279, 2) lebendig, *lǫskr* träge, *myrkr* (vgl. anm. 3 und 4) finster, *mǽr* (pl. *mǽfer*), *miór* (§ 106), *miár* (wol nach dem pl. *miáfer*, der seinerseits zu *miór* nach der analogie *frór : fráfer* gebildet ist; vgl. noch anm. 2) schmal, *rǫskr* rasch, *slǽr, sliór, sliár* (vgl. *mǽr* und anm. 2 unten) stumpf, *snøggr* (§ 424 anm. 2) schnell, kurzhaarig, *styggr* mürrisch, *tryggr* treu, *þrǫngr* (vgl. § 424 anm. 2) eng, *þykkr, þiokkr* (s. § 424 anm. 2, § 92 sowie anm. 3 unten), *ǫlr* betrunken, *ǫngr, øngr* (§ 424 anm. 2) eng, *ǫrr* (pl. *ǫruer*) rasch, freigebig.

Anm. 1. Ueber späte formen wie *fǫlvum, fǫlvu* vgl. § 235 anm. 1.

Anm. 2. Bei adj. auf langen vokal, z. b. *slǽr(r)* ist § 280, 2 mit anm. 4 zu beachten; also nom. acc. ntr. *slǽtt, sliótt, sliátt*, gen. pl. *slǽr(r)a* usw.

Anm. 3. *Hár(r)* — nach Pipping, Stud. nord. fil. XII, 1, s. 66, aus **hahw-* (oder auch wie *frár : frór*) — *hór(r)* und *frár(r), frór(r)* gehen auch (bes. in etwas späterer zeit) nach § 429. Auch sonst (z. b. bei *þykkr* und *myrkr*) kommt schon ziemlich früh eine flexion ohne das charakteristische *w* (also nach § 427) vor.

Anm. 4. *Dyggr* (s. Bugge, Beitr. XIII, 510), *hryggr, myrkr* und vielleicht noch einige andere gehen auch nach § 431.

c) *ja-*, *jō*-stämme.

§ 431. Paradigma *sekr* (anorw. *sœkr*, vgl. § 279, 1) schuldig.

	mask.	fem.		neutr.	
Sg. N.	sekr	sek		sekt	
G.	seks	sekrar		seks	
D.	sekiom, *sœkkium*	sekre,	*sœkri*	sekio,	*sœkkiu*
A.	sekian	sekia		sekt	
Pl. N.	seker, *sœkir*	sekiar		sek	
G.	sekra	sekra		sekra	
D.	sekiom, *sœkkium*	sekiom, *sœkkium*		sekiom, *sœkkium*	
A.	sekia	sekiar		sek	

So gehen ziemlich wenige adj.: von wörtern mit kurzer wurzelsibe nur *miþr* mittel und *nýr* (ntr. *nýtt*, gen. sg. m. und ntr. *nýs(s)*, f. *nýr(r)ar* usw., s. § 280, 2 mit anm. 4) neu; sonst einige auf -*ʒ*, -*g*, -*k* endende (urspr. teils *i*-, teils *u*-, teils *ia*-, *iō*-stämme) wie *deigr* weich, die auf -*drǿgr* (z. b. *eindrǿgr* fortwährend), *eygr* mit augen versehen, *fátǿkr* armselig (aber *tǿkr* annehmbar nach § 427), die auf -*fengr* (z. b. *harþfengr* kräftig greifend), *fleygr* fliegend, *frǽgr* berühmt, *gengr* gangbar, *hǿgr* bequem, *lǽgr* liegend, *ríkr* (vgl. § 358 anm. 5) mächtig, *rǽkr* verwerflich, *samþykkr* einwilligend, *slǿgr* schlau, *sterkr* (§ 424 anm. 2), *styrkr* (§ 167) stark, *vígr* streitbar, *vǽgr* wiegend, *ýgr*, *ǿgr* (§ 75) schrecklich, *þekkr* angenehm, *þǽgr* annehmlich; vgl. noch § 430 anm. 4.

Anm. 1. Die meisten von diesen wörtern können — einige schon früh, andere (z. b. *miþr*, *nýr*) erst später — auch nach § 427 flektieren.

Anm. 2. Die übrigen *ia-*, *iō*-stämme sind, wie die meisten *i*- und *u*-stämme (vgl. § 424 anm. 2), mit den reinen *a-*, *ō*-stämmen ganz zusammengefallen (vgl. jedoch § 358 anm. 5) und sind nur durch den *i*-umlaut als solche zu erkennen.

B. Schwache deklination.

§ 432. Die schwache adj.-deklination (im positiv und superlativ) ist im allgemeinen im sg. m. und ntr. die der *an*-stämme (§ 399), im sg. f. die der *ōn*-stämme (§ 406); der pl. hat eine besondere flexion (vgl. jedoch § 406 anm. 5). Aber die participia präs. (in adjektivischer funktion; vgl. § 422) und die komparative flektieren im sg. f. und im ganzen pl. wie *īn*-stämme (§ 410).

§ 433—435. Schwache adj.-deklination.

a) **Flexion des positivs und superlativs.**

§ 433. Paradigmen: *spake* der verständige (vgl. *spakr* § 426), *gráe* der graue (vgl. *grár* § 426).

	mask.	fem.	neutr.	mask.	fem.	neutr.
Sg. N.	spake	spaka	spaka	gráe	grá § 130	grá
G. D. A.	spaka	spǫko, *spaku*	spaka	grá	grǫ́ § 132	grá
Pl. N. G.	spǫku, *spaku*			grǫ́		
D.	spǫkom, *spaku* (s. anm.)			grǫ́m, *grǫ́* (s. anm.)		
A.	spǫko, *spaku*			grǫ́		

Anm. In anorw. und sehr späten aisl. hdschr. endet auch der dat. pl. auf *-u*, *-o*, z. b. *spǫku* (*spaku*); vgl. Wimmer, Læsebog⁴ s. XXIVf. note, Wisén, Riddara Rímur, s. XXXIX. Sehr selt. enden im anorw. sg. gen. dat. acc. m. (vgl. § 401 anm. 1) und sg. ntr. auf *-i*, *-e* statt *-a* (Wadstein, F. Hom., s. 102).

So flektieren die meisten adj., z. b. *kunne* der bekannte (vgl. *kuþr*, *kunnr* § 427), *fagre* der schöne (vgl. *fagr* § 427), *gamle* der alte (vgl. *gamall* § 428), *mátke* der mächtige (vgl. *máttegr* § 428), *helge* oder *heilage* der heilige (vgl. *heilagr* § 428), *fǫlue* der bleiche (vgl. *fǫlr* § 430), *seke*, f. und ntr. *sekia* (anorw. *sækkia*), der schuldige (vgl. *sekr* § 431), *spakaste* der verständigste (zu *spakastr* verständigst).

§ 434. Sehr viele, meist zusammengesetzte, adj. sind (aus verschiedenen gründen, s. z. b. § 401 anm. 2) indeklinabel geworden mit der schwachen endung *-a*, älter auch oft mit nom. sg. mask. auf *-i*, *-e* (übrigen kasus auf *-a*), z. b. *andvake*, *-a* schlaflos, *dumbe* (auch stark *dumbr*) stumm, *frumvaxta* ausgewachsen u. a. (s. die vollständige materialsammlung bei Wessén, Zur geschichte der germ. *n*-deklination, s. 136 ff.).

b) **Flexion des komparativs und partic. präs.**

§ 435. Paradigmen: *spakare* weiser, *gefande* gebend.

	mask.	fem.	neutr.	mask.	fem.	neutr.
Sg. N.	spakare	spakare	spakara	gefande	gefande	gefanda
G. D. A.	spakara	spakare	spakara	gefanda	gefande	gefanda
Pl. N. G.	spakare			gefande		
D.	spǫkorom, *spakarom*			gefǫndom, -ondom, *gefandom*		
A.	spakare			gefande		

§ 436. 437. Komparation.

Anm. 1. Im anorw. können alle kasus, sowol im sg. als im pl., auf *-e* (selten auf *-a*, s. Wadstein, F. Hom., s. 100) enden. Im aisl. kommt selten (später häufiger) dat. pl. auf *-e*, *-i* vor; in rímur einigemal acc. sg. m. auf *-i* (s. Gislason, Efterladte skrifter II, 179). Vgl. noch Þorkelsson, Athugasemdir, s. 10 f.; Wimmer, Læsebog⁴ s. XXIV note; Wisén, Riddara Rímur s. XXXIX.

Anm. 2. Im anorw. kann, wenn auch selten, der komparativ nach § 433 flektiert werden (s. Þorkelsson, Athugasemdir, s. 9 f., Hægstad, Vestno. maalf. II, 1, s. 81); bisweilen auch stark, z. b. gen. sg. f. *mœirrar*, dat. sg. ntr. *bœtru, flœiru, mœiru* (s. Hægstad, a. o. I, s. 118 und II, 2, 1, s. 181, 183).

C. Komparation.

§ 436. Die steigerungsformen des adjektivs können nach dreifacher art gebildet werden:

1. Komp. mit suffix *-ar-*, superl. mit suff. *-ast-* (*-azt-* § 310 anm. 3), z. b. *spakr* verständig, komp. *spakare*, sup. *spakastr*.

Anm. 1. Aus urn. zeit ist ein hierher gehöriger superl. belegt: nom. pl. m. *sijosteʀ* (Tune). Vgl. got. *armōza, armōsts*.

2. Komp. mit suff. *-r-* (aus *-iʀ-*, got. *-iz-*), superl. mit dem suff. *-st-* (aus *-ist-*, got. *-ist-*); *i*-umlaut des wurzelvokals tritt (bei langer silbe immer, bei kurzer — nur durch ein beisp. vertreten — gewöhnlich, vgl. § 66, 1, § 67, c) sowol im komp. als superl. ein, z. b. *langr* lang, komp. *lengre*, superl. *lengstr*; *góþr* gut, komp. *betre*, superl. *beztr* (*baztr*).

3. Komp. mit suffix *-r* (aus *-ar-*, *-er-* und *-r*, vgl. got. *aftarō* und *aftra*, ahd. *aftaro, -ero* und *-ro*), superl. entweder nach 2 oder 1 oben gebildet; *i*-umlaut tritt im komp. gewöhnlich (aber auch bei langer wurzelsilbe nicht immer) ein. Positiv fehlt bei allen hierhergehörigen wörtern. Beisp. s. § 441. Vgl. F. de Saussure in Mélanges Renier, s. 383.

Anm. 2. Das partic. präs. wird nie, das partic. prät. selt. gesteigert.

Anm. 3. Der komparativ flektiert nur schwach (§ 435), der superlativ sowol stark (§ 427) als schwach (§ 433).

§ 437. Wie *spakr* gehen die meisten adj., z. b.

fegenn froh	*fegnare*	*fegnastr*
gǫfogr vornehm	*gǫfgare*	*gǫfgastr*
heilagr heilig	*helgare* § 128	*helgastr*
huass scharf	*huassare*	*huassastr*

§ 438. Komparation.

knár(r) tüchtig	knár(r)e § 130, § 280, 2	knástr
máttegr mächtig	mátkare § 239, 1, a	mátkastr
náenn nahe	nánare, vgl. § 428	nánastr
ríkr mächtig; vgl. § 439	ríkare (vgl. § 431 anm. 1)	ríkastr
rǫskr rasch	rǫsk(u)are (vgl. § 430 anm. 3)	rǫsk(u)astr
vitr klug	vitrare	vitrastr
ǫrr freigebig	ǫruare § 430	ǫruastr

Anm. 1. Anal. kontrahiert sind miór(r)e (miáre Hb., s. XXXVII), mióstr neben miófare (miáfare), miófastr zu miór, miár schmal; ebenso fráre, frástr neben fráfastr (frófastr) zu frár, frór hurtig.

Anm. 2. Der positiv fehlt bei sialdnare 'seltener', sialdnastr und ist nur im acc. sg. ntr. als adv. sialdan (§ 425 anm. 2) erhalten. Ein primitiveres *sialdr ist in zusammensetzungen wie siald-sénn 'selten' und adv. komp. sialdar belegt.

§ 438. Wie langr gehen ziemlich viele adj., z. b.

fagr schön	fegre § 277, 3	fegrstr
fár(r) wenig	fǽr(r)e (vgl. anm. 2)	fǽstr
grunnr, gruþr seicht	grynnre, gryþre	grynztr § 310, 1
hár(r), hór(r) hoch	hǽr(r)e, hǿre	hǽstr, hǿstr
hreinn rein	hreinne § 277, 1	hreinstr
lágr niedrig	lǽgre	lǽgstr
skam(m)r kurz	skem(m)re	skemstr
smár(r) klein	smǽr(r)e (vgl. anm. 2)	smǽstr
stórr gross	stórre	stórstr
ungr jung	yngre (vgl. anm. 3)	yngstr
þrǫngr eng	þrøngre	þrøngstr (vgl. § 439 anm. 2)

So gehen auch (ausser den in § 439 erwähnten wörtern; vgl. auch § 440) u. a. grønn grün, lǽr lau, meinn schädlich, skírr, skýrr (aber zu der form skǽrr superl. skǽrastr) hell, slǿgr klug, sýnn offenbar, þykkr dick, vǽnn (vgl. § 439 anm. 2) schön; wahrscheinlich auch die nur im komp. belegten auþbǿnn erbittlich, auþveldr leicht zu bewältigen, fǿrr imstande zu fahren, gagnsǽr durchsichtig und das nur im superl. belegte þǽgr annehmlich.

Anm. 1. Im positiv fehlen heldre, helztr (halztr Hb., s. XXXVII) vorzüglichst, ǿþre, ǿztr vornehmst, nǽrre, nǽstr, anorw. selt. nǿre und öfter nǿstr (s. Hægstad, Vestno. maalf. I, s. 137, 143 und II, 2, 1, s. 94, 95 sowie Gamalnorsk fragment, s. 10, wo unrichtige erklärung) 'nächst' (vgl. posit.

ná-, *nó-*, § 77,2, § 78 'nahe-' in zusammensetzungen) und *fyrre* 'früher', *fyrstr*, *fystr* § 272,3 (sehr selt. — wenn nicht schreibfehler — ohne umlaut, § 67, c, im ausdruck *í furstonne* statt *í fyrstonne* 'anfangs') 'erst'. Vgl. noch § 440.

Anm. 2. Von *smár* und *fár* kommen im komp. auch selt. *smǿre* (Gislason, Um frumparta s. 154, Unger, Saga Þiðriks, s. XVIII, Hægstad, Gamalnorsk fragment, s. 10; vgl. anm. 1 oben), *fǿre* (Unger a. o.) vor.

Anm. 3. Von *ungr* jung kommt im komp. auch *ǿre* (§ 113; got. *jūhiza*) vor; im superl. ist einmal *ǿrstr* (nach anm. 4) belegt.

Anm. 4. Sehr selt. dringt *r* aus dem komp. in den superl. hinein. So findet sich von *fár* neben *fǽstr* auch *fǽrstr*; über *ǿrstr* s. anm. 3 oben. Vgl. § 442,3.

Anm. 5. Die adj. (urspr. participia) auf *-aðr* werden im allg. durch vorangestelltes *betr*, *bezt* kompariert, z. b. sup. *viliaztr*, häufiger *bezt viliaðr* 'am meisten geneigt'.

§ 439. Doppelte steigerungsformen (nach § 437 und § 438) haben einige adj. wie z. b. *diúpr* (*diúpare*, *diúpastr* und *dýpre*, *dýpstr*) tief, *dýrr* teuer, *framr* vorzüglich (komp. und sup. in der bedeutung 'vorder', 'vorderst'), *frǽgr* (*frǽgre*, *frǽgstr* und später *frǽgare*, *-astr*) berühmt, *gløggr* (*gløgguare*, *gløgguastr* und *gløggre*, *gløggstr*) deutlich, *greiþr* (komp. nicht belegt) leicht zu bewerkstelligen, *hǽttr* (superl. nicht belegt) gefährlich, *ríkr* mächtig, *skygn* (*skygne*, *skygnstr* und *skygnare*, *-astr*) klarsehend, *skyldr* verwandt, *sterkr* (*styrkr* § 167; selt. komp. *sterkare*, superl. alt gew. *sterkstr*) stark, *þungr* schwer, *þunnr* dünn. Ueber die eigentlich nicht hierhergehörigen *miór*, *frár* s. § 437 anm. 1.

Anm. 1. Einige adj., die nach § 437 gehen, haben nur im komp. doppelformen, z. b. *giofoll*, komp. *gioflare* und *giofolle*, freigebig; *mildr* milde; *nýr*, komp. *nýiare* (selt.) und *nýr(r)e*, neu; *slǽr*, komp. *slǽfare* und *slǽr(r)e*, stumpf; *sǿtr* süss; *tryggr*, komp. *trygguare* und *tryggre*, treu.

Anm. 2. Einige adj., die nach § 438 gehen, haben nur im superl. doppelformen, z. b. *fríþr* schön; *heill* gesund; *hǿgr*, sup. *hǿgstr* und *hǿgiastr*, bequem; *seinn*, sup. *seinstr* und *seinastr*, langsam; *sǽll*, sup. *sǽlstr* und *sǽlastr*, glücklich; *vildr* (sup. selt. *vilztr*, s. Jónsson, Skjaldesprog s. 72) beliebt; *vǽnn* (sup. *vǽnastr* erst in rímur, s. Gislason, Efterladte skrifter II, 179; früher, aber sehr selt. im anorw., s. Hægstad, Vestno. maalf. I, s. 118) schön; *þrǫngr*, sup. *þrǫngstr* und *þrǫng(u)astr* (s. Vigfusson), *þrǫnguastr* (s. Hertzberg), eng. Doppelbildung nur im komp. zeigt *vesall*, komp. aisl. *vesalle*, anorw. *veslare*, sup. *vesalstr* elend (vgl. § 428,1).

Anm. 3. Gemischte komparation, so dass komp. nach § 438 und superl. nach § 437 gebildet ist, kommt wol nur scheinbar vor, z. b. *auþegr*, *auþegre*, *auþgastr* reich und (mit wenigen ausnahmen, s. Flom, The language of

§ 440. 441. Komparation.

the Konungs skuggsjá, s. 138) die auf *-legr* wie *veglegr, -legre, -legastr* (aber acc. *-legstan* usw., s. § 428; selt. anorw. anal. *-legst*) prächtig, wo synkope nach § 156 anzunehmen ist. Komp. nach § 437 und superl. nach § 438 zeigt *fiolmennr, -mennare, -menztr* von vielen leuten begleitet.

§ 440. Einige adj., die nach § 438 gehen, aber nur in komp. und superl. vorkommen, ersetzen den fehlenden positiv durch wörter, die ihrerseits nur im pos. vorkommen:

gamall (alt auch *aldenn*) alt	*ellre* (selt. anorw. *œldri*)	*elztr* § 310, 1
góþr gut	*betre* (vgl. § 416 anm. 3 schluss)	*beztr*, alt gew. *baztr* § 67, c
illr, vándr böse	*verre* s. anm. 2	*verstr, vestr* § 272, 3
lítell klein	*minne* § 277, 4, b	*minztr* § 310, 1
margr (anorw. selt. *mangr*) mancher	*fleire*	*flestr* § 128
mikell (*mykill*) gross	*meire*	*mestr* § 128

Anm. 1. Hierher kann auch *sialdsénn, sialdnare, sialdnastr* (s. § 437 anm. 2) gerechnet werden.

Anm. 2. *Verre* statt **virre* (s. § 63, 3) beruht wol teils auf anschluss an dass adv. *verr* (got. *waírs*), das nach Osthoff aus **verzaz* (eine bildung wie lat. *minus*) entstanden ist, teils von dem einfluss von *betre* (s. Pipping, Neuphilologische Mitteilungen 1902, 15./11.—15./12., s. 3).

§ 441. Der dritten komparationsart (§ 436, 3) gehören nur:

(vgl. präp. *af* ab)	*efre* später	*efstr, eftr* (§ 291 anm. 2) letzt
(vgl. adv. *aptan* von hinten)	*eptre* (sehr selt. *aptre*); *aptare*	*epztr; aptastr* hinterst
(vgl. adv. *austan* von osten her)	*eystre*	*austastr* östlichst
(vgl. das späte und sehr selt. adv. *fiar* fern)	*fiarre*, selt. *firre* fern; *firnare* entfernter	*firstr* entferntest
(vgl. adv. *handan* von jener seite)	*hindre* später	*hinztr* letzt
(vgl. adv. *inn* hinein)	*innre, iþre* § 261	*inztr* innerst
(vgl. adv. *neþan* unten)	*neþre, niþre; neþarre* § 280 anm. 4	*neztr* unterst

§ 442. Komparation der adverbia.

(vgl. adv. *norþan* von norden her) — *nyrþre, nørþre, nerþ-re* (selt. *norþre*); *norþar(r)e* — *nyrztr, nørztr, nerztr*; *norþastr* nördlichst

(vgl. präp. *of* über) — *øfre, efre* § 119 — *øfstr, efstr* oberst

(vgl. adv. *síþ* spät) — *síþre; síþar(r)e*, vgl. § 442, 1 — *síþastr, síþarstr* (vgl. § 438 anm. 4), *síþarastr* spätest

(vgl. adv. *sunnan* von süden her) — *syþre* § 261, anorw. auch *sundri, sunnare* — *synztr, syztr* (§ 266, 2, a) südlichst

(vgl. adv. *út* hinaus) — *ytre, ýtre* § 127, 5 — *yztr, ýztr*, anorw. auch *ýtarstr* äusserst

(vgl. adv. *vestan* von westen her) — *vestre* — *vestastr* westlichst

Anm. Nur im komp. kommen vor: *vinstre* (selt. *vístre* § 299, 4) link und dessen (urspr. zu *hǿgr* bequem nach § 438 hörender) gegensatz *hǿgre* recht.

Anhang: Komparation der adverbia.

§ 442. Die adverbia werden im allgemeinen ganz wie die adj. gesteigert, also in dreifacher weise:

1. Komp. *-ar* (oft *-arr* § 280 anm. 4, anorw. bisweilen *-are*, s. Hægstad, Vestno. maalf. II, 2, 1, s. 207), sup. auf *-ast*, z. b. *opt* oft, *optar(r), optast; sialdan* selten, *sialdnar* (und *sialdar* § 437 anm. 2), *sialdnast; víþa* weit, *víþar(r), víþast*, u. a.; bes. alle auf *-la* und *-lega*.

2. Komp. auf *-r*, sup. auf *-st*, beide mit *i*-umlaut der wurzelsilbe, z. b. *gǫrua, gørua* (s. § 77, 7) genau, *gørr, gørst*; (*ná-, nó-* vgl. § 438 anm. 1; urspr. komp.) *nǽr* und *nér* (nach *nest*, s. § 127, 6), selt. nach 1 oben alt u. dicht. *náar* (s. Sievers, Arkiv V, 133 f.), etwas später auch *nǽri* nahe, komp. *nǽrr*, später auch *nǽrri*, sup. *nǽst, nest* § 127, 6 und durch kontamination *nést* (s. Hægstad, Vestno. maalf. II, 1, s. 31); *snem(m)a, snim(m)a* bald, *snem(m)r, snim(m)r* früher, *snemst, snimst* neulich; *lenge* lange, *lengr* (temporal, vgl. anm. 3), *lengst; skamt* kurz, *skem(m)r* (temporal, vgl. anm. 3), *skemst*, u. a.

Anm. 1. Im positiv fehlen (vgl. § 438 anm. 1) *síþr* weniger, *síz(t)*, vgl. 3 unten; *fyrr* früher, *fyrst, fyst*, § 272, 3, zuerst.

§ 443. Komparation der adverbia. § 444. Kardinalzahlen.

Anm. 2. Doppelformen kommen auch hier (vgl. § 439) bisweilen vor, z. b. *fram(m)* vorwärts, hervor (vgl. § 277 anm. 5), *fremr* und *framar(r)*, *fremst* und *framast, -arst* (vgl. § 438 anm. 4).

3. Die dritte komparationsart weicht bei den adv. insofern von der entsprechenden der adj. (s. § 436, 3, § 441) ab, als der komp. auf *-ar(r)*, der superl. auf *-a(r)st* endet, z. b. *síþ* spät, *síþar(r), síþa(r)st* (vgl. anm. 1 oben). So gehen noch die schon § 441 erwähnten adv. *aptan, austan, inn, neþan, norþan, sunnan, út, vestan*; abweichend *fiarr* (*fiarre, ferre*, s. Jónsson, Skjaldesprog, s. 116, M. Olsen, Vǫlsunga saga, s. LXXVI), *firr, first* und (*handan*), *hindar(r), hinzt*.

Anm. 3. Wie im positiv (z. b. *vitt* neben *víþa* weit) und superl. (z. b. *ýzt* neben *útarst*, anorw. auch *út(t)ast*, äusserst), so kann auch im komp. die form des acc. sg. (selt. pl.) ntr. des adj. statt der eigentlich adverbialen form verwendet werden. Bei vielen wörtern ist in der älteren zeit diese bildung sogar die einzig gebräuchliche, z. b. *tíþara* zu *títt* oft, *lengra* (lokal, vgl. 2 oben) zu *langt* lang, *skem(m)ra* (lokal, vgl. 2 oben) zu *skamt* kurz (s. Þorkelsson, Athugasemdir, s. 25 ff.); sonst z. b. *víþara* neben *víþar(r)* weiter, *fyrre* neben *fyrr* früher, seltener *optare* neben *optar(r)* öfter.

Anm. 4. Bisweilen kann der adverbialen komparativform noch *meir(r)* 'mehr' angehängt werden, z. b. *fyrrmeir(r)* früher, *firrmeir(r)* ferner, *næ(r)meir(r)* näher, *ofarmeir(r)* mehr nach oben, *síþarmeir(r)* mehr nach unten, später.

§ 443. Besonders ist zu merken die suppletorische komparation (vgl. § 440) folgender adverbia:

giarna gern	*heldr, giarnara*	*helz(t)* 303, 1
illa § 127, 2 übel	*verr*	*verst, vest* § 272, 3
lít(t) § 160 anm. wenig	*minnr, miþr*	*minzt*
miok sehr	*meir(r)*	*mest*
upp aufwärts (vgl. *of* über)	*ofar(r), ofarmeir(r)*	*ofa(r)st*
vel (anorw. *rel, vœl, val*) wol	*betr*	*bezt, bazt*

Kap. 3. Die zahlwörter.

a) Kardinalzahlen.

§ 444. *Einn, enn* § 128 'ein', 'einer' flektiert:

	mask.	fem.	neutr.
Sg. N.	einn	ein	eitt § 266, 2, a
G.	eins	einnar	eins
D.	einom, *œinum*	einne, *œinni*	eino, *œinu*
A.	einn § 428, 5	eina	eitt

§ 445. 446. Kardinalzahlen.

	mask.	fem.	neutr.
Pl. N.	einer, œinir	einar	ein
G.	einna	einna	einna
D.	einom, œinum	einom, œinum	einom, œinum
A.	eina	einar	ein

Anm. 1. Der pl. kommt in den bedeutungen 'irgend ein' und 'allein' vor. In der letzteren bedeutung kommt auch schwache flexion: *eine*, *eina* usw. (nach § 433) vor.

Anm. 2. In etwas späteren schriften kann *einn* auch als unbestimmter artikel gebraucht werden.

§ 445. *Tueir* 'zwei' flektiert:

	mask.	fem.	neutr.
N.	tueir	tuǽr § 71, 2	tuau (selt. tuá)
G.	tueggia, *tuœggia*	tueggia, *tuœggia*	tueggia, *tuœggia* § 227, 1
D.	tueim	tueim	tueim
A.	tuá	tuǽr	tuau (selt. tuá)

Anm. 1. Dat. heisst alt (vor c. 1200; einige spätere beisp. s. bei Þorkelsson, Supplement IV, 152, Hægstad, Vestno. maalf. I, s. 26, und Wimmer, Aarbøger 1867, s. 59) auch *tueimr*, s. § 277 anm. 5.

Anm. 2. Acc. m. hat in alten gedichten bisweilen die anal. (nach *bláa*, *gráa* u. dgl.) gebildete form *tuáa*; s. Jónsson, Skjaldesprog s. 85; Þorkelsson, Supplement IV, 152.

Anm. 3. Aeusserst seltene formen sind nom. m. *tuǽr* (St. Hom.), nom. acc. f. *tuér* (Reykj. máld., Rímb.), *tueir* (St. Hom., Strengleikar s. 46), ntr. *tú* (s. Hægstad, Vestno. maalf. II, 2, ɪ, s. 198), mnorw. auch *tuaug* (s. § 305 anm. 3).

Anm. 4. *Tuenner*, *tuinner* 'zwei' (über den bedeutungsunterschied von *tueir* und *tuenner* s. Sievers bei Brugmann, Die distributiven, s. 71 ff.) flektiert ganz wie ein starkes adj. Jedoch kann im nom. acc. ntr. (anorw. auch in anderen kasus) bisweilen *tuenne* neben *tuenn* (aisl. auch selt. *tuennen*; anorw. auch *tuinn*, *tuinni*, z. b. Jónsson, Fagrskinna, s. XXVII, *tynni*, ja ein sg. *tuint*) vorkommen.

§ 446. *Báþer* 'alle zwei', 'beide' flektiert:

	mask.	fem.	neutr.
N.	báþer	báþar	bǽþe, báðe
G.	beggia, *bœggia*, *báðra*	beggia, *bœggia*, *báðra*	beggia, *bœggia*, *báðra*
D.	bǫþom, *báðom*	bǫþom, *báðom*	bǫþom, *báðom*
A.	báþa	báþar	bǽþe, báðe

Anm. 1. Nom. acc. ntr. kann im anorw. bisweilen und ziemlich spät *bǽðen*, *báðen* (wie im aschw.) heissen; im aisl. alt und selt. *beiþe* (St. Hom.), *béþe* (so immer in der Hauksbók, gew. im Cod. AM. 645, 4⁰, bisweilen mnorw., s. Hægstad, Vestno. maalf. II, 2, ɪ, s. 95), dies aber gew. als konj. 'sowol' (. . . . als).

§ 447—449. Kardinalzahlen.

Anm. 2. Gen. kann mnorw. bisweilen auf *-ias*, *-iæs*, *-is* enden, s. Falk und Torp, Dansk-norskens syntax, s. XV note.

§ 447. Þrír 'drei' flektiert:

	mask.	fem.	neutr.
N.	þrír	þriár, þréar	þriú
G.	þriggia	þriggia	þriggia § 227, 1
D.	þrim(r), þrem(r)	þrim(r), þrem(r)	þrim(r), þrem(r) § 277 anm. 5
A.	þriá, þréa, þré	þriár, þréar	þriú

Anm. 1. Aus urn. zeit ist nom. f. als *þrijoʀ* (Tune) belegt.

Anm. 2. Sehr seltene nebenformen sind: nom. acc. ntr. *þrió* (Agrip, Dahlerups ausg. s. XV), anorw. *þrú* (s. Hægstad, Vestno. maalf. II, 2, ɪ, s. 119), mnorw. *þréa* (s. Hægstad, Kong. s. 37), *trý* (Hægstad, Vestno. maalf. II, 2, ɪ, s. 198).

Anm. 3. *Þrenner, þrinner* 'drei' (vgl. § 445 anm. 4) geht wie ein starkes adj., nur dass im nom. acc. ntr. anorw. *þrenne* (Hægstad, G. Tr., s. 43), aisl. *þrennen* (Jónsson, Skjaldesprog s. 87) vorkommen kann.

§ 448. Fiórer (mnorw. auch *firir*, s. Hægstad, Vestno. maalf. II, 2, ɪ, s. 198) 'vier' flektiert:

	mask.	fem.	neutr.
N.	fiórer	fiórar	fiogor § 259, fiugur § 89 anm. 1
G.	fiogorra, fiugurra	fiogorra, fiugurra	fiogorra, fiugurra
D.	fiórom	fiórom	fiórom
A.	fióra	fiórar	fiogor, fiugur

Anm. 1. Sehr selt. ist mnorw. gen. *figurra* (Fritzner, Hægstad, Vestno. maalf. II, 1, s. 84), *fygura* (Hægstad, a. o.); vgl. agutn. *fygura* und aschw. nom. acc. ntr. *fighur*.

Anm. 2. Ferner 'vier' (vgl. § 445 anm. 4) geht wie ein starkes adj.

§ 449. Indeklinabel sind (von dem vereinzelten dat. anorw. *siaum*, s. Fritzner, abgesehen) die zahlen von 5 bis 20. Sie lauten: *fim* (selt. *fimm*, s. Þorkelsson, Tímarit 1901, s. 68, mnorw. *femm*, s. Hægstad, a. o. II, 2, ɪ, s. 103; vgl. § 298, 2) 5, *sex* 6, *siau* 7, *átta* 8, *nío* 9, *tío* 10, *ellefo* 11, *tolf* 12, *þréttán* (§ 266, 2) 13, *fiog(o)rtán* (anorw. auch *fiug(u)rtán*), *fiórtán* (vgl. 160 anm., § 89 mit anm. 1) 14, *fimtán* 15, *sextán* 16, *siaut(i)án* § 295 anm. 1) 17, *át(t)ián* 18, *nítián* 19, *tottogo* (§ 266, 2), *tuttugu*, *tuítián* 20.

Anm. Selt. nebenformen sind, für 7: *sió* (Agrip; Cod. 655, 4°; Fritzner; Þorkelsson, Supplement II), misl. *sie* (Þorkelsson, ib. I; ein erklärungsversuch bei Kock, Beitr. XV, 252 f.), anorw. *siaug* (Fritzner und § 305 anm. 3; vgl. aschw. *siūgh*, afries. *siugon*); 11: anorw. *ælliufu* § 235, 2, *ællugu* (§ 172, 1; § 256), mnorw. *ælluva* § 172, 1; 12: *tuolf* § 77, 10; 13: *þrétián*

§ 450—453. Kardinalzahlen. § 454. 455. Ordinalzahlen.

(Jónsson, Skjaldesprog s. 87; vgl. auch *prentán-de* § 456 anm.); 14: anorw. *fiúrtán* (Fritzner, vgl. das aschw.; vgl. auch *fiórtián-de* § 456 anm.); 15: *fimtián* (Jónsson, a. o.); 16: *sextián* (Jónsson, a. o.); 17: *sautián, s(i)eytián*, anorw. *siótián*, misl. *siǝtián* (s. Fritzner; Vigfusson; Þorkelsson, Supplement I; Gislason, Aarbøger 1879, s. 161); 20: *tiogo* § 89, 1 (kaum suecismus wie Bugge, Arkiv II, 252 note vermutet, denn vgl. *tiugu* hier unten), anorw. *tuittugu, tyttugu, tugtugu, tyktugu* (Fritzner; Hægstad, G. Tr. s. 52, Vestno. maalf. II, 1, s. 17, II, 2, I, s. 170 und II, 2, II, s. 23 f.), *tut(e)gu, tutigu* (beides im Hoprekstader buche), *tiugu* (F. Jónsson, Fagrskinna, s. 222), orkn. *tuttu(gu)* (Hægstad, Hild., s. 63).

§ 450. Die zahlen 30, 40 usw. bis 110 werden durch 3, 4 usw. mit folgendem pl. des subst. *tigr, tegr, tøgr, togr, tugr* (§ 395 anm. 3) 'anzahl von zehn' gebildet; also *þrír tiger, teger* usw. 30, *fiórer tiger* 40, *ellefo tiger* 110. Später hat man indeklinabel: *þriátigi* (shetl. *þrǽtige*, s. Hægstad, Hild., s. 42, anorw. *þrǽttigi*, s. Hægstad, Vestno. maalf. II, 2, I, s. 34 und 111), *fiórutigi, fimtigi, sextigi* (-*togo* Reykj. máld., -*tugu* Hb., s. LVII, anorw. -*tigu*, s. Hægstad, a. o. II, 2, I, s. 197) usw., noch später *þriátíu, fiórutíu, fimtíu* usw.

§ 451. Die zahlen 21—29, 31—39 usw. werden in folgender weise gebildet: *tottogo ok einn* oder *einn ok tottogo* 21, *fiórer tiger ok fim, fim ok f. t.* 45, *ellefo tiger ok nío* 119 usw.

§ 452. *Hundraþ* 120 (*hundraþ tolfrétt*; selt. in der bedeutung von 100, *hundraþ tírétt*, das gew. durch *tío tiger* bezeichnet wird) ist ein subst. neutr., das nach § 361 flektiert; also *tuau hundroþ* 240, *þriú hundroþ* 360 usw.

Anm. Selt. wird *hundraþ* als indeklinables adj. gebraucht.

§ 453. *Þúsund, þúshund* 1200 (selt. 1000) ist ein subst. fem., das nach § 390 flektiert; also *tuǽr þúsunder* 2400 usw. Die nebenform *þúsundraþ* ist natürlich neutr. nach § 361.

b) Ordinalzahlen.

§ 454. *Fyrstr* (stark nach § 427) oder *fyrste* (schwach nach § 433) 'der erste' (vgl. § 438 anm. 1). Bei aufzählung und in den verbindungen '21ste' usw. kann auch die kardinalzahl *einn* oder *eine* gebraucht werden (vgl. § 444 mit anm. 1).

§ 455. *Annarr* 'der zweite' (auch 'der eine' oder 'der andere') wird in folgender weise (nur stark) flektiert:

§ 456—458. Ordinalzahlen.

	mask.	fem.	neutr.
Sg. N.	annarr	ǫnnor, annur	annat § 300,1
G.	annars	annarrar	annars
D.	ǫþrom, aðrum § 261	annarre	ǫþro, aðru
A.	annan § 300,1 mit anm. 1	aþra	annat
Pl. N.	aþrer	aþrar	ǫnnor, annur
G.	annarra	annarra	annarra
D.	ǫþrom, aðrum	ǫþrom, aðrum	ǫþrom, aðrum
A.	aþra	aþrar	ǫnnor, annur

Anm. Seit 1300 zeigt sich anorw. gen. pl. *annra*, dat. pl. *andrum*, acc. pl. *andra* (s. Hægstad, Vestno. maalf. I, s. 147 und II, 2, 1, s. 134); vgl. § 305 anm. 1.

§ 456. Die ordinalzahlen für 3—12 lauten: *þriþe*; *fiorþe*, *fiórþe*; *fimte*; *sétte* (anorw. auch *sexte*); *siaunde*, *siunde*; *átte*, *áttande*, *ǫ́ttonde*; *níonde*; *tíonde*; *ellepte*; *tolfte*. Diese, wie alle folgenden, flektieren nur schwach (nach § 433), wobei *þriþe* (fem. *þriþia* usw.) als *-jan-*, *-jōn-*stamm geht.

Zu 13—19 sind die ordinalia aus den kardinalzahlen durch zufügung von *-de* gebildet; also *þréttánde* usw.

Anm. Selt. nebenformen sind, zu 7: *sionde* (Hb. s. XXV; Fritzner; Lind, Dopnamn, sp. 873; *siønde*), anorw. *siauði* (Wadstein, F. Hom., s. 140); 11: anorw. *œlliufti* § 235, 2, *øllyfti* § 77, 7, § 85, *øllykti* § 257, *øllepti*, *œrlipti*; 13: anorw. *þrentánde* (s. § 258, 2); 14: anorw. *fiórtiánde* (Hb., s. XXXV; 2 maliges *fogrtánde* — s. Kock, Arkiv XXXIII, 253 — ist wol nur schreibfehler); 17: *seytiánde*.

§ 457. Um zu 20, 30, 40 usw. die ordinalia zu bekommen, hat man den stämmen *tot-* oder *tut-*, *þrí-*, *fer-*, *fim-*, *sex-*, *siau-*, *átta-*, *ní-* die endung *-togonde*, *-tugonde*, *-tegonde*, *-tøgonde*, *-tugande*, später *-tugti* (*-tukti*), noch später *-tugasti* anzuhängen, z. b. *tottogonde*, *tuttugonde* usw. der zwanzigste usw.

Anm. 1. Neben *tottogonde* usw. kommt auch *tuitiánde*, selt. *tugtugti* (sehr selt. anorw. *tyttugti*, *tyktugti*, s. Hægstad, Vestno. maalf. II, 2, 1, s. 170; vgl. § 449 anm.) vor, neben *þrítogonde* auch selt. aisl. *þrettogonde* (St. Hom.), anorw. *þrétugti*, *þriátygti*; neben *fertugti* auch *fiórtugti*.

Anm. 2. Zu 100 und noch höheren zahlen kommen in der alten sprache keine ordinalia vor.

§ 458. Zu 21—29, 31—39 usw. lauten die ordinalzahlen *tottogonde ok fyrste* (oder *einn*) oder auch *fyrste* (*einn*) *ok tottogonde* usw.

c) **Andere numeralia.**

§ 459. Multiplikativa (adj.) werden durch komposition mit *-faldr* gebildet: *ein-*, *tuí-* (seltener *tué-*, vgl. § 111, 2, und *twǽ-in twǽvetr* zweijährig), *þrí-* (selt. *þré-*), *fer-faldr* (anorw. vereinzelt *fiær-*, s. Hægstad, Vestno. maalf. I, s. 130) usw. Ausserdem hat man *tueþr, tuennr* (alt auch *tuiþr, tuinnr*, selt. *luénn* § 111, 2, *tuínn*, vgl. ags. *twín* zwirn) doppelt, *þreþr, þrennr* (selt. *þriþr, þrinnr* und *þrénn*) dreifach.

Anm. Die pl. *tuenner* usw., *þrenner*, ferner werden als reine kardinalzahlen gebraucht. Vgl. § 445 anm. 4, § 447 anm. 3, § 448 anm. 2.

§ 460. Auf die frage 'wieviele dekaden enthaltend' (bes. 'wie alt') antworten die adj. *tuítøgr* 20 jahre alt, *þrítøgr* 30 jahre alt, *fertøgr* 40 j. a., *fimtøgr* 50 j. a., *sextøgr* 60 j. a., *siautøgr* (*siótugr*), vgl. anm. 1, oder *síauréþr* 70 j. a., *áttréþr* 80 j. a., *niréþr* od. *nítøgr* 90 j. a., *tíréþr* (selt. *téréþr*) 100 j. a., *tolfréþr* 120 j. a.

Anm. 1. Statt *-tøgr* kommt seltener *-togr*, anorw. (später auch aisl.) *-tugr* vor; vgl. Þorkelsson, Athugasemdir s. 25. Das vereinzelte *tuítygr* (Agrip, s. XVI) ist wol nur ein schreibfehler.

Anm. 2. *Halffertøgr* bedeutet 35 jahr alt, *halfníreþr* 85 j. a. usw.

§ 461. Eine anzahl kann bisweilen auch durch subst. fem. auf *-d, -t* ausgedrückt werden: *fimt, sétt, siaund, níund, tylft* (selt. *tolft* § 392, 3), *þrítøgt* usw. vgl. § 460) anzahl von 5, 6, 7, 9, 12, 30 usw.; vgl. noch *ǽtt, átt* drittel des runenalphabets (also ursprünglich 8 runen, s. Brate, Sv. fornm. tidskr. VII, 55 f.), misl. auch oktant des horizonts (s. Hertzberg, s. 679, sp. 2, Bugge, No. I. Indledning, s. 33 f.), *tíund* zehnt. Auf *-ing* enden *eining* einheit, *tuen(n)ing* (vgl. § 285, 2) zweiheit, *þren(n)ing* (*þrinn-*) dreiheit. Isoliert steht *tigr, tegr* usw. (§ 395 anm. 3) anzahl von zehn.

§ 462. Subst. mask. durch *-ung-* von den ordinalzahlen abgeleitet drücken den teil aus: *þriþ(i)ongr* drittel, *fiorþongr* (*fiórþongr*) viertel usw. Ausnahme macht *helmingr, hel(f)ningr* (selt. *helfingr* § 237, 2) oder *helfþ, -t* (anorw. *hælfð, -d* § 238 anm. 8) hälfte.

§ 463. Von zahladverbien kommen nur zwei vor: *tysuar, uisuar* (anorw. auch *tysuár, tysuor, tuisuor*, s. Hertzberg) zwei-

§ 464. Persönliche Pronomina.

mal, *þrysuar, þrisuar* (anorw. auch oft *þrysuár*, seltener *þrysuor, þrysor, þriss(u)or, þresuor*, s. Hertzberg) dreimal. Sonst bedient man sich der umschreibungen *eino sinne* einmal, *tueim sinnom* oder *tysuar sinnom* zweimal, *þrim* oder *þrysuar sinnom* dreimal, *fiórom sinnom* viermal usw.

Anm. 'Zum ersten, zweiten etc. male' heisst (*et*) *fyrsta sinn*, (*i*) *annat sinn* (auch *oþro sinne*), (*et*) *þriþia sinn* usw.

Kap. 4. Pronomina.

1. Persönliche.

a) Ungeschlechtliche.

§ 464. Diese sind *ek* 'ich', *þú, ðu* (§ 221, 1) 'du' und das reflexivum der dritten person. Die flexion zeigt noch einen dual.

Sg. N.	ek, eg § 248	þú	—	
G.	mín	þín	sín	
D.	mér	þér	sér	
A.	mik, mig § 248, *mek* § 145 anm. 3	þik, þig § 280, *þek* § 145 anm. 3	sik, sig § 248, *sek* § 145 anm. 3	
Du. N.	vit, viþ § 248, *mit* § 278, *vet*, *met* § 145 anm. 3	it, iþ § 248, þit § 465 anm. 5, þið	—	
G.	okkar	ykkar	} wie im sg.	
D. A.	ok(k)r	yk(k)r		
Pl. N.	vér, vǽr, *mér* § 278	ér, þér § 465 anm. 5	—	
G.	vár	yþ(u)ar § 235 anm. 4	} wie im sg.	
D. A.	oss, (aisl. auch) øss, *ós* § 112,1, § 127,7	yþr		

Anm. 1. Aus urn. zeit ist nur die erste person belegt: Sg. nom. *ek* (Nedre Hov, Lindholm, Kragehul, Nordhuglen, Rö, Gallehus, Maglemose, Tune, Kjølevig, Valsfjorden, Fæmø, Järsberg), *ęk*(Reistad), *ek͡a*?(Veblungsnæs, By), *ik* (Åsum), *ekA*? (Stentoften), *Ak*? (Björketorp), vgl. § 465 anm. 2; dat. *meʀ* (Opedal); acc. *m[i]k* (Etelhem).

Anm. 2. Im nom. sg. hat das anorw. und der Shetlandsdialekt bisweilen *iak* (wie das aschw.) statt *ek*, s. § 94. Im 15. jahrh. kommt ein danisierendes *iek* vor. Im aisl. kommt selt. *ék* (woraus nisl. *jeg*) vor.

Anm. 3. Im gen. sg. kommt *þina* (vgl. agutn. refl. *sīna*) statt *þin* in ein paar anorw. runeninschr. vor.

Anm. 4. Ueber dat. sg. *mǽr, þǽr* s. § 109 anm. Mnorw. kommen *mik, sik* auch als dat. vor, s. Hægstad, Vestno. maalf. II, 2, I, s. 187 und Festskrift til Torp, s. 70.

§ 465. Persönliche pronomina.

Anm. 5. Nom. pl. *vær* statt *vér* kommt anorw. seit c. 1250 (z. b. Elis saga 47mal *vær* : 1mal *vér*), aisl. seit c. 1300 (z. b. Morgenstern, AM. fragmente, s. 46 f., und im Cod. reg. der Snorra Edda ausschliesslich) vor und ist in den 'rímur' des 15. jahrhs. häufig (s. Gislason, Njála II, 602 f.); s. § 109 anm. Alt und äusserst selt. sind *vír* (bei Sighuatr, s. Gislason a. o., s. 600) st. *vér* und *es* (in der anorw. inschr. von Sele c. 1100 und Cod. AM. 677, 4⁰ etwas nach 1200, s. Bugge, Arkiv XVI, 327, 329) st. *ér*. Mnorw. *ví* (s. z. b. Hægstad, Kong. s. 26 und 37) ist vielleicht ein suecismus. Die anorw. formen *mit* (welche mnorw. auch als pl. gebraucht wird, s. Hægstad, Vestno. maalf. II, 2, I, s. 187), *mér* kommen in aisl. hdschr. nur sehr selt. vor. — Seit 1350 werden nom. du. und pl. *it*, *ér* von den anfangs seltenen *þit*, *þér* (s. § 465 anm. 5) ganz verdrängt.

Anm. 6. Gen. pl. *várr* st. *vár* ist zweimal in St. Hom. belegt. Unmittelbar nach *allra* und *sialfra* werden die formen *várra* und *yþ(u)arra*, nach *beggia* die form *okkarra* gebraucht, s. Þorkelsson, Supplement IV, 172, 179, 182.

Anm. 7. Dat. acc. pl. aisl. *ós* st. *oss*, anorw. (auch misl., s. M. Olsen, Vǫlsunga saga, s. LXXI) *óss* st. *ós* (Wadstein, F. Hom., s. 133) sind äusserst selt.; ebenso (das anorw. häufige) *ós* im aisl. — Mnorw. ist *þydr*, *þydher*, *þydder* (s. § 465 anm. 5) belegt, s. A. B. Larsen, Arkiv XVIII, 86 note Kristiania bymål, s. 111, Hægstad, Afhandlinger viede S. Bugges Minde, s. 224. Mnorw. *iðir* ist vielleicht ein suecismus.

§ 465. Enklitischer anschluss von pronominalformen an das vorhergehende verbum kommt in vielen fällen vor (vgl. § 156):

1. *Ek* wurde (vor 1200 in der regel, im 13. jahrh. vorwiegend) in der dichterischen sprache, nicht selt. auch in der prosa (z. b. St. Hom., Cod. AM. 645, 4⁰ u. a., s. B. M. Ólsen, Aarbøger 1893, s. 225) als *-k*, seltener *-g* (vgl. § 248) suffigiert, was man 'bragarmál' nennt. Z. b. *mǽltak* ich sprach, *siákk* (§ 280) ich sei, *emk* ich bin, *hykk* (§ 270) ich denke, *fréttag* ich fragte. Treten die enklitischen negationen *-a*, *-at* hinzu, so steht nach starktoniger silbe *-k*, nach schwachtoniger *-g*, z. b. *sékka* ich sehe nicht, *þikkat* (§ 270) ich empfange nicht, aber *þorega* ich wage nicht, *gørþega* ich tat nicht. Das *-k* kann nach der negation nochmals angehängt werden, z. b. *mákak* ich kann nicht, *máttegak* ich konnte nicht; nichtsdestoweniger kann ausserdem proklitisches *ek* vorkommen, z. b. *ek mákak* ich kann nicht.

Anm. 1. Zahlreiche beispiele s. bei Gislason, Um frumparta s. 228 ff., Njála II, 11 ff.; Sievers, Beitr. V, 501 ff., VI, 322 ff.; Vigfusson, Eyrbyggja saga, s. XLVII.

§ 465. Persönliche pronomina.

Anm. 2. Beisp. schon urn. suffigierung sind ha[i]teka (Lindholm), haitika (Seel. brakt.), wol auch fAlAhAk (Björketorp; vgl. adän. ak?). Ueber das verhältnis der formen s. Noreen, Geschichte³, § 201, 1.

2. *Þú* kann als *-ðu* (§ 221, 1), *-du* (§ 238, 1, b), *-tu* (§ 238, 2, a) suffigiert werden, z. b. *estu* (*es-ðu, *es-þú; durch unrichtige auflösung von *estu* entsteht dann [*þú*] *est* statt *es*) du bist, *kenndu* kenne (du), *skal(l)du* (dann sehr selt. *skald* statt *skall*, *skaltu* (*skalt-ðu § 276, § 283) du sollst, *vil(l)du*, *viltu* du willst, *heyrþo*, *-u* höre (du). Die negation *-at* kann zwischen das verbum und das pron. hineingeschoben werden, z. b. *gaftattu* (**-at-ðu*) du gabst nicht, *grátattu* weine nicht u. a. Vgl. *attu* (*at þú*) dass du, *þóttu* (*þótt þú*) obgleich du.

3. Dat. *mér* und acc. *mik* werden in alten gedichten nicht selten als *-m* (aus **-mʀ*, s. § 277 anm. 5), resp. *-mk* dem verbum in der 3. pl. suffigiert, z. b. *létom* sie liessen mir, *rǫkomk* sie trieben mich, *under stóþomk* sie standen unter mir. Die formen auf *-mk* können bald diejenigen auf *-m* vertreten und umgekehrt, z. b. *leiþ eromk fioll* leid sind mir die berge. Wo diese suffixe an die 3. sg. treten sollten, hat das verbum die form der 3. pl., z. b. *verpomk orþe á* (statt *verpr á mik*) er schleudert worte auf mich, *gǫfomk* (statt *gaf mér*) er gab mir, *miok erom* (statt *er mér*) *tregt* sehr schwer ist es mir, *vón erom* hoffnung ist mir. Noch mehr auffallend sind konstruktionen wie *synda auke hǫfom* (statt *hefer mik*) *sótt* die menge der sünden hat mich niedergedrückt. Reichliche beisp. bei Kock, Arkiv XXXV, 56 ff., wo auch s. 68 ff. eine wahrscheinlich richtige erklärung.

Anm. 3. Diese formen werden bald mit den gleichlautenden mediopassiven auf *-om(k)* verwechselt und bekommen daher wie diese später nebenformen auf *-omz*, *-umzt*, *-umst*, *-unst*, s. Dyrlund, Tidskr. f. Fil. N. R. VI, 262 f.

Anm. 4. Ueber die suffixe *-m*, *-mk* und *-s* (aus *sér*), *-sk* (aus *sik*) bei der bildung des medio-passivs s. daselbst.

Anm. 5. Ueber eine mutmassliche suffigierung der nom. du. und pl. *it* und *ér* als resp. *-t*, *-r* s. § 158 anm. 1. Sonst werden *it*, *ér* nicht ganz selt. unsynkopiert suffigiert, z. b. *komeþer* ihr kommet, später als *kome þér*, dann auch *komeþ þér* (vgl. § 285 anm. 1) aufgefasst. So sind die jüngeren formen *þér*, *þyðr* und *þit* statt *ér*, resp. *yðr*, *it* (§ 464 anm. 4 und 6) entstanden.

§ 466. Persönliche pronomina. § 467. Possessivpronomina.

b) Geschlechtliches.

§ 466. Dies ist das pron. der 3. person *hann* er, *hon* sie. Ntr. und pl. werden von dem pron. dem. *sá* (§ 469) entlehnt.

	mask.	fem.
Sg. N.	hann	hon, später auch hun, alt auch hón
G.	hans	hennar
D.	honom (alt auch hónom), hǫnom, *hánom,* hǫnom, *hanum*	henne
A.	hann	hana (alt auch hána), *hona, hena*

Anm. 1. Seltene nebenformen sind: mask. nom. (Rímb.) *hánn*, gen. (AM. 645, 4°) *háns*, dat. (St. Hom.) [*h*]*unom*, mnorw. *hunum* (s. Hægstad, Vestno. maalf. II, 2, 1, s. 106 und 107); fem. nom. (Reykj. máld.) *hán* (wie im agutn.), anorw. *hón* (wie selt. im aschw.; s. Hægstad, a. o. II, 2, 1, s. 23 und 103), gen. anorw. *henne* (Fritzner II, 703, sp. 2; Hægstad, Kong. s. 26), *hannar* (Wadstein, F. Hom., s. 59 note), *hennom* (vor subst. im dat. pl.; Wadstein a. o., s. 37), mnorw. *henna(r)s* (Falk und Torp, Dansk-norskens syntax, s. XV note), dat. anorw. *henno* (Wadstein a. o., s. 37). Reichliche belege der anorw. acc. sg. f. *hona* und *hena* bieten Wadstein a. o., s. 59 note; Hægstad, G. Tr., s. 49, Vestno. maalf. II, 2, 1, s. 189; Hertzberg; Þorkelsson, Supplement IV.

Anm. 2. Ueber den sowol qualitativen wie quantitativen vokalwechsel s. § 116, § 127, 1 und 6, § 151, 1 und 5; über den wechsel von *n* und *nn* s. § 277, 2, c.

2. Possessiva.

§ 467. Diese sind: *minn* mein, *þinn* dein, *sinn* sein, ihr, *okkarr* uns beiden zugehörig, *ykkarr* euch beiden zugehörig, *várr* unser (von mehreren), *yþ(u)arr* euer (von mehreren).

	mask.	fem.	neutr.
Sg. N.	minn § 127, 2	mín	mitt
G.	míns	minnar	míns
D.	mínom, *mínum*	minne, *minni*	míno, *mínu*
A.	minn	mína	mitt
Pl. N.	míner, *mínir*	mínar	mín
G.	minna	minna	minna
D.	mínom, *mínum*	mínom, *mínum*	mínom, *mínum*
A.	mína	mínar	mín
Sg. N.	várr	ór, vǫr	várt
G.	várs	várrar	várs
D.	órom, ossom, vǫrom, *várom*	várre	óro, osso, vǫro *váro*
A.	várn	óra, ossa, vára	várt

§ 468. Demonstrativpronomina.

	mask.	fem.	neutr.
Pl. N.	órer, osser, várir	órar, ossar, várar	ór, vǫr
G.	várra	várra	várra
D.	órom, ossom, vǫrom, várom	órom, ossom, vǫrom, várom	órom, ossom, vǫrom, várom
A.	óra, ossa, vára	órar, ossar, várar	ór, vǫr
Sg. N.	yþ(u)arr § 235 anm. 4	yþor, yður	yþ(u)a(r)t § 300, 1
G.	yþ(u)ars	yþ(u)arrar	yþ(u)ars
D.	yþrom, yðrum	yþ(u)arre	yþro, yðru
A.	yþ(u)a(r)n § 300, 1	yþra	yþ(u)a(r)t
Pl. N.	yþrer, yðrir	yþrar	yþor, yður
G.	yþ(u)arra	yþ(u)arra	yþ(u)arra
D.	yþrom, yðrum	yþrom, yðrum	yþrom, yðrum
A.	yþra	yþrar	yþor, yður

1. Wie *minn* flektieren *þinn* und *sinn*. Formen mit *i* vor *nn*, *tt* (*mínn*, *mítt* usw.) kommen vor 1200 bisweilen (s. Jónsson, Skjaldesprog, s. 76) sowie in den rímur durch ausgleichung sehr oft (s. Gislason, Efterladte skrifter II, 180) vor.

Anm. 1. Urn. belegt sind nom. sg. f. *minu* (Opedal) und acc. sg. m. *minino* (Kjølevig), vgl. § 156 anm., später *sin* (Sölvesborg).

Anm. 2. Durch ausgleichung steht nicht selten *nn* statt *n* und umgekehrt, z. b. gen. sg. m. ntr. *sinns*, acc. sg. f. und acc. pl. m. *sinna*, *sinna*, acc. pl. ntr. *sinn*; andererseits gen. sg. f. *sinar*, gen. pl. *sina*, acc. sg. m. *sin* (vgl. § 285, 1, wonach *sit* neben *sitt* zu erklären ist).

2. In der flexion von *várr* kommen die (nach pron. pers. *oss* gebildeten?) mit *oss*- anlautenden formen fast nur in alten gedichten vor. Die mit *ór*- anlautenden formen werden im 13. jahrh. allmählich durch die (in der ältesten zeit seltenen) mit *vár*-, *vǫr*- (später natürlich *vár*- geschrieben, s. § 107) anlautenden nebenformen ersetzt.

3. Wie *yþ(u)arr* (anorw. auch *iðarr*, selt. *þyðarr* — nach *þyðr* § 465 anm. 5 — s. Hægstad, Vestno. maalf. II, 1, s. 83, II, 2, I, s. 170 und 188) flektieren *okkarr* und *ykkarr*.

Anm. 3. Ueber die flexion der pron. poss. vgl. Þorkelsson, Athugasemdir, s. 12 f., Wimmer, Læsebog⁴ XIIIf., Hoffory, Tidskr. f. Fil. N. R. III, 297 ff., Gislason, Aarbøger 1889, s. 343 ff., v. Friesen, N. Spr. I, 63 ff.

3. Demonstrativa.

§ 468. Diese sind: *sá* der (pron. dem.), *siá* (*þesse*) dieser, *hinn* jener, *enn*, *inn* der (artikel). Auch können hierher gerechnet werden *puílíkr* (selt. *þilíkr*, s. Gering, Isl. Æv. I, xxi,

§ 469. Demonstrativpronomina.

Þorkelsson, Supplement IV, oft in Vǫlsunga saga, s. Olsens ausg., s. LXXI) solcher, *slíkr* solcher, *sialfr* selbst und *same* (seltener *samr*) derselbe, welche ganz wie adj. (nach § 427, *same* nach § 433) flektieren, sowie der partikel *suá* solcher.

§ 469. Die flexion von *sá* ist wie folgt:

	mask.	fem.	neutr.
Sg. N.	sá	sú	þat, þœt, þet
G.	þes(s)	þeir(r)ar	þes(s)
D.	þeim	þeir(r)e, þœir(r)i	þuí, þí
A.	þan(n), þœn(n), þen(n)	þá	þat, þœt, þet
Pl. N.	þeir	þǽr	þau
G.	þeir(r)a	þeir(r)a	þeir(r)ra
D.	þeim	þeim	þeim
A.	þá	þǽr	þau

Anm. 1. Aus urn. zeit sind nom. sg. m. *sa* (Lindholm), *sᴀ(ʀ)* (Stentoften) und *sᴀʀ* (Björketorp; wahrscheinlich als *sā-eʀ* aufzufassen), dat. sg. m. *þᴀim* (Eggjum), dat. sg. f. ?*þiʀi* (Tu), acc. sg. m. *hino* (Strøm), acc. sg. ntr. *þᴀt*? (Maglemose), *þat* (By), *þᴀt* (Björketorp), acc. pl. f. *þaʀ* (Einang), *þᴀiᴀʀ* (Istaby) belegt.

Anm. 2. Die formen mit *-rr-* (über welche s. § 280 anm. 2) werden allmählich häufiger als diejenigen mit *-r-*.

Anm. 3. Nebenformen sind: sg. nom. m. *sár* (St. Hom. 1 mal; vgl. anm. 1 und das aschw.), mnorw. *þann* (auch misl., s. Gislason, Efterladte skrifter II, 180 f.), *þœnn*, *þenn*, nom. f. mnorw. *þan*, *þœn*, *þen* (Hægstad, Kong. s. 26, Vestno. maalf. II, 1, s. 83), nom. acc. ntr. anorw. *þá* (Wadstein, F. Hom., s. 141) und oft (z. b. Tüb. bruchst., Cod. Tunsb. u. a.) *þœtt*, *þett* (nach *þetta*?), gen. m. ntr. öfter *þers* (anorw. auch *þors*, z. b. Flatdal), orkn. *þis* (Hægstad, Hild., s. 46), dat. f. *þerre* (s. Olsen, Vǫlsunga saga, s. LXXI), mnorw. *þe* (s. Hægstad, a. o. II, 2, ɪ, s. 192), dat. ntr. (belege der form *þí* — wie oft im nisl. — bei Egilsson, Hertzberg, Gering, Isl. Æv. I, xxɪ, Kålund, Heiðarvíga saga, s. XXII, XXIV, XXVI, Olsen, Vǫlsunga saga, s. LXXI, Hægstad, a. o. II, 1, s. 83; vgl. auch Brenner, Altnord. handbuch, s. 117, und *þí-líkr* § 468) *þué* (Brenner, a. o.), *þú* (St. Hom., vgl. das aschw.), mnorw. *þý* (suecismus? vgl. aber Egilsson, s. 909), acc. f. mnorw. *þan*, *þen* (Hægstad, Kong. s. 13), *þé* (s. Hægstad, a. o.); pl. nom. m. *þǽr* (St. Hom., Wadstein, F. Hom., s. 58; zur erklärung s. Hultman, Hälsingelagen s. 98 note 1), *þér* (Wadstein, a. o.), *þer* (nach § 152, 1; Physiologus I, Olsen, Vǫlsunga saga, s. XLVIII), mnorw. *þei* (s. Hægstad, a. o. II, 2, ɪ, s. 189), nom. f. *þeir* (Reykj. máld., Rímb., Jónsson, Fagrskinna, s. XXV; zur erklärung s. Hultman a. o.), *þér* (St. Hom., AM. 645, 4°, Physiologus III), *þer* (nach § 151, 6, Rímb., Physiologus I, die bruchstücke von Grágás), nom. acc. ntr. mnorw. *þaug* (wie im nisl.; s. § 305 anm. 3), gen. *þer(r)a* (z. b. Physiologus I, bruchst. von Elucidarius, Plácítúsdrápa) § 128 und § 152, 1, mnorw. *theirras* (Falk und Torp, Dansk-norskens syntax, s. XV

§ 470. Demonstrativpronomina.

note, Hægstad, a. o. II, 2, 1, s. 190), *ther(r)is*, *thæires* (Hægstad, Kong. s. 37), dat. *þem* (z. b. Plácítúsdrápa; § 152, 1), acc. m. und ntr. anorw. *þeim* (Hægstad, Kong. s. 13, 26, 37, Vestno. maalf. II, 2, 1, s. 190, wo auch mnorw. *them*, suecismus?), acc. f. mnorw. *thæ* (Hægstad, a. o.), *thá* (Hægstad, Kong., s. 37). Ueber die häufigen *þes*, *þan* statt *þess*, *þann* s. § 285, 1. — Vgl. überhaupt Noreen, Geschichte[3], § 204.

Anm. 4. Statt des anlautenden *þ* steht häufig *ð* (§ 221, 1).

Anm. 5. Am frühesten im anorw., dann auch hie und da im aisl. kann dies pronomen auch (st. *hinn* und wol etwas prägnanter als dies) als artikel vor adj. gebraucht werden, s. Nygaard, Norrøn Syntax, s. 4 note und s. 53.

§ 470. Die flexion von *siá* ist in den ältesten hdschr. sehr verschieden, je nachdem sie aisl. oder anorw. sind. Die im folgenden paradigma durch den druck hervorgehobenen formen sind diejenigen, die in den ältesten aisl. hdschr. die einzigen gebräuchlichen sind. Die übrigen kommen anfangs nur in anorw. hdschr. vor, zeigen sich aber später auch im aisl. (nom. sg. *þesse* schon um 1152, s. Þorkelsson, Breytingar, s. 25).

	mask.	fem.	neutr.
Sg. N.	**siá**, þesse, þessorr, þesser	**siá**, þesse, þessor	**þetta**
G.	**þessa**	**þessar**, þessar(r)ar	**þessa**
D.	**þessom**, þæima, þema	**þesse**, þessar(r)e	**þuísa**, þesso
A.	**þenna**, þennan	**þessa**	**þetta**
Pl. N.	**þesser**	**þessar**	**þesse**, þessor
G.	**þessa**, þessar(r)a	**þessa**, þessar(r)a	**þessa**, þessar(r)a
D.	**þessom**, þæima, þem(m)a	**þessom**, þæima, þem(m)a	**þessom**, þæima, þem(m)a
A.	**þessa**	**þessar**	**þesse**, þessor

Anm. 1. Aeltere formen, die den ursprung dieses pronomens aus pron. *sá* und den enklitischen partikeln *-si* und *-a* (got. *-ūh*) klar legen, kommen häufig in den runeninschriften der vikingerzeit vor, z. b. sg. nom. m. *sasi*, f. *susi*, ntr. *þatsi* und *þita*, acc. m. *þansi* (*þensi* auf Man, s. Aarbøger 1899, s. 242) und *þana* oder *þina*, f. *þasi*, *þasa*, dat. m. *þaimsi* (z. b. Karlevi), pl. nom. ntr. *þausi* u. dgl. Aus urn. zeit ist ein wahrscheinlich hierhergehöriger acc. sg. ntr. *þit* (Overhornbæk) belegt.

Anm. 2. Die formen sg. nom. m. f. *þessi*, gen. f. *þessarrar*, dat. m. *þessum*, f. *þessarri*, ntr. *þessu*, pl. nom. acc. ntr. *þessi*, gen. *þessarra*, dat. *þessum* werden im aisl. allmählich die herrschenden; die form *siá* wird im mnorw. nie mehr gebraucht (s. Hægstad, Vestno. maalf. II, 2, 1, s. 192 note). Alle formen mit -*ss*- haben statt dessen nicht selten -*s*- nach § 285, 1. Seltene nebenformen sind sg. nom. m. anorw. *þessar* (Bugge, Tidskr. f. Phil. og Pæd. IX, 119, Hægstad, a. o., s. 191), *þenna* (Falk und Torp, Dansknorskens syntax, s. XV note), nom. f. mnorw. *þenna*, -*e* (Hægstad, Kong.

§ 471. 472. Demonstrativpronomina.

s. 26, Vestno. maalf. II, 1, s. 83), dat. ntr. anorw. *puísu*, *písa* (Bugge, a. o. s. 117, Hægstad, a. o.), acc. m. *panna* (Gislason, Efterladte skrifter II, 152), f. *pissa* (Jónsson, Skjaldesprog, s. 79), ntr. *patta* (Þorkelsson, Supplement IV, Hægstad, a. o. I, s. 118, II, 1, s. 21, II, 2, 1, s. 191 und 193), *þetti* (St. Hom.), *hitti* (St. Hom.; von *hinn* § 471 beeinflusst), pl. nom. m. anorw. *þesse* (Wadstein, F. Hom., s. 140), nom. acc. ntr. anorw. *þœssir* (s. Hægstad, a. o. II, 2, 1, s. 191), dat. pl. anorw. *þema* (s. Hægstad, a. o. I, s. 118 f. und II, 2, 1, s. 92.

Anm. 3. Bes. in anorw. hdschr. (vgl. auch Isl. Æv. I, XXII) kommen oft formen mit -*rs*- statt -*ss*- vor. Vgl. § 272 anm. 3.

Anm. 4. Ueber die flexion des wortes vgl. bes. Þorkelsson, Athugasemdir, s. 13 ff. Zur etymologie vgl. Bugge, Tidskr. f. Phil. og Pæd. IX, 111 ff.; Lidén, Arkiv IV, 97 ff.; Th. v. Grienberger, ZfdWortforschung IX, 66 ff. Vgl. übrigens im allgemeinen Noreen, Geschichte[3] § 206.

§ 471. *Hinn* flektiert ganz wie *minn* (§ 467; doch überall mit kurzem *i* in der wurzelsilbe). In etwas späterer sprache (doch schon vor 1250) kann *hinn* auch als artikel (statt *enn*, *inn* § 472) vor adjektiven gebraucht werden; es hat dann im nom. acc. sg. ntr. die form *hit* (statt *hitt*, das jedoch anorw. nicht selt. ist, s. Þorkelsson, Supplement IV) und im nom. acc. sg. m. oft *hin* (st. *hinn*), vgl. § 285, 1.

Anm. 1. In Reykj. máld. kommt einmal dat. sg. f. *henni* statt *hinni* vor; vgl. aschw. sg. nom. m. *hœn* (neben gew. *hin*) und *hœngat* (neben gew. *hingat*), anorw. *hengat*, *hingat* hierher (s. § 162 anm.).

Anm. 2. Von einem ursprünglicheren pronominalstamme *he*-, *hi*- sind nur einige trümmer erhalten worden: sg. nom. acc. ntr. *hit* (got. *hita*), dat. ntr. *hí im anorw. *hít* (aus *hí-at § 158; vgl. ? aisl. *hígat*, *hegat*) hierher, vielleicht auch acc. m. *hin* (Eggjum), *hinn (got. *hina*; vgl. *þann* = got. *þana*) in *hin(n)eg* oder *hinnveg* (s. § 235, 1, f, vgl. § 285, 1) 'hierher', 'dort'.

§ 472. *Enn*, *inn* (§ 147 anm. 1) wird ganz wie *hinn* flektiert, hat aber im nom. acc. sg. ntr. immer die form *et* — einigemal anorw. *at*, s. Hægstad, Vestno. maalf. I, s. 38 note und II, 1, s. 30 — *it* (nie *ett, *itt § 285, 1) und, bes. im anorw., oft *en* (*in*) im nom. acc. sg. m. Es wird als bestimmter artikel gebraucht und zwar vor einem adjektiv (z. b. *enn góþe* der gute, *et góþa* das gute), dagegen nach dem substantiv. Auch in dem letzteren falle ist der artikel ursprünglich freistehend gewesen (St. Hom. und No. Hom. haben noch einige beispiele davon); schon früh (etwa um 1000, s. Jónsson, No.-isl. kulturog sprogforhold, s. 315) aber ist er dem subst. suffigiert worden,

§ 472. Flexion mit suffigiertem artikel.

am häufigsten im anorw. (s. Nygaard, Norrøn Syntax, s. 4 note). Dabei treten folgende veränderungen der selbständigen wörter ein (s. Noreen, Arkiv VIII, 140 ff.).

1. Der artikel verliert seinen anlautenden vokal:

a) in den einsilbigen formen nur nach schwachtonigem sonanten, z. b. *líkame-nn* (St. Hom. noch *líkameenn*) der körper, *trúa-n* (St. Hom. *trúa en*) der glaube, *auga-t* das auge, gen. *hana-ns* des hahns, nom. acc. pl. *augo-n* die augen, aber nom. sg. *ǫ́-en* der fluss, *tré-et* der baum, *faþer-enn* der vater usw.;

b) in den zweisilbigen formen mit geschlossener pänultima ausserdem oft nach starktonigem sonanten, z. b. nicht nur gen. pl. *orþa-nna* der wörter, dat. sg. *sólo-nne* und *sól-enne* der sonne, sondern auch *ǫ́-nne* neben *ǫ́-enne* dem flusse, aber nur gen. sg. *fiaþrar-ennar*, dat. sg. *fioþr-enne* der feder usw.;

c) in den zweisilbigen formen mit offener pänultima immer nach schwachtoniger, sehr oft aber auch nach starktoniger silbe, z. b. dat. sg. *ulfe-nom* (und *ulf-nom*) dem wolfe, *barne-no* dem kinde, nom. pl. *ulfar-ner*, acc. pl. *ulfa-na* die wölfe, *tungor-nar* die zungen, aber dat. sg. *streng-(e)nom* der saite, acc. sg. *sól-(e)na* die sonne, *fioþr-ena* die feder neben *ǫ́na* den fluss, nom. acc. pl. *menn-ener* neben (selt.) *menn-er* (aus *menn-ner*; später selt. *menner-ner*, s. § 415) die männer, *negl-ener* die nägel, aber *mýss-nar* die mäuse, *kuerk(r)-nar* die kehle usw.

2. Im dat. pl. steht statt des nach 1, c oben zu erwartenden -*om-nom* gewöhnlich -*onom*, das wol zunächst (nach § 278 anm. 2) aus *omom und dies aus *-*om-mom* entstanden ist, z. b. *orþo-nom* den wörtern, *kirkio-nom* den kirchen. In den ältesten hdschr. wie St. Hom. und No. Hom. kommen noch einige formen auf -*omnom*, z. b. *kirkiomnom* den kirchen (neben noch ursprünglicheren auf -*omenom*, z. b. anorw. *stœinomenom* den steinen) vor; weil aber in allen derartigen fällen der erste nasal verkürzt geschrieben worden ist, ist eine lesung -*nn*- nicht ausgeschlossen (vgl. L. Larsson, Stud. över den St. hom., s. 89 note; Wadstein, F. Hom., s. 112 und 156).

Paradigmen: m. *boge-nn* der bogen, f. *laug-en* das bad, ntr. *borþ-et* der tisch.

§ 472. Flexion mit suffigiertem artikel.

	mask.	fem.	neutr.
Sg. N.	boge-nn	laug-en	borþ-et
G.	boga-ns	laugar-ennar	borþs-ens
D.	boga-nom	laugo-nne, laug-enne	borþe-no
A.	boga-nn	laug-(e)na	borþ-et
Pl. N.	bogar-ner	laugar-nar	borþ-en
G.	boga-nna	lauga-nna	borþa-nna
D.	bogo-nom	laugo-nom	borþo-nom
A.	boga-na	laugar-nar	borþ-en

Anm. 1. Von dem bestimmten artikel bei den adjektiven findet man bisweilen (in den ältesten hdschr. jedoch sehr selt.) im pl. formen, die von dem folgenden schwachen adj. die endung *-u* herübergenommen haben, z. b. nom. acc. *eno* (und nach § 471 *hinu*), gen. *enno* (*hinnu*) statt *enna* (bei wirklich schwacher flexion des artikels stünde ja **eno*); vgl. L. Larsson, Stud. över &c., s. 74, Svar på prof. Wiséns &c., s. 61 (wo jedoch die betreffenden formen als blosse schreibfehler betrachtet werden; ganz sichere beisp. bietet jedenfalls das 14. jahrh.).

Anm. 2. Bei dem mit suffigiertem artikel versehenen substantiv kann gen. sg. m. und ntr. (selt. f.) schon in den ältesten aisl. hdschr. (und etwas späteren anorw. wie Barlaams saga, Strengleikar u. a.) bisweilen in der weise gebildet werden, dass die artikelform *-ens* (selt. f. *-ennar*) zu dem acc. sg. des subst. gefügt wird, z. b. m. *suein-ens* des knaben, *smiþ-ens* des schmiedes, ntr. *nafn-ens* des namens, *tungl-ens* des mondes, *mustere-ns* des klosters, f. *skirn-ennar* der taufe. Zur selben zeit kommt aber auch schon vor, dass die endung *-s* zu dem mit artikel versehenen acc. sg. eines mask. subst. tritt, z. b. *ósenn-s* der mündung, *dagenn-s* des tages, *heimenn-s* der welt, *líkamann-s* des körpers, *páfann-s* des papstes; durch übertragung kann dann die einheitliche endung *-nns* auch bei neutren auftreten, z. b. *ker-enns* des fasses, *mustere-nns* des klosters, *tré-enns* des baumes, aber auch *vaz-enns* des wassers. Vgl. L. Larsson, Stud. över &c., s. 64 f., Svar &c., s. 53. — Cod. AM. 645, 4° hat immer *sueinns-en*(*n*)*s* st. *sueins-ens* des knaben u. dgl.

Anm. 3. Hie und da kann der acc. eines mask. subst. mit dem nom. des artikels verbunden werden und umgekehrt, z. b. (St. Hom. und Cod. AM. 645, 4°) nom. pl. *postola-ner* die apostel, nom. sg. *prest-enn* der priester, *suein-en*(*n*) der knabe, acc. sg. *sueinn-en*(*n*) den knaben.

Anm. 4. Mnorw. kann dat. pl. (wie im aschw.) auf *-omen* (*-ome*, *-ume* § 299 anm. 6) enden, z. b. *gardomen*, *bóndome*, *iorðumme*, *kannukummæ* u. dgl., s. A. B. Larsen, Arkiv XIII, 253; Falk und Torp, Dansk-norskens syntax, s. XII note, Hægstad, Vestno. maalf. II, 1, s. 79.

Anm. 5. Verbindungen von artikuliertem adj. (s. § 471) und artikuliertem subst., wie z. b. *hinn huíte biornenn* u. dgl., kommen bes. im anorw. hie und da vor (s. Nygaard, Norrøn Syntax, s. 4 note und s. 29 f.).

Anm. 6. Ueber die entstehung des suffigierten artikels s. bes. Delbrück, Germ. Syntax III, 1 ff., und Kock, Arkiv XXXV, 97 f.; dagegen — aber nicht überzeugend — Nygaard, a. o., s. 33 f., und H. Pollak, I. F. XXX, 283 ff., 390 ff.

4. Relativa.

§ 473. Als pron. relat. dienen teils, aber ziemlich selt. und fast nur in dem gelehrten stil, die interrogativpronomina *huat* (nur anorw. im dat. pl., s. § 474 mit anm. 1), *huerr* (*huarr*) und *huílíkr* (über welche s. § 474, 3 und 4), teils und zwar sehr selt. das pron. demonstr. *sá* s. § 469; beisp. bei Fritzner III, 155 sp. 2), teils endlich und dies gewöhnlich die partikeln *es* (später *er*, am frühesten bei Sighuatr c. 1025 belegt; in alten aisl. hdschr. sowie im anorw., bes. onorw. und südnorw., auch bisweilen bis c. 1500 *en*) und — etwas später, am frühesten (s. Nygaard, Norrøn Syntax, s. 263) im anorw. (doch aisl. schon bei Are, s. Heusler, Aisl. elementarbuch, 2. aufl., § 471) — *sem*, denen gew. das pron. demonstr. *sá* (*sú*, *þat* usw.) vorausgeht. Ausserdem kommt nicht selt. die konjunktion *at* (woneben selt. ein aus dem ablautenden **et* entstandenes **eð*, z. b. Flateyjarbók III, 254[11], Olsen, Vǫlsunga saga, s. XLI u. LXXII und nisl. bisweilen) in relativer bedeutung vor. — Nicht ganz selt. fehlt jedwedes relativum als einleitung des nebensatzes, s. Neckel, Ueber die altgerm. relativsätze, s. 77 und die dort angeführte literatur.

Anm. 1. Die form *es* herrscht durchaus in den allerältesten hdschr. (Reykj. máld. I, II, AM. 237 fol. sowie den bruchstücken der Grágás, anorw. in AM. 655, 4°, fragm. IX), ist fast alleinherrschend im bruchstücke des Elucidarius und in der Þingeyrarurkunde, überwiegend in St. Hom. (*es* : *er* = 3 : 2) und noch im AM. 645, 4° (gegen 1250) ebenso häufig wie *er*. Sonst ist schon um 1200 die form *er* allgemein (schon in Rímb. weit überwiegend, *er* : *es* = 12 : 1), in anorw. hdschr. ausschliesslich gebräuchlich. Ueber das etymologische verhältnis der formen *es*, *er*, *en* und *at* (**et* > *eð*) s. Noreen, Geschichte[3] § 208.

Anm. 2. *Es* wird sehr oft als *-s* (s. § 158), seltener *er* als *-r* (s. Neckel, a. o., s. 74 ff. und 80) seinem korrelate enklitisch angehängt, z. b. *sás* (wol schon hierher das urn. sᴀʀ Björketorp s. § 469 anm. 1) derjenige welcher, *sús* diejenige welche, *þaz* dasjenige welches, *þanns* denjenigen welcher, *huars*, *þars* dort wo, da wo, *þegars* so bald als, *huárz* (**huárt-es*) ob, *þás* (*þár*) damals als u. a. Ausführliche beisp. bei Gislason, Um frumparta, s. 235 ff.; Sievers, Beitr. V, 497 ff.

Anm. 3. Mnorw. (ja schon 1345 f.) kommt bisweilen *sum*, *som* (vgl. das aschw.) statt *sem* vor, s. Hægstad, G. Tr., s. 92, Kong. s. 26, Vestno. maalf. II, 1, s. 83, 159 und II, 2, ɪ, s. 193. Sehr selt. (wol suecismus) ist mnorw. *þar*, s. Hægstad, a. o. s. 194.

Anm. 4. *Ok* 'und' steht in alter zeit als relativum fast nur nach *samr*, *sam-*, *saman*, s. Heusler, Altisl. elementarbuch, 2. aufl. § 472, Nygaard, Bemerkninger, s. 49 ff. (bes. s. 53).

§ 474. Interrogativpronomina.

5. Interrogativa.

§ 474. Diese sind die folgenden:
1. Das defektive *huat* '(wer,) was', dessen fehlende formen durch entlehnung von *huerr* (s. unten 3) ersetzt werden:

	mask.	neutr.		mask.
Sg. N.	—	huat	Pl. N.	—
G.	hues(s)	hues(s)	N.	—
D.	hueim	huí	D.	*huœim(r)*
A.	—	huat	A.	—

Anm. 1. Seltene nebenformen sind: sg. nom. acc. ntr. *hot* (Fritzner), anorw. (s. Wadstein, F. Hom., s. 141) *huá* (vgl. *nøkkua* § 475 anm. 1 und got. *ƕa*) und *há*, gen. *hués* (St. Hom.), dat. *hué* ('warum'; häufig aber als fragepartikel 'wie'), anorw. *hú* (nur in der verbindung *hú ok há* 'wie und was'. Misl. kommt in derselben bedeutung wie *huí* 'warum' auffallenderweise auch häufig *því* (§ 469) vor, s. Þorkelsson, Supplement IV, 191. — Gen. sg. ist nur aus den ältesten hdschr. zu belegen, dat. pl. nur anorw. sehr selt. (s. Þorkelsson, Athugasemdir, s. 16 und Hertzberg, s. 860) und gew. als relativum gebraucht.

2. *Huárr*, selt. in alten gedichten (s. Jónsson, Skjaldesprog, s. 82) *huaþarr* (got. *ƕaþar*; s. § 292), 'welcher von beiden' flektiert:

	mask.	fem.	neutr.
Sg. N.	huárr (huaþarr)	huǫr	huárt
G.	huárs	huárrar	huárs
D.	huǫrom, *huárom*	huárre	huǫro, *huáro*
A.	huárn (huaþarn)	huára	huárt
Pl. N.	huárer	huárar	huǫr
G.	huárra	huárra	huárra
D.	huǫrom, *huárom*	huǫrom, *huárom*	huǫrom, *huárom*
A.	huára	huárar	huǫr

Anm. 2. Die lautgesetzliche form des dat. sg. ntr. ist in *þóþóro* (aus *þó-aþ-hóró*, s. § 77, 11) 'nichtsdestoweniger' erhalten.

3. *Huerr*, anorw. *huœrr* (in alter zeit weit überwiegend, s. Hægstad, G. Tr., s. 67, Vestno. maalf. I, s. 147, Wadstein, F. Hom., s. 48) und, onorw. und bes. mnorw. (s. § 149 anm. 2), *huarr* 'welcher von mehreren'. *Huerr* flektiert ganz wie *sekr* (§ 431; also z. b. dat. sg. m. *hueriom*, f. *huerre*, ntr. *huerio* usw.), nur mit der abweichung, dass statt des regelmässigen acc. sg. m. *huerian*, welche form nur in alten gedichten (häufig, s. Jónsson, Skjaldesprog, s. 82 f., Sijmons, Die lieder der Edda I, CLXXIX) und einmal im Cod. AM. 645, 4⁰ belegt ist, der

§ 475. Indefinite pronomina.

prosaische sprachgebrauch durchweg die (auch in der poesie häufigere) form *huern* aufweist. *Huarr* dagegen wird gew. wie *huárr* (s. oben 2) flektiert, also z. b. dat. sg. m. *huarum*, f. *huarre*, ntr. *huaru* usw.), seltener wie *huerr* (also dat. sg. m. *huarium*, ntr. *huariu*); acc. sg. m. heisst spät oft *huan* statt *huarn* (vgl. § 300, 1).

Anm. 3. Seltene nebenformen sind: sg. gen. f. anorw. *huœriar*, *huariar* (s. z. b. Hertzberg, s. 306), dat. m. anorw. *huǫrium* (Fritzner II, 116) und *horium* (s. § 77, 10), acc. f. aisl. *huerio* (nur nach einer anderen schwachen form auf -*o*, vgl. § 472 anm. 1).

4. *Huílíkr* 'wie beschaffen' flektiert ganz wie ein starkes adj. (nach § 427).

Anm. 4. Selt. nebenformen sind: Sg. nom. m. *huelíkr* (Gíslason, Um frumparta, s. 191), dat. ntr. *hulko* (Fritzner II, 90; suecismus?), *holko*, nom. acc. ntr. *hulkett*, *hwukkit* (s. Hægstad, Vestno. maalf. II, 2, I, s. 194; suecismen?).

6. Indefinita.

§ 475. In der bedeutung 'irgendein(er)' werden gebraucht: *ein(n)huerr* oder *einshuerr*, *eitthuat* (nur substantivisch), *nakkuarr* (u. a. formen, s. unten 3), *sumr* und *einn*; endlich das nur in negierenden sätzen gebräuchliche *neinn*. Nur anorw. belegt (1mal) ist *sumhuœrr* (s. Þorkelsson, Supplement IV).

1. *Einnhuerr*, f. *einhuer*, ntr. *eitthuert* wird in den übrigen kasus gew. so flektiert, dass *ein-* unverändert bleibt und *huerr* nach § 474, 3 geht; in der ältesten zeit flektiert oft auch *einn* (nach § 444). In dem vorwiegend anorw. *œinshuœrr* bleibt *œins-* unverändert; ebenso *sum-* in *sumhuœrr*.

2. *Eitthuat* wird nur im nom. acc. ntr. gebraucht.

3. *Nakkuarr* ist durch mischung von zwei ursprünglich verschiedenen pronominen entstanden: das adj. *nekkuerr* (auch *nøkkuerr* § 82, 6) oder *nekkuarr* (auch *nøkkuarr*), das wie *huerr* (aber oft ohne das charakteristische *i* vor *a, o, u* der endung), resp. *huarr* (§ 474, 3) flektiert; und das subst. *nekkuat* (auch *nøkkuat*, früh daneben *nakkuat*, das auch als adj. gebraucht werden kann; selt. *nekkuet*), welches wie *huat* (§ 474, 1) geht. Diese flexion kommt aber nur in den ältesten hdschr. vor. Die vermischung beider wörter ergab schon in der älteren literatur ein pron. *nakkuarr* (auch *nǫkkuarr* und *nakkuerr*),

§ 476. Indefinite pronomina.

das sowol als subst. wie als adj. gebraucht wird und folgende flexion hat:

	mask.	fem.	neutr.
Sg. N.	nakkuarr	nǫkk(u)or § 148	nakkua(r)t § 300, 1
N.	nakkuars	nakkuarrar	nakkuars
D.	nǫkk(u)orom § 148	nakkuarre	nǫkk(u)oro § 148
A.	nakkuarn	nakkuara	nakkua(r)t
Pl. N.	nakkuarer	nakkuarar	nǫkk(u)or
G.	nakkuarra	nakkuarra	nakkuarra
D.	nǫkk(u)orom	nǫkk(u)orom	nǫkk(u)orom
A.	nakkuara	nakkuarar	nǫkk(u)or

Früh tritt aber daneben (durch ausgleichung?) eine form *nǫkkuorr* (f. *nǫkkuor*, ntr. *nǫkkuot* usw.) auf. Aus dieser entsteht endlich das in der späteren sprache gew. aisl. *nǫkkurr* (f. *nǫkkur*, ntr. *nǫkkut* § 300, 1, seltener *nǫkkurt*), welches wie ein regelmässiges adj. (ohne synkope) flektiert (doch im acc. sg. m. *nǫkkurn* oder seltener nach § 300, 1 *nǫkkun*); oft auch *nǫkkorr, nokkorr*, selt. *nakkorr, nukkurr* § 148 (s. Þorkelsson, Supplement IV), *nekkurr* oder *nøkkurr*; anorw. (schon in No. Hom.) *nokkorr* (vgl. § 148, § 285, 5), seit dem ende des 13. jahrhs. oft (s. z. b. Hb., s. XXIV) *nokor* (§ 285, 1).

Anm. 1. Alte nebenformen sind: nom. sg. ntr. *nøkkua* (1mal St. Hom.) statt *nøkkuat* (vgl. § 474 anm. 1), dat. sg. ntr. *nøkki* (1mal St. Hom.), *nøkkue* (oft) st. *nøkkui* (§ 151, 3). Die anorw. bruchstücke der Jöfraskinna zeigen formen wie *nokkoria, -ium, nokkria, -iar* (s. Jónssons ausgabe, s. XIX).

Anm. 2. Ueber die flexion vgl. besonders Wimmer, Læsebog⁴ XXIIf., Forn. forml. § 99, a, 3; Vigfusson, s. 451 f. Zur etymologie vgl. Bugge, Tidskr. f. Phil. og Pæd. IX, 122 ff., Hoffory, Tidskr. f. Fil. N. R. III, 296 f.; oben § 54, 3, a, § 128.

4. *Sumr* flektiert ganz wie ein gew. adj. (§ 427).

5. Die flexion von *einn* s. § 444. Ganz ebenso geht *neinn*.

§ 476. 'Keiner', 'kein' wird durch *enge*, 'niemand' auch durch *man(n)ge*, 'nichts' auch durch *vetke* oder *vǽtke* ausgedrückt; über *huárge* 'keiner von beiden' s. § 477, 3.

1. *Enge* (über dessen entstehung s. § 128) hat eine sehr bunte flexion. Im folgenden paradigma werden die ältesten formen zuerst angeführt, die am häufigsten vorkommenden durch sperrung hervorgehoben, die seltensten [eckig] eingeklammert.

§ 477. Indefinite pronomina.

	mask.	fem.	neutr.
Sg. N.	en(n)ge, [øngr, ønge, engr,] eingi, e(i)nginn	enge, [øng, eng,] eingi, e(i)ngin	etke, ekke § 274,1, eke § 285, 1, [ænktit, ænti]
G.	e(i)nskes, e(i)nkis, [e(i)ngis, e(i)nskins, ænkins]	einegrar, engrar, øngrar, øng(u)arrar, [eng(u)arrar]	= m.
D.	[einonge § 258, 1], engom, [æingum,] øngom	einegre, engre, øngre, øng(u)arre, [eng(u)arre]	einoge, [enoge,] engo, øngo
A.	eng(u)e, øng(u)an, [enguan,] engan, eingi, ængin	[einega], enga, [æinga,] øng(u)a, [engua], ængi	= nom.
Pl. N.	eineger, enger, øng(u)er, [enguer, engi]	e[i]negar, engar, øng(u)ar, [enguar]	enge, [engo,] eingi, e(i)ngin
G.	einegra, engra, øngra, øng(u)arra, [eng(u)arra]		
D.	einegom, engom, øngom		
A.	[einega,] enga, øng(u)a, [engua]	= nom.	= nom.

Anm. 1. Ueber die flexion des wortes vgl. besonders Þorkelsson, Athugasemdir, s. 22 ff.; Wimmer, Forn. forml. § 99, e, 1; Fritzner; Jónsson, Skjaldesprog, s. 83 f. — Selt. anorw. (bes. mnorw.) nebenformen sind sg. nom. m. *ingin* (Hægstad, Upphavet, s. 8, Vestno. maalf. II, 1, s. 84, und II, 2, I, s. 123), dat. ntr. *ingo* (Hægstad, a. o. II, 1, s. 84), acc. m. *ingan* (Hoprekstad, 2te hand), acc. f. *inga* (Hægstad, a. o.), nom. acc. ntr. *ikki* (Hægstad, G. Tr., s. 91), onorw. *enkte*, mnorw. *einki, einkti, einte, einket, inket* (Hægstad, a. o. II, 1, s. 84 und II, 2, I, s. 122, 123, 170), pl. nom. m. *inge* (Hægstad, a. o. II, 1, s. 84); vgl. § 127 anm. 1.

2. *Man(n)ge*, gen. *man(n)zkes*, dat. *mannege*, acc. *man(n)ge* (pl. fehlt) wird meist von dichtern gebraucht.

3. *Vetke*, das nur im sg. vorkommt, hat folgende formen:
Sg. N. A. vetke, vætke, vekke § 274, 1
    G. vettoges, selt. vetkes, vetterge(s)s (z. b. St. Hom., Vǫlospǫ́; s. § 290 anm. 1)
    D. vettoge

Anm. 2. Vgl. die ausdrücke *ekke vætta* (*véttanna*) durchaus nichts, *nǫkkot vætta* irgend etwas. Vgl. noch § 109, § 110, 3 und § 127 anm. 2. — Nur als adverb 'nicht' werden gebraucht *eyfet, eyvet, -ar, -o*, s. § 151, 2.

§ 477. 'Was auch immer' heisst *huatke, huatvetna, huat*; 'wer auch immer' *huerge*, wenn von mehreren, dagegen *huárge*, wenn von zweien die rede ist; selt. *velhuerr* (s. Þorkelsson, Supplement IV).

§ 477. Indefinite pronomina.

1. *Huat* und *huatvetna* werden nur im sg. gebraucht:

Sg. N. A. huatke, selt. huatvetna § 390, 5, -vitna § 151, 2, huetvetna
huakke § 274, 1   § 65, -vitna, hotuetna § 82, 8, -uitna
G. huesskes (alt u. selt.) huersvetna, -vitna (vgl. § 474, 1 und 3)
D. huíge   huívetna, -vitna, sehr selt. huévetna, hóvetna
(s. Egilsson)

Anm. 1. Vgl. Þorkelsson, Athugasemdir, s. 20 ff.

Huat flektiert ganz wie das pron. interr. *huat* (§ 474, 1).

2. *Huerge* flektiert:

	mask.	fem.	neutr.
Sg. N.	huerge § 284	huerge	huer(t)ke
G.	huer(s)kes, [huerges]	hueregrar	huer(s)kes, [huerges]
D.	huerionge § 258, 1, hueregom	huer(e)gre, huerrigi	hueregs
A.	huernge, huern(e)gan	huerega	huer(t)ke
Pl. N.	huereger	hueregar, huerege, [hueriage]	huer(e)ge

G. hueregra
D. huerionge § 258, 1, hueregom

A. huerega   hueregar, huerege, huer(e)ge
[hueriage]

Anm. 2. Vgl. Þorkelsson, Athugasemdir s. 18 ff., Wimmer, Forn. forml. § 99, c, 2.

3. *Huárge* flektiert:

	mask.	fem.	neutr.
Sg. N.	huárge, [huáregr,] *huárgen*	huǫrge	huár(t)ke, [huárgï]
G.	huár(s)kes, [huárges]	huárregrar	huár(s)kes, [huárges]
D.	huǫronge, *huáronge* § 258, 1, huár(e)gom	huáregre, [huárrigi]	huǫroge, *huároge*, huár(e)go
A.	huárnge, huárn(e)gan, huár(e)gan	huár(e)ga	huár(t)ke, [huárgï]
Pl. N.	huár(e)ger	huár(e)gar	[huárge]

G. huáregra
D. huǫronge, huár(e)gom, *huáronge* § 258, 1

A. huár(e)ga   huár(e)gar   [huárge]

Anm. 3. Die synkopierten formen (nom. pl. *huárger*, *huárgar* o. d.) sind verhältnismässig selten. Vgl. übrigens Þorkelsson, Athugasemdir, s. 16 ff., Wimmer, Forn. forml. § 99, c, 1.

4. *Velhuerr* geht wie *huerr*, s. § 474, 3.

§ 478. 'Jeder' heisst *huerr* (anorw. *huœrr, huarr*, s. § 474,3), wenn von mehreren, *huárr, huár(r)tuegge* und (bes. im anorw.) *huár(r)tueggia* (*-tuœggia*) oder *tueggia huárr*, wenn von zweien die rede ist; 'jeder für sich' wird durch *sér huerr* (*huœrr, huarr*), 'jeder zweite' durch *annarr huerr* (*huœrr, huarr*) ausgedrückt. In diesen wörtern flektieren die einzelnen bestandteile ganz wie die gleichlautenden pron. interr. (§ 474,2 und 3) und das zahlwort *annarr* (§ 455); *tueggia* (§ 445) und *sér* (§ 464) bleiben natürlich unverändert. In *huárrtuegge* flektiert das erste glied nach § 474,2, das zweite schwach nach § 433 (und mit einem *i* vor *a, o, u* der endung), seltener nach § 435 (so bes. im nom. sg. f., nom. acc. pl. ntr., sehr selt. in andern kasus).

Anm. 1. Alt und selt. sind sg. m. nom. *huaþartuegge* (s. Egilsson), acc. *huaþarntueggia* (s. Sievers, Arkiv V, 132 f.; vgl. § 474,2). — Später findet man bisweilen nom. pl. m. *huárutueggiu*, wo also auch das erste glied schwache flexion hat.

Anm. 2. Das nur plurale *báþer* (§ 446) mit derselben bedeutung wie *huárr, huár(r)tueggia, huár(r)tuegge* kann auch hierher gerechnet werden.

§ 479. Als pron. indef. können auch betrachtet werden: *maþr* (s. § 415) man, *annarr huárr* (§ 455 und § 474,2), *annarr tueggia* (flexion nach § 455, *tueggia* bleibt unverändert) oder *annarrtuegge* (flexion wie *huárrtuegge* § 478) einer von zweien (pl. die einen, von zwei parteien gebraucht).

Anm. Pl. *menn* kommt auch bisweilen in der bedeutung 'man' vor, dann aber immer mit dem verbum im sg., s. Þorkelsson, Supplement IV, 103.

II. Abschnitt. Konjugation.

A. Tempusbildung.

§ 480. Je nach der bildung des präteritalstammes sind die germ. verba zweierlei art: starke, die ihren präteritalstamm ohne zusatz am ende bilden, z. b. prät. *gaf* zu *gefa* geben, *lét* zu *láta* lassen; und schwache, die im präteritum eine mit dentalem konsonanten beginnende ableitungssilbe anhängen, z. b. prät. *valþa* zu *velia* wählen, *felda* zu *fella* fällen, *lýsta* zu *lýsa* leuchten. Einige verba sind zum teil stark, zum teil schwach, s. § 521—526.

I. Starke verba.

§ 481. Die starken verba sind zweierlei art:

1. Die ablautenden, welche ihren präteritalstamm durch ablaut (§ 164 ff.) des wurzelvokals bilden, z. b. zu *grípa* 'greifen' prät. *greip*, prät. pl. *gripom*, part. prät. *gripenn*.

2. Die (einst) reduplizierenden, welche in urgerm. zeit (und noch im got.) den präteritalstamm (ausser im part. prät.) durch reduplikation der wurzelsilbe bildeten; dies ursprüngliche verhältnis ist jedoch im an. durch schwund der reduplikationssilbe (s. § 154) und noch andere vorgänge gänzlich verdunkelt worden, z. b. zu *heita* 'heissen', prät. *hét* (got. *haíhait*), prät. pl. *hétom*, part. prät. *heitenn*; zu *sueipa* 'einhüllen' prät. *sueip*, part. prät. *sueipenn*. Bei einigen verben ist jedoch die reduplikation noch einigermassen erhalten, s. § 506.

a) Ablautende verba.
Klasse I.

§ 482. Verba der ersten ablautsreihe (§ 165), z. b.

gripa greifen, *greip, gripom, gripenn.*

Ganz wie *grípa* gehen: *klípa* (älter *klýpa*, schwach nach § 515) kneifen; *blífa* (d. lehnw. des 15. jahrhs.) werden, bleiben, *drífa* treiben, *hrífa* greifen, *klífa* klimmen, *rífa* reissen, *suífa* ablenken, *þrífa* (aber *þrifa* schwach nach § 509) ergreifen; *bíta* beissen, *dríta* cacare, *hníta* stossen, *líta* sehen, *rísta* ritzen, *ríta* schreiben, *skíta* cacare, *slíta* zerreissen; *lípa* gehen, *rípa* reiten, *rípa* (aschw. *vrīþa*) drehen, *sípa* zaubern, *skrípa* schreiten, *snípa* schneiden, *suípa* sengen; *hníga* sich neigen, *míga* mingere, *síga* sinken, *stíga* steigen; *físa* pedere, *rísa* sich erheben; *gína* das maul aufsperren, *hrína* schreien, sich erfüllen, *huína* kreischen, *skína* glänzen.

Anm. 1. *Hníga, míga, síga, stíga* haben im prät. sg. auch *hné* (einmal *hnég*, Morkinskinna, ed. Unger s. 60, mit anal. wieder eingeführtem *ʒ*; vgl. aschw. *stǣgh* < *stéʒ), *mé, sé, sté* (s. § 230, 2; § 97, 2), welche formen ursprünglicher, wenn auch später seltener, sind.

Anm. 2. Von *hníga* (s. Jónsson, Skjaldesprog, s. 96), *sípa, suífa, suípa* kommt selt., von *lípa, snípa* öfter auch ein schwaches prät. nach § 515 vor; *ginþa* gehört aber zu einem dem ahd. *ginēn* entsprechenden schwachen verb (vgl. Celander, Om övergängen av *ð* > *d*, s. 69 f.).

Anm. 3. Von *hníta* und *huína* ist part. prät., von *skíta* ausserdem prät. sg. nicht belegt.

§ 483. Besondere eigentümlichkeiten zeigen sich bei:

bíþa warten	*beiþ*	*biþom*	*beþenn* § 495 anm. 5
blík(i)a blinken	—	*blikom*	—
suíkia, suíkua, selt.	*sueik*, selt.	*suikom*	*suik(u)enn*, selt. *sykenn*
sýkua § 82, 11 betrügen	*sueyk* § 77, 15		vgl. § 82, 10, § 235 anm. 4
víkia, víkua, selt. (*v*)*ýkua*, anorw. gew. *víka* weichen	*veik*, selt. *veyk*	*vikom*	*vikenn*, selt. *ykuenn*

Anm. Von einigen ursprünglich hierher gehörigen verben sind nur schwache spuren der alten starken bildung erhalten:
inf. *strýkua* (ags. *strícan*, s. § 82, 5), part. prät. *strýkuenn* (s. Jónsson, Skjaldesprog s. 102) streichen (vgl. § 486 anm.);
part. prät. *sníþenn* beschneit und 3. sg. präs. ind. *snýr* (§ 77, 6) schneit (beide formen nur dicht.), vgl. ahd. *snīwan*;
part. prät. *hnípenn* beklommen zu *hnípa* (schwach nach § 515 oder auch nach § 509) beklommen sein;
part. prät. *visenn* verwelkt (vgl. ags. *tóweosan*, mhd. *verwesen*);
part. prät. *suigenn* gebogen (zu schwed. dial. *svíga*);
part. prät. *lifenn* (zu got. *bi-leiban*) lebend;
1. sg. präs. ind. *té* (got. *teiha*) und part. prät. *tíjenn* (§ 317, 3, a) ausgezeichnet, vornehm zu *tíá* (schwach nach § 520) zeigen;
1. sg. präs. ind. *lé* (got. *leihva*; § 111, 2) und part. prät. nom. pl. m. *léner* (einmal belegt, s. Vigfusson) zu *liá* (schwach nach § 520) leihen.

Die schwachen verben *digna* erweicht werden und *stikna* geröstet werden setzen hierher gehörige starke part. prät. *diginn (got. *digans*) und *stikinn (vgl. *steik* braten) voraus.

Klasse II.

§ 484. Verba der zweiten ablautsreihe (§ 166), z. b.

flióta fliessen, *flaut, flutom, flotenn*;
kriúpa kriechen, *kraup, krupom, kropenn*;
súpa saufen, *saup, supom, sopenn*.

Anm. Ueber die doppelheit *ió, iú* im inf. s. § 101.

§ 485. Wie *flióta* gehen: *brióta* zerbrechen, *gióta* giessen, *hlióta* bekommen, *hrióta* schnarchen, stieben, *liósta* schlagen, *nióta* geniessen, *skióta* schiessen, *þióta* tosen, *þrióta* aufhören (unpersönlich); *bióþa* bieten, *hrióþa* reuten, *rióþa* röten, *sióþa* sieden; *giósa* sprudeln, *hniósa* niesen.

§ 486—488. Klasse 2 der ablautenden verba.

Anm. 1. Von *hniósa* ist part. prät. nicht belegt, von *þrióta* nicht prät. pl. (wol aber prät. konj.).

Anm. 2. Eine nebenform zu part. prät. *þrotenn* 'erschöpft' (zu *þrióta*) ist vielleicht das adj. *þrútenn* 'geschwollen'. Seltene nebenformen sind: anorw. prät. sg. *boð* (AM. 655, 4º, Thomas saga u. a.; ein erklärungsversuch bei Kock, Beitr. XXIII, 496), pl. *boðom, skotom*, part. prät. *buðinn*, s. Wadstein, Arkiv VIII, 85; aisl. part. prät. *hlutenn* (St. Hom.); vgl. § 486 anm, § 487 anm. 1.

§ 486. Wie *kriúpa* gehen: *driúpa* triefen; *kliúfa* spalten, *riúfa* zerreissen; *fiúka* stieben, *riúka* rauchen, *striúka* (vgl. anm.) streichen, *liúka*, s. § 487; *fliúga* (auch *flúga* nach § 487) fliegen, *liúga* lügen, *smiúga* schmiegen, *siúga*, s. § 487.

Anm. Von *fliúga, liúga, siúga, smiúga* kommen im prät. sg. neben *flaug, laug, saug, smaug* die ursprünglicheren formen *fló, ló, só, smó* vor (§ 230, 2, § 98, 2). Seltene nebenformen sind: inf. *strýkia* und *strýkua* (vgl. § 483 anm., § 172, 1), *fliúgia* (nach *fliúgiþ, -i* u. dgl., s. § 263), anorw. *rýfa* (nach dem präs.; s. Hertzberg), *riófa* (Hægstad, Kong. s. 21; vgl. § 101 anm. 1); prät. sg. aisl. *klof*, anorw. *fok*; part. prät. anorw. *rufinn*; s. Þorkelsson, Beyging; Wadstein, Arkiv VIII, 88; Hægstad, Vestno. maalf. I, s. 130. Vgl. § 485 anm. 2.

§ 487. Wie *súpa* gehen: *lúka* (spät und selt., s. Fritzner, *liúka* nach § 486) verschliessen, *lúta* sich beugen, *súga* (spät und selt. *siúga* § 486) saugen, *flúga* s. § 468, und wahrscheinlich die nur im inf. belegten *stúpa* hervorragen und *dúfa* (nur anorw. einmal) niederdrücken; dazu part. prät. als adj. *dofenn* erlahmt.

Anm. 1. Ueber die nebenform prät. sg. *só* s. § 486 anm. Ein paarmal ist part. prät. *lukenn* (St. Hom.; Hægstad, Kong. s. 38) belegt, vgl. § 485 anm. 2.

Anm. 2. Neben *lúka* steht *lykia* schwach nach § 522, aber sehr selt. in übertragener bedeutung. *Lúta* hat selt. schwaches prät. nach § 519 (*lútta*, pl. *lúttom*).

§ 488. Besondere abweichungen zeigen folgende verba:

flýia fliehen   *fló* (*flauh   *flugom* § 317, 3, a; vgl. —
              § 230, 2)   anm. 2 unten

friósa frieren
⎧ *fraus*
⎨ aisl. alt *frøra*
⎩ aisl. *frera*
⎧ *frusom*
⎨ aisl. alt *frørom*
⎩ aisl. *frerom*
⎧ *frosenn*
⎨ aisl. alt *frørenn*
⎩ aisl. *frerenn*

kiósa wählen
⎧ *kaus*
⎨ aisl. alt *køra*
⎩ aisl. *kera*
⎧ *kusom*
⎨ aisl. alt *kørom*, *kurom*
⎩ aisl. *kerom*
⎧ *kosenn*
⎨ aisl. alt *kørenn*, *korenn*
⎩ aisl. *kerenn*

spýia speien   *spió* § 106   *spióm*   —

§ 489. Klasse 3 der ablautenden verba.

Anm. 1. Prät. sg. *frøra*, *køra* (mit schwacher flexion nach § 533) sind den pluralformen *frørom*, *kørom* nachgebildet, über welche s. § 71, 3, § 317, 4; über die nebenformen *frera*, *-om*, *kera*, *-om* s. § 119. Prät. konj. *køsa* setzt wol ein prät. pl. *kosom (vgl. § 485 anm. 2) voraus. — Selt. heisst part. prät. im anorw. *køsenn* (legendarische Olafssaga), *kørenn* (s. Hertzberg; öfter im aisl., s. oben).

Anm. 2. *Flýia* (statt *flióa, got. *þliuhan*) ist dem präs. *flýr* (got. *þliuhis*) nachgebildet. Prät. *fló*, *flugom* kommt nur alt und dicht. vor. Sonst hat das wort schwaches prät. nach § 533, 2 : *flópa* (*fló* mit zugefügter schwacher endung *-ða*; nur 2 mal belegt, schreibfehler nach Þorkelsson, Anmærkninger, s. 15), *flépa* (*flauhiðō), *flýpa* (nach präs. *flýr*), anorw. (s. Wadstein, F. Hom. s. 63) *flýiða* (nach dem inf.), part. *flóepr* (1 mal belegt, schreibfehler nach Þorkelsson, a. o.), *fléepr*, *flýepr*, *flýpr*; in später zeit auch bisweilen *flúða*, part. *flúiðr*, *flúðr* nach *lýia* : *lúða*, *lú(i)ðr* u. dgl. Nach dem prät. *flépa*, *flóepr* sind ferner die nebenformen inf. *fléia*, präs. *flér* gebildet.

Anm. 3. *Spýia* (nach präs. *spýr* § 77, 6 gebildet) hat später schwaches prät. nach § 512 (*spúpa*, part. ntr. *spút*).

Anm. 4. Nur in spärlichen resten ist die starke bildung bei vielen verben erhalten:

prät. pl. *bugom*, part. prät. *bogenn* 'gebogen';
prät. sg. *hnaup*, part. prät. ntr. *hnopet* 'geschlagen';
3. sg. präs. ind. *hrýss*, prät. sg. *hraus* 'schauderte';

zu *tióa* (got. *tiuhan*) 'ausreichen, helfen' (präs. ind. *tió*, *týr*, *týr*, pl. *tióm*, *tióep*, *tióa*) kommt in der bedeutung 'gezogen' ein altes part. prät. *togenn* vor; sonst hat das wort (in seiner gew. bedeutung) nur schwaches prät. (nach § 513, 2): *tépa*, *týpa*, part. *tépr*, *týpr*, wozu die inf. *téia* (präs. *té*), *týia* (präs. *tý*), mit derselben entwickelung wie bei *flýia* (anm. 2 oben; zum teil aber urspr. ein anderes verb, s. § 68, 4); ausserdem kann *tióa* ganz nach § 509 gehen (präs. *tióa*, prät. *tióapa*, part. prät. *tióapr*), im prät. ind. auch nach § 519 (*tiópa*); über die vermischung mit *tiá*, *tépa* (*tiápa*) s. Hultman, Hälsingelagen, s. 43 note 3;

nur im part. prät. belegt sind: *fúenn* verfault, *hroþenn* (vgl. ags. *hréoðan*) gefärbt, anorw. [*h*]*rufinn* ([*h*]*rúfinn*?; vgl. § 485 anm. 2 und § 487 anm. 1) struppig, *loþenn* (vgl. ags. *léodan*) haarig, *rotenn* verfault, *snoþenn* dünnhaarig; ferner *hokenn* zu *húka* (schwach nach § 519, I) kauern, *lúenn* zu *lýia* (prät. schwach nach § 512) zerquetschen; die schwachen verben *losna* sich lösen und *glúpna* stutzen setzen starke part. prät. *losinn (got. *lusans*), *glúpinn voraus.

Klasse III.

§ 489. **Verba der dritten ablautsreihe (§ 167), z. b.**

bresta bersten, *brast*, *brustom*, *brostenn*;
biarga bergen, *barg*, *burgom*, *borgenn*;
spinna spinnen, *spann*, *spunnom*, *spunnenn*;

§ 490. 491. Klasse 3 der ablautenden verba.

slyngua, slyngia schleudern, *slǫng, slungom, slungenn*; *søkkua* sinken, *sǫkk, sukkom, sokkenn*.

Anm. Ueber *e, i* im inf. s. § 162, § 110, 1; *ia* § 88; *y* § 82, 4; *ø* § 82, 3, § 110, 1. Ueber *o, u* im part. prät. s. § 61, 2, § 112, 1. Vgl. § 490 anm. 2.

§ 490. Wie *bresta* gehen: *detta* niederfallen, *gnesta* krachen, *kretta* mucken, *snerta* berühren, *spretta* springen, *suelta* hungern, sterben, *velta* wälzen; *skreppa* gleiten, *sleppa* gleiten lassen, *verpa* werfen; *serþa* (vgl. § 315 anm. 3) perverse unzucht treiben, *verþa* werden; *huerfa* sich wenden, *suerfa* feilen; *suelga* (auch *suelgia* nach der 2. pl. präs. ind. *suelgiþ*, 2. 3. präs. konj. *suelgir, -i* u. a., vgl. § 263 und *fliúgia* § 486 anm.) schlucken; *bella* treffen, *suella* schwellen, *vella* sieden; *þuerra* abnehmen.

Anm. 1. Von *bella* und *kretta* ist ausser dem inf. (und dem auffallenden, wol etymologisch verschiedenen, präs. *knettr* Málsháttakuæþe 24; vgl. nnorw. *knetta*) nur prät. sg. belegt; von *gnesta* und *vella* ist part. prät. nicht belegt, von *serþa* und *suerfa* nicht prät. pl.

Aum. 2. In *detta, kretta, spretta, skreppa, sleppa* ist *e* im inf. nach § 110, 1, *o* im part. prät. nach § 112, 1 (sonst nach § 61, 2) zu erklären.

Anm. 3. In verben wo *v* oder kons. *u* dem wurzelvokal vorhergeht, fehlt dies in alter zeit natürlich vor dem *u, o* des prät. pl. und part. prät., zeigt sich aber oft in der späteren sprache, z. b. *urþom, orþenn* (später *vurðum, vorðinn*) zu *verþa*; *hurfom, horfenn* zu *huerfa* u. dgl. (s. § 235, 1, a mit anm. 1).

Anm. 4. Das adj. *skorpenn* 'eingeschrumpft' ist urspr. part. zu *skreppa* (wozu part. prät. *skroppenn* neugebildet ist); vgl. § 315 anm. 3. Sehr seltene anorw. nebenformen sind inf. *valla* (Wadstein, F. Hom., s. 48; ahd. *wallan*, ags. *weallan*) statt *vella* und prät. pl. *vorðom* (leg. Olafssaga) st. *(v)urðum*; ebenso setzt anorw. prät. konj. *hørfa* (leg. Olafss.) st. *hyrfa* ein prät. pl. **horfom* (vgl. § 485 anm. 2) st. *hurfum* zu *huœrfa* voraus; vgl. noch shetl. und mnorw. inf. *varða* (s. § 149 anm. 2). Mnorw. kommt bisweilen prät. sg. *vart* (wie im aschw., s. An. gr. II, § 260 anm. 7) statt *varð* vor, s. Hægstad, Kong. s. 38, Vestno. maalf. II, 1, s. 56.

§ 491. Wie *biarga* gehen: *gialda* (prät. sg. *galt* § 220) gelten, *gialla* (part. prät. nicht belegt) gellen, *skialfa* zittern, *skialla* klatschen.

Anm. 1. Spät geht *biarga* auch schwach nach § 509.

Anm. 2. Sehr seltene nebenformen sind: inf. *skella* (s. Þorkelsson, Beyging) und anorw. *gelda* (Cod. Tunsb.), *gilda* (mehrmals, s. Hægstad, G. Tr. s. 45); prät. sg. anorw. *skolf* (Þorkelsson, Beyging; vgl. *holp* § 495 anm. 5).

§ 492—495. Klasse 3 der ablautenden verba.

§ 492. Wie *spinna* gehen: *vinna* ausführen, *binda* binden, *hrinda* stossen, *vinda* winden; *springa* zerspringen, *stinga* stechen; *suimma* (vgl. *suima, symia* § 496) schwimmen.

Anm. 1. Prät. sg. zu *binda, hrinda, vinda, springa, stinga* heissen *batt* (selt. *bant,* Hb. s. XXX 2 mal und Wadstein, Arkiv VIII, 85, Hægstad, Vestno. maalf. II, 1, s. 56), *hratt, vatt, sprakk* (spät und selt. *sprang* nach dem pl., s. Þorkelsson, Supplement II), *stakk,* s. § 220, § 266, 2 und 3. — Ueber prät. pl. (*v*)*unnom,* (*v*)*undom, summom,* part. prät. (*v*)*unnenn* usw. s. § 235, 1, a mit anm. 1.

Anm. 2. Sehr seltene nebenformen sind 1. pl. imperat. *hryndum* (sowie die schwache 2. sg. präs. ind. *hrinder,* nach § 515 wie im nisl.) und part. prät. ntr. *sommet* (vgl. § 496 anm. 2). S. Wadstein, Arkiv VIII, 92 und Þorkelsson, Beyging.

§ 493. Wie *slyngua, slyngia* gehen: *syng*(*u*)*a* (§ 235 anm. 4), -(*i*)*a* (§ 263 mit anm. 2) singen, *þryngua, -ia* drängen; *tyggua, -ia* (dies auch schwach nach § 512) kauen.

Anm. *þryngua* hat im präs. neben *þryng*(*r*) auch *þrøng*(*r*), wozu sowie zu einem vorauszusetzenden *sløng(*r*) dann neugebildet werden inf. *þrøngua, -ia* und *sløngua* (wie nach präs. *tyggr* inf. *tyggua* statt **tiǫggua,* aschw. *tiugga,* aus *teggwa § 82, 7) welche später oft schwach nach § 516, b flektieren. — Seltene nebenformen sind inf. aisl. *sǫngua* (St. Hom.; schreibfehler?), anorw. *þrǫng*(*u*)*a* (Hb., s. XXXIII; Hertzberg, s. 748 f.; hierzu das oben erwähnte präs. *þrøngr* < *þrangwiʀ § 77, 7), gebildet wie *hnǫgg*(*u*)*a* (nschw. *nagga*) § 495 und *valla* § 490 anm. 4; ebenso scheint das eben erwähnte *sløngr ein inf. *slǫngua vorauszusetzen; prät. pl. *sǫngom* (St. Hom. 4 mal; nach dem sg.), *syngom* (AM. 645, 4⁰ nach dem konj. *synga*); part. prät. *syngenn* (St. Hom. 3 mal, AM. 645, 4⁰), *sǫngenn* (St. Hom. 3 mal).

§ 494. Wie *søkkua* gehen: *hrøkkua* weichen, *kløkkua* stöhnen, *støkkua* springen.

Anm. Selt. nebenformen sind: inf. *sǫkkua* (Hb., s. XXXIII; Kahle, Die sprache der skalden, s. 278); part. prät. *sukkenn* (Kahle, ib. s. 260).

§ 495. Besondere abweichungen zeigen:

bregþa durch eine schnelle bewegung in eine veränderte lage versetzen	*brá*	*brugþom*	*brugþenn*
brenna brennen	*brann*	*brunnom*	*brunnenn*
drekka trinken	*drakk*	*drukkom*	*drukkenn* § 112, 1
finna finden	*fann*	{ *funnom* / *fundom*	{ *funnenn* / *fundenn* § 317, 2, b
hialpa helfen	*halp, hialp*	*hulpom*	*holpenn*
hnǫgg(*u*)*a* stossen	*hnǫgg*	—	*hnuggenn*
renna rennen	*rann*	*runnom*	*runnenn*
sporna anstossen	*sparn*	*spurnom*	—

§ 495. Klasse 3 der ablautenden verba.

Anm. 1. Ueber die unregelmässigkeiten bei *bregþa* s. § 61, 2 und Noreen, Geschichte[3] § 235, 1. In den bedeutungen 'rügen', 'betrügen', 'auslösen', 'auf etwas anspruch machen' kommt auch, bes. anorw., die (gew. schwach nach § 515 flektierende) form *brigþa* vor, welche dem 2. 3. sg. präs. (anorw., s. Hertzberg) *brigðr* (§ 530 anm. 4) nachgebildet ist.

Anm. 2. Neben *brenna, renna* kommen (bes. in alter zeit und anorw.) selt. *brinna* (Hertzberg; Jónsson, Skjaldesprog, s. 90), öfter *rinna* (Þorkelsson, Beyging; Hertzberg; Jónsson, a. o. und No.-isl. kultur- og sprogforhold, s. 316) vor; vgl. § 162, 1, § 318, 11.

Anm. 3. *Hnǫgg(u)a* — nicht **hnøggua*, wie Bugge bei Fritzner III, 1102 angibt (s. Wadstein, Arkiv VIII, 91) — hat im präs. ind. sg. neben *hnøggr* auffallend auch *hnygg(r)*. Da hier *ggw* aus *ww* (§ 227, 2) entstanden ist, gehört dies verb (wie auch *tyggua* und *gyggua* anm. 6 unten) ursprünglich zu der 2. ablautsklasse (§ 484 ff.).

Anm. 4. Von (dem gew. schwach nach § 509 flektierenden) *sporna* (ahd., ags. *spurnan*) ist ein starkes präs. **spyrn* (§ 63 anm. 1) nicht belegt, liegt aber der nebenform *spyrna* (schwach nach § 515) zu grunde. Neben *sporna* hat wol einmal ein dem aschw. *spiærna* entsprechendes **spiarna* gestanden — vgl. (die schwachen) *horfa* sich wenden, *molka* melken neben (den starken) *huerfa*, ahd. *melchan* — und zu dessen präs. **spern* (§ 530 anm. 4) ist die form *sperna* (schwach nach § 515) neugebildet.

Anm. 5. Sonstige, sehr seltene nebenformen sind: zu *hialpa* inf. anorw. *hælpa* (Hertzberg), prät. sg. *holp* (Þorkelsson, Beyging), *help* (Fritzner; auch 3. sg. prät. konj. *helpe*, s. Þorkelsson a. o.); über das zu *sporna* (*sperna*, s. anm. 4 oben) wahrscheinlich nicht gehörige prät. *spann* (Þorkelsson a. o.) s. § 272 anm. 2; zu *bregþa*, *drekka* und *finna* part. prät. anorw. *brogðenn* (Wadstein, Arkiv VIII, 87) § 61, 2, *drykkinn* (Elis saga) § 112, 1, *fynninn* (Spec. regale, ed. Brenner, s. 96[35]) mit analogisch eingeführten suffix *-in-* st. *-en-*, wie umgekehrt in *beþenn* § 483 *-en-* st. *-in-* § 162, 2 eingeführt sein und *a*-umlaut bewirkt zu haben scheint (oder ist es nur von *beþenn* § 498 beeinflusst?), vgl. nisl. *byndin*, Þorkelsson, Supplement II, neben *bundin* garbe. *Hialpa* kann auch schwach nach § 509 gehen.

Anm. 6. Nur in spärlichen resten erhalten sind:

3. prät. pl. (anorw. einmal, s. Þorkelsson, Beyging) *gnullu* schrien; inf. und part. prät. *bryggia* (anorw., s. Hertzberg; ags. *bréowan*), *bruggenn* brauen, *gyggua*, **guggenn* (aus *gugna* 'erschrecken' zu erschliessen) schreck einflössen, *melta*, **moltenn* (erst als nisl. *moltinn* belegt) schmelzen;

part. prät. *bolgenn* angeschwollen, *holfenn* zu *holfa* (schwach nach § 519, I) gewölbt sein, *kroppenn* zu *kreppa* (schwach nach § 515) schrumpfen, *roskenn* (vgl. got. *wrisqan*) gewachsen, *storkenn* erstarrt; die schwachen verben *morkna* morsch werden und *þorna* (vgl. § 283) dorren setzen starke part. prät. **morkenn* (nisl. *morkinn*) und **þorrenn* (vgl. got. *gaþaúrsans*) voraus.

Klasse IV.

§ 496. Verba der vierten ablautsreihe (§ 168), z. b.
bera tragen, *bar*, *bǫ́rom*, *borenn*.

˜So gehen noch *skera* (vgl. jedoch anm. 4) schneiden, *stela* stehlen und mit gewissen abweichungen:

fela verbergen	*fal*	*fǫ́lom*	*folgenn* § 317, 3, a
koma (anorw. oft *kuma*)	*kom*	*kuǫ́mom, kómom*	*komenn*
kommen		§ 77, 11	
nema nehmen	*nam*	*nǫ́mom, nómom*	*numenn, nomenn* (oft
		§ 116	anorw., sehr selt. aisl.)
sofa schlafen	*suaf*	*suǫ́fom, sófom*	*sofenn*
		§ 77, 11	
suima, symia schwimmen	*suam*	*suǫ́mom*	*sumenn* § 235, 1, a
troþa treten	*traþ*	*trǫ́þom*	*troþenn*
vefa weben	*vaf*,	*vǫ́fom, ófom*	*ofenn*
	óf	§ 77, 11	

Amn. 1. *Fela* (**felha* § 230, 1; anorw. einmal präs. pass. *fǽlzt*, s. Hægstad, Vestno. maalf. II, 2, 1, s. 200, vgl. aschw. *fiæla*) gehörte urspr. der 3. ablautsklasse (§ 489 ff.), wie auch das part. prät. bezeugt; demnach ist prät. pl. *fǫ́lom* anal. neubildung (statt **fulgom*, aschw. run. *fulku* Kolunda) zu sing. *fal* nach dem verhältnis *stal* : *stǫ́lom* u. dgl. Sehr selt. kommt anorw. ein schwaches part. prät. *felaðr* (s. Fritzner; vgl. aschw. *fiælaþer*) vor sowie misl. prät. *falda* (wie im aisl.) st. *fal* mit neu hinzugetretenem -*da* (s. Þorkelsson, Anmærkninger, s. 12).

Anm. 2. Neben *suima* (später auch schwach nach § 509), *symia* (**sumjan*) kommt auch *suimma* (**swimnan* § 318, 10) mit nur präsentischem -*n*-, vgl. *fregna* § 498 anm. 2) nach klasse III vor (s. § 492). Aus einer urspr. flexion *suimma*, prät. *suam*, part. *sumenn*, **somenn* (gebildet wie *nomenn*, s. oben) sind durch ausgleichung sowol *suima* wie *suamm*, *summenn* und *sommenn* (§ 492 anm. 2) entstanden; ein dem inf. nachgebildetes part. prät. ntr. *suimit* ist einmal belegt (s. Þorkelsson, Beyging).

Anm. 3. *Koma*, *troþa*, *sofa* (über deren vokalisation s. Noreen, Sv. landsm. I, 693; Sievers, Beitr. VIII, 80 ff.) haben präs. *køm, trøþ, søf* (§ 66, 1, § 416 anm. 3, schluss), resp. *kem, treþ, sef* (§ 119). Zu *treþ* ist wol das bisweilen vorkommende schwache prät. *tradda*, part. *traddr* gebildet nach der analogie *gleþ* erfreue : *gladda* : *gladdr* u. dgl. (§ 512).

Anm. 4. Ueber prät. sg. *kom* s. Ljungstedt, Anmärkningar till det starka preteritum (Upsala 1887), s. 111 ff. *Óf* ist wol zu dem pl. *ófom* gebildet nach der analogie *fór* : *fórom* (§ 499); ebenso wol auch ein sehr seltenes *nám* (Wadstein, Arkiv VIII, 89) zu *námom* nach *át* : *átom* u. dgl. (§ 498 anm. 7). Umgekehrt sind nach der anal. *nam* : *nómom* gebildet zu prät. sg. *bar* selt. pl. aisl. *bórom* (z. b. St. Hom. 3 mal), zu *skar* sehr selt. pl. anorw. *skórom* (Hb. s. XXV); vgl. § 497 anm. 2.

§ 497. 498. Klasse 5 der ablautenden verba.

Anm. 5. Von *sløkkua (< *slekwan § 82, 3, mnorw. dial. sløkka; kk nach § 279, 2) erlöschen (vgl. das schwache sløkkua § 82, 6 auslöschen) ist aus alter zeit nur part. prät. slokenn belegt; dann aus dem nisl. ein präs. slökkr. — Von hlymia klirren, das übrigens schwach geht, ist in Egils Hǫfoþlausn ein starkes prät. hlam (oder hlamm? vgl. suam und suamm zu symia) einmal belegt; von koma einmal part. prät. dat. kumnum, s. Jónsson, No.-isl. kultur- og sprogforhold, s. 317. — Ueber streþa, part. stroþenn s. § 315 anm. 3.

Klasse V.

§ 497. Verba der fünften ablautsreihe (§ 169), z. b.
gefa geben, *gaf, gǿfom, gefenn*.

So gehen noch: *drepa* erschlagen; *feta* den weg finden, *freta* pedere, *geta* bekommen, *meta* abschätzen; *leka* leck sein, *reka* treiben; *lesa* lesen; *trega* betrüben, *vega* (prät. *vá* § 230, 2) aufheben, wiegen, wägen.

Anm. 1. Von *trega* sind prät. sg. und pl., von *freta* prät. pl. und part. prät., von *leka* prät. pl., von *feta* part. prät. nicht belegt. Die nebenformen *frata, fata* (gebildet wie *valla, þrǫngua* u. a., s. § 493 anm.) gehen schwach nach § 509; so bisweilen auch *freta* und gew. *trega*, das aber auch ein prät. *tregþa* in der bedeutung 'betrauerte' aufzuweisen hat.

Anm. 2. Sehr seltene nebenformen sind: inf. *giafa* (s. § 95 anm. 4), prät. sg. *gáf* (Rímb., St. Hom.), *mát* (No. Hom.; vgl. § 498 anm. 7, § 496 anm. 4 und Wadstein, Arkiv VIII, 89); prät. pl. anorw. (No. Hom., leg. Olafssaga) *mótom* (s. § 116). Aisl. *drópom, gótom* (beides z. b. in St. Hom.) sind entweder als nur ungenaue schreibungen statt *drǫ́pom, gǫ́tom* oder als anal. neubildungen nach *nómom, kópom* (§ 498) u. dgl. aufzufassen (vgl. *bórom, skórom* § 496 anm. 4, *þógom* § 498 anm. 7).

§ 498. Besondere abweichungen zeigen:

eta, éta, s. anm. 1 essen	át, s. anm. 1	ǫ́tom	etenn
fregna fragen, s. anm. 2	frá § 230, 2	frǫ́gom	fregenn
kueþa sagen	kuaþ, kuat § 238 anm. 12	kuǫ́þom, kóþom § 77, 11	kueþenn
røk(k)ua § 82, 3, § 279, 2 dunkeln	—	—	ntr. røkk(u)et
siá (séa § 133, b, 2, § 230, 1) sehen	sá § 122	sǫ́m § 132, sóm § 116	sénn § 130
vega (anorw. auch viga) töten	vá, s. anm. 5	vǫ́gom	vegenn (anorw. auch viginn)
vesa, vera sein	vas, var	vǫ́rom, selt. (v)órom § 77, 11	ntr. veret, selt. veset

und mit dem präsensvokal *i* nach § 168, 3:

§ 498. Klasse 5 der ablautenden verba.

biþia bitten	*baþ*	*bǿþom*	*beþenn*
liggia § 279, 1 liegen	*lá* § 230, 2	*lǿgom*	*legenn*
sitia sitzen	*sat*	*sǿtom*	*setenn*
þiggia empfangen	*þá*	*þǿgom*	*þegenn*

Anm. 1. Neben *eta* tritt *éta* (*iéta* § 103), wo die vokallänge wol aus dem prät. *át* (got. *fr-ēt*, lat. *ēdi*, gr. ἔδ-ηδα) herübergenommen ist, schon seit dem anfange des 13. jahrhs. auf, s. B. M. Ólsen, Germania XXVII, 262 f.

Anm. 2. In *fregna* ist *n* ein spezifisches präsenssuffix, das den übrigen stammformen fremd ist; vgl. § 496 anm. 2 sowie lat. *cerno*, *sino*, *lino* u. dgl. Statt präs. *fregn* kommt sehr selt. *freng* (st. **frengn*, vgl. § 239, 2) oder *freg* (zu dem prät. *frá*, *frǿgom* neugebildet nach *veg* : *vá*, *vǿgom*) vor; s. Fritzner. Das wort geht auch schwach nach § 515, später und selt. auch nach § 509.

Anm. 3. Von *kueþa* kommt einigemal (in alten handschr.) auch prät. sg. *kuad* (in verbindungen wie *kuaþ þat* 'sprach so' entstanden, vgl. § 238, 1, a) vor; wenn das folgende wort mit *þ* (oder *ð*) anlautet (sonst sehr selt., s. Arkiv X, 207 note), steht sogar bisweilen *kua* (vgl. Hoffory, Arkiv II, 33 ff.). Dem prät. pl. *kóþom* nachgebildet ist der selt. anorw. (s. Hægstad, Vestno. maalf. I, s. 140, und Hertzberg) sg. *kóð*, pass. *kóz* (**kóþ-s*); vgl. aschw. *kōþ*.

Anm. 4. Von *siá* kommen spät im präs. statt *sé*, *sér*, *sém*, *séþ* die formen *siái*, *-ir*, *-im*, *-it* (wie nach § 509 gebildet) vor. Anorw. steht im prät. pl. bisweilen (wie im aschw. immer) *ságom*, s. Hægstad, a. o., II, 1, s. 76 und II, 2, I, s. 200.

Anm. 5. *Vega* (*viga* — so regelmässig im Cod. Rantzovianus des Gulathingsgesetzes — vgl. § 60) gehört urspr. der 1. ablautsklasse (vgl. got. *weihan*, ahd. *wīgan*). Demnach ist prät. *vá* aus **waih* (s. § 54, 1, § 317, 3, a) entstanden und pl. *vǿgom* neubildung statt **vigom*.

Anm. 6. Ueber den wechsel von *s* und *r* in *vesa*, *vera* s. § 317, 4. Im inf. und prät. sg. sind die formen *vera*, *var*, wo *r* auf übertragung aus den übrigen formen beruht (wie umgekehrt *s* im part. *veset*), jünger als *vesa*, *vas*, kommen aber schon bei den dichtern seit Einarr Skúlason c. 1140 (s. Jónsson, Skjaldesprog s. 93) sowie in den ältesten hdschr. vor (z. b. Rímb. und Plácítúsdrápa). Die formen mit *s* kommen noch vereinzelt bei Snorre und einmal in der etwa gleichzeitigen Líknarbraut vor, sind aber später ganz ausser gebrauch (vgl. Palæographisk Atlas 1905, s. VI). — Das im inf. einmal belegte *vasa* (St. Hom.) dürfe nur schreibfehler sein; vgl. aber mnorw. (und shetl.) *vara* § 149 anm. 2 und § 497 anm. 1. — Ueber die sehr eigentümliche flexion des präs. s. § 532, 3 und § 537.

Anm. 7. Sonstige seltene nebenformen sind: inf. *sita* (Þorkelsson, Beyging) nach präs. *sit*; präs. konj. *þege* neben dem gew. (nach dem inf. gebildeten, s. § 279, 1) *þigge* (s. Þorkelsson, Supplement IV, 186); prät. sg. *báð* (Wadstein, F. Hom. s. 121), *sát* (Wadstein, Arkiv VIII, 89), *vár* (mehrmals in No. Hom., s. Wadstein, F. Hom. s. 121) zu pl. *bóþom* usw. neugebildet (nach *át* : *ǿtom*; vgl. § 496 anm. 4 und § 497 anm. 2), mnorw. einmal (s. Hægstad, a. o. II, 1, s. 76) *lág* (wie im mschw. sehr oft) st. *lá*; prät. pl. *frógom*

§ 499. 500. Klasse 6 der ablautenden verba.

(Fritzner; ungenaue schreibung statt *frǫgom*?), *þógom* (Íslendinga Bók, ed. Jónsson, s. XVII), vgl. § 496 anm. 4, § 497 anm. 2; part. prät. spät *røkkuat* (Fritzner II, 1099), anorw. einmal (alt, aber vielleicht schreibfehler) *voret* st. *veret*, s. G. T. Flom, The University Studies IV, 2, s. 29.

Anm. 8. Vereinzelt stehen prät. sg. *huak* (Ágrip, ed. Dahlerup, s. 15¹⁷) wankte (vgl. das schwache *huika* wanken nach § 509) und part. prät. *iáenn* zu *iá* (ahd. *jehan*, s. Lidén, Arkiv III, 240f.) versprechen, das sonst schwach nach § 520 geht.

Klasse VI.

§ 499. Verben der sechsten ablautsreihe (§ 170), z. b.
fara fahren, *fór*, *fórom*, *farenn*;
taka nehmen, *tók*, *tókom*, *tekenn* (anorw. *tækinn*) § 74.

§ 500. Wie *fara* gehen: *ala* ernähren, *gala* singen, *kala* frieren, *mala* mahlen; *grafa* graben, *skafa* schaben; *hlaþa* (auf)laden, *vaþa* (prät. *óþ*, *óþom*, später *vóð*, *vóðum*, s. § 235, 1, a mit anm. 1) waten; und mit besonderen abweichungen:

deyia (*daujan) sterben	*dó* (*dōu)	*dóm* (*dōwum § 130)	*dáenn* § 163, 1
geyia bellen	*gó*	*góm*	—
hefia heben	*hóf*	*hófom*	*hafenn*
kefia niederdrücken	*kóf*	*kófom*	*kafenn*
skepia schaffen	*skóp*	*skópom*	—
standa stehen	*stóþ*	*stóþom*	*staþenn*
sueria schwören	*s(u)ór* § 235, 1, a mit anm. 1	*s(u)órom*	*suarenn*
vaxa wachsen	*óx*	*óxom, uxom* § 170 anm. 2	*vaxenn*

Anm. 1. Auch schwach nach § 512 gehen *kefia* (bes. in alter zeit), *skepia* (im part. prät. immer), *sueria*, nur im part. prät. (aber dort fast immer) *hefia*. Das mit *skepia* gleichbedeutende *skapa* geht schwach nach § 509; so selt. im prät. misl. *gala* (Gislason, Efterladte skrifter II, 181), selt. im part. prät. anorw. *skafa* (s. Hertzberg).

Anm. 2. In *standa* ist *n* ein spezifisches präsensinfix, das von alters her den übrigen stammformen nicht zukommt; vgl. lat. *tundo*, *tango*, *cumbo* u. dgl.

Anm. 3. Sehr seltene nebenformen sind: inf. anorw. (s. Hægstad, Arkiv XX, 365) *fera* (nach dem präs.); prät. (schwach) aisl. *deyþe*, anorw. *dǿðe* (s. Fritzner), aisl. *vexta* (s. Vigfusson) den inf. anorw. (s. Hægstad, a. o.) *vexa* (got. *wahsjan*, aschw. *væxa*) voraussetzend; prät. pl. aisl. (St. Hom.) *grófom* (vgl. *græfr* § 170 anm. 1) den inf. anorw. (s. Hægstad, a. o.) *grefa* nach § 497 (aschw. *græva*); anorw. (Strengleikar, s. 70) *háfom* ist vielleicht

§ 501. Klasse 6 der ablautenden verba.

nur schreibfehler (vgl. aber § 170 anm. 1); part. prät. ntr. anorw. *dát(t)*, den synkopierten kasus, pl. *dáner* u. dgl., nachgebildet (s. § 159), anorw. einmal (s. Flom, a. o., s. 42) *tikit* st. *tœkit* (schreibfehler? Vgl. jedoch aschw. präs. *tiker* und oft konj. *tiki*).

Anm. 4. Nur im prät. sg. belegt ist aisl. (und nisl., s. Þorkelsson, Beyging) *hnóf* 'schnitt ab'.

§ 501. Wie *taka* gehen diejenigen verba, bei denen nach dem wurzelvokale im part. prät. ein palatal folgt. Ganz gehen so *aka* fahren, *skaka* schütteln und mit besonderen abweichungen:

draga (anorw. auch *drega* § 172, 4) ziehen	*dró* § 230, 2	*drógom*	*dregenn* (anorw. *drœginn* und *dregenn*)
flá (*flahan § 230, 1, § 130) schinden	*fló*	*flógom*	*flegenn*
hlœia (*hlahjan § 123) lachen	*hló*	*hlógom*	*hlegenn*
klá reiben	*kló*	*klógom*	*klegenn*
slá schlagen	*sló*	*slógom*	*slegenn*
þuá waschen	*þ(u)ó* § 235, 1, a mit anm. 1	*þ(u)ógom*	*þuegenn*

Anm. 1. Ueber den wechsel zwischen (einstigem) *h* und *g* in *flá*, *hlœia*, *slá*, *þuá* s. § 317, 3, a. *Klá* flektierte urspr. wie *deyia* (§ 500), aber statt *kleyia (dän. *kløe*) wurde *klá* neugebildet zu dem präs. *klǽr* (*klawiʀ; vgl. umgekehrt präs. *deyr* st. *dǽr nach *deyia* wie nom. *mey* st. *mǽr* nach gen. *meyiar* § 163, 1) nach dem muster *slá* : *slǽr*; zu prät. *kló* wurde pl. *klógom* st. *klóm (vgl. aschw. später *dōghom* st. *dōm*) gebildet nach *sló* : *slógom*, und ebenso part. *klegenn* st. *kláenn nach *slegenn*.

Anm. 2. Auch schwach nach § 509 geht *aka* (selt.). *Slá* geht im prät. auch nach § 506: *sløra*, *slera*, pl. *slørom*, *slerom*.

Anm. 3. Selt. nebenformen sind: prät. sg. *slóg* (s. Þorkelsson, Beyging) mit aus dem pl. entlehntem *ʒ*; part. prät. ntr. anorw. *dragit* (Elis saga), mnorw. *taket* (Hægstad, Kong. s. 38), nach anm. 5 zu erklären.

Anm. 4. Von dem schwachen (nach § 509) *gnaga* nagen sind zwei starke formen je einmal belegt (s. Þorkelsson, Beyging): 3. sg. präs. ind. aisl. *gnegr* und part. prät. ntr. anorw. *gnaget* (nach den synkopierten kasus, vgl. anm. 5 und aschw. *gnaghin*). Vereinzelte part. prät. sind: *fegenn* (ags. *ʒefæʒen*, vgl. got. *faheds* und *faginōn*) froh, *vakenn* wach zu *vaka* (schwach nach § 519, I; got. *wakan*) wachen und der name *Þráenn* zu *þreyia* (schwach nach § 513, 5) oder *þrá* (nach § 511; vgl. *klá*, s. anm. 1 oben) sich sehnen.

Anm. 5. Part. prät. hat — von den vereinzelten norw. *dragit*, *taket* (s. anm. 3), *gnaget* (s. anm. 4) abgesehen — den wechsel von umgelautetem vokal in den nicht synkopierten und unumgelautetem vokal in den synkopierten kasus (s. § 74) durchgehends bewahrt (vgl. doch Konungs skuggsiá *drœginn* : nom. pl. f. *dragnar* 'gezogen') zugunsten des umgelauteten ausgeglichen, z. b. *tekenn*, pl. *tekner* st. *takner (wonach umgekehrt aschw. *takinn*) 'genommen'.

b) Reduplizierende verba.

§ 502. Klasse I. Verba der ersten ablautsreihe.
Hierher gehören nur:

heita heissen	*hét*	*hétom*	*heitenn*
leika spielen	*lék*	*lékom*	*leikenn*
sueipa fegen, wickeln	*sueip*	*suipom* (Fritzner III, 624)	*sueipenn*

Anm. Seltene nebenformen sind: prät. *heit*, *-om* (s. Olsen, Vǫlsunga saga, s. XXI, Hb., s. XXXVII, Hægstad, Kong. s. 38 u. a., wol nicht alles schreibfehler — wie Hesselman, Arkiv XXVII, 360, vermutet — sondern zum teil nach § 154 zu erklären), sg. *hétt* (s. § 280, 1), *hít* (Hauksbók, s. Brenner, Literaturblatt 1885, sp. 54). *Sueipa* geht gew. schwach nach § 509 oder § 515. Ein isoliertes part. prät. ist *eikenn* rasend.

§ 503. Klasse II. Verba der zweiten ablautsreihe.
Hierher gehören:

auka vermehren	*iók*	*iókom, iukom*	*aukenn*
ausa schöpfen	*iós*	*iósom, iusom*	*ausenn*
hlaupa laufen	*hlióp*	*hliópom, hlupom* (anorw. auch *liupum*)	*hlaupenn*
búa wohnen, bereiten	*bió* (anorw. auch *biugga, biogga*)	*bioggom, biuggom*	*búenn*
hǫgg(u)a § 227, 2 hauen	*hió* (anorw. auch *hiogga*)	*hioggom, hiuggom*	*hǫgg(u)enn*

Anm. 1. Seltene nebenformen sind: inf. *bóa*, wenigstens durch das öfter im anorw. als im aisl. belegte substantivierte part. präs. *bóande* (s. § 422 und vgl. § 166 anm. 2) bezeugt, anorw. *hǫggua* (und part. prät. *hǫgguenn*; s. Hertzberg) nach dem präs. *hǫggr* (wie umgekehrt bisweilen *hǫggr* nach *hǫggua*); prät. sg. *hiú* (s. Larsson) und mnorw. (wie aschw.) *hiogg* (s. Hægstad, Vestno. maalf. II, 2, ı, s. 200), anorw. (s. Fritzner II, 4, sp. 2; ebenso im dalekarlischen, s. Noreen, Sv. landsm. IV, 144 f.) *lép* (vgl. § 172, 1) und mnorw. *lóp* (Hægstad, a. o. II, 1, s. 87) § 295 anm. 3, aisl. (wie im anorw., s. oben) *biogga* (s. Jónsson, Skjaldesprog s. 99) und mit aus der 2. 3. sg. entlehntem *gi* (s. § 263 anm. 1) anorw. *bygga* (s. Hægstad, a. o. II, 1, s. 87 und II, 2, ı, s. 200, 204) oder (wol nach dem pl.) *biuggia* (s. Wadstein, Arkiv VIII, 87); prät. pl. *hiuggiom* (s. Larsson), *hioggiom, bioggiom, buggiom* (schreibfehler?) alle mit *gi* nach § 263 anm. 1, misl. *hlaupum* (Olson, Yngvars saga, s. LXIV) und anorw. *laupom* (s. Wadstein a. o., s. 90). Zur erklärung der formen s. Noreen, Geschichte[3] § 240 und 243; anders Lindroth, Arkiv XXIV, 353 f., noch anders Wood, Modern Philology XIV, 2, s. 63. — Ueber part. prät. ntr. *bút* neben *búet* s. § 159.

Anm. 2. Auch schwach flektieren *auka* (bes. im anorw.) nach § 509 und im anorw. *búa* nach § 519, II (doch nicht im präs.).

Anm. 3. Von *bauta* schlagen sind nur präs. ind. pl. und (als zweites glied in zusammensetzungen) part. prät. (dicht.) belegt; später auch ein schwaches prät. *bautaþa* nach § 509. Ein isoliertes part. prät. ist *auþenn* 'vom schicksal bestimmt'.

§ 504. Klasse III. Verba der dritten ablautsreihe.

Hierher gehören:

blanda mischen	*blett* (**blind*) § 220, § 266, 2, § 110, 1	*blendom*	*blandenn*
fá (**fanhan* § 317,3,b, § 130) bekommen	*fekk* (**fing*) § 220, § 266,3,b, § 110,1	*fingom*, später *fengom*	*fingenn, fengenn*; vgl. anm. 1
falda den kopf bedecken	*felt* § 220	*feldom*	*faldenn*
falla fallen	*fell*	*fellom*	*fallenn*
ganga gehen	*gekk* (**ging*)	*gingom*, später *gengom*	*gingenn, gengenn*
halda halten	*helt*	*heldom*	*haldenn*
hanga hangen	*hekk* (**hing*)	*hengom*	*hangenn*

Anm. 1. Von *fá* heisst die 3. sg. präs. konj. ein paarmal (s. Fritzner) *fange* (st. *fáe*); der inf. *fanga*, welcher sich zu *fá* verhält wie *hanga* zu got. *hāhan*, bedeutet gew. 'fangen' (und wird schwach nach § 509 flektiert), selt. 'bekommen'; ebenso heisst die nicht seltene part. prät.-form *fangenn* gew. 'gefangen'. Zu *ganga* kommt mehrmals (s. Þorkelsson, Beyging) eine 3. sg. präs. ind. aisl. *gingr* (st. *gengr*) vor wie von einem inf. **ginga* (vgl. ? ahd. *gingēn*, litau. *żengiu*, § 167 und Kluge, Beitr. z. gesch. d. germ. conj. s. 84, 160; anders Kock, Beitr. XXIII, 508). Die im Cod. Tunsb. belegte 3. sg. präs. konj. *hænge* ist wol mit dem aschw. inf. *hængia* zu vergleichen. Sehr seltene nebenformen sind ferner: prät. sg. *fell* (st. *felt*) § 275, § 317, 2, b, anorw. *gikk* (Hægstad, a. o. II, 1, s. 87; wie im aschw.), *hell* § 275, § 317, 2, b oder *hélt* (mehrmals *heilt* geschrieben, s. Wadstein, Arkiv VIII, 89 und Hægstad, G. Tr., s. 70); prät. pl. anorw. *hiældo* (s. Þorkelsson, Beyging; agutn. *hieldu*; mnorw. *hǿldo, hǿllo* s. A. B. Larsen, Lydlæren i den solørske dialekt, s. 135; aus **hiǿldo* < **hioldo*, s. An. gr. II, § 75, 2 und § 313 anm. 2).

Anm. 2. *Hanga* geht im präs. ind. immer, im prät. sg. und pl. oft schwach nach § 519. *Falda* geht selten, *blanda* oft schwach nach § 509.

Anm. 3. Ein isoliertes part. prät. ist *aldenn* alt (vgl. got. *us-alþan* altern).

Anm. 4. Ueber die (späte und seltene, s. Egilsson und Þorkelsson, Supplement IV) nebenform *gá* zu *ganga*, welche ursprünglich zwei ganz verschiedene verba sind, s. Lorenzen, Tidskr. f. Fil. N. R. IV, 223 ff.; Mahlow, Die langen vokale, s. 136 ff.; v. Fierlinger, K. Z. XXVII, 432 ff.

Anm. 5. Prät. pl. *fengom, gengom, hengom, blendom* sind dem sg., part. prät. *fingenn, gingenn* dem prät. pl. und dem inf. **ginga* (vgl. anm. 1 oben) nachgebildet.

§ 505. Klasse IV. Verba, die im inf. und part. prät. der siebenten ablautsreihe (§ 171) angehören, im prät. dagegen — wenigstens anscheinend — der ersten (§ 165, anm., vgl.

§ 172, 2). Hierher gehören folgende verba, die in zwei gruppen zerfallen, je nachdem der inf. *á* oder *ó* als wurzelvokal zeigt:

I. *blása* blasen   *blés*   *blésom*   *blásenn*
    gráta weinen   *grét*   *grétom*   *grátenn*
    huáta stossen   —   —   *huátenn*
    láta lassen   *lét*   *létom*   *látenn*
    ráþa raten   *réþ*   *réþom*   *ráþenn*

Anm. 1. Im inf. kommt neben *láta* nicht selt. *lata* vor (s. Gislason, Njála II, 920 f.), urspr. wol nur wenn das wort proklitisch stand (s. § 151, 1). Ausserdem kommt anorw. bisweilen (s. z. b. Hertzberg) *leta* vor, wol nach dem präs. anorw. *letr* (s. Wadstein, F. Hom. s. 52, und Hertzberg; aus *lætr* verkürzt in proklitischer stellung, s. § 151, 6) gebildet. Auffallend sind die seltenen anorw. (z. b. in No. Hom. und Spec. reg.) formen: 2. pl. imperat. *litið, litit*. — Neben *huáta* steht selt. anorw. *hóta* (s. § 171 und vgl. II unten).

Anm. 2. Im prät. kommen folgende, mehr oder weniger seltene, nebenformen vor: *lít* (agutn. *līt*) Hauksbók (vgl. *hít* § 502 anm.), anorw. *létt* s. § 280, 1, pl. *litom* (z. b. Cod. AM. 677, 4°; agutn. *litum*), *reiþ* § 172, 2; mnorw. prät. pl. *lótom* (s. Hægstad, a. o. II, 1, s. 87; vgl. das aschw.).

Anm. 3. Im part. prät. kommt neben *huátenn* (s. Bugge, Tidskr. f. Fil. N. R. III, 264) später ein schwaches *huátat* (s. Þorkelsson, Supplement II), neben *látenn* ein anorw. *letenn* (s. Hertzberg und Hægstad, a. o.; vgl. inf. *leta* anm. 1 oben) je 1 mal vor. Ein isoliertes *bráþenn (aschw. *brāþin* und ahd. *gibrātan*) wird von dem schwachen *bráþna* 'geschmolzen werden' vorausgesetzt.

II. *blóta* opfern   *blét*   *blétom*   *blótenn*
    sóa feierlich töten   —   —   *sóenn*

Anm. 4. Auch schwach nach § 509 gehen sowol *blóta* (im präs. ind. und prät. gewöhnlich) wie später *sóa*.

Anm. 5. Ein isoliertes part. prät. ist *flókenn* 'verworren', 'verwickelt' (gleich ahd. *far-fluohhan*?).

§ 506. **Klasse V.** Verba, bei denen die alte reduplikationssilbe noch bewahrt ist (s. Noreen, Geschichte[3] § 244). Hierher gehören z. b.

róa rudern   *rera, røra* § 77, 3   *rerom, rørom*   *róenn*
sá säen   *sera* § 317, 4, *søra*   *serom, sørom*   *sáenn*
snúa wenden   *snera* (*snezō*-), *snøra* *snerom, snørom*   *snúenn*

Nach *róa* geht *gróa* keimen, nach *snúa* geht *gnúa* reiben. Von *slá* (s. § 501) schlagen kommen alternativ die nach *sá* gebildeten formen prät. sg. *slera, sløra*, pl. *slerom, slørom* vor.

Anm. 1. *Sá* kann (schon vor 1200, s. Jónsson, Arkiv XIII, 267) auch schwach nach § 511 gehen. Von *snúa* ist ein schwaches part. prät. *snúþr* einmal in St. Hom. belegt.

§ 507. 508. Schwache verba. 341

Anm. 2. Hierher gehört auch die einmal (aus Cod. AM. 677, 4⁰) belegte 3. sg. prät. *bnere* zu einem **bnúa* (got. *bnauan*) reiben.

Anm. 3. Das prät. sg. dieser verba flektiert schwach (§ 533).

Anm. 4. Ganz anders entstanden sind die § 488 mit anm. 1 erwähnten prät. *frera, frera* und *kera, kera*.

II. Schwache verba.

§ 507. Diese bilden regelmässig ihr prät. (und part. prät.) durch zusatz eines *ð*, selt. *t* (§ 518, 1; § 522, 2; § 523, 3; § 525), *d* (§ 513, 3; § 524, 2 und 3; § 526), *þ* (§ 523, 1 und 2; § 526) oder *s* (§ 522, 1). Wenn durch synkope dies *ð* mit einem vorhergehenden konsonanten zusammentrifft, treten die in § 238 dargelegten lautgesetze ein, so dass das *ð* sich oft als *d, þ, t* zeigt.

Anm. Selten kommen formen ohne dentale ableitung (s. Noreen, Geschichte³ I, 635, § 246, 3 und § 256, 3; anders Wood, Modern Philology XIV, 61 f.) vor, z. b. in St. Hom. prät. ind. 3. sg. *horf(þ)e, haf(þ)e, skelf(þ)e, misger(þ)e, hug(þ)e-sk*, 2. pl. *sǫg(þ)oþ*, part. prät. *vaf(þ)r, séf(þ)r, lag(þ)r, sag(þ)r, samteng(þ)r*; in No. Hom. prät. ind. 3. sg. *horf(ð)e*, part. prät. *samtæng(ð)r, lag(ð)r*. Gewöhnlich sind part. prät. *gǫrr, sparr* neben dem seltenen anorw. *gǫrðr, gerðr* (s. § 518 anm. 3) 'gemacht' und dem nur im ntr. belegten *sparat* 'gespart'. Vgl. das aschw. und adän.

§ 508. Dagegen ist die bildung des präsensstammes sehr verschieden. Je nach dem ausgange der 1. sg. präs. ind., wo der präsensstamm am deutlichsten hervortritt, kann man vier schwache konjugationen unterscheiden:

1. Präs. sg. auf -*a*, prät. sg. -*aða*, part. prät. -*aðr*, z. b. *kalla, kallaþa, kallaþr* zu *kalla* rufen.

2. Präs. sg. auf konsonantisches *-*i* (das nach § 226 sonantisch wird, um dann nach § 155 fortzufallen), prät. sg. -*ða* (ohne *i*-umlaut der wurzelsilbe, s. § 66, 2), part. prät. -(*i*)*ðr* (ohne *i*-umlaut, s. § 67, b), z. b. *vel, valþa, val(e)þr* zu *velia* wählen.

3. Präs. sg. auf sonantisches (und zwar ursprüngliches) -*i* (mit *i*-umlaut der wurzelsilbe), prät. sg. -*ða* (mit *i*-umlaut), s. § 66, 1), part. prät. -*ðr* (mit *i*-umlaut), z. b. *stýre, stýrþa, stýrþr* zu *stýra* steuern.

4. Präs. sg. auf (aus *ai* entstandenes) -*e* (im allg. ohne *i*-umlaut der wurzelsilbe s. § 66, 4, vgl. aber § 73), prät. sg. -*ða*

(ohne *i*-umlaut), part. prät. *-aðr* oder *-ðr* (ohne *i*-umlaut), z. b. *spare*, *sparþa*, *sparat* (ntr.) oder *sparþr* zu *spara* sparen.

a) Erste schwache konjugation.

§ 509. Hierher gehören die meisten aisl.-anorw. verba, z. b.

elska lieben	präs. *elska*	prät. *elskaþa*	part. prät. *elskaþr*
stǫþua aufhalten	*stǫþua*	*stǫþuaþa*	*stǫþuaþr*
heria verheeren	*heria*	*heriaþa*	*heriaþr*
spá prophezeien	*spá*	*spáþa*	*spáþr* § 130

und bes. die vielen abgeleiteten verba auf *-na*, z. b.

vakna erwachen   *vakna*   *vaknaþa*   *vaknaþr*

Anm. Im prät. können *flóa* fluten und das deponens *óask* sich fürchten nach § 519, I gehen; *glóa* glühen, leuchten so auch im präs. *Visa* zeigen kann anorw. im prät. und part. prät. nach § 515 gehen.

§ 510. Verba wie *heria* sind von denen, die wie *beria* (§ 512) gehen, wol zu unterscheiden. Die ersteren sind, der regel nach, denominativa zu *ja-*, *jō-* (oder *i-*)stämmen; bei den letzteren dagegen ist *-i-* ein verbales ableitungssuffix. Nach *heria* (zu *herr* § 389) gehen z. b. *anýia* erneuern, *belia* brüllen, *brynia* die brünne anziehen, *brytia* zerstückeln, *byria* (zu *byrr* § 389) beginnen, *dysia* begraben, *eggia* (zu *egg* § 381) anreizen, *emia* heulen, *gilia* verlocken, *gneggia* wiehern, *grenia* heulen, *iþia* sich womit beschäftigen, *kilia* zanken, *klyfia* belasten, *klǽia* jucken, *lyfia* (zu *lyf* § 382) heilen, *netia* mit netz fangen, *nytia* melken, *rifia* auswickeln, *skynia* (zu *skyn* § 382) einsehen, *stefia* (zu *stef* § 369) hindern, *syfia* schläfrig machen, *synia* verweigern, *veþia* wetten, *vitia* besuchen, *þefia* riechen.

Anm. *Synia* kann später (wie im aschw.) nach § 512 gehen; so auch bisweilen im anorw. *byria* geziemen, anstehen. Vgl. *feria* § 513 anm. 6.

§ 511. Wie *spá* (aus *spáa*), also mit kontraktion (§ 130), gehen nur wenige verba wie *fá* (< *fáa* § 130 < urn. *fāian § 66, 2 < *fāhian § 230, 1 < *faihian § 54, 1; das präs. *fá* aber ist eine neubildung, nach dem inf. und dem ebenfalls lautgesetzlichen prät. *fáþa*, statt *fǽ < *fǽi § 135, § 62 anm. 1 < urn. *fāi* Vatn § 230, 1 < *fāhi* Åsum, Stora Noleby § 54, 1, statt **fāh(i)u*, s. § 153 anm.) malen, *fiá* hassen (dicht.), *má* abnutzen, *skrá* anschreiben und die neubildungen *strá* (statt

§ 512. 513. Schwache konjugation 2.

*streyia, aschw. *strøia*, nach prät. *stráþa* und der analogie von *þreyia* : *þráþa* u. dgl. § 513, 5; vgl. *þrá* § 513 anm. 5) streuen, *þiá* (s. § 235 anm. 4) knechten.

b) Zweite schwache konjugation.

§ 512. Hierher gehört eine ziemlich grosse anzahl von verben mit kurzer wurzelsilbe, z. b.

krefia verlangen	*kref*	*krafþa*	*kraf(e)þr*
beria schlagen	*ber*	*barþa*	*bar(e)þr*
telia erzählen	*tel*	*talþa*, später *talda* § 238, 1, b	*tal(e)þr, taldr*
venia gewöhnen	*ven*	*vanþa*, später *vanda*	*van(e)þr, vandr*
temia zähmen	*tem*	*tamþa*, später *tamda*	*tam(e)þr, tamdr*
glepia erfreuen	*glep*	*gladda* § 238, 1, a	*gladdr* § 428, 2
vek(k)ia § 279, 1, anorw. selt. *vøkua* § 82, 12, erwecken	*vek*	*vakþa* § 238, 2, c, später *vakta*	*vak(e)þr, vaktr*
glepia narren	*glep*	*glapþa*, später *glapta*	*glap(e)þr, glaptr*
flytia fortschaffen	*flyt*	*flutta* § 276	*fluttr* § 428, 2
bysia strömen	*bys*	*busta* § 238, 2, a	—
leggia § 49, § 279, 1 legen	*legg*	*lagþa*	*lag(e)þr* (vgl. jedoch § 507 anm., § 514 anm.)
lýia zerquetschen	*lý*	*lúþa*	*lú(e)þr*
œia weiden	*œ*	*áþa*	*á(e)þr*

Anm. 1. Ein ausführliches verzeichnis hierher gehöriger verba findet sich bei Wimmer, Forn. forml. § 145—148. Vgl. auch Jónsson, Skjaldesprog s. 105 ff.

Anm. 2. Vereinzelte fälle von *i*-umlaut im prät. und part. prät., wie *dynda* zu *dynia* donnern, *gremþa* zu *gremia* erzürnen (s. Wadstein, Beitr. XVII, 417 ff., wo auch viele andere beisp. angeführt sind), *kefþr* zu *kefia* (s. Fritzner) ersticken, *vendr* (statt *vandr* s. oben) in rímur (s. Gislason, Efterladte skrifter II, 183) oder anorw. *útrektr* (s. Hertzberg) zu *útrek(k)ia* ausdehnen, beruhen wol teils auf entlehnung des präsensvokals, teils wol auch auf kontamination von urspr. *veneþr, acc. vandan* u. dgl. (s. § 67, b). Vgl. § 514 anm. Ueber *huettr* und *mettr* s. § 428, 2 und § 66, 1.

§ 513. Besondere abweichungen zeigen sich in vielen fällen:

1. Im präs. (auch inf.) gehen wenigstens alternativ, nach § 515:

fyrua ebben (impers.)	*fyruer* (3. sg.)	*furþe* (3. sg.)	—
melia, mølua § 82, 6 zermalmen	*mel, mølue*	*malþa, mølþa*	—
smyria, smyrua schmieren	*smyrue*, s. § 532, 5	*smurþa*	*smurþr*

§ 513. Schwache konjugation 2.

vekia (anorw. *vækkia*), *vek-*   *vek* (anorw. auch   *vakþa, vakta,*   *vakþr, vaktr*
(*k*)*ua* § 82, 12, § 279, 1 u. 2   *vækki*)   *vøkta* (Fritzner)
zum fliessen bringen

2. Im prät. (auch part. prät.) gehen, wenigstens alternativ, nach § 515:

frýia absprechen	*frý*	*frýþa,* selt. *frúþa*	*frý(e)þr*
gnýia lärmen	*gný*	*gnúþa,* selt. *gnýþa* oder *gniþa* § 163, 2	—
hlýia § 68, 4 wärmen	—	*hléþa*	—
hlýia schirmen	*hlý*	*hlúþa,* alt selt. *hléþa* § 163, 2	*hlú(e)t* (ntr.)
knýia drängen	*kný*	*knýþa, knúþa,* dicht. auch *kniþa* (s. Jónsson, Skjaldesprog s. 107) § 163, 2	*kný(e)þr, knú(e)þr, kníþr*
lyk(k)ia § 279, 1 zuschliessen	*lyk*	*lukþa, lukta,* später *lykþa, lykta*	*lukþr, luktr,* später *lykþr, lyktr*
mølua s. 1 oben			
sek(k)ia § 279, 1 schuldig machen	*sek*	*sekþa, sekta*	*sekþr, sektr*
selia verkaufen	*sel*	*selda* § 238 anm. 5	*seldr*
setia setzen	*set*	*setta*	*settr*
*sýia (got. *siujan*) nähen	—	*séþa*	*søþr, séþr*
vøk(k)ua s. 1 oben			

Anm. 1. Zur erklärung von *lykþa, sekþa* s. Kock, Beitr. XVIII, 436 f. Ueber *selda* (*saldiðo), *setta* (urn. *satiðo* Rö) s. E. Noreen, Språkvetenskapliga sällskapets förhandlingar 1916—1918, s. 98, resp. A. Noreen, ib. s. 91 (vgl. oben § 428, 2).

Anm. 2. *Knýia* hat selt. ein prät. *knýiaþa, kníaþa* nach § 509. Ueber inf. *knía* s. § 163, 2. — Sehr seltene anorw. nebenformen sind: prät. sg. *frýiða* (nach dem inf., wie *flýiða* § 488 anm. 2; Wadstein, F. Hom. s. 63), pl. *sǫldum* (Wadstein, Beitr. XVII, 422 note; aschw. *saldum*), *sattum* (Wadstein, Der umlaut von *a*, s. 44; aschw. *sattum*).

Anm. 3. Ueber die ursprünglich starken verba *flýia, spýia, týia* s. § 488 mit anm. 2—4.

3. Das prät. ist, auch in der ältesten zeit, mittelst -*d* (nicht *ð*) gebildet (s. § 238 anm. 5) ausser bei *selia* (s. oben 2) auch bei

vilia wollen   *vil*   *vilda*   *viliat* (ntr.), adj. *viliaþr, vilþr* erwünscht,

dessen part. prät. übrigens alternativ nach § 509 gebildet ist.

Anm. 4. Ueber die flexion des präs. von *vilia* s. § 532, 7. — Ein aisl. prät. *skilda* (neben *skilþa*) wird vielleicht (vgl. aber § 260) vom misl. *skilldi* (gegenüber *dualdi* u. dgl., so konsequent in Yngvars saga, Olsons ausg. s. LXX; vgl. nschw. *skilde* gegenüber *välde* u. dgl.) 'schied' vorausgesetzt.

§ 514. Schwache konjugation 2. § 515. Schwache konjugation 3.

4. Im part. prät. schwankt nach § 519, I
hyggia meinen *hygg* *hugþa* *hugþr, hugat* (ntr.)

5. Aus einem urgerm. wechsel zwischen antesonantischem -*auj*- und antekonsonantischem -*awi*- (s. § 163, 1) erklärt sich der vokalwechsel in:

heyia ausführen *hey* *hápa* *há(e)þr*
þreyia sich sehnen *þrey* *þrápa* *þrápr*

Anm. 5. Statt *þreyia* und *þrey* kommt durch ausgleichung später *þrá* (nach § 511), statt *hey* auch *há* (s. Jónsson, Skjaldesprog s. 106) vor.

Anm. 6. *Feria* 'mit der fähre über das wasser setzen' kann später ganz nach § 509 gehen.

§ 514. Die nicht synkopierten formen auf -*eþr* im part. prät., welche überhaupt der älteren sprache angehören (belege z. b. bei Jónsson, Skjaldesprog s. 105 f.), kommen nie bei verben vor, deren wurzelsilbe auf *ð* oder *t* endet (z. b. *fluttr*, nie *fluteþr, zu *flytia*), s. § 428, 2; auch bei den meisten von den übrigen ist schon vorliterarisch die synkopierte form (seit um 1100) belegt und bei vielen sogar durchgedrungen. Wo in der ältesten sprache -*eþ*- stand (also im sg. nom. m. f., gen. m. ntr., pl. nom. acc. ntr., s. § 428, 2), ferner in sg. gen. dat. f., acc. m. und pl. gen. tritt nach 1200 -*en*- ein nach der analogie der starken verba, gemäss der proportion ntr. *malet* : m. *malenn* = ntr. *valet* : *x*, z. b. sg. nom. m. *valenn*, f. *valen*, gen. f. *valennar*, acc. m. *valenn*, pl. nom. acc. ntr. *valen* statt *valeþr*, *valeþ*, *valþrar*, *valþan*, *valeþ* zu *velia* wählen (aber nie *flutenn usw., weil kein *fluteþr usw. vorhanden gewesen war).

Anm. Ueber den mangelnden *i*-umlaut in den unsynkopierten kasus s. § 67, b. Ein lautgesetzlicher nom. acc. sg. ntr. mit umlaut ist ein paarmal angetroffen worden, z. b. *legit* zu *leggia* legen (s. Kock, Beitr. XVIII, 433), *lemið* zu *lemia* (lahm) schlagen (s. H. Rydberg, Die geistlichen drápur, s. XIV); vgl. auch § 512 anm. 2.

c) Dritte schwache konjugation.

§ 515. Hierher gehören eine sehr grosse anzahl von verben mit langer wurzelsilbe, z. b.

erfa erben *erfe* *erfþa* *erfþr*
føra führen *føre* *førþa* *førþr*
døggua betauen *døggue* *døgþa* § 226, § 284 *døgþr*
kemba kämmen *kembe* *kembþa*, spät *kembda* § 238,1, b *kembþr, kembdr*

§ 516. Schwache konjugation 3.

skelfa schütteln	skelfe	skelfþa, spät skelfda	skelfþr, skelfdr
sløngua schlingen	sløngue	sløngþa, spät sløngda	sløngþr, sløngdr
dǿma urteilen	dǿme	dǿmþa, später dǿmda	dǿmþr, dǿmdr
hirþa bewachen	hirþe	hirda, hirþa, später hirta § 238 anm. 2	hirdr, hirþr, hirtr
fella fällen	felle	felda § 238, 1, b	feldr
sigla segeln	sigle	siglda	sigldr
kenna kennen	kenne	kenda	kendr
nefna nennen	nefne	nefnda	nefndr
þýþa deuten	þýþe	þýdda § 238, 1, a	þýddr
senda senden	sende	senda § 283, § 276 schluss	sendr
søkkua senken	søkkue	søkþa, später søkta § 238, 2, c	søkþr, søktr
ǿpa rufen	ǿpe	ǿpþa, später ǿpta	ǿpþr, ǿptr
mǿta begegnen	mǿte	mǿtta § 276	mǿttr
huessa schärfen	huesse	huesta § 238, 2, a	huestr
lypta in die höhe heben	lypte	lypta § 283, § 276	lyptr

Anm. 1. Weitere beispiele sind in grosser menge verzeichnet bei Wimmer, Forn. forml. § 137—141 und § 143. *Henta* 'passen' geht oft, *enda* 'enden' und *efla* 'im stande setzen' selten nach § 509.

Anm. 2. *Sløkkua* auslöschen hat im prät. neben gew. *sløkþa, -ta* auch selt. *slekþa* (Jónsson, Skjaldesprog s. 102), *slekta* (Fritzner III, 428; vgl. aschw. *slœkkia*, s. § 82, 6) und *slykta* (Fritzner a. o.; vgl. § 75 und An. gr. II, § 106, 2, a).

Anm. 3. Ueber späteres *siglða, nefnða* s. Celander, Om övergången av ð < d, s. 55 ff.

§ 516. a) Verba, deren wurzelsilbe auf ʒ, *g* oder *k* endet, müssen nach § 263 inf. auf *-ia* aufweisen, z. b.

hneigia beugen	hneige	hneigþa	hneigþr
syrgia trauern	syrge	syrgþa	syrgþr
telgia verschneiden	telge	telgþa, spät telgda	telgþr, telgdr
sprengia sprengen	sprenge	sprengþa, spät sprengda	sprengþr, sprengdr
drekkia ertränken	drekke	drekþa, später drekta	drekþr, drektr

Anm. 1. Weitere beispiele bei Wimmer, Forn. forml. § 142. In *leiga*, später *leigia* mieten und *steik(i)a* braten ist das kons. *-i-* schwankend. St. Hom. *(g)líka* statt sonstigen *(g)líkia* 'gleichen' ist mit got. *galeikōn* zu vergleichen.

b) Einige verba, deren wurzelsilbe auf *-gw* oder *-kw* endet, haben infinitivformen auf *-ia* neben *-ua*, z. b.

byggua, byggia wohnen	bygg(u)e	bygþa	bygþr
þrøngua, þrøngia, anorw. auch þrǿngia § 82, 6 drängen	þrøng(u)e	þrøngþa, spät þrøngda	þrøngþr, þrøngdr
þryskua § 82, 4, þriskia, anorw. auch þreskia dreschen	þryskue, þriske	þriskþa, später þriskta	þriskþr, þrisktr

§ 517. 518. Schwache konjugation 3.

Anm. 2. Wie *byggua* gehen noch *hryggua, -ia* betrüben, *skyggua, -ia* überschatten, *styggua, -ia* erschrecken, *tryggua, -ia* ruhig machen; wie *þryskua* gehen *kueykua* (s. Jónsson, Skjaldesprog s. 102), *keyk(u)a* § 82, 13, *keykia* (Jónsson a. o., H. Rydberg, Die geistlichen drápur, s. XXV), *kueikia* beleben und *myrkua, -ia* verfinstern.

§ 517. Hierher gehörige verba, deren wurzelsilbe auf *l* oder *n* ausgeht, haben gewöhnlich prät. auf *-da*, part. prät. auf *-dr* (z. b. *fella, sigla, kenna, nefna* § 515). Unter umständen (s. § 238, 2, b) kommen aber bei solchen verben prät. auf *-ta*, part. prät. auf *-tr* vor, z. b.

villa irreführen	*ville*	*vilta*	*viltr*
rǽna rauben	*rǽne*	*rǽnta*	*rǽntr*

So gehen noch: *hella* giessen, *spilla* verwüsten, *stilla* beruhigen, *gylla* vergolden; *héla* (später regelmässig) mit reif überzogen werden, *véla* (anorw. auch auffallend *véla*, s. Fritzner) um sich womit beschäftigen, *véla* (aisl. auch *vǽla*, s. § 109; part. prät. jedoch im Cod. AM. 645, 4⁰ einmal *vǽldr*, vgl. anm. 2) überlisten, *mǽla* sprechen (aber *mæla* messen geht regelmässig), *stǽla* stählen, *féla* (auch regelmässig) höhnen; *sýsla* (prät. *sýsta*, part. prät. *sýstr* § 291, 7) verrichten, *víxla* (part. prät. *víxtr* § 291, 7, *víxltr*) wechseln, *óxla* (prät. *óxta, óxlía*, part. prät. *óxtr* § 291, 7) vermehren; *nenna* wagen, *senna* sich auseinandersetzen, zanken, *spenna* spannen, *ginna* bezaubern, *inna* ausführen, *minna* erinnern, *minnask* sich küssen, *þynna* dünn machen, *kuǽna* (auch regelmässig, s. Fritzner und Gislason, Efterladte skrifter II, 183) verheiraten; *girna* (s. Gislason, Um frumparta s. 110; gew. regelmässig) begehren, *vǽpna* bewaffnen.

Anm. 1. *Sýsla, víxla, óxla* gehen auch nach § 509; *gylla, spilla, spenna* in rímur auch regelmässig (s. Gislason, Efterladte skrifter II, 183).
Anm. 2. Bei einigen von diesen verben, z. b. *véla* überlisten (vgl. oben und Bugge, Arkiv II, 352 ff.), *þynna*, ist *t* nicht lautgesetzlich entstanden, sondern beruht auf analogiebildung; ebenso das einmalige *vǽnta* (s. Jónsson, Skjaldesprog s. 104) statt *vǽnda* zu *vǽna* vermuten.

§ 518. Besondere unregelmässigkeiten zeigen:

1. Einige verben, die das prät. schon urgermanisch mittelst *t* (unmittelbar an der wurzelsilbe angefügt) bildeten; über die dann eintretenden konsonantischen verhältnisse vgl. § 321, § 267; die wurzelsilbe hat natürlich im prät. keinen umlaut. Diese sind:

§ 519. Schwache konjugation 4.

sǿkia suchen	sǿke	sótta, später sǿkta	sóttr
yrkia machen	yrke	orta § 321, später orkta, yr(k)ta § 291, 6	ortr, später orktr, yr(k)tr
þekkia gewahr werden	þekke	þátta (nur dicht.), þekþa, þekta	þekþr, þektr
þyk(k)ia, þik(k)ia § 285, 1, § 147 scheinen	þyk(k)e, þi(k)ke	þótta § 113	þóttr

Anm. 1. Von sǿkia und þykkia kommen spät prät. sókta und þókta (mnorw. auch tǿtte, tykte) vor, s. z. b. Jiriczek, Bósa saga s. XXXIV, und Jónsson, Fernir forníslenskir rímnaflokkar, s. VII. Samþykkia einwilligen geht regelmässig nach § 516, a, also prät. samþykþa, -þykta.

Anm. 2. Zu skemma schämen (vgl. skǫmm schande) kommt im prät. neben skemþa auch skamþa vor, das einen inf. *skama (got. skaman; vgl. skamma nach § 509) und eine flexion nach § 519, I voraussetzen dürfte.

2. Das verbum 'machen' mit mehreren hauptformen:

$$\left.\begin{array}{l}gǫr(u)a \text{ §} 82,6 \\ ger(u)a \text{ §} 84 \\ gior(u)a \text{ §} 263 \\ \text{anm. 1}\end{array}\right\} \left\{\begin{array}{l}gǫr(u)e \\ ger(u)e \\ gior(u)e; \text{ vgl.} \\ \text{§} 532, 5\end{array}\right. \left\{\begin{array}{l}gǫrþa \\ gerþa \\ g(i)orþa \text{ §} 82 \\ \text{anm. 3}\end{array}\right. \left\{\begin{array}{l}gǫrr, gǫrr, gerr \\ \\ giǫrr; \text{ vgl. §} 507 \text{ anm.}\end{array}\right.$$

Anm. 3. Die formen mit w kommen nur dichterisch vor. Sehr seltene anorw. nebenformen sind prät. giarða (No. Hom. und bei Hertzberg), part. prät. gǫrðr (zu ntr. gǫrt gebildet nach stýrðr : stýrt u. dgl.), gerðr; vgl. noch § 507 anm.

Anm. 4. Ueber die verschiedenen formen s. u. a. Gering, Finnboga saga, s. VI ff.; Gislason, Udvalg af oldno. skjaldekvad s. 130, Njála II, 168—193; F. Jónsson, Egils saga (1888), s. VIII f.; M. Olsen, Vǫlsunga saga, s. XXVI und XXII, XXIII.

d) Vierte schwache konjugation.

§ 519. Hierher gehört eine ziemlich geringe anzahl von verben. Das part. prät. kann entweder auf -aðr § 139 (schluss) oder (seltener) auf -ðr (vgl. § 156, schluss) gebildet sein; infolge der bedeutung der meisten hierher gehörigen wörter kommt aber diese form fast nur im neutrum vor. Beispiele:

I. duga taugen	duge	dugþa § 156 (schluss)	dugat
una zufrieden sein	une	unþa, später unda § 238, 1, b	unat
skolla schlenkern	skolle	skolda § 238, 1, b	skollat
loþa anhaften	loþe	lodda § 238, 1, a	loþat
vaka wachen	vake	vakþa, später vakta § 238, 2, c	vakat
brosa lächeln	brose	brosta § 238, 2, a	brosat

Anm. 1. Wie duga (selt. dúga, s. Jónsson, Skjaldesprog s. 108) gehen: bága (präs. bǽger § 73; auch nach § 509) quälen, holfa oder hualfa gewölbt

§ 520. Schwache konjugation 4.

sein (part. prät. nur als *holfat* belegt; vgl. aber *holfenn* § 495 anm. 6), *lafa* schlenkern, *lifa* (part. prät. auch *lifþr*, *lifinn*, vgl. § 514, in der bedeutung 'lebendig' leben, *nara* leben, *stara* starren, *váfa* schweben, *vara* ahnen (impers.; *vara* warnen geht nach § 509), *vita* beobachten (s. v. Friesen, Arkiv XVI, 196), *þora* (part. prät. selt. *þort* nach II unten) wagen und die im part. prät. nicht belegten *grúfa* sich niederbeugen, *mara* mit dem vorderteile (des schiffes) tief im wasser liegen, *stúra* betrübt sein, *ugga* fürchten. Ueber *flóa*, *glóa*, *óask* s. § 509 anm. Vgl. noch § 520.

Anm. 2. Wie *una* gehen: *gana* (später bisweilen auch nach § 509) fortstürzen, *sama* oder *sóma* geziemen (part. prät. nur als *samat* belegt), *þola* (part. prät. auch *þolt* nach II unten) ertragen. Von *luma* loslassen kommt wol nur die 2 sg. imperat. *lume* vor.

Anm. 3. Wie *skolla* geht *tolla* anhängen.

Anm. 4. Wie *vaka* gehen: *gapa* (über einmaliges prät. *gafði* s. § 318 anm. 1 und v. Friesen, De germ. mediageminatorna s. 39) gaffen und die im part. prät. nicht belegten *drúpa* sich neigen, *flaka* gähnen, *gnapa* sich beugen, *húka* (vgl. aber § 488 anm. 4) hockern; *blaka* flattern geht im prät. nach § 509.

Anm. 5. Wie *brosa* geht das im part. prät. nicht belegte *þrasa* schnauben.

II. *horfa* umkehren   *horfe*   *horfþa* (vgl. jedoch § 509 anm.)   *horft*
   skorta mangeln   *skorte*   *skorta* § 276, § 283   *skort*

Anm. 6. Wie *skorta* geht wol das im part. prät. nicht belegte *glotta* grinsen. Auch nach § 509 geht (bes. später) *iát(t)a* zugeben, einräumen. Ueber *þola* s. anm. 2, *þora* s. anm. 1. Vgl. noch § 520.

§ 520. Unregelmässigkeiten zeigen sich bei:

gá achten	*gáe*, anorw. auch *gǽ*	*gápa*	*gábr* § 130
hafa haben	*hefe*, alt auch] *hef*	*hafþa*	*hafþr*, alt u. sehr selt. ntr. *hafat*
iá versprechen	*iáe*, *iá* § 511	*iápa*	*iápr*, selt. *iáenn* § 498 anm. 8
kaupa kaufen	*kaupe*	*keypta* § 238 anm. 7	*keyptr*
kligia ekel empfinden	*klige*	—	—
liá (alt *léa* § 133, b, 2) leihen	*lé*, spät *liǽ*	*léþa*	*léþr*, sehr selt. *lénn* § 483 anm.
ná bekommen	*náe*, spät *nǽ*	*nápa*	*náþr*, *náet* (ntr.)
segia, seltener *seggia* § 279, 1 sagen	*sege* § 73, alt u. sehr selt. *seg*	*sagþa*	*sagþr*, dicht. sehr selt. *sagaþr*
spara sparen	*spare*	*sparþa*	*sparr* § 507 anm., *spar(a)t*, vgl. I oben
tiá (alt *téa*), seltener *tega* § 317, 3, a zeigen	*té*, *tiáe*, *tiá*	*téþa*, *tiápa*	*téþr*, *tiáþr*, adj. *tígenn* § 483 anm. ausgezeichnet

§ 521. 522. Verba präterito-präsentia.

trúa glauben	*trúe*, anorw. auch *trý*	*trúþa*	*trúat*, adj. *trúaþr* gläubig
þegia schweigen	*þege* § 73	*þagþa*	*þag(a)t*

Anm. 1. Ueber die schwankende flexion des präsens von *gá*, *hafa*, *liá*, *ná*, *segia*, *trúa* und *þegia* s. § 532, 6. *Mistrúa* geht ganz nach § 509; so auch bisweilen *spara*; nur im präs. (vgl. jedoch anm. 2) das neben *tiá* nicht ganz selt., bes. in alter zeit, vorkommende *tega*.

Anm. 2. Sonstige sehr seltene nebenformen sind: zu *hafa* aisl. 3. sg. prät. *hafe* (s. § 507 anm.), anorw. inf. *hǫfa*, *hefa*, prät. *hǫfða*, *hefða* (s. Wadstein, F. Hom., s. 68 note); zu *segia* aisl. 2. pl. prät. *sǫgoþ* und part. prät. *sagr* (§ 507 anm.); zu *tega* part. prät. ntr. *tegat* (s. Jónsson, Skjaldesprog s. 110).

III. Verba, die zum teil stark, zum teil schwach gehen.

a) Verba präterito-präsentia.

§ 521. Diese sind ursprünglich starke verba, deren präsens verloren gegangen ist; das alte starke präteritum hat präsensbedeutung angenommen (vgl. lat. *memini*, gr. οἶδα), und ein neues schwaches präteritum mit präteritaler bedeutung ist geschaffen worden. Die hierher gehörigen verba sind im ganzen zehn, deren präsens den 1., 3., 4. und 5. ablautenden klassen angehört; prät. und part. prät. sind am ehesten als nach der 4. schwachen konjugation gebildet zu betrachten. Der alte infinitiv ist durch einen neuen, der sich dem präs. pl. anschliesst, ersetzt worden.

Anm. Wegen der unregelmässigen flexion des präs. ind. (s. § 532, 3 und 7) werden *vesa* (*vera*) 'sein' und *vilia* 'wollen' oft — aber mit unrecht — zu den verb. prät.-präs. gerechnet.

§ 522. Erste ablautsklasse:

1. *vita* wissen, präs. *veit*, pl. *vitom*, prät. *vissa* § 320, part. prät. *vitaþr* (oder zu *vita* § 519 anm. 1?).

Anm. 1. Ueber die form *vetka* aus *veit-ek-a* ich weiss nicht s. § 128. Nicht ganz selt. ist im mnorw. prät. *viste* (wie im aschw.; s. Hægstad, Vestno. maalf. II, 2, 1, s. 205).

Anm. 2. Im part. prät. kommt sehr selt. ein *vitinn* (s. Jónsson, Skjaldesprog s. 112) vor. Auch das adj. *víss* weise (s. § 320) ist ursprünglich eine part. prät.-form von *vita*.

2. *eiga* besitzen; *á* (urn. *aih* § 54, 1), mnorw. auch *œiger*, *-ar*, *-ur* (d. h. *œigr*, s. § 161, b), s. Hægstad, a. o.; *eigom*, mnorw. sehr selt. *ágom* (wie im aschw.); *átta* (**aihta* § 267); *áttr*.

§ 523. 524. Verba präterito-präsentia.

Anm. 3. Ueber den wechsel von *h* und *g* s. § 317, 3, a, § 321.

Anm. 4. Das adj. *eigenn* eigen ist ursprünglich ein altes starkes part. prät. zu *eiga*.

Anm. 5. Beachte den unregelmässigen ablaut im präs. pl.!

§ 523. Dritte ablautsklasse:

1. *unna* lieben; *ann*; *unnom*; *unna* (*unþa § 275); *un(na)t* ntr.

Anm. 1. Spät kommt im prät. auch *unti* (Hb. 1 mal *undi*) vor, s. Þorkelsson, Íslensk sagnorð með pálegri mynd í nútíð, s. 25.

2. *kunna* können; *kann*; *kunnom*; *kunna* (*kunþa § 275), mnorw. selt. *kunde* (s. Hægstad, a. o.); *kunnat* ntr.

Anm. 2. Auch das adj. *kuþr, kunnr* § 261 bekannt, kund ist urspr. ein hierher gehöriges part. prät. — Sehr selt. (St. Hom.) kommt prät. *kynna* (aus dem konj. entlehnt, vgl. anm. 3 und § 524 anm. 4) statt *kunna* vor.

3. *þurfa* bedürfen; *þarf*; *þurfom*; *þurfta* § 248 anm. 7; *þurft* ntr.

Anm. 3. Seltene anorw. nebenformen sind inf. *þorfa* (No. Hom.; aschw. *þorva*), *þyrfa* (s. Hertzberg, Þorkelsson, a. o. s. 31, Hægstad, Kong. s. 19, Kålund, Heiðarvíga saga, s. XXII), *þarfa* (Hertzberg s. 864), präs. anorw. *þœrf* (Wadstein, F. Hom. s. 80 note, Hertzberg, Jónsson, Fagrskinna, s. XXV, Hægstad, Vestno. maalf. I, s. 95 und 99 sowie bei O. A. Johnsen, Olafs saga, s. XXXV), pl. *þorfom* (Bugge bei Fritzner III, 1107), *þyrfom* (Þorkelsson, a. o. s. 30), part. prät. *þurfat* (ib. s. 32). Selten ist aisl.-anorw. prät. *þyrfta* (aus dem konj., vgl. anm. 2, § 524 anm. 4), s. ib. s. 31.

§ 524. Vierte ablautsklasse:

1. *muna* (St. Hom. 1 mal *mona*) sich erinnern; *man*; *munom*; *munþa*, später *munda* § 238, 1, b; *munaþr*.

2. *mono* (anorw. auch *manu*, s. Þorkelsson, a. o. s. 43; Wadstein, F. Hom. s. 49), sp. *munu* § 146, 3, werden; *mon*, sp. *mun* (anorw. oft *man*); *monom* (anorw. oft *manum*), sp. *munum*; *munda* § 238 anm. 5, *monda, mynda, minda* § 147, *mønda*, selt. *menda* § 119; part. prät. fehlt.

Anm. 1. Verhältnismässig seltene anorw. nebenformen sind präs. *mǫn*, pl. *mǫnom* (s. Wadstein, F. Hom. s. 76), prät. *mandi* (s. Flom, The University Studies IV, 2, s. 42).

3. *skolo*, sp. *skulu* § 146, 3, sollen; *skal*; *skolom* (anorw., bes. onorw., oft *skalum*, s. Wadstein, a. o. s. 49, Þorkelsson, a. o. s. 53 f., Hægstad, a. o. II, 2, ɪ, s. 15), sp. *skulum*; *skylda* § 238 anm. 5, *skilda* § 147, ziemlich selt. und bes. anorw. (s. z. b. Þorkelsson, a. o. s. 57, Hægstad, a. o. I, s. 121 und 131, II, 1, s. 86 und II, 2, ɪ, s. 205) *skulda*; adj. *skyldr* schuldig.

Anm. 2. Ziemlich selt. ist präs. pl. *skǫlom* (St. Hom. mehrmals), sehr selt. inf. anorw. (Barlaams s.) *skalu*, wnorw. *skǫlu* (Hægstad, a. o. II, 2, ɪ, s. 15), präs. sg. anorw. (Strengleikar) *ska* (vgl. das aschw.), s. § 297 anm. 2. Einmaliges aisl. *sal* (s. Morgenstern, AM. Fragmente s. 47), gleich aschw. 1mal *sal* (s. An. gr. II, § 314 anm.), ist vielleicht nur ein schreibfehler.

Anm. 3. Ueber die inf. *skolo* (anorw. bisweilen *skula*, s. Hægstad, a. o. II, 2, ɪɪ, s. 50, Kong. s. 17 und 31), *mono* s. § 528. Beachte den von der 4. ablautsklasse abweichenden ablaut im präs. pl. dieser verba sowie die unregelmässige bildung des präs. sg. von *mono*.

Anm. 4. Prät. *mynda, minda, mǝnda, menda* und *skylda, skilda* sind eigentlich die formen des konjunktivs (§ 535), die im ind. gebraucht werden (wegen *skylda* vgl. aber die bedenken E. Noreens, Språkvetenskapliga sällskapets förhandlingar 1916—1918, s. 99f.; vgl. § 533 anm. 2 und 3).

§ 525. Fünfte ablautsklasse:

1. *mega* können; *má* § 230, 2; *megom*; *mátta* (*mahta § 321, § 267); *megat, mátt* ntr.

Anm. 1. Seltene nebenformen sind inf. anorw. *muga* (Fritzner II, 742, vgl. Hertzberg s. 861, Hægstad, Kong. s. 27; aschw. *mugha*), *moga* (Hægstad, Vestno. maalf. II, 1, s. 97) und *maga* (Fritzner II, 618, Hægstad, a. o. II, 2, ɪ, s. 106; got. *magan*, aschw. *magha*), aisl. *mǝga* (s. § 77, 3), sehr alt (9. jahrh.) einmal (s. Jónsson, No.-isl. kultur- og sprogforhold, s. 316) *megia* (vgl. got. opt. *magjau*), misl. einmal *megu* (s. Þorkelsson, a. o. s. 8f.); präs. pl. mnorw. *mugom* (Hægstad, Kong. s. 19); prät. anorw. *mǿtte* (Hægstad, Vestno. maalf. II, 2, ɪ, s. 94). Der auffällige stamm *meg-* stammt wol aus dem konj., der einst *megja gelautet haben muss (vgl. das got.).

2. *knǫtto* können; *kná*; *knegom*; *knátta*; part. prät. fehlt.

Anm. 2. Ueber den inf. *knǫtto* s. § 529. Zu *kná* (ags. *cnáwe*) sind wol die übrigen formen nach der analogie von *má* : *megom* usw. gebildet. — Selt. kommt ein prät. *knápa* vor (s. Vigfusson).

b) Das verbum *valda*.

§ 526. *Valda* 'walten' geht im präs. und part. prät. wie ein starkes verbum; das prät. aber ist schwach gebildet und zeigt ablaut in der wurzelsilbe: *valda*, präs. *veld*, prät. *olla* (*wolþa § 275, § 235, 1, a), später *olda* § 317, 2, a oder *volla*, *volda* § 235 anm. 1, part. prät. ntr. *valdet*, später *voldit*, spät *ollat*.

Anm. 1. Nur einmal ist prät. pl. *ullum* st. *ollom* belegt (s. Vigfusson). Prät. konj. hat aber immer die form *ylla*, später *vylda*, nie *ǝlla u. dgl.

Anm. 2. Ueber schwache präterita auf *-ra* zu starken verben s. § 488 anm. 1, § 501 anm. 2, § 506.

B. Endungen.

1. Aktivum.

§ 527. Als paradigmen regelmässig flektierender verba seien aufgestellt die starken *skióta* schiessen (§ 485), *falla* fallen (§ 504) und die schwachen *safna* sammeln (1. konj.), *suefia* beruhigen (2. konj.), *stýra* steuern (3. konj.), *vaka* wachen (4. konj.).

Präsens.

Infinitiv.

skióta	falla	safna	suefia, *suǽfia*	stýra	vaka

Indikativ.

Sg. 1.	skýt	fell, *fæll*	safna	suef, *suǽf*	stýre, *-i*	vake
2.3.	skýtr	fellr, *fællr*	safnar	suefr, *suǽfr*	stýrer, *-ir*	vaker
Pl. 1.	skiótom	fǫllom, *fallum*	sǫfnom, *safnum*	suefiom, *suǽfium*	stýrom, *-um*	vǫkom, *vakum*
2.	skióteþ, -et, -er §531,4,c	falleþ, -et, -er	safneþ, -et, -er	suefeþ, -et, *suǽfir*	stýreþ, -et, *-ir*	vakeþ, -et, -er
3.	skióta	falla	safna	suefia, *suǽfia*	stýra	vaka

Konjunktiv.

Sg. 1.	skióta	falla	safna	suefia, *suǽfia*	stýra	vaka
2.	skióter	faller	safner	suefer, *suǽfir*	stýrer, *-ir*	vaker
3.	skióte	falle	safne	suefe, *suǽfi*	stýre, *-i*	vake
Pl. 1.	skiótem	fallem	safnem	suefem, *suǽfim*	stýrem, *-im*	vakem
2.	skióteþ, -et, -er	falleþ, -et, -er	safneþ, -et, -er	suefeþ, -et, *suǽfir*	stýreþ, -et, *-ir*	vakeþ, -et, -er
3.	skióte	falle	safne	suefe, *suǽfi*	stýre, *-i*	vake

Imperativ.

Sg. 2.	skiót	fall	safna	suef, *suǽf*	stýr	vake
Sg. 1. 2. = präs. ind. pl. 1. 2.						§ 538, 4

Participium.

skiótande	fallande	safnande	suefiande, *suǽfiande*	stýrande	vakande

Präteritum.

Indikativ.

Sg.1.	skaut	fell	safnaþa	suafþa	stýrþa	vakþa
2.	skauzt § 534,2	felt	safnaþer	suafþer	stýrþer, -ir	vakþer
3.	skaut	fell	safnaþe	suafþe	stýrþe, -i	vakþe
Pl.1.	skutom, -um	fellom	sǫfnoþom, safnaðom	suǫfþom, suafðum	stýrþom, -um	vǫkþom, vakþum
2.	skutoþ,-ot, -ur	felloþ, -ot, -ur	sǫfnoþoþ,-ot, safnaðor	suǫfþoþ,-ot, suafður	stýrþoþ, -ot,-ur	vǫkþoþ,-ot, vakþur
3.	skuto, -u	fello	sǫfnoþo, safnaðo	suǫfþo, suafðu	stýrþo,-u	vǫkþo, vakþu

Konjunktiv.

Sg.1.	skyta	fella	safnaþa	suefþa, suæfða	stýrþa	vekþa, vækþa
2.	skyter, -ir	feller	safnaþer	suefþer, suæfðir	stýrþer, -ir	vekþer, vækþir
3.	skyte, -i	felle	safnaþe	suefþe, suæfði	stýrþe, -i	vekþe, vækþi
Pl.1.	skytem, -im	fellem	safnaþem	suefþem, suæfðim	stýrþem, -im	vekþem, vækþim
2.	skyteþ,-et, -ir	felleþ, -et, -er	safnaþeþ,-et, -er	suefþeþ,-et, suæfðir	stýrþeþ, -et, -ir	vekþeþ,-et, vækþir
3.	skyte, -i	felle	safnaþe	suefþe, suæfði	stýrþe, -i	vekþe, vækþi

Participium.

skotenn	fallenn	safnaþr	suaf(e)þr	stýrþr	vakat (ntr.)

a) Infinitiv.

§ 528. **Präsens inf.** endet regelmässig auf *-a*, das nach einem *á* natürlich schwindet (§ 130), z. b. *slá* schlagen, *spá* prophezeien. Nur die verba präterito-präs. *mono, munu* 'werden', *skolo, skulu* 'sollen' (s. § 524, 2 und 3) — vereinzelt auch *megu* s. § 525 anm. 1 — haben die endung *-u* (= 3. pl. präs. ind., wie ja auch sonst präs. inf. und 3. pl. präs. ind. dieselbe endung haben). Vgl. Noreen, Geschichte[3] § 247. Vgl. § 529 mit anm.

Anm. Präs. inf. ist aus urn. zeit nicht belegt.

§ 529. Ein **präteritum inf.**, mittelst der endung *-u* von dem präteritalstamme gebildet (der form nach mit der 3. pl. prät. ind. identisch, vgl. anm.), kommt bei einigen (etwa 37) verben vor. Im prosaischen sprachgebrauch finden sich nur vier beispiele: *mundo* (*myndo, mɵndo, mondo, mindo* s. § 524, 2), *skyldo* (sehr selt. *skuldo*) und seltener *vildo*, anorw. *urðu* zu *mono* werden, *skolo* sollen, *vilia* wollen, *værða* (anorw.) werden. Sonst kommen derartige formen nur in der poesie vor, z. b. in der poetischen Edda: *mǽlto, skipto, bendo* zu *mǽla* sprechen, *skipta* schalten und walten, *benda* beugen; andere fälle sind *fóro* zu *fara* fahren, *knǫ́tto* (präs. inf. fehlt) können, *kunno* zu *kunna* können, *misto* zu *missa* verlieren, *mǫ́tto* zu *mega* können, *ollo* zu *valda* walten, *sendo* zu *senda* senden, *stóþo* zu *standa* stehen, *vǫ́ro* zu *vesa, vera* sein u. a. (s. Lund, Oldnord. ordföjningslære, s. 386; Jónsson, Skjaldesprog s. 89 f., 100 f.). Von den verben der 1. und 2. ablautsklasse sowie der 1. schwachen konjugation ist keine einzige hierher gehörige form, von den verben der 4. schwachen konj. nur einmaliges *nóþo* (*náðu*) belegt.

Anm. Dass diese an. neubildung aus der infinitivisch verwendeten 3. pl. prät. ind. entstanden ist (s. Noreen, Geschichte[3] § 248), geht aus hie und da angetroffenen konstruktionen wie einerseits *hygg ek iarlar knáttu* (Þorkelsson, Ísl. sagnorð með þálegri mynd í nútíð s. 14), andererseits *Þórir kuaþ Gretti skyldi* (ib. s. 59; vgl. nisl. *hann sagðist skyldi*, ib. s. 61), *hann kuaz mundi* (Niála) hervor.

b) Präsens indikativ.

§ 530. Die endungen eines regelmässig flektierenden verbs sind:

	stark		schwach 1	schwach 2	schwach 3, 4
Sg. 1.	—	} mit *i*-uml. d.	-a	—	-i, -e § 145
2. 3.	-r	wurzelvokals	-ar	-r	-ir, -er
Pl. 1.	-um, -om § 146		-um, -om	-ium, -iom	-um, -om
2.	-ið, -eð oder -it, -et (anorw. auch -ir, -er)				
3.	-a		-a	-ia	-a

Anm. 1. In der 1. sg. der starken verba ist der *i*-umlaut aus der 2., 3. sg. entlehnt; vielleicht ist einmaliges aisl. *blót* statt *blǿt* ein archaismus (s. Wadstein, Arkiv VIII, 85) und so wol sicher die hie und da auftauchenden anorw. *bióð, fá, kiós, skiót* u. a. (s. Hægstad, Arkiv XX, 358 ff. und XXII, 283 ff., A. B. Larsen, ib. XXV, 75 ff.; dagegen Jónsson, ib. XXI, 253 ff.). Die urn. endung der 1. sg. ist nämlich bei den starken und den schwachen verben der 2. und 3. konj. *-u*, resp. *-ju, -iu* mit folgenden belegen: ?*lawiju* lanzenschaft von Kragehul, *ᚷibu* Seeland § 63, 3, *tᴀuiu* Overhornbæk, *waritu* Järs-

§ 530. Präsens indikativ.

berg (über *fahi* Åsum, Stora Noleby, *faį* Vatn s. § 153, 7 mit anm.). Diese ursprüngliche endung *-u* ist vor dem enklitischen *-mk, -m(ʀ)* in der 1. sg. pass. (s. § 542) noch erhalten, z. b. aisl. *bindomk* werde gebunden, *glepiomk* freue mich, *leynom* verberge mich. Bei den schwachen verben der 1. konj. muss die urn. endung (nasaliertes) *-ō* (durch *tawo* Trollhättan belegt?) gewesen sein. Auch diese endung ist vor dem passivischen *-mk, -m(ʀ)* als *-u, -o* enthalten z. b. aisl. *kǫllomk* nenne mich, *hrósom* rühme mich. Die (unbelegte) urn. endung der 4. schwachen klasse scheint (nasaliertes) *-ē* gewesen zu sein.

Anm. 2. Die 2. sg. ist urn. nicht belegt, setzt aber die endungen *-iʀ, -ōʀ, -jiʀ, -īʀ, -ēʀ* (vgl. got. *baíris, salbōs, nasjis, dōmeis, habais*) voraus.

Anm. 3. Die 3. sg. hat urn. die endungen *-ið, -ōð, -jið, -īð, -ēð* (vgl. got. *baíriþ, salbōþ, nasjiþ, dōmeiþ, habaiþ*) gehabt nach ausweis von *bАriutiÞ* bricht (Stentoften). Aber schon mit dem anfang der vikingerzeit (wenn nicht früher) wird die endung der 2. sg. angenommen, z. b. urn. *bАrutʀ* bricht (Björketorp). Doch sind spuren der ursprünglichen endung noch in der literatur erhalten, teils häufig vor dem passivischen *-sk, -s(ʀ)*, z. b. *bǿtezk* wird gebüsst, *leynez* verbirgt sich usw. (s. Brate, Äldre Vestmannalagens ljudlära, s. 64; vgl. schreibungen wie *hefðz, hefðzt* bei Fritzner I, 685), teils in vereinzelten formen wie *þykke þér* es scheint dir (s. § 285 anm. 1), St. Hom. *geriþ* (aschw. einmal *gœrid*) macht (s. Noreen, Arkiv V, 393 f.), *verð* wird.

Anm. 4. Durch ausgleichung steht bei allen starken verben im ganzen sg. *e* statt *i*, wo dies in urgerm. zeit aus *e* entstanden war (s. § 63, 3), z. b. *huerf, huerfr, huerfr* statt **huirf* (*huerf*? s. § 63, 3 schluss), **huirfr, *huirfð* nach dem inf. (und präs. pl.) *huerfa* sich wenden. Sehr selt. tritt ausgleichung zugunsten des *i* ein, z. b. anorw. bisweilen *brigðr*, wonach inf. *brigða*, neben aisl. (immer) *bregþr* nach inf. *bregþa* schnell ersetzen. Wenn das *e* im inf. gebrochen ist, hat das präs. zwiefache bildung, je nachdem es den infinitivvokal vor oder nach der brechungszeit entlehnte; daher teils formen wie *bergr, helpr, skelfr, g ldr*, teils — seltener und vorzugsweise anorw. — *biargr* (aostnorw. *biœrgr*, s. § 67, 1), *hialpr, skialfr, gialdr* zu *biarga* bergen, *hialpa* helfen, *skialfa* zittern, *gialda* gelten, beides statt urspr. **birgr* usw.

Anm. 5. Der *i*-umlaut im sg. sollte urspr. lautgesetzlich unterbleiben in starken verben mit kurzer wurzelsilbe (s. § 66, 2). Jedoch sind solche umlautlose formen sehr selten (im gegensatz zu dem verhältnis im ostn.), wenn überhaupt vorkommend, denn z. b. anorw. 3. sg. *komr* (Hægstad, G. Tr. s. 47) zu *koma* kommen, *hǫggr* (s. Hertzberg, Hægstad, Vestno. maalf. I, s. 83) zu *hǫggua* hauen, *takr* (Hægstad, a. o. I, s. 124) können sehr wol nach dem inf. neugebildet worden sein (vgl. anm. 4) wie umgekehrt anorw. *hǫggua* (§ 503, anm. 1) u. dgl. nach dem präs., und bes. fälle aus dem spätesten mnorw. (s. Hægstad, Kong. s. 37, Falk und Torp, Dansknorskens syntax, s. XIII) dürften am ehesten ostnordischem einfluss zuzuschreiben sein. Durch accentverschiebung nach analogie der starken verba mit langer wurzelsilbe ist nämlich sonst überall umlaut eingetreten (vgl. § 416 anm. 3 und § 66, 1), z. b. *køm(r), gel(l), fer(r)* zu *koma* kommen,

§ 531. Präsens indikativ.

gala singen, *fara* fahren usw. Auffallend ist das einmalige anorw. *daur* (Hægstad, G. Tr. s. 47) statt *døyr* oder lautges. *dǽr (< *dawiʀ nach § 80, 2 und § 71, 2) stirbt; ist es von *dauþr* tot, tod beeinflusst?

Anm. 6. Starke verba, die im inf. auf -*ia* nach kurzer wurzelsilbe enden, z. b. *hefia* heben, zeigen die endungen der 2. schwachen konj., also z. b. 3. pl. *hefia*.

§ 531. Folgende abweichungen sind zu bemerken:

1. Die 1. sg. nimmt schon ziemlich früh bisweilen die form der 3. sg. an — so bes. häufig bei *vesa*, *vera* sein (aisl. erst seit um 1350, anorw. aber schon seit 1280, s. J. Storm bei Bugge, No. I., s. 493), *hafa* haben, *segia* sagen und noch einigen — z. b. *býþr* bietet (St. Hom.), *stendr* steht (G. Þorkelsson, Gyðinga saga, s. 62 [7]), *skialfr* zittert (Strengleikar), *skýtr* schiesst (Norges gamle love II, 30 [14]). Diese entlehnung findet früher im anorw., wo sie vor 1300 durchgeführt ist (Hægstad, a. o., II, 2, ɪ, s. 199), als im aisl. statt.

Anm. 1. Dicht. kommt bei verben der schw. konj. bisweilen -*i*, -*e* statt -*a* vor, wenn das pron. *ek* — und gew. noch dazu die negation -*a* — dem verbum suffigiert wird (vgl. § 465, 1), z. b. *kallegak* (statt *kalla-eg-a-ck*) 'ich rufe nicht', *ǽtleg* 'ich denke'. Derselbe austausch, welcher wol auf elidierung der verbalendung -*a* vor dem *e* des pronomens beruht (s. Kock, Arkiv XIV, 224 ff.) zeigt sich unter denselben bedingungen auch in der 1. sg. prät. ind., z. b. *vildegak* 'ich wollte nicht', *þorþeg* 'ich wagte', präs. konj., z. b. *biargegak* 'ich rette nicht' und prät. konj., z b. *myndegak* 'ich würde nicht'.

Anm. 2. Dicht. kommen oft formen auf -*um*, -*om* vor, welche also der 1. pl. ganz gleich sind (s. Þorkelsson, Arkiv VIII, 34 ff.). Bei verben der 1. schw. konj. kann diese form, wenigstens zum teil, ursprünglich sein (s. Wadstein, Arkiv VIII, 86; anders Falk, AfdA. XVIII, 193, wo entlehnung aus dem passiv angenommen wird), z. b. *ǽtlomk* ich denke (mit suffigiertem -*k*, und mit ausschluss desselben) *þiónum* (ahd. *dionōm*, as. *thionon*) diene u. dgl. Anal. ist dann bei anderen verben die form der 1. pl. in den sg. eingeführt worden, z. b. *hyggiom* denke, *reynom* prüfe, *hǫfom* habe, *bióþomk* ich biete, *leikom* spiele u. a. formen, von denen die meisten doch auch nach § 530 anm. 1 (also mit suffigiertem *mk*, *mʀ*) erklärt werden können. Vgl. § 534 anm. 3 und § 536 anm. 1.

Anm. 3. Bei verben der 3. schw. konj. sollte nach § 153 anm. die 1. sg. eine urn. entwickelung -*iu* > -*u* zeigen, und vielleicht ist dies -*u* noch in solchen fällen wie dem oben anm. 2 erwähnten *reynom* (wenn aus *reynu-mʀ entstanden) erhalten. Sonst ist -*u* schon früh (z. b. Åsum *fahi*) von dem aus 2. 3. sg. entlehnten -*i* ersetzt worden.

Anm. 4. Anorw. kommen ausnahmsweise solche sehr auffallende formen wie *bitt*, *halt*, *ritt*, statt st. gew. *bind* binde, *held* halte, (h)*rind* stosse, *stend* stehe vor, s. Hægstad, Arkiv XX, 358 f., 361, 362 (vgl. s. 365) und XXII, 286.

2. Wo bei den starken und den schwachen verben der 2. konj. die endung -*r* der 2., 3. sg. mit einem vorhergehenden *l, n, r, s* zusammentrifft, sind die § 261, § 277 und § 286 mit anm. gegebenen regeln zu beachten. Es heisst also z. b. *gell* und *gelr, stell* (gew.), *stelr* und sehr selt. *stel, duelr* und *duel* (Hb. s. XLVI), *selr* und *sell* (anorw., s. Þorkelsson, Supplement IV, 128), *skill, skilr* und selt. *skil, hylr* und sehr selt. (z. b. Hb. s. XLVI 2 mal) *hyl*, aber nur *fellr* zu *gala* singen, *stela* stehlen, *duelia* verzögern, *selia* übergeben, *skilia* scheiden, *hylia* hüllen, *falla* fallen; *skin(n), venr, fregn, breþr* und *brennr* (alt *brenn*; ebenso *renn* neben *rennr* rennt, aber nie *reþr*, s. Jónsson, Skjaldesprog, s. 88 f.), *fiþr* und *finnr* zu *skína* glänzen, *venia* gewöhnen, *fregna* fragen, *brenna* brennen, *finna* finden; *ferr, þuerr* zu *fara* fahren, *þuerra* abnehmen; *frýs(s), less* und oft *les, vex* zu *friósa* frieren, *lesa* lesen, *vaxa* wachsen.

Anm. 5. Von *þyk(k)ia, þik(k)ia* 'scheinen' kommen oft *þyk(k)e, þik(k)e* statt -*er* vor; so besonders häufig vor unmittelbar folgendem *mér* mir oder *þér* (*ðér*) dir. Zur erklärung s. § 530 anm. 3 und § 285 anm. 1.

3. In der 1. pl. fehlt sehr oft, doch nicht in den alleraltesten hdschr. (anorw. aber schon in AM. 315 F. fol. und Elis saga, s. Hægstad, Vestno. maalf. II, 2, 1, s. 156, vgl. s. 158), das auslautende -*m*, wenn die pron. *vit* (*mit*) 'wir zwei', *vér* (*mér*) 'wir' unmittelbar folgen, sonst selt., z. b. *bindo vér* wir binden. Zur erklärung s. § 258 anm. 1.

Anm. 6. Mnorw. wird die form durch diejenige der 3. pl. ersetzt, z. b. *vér vilia* wir wollen (s. Falk und Torp, Dansk-norskens syntax s. XV note; Hægstad, a. o , II, 2, 1, s. 201, Kong. s. 37).

4. a) In der 2. pl. fehlt regelmässig das auslautende -*ð* der endung -*ið*, -*eð*, wenn pron. *þit* (*ðit*) 'ihr zwei', *þér* (*ðér*) 'ihr' unmittelbar folgen, und auch sonst nicht selt., wenn das folgende wort mit *þ* (*ð*) anlautet, z. b. *gefe þér* ihr gebet, *ér drepe þá* ihr tötet sie. Zur erklärung s. § 465 anm. 5 und § 285 anm. 1.

b) Die endung -*it*, -*et* kommt schon in den ältesten hdschr. hie und da (in St. Hom. doch nur sehr selt.) vor und ist schon im Cod. AM. 645, 4⁰, sowie allgemein seit dem ende des 13. jahrhs. häufiger als -*ið*, -*eð* (doch nicht wenn *t* unmittelbar

§ 532. Präsens indikativ.

vor *-ið, -eð* geht). Zur erklärung s. § 158 anm. 1 (resp. § 248 anm. 1); anders Hoffory, Arkiv II, 33 note (dagegen L. Larsson, Isl. handskr. Nr. 645, 4°, s. XLV f.).

c) Die endung *-ir*, *-er* ist ausschliesslich anorw. (bes. onorw.) und kommt (neben *-ið, -eð* und *-it, -et*) seit c. 1280 dann und wann, seit c. 1335 weit überwiegend vor; s. Bugge, Arkiv XVI, 333 ff., Hægstad, Vestno. maalf. II, 2, i, s. 130 f. Zur erklärung s. § 158 anm. 1; anders Wadstein, F. Hom. s. 137.

Anm. 7. Im mnorw. des 15. jahrhs. kommt bisweilen (als suecismus) *-in* vor, z. b. *vilin* wollet, s. Hægstad, a. o. II, 2, i, s. 157.

Anm. 8. Mnorw. werden die pluralformen nicht selt. durch singularformen ersetzt, s. Falk und Torp, Dansk-norskens syntax, s. XV, note; Hægstad, Kong. s. 27.

§ 532. Unregelmässige oder schwankende flexion zeigen folgende verba:

1. Die starken verba *blíkia* blinken, *suíkua*, *sýkua* betrügen und *víkua*, *ýkua* weichen (§ 483) können auch wie schwache verba der 3., 4. konj. flektieren, also z. b. 3. sg. *suíkuer*, *sýk(u)er* neben *suíkr*, *sýkr*.

2. *Heita* (§ 502) geht in der bedeutung 'rufen, versprechen' regelmässig, aber in der bedeutung 'genannt werden' (sehr selt., z. b. in No. Hom., in der bed. 'rufen, versprechen') wie ein schwaches verb der 3., 4. konj. (vgl. § 542 anm. 2).

3. *Vesa*, *vera* (§ 498 mit anm. 6) geht fast ganz wie ein präteritum:

Sg. 1. em, später er § 531, 1 Pl. 1. erom
    2. est, später ert   2. eroþ, -t, *-r*
    3. es, später er   3. ero

Anm. 1. Ueber die verkürzten formen *s*, (*r)óm*, (*r)óþ*, (*r)ó* statt *es*, *erom*, *eroþ*, *ero* s. § 158 mit anm. 2. — Die formen *est*, *es*, *s* sind vor 1200 fast ausschliesslich gebräuchlich, aber schon im anfang des 13. jahrhs. ist *er* ebenso häufig wie *es* und wird bald alleinherrschend; *ert* wird am frühesten bei Einarr Skúlason c. 1140 sowie etwa gleichzeitig bei Rǫgnvaldr jarl angetroffen und ist sehr bald nach 1200 das allgemeine. — Sehr seltene alte nebenformen sind 2. sg. *es* (got. *is*), *er*, 3. sg. *ér*, s. § 110, 2, *ves* (schreibfehler? denn immer nach *of* stehend; oder nach dem inf. *vesa* umgebildet?), s. Larsson. — Urn. ist die 3. sg. vielleicht als *-s* (Kylver, Eggjum), kaum aber als *i*[*s*] (Möjebro) belegt; das *e* in *es* ist wol von der nach § 110, 2 entstandenen nebenform *er* entlehnt.

§ 532. Präsens indikativ.

4. Die verba präterito-präs. (§§ 522—525) gehen im allgemeinen wie regelmässige präterita. Doch kommen in der 2. sg. bei *mono, munu* 'werden' und *skolo, skulu* 'sollen' oft die nach § 544, 2, d (vgl. § 260) entstandenen formen *monn, munn* und *skall* (in älterer zeit auch nicht selt. *mon, mun* und *skal*, s. Gislason, Udvalg af oldno. skjaldekvad, s. 51 f.) statt *mont, munt* und *skalt* vor. Im pl. zeigt fast immer *muna* 'sich erinnern', gewöhnlich auch *unna* 'gönnen, lieben' die endungen des präsens, welche in späterer zeit auch bei den übrigen verba prät.-präs. auftreten, bei *eiga* 'besitzen', *kunna* 'können', *mega* 'können' und bes. anorw. *vita* 'wissen' ausnahmsweise schon in alter zeit.

5. Unter den schwachen verben schwanken *gǫr(u)a, ger(u)a, gior(u)a* 'machen' § 518, 2 und *smyrua, smyria* 'schmieren' § 513, 1 zwischen der 2. und 3. konj. in folgender weise: sg. 1. *gǫr(u)e, ger(u)e*, 2., 3. *gǫr(u)er, ger(u)er*, in alter zeit auch *gǫrr, gerr* oder *gǫrrer, gerrer* (vgl. den 1mal in Eluc., s. Larsson, belegten inf. *gerra* gleich agutn. *gierra*), pl. 1. *gǫrom, gerom, giorom*, 2. *gǫr(u)eþ, ger(u)eþ, gior(u)eþ*, 3. *gǫr(u)a, ger(u)a, gior(u)a*; vgl. Sievers, Gött. gel. anz. 1883, s. 55 ff.

6. Zwischen der 2. und 4. schwachen konj. schwanken *gá* achten, *hafa* haben, *kligia* ekel empfinden, *liá* leihen, *ná* bekommen, *segia* sagen, *trúa* glauben und *þegia* schweigen § 520 in folgender weise:

Sg. 1.	hefe, alt auch hef,	sege, alt und sehr selt. seg,	trúe, anorw.
	spät hefir § 531, 1	spät segir § 531, 1	auch trý
2. 3.	hefer, alt oft hefr	seger, alt auch segr	trúer, anorw.
			auch trýr
Pl. 1.	hǫfom, *hafum*	segiom	trúm
2.	hafeþ, -t, -r	segeþ, -t, *sægir*	trúeþ, -et, -ir
3.	hafa	segia	trúa

Anm. 2. Wie *sege* gehen *klige* und *þege*, bei denen aber keine einsilbigen formen zu belegen sind; wie *trúe* gehen *gáe* und spät (aber auch im isl.) *náe* und *lé* (*liæ*). Zur erklärung der schwankenden flexion s. Sievers, Beitr. VIII, 90 ff.

7. *Vilia* 'wollen' (§ 513, 3) flektiert wie folgt:

Sg. 1. vil, dicht. bisweilen vilia   Pl. 1. viliom
  2. vill, später vilt, bisweilen (z. b. oft in No.   2. vileþ, -et, -ir
       Hom.) vil § 285, 1, sehr selt. vilr § 277, 2, b
  3. vill, bisweilen vil, sehr selt. vilr   3. vilia

Anm. 3. Die form *vilia* (got. *wiljau*) in der 1. sg. ist eigentlich die der 1. sg. konj. präs.. Zur erklärung s. Kluge, Beitr. VIII, 515 ff., Sievers, ib. IX, 563 ff.

c) Präteritum indikativ.

§ 533. Die regelmässigen endungen sind:

	stark	schwach		stark und schwach
Sg. 1.	—	-a	Pl. 1.	-um, -om
2.	-t	-ir, -er	2.	-uþ, -oþ, -ut, -ot (anorw. auch -ur, -or)
3.	—	-i, -e	3.	-u, -o

Anm. 1. Die 1. sg. der starken verba ist schon urnordisch ohne endung: *un-nam* (Reistad), *fΛlΛh* (Björketorp). Die schwachen verba dagegen enden urn. auf nasaliertes -*ō*, z. b. *faihiðō* (Einang, Vetteland), *fahiðo, satiðo* (Rö), *tawiðo* (Gallehus), *worahto* (Tune), *hlaaiwiðo* (Kjølevig).

Anm. 2. Die 3. sg. der starken verba ist schon urn. endungslos: [*ra*]*ist* (Vetteland), *was* (Tanum), *aih*? (Fonnås), *warΛit* (Istaby), *ʒΛf* Stentoften, *warb* (Eggjum). Bei den schwachen verben ist die endung -*ā* (d. h. -*æ*, s. § 18, § 138), später -*ē*, noch später -*i* (s. § 138), z. b. ?*aiwuiða* (Darum III), *w*[*o*]*rta* (Etelhem), *wurte* (Tjurkö), *orte* (By), *sΛte* (Gummarp), *mΛðe* (Eggjum), *urti* (Sölvesborg).

Anm. 3. Die 3. pl. eines schwachen verbums ist urn. einmal belegt und endet auf -*un*: *ða*[*i*]*liðun* (Tune).

Anm. 4. 2. sg. und 1. 2. pl. sind urn. überhaupt nicht belegt, setzen aber die endungen -*t* (stark), -*ēR* (schwach), resp. 1. -*um*, 2. -*uð* voraus.

§ 534. Ueber die endungen im einzelnen ist zu bemerken:

1. In der 1. sg. der schwachen verben kann schon ziemlich früh (am frühesten in anorw. hdschr., z. b. schon in No. Hom. mehrmals, s. Wadstein, F. Hom., s. 102; vielleicht schon urn. in *orte* By) die endung der 3. sg. -*i*, -*e* statt -*a* vorkommen; im 14. jahrh. ist dies -*i* in gewissen hdschr. regel; vgl. § 531, 1 mit anm. 1.

Anm. 1. Umgekehrt kommt im anorw. — z. b. in No. Hom. (s. Wadstein, F. Hom., s. 101) und in runeninschriften (s. Rydqvist, Svenska språkets lagar I, 329) — bisweilen vor, dass die endung -*a* aus der 1. sg. in die 3. sg. entlehnt wird.

Anm. 2. Ueber die behandlung auslautender *ld*, *nd*, *ng* im starken prät. s. § 220, § 266, 2 und 3. Ueber auslautendes *ʒ* s. § 230, 2.

Anm. 3. Dicht. kommen oft formen auf -*um*, -*om* vor, welche also der 1. pl. ganz gleich sind (s. Þorkelsson, Arkiv VIII, 34 ff.). Bei dem schwachen prät. kann diese form ursprünglich sein (s. Wadstein, Arkiv VIII, 86 f.), z. b. *hǫfþom* hatte, *lǫgþomk* ich legte, *hengþom* hängte. Anal.

§ 534. Präteritum indikativ.

ist dann auch bei starken verben die form der 1. pl. in den sg. eingeführt worden, z. b. *réþom* riet, *kómomk* ich kam, u. a. m. Vgl. § 531 anm. 2 und § 536 anm. 1.

2. Beim zutritt der endung *-t* in der 2. sg. des starken verbums ist folgendes zu beachten:

a) Endet die 1. 3. sg. auf vokal, so wird *t* gew. gedehnt (§ 280 anm. 1), z. b. *biótt*, selt. *biót*, zu *bió* wohnte; in fällen wie *stétt*, *stét* (neben *steigt*; s. § 230, 2 und § 267) zu *sté* (*steig*) stieg, *slótt* zu *sló* schlug ist *tt* lautges., weil aus *ht* entstanden.

b) Endet die 1. 3. sg. auf *-t*, so ist die älteste endung *-st* (aus *-ss* § 320 + nochmaliges endungs-*t*) sehr selt. belegt, z. b. (zweimal in St. Hom.) *veist* (got. *waist*, aschw. *vēst*) zu *veit* weiss. Durch einfluss der 1. 3. sg. lautet nämlich die 2. sg. fast immer auf *-zt* (nicht selt. *-z* nach § 303, 1) aus, z. b. *veiz(t)*, *léz(t)* zu *veit* weiss, *lét* liess, *baz(t)* zu *batt* band, *helz(t)* zu *helt* hielt, oder (doch sehr selt.) auf *-tt*, z. b. *létt* liesst, oder endlich ist die form derjenigen der 1. 3. sg. ganz gleich, z. b. *helt* hieltst, *hratt* stiessest, was immer der fall ist, wenn die 1. 3. sg. auf *-st* endet, z. b. *laust* zu *laust* schlug.

c) Endet die 1. 3. sg. auf *-ð*, so ist das zu erwartende (und im aschw. bisweilen vorhandene) *-st* nicht zu belegen; sondern durch einfluss der 1. 3. sg. hat die 2. sg. ältest *-tt* (später nicht selt. *-ðt* geschrieben, s. § 268, 2 mit anm. 1), später sehr oft (aber bei gewissen verben nie) *-zt*, z. b. *batt*, *bazt* zu *baþ* bat, *reitt* (*reiðt*) zu *reiþ* ritt, *stótt* (nie *stózt*) zu *stóþ* stand, *vart* (**vartt* § 283) zu *varþ* wurde.

d) Die endung *-t* fehlt oft, wenn *þú* unmittelbar folgt (sonst sehr selt. und dann wol durch entlehnung der 1. 3. sg.), z. b. *gekk þú* (mit restituiertem *þú* statt *gekktu* aus *gekkt þu*, § 276, § 283) du gingst (St. Hom. *þú tók* du nahmst, in den Eddaliedern *kuaþattu* du sagtest nicht, *varattu* du warst nicht).

3. In der 1. und 2. pl. fehlen die auslautenden *-m*, *-ð* nach derselben regel wie im präsens (s. § 531, 3 und 4, a), z. b. *tóko vér* wir nahmen, *tóko þér* ihr nahmet; ausserdem scheint *-ð* auffallend zu fehlen (durch entlehnung aus der 3. pl.? oder schreibfehler?) in *urþua iþ* (Guþrúnarhuqt 3) 'ihr zwei wurdet nicht'. Eine form wie *tóko vit* 'wir zwei nahmen' kann möglicherweise eine alte 1. dual sein.

§ 535. 536. Konjunktiv. 363

4. In der 2. pl. kommen die endung *-ut, -ot* und die anorw. nebenform *-ur, -or* in derselben ausdehnung wie im präsens *-it, -et* und *-ir, -er* vor (vgl. § 531, 4, b und c).

Anm. 4. In No. Hom. kommt einigemal ein aus dem präsens entlehntes *-ið, -eð* vor (s. Wadstein, F. Hom., s. 103).

Anm. 5. Mnorw. kommt in der 3. pl. nicht selten *-e* st. *-o* vor, z. b. *svaraðe* (> *svara* § 292 anm. 2) antworteten, *hafðe* hatten, s. Hægstad, Vestno. maalf. II, 1, s. 86 und II, 2, 1, s. 202.

d) Konjunktiv (optativ).

§ 535. Präsens und präteritum konj. haben in historischer zeit dieselben endungen. Doch besteht der wesentliche unterschied, dass die endungen des prät. konj., weil urgerm. $\bar{\imath}$ enthaltend, *i*-umlaut hervorrufen in der wurzelsilbe der starken verben (welche übrigens die ablautsstufe des prät. pl. ind. aufweist) und der schwachen verben der 2., 3. und 4. konj., während die endungen des präs. konj., weil urgerm. *ai* (urn. $\bar{e}$) enthaltend, keinen umlaut erzeugen. Die regelmässigen endungen beider tempora sind:

Sg. 1. *-a*   Pl. 1. *-im, -em*
2. *-ir, -er*   2. *-iþ, -eþ, -it, -et,* anorw. auch *-ir, -er*
3. *-i, -e*   3. *-i, -e*

Anm. 1. Aus urn. zeit ist von hierher gehörigen formen nur 3. sg. präs. *wate* (d. h. *wǣte*, Strøm) belegt.

Anm. 2. Auffallenderweise zeigen die verba präterito-präs. — ausser *skyla* (später *skula, skola*) 'solle' und *myna, møna* (neben *muna, mona, mana*) 'werde' sowie im anorw. bisweilen *þyrfa* statt *þurfa* 'bedürfe', s. Wadstein, F. Hom., s. 80; Þorkelsson, Íslensk sagnorð &c., s. 30 f.) — keinen umlaut im präs. konj., das doch ein altes prät. konj. ist. Auch im prät. konj. zeigen einige von diesen verben bisweilen unumgelautete formen: *munda, monda* neben *mynda, minda, menda* 'würde', *þurfta* neben *þyrfta* 'bedürfte', *skulda* neben *skylda, skilda* 'sollte' und selt. *kunna* neben *kynna* 'könnte', mnorw. *váre* 'wäre', *svóre* 'schwüre' (s. Hægstad, a. o., II, 2, 1, s. 120); also mit einer vermischung, die der im § 523 anm. 2 und 3 und § 524 anm. 4 erwähnten entgegengesetzt ist. Sonst ist unumgelautetes prät. konj. sehr selt., z. b. *biogga* neben *bygga, biøgga, bøgga* und *hlióþa* neben *hléþa, hlyþa* zu *búa* wohnen, *hlaupa* springen.

§ 536. Von abweichungen sind folgende anzuführen:

1. In der 1. sg. wird die endung der 3. sg. in derselben ausdehnung wie bei dem schwachen präteritum (§ 534, 1; vgl. § 531 anm. 1) entlehnt, und zwar anorw. schon im anfang des

13. jahrh., aisl. erst um 1300 (s. Þorkelsson, Breytingar á myndum viðtengingarháttar, s. 9 ff.).

Anm. 1. Alt und dicht. kommen einigemal formen vor, die der 1. pl. ganz gleich sind, z. b. aisl. *eigem* besitze, *ættem* besässe. In fällen wie anorw. (legend. Olafssaga) *kuæmomk* ich käme (eigentlich mediopassiv, s. § 542, 1) — das nur scheinbar der 1. pl. gleich ist (vgl. 2 unten) — statt *kuæma* (got. *qēmjau*) *ek* ist die endung -*o(mk)* aus *-*ō* < **au* vor *m(i)k* lautgesetzlich berechtigt (s. § 140 und vgl. § 137, 1). Vgl. übrigens § 531 anm. 2 und § 534 anm. 3.

2. Der pl. kann, bes. in der späteren sprache, die endungen des indikativs annehmen. Im präs. konj. geschieht dies fast nur in der 1. pl., z. b. anorw. schon in No. Hom. *biðium* statt *biðim* 'bitten' u. a., aisl. erst in Möðruvallabók *látum* st. *látim* 'lassen' u. a. (ausnahmslos seit 1500). Im prät. konj. dagegen findet etwas später die entlehnung auch in der 2. und 3. pl. statt, z. b. anorw. in der legend. Olafssaga 3. pl. *mindu* st. -*i* 'würden', misl. in der Flateyjarbók (um 1370—80) 2. pl. *værut* st. -*it* 'wäret' (bei *mono* und *skolo* aber schon in St. Hom.); doch kommen auf Island die alten formen noch im anfang des 17. jahrhs. bisweilen vor. Vgl. Þorkelsson, a. o.

Anm. 2. In St. Hom. kommt (durch verschreibung?) dreimal eine form der 1. pl. präs. konj. auf -*e* (wie in der 3. pl.) statt -*em* vor, z. b. *auke* 'vermehren'; ausserdem einmal *haldenn* (gleich aschw. *haldin*?; vgl. Hultman in Finländska bidrag, Helsingfors 1894, s. 226) st. *haldem* 'halten'.

§ 537. Besonders unregelmässig ist der konj. präs. von *vesa*, *vera* 'sein':

Sg. 1. siá, später auch sé § 536, 1
    2. sér, selt. verir
    3. sé, selt. vese (alt) oder veri

Pl. 1. sém, später séum § 536, 2
    2. sép, -t, -r
    3. sé, später séu

Anm. In der ältesten zeit kommen natürlich auch unkontrahierte formen (*séa*, *séer*, *sée* usw.) nach § 130 vor. Die 3. pl. hat in St. Hom. einmal die form *vese*. Misl. kommt im 15. jahrh. auch die form *sért* (nach dem ind. *ert*) in der 2. sg. vor; s. Þorkelsson, Breytingar á myndum &c. s. 63, vgl. Beyging s. 534, Olsen, Vǫlsunga saga, s. LXXIV.

e) Imperativ.

§ 538. Der imperativ kommt nur im präs. vor und nur in der 2. sg., sowie 1. 2. pl. Die beiden letzten formen sind den 1. 2. pl. des präs. indik. völlig gleich. Die 2. sg. dagegen zeigt eine besondere form, über die folgendes zu bemerken ist:

§ 539. Participium.

1. Die starken verba haben keine endung, z. b. *far* fahre, *gef* gieb; ebenso die präterito-präsentia, z. b. *eig* besitze. Dass dies schon urn. (vgl. das got.) der fall war, beweisen formen wie *bitt* (sehr selt. *bind* nach dem präs., wie umgekehrt selt. präs. *bitt* u. a., s. § 531 anm. 4, nach dem imperat.?) binde, *sprikk* zerspring (s. § 220 mit anm. 1). Ueber formen wie *blót(t)* opfere, *grát(t)* weine s. § 280 anm. 1.

2. Die 1. schwache konj. endet auf *-a*, z. b. *kalla* rufe.

3. Die 2. und 3. schwache konj. haben keine endung, z. b. *vel* wähle, *dǿm* richte. In urn. zeit muss aber (wie aus formen wie *send*, nicht *satt, 'sende' hervorgeht, s. § 220 anm. 1) eine, vielleicht durch *skapi* und *liʒi* (s. anm.) belegte, endung *-ī* (vgl. got. *walei, dōmei*) vorhanden gewesen sein. Diese ist wol noch im inlaute erhalten in formen wie *hyggiat* 'denke nicht', *teygiattu* 'strecke nicht (du)', *kueliat* 'peinige nicht', *deilet* 'streite nicht' zu *hyggia, teygia, kuelia, deila*.

4. Die 4. schwache konj. zeigt bei den meisten verben keine endung, z. b. *lif* lebe, *haf* habe, *seg* sage. Doch kommt eine endung *-i* (urn. *-ē*, vgl. got. *habai* u. dgl.) bei einer anzahl hierher gehöriger verben vor: aisl. *duge* tauge, *gape* gaffe, *lume* lass los, *trúe* glaube, *ugge* fürchte, *une* sei zufrieden, *vake* wache, *þege* schweige (und No. Hom. einmal *lifi* lebe). Ausser *þege* sind diese formen später durch endungslose imperative ersetzt worden.

Anm. Der imperativ ist wol aus urn. zeit belegt durch *birʒ*? (Opedal) und vielleicht *liʒi, skapi* (Strøm).

f) Participium.

§ 539. Das part. des präsens wird bei allen verben mittelst *-ande* gebildet, z. b. *farande* fahrend, *kallande* rufend, *veliande* wählend usw.; zu *spá* prophezeien u. dgl. (§ 511) heisst das part. präs. natürlich *spánde* (§ 130). Ueber die flexion des part. präs. als subst. s. § 422, als adj. s. § 435.

Anm. 1. Prädikativ (mnorw. auch attributiv) steht selt. (wie im aschw.) *-andes* statt *-ande*, z. b. *vera lifandes* 'lebendig sein' (s. Fritzner II, 511). Vgl. An. gr. II, § 465, 2.

Anm. 2. Ueber das ablautende suffix *-und-* im subst. *bónde* (aus *bóunde, vgl. ahd. *frīunt*, as. *fīund*, ags. *fríond, fíond*, s. Sievers, Zum ags. vocalismus, s. 51 f.) neben *búande (bóande)* 'bauer' zu *búa* (part. *búande*) 'wohnen', *hógynde* bequemlichkeit, kissen zu *hǿgia* bequem machen (vgl. *hǫfundr* anm. 3) u. a. s. § 173, 2.

Anm. 3. Urspr. participia ohne *i*-umlaut zu schwachen verben der 2. und 3. konj. sind die subst. *dómande* richter (neben part. *dǿmande*) zu *dǿma* richten, *hógynde* (vgl. anm. 2) neben anal. umgebildetem *hǿgende* bequemlichkeit zu *hǿgia* bequem (*hóglegr*) machen, *hǫfundr* urheber (neben part. *hefiande*) zu *hefia* heben; zur erklärung s. Streitberg, Zur germ. sprachgeschichte, s. 15, 17 f. und Urgerm. grammatik, s. 286. Ueber die starke flexion bei *hǫfundr* u. dgl. s. § 422 anm. 4.

Anm. 4. Eine urn. spur des part. präs. bietet *wita[n]ða-* (Tune).

§ 540. Das part. präteritum endet bei den starken verben auf *-inn, -enn*, z. b. *farenn* gefahren; bei den schwachen der 1. konj. auf *-aþr*, der 2. konj. auf *-(e)þr* (vgl. § 514, § 428, 2), der 3. konj. auf *-þr* (*-dr, -tr*; vgl. § 515), der 4. konj. auf *-(a)þr* (vgl. § 519). Die flexion ist die eines gewöhnlichen adjektivs.

Anm. 1. Ueber das scheinbar starke part. auf *-enn* bei den verben der 2. konj. s. § 514. Dagegen ist die partizipialbildung auf *-þr* ursprünglich nicht auf die schwachen verben beschränkt, sondern spuren solcher bildung kommen auch bei den starken verben vor, z. b. *kaldr* kalt zu *kala* frieren, *dauþr* tot zu *deyia* sterben, *skarþr* vermindert zu *skera* schneiden. — Ueber part. ohne dentale ableitung s. § 507 anm. und Noreen, Geschichte³ § 256, 3.

Anm. 2. Aus urn. zeit sind zwei starke part. prät. belegt: *slaɣinaʀ* (Möjebro), *haitinaʀ* (Tanum); ferner wahrscheinlich zwei schwache: *sǫirawiðaʀ* (Rö), *h[l]aiwiðaʀ* (Amle).

Anm. 3. Ueber reste des einstigen part. prät. akt. wie *halze* wer festgehalten hat zu *halda*, *heize* wer versprochen hat zu *heita* u. dgl. (vgl. got. *berusjōs* die geboren haben, eltern) s. Noreen, IF. IV, 324 ff., Brate, Z. f. d. wortforschung XIII, 150, Torp bei Hægstad-Torp, Gamalnorsk ordbok, s. LVII.

§ 541. Das part. prät. wird in verbindung mit dem präs. und prät. von *hafa* 'haben', bei einigen verben *vesa, vera* 'sein', zur bildung eines umschriebenen perfekts, resp. plusquamperfekts verwendet. Das part. steht in der verbindung mit *hafa* gewöhnlich im neutr., kann sich aber auch oft (bes. in alter zeit) nach dem objekt richten, z. b. *ek hefe kallat hann* oder *hann kallaþan* ich habe ihn gerufen, *hann hafþe sét hana* oder *hana séna* er hatte sie gesehen. In der verbindung mit *vesa, vera* richtet sich das part. nach dem subjekt, z. b. *þeir ero gengner* sie sind gegangen.

Anm. 1. Das hülfsverb *hafa* kann bisweilen ausgelassen werden.

Anm. 2. **Futurum und konditionalis** werden mittelst des präs., resp. prät. von *mono* (in der 1. pers. auch *skolo*, das sonst mehr die bedeutung von 'sollen' hat) und eines folgenden präs. infinitivs umschrieben, z. b. *ek mon kalla, ganga* ich werde rufen, gehen, *ek munda kalla, ganga* ich würde rufen, gehen. In derselben weise bildet man ein futur. exakt. und kondit. exakt.: *ek mon hafa kallat*, resp. *vera gengenn, ek munda hafa kallat*, resp. *vera gengenn*, wo jedoch bisweilen *hafa* und oft *vera* ausgelassen werden können.

II. Medio-passiv.

§ 542. Die formen des aktivums erhalten reflexive oder auch, wiewol seltener, passive bedeutung durch enklitische anfügung von persönlichen ungeschlechtigen pronominen entweder im acc. oder — urspr. wol nur bei verben mit dativischer rektion, ein unterschied der jedoch bald verwischt worden ist — im dat. Demnach treten zu den aktiven formen der 1. sg. teils *-mk* (aus *mik* § 158), teils (sehr selt.) *-m* (aus **méʀ* > **meʀ* § 151,2 > **mʀ* § 158 < **-mm* § 277 anm. 5 > *m* § 285,5); dagegen zu allen übrigen formen das pron. reflexivum, teils als *-sk* (aus *sik*), teils seltener als *-s* (aus **séʀ* > **seʀ* > **sʀ* > *-ss* — so noch oft im aschw. — § 277,1 > *-s*); in der 1. pl. vielleicht doch auch *-k* (aus *okkr*) und *-s* (aus *oss*), s. Kock, Arkiv XXXV, 74 ff. Hierbei sind folgende erscheinungen zu zu beachten:

1. In der 1. sg. präs. ind. starker verba und schwacher verba der 1., 2., 3. konj., prät. ind. schwacher verba sowie präs. und prät. konj. aller verba sind die urn. endungen *-u* (got. *-a*), nasaliertes *-ō* (got. *-ō*) und nicht nasaliertes *-ō* (got. *-au*) sämtlich als *-u, -o* (§ 137,1) erhalten, z. b. aisl. *tǫkom(k)* werde genommen zu *tek* nehme, *kǫllom(k)* werde gerufen zu *kalla* rufe, *veliom(k)* werde gewählt zu *vel* wähle, *dǿmom(k)* werde gerichtet (aus **dōmiu-mik* synkopiert, s. § 157) zu *dǿme* richte, *vǫlþom(k)* wurde gewählt zu *valþa* wählte, *velþom(k)* würde gewählt. Nach der analogie dieser formen tritt *-um(k)*, *-om(k)* auch im präs. ind. schwacher verba der 4. konj. und im prät. ind. starker verba ein, z. b. *þolom(k)* statt **þolemk* werde geduldet zu *þole* dulde, *gǫfom(k)* statt **gafmk* wurde gegeben zu *gaf* gab, *bundom(k)* statt **battmk* wurde gebunden zu *batt* band; in dem letzten falle ist ausserdem (wie in den

§ 543. Medio-passiv.

§ 465, 3 erwähnten fällen) das pronominale suffix an die form der 3. pl. getreten (d. h. *gǫ́fomk, bundomk* sind in der tat aus *gǫ́fo mik* gaben mich, *bundo mik* banden mich entstanden).

2. In den übrigen formen müssen vor dem suffigierten *-s(k)* folgende lautgesetzliche veränderungen der aktiven endungen eintreten:

a) *-r* (urn. *-ʀ*) schwindet nach § 273, z. b. 2. sg. präs. ind. *gefs(k)* zu *gefr* gibst, *binz(k)* zu *bindr* bindest, *kallas(k)* zu *kallar* rufest.

b) *-ð* und *-d* werden zu *-t* (und *t + s* wird dann *z* geschrieben) nach § 238, 2, d, z. b. 2. pl. präs. ind. und konj. *gefez(k)* zu *gefeþ* gebet, prät. ind. *dǿmþoz(k)* zu *dǿmþoþ* richtetet, 1. 3. sg. prät. ind. *kuaz(k)* zu *kuaþ* sprach, 3. sg. präs. ind. *þykkez(k)* zu **þykkeþ* (s. § 530 anm. 3) scheint, *gefz(k)* zu **gefþ* gibt, *stenzk* zu *stendr* steht.

c) Nach *-ll*, *-nn* wird *t* eingeschoben nach § 310, 1, z. b. 2. sg. präs. ind. *felz(k)* zu *fellr* fällst, *finz(k)* zu *finnr* (*fiþr*, s. § 261) findest, 1. 3. sg. prät. ind. *fanzk* zu *fann* fand.

d) Geminata wird meist vereinfacht (s. § 284), z. b. 2. sg. präs. ind. *blǽsk* zu *blǽss* bläst, 1. 3. sg. prät. ind. *feks(k)* zu *fekk* bekam, part. prät. ntr. *mǿz(k)* zu *mǿtt* begegnet.

Anm. 1. Ueber die bildung und geschichte des mediopassivs s. Wimmer, Det phil.-hist. samfunds mindeskrift 1879, s. 184 ff.; Wisén, Arkiv I, 370 ff.; Hoffory, ib. II, 96; Lyngby und Dyrlund, Tidskr. f. fil. N. R. VI, 257 ff.; Brate, Äldre Vestmannalagens ljudlära, s. 65; Bugge, Ant. tidskr. f. Sv. X, 117; Larsson, Studier över den isl. homilieboken, s. 75 f.; Þorkelsson, Supplement II, v und Breytingar á myndum &c., s. 32 f.; Mogk, ZfdPh. XIII, 235; Wadstein, F. Hom., s. 115 f.; Noreen, Geschichte[3] § 258; Morgenstern, Arkiv X, 207 f.; Specht, Acta germanica III, 1 (reiche materialsammlung); Kock, Arkiv XXXV, 55 ff.

Anm. 2. Von dem uralten ieur., im got. zum teil noch bewahrten, medio-passiv ist eine einzige spur erhalten in der 1. sg. präs. ind. *heite* ich werde genannt (die übrigen personen wie von einem schwachen verbum der 3. schw. konj.; s. § 532, 2). Diese form ist schon in urn. zeit mehrere mal belegt: *ha[i]te-ka* (Lindholm), *haite* (Kragehul), *haiti-ka* (Seeland), *hait(e)* und *h[a]ite* (Järsberg). Vgl. Sievers, Beitr. VI, 561; Schmidt, K. Z. XXVI, 43. — Von dem neugebildeten mediopassiv ist urn. keine form belegt.

§ 543. Die ältesten endungen des medio-passivs (vor 1200) hätten demnach folgendes aussehen:

§ 544. Medio-passiv.

Infinitiv:

Präsens.	Präteritum.
-as(k), 2. schw. konj. -ias(k)	kommt nicht vor.

Indikativ:

Präsens. | Präteritum.
Sg. 1. -um(k), -om(k), 2. schw. -ium(k), -iom(k) | -om(k(, -um(k)
2. st. u. 2. schw. -s(k), 1. schw. -as(k), 3. u. 4. schw. -is(k), -es(k) | st. -z(k), schw. -is(k), -es(k)
3. st. u. 2. schw. -z(k), 1. schw. -az(k), 3. u. 4. schw. -iz(k), -ez(k) | st. -s(k), schw. -is(k), -es(k)
Pl. 1. -ums(k), -oms(k) 2. schw. -iums(k), -ioms(k) | -ums(k), -oms(k)
2. -iz(k), -ez(k) | -uz(k), -oz(k)
3. -as(k), 2. schw. -ias(k) | -us(k), -os(k)

Konjunktiv:

Sg. 1. -um(k), -om(k), 2. schw. -ium(k), -iom(k) | Pl. 1. -ims(k), -ems(k)
2. -is(k), -es(k) | 2. -iz(k), -ez(k)
3. -is(k), -es(k) | 3. -is(k), -es(k)

Imperativ:

Sg. 2. -s(k), 1. schw. -as(k) (4. schw. unbelegt?) | Pl. 1. -ums(k), -oms(k).
  | 2. -iz(k), -ez(k)

Participium:

Präsens. | Präteritum ntr.
-andes(k), 2. schw. -iandes(k) | st. u. 2. schw. -iz(k), -ez(k), 1. u. 4. schw. -az(k), 2., 3., 4. schw. -z(k)

§ 544. Diese endungen gelten aber in ihrer reinheit nicht einmal für die ältesten hdschr. Folgende veränderungen treten in rascher folge ein:

1. Schon vorliterarisch sind (wie im aktivum, s. § 530) die 2. und 3. sg. präs. ind. zusammengefallen, so dass sie beide auf -s(k) oder -z(k) enden können. Seit um 1250 im anorw., um 1300 im aisl. kann (wie im aktivum, s. § 531, 1, § 534, 1, § 536, 1) auch die 1. sg. (ausser im starken prät.) die form der 2. 3. sg. (zunächst im konj.) annehmen, was immer häufiger stattfindet und im anorw. um 1300 sowie im nisl. ausnahmslos durchgeführt worden ist.

2. Schon etwas nach 1200 können alle endungen, die -s(k) enthalten, dieses durch -z(k) ersetzen (selten umgekehrt), was wol teils nur eine orthographische neuerung ist (s. § 43), teils auf analogiebildung nach denjenigen formen beruht, welche

§ 544. Medio-passiv.

lautgesetzlich -*z*(*k*) zeigen, nämlich ausser den § 542, 2, b und c sowie oben 1 erwähnten fällen noch die 2. sg. prät. ind. starker verba, part. prät. ntr., 2. sg. präs. ind. wie *binz*(*k*) wirst gebunden, *léz*(*k*) wirst gelassen, 1. 3. sg. prät. ind. wie *léz*(*k*) wurde gelassen u. a. Doch tritt *z* statt *s* nach *l*, *n*?, *r* fast nie (bes. nicht im aisl.), zwischen *n* und *k* nur im anorw. ein; also z. b. aisl. 2. sg. präs. ind. nur *spyrsk*, 1. pl. *spyriomsk* (anorw. -*umzk*) zu *spyria* fragen. Sonst kommen im aisl. (im gegensatz zum anorw.) seit um 1300 keine *s*-formen mehr vor.

3. Bald nach 1200 können die endungen der 1. sg. und pl. miteinander verwechselt werden. So steht in der 1. sg. ind. aisl. -*omsk* (sehr selt., z. b. AM. 645, 4⁰ und Ágrip), anorw. (vgl. oben 2) -*umzk* (sehr selt., z. b. Strengleikar 3mal), resp. aisl.-anorw. (sehr selt., z. b. AM. 623, 4⁰ und Strengleikar) -*oms*, -*ums*, häufig -*omz*, -*umz*, welche letzte form vor 1300 (bes. im aisl.) herrschend wird und dann dieselbe entwickelung wie die gleichlautende form der 1. pl. einschlägt (s. unten). In der 1. sg. konj. kommen entsprechende "plural"-formen auf -*ems*(*k*), -*ims*(*k*) nicht vor, sondern nur im anorw. ein sehr seltenes -*imz* (einmal auch -*emk* in *týnemk* Strengleikar, wol durch kontamination von 1. sg. -*umk* und 1. pl. -*imsk*, vgl. § 536 anm. 1). — In der 1. pl. ind. ist vor 1250 die "singular"-form -*omk* (einmal -*om* in *kǫllom* St. Hom.), -*umk* ebenso häufig, im anorw. sogar häufiger als -*omsk*, -*umsk* (-*umzk*), -*omz*, -*umz* (*oms*, -*ums* sind hier nicht belegt); dagegen in der 1. pl. konj. ist das nach -*omk* gebildete -*emk*, -*imk* weit seltener als -*emsk*, -*imsk*, -*emz*, -*imz*. Seit 1250 werden -*umz*, -*imz* und deren fortsetzer (s. unten 4) -*umzt*, -*imzt* (anorw. seit 1250, misl. seit 1350) bald herrschend, um endlich (c. 1500) im misl. durch -*unzt* (noch später -*unst* geschrieben), im mnorw. durch die form der 3. pl. ersetzt zu werden.

4. Die anfangs weitaus häufigsten formen auf -*k* (-*mk*, -*sk*, -*zk*) werden im anorw. seit 1250 (oder ein wenig später, denn noch Elis saga hat 9mal -*zk*, 3mal -*sk* gegen sonstiges -*z* oder, s. unten, -*zt*), im aisl. seit 1300 (oder etwas früher, denn schon die bruchstücke der Kringla gegen 1260 und eine urkunde von c. 1245 haben immer -*z*) nicht mehr gebraucht (so dass das häufige -*sk*, -*zk*, seltener -*mk* in einem teile der Hauksbók wol als ein archaismus anzusehen ist, vgl. Hb.

§ 545. Medio-passiv.

s. LVI). Doch werden dadurch diejenigen auf -*z* (seltener -*s*, s. 2 oben; -*m* ist immer, auch im sg., äusserst selten gewesen) nicht alleinherrschend. Schon in den ältesten anorw. hdschr. wird bisweilen zu den formen auf -*s* und -*z* (ganz ausnahmsweise zu einer auf -*k*) ein -*t* hinzugefügt, welches wol zum teil funktionell berechtigt ist, z. b. No. Hom. 2. sg. imperat. *minzt* (aus *minztu* < *minz ðu* § 238, 2, a ausgelöst; Elis saga hat 4 mal -*zt* vor *þ*, z. b. *slóguzt þegar* u. dgl., sonst nur -*z* oder, s. oben, -*zk*, -*sk*) erinnere dich, part. prät. ntr. *farezkt* (d. h. *faret* 'gefahren' + *sk* + nochmaliges neutrales -*t*), teils aber analogisch übertragen. Diese -*st*, -*zt* werden allmählich häufiger (schon alleinherrschend in der ersten partie der Hauksbók, s. Hb. s. XXX), bis sie -*s*, -*z* überwiegen (um 1350). Seit 1300 zeigt sich -*zt* (ganz ausnahmsweise -*st* wie in einer etwas norvagisierenden partie der Hauksbók neben selt. -*z*, s. Hb. s. L) auch im aisl. Da aber jetzt *z* und *ss* phonetisch gleichwertig sind (s. § 43), wird ohne unterschied -*zt*, -*zst* und (misl. jedoch erst seit 1450 sowie ausnahmslos im nisl.) -*st* geschrieben. Seit 1450 kommen im misl. keine formen auf -*z* mehr vor. Dagegen im mnorw. wird (seit 1350) die form ohne -*t* wieder immer häufiger und um 1450 (wenigstens im onorw.) alleinherrschend, dann ohne jeden unterschied der aussprache -*s(s)*, -*s(s)z*, -*zs(s)*, -*z* geschrieben.

§ 545. Als paradigmen seien angeführt für die starken verba *lúkas(k)* 'sich schliessen, geschlossen werden', für die schwachen *kallas(k)* 'sich nennen, genannt werden'. Die ältesten formen werden zuerst angeführt, die seltensten [eckig] eingeklammert.

Präsens.

Infinitiv:

lúkask, [-as,] -azk, -az, -azt (anorw. auch -*ast*, -*as*), -ast

kallask usw.

Indikativ:

Sg. 1. lúkomk, -*umk*, [-om, -omsk, -*umzk*, -oms,] -umz usw. = 1. pl.; lýkz usw. = 2. 3. sg.

kollomk, *kallumk* usw., kallaz usw.

2. 3. lýksk, [-s,] -zk, -z, -zt (und -*st*, -*s*), -st

kallask usw.

§ 545. Medio-passiv.

Indikativ:

Pl. 1. lúkomsk, -*umzk*, -omk, -*umk*, [-om,] kǫllomsk, *kallumzk* usw.
 -umz, -umzt (und -*umst*, -*ums*),
 -umst, -unzt, -unst
 2. lúkezk, -*izk*, -iz, -izt (und -*ist*, kallezk usw.
 -*is*), -ist
 3. lúkask usw. = inf. kallask usw.

Konjunktiv:

Sg. 1. lúkomk, -*umk*, [-*imk*,] -umz [und kǫllomk, *kallumk* usw.
 -*imz*], -umzt [und -*imzt*], -iz usw.
 = 2. 3. sg.
 2. 3. lúkesk, -*isk*, [-es, -*is*,] -ezk, -*izk*, kallesk usw.
 -iz, -izt (und -*ist*, -*is*), -ist
Pl. 1. lúkemsk, -*imsk*, -emk, -*imk*, -imz, kallemsk usw.
 -imzt (und -*imst*, -*ims*), -umz,
 -umzt usw. = ind.
 2. lúkezk, -*izk* usw. = ind. kallezk usw.
 3. lúkesk, -*isk* usw. = 2. 3. sg. kallesk usw.

Imperativ:

Sg. 2. lúksk, [-s,] -zk, -z, -zt (und -*st*, kallask usw.
 -*s*), -st
Pl. 1. ⎱
 2. ⎰ wie im ind.

Participium (selten):

lúkandesk, [-es,] -ezk, -iz, -izt (und kallandesk usw.
 -*ist*, -*is*), -ist

Präteritum.

Indikativ:

Sg. 1. lukomk, -*umk*, [-omsk, -*umzk*,] kǫlloþomk, *kallaðomk* usw
 -umz usw. = 1. pl. präs. ind.,
 laukz usw. = 2. 3. sg.
 2. laukzk, -z, -zt (und -*st*, -*s*), -st kallaþesk, [-es,] -ezk, -iz,
  -izt (und -*ist*, -*is*), -ist
 3. lauksk, -zk, -z usw. = 2. sg. = 2. sg.
Pl. 1. lukomsk, -*umzk* usw. = 1. pl. präs. kǫlloþomsk, *kallaðomzk*
 ind. usw.
 2. lukozk, -*uzk*, -uz, -uzt (und -*ust*, kǫlloþozk, *kallaðozk* usw.
 -*us*), -ust
 3. lukosk, -*usk*, [-os, -*us*,] -ozk, -*uzk*, kǫlloþosk, *kallaðosk* usw.
 -uz usw. = 2. pl.

§ 546. Umschriebenes passiv. 373

Konjunktív:

Sg. 1.	lykomk, -umk usw. = 1. sg. präs. konj., lykiz usw. = 2. 3. sg.		kǫlloþomk, *kallaðomk* usw.
2. 3.	lykesk, -isk usw. = 2. 3. präs. konj.		kallaþesk nsw.
Pl. 1.	lykemsk, -imsk usw. = 1. pl. präs. konj., lykumz usw. = ind.		kallaþemsk usw.
2.	lykezk, -izk usw. = 2. pl. präs. konj. lykuz usw. = ind.		kallaþezk usw.
3.	lykesk, -isk usw. = 3. pl. präs. konj. lykuz usw. = ind.		kallaþesk usw.

Participium (nur im neutr.):
lokezk, -iz, -izt (und *ist, -is*)   kallazk usw.

§ 546. Ein umschriebenes passivum wird mittelst *vesa, vera* 'sein' in verbindung mit dem part. prät. gebildet. Später (sehr selt. in alter zeit) kann statt *vera* bisweilen *verþa* 'werden' gebraucht werden. Also z. b. von *kalla* 'rufen, nennen' 1. sg. präs. ind. *ek em* oder *verþ kallaþr*, konj. *ek siá* od. *verþa kallaþr*, prät. ind. *ek vas, var* od. *varþ k.*, konj. *ek véra* od. *yrþa k.*, perf. ind. *ek hefe veret* (äusserst selt. *orþet*) *k.*, konj. *ek hafa veret k.*, plusquamperf. *ek hafþa veret k.*, konj. *ek hefþa veret k.*, futur. *ek mon vesa, vera* od. *verþa k.*, kondit. *ek munda vesa, vera* od. *verþa k.*, futur. exakt. *ek mon hafa veret k.*, kondit. exakt. *ek munda hafa veret k.* usw.

Anm. 1. Statt perf., plusquamperf., futur. exakt. und kondit. exakt. werden gewöhnlich präs., resp. prät., futur. und kondit. gebraucht.

Anm. 2. Im futur. und kondit. wird fast gewöhnlich der inf. *vesa, vera* od. *verþa* ausgelassen.

Anhang.

Die wichtigsten urnordischen inschriften.[1]

1. Stein von Amle, Norwegen, c. 600.

Die inschrift lautet: ..*iʀ h*[*l*]*aiwiðaʀ þar*.
Dies wäre in aisl. sprache: ..*r *hlépr* (vgl. § 77, 8) *þar*.
Ins deutsche übersetzt: ..r [ist] begraben dort.

    Anm.[2]) Vgl. Bugge, No. I. s. 575f. (mit abbildung); anders v. Grienberger, Gött. gel. Anz. 1906, s. 103f.

2. Stein von Belland, Norwegen, 6. jahrh.

Urn.: *keþan*
Aisl.: **Keþa* (oder *Kiaþa*, s. § 95, 3, b mit anm. 4; vgl. anorw.
    Kiaðabœrg, nschw. *Kädenäs* und *Kidinge*).
Uebers.: [Dem] Keþe [steht dieser stein].

    Anm. Vgl. Bugge, No. I. s. 211 ff. (mit abb.), 538.

---

[1]) Alphabetisch geordnet nach den fundorten. Ergänzungen sind eingeklammert, durch ( ) was als in späterer zeit verloren gegangen, durch [ ] was als, absichtlich oder unabsichtlich, von dem ritzer fortgelassen vermutet wird (sowie meine sonstigen ausfüllungen). Ein pünktchen unter dem buchstaben gibt an, dass die lesung der betreffenden rune unsicher ist, während ganz rätselhafte runen mit × bezeichnet werden. Ein bogen über zwei buchstaben bezeichnet, dass die beiden runen zu einer "binderune" vereint sind. Die interpunktionszeichen der inschriften sind durch einen punkt wiedergegeben; neue zeile wird durch |, neue seite des denkmals durch — angegeben. Die hier durchgeführte worttrennung rührt von dem jeweiligen interpretator her.

[2]) Ich verzeichne hier zu jeder inschrift nur das wichtigste der betreffenden literatur. Vgl. übrigens für die zeit bis 1885 das ausführliche literaturverzeichnis bei Burg, s. 167 ff., mit nachträgen von Noreen in Nordisk revy 1884—85, sp. 363 (= Bezz. Beitr. XI, 181). Vollständige bibliographie bietet betreffs der norwegischen inschriften Bugge-Olsen, No. I. bei der jeweiligen inschrift.

Die wichtigsten urnordischen inschriften. 375

3. Stein von Berga, Schweden, gegen 500.

Urn.: *fino | saliȝastiʀ*
Aisl.: *Finna* (frauenname), **Salgestr* (anfr. *Saligast*).
Uebers.: Finna, Salgestr [ruhen hier].

    Anm. Abb. bei Stephens, Handbook, s. 10. S. übrigens Bugge, Tidskr. f. Phil. og Pæd. VII, 244 ff.; 313 f.

4. Stein von Björketorp, Schweden, gegen 700.

Urn.: *uþaraba sba — haiðʀruno ronu | falahak haðęra ȝ| inarunaʀ araȝeu | haera malausʀ | utiaʀ welaðauðe | saʀ þat barutʀ*

Aisl.: *Úþarfa spǫ́. Heiþrrúna rono* (vgl. nisl. *runa* 'folge', aisl. *rune* 'lauf') *falk heþra,* **ginnrúnar *ergio* (vgl. *erge, ergiask*) ... *mállauss* ... **véldauþe sá'r þat brýtr*.

Uebers.: Unheilbringende prophezeiung! Die reihe der ehrenrunen verbarg ich hier, die grossrunen der hexerei ... stumm ... tückischen todes wer dies [denkmal] bricht.

    Anm. S. v. Friesen, Lister- och Listerby-stenarna, s. 5 ff. (mit abb.); Brate, Arkiv XXXV, 184 ff.; Kock, ib. XXXVII, 22 ff.; M. Olsen, No. I., s. 626 f. Vgl. die inschr. von Stentoften (nr. 65 ff. unten).

5. Brakteat von Bjørnerud, Norwegen, 5. jahrh.

Urn.: *alu*
Aisl.: **ǫl*
Uebers.: Amulett [ist dies].

    Anm. S. Bugge, No. I., s. 428 (mit abb.). Vgl. nr. 9 (und die dortige literatur), 11, 17, 20, 36, 39, 40, 48, 57, 61 unten.

6. Stein von Bratsberg, Norwegen, 6. jahrh.

Urn.: *þaliʀ*
Aisl.: **Þalr* (vgl. langobard. *Thaloardus*, ahd. *Thalilo*).
Uebers.: Þalr [ruht hier].

    Anm. Vgl. v. Grienberger, Gött. gel. Anz. 1906, s. 128; abweichend Bugge, No. I., s. 364 ff. (mit abb.).

7. Stein von By (oder Sigdal), Norwegen, 7. jahrh.

Urn.: *ek irilaʀ* (s. § 63, 3 und vgl. nr. 86) *hroʀaʀ hroʀeʀ orte þat aʀina ubt alaifu d[aȝa]ʀ | r[unoʀ] m[arki]þe*
Aisl.: *Ek iarl* (§ 359, 2) **Hrǫ́rr* (vgl. § 71, 4; ags., as. *hrōr* hurtig) **Hrǿrer* (s. § 370 anm.) *orte* (3. statt 1. sg.? s. § 534, 1) *þat aren?* (s. § 72 anm.) **upt* (st. *ept?* vgl. § 172 anm. 2? oder

aschw. run. *yftiʀ*, s. An. gr. II, § 288?) *Álóf? D[ag]r? rú[nar]? m[erk]þe?*

Uebers.: Ich jarl Hrørr, Hrør's sohn, machte diesen hügel nach Álof. Dagr die runen zeichnete.

<small>Anm. Vgl. Bugge, No. I., s. 93 ff. (mit abb.), 529 ff.; Sievers, Ber. d. k. sächs. ges. d. wissenschaften 1894, s. 139; Brate, Arkiv XI, 369 f., Sv. fornm. tidskr. IX, 333 ff.; v. Grienberger, Gött. gel. Anz. 1906, s. 115 ff.</small>

8. Stein von Bø, Norwegen, 6. jahrh.

Urn.: *hnab̃uðas hlaiwa*
Aisl.: **Hnǫfoþs* (vgl. ? ags. *Hnæf*, ahd. *Hnabi*, aisl. prät. *hnóf* schnitt ab) **hley* (got. *hlaiw*, vgl. § 77, 15).
Uebers.: Hnǫfoþ's grab.

<small>Anm. Vgl. Bugge, No. I., s. 238 ff. (mit abb.), 544 f.</small>

9. Brakteat von Börringe, Schweden, 5. jahrh.

Urn.: *laukaʀ | taṇulu . aḷ[u]* (verkürzt, wol um eine anzahl von 8 runen zu erlangen)
Aisl.: *Laukr* (aisl. als beiname) **Tǫnol* (frauennamen, zu ahd. *zenen*, ags. *tennan* reizen, got. *faúra-tani* wunderzeichen?). **Ǫl*.
Uebers.: Laukr [gibt dies der] Tǫnol. Amulett [ist dies].

<small>Anm. Abb. bei Stephens, Handbook, s. 192 (vgl. doch Bugge, Aarbøger 1871, s. 199 note). Vgl. v. Grienberger, Gött. gel. Anz. 1908, s. 398 f., 406, ZfdPh. XXXII, 292; Noreen, Xenia Lideniana, s. 12.</small>

10. Brakteat von Dannenberg, Hannover, 5. jahrh.

Urn.: *ʒléauʒiʀ ueu þʒʀ*
Aisl.: ... *eygr* ...

<small>Anm. Vgl. Bugge, No. I., s. 125 ff.; Wimmer, Sønderjyll. run., s. 22.</small>

11. Brakteat von Darum, I, Dänemark, 5. jahrh.

Urn.: *niujil[a] . alu*
Aisl.: **Nýle* (mannsname; zu aisl. *nýr*, got. *niujis*). **Ǫl*.
Uebers.: Nýle. Amulett [ist dies].

<small>Anm. Abb. bei Stephens, Runic monuments IV, 79. Vgl. Bugge, Arkiv VIII, 22; Wimmer, Sønderjyll. run., s. 25 f., 33; nr. 49 unten.</small>

12. Brakteat von Darum, II, Dänemark, 5. jahrh.

Urn.: *frohila . laþu*
Aisl.: **Fróle* (vgl. ahd. *Fruolo*). *Lǫþ*.
Uebers.: Fróle [gibt? oder empfange? dies]. Liebesgabe [ist es].

Die wichtigsten urnordischen inschriften.

Anm. Abb. bei Stephens, Runic monuments IV, 76. Vgl. Bugge, Arkiv VIII, 20, No. I., s. 247; Wimmer, Sønderjyll. run., s. 33; v. Grienberger, Gött. gel. Anz. 1906, s. 154; nr. 22, 57 unten.

13. Brakteat von Darum, III ("Næsbjærg"), Dänemark, 5. jahrh.

Urn.: ? *liliʀ aiwui|ða it uha*
Aisl.: ? **Lillr* (vgl. ags. *Lil*, gen. *Lilles*, und den aschw. ortsnamen *Lillingi*). **Øþe* (vgl. § 77, 8; mhd. *ēwen* nach recht machen) **et* (s. § 473 anm. 1, schluss) **Óe* (vgl. got. *aúhuma*, aisl. *Óme*).
Uebers.: Lillr [besitzt dies]. Rechtlich machte es Óe.

Anm. Abb. bei B. Salin, Ant. tidskr. f. Sv. XIV, 2, s. 36 (eine jüngere und schlechtere kopie bei Stephens, Handbook, s. 195, wird dort unrichtig nach Næsbjærg verlegt). Vgl. (mit wesentlich abweichender lesung) Bugge, No. I., s. 264 f., 551 ff.

14. Steinplatte von Eggjum, Norwegen, um 700.

Urn.: *ni s solu sot uk ni sᴀkse stᴀin skorin n ××××× ma[n]ʀ nᴀkða[n] ni snᴀręʀ ni wiltiʀ manʀ laʒi | hin wᴀrƀ nᴀseu ma[n]ʀ mᴀðe þᴀim kᴀiƀᴀ i ƀormoþᴀ huni huwᴀʀ oƀ kam hᴀʀ×× h×× la[n]t ʒotnᴀ fiskr oʀ××× nᴀuim suęma[n]ðe fokl if s×××××× ʒ×landı̨s | ᴀ××× misųrk× | hin | la*
Aisl.: *Ne's sólo sótt ok ne saxe stein skorenn; n(e sete) mannr nǫkþan* (s. § 159, § 226), *ne snarer ne villter mennr legge. *Hin varp *nāsió mannr, máðe þeim keipa . . . . . land gotna. Fiskr . . . *suemande, fogl ef . . . galande . . . .*
Uebers.: Nicht ist es von der sonne getroffen und nicht der stein mit messer geschnitten; nicht richte jemand ihn entblösst auf oder legen kecke oder unsinnige leute ihn so hin. Diesen bewarf der mann mit leichen-nass . . . das land der goten. Der fisch . . . schwimmend, der vogel, ob . . . . schreiend . . . .

Anm. S. M. Olsen, No. I. ɪɪɪ, 82 ff. (mit abb.); Meissner, Nachrichten der K. Gesellschaft der Wissenschaften zu Göttingen, Phil.-hist. Klasse 1921, s. 89 ff.; Burg, ZfdA. LVIII, 280 ff.; Brate, Arkiv XXXVIII, 206 ff.

15. Stein von Eidsvåg, Norwegen, anfang des 7. jahrh.

Urn.: *haų[h]aʀᴀʀ* (durch das einsetzen des *h* entsteht die erwünschte anzahl von 8 runen).
Aisl.: *Hávarr* (< **Hauha-ʒaiʀᴀʀ*)?.
Uebers.: Hávarr [ruht hier].

Anm. Vgl. Bugge, No. I., s. 452 ff. (mit abb.) und Indledning, s. 118 note 1.

16. Stein von Einang, Norwegen, gegen 400.

Urn.: *ðaᴈaʀ þaʀ runo faihiðo*
Aisl.: *Dagr þǽr rúnar* (lautges. **rúna*, s. § 373 anm. 4) *fáþa*.
Uebers.: [Ich] Dagr die runen malte.

Anm. Vgl. Bugge, No. I., s. 73 ff. (mit abb.); M. Olsen, ib. s. 624 note 7.

17. Stein von Elgesem, Norwegen, 6. jahrh.

Urn.: *alu*
Aisl.: **Ǫl.*
Uebers.: Schutzmittel [ist dies].

Anm. Vgl. Bugge, No. I., s. 159 ff. (mit abb.).

18. Spange von Etelhem, Schweden, etwas vor 500.

Urn.: *m[i]k m[a]r[i]la w[o]rta ą* (dies vielleicht ohne sprachliche bedeutung oder kürzung von *alu?*)
Aisl.: *Mik *Mǽrle* (got. *Mērila*) *orte*.
Uebers.: Mich Mǽrle machte.

Anm. Abb. bei Stephens, Handbook, s. 13. Vgl. Bugge, Tidskr. f. Phil. og Pæd. VII, 246 ff., No. I., 3. 148 ff.; Wimmer, Runenschrift, s. 169.

19. Stein von Flistad, Schweden, 8. jahrh.

Urn.: *ᴈaṃʀ ᴀtʀ ᴈla[n]ta*
Aisl.: *Gammr* (aisl. beiname, urspr. vogelname) **ettr* (vgl. aschw. *œttir*, run. *etiʀ, atiʀ* u. dgl., s. An. gr. II § 288) **Glenta* (dän. *glente*, schwed. dial. *glänta* weih).
Uebers.: Gammr nach Glente [errichtete dieses denkmal].

Anm. Vgl. Bugge (und Noreen), Arkiv XVIII, 1 ff.

20. Beinernes gerät von Fløksand, Norwegen, c. 350.

Urn.: *linɑ laukaʀ ɑ[lu]* (verkürzt, um die bei erotischen inschriften beliebte anzahl von 10 runenzeichen zu erlangen).
Aisl.: *lín, laukr, ǫl.*
Uebers.: lein, lauch, schutz.

Anm. S. M. Olsen, No. I., s. 649 ff. (mit abb.).

21. Spange von Fonnås, Norwegen, 6. jahrh.

Urn.: *a|ih sƀi[n]ðul[a] t[a]l|ij[a]ʀ spjsrƀse |jlsklʀ | wkshu*
Aisl.: *Á *spindol* (ahd., ags. *spindel*) **Tǽler* ....

Uebers.: Tǽler besitzt die spange . . . . .
Anm. Vgl. Bugge, No. I., s. 50 ff. (mit abb.), 526 f.; Olsen, ib. s. 634; A. Burgun, Forhandlinger i Videnskapsselskapet i Kristiania 1911, 1 (mit abb.); v. Grienberger, Gött. gel. Anz. 1906, s. 144 ff.

22. Brakteat (Stephens nr. 24) aus Fünen, Dänemark, 5. jahrh.

Urn.: *houֽ[h]aʀ* | *laþu a a ð u a a a l i i l a l l* (statt *alu* verschrieben? Durch das einsetzen des *h* — vgl. 15 oben — entsteht die beliebte zahl 24).
Aisl.: *Hór* (hier wol als name). *Loþ* . . . . . . *ǫl*
Uebers.: Hór. Liebesgabe [ist dies] . . . . Amulett.
Anm. Abb. bei Salin, Ant. tidskr. f. Sv. XIV, 2, s. 46. Vgl. Bugge, Aarbøger 1905, s. 200 ff.

23. Brakteat von Fæmø ("Femø"), Dänemark, anfang des 6. jahrhs.

Urn.: *ek fakaʀ f[aihiðo]* (kürzung wol um 8 runen zu erhalten).
Aisl.: *ek Fákr* (vgl. ahd. *Faco*, *Fachilo*, *Facco*, langob. *Facho*; anders Hellquist, Maal og minne 1916, s. 198) *f[áþa]*.
Uebers.: Ich Fákr schrieb [dies].
Anm. Abb. Aarbøger 1915, s. 175 f. Vgl. Olsen, No. I., s. 610.

24. Angelschnurstein von Førde, Norwegen gegen 700.

Urn.: *aluko*
Aisl.: **Ǫlka* (frauenname; vgl. as. *Aluco*, ags. *Aluca* m.).
Uebers.: Ǫlka [besitzt diesen stein].
Anm. Vgl. Bugge, No. I., s. 312 ff. (mit abb.).

25. Goldenes horn von Gallehus ("Møgeltønder"), Dänemark, etwas nach 400.

Urn.: *ek hlewagastiʀ . holtijaʀ . horna . tawiðo.*
Aisl.: *Ek *Hlégestr *holter* (vgl. § 63, 4) *horn *táþa* (1. sg. prät. ind. von **teyia*, got. *taujan*; flexion wie *heyia* § 513, 5).
Uebers.: Ich Hlégestr aus Holt (d. h. Holstein) stellte das horn her.
Anm. Abb. Stephens, Handbook, s. 85 ff. Vgl. Bugge, Tidskr. f. Phil. og Pæd. VIII, 215 ff.; Burg, s. 10 ff.; Thomsen, Arkiv XV, 193 ff.; Wimmer, Sønderjyll. run., s. 18 ff. (mit abb.).

26. Beinernes gerät von Gjersvik, Norwegen, c. 400.
Urn.: *đ × × fio þi* (8 runen) *l l l l l l l l l l* (10 runen)
Anm. S. Olsen, No. I., s. 640 ff. (mit abb.).

27. Stein von Gummarp ("Gommor"), Schweden, gegen 700.

Urn.: hAþuwolAfA — stAƀA þria× — sAte — fff

Aisl.: ... Hólf (s. § 228) stafa þriá sette ...

Uebers.: ... [nach] Họlf drei stäbe setzte ...

    Anm. Vgl. Bugge, Tidskr. f. Phil. og Pæd. VII, 347 ff.; Burg, s. 84 ff.; v. Friesen, Lister- och Listerby-stenarna, s. 21 ff. (mit abb.).

28. Felsenwand von Hammeren, Norwegen, 8. jahrh.

Urn.: ụụ|lfþalfë

    Anm. S. Bugge, No. I., s. 373 ff. (mit abb.), 565 ff.

29. Spange von Himling(h)øie, Dänemark, gegen 400

Urn.: hariso

Aisl.: *Harsa (frauenname; vgl. erulisch Hariso m.)

Uebers.: Harsa [besitzt dies].

    Anm. Abb. Stephens, Handbook, s. 81. Vgl. Bugge, No. I., Indledning, s. 203.

30. Kamm von Nedre Hov, Norwegen, c. 300.

Urn.: ek að ××× .. — hụḷ×

    Anm. S. Bugge, No. I., s. 419 ff. (mit abb.).

31. Stein von Istaby, Schweden, c. 650.

Urn.: Afatr hAriwulafa | hAþuwulafR hAeruwulafiR (fehler für heruwulafiR?) — warAit runAR þAiAR

Aisl.: Epter (lautges. aptr?) Heriulf. Họlfr (s. § 228) *Hiorylfer (s. § 370 anm.) reit rúnar þǽr (lautges. *þeiar, s. Noreen, Geschichte[3] § 204, 12).

Uebers.: Nach Heriulfr [steht dieser stein]. Họlfr, Hiorulf's sohn, ritzte diese runen.

    Anm. Vgl. v. Friesen, Lister- och Listerby-stenarna, s. 28 ff. (mit abb.).

32. Stein von Järsberg (oder Varnum), Schweden, 6. jahrh.

Urn.: h͡ait(e) (vielleicht nachträgliche korrektur des im folgenden verschriebenen hite) | ek ē͡rilaR uƀaR h[a]ite (durch das einsetzen des a macht ek ... haite die beliebte zahl von 16 runen). h͡araƀanā͡R runoR wa|rit|u

Aisl.: ek iarl (§ 359, 2) Úfr (aschw. run. Uf Bugge, No. I., s. 247 note 3, vgl. aisl. Úfe, lat. lehnwort ubii als völkername, ahd. uppi, got. ubils böse) heite. Hrafn rúnar rít.

Uebers.: Ich jarl Úfr heisse. [Ich] Hrafn die runen ritze.

Anm. S. E. Noreen, Språkvetenskapliga sällskapets i Uppsala förhandlingar 1916—1918, s. 1 ff. (mit abb.); vgl. (abweichend) Bugge, Tidskr. f. Phil. og Pæd. VII, 237 ff.; J. Sahlgren, Studier tillägnade O. Almgren, s. 300 ff.

33. Stein von Kinneved, Schweden, 7. Jahrh.?
Urn.: siʀ aluh

Anm. Vgl. Bugge, No. I., s. 162 ff.

34. Stein von Kjølevig (oder Strand), Norwegen, c. 500.
Urn.: haðulaikaʀ | ek haʒusta[l]daʀ | h̄laaiwiðo (fehler für hlaiwiðo?) maʒu minino

Aisl.: *Hǫþleikr. Ek Haukstaldr (lautges. *Hǫgstaldr, s. § 105 anm.) *hlépa (§ 77, 8, 1. sg. prät. ind. zu *hlǽfa aus *hlaiwian; vgl. got. hlaiw grab und urn. hlaiwa Bø) mǫg minn.

Uebers.: Hǫþleikr [ruht hier]. Ich Hagestolz begrub meinen sohn.

Anm. S. Bugge, No. I., s. 268 ff.; anders v. Grienberger, Gött. gel. Anz. 1906, s. 100 ff.

35. Lanzenschaft von Kragehul, Dänemark, um 400.
Urn.: ek ērilaʀ asuʒisalas m̄uhā h̄aite ʒa ʒa ʒa (d. h.? dreimaliges ʒiƀu auja) ʒinuʒahēlija haʒa [ʒa]lawiju ƀi ʒi̯ ...

Aisl.: Ek Iarl (s. § 359, 2), *Ásgísls móe (zu ags. múha, aisl. múgr wie ahd. Hūfo als mannsname zu houf, hūfo haufen) heite. Gef(k) *ey ? (dreimal, vgl. 58 und 60 unten). *Ginnhille (ahd. gahelli, vgl. § 425 anm. 2, § 358 anm. 5) *hag (substantiviertes neutr., vgl. § 425 anm. 2, zum adj. hagr künstlerisch) *lǽfo (got. galēwjan überlassen) ...

Uebers.: Ich Iarl, Ásgísl's gefolgsmann, heisse. Ich gebe glück (dreimal)? Sehr helltönendes kunststück (d. h. die lanze) überlasse ich ...

Anm. Vgl. Wimmer, Runenschrift, s. 123 ff. (mit abb.); Olsen, No. I., s. 625 f.; v. Grienberger, ZfdPh. XXXIX, 55 ff.

36. Messerschaft von Kragehul, Dänemark, um 400.
Urn.: ... uma . ƀera — .. a a u (statt alu verschrieben?) ..

Aisl.: .... *Bere (aschw. Biari, Biæri nach den kas. obl., vgl. Lind, Dopnamn, sp. 135, und fem. aisl. Bera).

Anm. S. Bugge, Aarbøger 1905, s. 166 ff.

37. Stein von Krogsta, Schweden, c. 500.

Urn.: *mwsteiji — stainaʀ*

    Anm. Vgl. Bugge, No. I., s. 128 ff.; Wimmer, Runenschrift, s. 155 note.

38. Steinplatte von Kylver, Schweden, um 400.

Urn.: *f u þ a r k ᚷ w h n i j p è ʀ s t ƀ e m l ŋ ð o × | suḷịu s*
Aisl.: *f* (usw.) | **syl's* (got. *sulja*, gr. ὑλία sohle; vgl. got. *gasuljan* das fundament legen, mndd. *sul*, ags. *syll* grundstock, aschw. *sula* sohle, s. Noreen, Vårt språk III, 120 mit note 3).
Uebers.: *f* (usw.). Grundlage (d. h. alphabet; vgl. gr. στοιχεῖον) ist [dies].

    Anm. Abb. bei v. Friesen und Hansson, Ant. tidskr. f. Sv. XVIII, 2. Vgl. v. Grienberger, Gött. gel. Anz. 1908, s. 410 ff.; Bugge, No. I., Indledning, s. 6 ff., 34 ff.

39. Beinchen von Lindholm, Schweden, um 400.

Urn.: *ek erilaʀ sa wilaᚷaʀ ha[i]teka.* (durch das einsetzen von *i* erhält man die erwünschten 24 runen) — *aaaaaaaaʀʀʀnnn × bmuttt . alu .* (im ganzen 24 runen)
Aisl.: *Ek Iarl* (s. § 359, 2), *sá *vílagr* (vgl. ags. *wíl* kunstgriff) *heitek . . . . . . *Ql.*
Uebers.: Ich Jarl, der kunstfertige bin ich genannt . . . . . . Amulett [ist dies].

    Anm. Abb. bei Stephens, Handbook, s. 24 (mit berichtigungen von Söderberg und Bugge, No. I., s. 162 note 1 und Olsen, ib. s. 600 note 1); vgl. Olsen, Aarbøger 1907, s. 29 ff., No. I., s. 600, 625.

40. Brakteat (Stephens nr. 55) von Maglemose, Dänemark, 5. jahrh.

Urn.: *ho.ʀ* (statt *houhaʀ*, s. oben nr. 22) | *sihaukþu* | *all* (verschrieben statt *alu*)
Aisl.: *Hór* (hier wol als name). . . . . **Ql.*
Uebers.: Hór [besitzt oder machte dies]. . . . Amulett [ist es].

    Anm. Abb. bei Stephens, Handbook, s. 185 (vgl. I. Lindquist, Västergötlands fornminnesförenings tidskrift IV, 72). Vgl. Bugge, Aarbøger 1905, s. 198 ff., 205 f.

41. Lanzenspitze von Mos, Schweden, 3. jahrh.

Urn.: *ᚷioqᚷ*

    Anm. S. B. Nerman, Rig 1918, s. 50 ff. (mit abb.).

42. (Aelterer) stein von Myklebostad, Norwegen, 6. jahrh.
Urn.: *asuɀasđi*(ʀ..)
Aisl.: **Ásgestr* ...
> Anm. Vgl. Bugge, No. I., s. 324 ff. (mit abb.); v. Grienberger, Gött. gel. Anz. 1906, s. 125 ff.

43. Stein von Møgedal, Norwegen, gegen 600.
Urn.: *laiþiɀaʀ*
Aisl.: **Leiþegr* (wol als mannsname; ahd. *leidig*).
> Anm. S. Olsen, No. I., s. 711 ff.

44. Stein von Möjebro (oder Hagby), Schweden, etwas nach 400.
Urn.: *frawarađaʀ* | *ana hahai slaɀina*|ʀ
Aisl.: **Fráráðr á* (got. *ana*; lautges. **an*, s. § 299,5 mit anm. 5) **Hege* (verhält sich zu *hár* wie aisl. *haugr* zu got. *hauhs*) *slegenn*.
Uebers.: Fráráðr auf Hag (jetzt Hagby im gerichtsbezirk Hagunda) geschlagen.
> Anm. S. Pipping, Stud. nord. fil. XII, 1, s. 78 f., 65 f.; Brate, Arkiv XXXI, 227 ff.; vgl. (abweichend) v. Friesen, Upplands runstenar, s. 3 f. (mit abb.); Olsen, Arkiv XXXIII, 276 ff.

45. Stein von Stora Noleby (oder Fyrunga), Schweden, um 600.
Urn.: *runo fahi raɀinaku[n]đo toᴀ × a* | *unaþou . suhurah . susi× ×× at× n* | × *akuþo*
Aisl.: *Rúnar* (lautges. **rúna* § 373 anm. 4) *fá* (lautges. **fǽ*, s. § 511) *regenkunnar* (lautges. **-kunda* § 317, 2, b, § 373 anm. 4) ....
Uebers.: Von den mächten stammende runen schreibe [ich] ....
> Anm. Vgl. Bugge, Arkiv XIII, 317 ff. (mit abb.), XV, 142 ff.; Brate, ib. XIV, 329 ff.; Pipping, Stud. nord. fil. XII, 1, s. 13.

46. Stein von Nordhuglen ("Huglen"), Norwegen, c. 400.
Urn.: *ek ɀuđija unɀanđiʀ ị ḥ(uɀulu)*
Aisl.: *Ek goþe* (lautges. **gyþe*, got. *gudja*) **ógendr* (lat. lehnw. *Ongendus* als mannsname, zu *gandr* zauberstab) *í H(ugul)*.
Uebers.: Ich der priester, der nicht vom zauber getroffen werden kann, in Hugl [schreibe dies].
> Anm. S. Olsen, No. I., s. 605 ff. (mit abb.); v. Grienberger, Arkiv XXIX, 367 ff.

47. Brakteat (Stephens nr. 48) aus Norwegen, c. 500.

Urn.: *anoaña*.

<small>Anm. Abb. bei Stephens, Handbook, s. 182. Vgl. Bugge, No. I., s. 456 ff.; v. Grienberger, Gött. gel. Anz. 1906, s. 155 f.</small>

48. Pfeilschaft von Nydam, Dänemark, gegen 400.

Urn.: *lua* (wol statt *alu* verschrieben).

<small>Anm. Vgl. Wimmer, Sønderjyll. run., s. 17 f. (mit abb.), Runenschrift, s. 57 note 5.</small>

49. Brakteat (Stephens nr. 80) von Næsbjærg (oder Varde), Dänemark, 5. jahrh.

Urn.: *niuwila* (statt *niujila* — vgl. nr. 11 oben — verschrieben? oder als *niwila* — ahd. *Niwilo* — auszusprechen?) | *lþl* | *tk*

Aisl.: *Nýle oder *Níle (s. § 80, 2; mannsname) ...

<small>Anm. Vgl. Bugge, Aarbøger 1871, s. 217 ff. und 1905, s. 213 f., Arkiv VIII, 22; Wimmer, Sønderjyll. run., s. 33; v. Friesen, N. Spr. II, 5 note; v. Grienberger, Gött. gel. Anz. 1908, s. 400.</small>

50. Stein von Opedal, Norwegen, 6. jahrh.

Urn.: *ƀirᴣ [i]ŋᴣuƀǫrǫ swestar minu* | *liuƀu meʀ waᴣe*

Aisl.: *Biarg* (lautges. *birg*) *Yngbora (? vgl. *Hornbori*, bes. in ortsnamen, adän. run. *Hurnburi*), *syster* (lautges. *suester, vgl. § 77, 12) *mín, liúf mér* *Váge (vgl. ags. *Wǽᴣ-mund*; oder *Vage, vgl. ahd. *Wago*?).

Uebers.: Hilf, Yngbora, meine schwester, mir Vágr lieb.

<small>Anm. Vgl. Bugge, No. I., s. 295 ff., 558 ff.; v. Friesen, Språkvetenskapliga sällskapets i Uppsala förhandlingar 1903—1906, s. 44 note.</small>

51. Brakteat (Stephens nr. 28) von Overhornbæk, Dänemark, 6. jahrh.

Urn.: *auþa þit ẹih uilalð tᴀuiu uǫ[n]twa* | *utl*

Aisl.: *Auþe* *þitt (as. *thit*, ahd. *diz*, s. Lidén, Arkiv IV, 97 ff.) *á* (lautges. *é, vgl. § 97, 2). *Vílald (vgl. 38 oben) *tey (got. *tauja*) *Vǫtte (ahd. *Wanzo*?) ...

Uebers.: Auþe besitzt dies. [Ich] Vǫtte stelle das kunststück her ...

<small>Anm. Abb. bei Bugge, Aarbøger 1905, s. 242. Vgl. Olsen, ib. 1907, s. 19 ff.; v. Grienberger, Gött. gel. Anz. 1908, s. 388 ff.; I. Lindquist, Västergötlands fornminnesförenings tidskrift IV, s. 72 note 2.</small>

52. Stein von Reistad, Norwegen, gegen 600.

Urn.: *iuþinȝaʀ | ek wakraʀ . unnam | wraita*
Aisl.: **Ýþingr* (ahd. *Eodunc*, lat. lehnw. pl. *Iuthungi*, vgl. aschw. *Iūdhe*, ahd. *Eudo*, aisl. *ióþ*?). *Ek Vakr *un[d]nam* (1. sg. prät. ind. von **undnema*) *reit* (aisl. *reitr*, *u*- und *a*-stamm, ritze, aschw. *wrēter* abgestochener platz, ahd. *reiz* linie; vgl. got. *writs* strich).
Uebers.: Ýþingr [ruht hier]. Ich Wacker unternahm die ritzung.

Anm. Vgl. Bugge, No. I., s. 216 ff. (mit abb.); Wimmer, Runenschrift, s. 210 ff.; v. Friesen, a. o., s. 41 note; Hellquist, Om de svenska ortnamnen på -*inge*, s. 176 f.

53. Stein von Roes, Schweden, 8. jahrh.

Urn.: *iuþin . ð͡uʀ* oder *u͡ðʀ* [?] *rak*

Anm. Vgl. Bugge,. Sv. fornm. tidskr. XI, 114 ff.; Läffler, ib. 197 ff.; Olsen, No. I. III, 164 ff. (mit abb.).

54. Stein von Rävsal, Schweden, gegen 800.

Urn.: *hᴀriwulfs . stᴀɪnᴀʀ*
Aisl.: *Heriulfs steinar.*
Uebers.: Heriulf's steine [sind diese].

Anm. Vgl. Bugge, Tidskr. f. Phil. og Pæd. VIII, 163, No. I., s. 178; Wimmer, Runenschrift, s. 230 f.; S. Boije, Bidrag till kännedom om Göteborgs och Bohusläns fornminnen och historia III, 262 ff. (mit abb.).

55. Stein von Rö, Schweden, etwas nach 400.

Urn.: *swaƀaharjaʀ | sɑirawiðaʀ | stainawarijaʀ fahiðo | ek hraþaʀ satiðo (s)tain(a) | ana m̩(aȝu)*
Aisl.: *Suáfarr* .... *[ek] Steinarr fápa. Ek Hraþr* (hier als mannsname; vgl. *Hraþe*) *setta stein á* (vgl. 44 oben) *mǫg.*
Uebers.: Suáfarr ... [Ich] Steinarr malte. Ich Hraþr setzte stein über den sohn.

Anm. Die lesung nach photographien v. Friesen's und einem vortrag desselben.

56. Stein von Saude, Norwegen, 6. jahrh.

Urn.: *wa[n]ðɑɾaðas*
Aisl.: *Vandráþs.*
Uebers.: Vandráþs [stein ist dies].

Anm. Vgl. Bugge, No. I., s. 183 ff. (mit abb.).

57. Brakteat (Stephens nr. 19) aus Schonen, Schweden, 5. jahrh.

Urn.: *laþu laukāʀ . ȝakāʀ llu* (st. *alu* verschrieben)
Aisl.: *Loþ . Laukr* (hier als mannsname? vgl. 9 oben, anders 20 oben). **Gakr* (mannsname; vgl. ahd. *Gakes-husen*). **Ql.*
Uebers.: Liebesgabe [ist dies]. Laukr. *Gakr. Amulett [ist dies].

<small>Anm. Abb. bei Stephens, Handbook, s. 172 (mit berichtigungen von Bugge, No. I., s. 162 note 2). Vgl. Olsen, No. I., s. 650 und 668f.; v. Grienberger, Gött. gel. Anz. 1908, s. 398.</small>

58. Brakteat (Stephens nr. 57) aus Seeland, Dänemark, 5. jahrh.

Urn.: *haṛiuha haitika . faṛauisa* (8 runen) . *ȝiƀu auja* (8 runen) . *t*
Aisl.: **Herióe* (vgl. 13 oben) *heitek *fárvíse. Gef* (lautges. **gif*; vgl. § 63, 3) **ey* (vgl. got. *awi-liuþ* dank) . .
Uebers.: Herióe heisse ich, der gefährliches wissende. [Ich] gebe glück . .

<small>Anm. Abb. bei Stephens, Handbook, s. 186. Vgl. Bugge, Aarbøger 1905, s. 284 ff.; Olsen, No. I., s. 601, 624 f., Aarbøger 1907, s. 33 ff.; v. Grienberger, ZfdPh. XXXIX, 54.</small>

59. Brakteat von Selvig, Norwegen, 5. jahrh.

Urn.: *tau* (< **tawu*? vgl. ahd. *gizawa*, mndd. *touwe* gerät? zu got. *taujan* herstellen).

<small>Anm. Abb. bei Bugge, No. I., s. 267.</small>

60. Brakteat (Stephens nr. 67) von Skodborg, Dänemark, 5. jahrh.

Urn.: [*ȝiƀu*] *auja alawin auja alawin auja alawin j*[*a*] *alawið*
Aisl.: [*Gef*] (vgl. 58) **ey* (vgl. 35) **Allvin* (ahd. *Alwini*), **ey *Allvin, *ey *Allvin *á* (as. *ja*, got. *ja-h* 'und') **Allviþ* (ahd. *Alluid*).
Uebers.: [Ich gebe] glück Allvin, glück Allvin, glück Allvin und Allviþ.

<small>Anm. Abb. Stephens, Handbook, s. 190. Vgl. v. Grienberger, Gött. gel. Anz. 1903, s. 708 f.; Olsen, Aarbøger 1907, s. 34 f.</small>

61. Brakteat von Skrydstrup, Dänemark, anfang des 6. jahrh.

Urn.: *laukāʀ* | *alu*

Aisl.: *Laukr . Ql.*
Uebers.: Lauch. Amulett.
> Anm. Vgl. Wimmer, Sønderjyll. run., s. 23 ff. (mit abb.), und nr. 5 oben.

62. Stein von Skåäng, Schweden, gegen 500.

Urn.: *harijan leuʒaʀ* .
Aisl.: **Heria* (ahd. *Herio*, aisl. *ein-here*) **Liúgr* (griech. λευκός; vgl. die mannsnamen auf -*laugr*).
Uebers.: [Dem] Here [errichtet dies] Liúgr.
> Anm. Vgl. v. Friesen, Runorna i Sverige, s. 8 (mit abb., s. 25).

63. Stein von Skärkind, Schweden, gegen 500.

Urn.: *ski[n]þale uƀaʀ*
Aisl.: **Skéle* (vgl. *méle* < **minnle* § 110, 1; ahd. *Scindalesheim*, vgl. schwed. *Skinnstad* im kirchspiel Skärkind, aisl. *Skinnastaþer* u. dgl. und *Skinne* als beiname).
Uebers.: [Dem] Skinnall [errichtet dies] Úfr.
> Anm. Abb. bei Stephens, Handbook, s. 7. S. Swenning, Från filologiska föreningen i Lund III, 220 ff.

64. Lanzenspitze von Øvre Stabu, Norwegen, c. 250.

Urn.: *raunija* × ×
> Anm. S. Bugge, No. I., s. 412 ff. (mit abb., besonders s. 416); Wiget, Arkiv XXXIV, 155.

65. Stein von Stenstad, Norwegen, um 450.

Urn.: *iʒijon hālaʀ*
Aisl.: **Igio* (vgl. got. *Igo*, *Igila*, *Igulfus*) *Hallr*.
Uebers.: [Der] Igia [errichtet dies] Hallr.
> Anm. Vgl. Bugge, No. I., s. 174 ff. (mit abb.).

66. Stein von Stentoften, Schweden, 2. hälfte des 7. jahrhs.

Urn.: *niu hᴀborumʀ niu haʒestumʀ . | hᴀþuwolᴀfʀ ʒaf j | hᴀriwolᴀfʀ ǥᴀusnuh* × *e h[ᴀ]iðeʀrunono | fᴀlᴀh ekᴀ heðerᴀ ʒinoronoʀ | hera mᴀlᴀ[u]sᴀʀ ᴀrᴀʒeuwelᴀ̣ð[ᴀ]uð[e] sᴀ[ʀ] — ƀᴀriutiþ*
Aisl.: Nío **Háborumr*, nío **Hágestumr* . *Hǫlfr gaf . . Heriolfr . . . heiþrrúna* (lautges. **heiþrúnana*; vgl. *Heiþrún*, acc. -*rúno*, ein frauenname und § 373 anm. 5) *fal iak* (s. § 464 anm. 2) *heþra *ginnronor* (vgl. nisl. *runa* folge) . . *mállauss *ergio*. **Véldauþe sá'r brýtr* (lautges. **brýtt*).

Uebers.: Den neun helden in der schar Hábore's (vgl. *Hornbori*, nr. 50 oben, und A. Olrik bei Bugge, Der runenstein von Rök, s. 259 ff.) und Hágest's (vgl. *Sal-, Hlégestr* oben 3, resp. 25) [steht dieses monument]. Hǫlfr gab . . Heriolfr . . . der ehrenrunen grosse reihen der hexerei verbarg ich hier . . . stumm. Des tückischen todes [ist], wer [das denkmal] bricht.

> Anm. Vgl. die inschr. von Björketorp (nr. 4 oben); v. Friesen, Lister- och Listerby-stenarna, s. 35 ff. (mit abb.); Lindroth, Studier tillegnade Es. Tegnér, s. 167 ff.; Brate, Arkiv XXXV, 184 ff.; Kock, ib. XXXVII, 2 ff.

67. Diadem von **Strårup** (oder Dalby), Dänemark, etwas nach 400.

Urn.: *leþro*
Aisl.: **Leþra* (frauenname?).
Uebers.: Leþra [besitzt dies].

> Anm. Vgl. Wimmer, Sønderjyll. run., s. 16 f. (mit abb.).

68. Wetzstein von **Strøm**, Norwegen, erste hälfte des 7. jahrhs.

Urn.: *wate hali hino horṇa̱ — haha ṣka̱þi haþu liẓi*
Aisl.: *Véte *hell* (aschw. *hæl*) *hinn horn . Há skeþ, hǫþ ligg.*
Uebers.: Nässe diesen stein das horn. Verletze einem pflock, liege [denn] im kampfe unter.

> Anm. S. Olsen, No. I., s. 677 ff. (mit abb.).

69. Medaillon von **Svarteborg**, Schweden, etwas nach 400.

Urn.: *s[kriƀađo] siẓađuʀ* (8 runen!)
Aisl.: **Sigoþr* (aschw. *Sighadher*).
Uebers.: [Ich] Sigoþr [schrieb dies].

> Anm. Abb. bei Bugge, Sv. fornm. tidskr. XI, 109. Vgl. Kock, Arkiv XXXVIII, 159 ff.

70. Stein von **Sölvesborg**, Schweden, ende des 8. jahrhs.

Urn.: (*ʌft*) *asm͞u[n]t . sunu sin | u̱rti . wʌþi . . .*
Aisl.: *Ept Ásmund sun sinn orte Vaþe . . .*
Uebers.: Nach Ásmund, seinen sohn, machte Vaþe . . .

> Anm. S. v. Friesen, Lister- och Listerby-stenarna, s. 53 ff. (mit abb.).

71. Stein von **Tanem**, Norwegen, gegen 800.

Urn.: *mairl*××

> Anm. Vgl. Bugge, No. I., s. 367 ff. (mit abb.), 564 f.

72. Stein von **Tanum**, Schweden, anfang des 6. jahrhs.

Urn.: þrawijan haitinaʀ was (stainaʀ)

Aisl.: *Þrǽfa (vgl. aschw. Þrǣæsta, Þrǣuingæ ortsnamen)

Uebers.: Dem þrǽfe wurde der stein verheissen (oder: gewidmet).

<small>Anm. Vgl. Bugge, Tidskr. f. Phil. og Pæd. VII, 248 ff.; S. Boije, Bidrag till kännedom om Göteborgs och Bohusläns fornminnen och historia III, 259 ff. (mit abb., pl. 1); Wimmer, Runenschrift, s. 156 note; v. Grienberger, ZfdPh. XXXII, 294; ganz anders v. Friesen, Rökstenen, s. X f.</small>

73. Brakteat (Stephens nr. 25) von **Tjurkö** (eigentlich Kyrkö), Schweden, anfang des 6. jahrhs.

Urn.: helðaʀ kunimu[n]ðiu . wurte runoʀ an wllhakurne (wol statt walhakurne verschrieben).

Aisl.: Hialdr (hier als mannsname wie in der Landnáma, gall. Celtus, s. Much, Deutsche stammeskunde, s. 52; vgl. das entsprechende fem. aisl. Hildr) *Kunmunde (ags. Cynemund, ahd. Chunimunt) orte rúnar á *valkurne.

Uebers.: Hialdr dem Kunimund machte die runen auf dem wälschen korne (d. h. römischen steuer).

<small>Anm. Vgl. Bugge, Aarbøger 1871, s. 190 ff., No. I., s. 334; Wimmer, Runenschrift, s. 213 f. (mit abb); R. Henning, Die deutschen runendenkmäler, s. 123; v. Friesen, Reallexikon d. germ. Altertumskunde, s. 16.</small>

74. Stein von **Tomstad**, Norwegen, 6. jahrh.

Urn.: (. .)an . waruʀ

Aisl.: ... a (gen. sg. eines mannsnamens) *vǫrr (vgl. aisl. vǫr steinerne landungsbrücke).

Uebers.: ....'s steinhaufen [ist dies].

<small>Anm. Vgl. Bugge, No. I., s. 204 ff. (mit abb.).</small>

75. Zwinge von **Torsbjærg**, Dänemark, gegen 300.

Urn.: ow[u]lþuþewaʀ — ni wajemariʀ

Aisl.: *Ullþér (mannsname; vgl. got. wulþus und urn. þewaʀ Valsfjorden), ne *veimǽrr (vgl. got. wajamērjan, aisl. vei und mǽrr).

Uebers.: Ullþér, der nicht tadelhafte [, besitzt dies].

<small>Anm. Vgl. Bugge, Tidskr. f. Phil. og Pæd. VIII, 180 ff.; Wimmer, Runenschrift, s. 104 f. (mit abb.), v. Grienberger, ZfdPh. XXXII, 289 ff.; v. Friesen, Språkvetenskapliga sällskapets i Uppsala förhandlingar 1903—1906, s. 28.</small>

76. Schildbuckel von Torsbjærg, Dänemark, gegen 300.

Urn.: ais[a]ʒ[aiʀa]ʀ [ai]h

Aisl.: *Eisgeirr (vgl. burgundisch *Aisaberga*, aisl. *eisa* glühfeuer) *á*.

Uebers.: Eisgeirr besitzt [dies].

    Anm. Vgl. Wimmer, Sønderjyll. run., s. 15 f. (mit abb.).

77. Brakteat (Stephens nr. 27) von Trollhättan, Schweden, anfang des 6. jahrhs.

Urn.: tawo laþoðu

Aisl.: *Tafa (ags. *tawian*, vgl. got. *taujan*) *lǫþoþ (vgl. *lǫþoþr* einlader).

Uebers.: [Ich] stelle eine liebesgabe her.

    Anm. Abb. bei Stephens, Handbook, s. 176. Vgl. v. Grienberger, Gött. gel. Anz. 1906, s. 139 und 1908, s. 401.

78. Spange von Tu, Norwegen, c. 500.

Urn.: þiʀi̥ (got. *þizai*?) ðaþę …

    Anm. S. Olsen, No. I., s. 718 ff. (mit abb.).

79. Stein von Tune, Norwegen, um 500.

Urn.: (…)ʀ woðuriðę . staina . (sati|ða.) þrijoʀ ðohtriʀ ðā[i]liðun | arƀija sijosteʀ arƀijano — ek wiwaʀ after woðuri|ðe wita[n]-ðāhālaiƀan . worahto (runoʀ)

Aisl.: … r *Óþríþe stein sette. Þriár dǿtr deilþo erfe, *síaster arfa (lautges. *erfna, vgl. got. *arbja*, aschw. *ærve*). Ek *Vír (nach § 80,2) aptr *Óþríþe (dat. sg. m.) *vitandhleifa (dat. sg. m.; vgl. aisl. *vita* anweisen und *hleifr* brot) orta rúnar.

Uebers.: … r dem Óþríþr den stein setzte. Drei töchter teilten das erbe (oder vielleicht eher: die kosten für den erbschmaus), die am nächsten verwandten der erben. Ich Vír darauf für Óþríþr, dem brotherrn, machte die runen.

    Anm. Vgl. Bugge, No. I., s. 1 ff., 510 ff. (mit abb.); Läffler, Uppsalastudier, s. 1 ff., Arkiv XII, 98 ff.; v. Friesen ib. XVI, 191 ff. (vgl. dagegen Wimmer, Sønderjyll. run., s. 13 f.; Burg, ZfdA. XXXVIII, 161 ff.), Reallexikon d. germ. Altertumskunde, s. 14; v. Grienberger, Gött. gel. Anz. 1906, s. 94 ff.

80. Stein von Tveito, Norwegen, 8. jahrh.

Urn.: tᴀitʀ

Aisl.: Teitr.

Uebers.: Teitr [ruht hier].

    Anm. S. Bugge, No. I., s. 431 ff. (mit abb.).

Die wichtigsten urnordischen inschriften. 391

81. (Aelterer) stein von Tørviken (oder Torvik oder Jondal), Norwegen, 6. jahrh.

Urn.: *la[n]ðawarijaʀ*
Aisl.: **Landarr* (ahd. *Lantwari*; vgl. Rö *stainawarijaʀ* Steinarr)
Uebers.: Landarr [ruht hier].
 Anm. Vgl. Bugge, No. I., s. 278 ff. (mit abb.).

82. Brakteat (Stephens nr. 22) von Vadstena, Schweden, 5. jahrh.

Urn.: *luwatuwa* (8 runen). *fuþarkʒw* . *hnijépʀs* . *tƀemlƞoð*
 Anm. Vgl. Wimmer, Runenschrift, s. 76 (mit abb., pl. 3); v. Grienberger, Arkiv XXIX, 364 ff.; v. Friesen, Reallexikon d. germ. Altertumskunde, s. 16; Pipping, Stud. nord. fil. VI, 3.

83. Stein von Valby, Dänemark, c. 700.

Urn.: *wiþr* ₄|*funþ* | ʀ (10 runen)
Aisl.: *viþr ǫfund* (lautges. **ǫfunn*, s. § 317, 2).
Uebers.: Gegen neid ..
 Anm. S. Olsen, Christiania Videnskabs-Selskabs Forhandlinger 1907, 6 (mit abb.), Bergens museums aarbog 1909, 7, s. 36 f.

84. Felsenwand zu Valsfjorden, Norwegen, anfang des 6. jahrh.

Urn.: *ek haʒustalðiʀ* (wol statt -*aʀ* verschrieben) *þewaʀ ʒoðaʒas esulþèḷʀ* [8 runen]
Aisl.: *Ek Haukstaldr* (lautges. **Hǫgstaldr*, vgl. 34 oben und § 105 anm.), *þér* (vgl. anorw. *þé-borenn* und zusammensetzungen wie aisl. *Hialmþér* u. dgl.; got. *þius*) **Góþags* ...
Uebers.: Ich Hagestolz, der mann Góþag's [, ritzte die runen].
 Anm. Vgl. Bugge, No. I., s. 340 ff. (mit abb.), 563.

85. Stein von Vatn, Norwegen, anfang des 8. jahrhs.

Urn.: *rhǫʌltʀ faį*××
Aisl.: *Hróaldr* (mannsname) *fá* (vgl. nr. 45 oben) ....
Uebers.: [Ich] Hróaldr schreibe ...
 Anm. Vgl. Bugge, No. I., s. 353 ff. (mit abb.).

86. Felsenwand zu Veblungsnæs, Norwegen, anfang des 7. jahrhs.

Urn.: *ek irilaʀ* (vgl. nr. 7 oben) *wiwila*.
Aisl.: *Ek iarl* (§ 359, 2) *Víle* (diminutiv zu **Vír* Tune; § 80, 2).
Uebers.: Ich jarl Víle [ritzte die runen].

Anm. Vgl. Bugge, No. I., s. 316 ff. (mit abb.); Sievers, Ber. d. k. sächs. ges. d. wissensch. 1894, s. 133.

87. Stein von Vetteland, Norwegen, c. 400.

Urn.: (..ra)ist (..sta)ina (ek...)ðaʀ faihiðo
Aisl.: .. reist .... stein . Ek ... þr fáþa.
Uebers.: ... ritzte ... den stein . Ich ... þr malte.

Anm. S. Bugge, No. I., s. 438 ff. (mit abb.).

88. Scheidenbeschlag von Vi, Dänemark, c. 250.

Urn.: lr̄wurk, d. h.? l[ili]ʀ (s. 13 oben) wurk[io]
Aisl.: *Lillr (s. 13 oben) yrke.
Uebers.: [Ich] Lillr mache [dies].

Anm. Abb. bei Stephens, Handbook, s. 82.

89. Hobel von Vi, Dänemark, c. 250.

Urn.: talijo | ʒisai o[rba] j[ehu] . wiḷiʀ aiḷa orba̱ — ×××oti̱þi̱s . hleuno . þę reʒu

Aisl.: *Tǽla (vgl. ahd. zālōn wegreissen, griech. δηλέομαι zerstöre, lat. dolare behauen, ? dēlēre tilgen, lit. dìlti sich abnutzen, aisl. tel-gia schnitzen). *Gíse (vgl. die vielen langobardischen u. a. namen auf -gis) *orf (aschw. orf erbteil) iá ...

Uebers.: Hobel [ist dies. Dem] Gíss [dies als] erbteil zuspreche [ich].

Anm. Abb. Stephens, Handbook, s. 83, berichtigt von Wimmer, Aarbøger 1867, s. 29 und 1868, s. 69 f. Vgl. Bugge, Aarbøger 1905, s. 149 ff

90. Kamm von Vi, Dänemark, c. 250.

Urn.: harja
Aisl.: *Here (vgl. oben nr. 62).
Uebers.: Here [besitzt dies].

Anm. Abb. bei Stephens, Handbook, s. 82. Vgl. v. Grienberger, Arkiv XIV, 116.

91. Spange von Vi, Dänemark, c. 250.

Urn.: laasauwija (10 runen; wol als lāsauja auszusprechen) aaðaʒasu (8 runen)
Aisl.: *Láseye (vgl. ags. lǽs weide, asl. lěsŭ wald und Tacitus pl. aviones, aisl. Eyia als frauenname) *Ápgǫ́s (lautges.-gós, s. § 116; vgl. ngutn. ād, aisl. ǽþr eider und Gǫ́s als beiname).
Uebers.: Láseye [eignet dies der] Ápgǫ́s.

92. Zwinge von Vi, Dänemark, c. 250.

Urn.: *mariha|i ala — makia*
Aisl. *Mǽre (vgl. norw. *Mǿresland, Mǿrestad* ortsnamen, aisl. *mǽringr* § 317, 3, b berühmter man) *Alle* (adän., aschw. *Alle*, ags., got. *Alla*, ahd. *Allo*) *mǽke* [*gaf*].
Uebers.: [Dem] Mǽrer [gab] Alle [dieses] schwert.

    Anm. Vgl. Bugge, Aarbøger 1905, s. 145 ff. (mit abb.); v. Grienberger, Arkiv XXIX, 352 ff.; Kjær, No. Gaardnavne IX, 306; Olsen, Stedsnavnestudier, s. 5 ff.

93. Stein von Vånga, Schweden, 6. jahrh.

Urn.: *haukoþuʀ*
Aisl.: *Haukoþr (mannsname, 'der mit habicht jagt'?, s. § 235,2).
Uebers.: Haukoþr [ruht hier].

    Anm. Abb. bei Stephens, Handbook, s. 8. Vgl. Burg, s. 95 f.; Bugge, No. I., s. 17 und 165 note.

94. Stein von Årstad (oder Orstad), Norwegen, gegen 600.

Urn.: *hiwiȝaʀ | saralu | ×× wina ×*
Aisl.: *Hífegr (mannsname?, vgl. ? ags. *hīwisc*, as., ahd. *hīwiski* familie, lat. *cīvis*) *Sǫrol (vgl. ahd. *Saralo*, aisl. *Sǫrle*) ......
Uebers.: Hífegr der Sǫrol ......

    Anm. Vgl. Bugge, No. I., s. 225 ff. (mit abb.); Wimmer, Runenschrift, s. 214 f.; v. Grienberger, Gött. gel. Anz. 1906, s. 117 ff.

95. Brakteat (Stephens nr. 96) von Åsum, Schweden, 5. jahrh.

Urn.: *ehe ik akaʀ fahi*
Aisl.: .. (mannsname im dat. sg. m.?) *ek* (lautges. *ik) *Akr (vgl. ags. *Aca*, got. *Accila*, ahd. *Aho* mannsnamen, *Ahhilin-stat* ein ortsname) *fá* (vgl. nr. 45 oben).
Uebers.: Dem ... ich Akr schreibe [die runen].

    Anm. Vgl. Bugge, No. I., s. 111 und 123.

Nachtrag.

Im Anhang ist in den anmerkungen folgende literatur hinzuzufügen:
Nr. 7: I. Lindquist, Galdrar (Göteborg 1923), s. 191.
„ 26: Lindquist, a. o. s. 75 note.
„ 27: Kristensen, Danske studier 1919, s. 27 f.; Lindquist, a. o., s. 65 ff.
„ 31: Lindquist, a. o. s. 191, 192.
„ 39: Lindquist, a. o. s. 74.
„ 65: Lindquist, a. o. s. 83.
„ 66: Lindquist, a. o. s. 96 ff. 158 ff., 182 ff.

Register.

A. Altisländisch-altnorwegische wörter.

Die zahlen beziehen sich auf die paragraphen der grammatik. Wörter wie *halfr, hálfr, hiarta, hiœrta, meþ, með, telia, tœlia, steinn, stœinn, auga, ouga, dreyma, drøyma* sind gew. unter der ersten form aufgeführt; ebenso wörter wie *bryte, bryti* oder *iotonn, iotunn* nur als *bryte*, resp. *iotonn*. — In der buchstabenfolge stehen in diesem register (im gegensatze zu der s. 37 angegebenen ordnung) ǫ, ǫ́ nach o, ó sowie þ (ð) unmittelbar nach t.

á präp. adv. 'an' 51, 1, a; 122; 299, 5.
á adv. 'immer', s. *é*.
á f., s. *ǫ* 'fluss'.
-*a* neg. suffix, s. -*at*.
abbadís f. 245, 2; 384 u. anm. 2.
abbinde n. 269.
abbragþ n. 269.
abburþr m. 269.
ábrúþegr adj. 293, 1.
ábyr(g)þ f. 291, 5.
Ádám m. 126, anm. 3; 358, anm. 1.
áe m. 235, anm. 4; 404 u. anm. 2.
af, áf präp. adv. 126, 2; 441.
af- präfix, s. *of*.
afan adv. 121.
afbragþ n. 269.
afbrýþe n. 293, 1.
afburþr m. 269.
afe m. 83; 235, anm. 4.
afǫr f. 269.
afle m. 313, 1.
afráþ, -roþ n. 64; 151, 1, 5.
afr(h)endr adj. 294.
afrǿðe (anorw.) n. 64.
af(s)tr adv. 309, 1.
Aftalr (anorw.) m. 276.
afund f., s. *ǫfund*.

-*ag-* suffix 173, 4.
age m. 170.
A(g)mundr (anorw.) m. 270, anm.; 293, 3; 299, anm. 3.
-*agr* adj. 428 u. anm. 1.
A(g)valdr (anorw.) m. 293, 3.
aka stv. 501 u. anm. 2.
ákafr adj. 54, 3, b; 151, 1; 318, 2.
akarn n. 315.
Áke m. 123; 299, 1.
akkere n. 266, 3.
akr, ákr m. 126, 2; 327, 1; 358, 1 u. anm. 2.
ál f., s. *ól*.
al- präfix 318, 9.
-*al-* suffix 173, 1 u. anm. 1.
ala stv. 500.
alaþ n. 313, anm.
alboge m. 262, 1.
aldenn adj. (part.) 317, 2, a; 440; 504, anm. 3.
Aldís f. = *Alfdís* 291, 4.
aldr m. 317, 2, a; 358, anm. 2.
aldregen (anorw.) adv. 158; 311, anm.
aldrigi(t) (anorw.) adv. 310, anm. 2.
aldrnare m. 72, anm.
Ále m. 116; 123; 299, 2.

Áleifr m. 299, 2; 358.
al(e)mandr m. = alemandel 254.
alen f. 378, s. ǫln.
alfa (anorw.) f. = halfa 294.
Alfarheimr 256, 384, anm. 1; 392, 3.
alfe m. = afle 313, 1.
Alfer- (anorw.; in namen) 390, anm. 1.
Alfǫþr m. 420, anm. 2.
Algarœim (anorw.) 256.
alhuge m. 79.
all- präfix 126, 2; 318, 9.
áll 'keim', s. óll.
Áll 124, 2.
allonges, -ynges adv., s. ǫllonges.
allr adj. 174, 1; 277, 4, a u. anm. 5; 423, anm.; 425, anm. 2; 427, anm. 2.
allrek (anorw.) adv. 239, anm. 2.
Allsogh (mnorw.) 152, 2.
allynges adv., s. ǫllonges.
almandr, s. alemandr.
almát(t)egr adj. 267; 274, 1.
almboge m. 262, 1.
almóge, -múge m. 113, anm. 1.
almosogœrðar (anorw.) f. pl. 384.
almusa f., s. ǫlmosa 79.
Almveig f. 377, anm.
Álǫf, -of f. 151, 5; 299, 2.
alr m. 387.
Alrekr m. 51, 2, a; 151, 3; 359, 1.
alun (anorw.) s. ǫln 378.
alvaldr m. 84.
alvitr adj. 416, 1.
alýþ, úþ f. 79.
alzkonar adv. 388.
á maðal (anorw.) präp. 121.
Ambiorn, A(r)n- m. 262, 1.
ambon (anorw.) = andbun 262, 1.
amboð (anorw.) n. pl. 262, 1.
ambǫtt, -bótt f. 64; 79; 285, 5; 390, 4.
ambœtti (anorw.) n. 64.
á meþal präp. 425, anm. 2.
á mille, millom präp. 268, 4.
Am(m)undr, s. Agmundr.
Án (mnorw.) m. 228.
án präp. 78; 116.
-an- suffix 137, anm. 3; 173, anm. 3.
ánasótt f. 80, 2; 404, anm. 2.

and- präfix 291, 2.
-and- suffix 51, 2, b; 173, 2.
an(d)boð (anorw.) n. pl. 262, 1.
andbun (anorw.) 262, 1; 293, 3.
ande m. 401, anm. 1.
-ande f. 411; vgl. -and-.
Anders, Andreas m. 315.
andlit(e), -let(e) n. 145, anm. 2; 165; 291, 2.
andlǽte (anorw.) 54, 3, b; 64; 165.
an(d)nes 291, 2.
andr m. 358, anm. 2.
andsyptir (anorw.) m. 77, 12.
andvake, -a adj. 434.
andvege, s. ǫndvege.
andverþr adj. 79.
-ang- suffix 173, 3.
Angantýr m. 241, anm. 2.
angr m. 358, anm. 2.
-angr m. 358 u. anm. 2.
anlit n., s. andlit(e).
annarr pron. 261; 275; 285, 5 (2 mal); 300, 1 u. anm. 1; 423, anm.; 425, anm. 3; 455.
annarr huárr pron. 479.
annarr huerr pron. 478.
annarr tueggia, annarrtuegge pron. 479.
annas staþar 'anderswo' 272, 3.
ansuar n. = andsuar 291, 2.
ánumaþkr m. 258, anm. 1.
Anundr m. 80, 3.
ánýia swv. 510.
apaldr m. 51, 2, b; 358, 2.
apinia f. 147.
ápostole m. 126, 2.
apr adj. 266, 1; 284.
aptan adv. 441; 442, 3.
aptann m. 291, 11; 359 u. anm. 4.
aptare, -astr adj. 441.
aptr adv. 271; 309, 1.
aptrbygge m. 403.
aptre adj. komp. 441.
apynia f. 147.
ár n. 231.
ár adv. 'früh' 54, 2.
ár adv. = áþr 292.

-*are* 151, 1, 6; 156; 371, anm. 1; 402.
arenn m. 72, anm.; 126, 1.
arfe m. 401.
arfnyte m. 403.
arfþege 221, anm. 1.
argr adj. 315, anm. 3.
árhialmr m. 54, anm. 3.
armr m. 357.
armr adj. 234; 345, 1; 352, 1.
Arn m. 395, anm. 2; vgl. *Qrn*.
árna swv. 54, 2; 127, 1.
Ar(n)biorn m. 291, 9.
Arndórr m. 238, 1, b.
Arn(f)ríþr f. 291, 4.
Arngrímr m. 79; 80, 1.
Arn(h)eiþr f. 294.
Ar(n)móþr m. 291, 9.
Arnórr, Arnur m. 275; vgl. *Arndórr*.
Árón m. 126, anm. 3.
-*arr* (in namen) 54, 3, b; 151, 1; 294; 358.
ars m. 315, anm. 3.
arþr m. 358, anm. 2 (2 mal).
Arviðr (mnorw.) m. = *Arnviðr* 291, 9.
ásan(a) 160, anm.
Ásbørn m. 77, 3.
Ásger, -gir, -gæirr (anorw.) m. 152, 1.
Ásgotr, -gautr m. 152, 2.
ásiá f. 409.
Aski (mnorw.) 239, 1, a.
Askill m. 149.
Asknes (anorw.) 316.
Áslákr m. 310, 4.
Asle (onorw.) = *Atle* 309, 2.
Ásleif f. 377.
Ásleifr m. 310, 4.
Asló (anorw.) 116.
Áslog f. 152, 2.
Ásmundr m. 80, 1; 112, anm. 2; 127, 1; 153, 1.
áss 'balken' 123.
áss 'bergrücken' 232.
áss 'gott', s. *óss*.
Ástis, -dís (mnorw.) 245, 1.
Ás(t)lákr m. 310, 4.
Ás(t)leifr m. 310, 4.
-*astr* superl. 427; 428.

Ástráþr m. 310, 2.
Astríþr f. 310, 2.
Ásvaldr m. 235, 1, f.
at, át konj., präp. 126, 2; 158; 248.
at rel.-partikel 473 u. anm. 1.
-*at* neg. suffix 54, 3, b; 151, 1; 158; 245, 1; 248; 465, 1, 2; 531, anm. 1.
atburþr m. 388, 2.
ater (orkn.) = *aptr* 271.
at(h)æfe n. 170, anm. 1; 294.
athygle n. 63, 8; 173, 1.
athéfe (anorw.) n. 170, anm. 1.
átián zahlw. 267.
At(s)le, Asle m. 309, 2.
at sógoro adv. 77, 11; 79; 148.
átt f., s. *ótt* 127, 1; 461.
átta zahlw. 124, 1; 140; 267; 449.
áttande zahlw. 456.
Attar m. 116.
atte m. 276.
átte zahlw. 456.
át(t)ián zahlw. 267; 449.
Attila m. 401, 1.
áttréþr adj. 460.
atæfe n. 294.
aþ konj., s. *at* konj. 248.
aþal n. 63, 8; 170; 173, 1; 313, anm.
aþal- präfix 173, 1.
Áþalráþr m. 358.
Aþ(g)isl, -(g)ils m. 229; 358.
aþile m. 149; 403 (2 mal).
Aþils m. 331, 4.
á(þ)r adv. 292.
-*aþr* m. 137, anm. 3; 397.
-*aþr* part. prät. 427; 428, 1; 438, anm. 5.
au- präfix 235, 2.
auga n. 98, 1; 405 (2 mal).
Augun (anorw.) 259; vgl. *Auþon(n)*.
auk konj. 152, 2.
auka stv. 98, 1; 503 u. anm. 2; 536, anm. 2.
aukuise m. 235, 2.
Aul(u)ir (anorw.) m. 235, 1, f.
aumr adj. 234; (235, 2).

Aun(n) m. 226; 228; 285, anm. 2; 358, anm. 1; vgl. *Auþon(n)*.
aur- präfix 'zurück' 235, 2.
aurgate m. 235, 2.
aurkunnask swv. 235, 2.
aurr m. 166.
aurr adj. 166.
Aurvandell 128, anm. 2.
aurvase m. 235, 2.
ausa stv. 503.
austan adv. 441; 442, 3.
austanvarðr, -verþr adj. 149, anm. 2.
austastr adj. sup. 441.
Aus(t)maðr m. 291, 11.
austr m. 358, anm. 2.
austr(h)alfa f. 294.
Austr[v]in 65.
Autn (anorw.) 263, anm. 4.
Autsetr (anorw.) 238, 2, d.
Auðbiorn m. 128, anm. 2.
auþbǿnn adj. 438.
auþegr, -ogr adj. 173, 4; 428 u. 1; 439, anm. 3.
Auðels (mnorw.) m. 229.
auþenn adj. (part.) 503, anm. 3.
Auðfinnr m. 128, anm. 2.
Auþgísl m. 229.
Auðgǿir m. 128, anm. 2.
auþ(h)ǿfe, -(h)ófe n. 170, anm. 1.
auþlingr m. 172, anm. 2.
Auþon(n) m. 226; 228; 259; 285, anm. 2.
auþr m. 172, anm. 2; 358, 2.
Auþr f. 128, anm. 2; 384 u. anm. 1.
auþsǿr adj. 429.
Auðulfr (mnorw.) 228.
Auþun(n), -on m. 285, anm. 2.
auþveldr adj. 438.
auvirþ n. 235, 2.
auvisle m. 235, 2.
Avaldr, s. *Agvaldr*.
ávalt adv. 54, 3, a; 83.
ávitall, -oll adj. 173, 1.
ax f. = *ex* 77, 7; 384.
ax 'ähre' 222, 2.
Axnes (anorw.) 316.
-aztr superl. 310, anm. 3.
Aztríðr (anorw.) 310, anm. 3.

bága swv. 519, anm. 1.
bagge m. 318, anm. 3; 334, 4.
bak n. 361.
bakke m. 318, 8 u. anm. 3.
bákn n. 55, anm.
bakr m. 318, 8.
bakstr m. 358, anm. 2.
baldenn adj. 307, 2, a.
baldr m. 317, 2, a; 358, anm. 2.
baldriþe m. 317, 2, a.
Báleygr m. 389 u. anm. 1.
balkr m. 81, c; 395, anm. 2; vgl. *bǫlkr*.
ballr adj. 317, 2, a.
band n. 174, 1.
Ban(g)se (anorw.) m. 264.
barar, -er f. pl. 375.
bardage m. 401.
barmr m., s. *baþmr*.
barn n. 357.
barnsýke f. 411, 3.
barnungr adj. 79.
barr (anorw.) adj., s. *berr*.
barr n. 277, 2, a.
Bárðr (anorw.) = *Bǫrþr* 107; 160, anm.
báss m. 233.
bastarþr m. 358, 2.
batna swv. 170.
bátr m. 54, anm. 3.
batre adj. komp., s. *betre*.
báþer zahlw. 54, anm. 2; 65; 151, 1; 152, 1; 227, 1; 318, 7; 446 u. anm. 1, 2; 478, anm. 2.
baþmr m. 239, anm. 14; 253, anm. 1.
baugr m. 166.
Baug-, Baukstaðer (anorw.) 98, anm.; 239, 1, b.
baula f. 166; 172, 3.
bauta stv. 318, 3; 503, anm. 3.
bazt adv. sup. 443.
baztofa f. 238, 2, d.
baztr adj. sup., s. *beztr*.
beils n. = *beisl* 313, 4.
beiskr adj. 291, 6; 319, 5.
beisl n. 313, 4.
beit n. 54, anm. 3.

beiþa swv. 172, anm. 1.
beiþe (zahlw.) konj. 446, anm. 1.
beizl n. 313, 4.
bekkr m. 'bach' 279, 1; 389; 392, 2.
bekkr m. 'bank' 266, 3; 389; 392, 2.
Bele m. 408.
belgr m. 389; 392, 2.
belia swv. 172, 3; 510.
bella stv. 490 u. anm. 1.
ben f. (n.) 381; 382.
benda swv. 235, 1, f; 529.
Ben(e)dikt m. 160, anm.; 358, anm. 1.
Ben(k)t m. 264.
ber n. 369.
bera f. 91.
bera stv. 95, 3, b; 352, 1; 496 u. anm. 4.
Berdórr = *Bergdórr* 238, 1, b; 291, 5.
berfiall n. 91; 95, anm. 1.
berg n. 91; 361, anm. 4; vgl. *biarg*.
Bergar 361, anm. 4.
bergbúe m. 95, 1.
Bergþórr m. 221, 1.
Bergvin = *Biorgvin* 84; 95, 1.
beria swv. 510; 512.
Berne m. 91.
ber(n)ska f. 291, 9.
bero f. 95, 3, b.
berr adj. 71, anm. 1; 72.
Berse, Besse (mnorw.) m. 272, 3.
berserkr m. 389.
Bes(t)la 291, 11.
betr adv. komp. 443.
betre adj. komp. 170; 440.
beþr m. 368; 389 u. anm. 2.
Beyla 299, 2.
bezt adv. sup. 443.
beztr adj. sup. 67, c; 159; 303, 2; 440.
bialke m. 91; 95, 3, a; 167.
biarg n. 91; 95, 1; 167; vgl. *berg*.
biarga stv. 88; 95, 3, a; 489; 491; 530, anm. 4 (2 mal).
Biargvin = *Biorgvin* 95, 1.
biarkan n. 95, 3, a.
Biarkarøy, Biarkøy (anorw.) 160, anm.
Biarne m. 91.
Biartmarr m. 291, 11; 259, 2; 358.

biartr adj. 124, 2.
biflia f. 244, anm.
Biflinde 244, anm.
bikarr m. 358; 359, 1.
bikkia f. 169; 279, 1.
bilda f. 313, 2.
binda stv. 110, anm. 1; 167; 178, 1; 182, 1; 220; 266, 2; 331, 2; 492 u. anm. 1; 534, 2, b; 538, 1.
biogga stv. 503, anm. 1.
Biolfr, Biólfr m. 133, a.
Biol(f)staðer (anorw.) 291, 4.
Bionn (anorw.) m. 272, 2.
-*biorg* f. 377.
Biorg(v)in, -yn 95, 1; 226; 235, anm. 4; 383.
biorn m. 172, anm. 3; 396 u. anm. 1, 2.
Biorn m. 89, anm. 1; 272, 2; 291, 9; 396, anm. 2.
biórr m. 'biber' 133, anm.; 235, 2.
biórr m. 'bier' 318, 14; vgl. *biúrr*.
biórr m. 'streifen' 235, 2.
bióþa stv. 63, anm. 6; 343, 1; 485 u. anm. 2; 531, 1 u. anm. 2.
bióþr 318, 3.
birke n. 372, anm. 2.
Birkiar m. pl. 372, anm. 2.
birta swv. 85.
birte f. 63, 3.
biskop, -up m. 77, 5, b; 358, anm. 1.
bíta stv. 165; 178, 1; 179, 1; 482.
bitell, -oll adj. 173, 1.
bitr adj. 319, 5; 427, 2.
bíþa stv. 172, anm. 1; 483.
biþia stv. 169; 172, anm. 1; 238, anm. 13; 498 u. anm. 7; 534, 2, c; 536, 2.
biúga n. 405.
biuggia (anorw.) stv. 503, anm. 1.
Biúgr m., s. *Biúfr*.
biúgr adj. 166.
Biulfr (anorw.) m. 133, a; 256; 297.
Biurn m. 89, anm. 1; vgl. *Biorn*.
biúrr (orkn.) 'bier' 101, anm. 2.
blaka swv. 519, anm. 4.
blakkr adj. 172, 2; 266, 3.
blanda stv. 266, 2; 504 u. anm. 2, 5.

blár adj. 81, b; 130; 132; 429.
blása stv. 172, 2; 505, I.
blautr adj. 166.
bleikr adj. 172, 2.
blesson f. 274, 2.
blífa stv. 482.
blíkia stv. 263; 483; 532, 1.
blindr adj. 427, 1.
blístra swv. 172, 2.
blípka swv. 238, 2, e.
blóme m. 350, 1.
blómstr m. 358, anm. 2.
blóta stv. 63, 5; 505, II; 530, anm. 1.
blotna swv. 166.
blǫ́str m. 395 u. anm. 2.
blý n. 77, 6; 135; 363.
blǽia f. 171, anm. 1.
blǽingr m. 62; 135.
blǽr 71, 2.
bléia f. 171, anm. 1.
Bløykin (anorw.) 82, 13; 235, anm. 4.
*bnúa stv. 506, anm. 2.
bóa (anorw.) stv. 166, anm. 2; 503, anm. 1; vgl. *búa.*
bóande m. 166, anm. 2; 422 u. anm. 1; 503, anm. 1; 539, anm. 2.
boge m. 166; 318, 5; 401, 3.
bogenn adj. (part.) 488, anm. 4.
bógr m. 395.
bók f. 181, 1; 416, 1; 417.
bókfell n. 91.
Bokke m. 274, 1.
bokkr m. 61, 1; 318, 5; 328, 2.
Bókn f. 375.
Bókstaðer (anorw.) 98, anm.
ból n. 63, anm. 3; 166, anm. 2.
bóla f. 112, 2.
bole m. 166; 172, 3.
bolgenn adj. (part.) 495, anm. 6.
bolle m. 167; 318, 9.
bolr m. 61, 1; 318, 9; 387.
bolstr, bólstr m. 61, 1; 124, 3; 358, anm. 2.
bón f. 67, c; 392, 3.
bónde m. 68, 4; 130; 166, anm. 2; 173, 2; 422; 539, anm. 2.
Bondi m. 66, 4.

borg f. 167; 391.
Borgal(z)stadir (anorw.) 253, 2.
Borgný f. 383 u. anm. 3.
Borgund 167.
borr m. 61, 1; 388 u. 1.
bort adv. 152, 2; 315; vgl. *braut* adv.
bót f. 63, 5 u. anm. 4; 170; 416, 4.
Bót 112, 2; 267, anm. 1.
botn m. 283; 291, 9.
Bótolfsvaka (anorw.) f. 148.
boþn 318, 3.
bǫ́féra, (-þa) f. 253, anm. 2; 292.
bǫl n. 366.
bǫlkr m. 81, c; 167; 395 u. anm. 2.
bǫllr m. 167; 395.
bǫlua swv. 82, 6.
Bǫ́rekr m. 292.
bǫrkr m. 395.
bǫrr m. 253, anm. 2; 365 u. anm. 2.
Bǫ́rþr m. 132.
boþ f. 380.
boþfara f., s. *bǫ́féra.*
Boþuarr m. 134, a; 228.
Boþuildr f. 83; 134, a; 228; 294.
brá swv. 317, 3, a.
braga swv. 317, 3, a.
Brage m. 401, 3.
bragnar m. pl. 401, 3.
bragr m. 388.
brálla adv. 268, 4.
brandnór m. 360 u. anm. 2.
brattr adj. 266, 2.
brápla adv. 268, 4.
brápna swv. 505, anm. 3.
braullaup n. = *brullaup* 166, anm. 1.
braut f. 391.
braut adv. 128, anm. 2; 152, 2; 281; 315; vgl. *bort.*
brautinge m. 65; 229.
brauþ n. 166.
bréf n. 177, anm.
bregþa stv. 122; 495 u. anm. 1, 5; 530, anm. 4.
breiþr adj. 427, 1.
brekka f. 110, 1; 266, 3.
brenna stv. 162, 1; 261; 277, 4, b; 318, 11; 495 u. anm. 2; 531, 2.

bresta stv. 489.
brestr m. 387 u. anm. 3.
breyma adj. 172, 1.
briá swv. 133, b, 2; 317, 3, a.
Brig(i)ðaruð (anorw.) 160, anm.
brigþa stv. (245, 2); 495, anm. 1;
 530, anm. 4.
brigzle n. 238, 2, d; 239, 1, b; 291, 11;
 316.
brík f. 416.
brilaup (anorw.) n., s. *bryllaup*
 51, 1, a.
brim n. 319, 3.
bríme m. 172, 1.
Brimer m. 371.
brinia f. = *brynia* f. 114.
Briniolfr m. 114.
brinna stv., s. *brenna* 162, 1; 495,
 anm. 2.
brióst f. 127, 3.
bríóstkirkia f. 406, anm. 5.
brióta stv. 72; 485.
brix(t)le n. = *brigzle* 316.
broddr m. 61, 1; 224, 2.
brók f. 318, 8; 416.
Brokkr m. 318, 8.
brosa swv. 519, 1.
brot(t) adv., s. *braut* adv.
brotfall n. 241; 284.
broþ n. 166.
bróþer m. 160, anm.; 181, 1; 221, 1;
 317, 2; 420 u. anm. 1, 2, 3.
bró̧ f. 379.
Bro̧kull m. 173, 1.
bro̧t adv., s. *braut* adv.
brú f. 134, b; 375 u. anm. 2; 416, 3.
brudgaumi m. 166, anm. 1; vgl.
 brúþgume.
bruggenn part. 61, 2; 227, 2; 495,
 anm. 6.
brullaup n. 51, 1, a; 127, 4, 5; 152, 2;
 166, anm. 1; 268, 4; 294; 392, 3;
 vgl. *bryllaup*.
brún f. 416, 4 u. anm. 3.
brundr m. 319, 3.
brune m. 162, 1; 318, 11.
brúnn adj. 172, anm. 3.

brunnr m. 261; 348, 1; 358, 1.
Brunolfr m. 69, anm.
brún(v)o̧lue adj. 235, 1, f.
brutt adv., s. *braut*.
brúþgume, -gaume m. 166, anm. 1;
 401, 3.
brúþ(h)laup n. 166, anm. 1; 294;
 vgl. *brullaup*.
bruþr m., s. *brunnr*.
brúþr f. 183, 1; 390, 1, 3; 392, 3.
Brúvin 135.
bryggia (anorw.) stv. 495, anm. 6.
bryllaup (anorw.) n. 51, 1, a; 114,
 anm. 1; 127, 5; 285, 3; vgl. *brullaup*.
Brýn 65; 135.
brynia f. 354, 1; 409.
brynia swv. 510.
Bryniolfr m. 69, anm.; 133, a; 291, 4.
brýnn, brynn adj. 127, 5.
bryte m. 400; 403 (2 mal).
brytia swv. 510.
Brokill m. 173, 1.
bú n. 166, anm. 2; 357.
búa stv. 63, anm. 3; 129; 166, anm. 2;
 227, 2; 318, 14; 503 u. anm. 1, 2;
 534, 2, a; 535, anm. 2; 539, anm. 2.
búande m. 166, anm. 2; 173, 2; 422
 u. anm. 1; 539, anm. 2.
búe m. 166, anm. 2; 404.
buenn adj. 129.
bugr m. 387.
bukkr m. 66, 1; vgl. *bokkr*.
bukran, -ram 258, anm. 1.
bulke m. 254, anm.
bulr m. 61, 1; 387; vgl. *bolr*.
bulstr n., s. *bolstr* 61, 1; 124, 3.
bunden n. 425, anm. 2; 495, anm. 5.
bunki (anorw.) m. 254, anm.
búnoþr m. 397.
búr n. 166, anm. 2.
burr m. 61, 1; 388 u. 1.
bu(r)st f. 272, 3.
burt adv., s. *bort*.
burþr adv. 287; 301, 1; 388 u. 2; 392, 3.
bút adv. 159; 428, anm. 1; vgl. *búþ*
 adv.
buta swv. 318, 3.

butr m. 318,3.
búp f. 166, anm. 2.
búp adv. = *bút* 248, anm. 3.
buþkr m. 318,3.
bý n. 77, 6.
bygg n. 82,4; 227,2; 318,14; 366.
-*bygge* m. 403 (2 mal).
byggia, -*ua* swv. 166, anm. 2; 227, 2; 246, 2; 284; 318, 14; 516, b.
byggia swv. 'vermieten' 279, 1.
býle n. 63, anm. 3; vgl. *béle*.
Byleiptr, -*leistr* m. 124, 2.
bylgia f. 408.
bylia swv. 166; 172, 3.
bylr m. 389.
byndin (nisl.) n. 495, anm. 5; vgl. *bunden*.
býr m. 68,4; 133, b, 2; 166, anm. 2; 389 u. anm. 3, 4.
Byrgir 85.
Byrgitta 85.
byria swv. 510 u. anm.
byrr m. 277, 2, a; 389 u. anm. 1.
byrta swv. = *birta* 85.
byrþr f. 384.
byrþ f. 392, 3.
bysia swv. 512.
byskop, -*up* m. 77, 5, b; 358, anm. 1.
bytta f. 318, 3.
Bærtnæs, *Bærk*- (anorw.) 263, anm. 4.
béle n. 63, anm. 3; 166, anm. 2; 372, anm. 2.
Béler 372, anm. 2.
belua swv. 82, 6.
bén f. 67, c; 392, 3.
bér m., s. *býr*.
Børgvin 84.
Børn m. 77, 3.
béta swv. 276.
béþe (zahlw.) konj. 446, anm. 1.
béxl f. 239, 1, b.

dá n. 363.
dáenn adj. 129.
Dáfiþr, -*finnr* m. 358, anm. 1.
dagr m. 73; 155; 170; 174, 1; 344, 1; 358 u. anm. 7.

Dagr m. 358, anm. 7.
dagverþr m.; 79; 226; vgl. *dǫgorþr*.
dalr m. 170, anm. 1; 353 u. 4; (387, 2).
Dampr m. 262, 1.
Daner m. pl. 387.
Danpr m. 262, 1.
danskr adj. 159.
dát(t) adj. n. 159; (428, anm. 1); 500, anm. 3.
daufr adj. 166.
dauþr m. u. adj. 68, 8; 98, 1; 163, 1; 166; 540, anm. 1.
dauþyfle n. 64; 425, anm. 2.
Dáviþ(r) m. 126, anm. 3; 358, anm. 1 u. 3.
deigr m. 165.
deigr adj. 431.
deïla swv. 538, 3.
des f. 172, 3; 382.
detta stv. 110, 1; 112, 1; 266, 2; 490 u. anm. 2.
deyia stv. 68, 8; 163, 1; 166, anm. 2; 235, anm. 4; 500 u. anm. 3; 501, anm. 1; 530, anm. 5; 540, anm. 1.
diákn m. 70, 2.
dia(r)fr adj. 300, 2.
digna swv. 483, anm.
digoll m. 165.
dimmr adj. 346, 1.
diofoll m. 70, 3; 359.
diofo(l)legr adj. 285, 5.
dirfask swv. 85.
dís f. 154, anm.; 384; 390, 3.
-*dís* (in namen) 384 u. anm. 2.
diúp n. 425, anm. 2.
diúpr adj. 63, 13; 439.
diúr (anorw.), s. *dýr*.
diǽkn m. 70, 2.
dofe m. 166.
dofenn adj. (part.) 487.
dókr m. 166, anm. 2.
dómande m. 422, anm. 1; 539, anm. 3.
dómare, -*ere* m. 64; 151, 1, 5, 6; 402.
dómr m. 171; 358, 3.
dorg f. 172, 4; 375.
dót(t)er f. 112, anm. 4; 124, 1; 267; 277, 3; 284; 419, anm. 1; 421 u. anm.

Register. 403

doðe, -i m. 166.
dopna swv. 166.
dof f. 375.
dogg f. 227, 2; 380 u. anm. 2.
dogorþr, -urþr m. 79; 226; 395.
dokkr adj. 167.
dóþ f. 171; 390; 392, 1.
draga stv. 172, 4; 230, 2; 321; 501 u. anm. 3, 5.
dramb n. 361, anm. 1.
drasell m. 173, 1 u. anm. 1; 359, anm. 1.
draugr m. 172, anm. 3; 319, 1.
draumr m. 63, 14; 319, 1.
drega (anorw.) stv., s. draga 172, 4; 501 u. anm. 3.
dregg f. 382.
dreif f. 375; 416.
dreke m. 73.
drekka stv. 110, 1; 112, 1; 266, 3; 495 u. anm. 5.
drekkia swv. 516, a.
drengr m. 389 u. anm. 1, 2.
drepa stv. 497 u. anm. 2.
dreyre m. 71, 8.
dreyrogr adj. 428, 1.
drífa stv. 482.
dríta stv. 482.
driúpa stv. 486.
drόg f. 172, 4.
Droplaug f. 377.
drót(t)enn m. 127, 3; 267; 285, 5; 359, anm. 2 (2 mal).
drót(t)ning f. 65; 127, 3; 145, anm. 5; 376.
drόttsete m. 112, 2.
drόttr m. 321; 395.
drúpa swv. 519, anm. 4.
drykk(i)a f. 263, anm. 2.
drykkr m. 112, 1; 389 u. anm. 2.
-drέgr adj. 431.
du pron. = þu 465, 2.
duelia swv. 170, anm. 2; 531, 2.
duena swv. 60.
duergr m. 167; 172, anm. 3.
dúfa f. 183, 1.
dúfa (anorw.) stv. 487.

duga, dúga swv. 519, I u. anm. 1; 538, 4.
dugandlegr adj. 291, 2.
dugandmaþr m. 422, anm. 4.
dugr m. 387.
duina swv. 60.
dukr m. 166, anm. 2.
dulr 68, 5.
dumbe, dumbr adj. 434.
dumpa 266, anm. 1.
dunkr m. 167, 266, anm. 3.
dunn f. 392, 3.
dúnn m. 392, 3.
duol f. 170, anm. 2; 375.
dyggr adj. 82, 4; 430 u. anm. 4.
dýkr m. 299, 1; 389.
dylia swv. 68, 5; 170, anm. 2.
Dyna 77, 13.
dynia swv. 512, anm. 2.
dynkr m. 299, 1.
dynn f. 392, 3.
dýnn m. 392, 3.
dynr m. 389 u. anm. 1.
dypþ f. 63, 13; 156, anm.
dyr pl., s. dyrr.
dýr n. 56; 71, 7.
dyrfask swv. = dirfask 85.
dyrgia f. 167; 172, anm. 3.
dyrka swv. 127, 5.
dyr(r) f. (n.) pl. 416 u. anm. 4.
dýrr adj. 127, 5; 424, anm. 1; 439.
dyrþ f. 127, 5.
dys f. 172, 3; 382.
dysia swv. 510.
dyttr m. 387.
dæll adj. 171; 424, anm. 2.
døggua swv. 82, 6; 515.
dégr n. 170.
døkkr adj. 77, 3; 110, 1; 167; 267, 3; 430.
døkkua swv. 82, 6.
dél f. 170, anm. 1; 375; 392, 2.
déll m. 387 (u. 1).
délskr adj. 170, anm. 2.
déma swv. 63, 5; 515; 539, anm. 3.
déme n. 372.
dø(yia) stv. 160, anm.

ð-, s. þ.

e adv. 151, 6; vgl. *ey* adv.
Ecca m. 401, 1.
edda f. 'grossmutter' 128; 238, 1, a.
edda f. 'poetik' 127, 7.
ef n. konj. 94; 319, 2.
efa(þ)samr adj. 319, 2.
eff 336.
efla swv. 313, 1; 515, anm. 1.
efre adj. komp. 119; 441 (2 mal).
Efrúsum (anorw.) 160, anm.
ef(s)tr adj. sup. 291, 10 u. anm. 2; 441 (2 mal).
Eftaleyti 297.
efter präp. = *epter* 240, 2.
eg pron., s. *ek* 288; 464; 465, 1.
eg adv., s. *egi*.
Egell m. 359, anm. 1.
egg f. 279, 1; 381.
egg n. 227, 1; 369.
eggia swv. 510.
Eggþér m. 221, 1; 360.
eg(i) = *eige* adv. 152, 1.
-egr adj. 428 u. 1.
Egþer m. pl. 387 u. 2.
ei adv. 77, 15; 78; vgl. *ey* adv.
eiga v. 54, 1; 230, 2; 317, 3, a; 344, 1; 522, 2 u. anm. 3, 4, 5; 532, 4; 536, anm. 1.
eigande m. 51, 2, b; 422, anm. 3.
eige adv. 152, 1.
eigen n. 425, anm. 2.
eigenn adj. 128; 317, 3, a; 522, anm. 4.
eik f. 416, 1; 417.
eike n. 372, anm. 2.
eikenn adj. (part.) 502, anm.
Eikiar m. pl. 372, anm. 2.
eilífr adj. 152, anm.
eimyria f. 54, 3, a; 64; 317, 4.
einarþr adj. = *einharþr* 294.
Ein(d)riþe m. 127, anm. 1; 128; 151, 6.
eindrégr adj. 431.
eindóme n., s. *endeme*.
eine zahlw. 454.
einer m. 231.
einfaldr adj. 459.

einge pron., s. *enge* 128.
ein(h)arþr adj. 294.
einhere m. 403.
eining f. 461.
e(i)nn zahlw., pron. 128; 151, 1; 155; 156, anm.; 266, 2, a; 299, anm. 4; 444 u. anm. 1, 2; 454; 475 u. 5.
ein(n)huerr pron. 475 u. 1.
Einriþe m., s. *Eindriþe*.
einshuerr pron. 475 u. 1.
eir f. 390, 3.
eir n. 54, anm. 1.
eira swv. 54, anm. 1; 224, 2.
Eirekr m. 160, anm.; 299, 3; 358.
eisa f. 408, anm. 2.
eisorfála f. 408, anm. 2.
eista n. 405.
Eistr, *Eister* m. pl. 414.
eitthuat pron. 475 u. 2.
eiþ n. 361, anm. 4.
Eiþar m. pl. 361, anm. 4.
-eiþ(r) (in namen) 294; 384 u. anm. 2.
eiþr m. 358, 2.
ek pron. pers. 94; 126, 2; 158; 248; 327, 1; 464 u. anm. 1, 2; 465 u. anm. 2; 531, anm. 1.
ek(k)e pron., adv., s. *enge* 51, 4; 127, anm. 1; 128; 274, 1; 284; 285, 1.
ekke m. 'schmerz' 110, 1; 266, 3.
ekkia f. 128; 266, 3.
él n. 103; 110, 3.
el(d)legr adj. 291, 2.
eldkueikia, *-kueykia* f. 82, 9.
eldr m. 128; 159; 358, 3 u. anm. 4; 359, 2.
eld(s)tó f. 116; 375.
elfa swv. = *efla* 313, 1.
elfr f. 384 u. anm. 1; 390, anm. 1; 392, 3.
-elfr (in namen) 384.
E(l)ftaleyti 297.
elífr adj. 152, anm.
Ella m. 408.
elle f. 410.
ellefo zahlw. 51, 1, a; 54, 3, a; 66, anm. 2; 127, 6; 172, 1; 266, 5; 406, anm. 5; 449 u. anm.

ellegar adv. 66, anm. 2; 145, anm. 4; 248, anm. 4.
ellepte zahlw. 77, 7; 85; 240, 2; 257; 456 u. anm.
ellre adj. komp. 275; 317, 2, a; 440.
elptr f., s. *ǫlpt* 173, 5.
-else suffix 313, 4.
elska swv. 509.
elskanlegr adj. 291, 2.
elsk(h)uge m. 294.
elþe n. 313, anm.
elzkuøkua f. 82, 9.
elztó f., s. *eld(s)tó*.
elztr adj. sup. 440.
em (anorw.) konj. = *ef* 237, 2.
emia swv. 510.
en rel. part. 473 u. anm. 1.
en adv., s. *enn* adv.
-end- suffix 173, 2 u. anm. 2.
enda swv. 515, anm. 1.
enda adv. 137, 2.
-ende f. 411.
endeme, eindéme n. 128; 151, 7.
ender m. 317, 2, b; 371, anm. 2.
Endriþe m., s. *Eindriþe*.
eng f. 382.
enge n. 372 u. anm. 1.
enge pron. indef. 82, 6; 84; 127, anm. 1; 128; 239, 1, a; 258, 1; 274, 1; 284; 476 u. 1 u. anm. 1.
-enge = *-genge* m. 229.
Engell m. 173, 1.
engl(i)skr, en(g)skr adj., s. *enskr* 291, 7.
-engr, -ingr m. 216, 2; 358 u. 3 u. anm. 1.
-enn adj. 428, 3, 4, 5.
enn zahlw. (s. *einn*) 444 u. anm. 1, 2.
enn best. art. 149, anm. 1; 160; 231; 266, 2, b; 277, 2 c; 278, anm. 2; 468; 471; 472 (passim).
en(n) adv. 149, anm. 1; 158; 285, 1.
en(n)da adv. 137, 2.
enne n. 317, 2, b; 372.
enskr adj. 264; 291, 7 u. anm. 1.
epter präp. 85, anm. 2; 172, anm. 2; 240, 2.

eptr adj. sup. = *ef(s)tr* 291, 10 u. anm. 2.
eptre, epztr adj. 441.
ér pron. pers. 110, 2; 126, 1; 158, anm. 1; 464 u. anm. 5 (2 mal); 465, anm. 5.
er rel.-partikel, s. *es* 265; 473 u. anm. 1, 2.
-ere m. = *-are* 151, 1; 156; 402.
erfa swv. 515.
erfe m. 401.
erfeþe n. 152, 1; 372; vgl. *œrfað(e)*.
erfinge m. 149; 229; 342, 1; 403.
Erlindr m. 149.
ermr f. 384.
-ern- suffix 51, 2, b.
Erpr m. 91.
erpskinn n. 240, anm. 4.
ertr f. pl. 416 u. anm. 3.
erþgróenn adj. 95, 1.
erþr n. 315, anm. 3.
Erulos pl. 173, anm. 1.
es pron. = *ér* 464, anm. 5.
es rel.-partikel 158; 473 u. anm. 1, 2.
eta f. 91; 95, 3, b.
eta, éta stv. 279, anm. 2; 325, 1; 498 u. anm. 1.
etke pron. zu *enge* pron. 274, 1.
eð konj. = *at* 473 u. anm. 1.
eþa konj. 51, 4; 94; 241; 285, 1.
eþla f. 172, anm.; 268, 4.
eþle n. = *elþe* 313, anm.
eþle n. 'natur' 66, anm. 2; 119; 268, 4.
-eþr, -iþr part. 216, 2; 428, 2; 514.
ey f. 163, 1; 317, anm. 2; 319, 2; 383.
ey adv. 54, 3, a; 77, 15; 78; 97, 3; vgl. adv. *á, e, œ*.
-ey (in namen) 383.
eyfet(ar), -o 476, anm. 2; vgl. *eyvet(ar)*.
eygr adj. 431.
eyiarskegge m. 403.
Eyiofr m. 291, 4.
eykr m. 231; 389.
eyra n. 71, 8; 405 (2 mal).
eyrer m. 141; 371.
eyrr f. 166; 384.

eystre adj. komp. 441.
eyþa swv. 238, 1, a.
eyvet(ar), *-o* pron. (adv.) 151, 2; 267; 285, 4; 476, anm. 2.
Eyvindr m. 358, 2.

fá stv. 50, 4; 130; 175, 4; 230, 1; 266, 3; 317, 3, b; 504 u. anm. 1, 5.
fá swv. 54, 1; 511.
fafn (anorw.) = *faðmr* 225.
Fáfner m. 225; 292; 371.
fagma swv. = *faþma* 259, anm. 1.
fagnaþr m., s. *fǫgnoþr* 397.
fagr adj. 427; 433; 438.
falage m. 121; vgl. *félage*.
falda stv. 275; 504, anm. 2.
faldr m. 167.
-faldr adj. 459.
Falka m. 401, 1.
Falkvarðr m. 121.
falla stv. 317, 2, a; 351, 1; 504 u. anm. 1; 527; 531, 2.
falr m. 124, 2; 387.
fanga stv., s. *fá* stv. 504, anm. 1.
Fanne m. 121.
fár adj. 'paucus' 80, 2; 123; 429; 438 u. anm. 2, 4.
fár adj. 'schimmernd' 54, 1.
fara stv. 172, 4; 181, 1; 277, 2, a; 286, anm.; 499; 529; 530, anm. 5; 531, 2.
fárlíkt adj. neutr. 293, 3.
farre m. 277, 2, a.
Faste m. 240, anm 1.
fastr adj. 424, anm. 2; 427, 1.
Fastulfr (anorw.) m. 79.
fata swv. 497, anm. 1.
fattr adj. 266, 2.
fátékr adj. 431.
faþer m. 66, 4; 155; 174, 1; 317, 2; 343, 1; 419 u. anm. 2; 420, anm. 1, 2.
faþerne n. 51, 2, b; 64.
Faðmer (anorw.), s. *Fáfner* 225.
faþmr m. 225; 253, anm. 1.
faðr (anorw.) m., s. *faþer* 420, anm. 2.
fauskr m. 317, 4.
fáviss adj. 65.

fé n. 77, 4; 81, c; 90; 123; 133, b, 2; 153, 1, 5; 155; 230, 1; 312, 1; 363; 393.
fegenn adj. (part.) 74; 171, anm. 2; 437; 501, anm. 4.
fegrinde n. 173, 2.
feitr adj. 165.
fél f., s. *þél* f.
fela stv. 124, 2; 230, 1; 317, 3, a; 496 u. anm. 1.
félage m. 73, anm.; 121; 401.
feldr m. 388 u. 2, 3.
fell n. 91.
fella swv. 515; 517.
felmsfullr adj. 91.
fen n. 369.
fengr m. 389 u. anm. 1.
-fengr adj. 431.
fer- zahlw. 292.
fera (anorw.) stv. 500, anm. 3.
ferell m. 173, 1; 359, anm. 1.
ferfaldr adj. 459.
feria swv. 513, anm. 6.
ferner zahlw. 448, anm. 2; 459, anm.
ferre adv. 442, 3.
fertøgr adj. 460.
ferþ f. 67, a; 392, 3.
fervir m. 224, anm. 1.
féskyflr, *-skylfr* adj. 313, 1; vgl.
féskylmt, *-skylft* 237, anm. 2.
festr f. 384.
fet n. 169, anm.
feta stv. 169, anm.; 497 u. anm. 1.
fetell m. 359, anm. 1.
feþgar m. pl. 291, 10.
feþgen n. pl. 173, 5.
feþr m. 420, anm. 1.
fiá swv. 511.
Fialarr m. 124, 2.
fialde (anorw.) m. 89, anm. 2.
fiall n. 70, 1; 91; 277, 2, b; 361 (2 mal).
fialmsfullr adj. 91.
fíande, *fiande* m. 51, 2, b; 64; 133, a; 422.
fianzboþ n. 422, anm. 4.
fiar adv. 441; 442, 3.
fiara f. 84, anm.; 235, anm. 1.

fiarg- 317, 3, a.
fiarr adv. 353, 3; 442, 3.
fiarre adj. komp. 92; 441.
fiarre adv. komp. 442, 3.
fiatur (anorw.) m., s. fiotorr.
fifl m. 110, 1; 127, 2; 298, 2; 317, 1.
fifrilde n. 315, anm. 1.
fikia f. 263.
filfski zu fiflskr adj. 313, 1.
Fi.nbogi m. 262, 1.
fimbol- 110, 1; 298, 2; 317, 1.
fim(m) zahlw. 298, 2; 346, anm.; 449.
fimt f. 291, 4; 461.
fimte zahlw. 291, 6; 456.
fimt(i)án zahlw. 449 u. anm.
fimtigi zahlw. 450.
fimtíu zahlw. 450.
fimtøgr adj. 460.
Fingal m. 252, anm.
fingr m. (n.) 414.
finna stv. 85, anm. 1; 262; 275; 317, 2, b; 495 u. anm. 5; 531, 2.
finngálk(a)n, -gálpn n. 257, anm.
Finnr m. 358, anm. 1.
fiog(o)rtán zahlw. 89, anm. 1; 160, anm.; 449 (u. anm.).
fiol- präfix 89 (u. anm. 2); 155; 425, anm. 2.
fiol f. 124, 2; 375.
fiolde m. 89, anm. 2.
fiolkunnegr adj. 95, 2.
fiolmennr adj. 439, anm. 3.
fioluerrenn adj. 134, a.
fior n. 89; 92; 124, 2; 317, 3, a; 366.
fiórer zahlw. 89 u. anm. 1; 259; 292; 448 u. anm. 1.
fiorg n. pl. 317, 3, a.
Fiorgyn f. 95, 3, a; 383.
fiórtán zahlw., s. fiog(o)rtán 449.
fiórtiánde (anorw.) zahlw. 456, anm.
fiórtugti zahlw. 457, anm. 1.
fiorþ adv., s. í fiorþ.
fiorþe, fiórþe zahlw. 456.
fiorþongr, fiórþongr m. 462.
fiorþr, fiorþr m. 92; 172, 4; 394.
fiorua swv. 92.
fioruar m. pl. 365.

fiorutigi zahlw. 450.
fiorutíu zahlw. 450.
fiós n. 'viehhof' 77, 4; 133, a.
fiós f. 'walfischfleisch' 258, anm. 2.
fiotorr m. 89; 93; 359.
fioþr f. 375.
fir präp., s. fire(r).
firar m. pl. 92; 124, 2; 235, anm. 4.
Fírekr m. = Friþrekr 300, 2.
fire(r), -i(r) präp. 147; 300, anm. 2.
firnare adj. komp. 441.
firr adv. komp. 442, 3 u. anm. 4.
firra swv. 85.
firre adj. komp. 92; 441.
firrmeir(r) adv. komp. 442, anm. 4.
first adv. sup. 442, 3.
firstr adj. sup. 441.
físa stv. 482.
fiske f. 411, 2.
fiskr m. 178, 1; 358.
fit f. 169, anm.; 382.
fita f. 165.
Fiþr m. 358, anm. 1.
fiðrildi (nisl.) n. 315, anm. 1.
fiugur zahlw. 89, anm. 1.
fiug(u)rtán (anorw.) zahlw., s. fiog(o)rtán 89, anm. 1; 449 (u. anm.).
fiúka stv. 486 u. anm.
fiúrtán (anorw.) zahlw., s. fiog(o)rtán 449, anm.
fœll n. 70, 1.
flá stv. 317, 3, a; 501 u. anm. 1.
Fladdal (anorw.) m. 248, anm. 5.
flaga 317, 3, a.
flagbrióska n. 405.
fláhugoll adj. 173, 1.
flaka swv. 519, anm. 4.
Flár (mnorw.) 134, b; 404.
flár adj. 54, 1; 221, 2; 429.
flaug f. 375.
flaumr m. 319, 1.
fleire adj. komp. 51, 3; 128; 440.
flekkr m. 328, 2.
fles f. 382.
flesk n. 128.
flestr adj. sup. 128; 440.
flet n. 369.

fley n. 369.
fleygr adj. 431.
fleyþr f. 384.
flík f. 416, 3.
fljóta stv. 335, 1; 484.
fljúg(i)a stv. 67, a; 101, 1; 172, 3; 318, 5; 319, 1; 486 u. anm. (2 mal).
fló f. 'floh' 98, 2; 416.
fló f. 'schicht' 171; 317, 3, a; 416.
flóa swv. 235, 1, d; 509, anm.
Flóar (anorw.) 134, b; 404.
flóe m. 112, 2; 404.
flog n. 61, 1.
flóke m. 172, 3.
flókenn adj. (part.) 505, anm. 5.
flokkr m. 172, 3; 318, 5; 328, 2.
flór adj. 429.
flotnar m. pl. 401, 3.
flótte m. 112, 2.
flóþ f. 392, 3.
flǫkra swv. 172, 3.
flǫtr m. 395.
flug n. 61, 1.
fluga f. 318, 5.
flúga stv. 486; 487; vgl. *fliúga*.
flugr m. 388.
flýia stv. 98, 2; 160, anm.; 221, 2; 230, 2; 263; 317, 3, a; 488 u. anm. 2; 513, anm. 3.
flytia swv. 68, 5; 512; 514.
fléia swv. = *flýia* 488, anm. 2.
flǿþ f. 392, 3.
flǿþr f. 384.
fnasa swv. 170; 172, 3.
fnykr m. 389.
fnýsa swv. 172, 3.
fnǿsa swv. 170; 172, 3.
fóa f. 112, 2.
fógelegr adj. 171, anm. 2.
fogl m. 61, 1; 358, 1.
fo(g)ut(t)i m. 293, 4.
fold f. 391.
foldr (anorw.) m. 167.
fóle m. 124, 2; 317, 3, a.
folguti m. 293, 4.
Folkvarðar m. 121.
for- präfix 51, 1, a.

for f. 124, 2; 230, 1; 375.
forað n., s. *forrað*.
forellre n., *-ell(r)ar* m. 372.
forenge m. 149; 229.
forkunnr, *-kuþr* f. 384 u. anm. 1.
fórn, *forn* f. 127, 3.
Forne m. 121.
for(r)að, *-t* n. 54, 3, b; 151, 1, 5; 238, anm. 12; 281.
fors m. 272, 3.
forþom adv. 148.
forvista f. 77, 12.
forvitne f. 411, 2.
forynia f. 51, 1, a; 285, 3.
forysta f. 77, 12.
foss = *fors* 272, 3.
fóstr n. 320.
fo(str)syster f. 51, 1, a; 285, 3; 291, 10, 11.
fótr m. 169, anm.; 335, 1; 413; 414 u. anm.
fouti m., s. *fogut(t)i*.
fǫgnoþr m. 394; 397.
fǫl n. 366.
fǫlr adj. 430 u. anm. 1; 433.
fǫnn f. 224, 2.
fǫr f. 376.
fǫroll adj. 63, 8; 173, 1; 428.
Fǫstolfr m. 79.
fǫþr m., s. *faþer* 420, anm. 2.
frá präp. 298, 1.
frábǿrr adj. 298, 1.
Frakkar m. pl. 266, 3.
frakkr adj. 322, 2.
fram adv., s. *fram(m)*.
framalla adv. 272, 1.
frambǿrr adj. 298, 1.
fram(m) adv. 277, anm. 5; 280, anm. 4; 442, anm. 2.
framr adj. 424, anm. 2; 439.
Frankar m. pl. 266, 3.
fránn adj. 424, anm. 2.
frár adj 80, 2; 83; 430 u. anm. 2, 3; 437, anm. 1; 439.
frata swv. 497, anm. 1.
frau f. 408, 1.
frauke m. 166.

frauþ n. 166.
frauþr (anorw.) m. 166.
frauva f. 408, 1.
fréals (anorw.) adj. = *frials* 133, a.
fregna stv. 267, anm. 2; 498 u. anm. 2, 7; 531, 2.
fré(i)adagr (anorw.) m. 133, b, 2; 312, 1; vgl. *friádagr*.
Freifa f. = *Freyia* 408.
freist(n)e f. 411, 3.
freknor f. pl. 322, 2.
frekr adj. 169, anm.; 322, 2.
frelsa swv. 130; 295, anm. 3.
frelsinge 229.
fremr adv. komp., s. *framm*.
freta stv. 315, anm. 3; 497 u. anm. 1 (2 mal).
frétt f. 110, 3; 267 u. vgl.
frétta swv. 267, anm. 1, 2.
-(f)reþr, -(f)reþr (in namen) 60; 291, 4.
Freyia f. 408.
Freyr m. 389 u. anm. 1
friádagr m. 70, 2; 133, b, 2; 318, anm. 4; 331.
frials adj. 70, 2; 133, a; 294; 295, anm. 3.
frialsa swv. = *frelsa* 130.
Frigg f. 227, 1; 318, anm. 4; 383.
Frileifr m. 292.
frilla f. 268, 4
frió n., s. *fræ*.
frióꞓ adj., s. *frǽr* 430.
friósa stv. 71, 3; 317, 4; 335, 1; 488 u. anm. 1; 506, anm. 4; 531, 2.
Frírekr m., s. *Friþrekr*.
Fríser m. pl. 387.
Friþekr m., s. *Friþrekr* 292.
Fri(þ)leifr m. 292.
friþr m. 60; 395 u. 3.
Fríþr f. 384.
fríþr adj. 127, 2; 439, anm. 2.
-(f)ríþ(r) (in namen) 291, 4; 384 u. anm. 2.
Friþrekr m. 123; 253, 1; 292; 300, 2.
friǽls adj. 70, 2.
frolleikr m. 268, 4.
frór adj., s. *frár*.

froskr m. 166.
froþa f. 166.
fróþleikr m. 268, 4.
fróþr adj. 181, 1.
frou, frou(v)a f. 408, 1.
frú, frúva f. 408, 1 (2 mal).
frumvaxta adj. 434.
frýia swv. 68, 4; 154; 160, anm.; 513, 2 u. anm. 2.
frǽ n. 70, anm. 3; 77, 8; 83; 97, 3; 106; 135; 366.
frǽfask swv. 97, 3.
frǽgr adj. 431; 439.
frǽls (anorw.) adj. = *frials* 133, a.
frǽnde m. 422.
frǽn(d)kona f. 160, anm.; 291, 2; 422, anm. 4.
frǽndseme f. 85; 149; 411, 2.
frǽnn (nisl.) adj. 424, anm. 2.
frǽr adj. 83; 97, 3; 106; 430.
frǽta = *frétta* 267, anm. 1.
fré- (anorw.) 77, 8; vgl. *frǽ*.
frék(en)n adj. 169, anm.; 322, 2; 428, anm. 1.
frør n. pl. 71, 3; 126, anm. 1.
frøþe f. n. 111, anm.; 151, 3; 411.
-(f)reþr (in namen) 77, 3; 291, 4.
Frøymr 135, anm.
fúa (orkn.) f. 112, 2.
fuenn adj. (part) 488, anm. 4.
fugl m. 61, 1; 358, 1.
fulga 317, 3, a.
full n. 425, anm. 2.
fullr adj. 351, 1.
fundr m. 320; 388 u. 2; 392, 3.
fura, fúra f. 124, 2.
fúrr m. 392, 3.
fúss adj. 112, anm. 1; 233; 320.
fuviti m., s. *fogut(t)i*.
fyl n. 369.
fylgia swv. 238, 1, b.
fyl(g)þ f. 291, 5.
fylke n. 372, anm. 4.
fylla swv. 63, 6.
fyllr f. 384.
fylxne, fylskne n. 222, 2; 291, 6; 316.
fyndr m. 392, 3.

fyr, fyre(r), -ir präp. 147; 300, anm. 2.
fyre, fýre n. 124, 2.
fýrr m. 392, 3.
fyrra swv. = *firra* 85.
fyrr(e) adv. komp. 442, anm. 1, 3. 4.
fyrre, fyrstr adj. 114, anm. 2; 272, 3; 438, anm. 1; 454.
fyrrmeir(r) adv. komp. 442, anm. 4.
fy(r)st adv. sup. 273, 3; 442, anm. 1.
fyrþar m. pl. 60; 77, 5, a.
fyrua swv. 82, 4; 92; 513, 1.
fyruar m. pl. 82, 4; 92.
Fyr(u)e 235, anm. 4.
fyst (s. *fyrst*) 272, 3.
fægelegr adj. 171 u. anm. 2.
fær n. 71, 2.
fæðgan (anorw.) n. pl. 173, 5.
fé n. = *fé* 77, 4; 81, c; 90.
fégelegr adj. 171.
féla swv. 517.
féra swv. 515.
férr adj. 438.
féþa swv. 238, 1, a u. anm. 1.
føyra (anorw.) f. 317, 4.
józla f. 238, 2, d.

ga- präfix 154.
gá stv., s. *ganga* 504, anm. 4.
gá swv. 235, anm. 4; 520 u. anm. 1; 532, 6 u. anm. 2.
gabba swv. 318, 1, 12; 330, 1.
gaddr m. 224, 2; 284.
gafugr adj. 80, 3.
gagarr m. 259, anm. 1.
gagl n. 313, 3.
gagn n. 291, 9; 361, anm. 1; 362, anm. 2; 428, anm. 1.
gagnstigr adj. 428, anm. 1.
gagnsær adj. 438.
gagnvart adv. 428, anm. 1.
gala stv. 277, 2, b; 500 u. anm. 1; 530, anm. 5; 531, 2.
galdr m. 284; 313, 2; 358, anm. 2.
galeiþ f. 416, 3.
galg- zu *gagl* n. 313, 3.
gallr adj. 167.
gamall adj. 285, 5; 426; 433; 440.

gaman n. 225; 362.
gambr m. 358, anm. 2.
gamle m. 318, 10.
gammr m. 318, 10.
gana swv. 519, anm. 2.
gang n. = *gagn* 291, 8.
ganga stv. 220; 266, 3; 321; 504 u. anm. 1, 4, 5.
ganglere adj. 317, 4.
gangvere(r) m. 402, anm.
gapa swv. 318, 1, 12 u. anm. 1 (prät. *gafði*); 519, anm. 4; 538, 4.
gári (nisl.) 54, anm. 3.
Garmr m. 315, anm. 3.
garþr m. 167; 343, 1; 358, 2 u. anm. 4.
gasse m. 127, 1.
gata f. 84, anm.; 235, anm. 1; 407.
gáta f. 408.
gátt f. 175, 4.
gauka (anorw.) f. = *gaupa* 257.
Gaukna (anorw.) = *Gaupna* 257; 263, anm. 4.
Gau(k)staðer (anorw.) 307.
Gau(k)storp (anorw.) 241, anm. 1; 307.
Gaustalr 245, 1.
Gautar m. pl. 166.
Gautna (anorw.) 263, anm. 4.
Gautsþorp, s. *Gau(k)storp*.
Gaupland 248, anm. 4.
gefa stv. 85, anm. 2; 169; 176, 1; 497 u. anm. 2.
gefande m. 64; 78; 422.
gegn n., s. *gagn*.
gegn präp. u. adj. 77, 7; 425, anm. 4; 428, anm. 1; vgl. folg.
gegnom, -em präp. 77, 7; 81, c; 263, anm. 1; 425, anm. 4; 428, anm. 1.
geigo(r)skot n. 408, anm. 2.
geil f. 165; 375.
geire m. 54, anm. 3.
Geirmundr m. 128.
geirr m. 54, anm. 1; 317, 4; 353, 5.
-geirr 54, 3, b; 229; 358.
Geirroþr, -roþr, -rauþr m. 353, 6; 397, anm. 2.
geisl f. 317, 4.
geisle 'stock' 165.

geispa swv. 316.
geit f. 416,1; 417.
gelda (anorw.) stv., s. *gialda* 491, anm. 2.
geldr adj. 318,3; 424, anm. 2.
gemlingr m. 168.
-(g)enge 229.
gengr adj. 431.
gera swv. = *gørua* 149.
gerfe f. 250.
gerna (anorw.) adv. 95, anm. 2.
gerr adj., s. *gǫrr*.
gerra swv. = *gørua* 532, 5.
gerþ f. 384.
gerþar f. pl. 375; 384.
Gerþr f. 384.
-gerþr (in namen) 384.
gerua swv., s. *gørua*.
gestr m. 155; 386; 387, anm. 2; 392, 2.
Gestumblinda 261,1; 299, anm. 5.
Géstœin (anorw.) m. 273.
geta stv. 497 u. anm. 2.
geþ n. 369.
geyia stv. 166, anm. 2; 500.
geysa swv. 320.
Geysir (nisl.) m. 320.
giafa stv. = *gefa* 95, anm. 4; 497, anm. 2.
giafall adj. 173,1.
-giafe m. 95, anm. 5.
giafmildr adj. 95, 2.
giagnum (anorw.) präp. = *gegnom* 195, anm.; 263, anm. 1.
giald n 92.
gialda stv. 70,1; 88; 220; 491 u. anm. 2; 530, anm. 4.
gialdkere m. 71, 3.
gialdkyri m. 71, 5.
gialla stv. 491.
giallr adj. 167.
giár, s. *i giár*.
giarn adj. 70,1.
giarna, -ara adv. 95, anm. 2: 443.
giáta (anorw.) 196, anm.; 263, anm. 1.
gift f. 335,1.
gigia f. 263.

gil n. 165; 369.
gilda stv. 491, anm. 2.
gilde n. 92; 425.
gilia swv. 510.
Gils m. 313, 4 u. vgl. folg.
-(g)ils (in namen), s. *-gísl*.
Gimer m. 371.
Gimlé 294.
gína stv. 482 u. anm. 2.
ginna swv. 517.
giof f. 70, 3; 375.
giofoll adj. 173,1; 439, anm. 1.
giorr adj., s. *gǫrr* 263, anm. 1.
giorþ f. 167; 375.
giorua swv., s. *gørua* 263, anm. 1; 518, 2 u. anm. 3, 4.
Gíorðr, Giurð(e)r m. 104.
gióša stv. 320; 485.
gióta stv. 101,2; 166; 182,1; 320; 485.
giǫ́ f. 379.
giǫgnum (anorw.) präp. = *gegnom* 204, anm.; 263, anm. 1.
giǫrr adj., s. *gǫrr* 204, anm.; 263, anm. 1.
giǫrua swv., s. *gørua* 263, anm. 1.
gipt f. 391.
Girker m. pl. 315; vgl. *Grik(k)iar*.
Girkland 51, 1, a.
girna swv. 238, 1, b u. anm. 4; 291, 9; 517.
girskr adj. 315.
Gisl m. 313, 4 u. vgl. folg.
gísl f. 375.
-(g)isl, -(g)isl (in namen) 229; 313, 4; 358.
gísle m. 165.
Gíslog f. 152, 2.
Gissurr m. 274, 2.
Giúke m. 133, anm.; 235, 2.
giœlda stv. 70, 1.
giœrn adj. 70, 1.
Gizorr m. 148; 274, 2.
gladdr adj. 428, 2.
glam(m) n. 154; 318,10.
Glaser m. 317, 4; 371.
Glaþr m. 387.

glefsa (anorw.) 247.
Gleifner, Gleipner m. 318, 2.
glepia swv. 512.
gler n. 71, 1; 126, anm. 1; 317, 4.
gleþa f. 60.
gleþe f. 411.
gleþia swv. 238, 1, a; 512.
gliá (anorw.) swv. 133, b, 2.
glíka adv. 137, anm. 4.
glík(i)a swv. 516, anm. 1.
glíkr adj. 154; 290, anm.
glóa swv. 68, 4; 129; 171 u. anm. 2; (227, 2); 235, 1, d; 318, 14; 509, anm.
glófe m. 154.
glotta swv. 519, anm. 6.
glóþ f. 416, 4.
gloggr adj. 82, 6; 424, anm. 2; vgl. *gleggr*.
glǫtoþr m. 397.
gluggr m. 227, 2; 318, 14; 358; 392, 3.
glúpna swv. 488, anm. 4.
glygg n. 366 (2 mal).
glyggr (anorw.) m. 392, 3.
glýiaþr adj 68, 4.
glymr m. 154; 389 u. anm. 1.
glyrna 317, 4.
glys n. 317, 4.
glǽ(f)a swv. 171 u. anm. 2.
glǽsa swv. 317, 4.
gløggr adj. 82, 6; 171, anm. 2; 227, 2; 424, anm. 2; 430; 439.
glépr m. 387; 392, 2.
gnadd n. 172, 3.
gnaga swv. 290; 501, anm. 4, 5.
gnapa swv. 172, 2, 3; 519, anm. 4.
gnauþ f 166; 172, 3.
gneggia swv. 154; 227, 1; 510.
gneiste m. 154; 290.
*gnella stv. 495, anm. 6.
gnesta stv. 91; 490 u. anm. 1.
gneypr adj. 172, 1, 3.
gnípa f. 172, 1, 2.
gnógr adj. 154; 170, anm. 2; 290, anm.
gnótt f. 112, 2; 170, anm. 2; 392, 3.
Gnǿ f. 379.

gnúa stv. 68, 6; 154; 506.
gnúpr m. 172, 1, 3.
gnýia swv. 68, 6; 163, 2; 513, 2.
gnýr m. 389 u. anm. 1.
gnýstýrer m. 166, anm. 2.
gnyþr m. 166; 172, 3; 389.
gnégia swv. 317, 3, a.
gnétt f., s. *gnótt* 392, 3.
gnéþesk prät. (zu *gnégia*) 317, 3, a.
Gó f. 411.
góe f. 411.
Góer m. 371.
gol n., *gola* f. 61, 1.
gólegr adj., s. *góþlegr*.
goll n. 61, 1; 275.
Gór(r) m. 360.
Góreþr m., s. *Go(þ)reþr* 123; 292.
gotar m. pl. 166.
Gote m. 401, 3.
got(n)ar m. pl. 401, 3.
goþ m. n., s. *guþ*.
goþe m. 61, 3.
Goþland 248, anm. 4.
gó(þ)legr adj. 292.
Goþormr m. 241; vgl. *Guttormr*.
Go(þ)reþr, -roþr m. 77, 3; 123; 291, 4; 292.
góþr adj. 127, 3; 427, anm. 1, 2; 436, 2; 440.
Goðþioð 248, anm. 4.
góz n. 235, 2, d; 361, anm. 2.
gofegr, -ogr adj. 173, 4; 437.
gǫgn(um) präp. 77, 7; 263, anm. 1; 428, anm. 1; vgl. *gegnom*.
gǫltr m. 167; 318, 3; 395.
gǫmul adj. 121.
Gǫndol f. 378.
gǫrn f. 375.
gǫrr adj. (part.) 77, 1; 82, anm. 3; 154; 204, anm.; 226; 235, anm. 1; 250; 263, anm. 1; 424, anm. 2; 430; 507, anm.; 518, 2 u. anm. 3, 4.
gǫrua adv. 77, 7; 235, anm. 1; 442, 2.
gǫ́s f. 123; 233; 416 u. anm. 3.
gǫ́t f. 416.
gǫ́tt f. 321.
gǫtuar f. pl. 154; 380.

grafa stv. 170, anm. 1, 2; 342, 1; 500 u. anm. 3.
gramr m. 387 u. 2 u. anm. 2.
Gramr m. 315, anm. 3.
gramr adj. 168; 315, anm. 3; 318, 10.
granne m. 154; 224, 2; 401.
grannleitr adj. 167.
grápa swv. 171; 172, 2, 3.
grár adj. 81, b; 166, anm. 3; 426; 429, anm.; 433.
gras n. 338, 1.
gráta stv. 171; 505, I.
grautr m. 358, 2.
gredder m. 154; 224, 2.
Gregóri(u)smæssa 160, anm.
Greifr (anorw.) 247.
grein f. 154; 292.
greip f. 172, 1, 2; 416, 3.
greiþa swv. 154; 292.
greiþr adj. 439.
Gréland = *Grønland* 299, 2.
gremia swv. 512, anm. 2.
gren n. 369.
grene n. 372.
grenia swv. 172, 2; 510.
Grenland = *Grénland* 299, 2.
Gretter m. 371.
grey n. 369.
grey-baka f. 169; 279, 1.
grey-hundr m. 166, anm. 3.
greyfa swv. 166.
greypa swv. 172, 1, 3.
griár adj., s. *grár*.
Grik(k)iar, Grik(k)er m. pl. 263; 279, 1; 315; 368; 389.
Grik(k)land 51, 1, a.
gri(k)skr adj. 296; 315.
Grím(h)ildr f. 294.
Grimkell m., s. *Grinkell*.
grim(m)r adj. 168; 318, 10.
Grímr m. 358, 3.
grína stv. 172, 2.
grind f. 416, 2, 4.
Grinkell (anorw.) m. 258, 1.
Gr(i)ódgarðr, Grød- m. 248, anm. 5.
grípa stv. 172, 1, 2; 323, 1; 482.
gripr m. 388.

griskr adj., s. *gri(k)skr*.
gríss m. 387 u. 1, 2.
Gróa f. 408.
gróa stv. 77, 3; 506.
gróp f. 172, 3.
grópasamlega adv. 171; 172, 2, 3.
gróþr m. 358, 2.
grǫf f. 375.
grǫftr m. 395, anm. 2.
grǫn f. 375.
grǫndoþr m. 397, anm. 1.
grǫptr m. 395.
gróþr m. 395 u. 3.
grúfa swv. 519, anm. 1.
grund f. 317, 2, 6; 391.
grunnleitr adj. 167.
grunnr, gruþr m. 317, 2, b.
grunnr, gruþr adj. 438.
grunr m. 388.
grýfa swv. 166.
grýia swv. 166, anm. 3.
Grymkell m. 85.
græfr adj. 170, anm. 1 u. 2.
grǿfr adj. 170, anm. 1 u. 2.
Gré(n)land 299, 2.
grǿnn adj. 438.
grǿta swv. 171.
guddómr m. 268, 3.
gugna swv. 246, 2; 284; 495, anm. 6.
Guike m. 235, 2,
gul n., *gula* f. 61, 1.
Gulbrandr (anorw.) m. 238, anm. 17.
gull n. 61, 1; 275.
gullaþ n. 294.
Gullaugr m. 268, 4.
Gulle m. 268, 4.
Gulleifr m. 268, 4.
Gulleikr m. 268, 4.
gullenn adj. 156.
Gullentanne m. 167.
Gullveig f. 377, anm.
gumbull (anorw.) m. 173, 1.
gume m. 61, 3; 401, 3.
gumul adj. 121.
Gumundr m. = *Guþmundr* 268, anm. 3; 292.
Gunnarr m. 294; 359, 1.

Gunnb(i)org (mnorw.) f. 295, anm. 3.
Gunn(h)ildr f. 294.
Gunnlọp f. 377.
Gunnor, -vọr f. 112, anm. 2; 148.
gunnr f. 277, 4, b; 384 u. anm. 1.
-gunnr (in namen) 384 u. anm. 1.
Gunnuldr, -valdr (anorw.) m. 148; 235, 1, f.
Gunnulfr m. 297.
Guser m. 371.
gutar m. pl. 61, 1; vgl. *gotar*.
gutt, s. *góþr* (127, 3).
Guttormr, Guttarmr (mnorw.) m. 150, anm.; 241.
guþ m. n. 61, 1; 361; 387 u. 2 u. anm. 1, 2.
Guðbrand (anorw.) m. 268, anm. 3.
guþe m. 61, 3.
Guþlaugr, -leifr, -leikr 268, 4.
Guþlogr m. 152, 2.
Gu(þ)mundr m. 150, anm.; 153, 1; 238, anm. 15; 292.
Guðormr (anorw.) m. = *Guttormr* 241.
guþr f. 277, 4, b; 384 u. anm. 1.
-guþr (in namen) 384 u. anm. 1.
Guþríþr f. 65; 291, 4; 292.
Guþrún f. 377.
Guþrøþr m., s. *Go(þ)røþr*.
guþsife m. (85); 403.
guþspell, -spiall, -spiald n. 91; 317, anm. 1.
guðsyfiar = *-sifiar* 85.
gyggua swv. 82, 4; 227, 2; 495, anm. 3, 6.
gýgr f, 293, 2; 384 u. anm. 4.
Gylfe(r) m. 104; 371 u. anm. 2.
gylla swv. 517 u. anm. 1.
gyltr f. 167; 318, 3; 384.
gymbell m. 173, 1.
gymbr f. 168; 375; 392, 2.
Gymer m. 371.
gymstæinn (anorw.) m. = *gim-* 85.
Gýríþr f. 65; 292.
gyrþa swv. 167.
gyss m. 227, 2, a; 389.
gyþia f. 409,
Gœi(r)laugr (anorw.) m. 273, anm. 1.

gǽr, s. *í giár*.
gǽra f. 154
Gǽrmundr (shetl.) m. = *Geir-* 128.
Gǽstalr (anorw.) m. 276.
gǽta swv. 263, anm. 1; 267, anm. 2.
gǫgn(um) (anorw.) präp. = *gegnom* 77, 7; 81, c; 263, anm. 1.
gǫra swv., s. *gǫrua*.
gǫrr adj., s. *gǫrr*.
gǫrr adv. komp. 77, 7.
gǫrseme f. 149; 411, 2, 3.
gǫrua swv. 77, 7; 82, 6 u. anm. 3; 84; 149; 263, anm. 1; 507, anm.; 518, 2 u. anm. 3, 4; 530, anm. 3; 532, 5.
gǫrua adv. 77, 7; 442.
gǫrue f. 82, 6; 411, 2, 3.
gézka, góska f. 238, 2, d; 303, 2.

há (anorw.) = *hafa* 160, anm.
há swv. 'plagen' 167; 175, 4; 317, 3, b.
Há(a)rr m. 54, 1; 130; 294.
Habbarðr m. 270, anm.
hadda f. 238, 1, a.
hádege n. 372.
hafa swv. 160, anm.; 170, anm. 1; 174, 1; 240, anm. 4; 507, anm.; 520 u. anm. 1, 2; 531, 1 u. anm. 2; 532, 6; 534, anm. 3; 538, 4; 541 u. anm. 1, 2.
háfa (anorw.) f. 170, anm. 1.
hafask swv. 'sich verhalten' 170, anm. 1.
hafn = *hǫfn* f. 81, c; 390, 1, 4.
hafnandi (anorw.) m. 422, anm. 1.
hafr m. 358, anm. 2.
háfr m. 170, anm. 1.
háfsáld, -sǽlda (anorw.) n., f. 297.
Haftór m. 237, 1.
Hafþorn (anorw.) m. 256, anm.
Hafþorr m. 221, 1.
hafuð (anorw.) n. = *hǫfoþ* 98, 1.
haga swv. 321.
hagr m. 387.
hagr adj. 170.
Hagþórer (anorw.) m. 256, anm.
hake m. 170.

Háke m. 299, 1.
Hákon(n), -un(n) m. 226; 285, anm. 2.
Hakþorsson, Hag- (anorw.) m. 239, anm. 3.
halda stv. 174, 1; 220; 275; 317, 2, a; 504 u. anm. 1; 534, 2, b (2 mal); 536, anm. 2; 540, anm. 3.
hal(d)kuæmr adj. 291, 2.
Háleyger m. pl. 389; 392.
háley(g)skr adj. 296.
halfa f. 294.
Halfdan(r) m. 285, anm. 2; 358, 2.
halffertøgr adj. 460, anm. 2.
halfníreþr adj. 460, anm. 2.
halfr adj. 425, anm. 2; 427. anm. 2.
halkuæmr adj. 291, 2.
hall f. = *hǫll* 81, c; 391.
Hallb(i)org (mnorw.) f. 295, anm. 3.
hal(l)da stv. 260.
Halldórr m. 238, 1, b; 297, anm. 1.
Hallfreþr, -froþr, -frøþr m. 77, 3.
hallr m. 81, b; 358, 1 u. anm. 4.
hallr adj. 167; 275.
Hallvarþr m. 252, anm.
Hálogaland 152, 2; 160, anm.; 392.
halr m. 173, 5; 319, 2; 387, 3 u. anm. 4.
hals (háls) m. 124, 3; 338, 1.
hamarr m. 304; 357; 359, anm. 2.
Hamdir m. 238, 1, b; 258, 2; vgl. *Hampér*.
hamingia (anorw.) f. 149; 229; 318, 10.
há-mót 175, 4.
hampr m. 262, 1.
hamr m. 317, 4; 322, 1; 387 u. anm. 2.
hams m. 317, 4.
Hampér, -þer m. 51, 2, a; 66, 4; 80, 2; 151, 2; 221, 1; 238, 1, b; 258, 2; 371.
hand f., s. *hǫnd* 416, anm. 1.
handan präp. adv. 167; 441; 442, 3.
Handir m., s. *Hampér* 258, 2.
hane m. 170; 347, 1; 400.
hanga stv. 266, 3 u. anm. 3; 317, 3, b; 321; 504 u. anm. 1 (2 mal), 2, 5.
hanke m. 266, anm. 3.
hann pron. m. 54, 3, b; 78; 116; 127, 1; 277, 2, c; 285, 1; 466 u. anm. 1, 2.

hanpr m. 262, 1.
hannyrþ 291, 6.
hár m. 'hai' 50, 4; 175, 4.
hár m. 'ruderdulle' 175, 4; 387.
hár adj. 98, 2; 250; 317, 3, a; 322, 1; 429; 430 u. anm. 3; 438.
Har- (in namen) 226.
Haraldr m. 69; 148; (226); 235, anm. 4.
Hárekr m. 65.
hari (anorw.) m. 71, anm. 1.
hark n. 322, 1.
harla adv. 291, 3.
háróttr adj. 427.
harpare m. 400.
Hárr m. 294.
hárr adj. 54, 2; 424, anm. 2; 430, anm. 3; 438.
harre m. 401, 1.
Harþangr m. 51, 1, a; 78; 292, anm. 2.
harþende n. pl. 149; 173, 2 u. anm. 2; 235, 1, f.
harþenskr adj. 264; 291, anm. 1.
harþfengr adj. 431.
harþla adv. 291, 3.
harþr adj. 81, b; 427, anm. 2.
harþynde n. pl. 173, 2; 226; vgl. *harþende*.
hásin 175, 4.
háske, haske m. 127, 1; 317, 3, b.
háss adj. 54, anm. 3.
hata swv. 281.
háta stv., s. *heita* 502, anm.
hatr n. 155.
hat(t)a swv. 281.
hattr m. 395, anm. 2; vgl. *hǫttr*.
haufoþ n., s. *hǫfoþ* 98, 1; 166.
haugr m. 317, 3, a.
haugr (anorw.) adj., s. *hár* adj. 317, 3, a.
haukr m. 132, a; 235, 2.
haukstaldr, -stalde, -stalle m. 105, anm.; 239, 1, b; 317, 2, a.
hauldr (anorw.) m. 105, anm.
haustr m. 132, anm.; 234.
Hávin 135.
he-, hi- pron. 471, anm. 2.
hefa (anorw.) swv., s. *hafa* 520, anm. 2.

hefia stv. 170, anm. 1; 240, 1; 500 u. anm. 1, 3; 530, anm. 6; 539, anm. 3.
hefiande m. 173, 2.
hegat adv. 165, anm.
heggr m. 389.
hegre m. 60; 128; 317, 3, a.
heif(s)t f., s. *heipt* 291, anm. 2.
heilagr adj. 78; 128; 173, 4; 428 u. 1, 3 u. anm. 3; 433; 437.
heilinde n. 149; 173, 2 u. anm. 2.
heill m. 317, 4.
heill adj. 286; 427 u. 2; 439, anm. 2.
heilsa swv. 317, 4.
heilynde n. 173, 2; 226.
heima n. 405.
Heimdal(l)r, -*dǫllr*, -*dǽll* m. 358, 2.
heimdrage, -*drege* m. 73, anm. 1.
heimell, -*oll* adj. 51, 2, b; 173, 1; 428, 1, 4.
heimold f. 313, 2.
heimo(l)lega adj. 285, 5.
heims k)legr adj. 291, 6.
heimøle 85, anm. 2.
Heiner, *heinir* m. pl. 292.
heipt f. 237, anm. 2; 291, anm. 2.
heip(t)giarn adj. 291, 11.
heita stv. 54; 154; 280, 1; 481, 2; 502 u. anm.; 532, 2; 540, anm. 3; 542, anm. 2.
heitr adj. 165.
heiþenn adj. 128; 428, 3, 4.
heiþne f. 411.
heiþr m. 358, 2.
heiþr f. 54; 384.
Heiþsefar m pl. 151, 6.
Heizǽfesþing n. 238, 2, d.
hel f. 383 u. anm. 2.
héla f. 110, 3.
héla swv. 517.
heldr adv. komp. 63, 1; 155; 443.
heldre, *helztr* adj. 438, anm. 1.
hel(f)ningr, *helfingr* m. 237, 2; 254; 462.
helft, -*þ* f. 238, anm. 8; 462.
Helga f. 77, 7.
Helge m. 77, 7; 85, anm. 3; 87, anm. 2; 91; 128.

helge f. 411.
helgr f. 384 u. anm. 4.
he(l)kn n. 297; 361.
hella swv. 517.
heller m. 371 u. anm. 4.
helmingr, *helningr* m. 254; 291, 4; 462.
helz(t) adv. sup. 303, 1; 443.
helzti adv. 85, anm. 3; 297, anm. 2.
helztr adj. sup. 438, anm. 1.
hemingr m. 173, 3.
hemmingia (anorw.) f. 318, 10.
Hem(m)ingr m. 318, 10.
hengat (anorw.) adv. 162, anm.
hengia swv. 238, 1, b.
Hengiankiapta f. 291, 2.
henta swv. 515, anm. 1.
hepta swv. 240, 2.
hér adv. 103; 165, anm.; 177, 1.
heraþ n. 54, 3, b; 103; 151, 1; 361 (2 mal); 362.
herbyrgi n. 85.
here m. 71, anm. 1; 103.
hére m. = *hegre* 60; 317, 3, a.
Hergils m. 313, 4.
heria swv. 509; 510.
Heriann m. 358; 359, 1.
Herioldr m. 69; 148.
Heriolfr m. 61, 1; 69; 133, a.
hérna adv. 137, 2.
herr m. 389 u. anm. 2.
herra, -*e* m. 401, 1.
herser m. 371.
herskár adj. 429.
hertoge, -*uge* m. 61, 3.
herþr f. 384.
hestr m. 127, 6; 291, 11; 302; 358, anm. 3.
hetia m. 409.
heþan adv. 60; 103; 165, anm.
Heþenn m. 103; 173, anm. 3; 359.
heþra adv. 60; 165, anm.
hey n. 163, 1; 317, anm. 2; 366; 369 u. anm.; vgl. *hǫ*.
heyia swv. 163, 1; 513, 5 u. anm. 5.
heyra swv. 63, 14; 99, anm.
heyrn f. 71, 8.

hi-, he pron. 471, anm. 2.
hiá präp. 235, anm. 4; 405.
Hiaki (anorw.) m. 95, anm. 4.
hial n. 95, 2; 322, 1.
hiala swv. 95, anm. 5.
hialdr m. 88; 95, 1.
Hialmþér, -tér m. 241, anm. 2; 360 u. anm. 5.
hialm(ul)-vǫlr u. a. formen 254; 297.
hialmvítr f. 390, 1, (4).
hialpa stv. 92; 95, 3, a; 323, 1; 491, anm. 2; 495 u. anm. 5 (2 mal); 530, anm. 4.
hialpsmaþr m. 390, 2.
hialt n. 91; 222, anm. 1; 361.
Hia(l)tland 297, anm. 1.
hiarn n. 322, 1.
hiarne m. 224, 2; 283; 317, 4.
Hiarrandr, -e m. 422, anm. 4.
hiarse m. 317, 4.
hiarta n. 77, 9; 88; 95, 3, a; 325, 1; 340; 400; 405.
hiartegn n., s. *iarte(i)gn*.
Hiatland 297, anm. 1.
hiaþningar m. pl. 92; 173, anm. 3.
hibýle, -bili n., s. *hýbýle*.
hieri m. = *here* 71, anm. 1; 103.
higat adv., s. *hegat*.
higgia swv. = *hyggia* 114.
Hildetannr, -taþr m. 167; 277, 4, b; 358; 416, anm. 3.
Hildr f. 384.
hildr f. (294); 384.
-hildr (in namen) 294; 384 u. anm. 2.
Hillar f. pl. 375.
hilper m. 92.
himenn m. 225; 237, anm. 3; 285, 5; 359 u. anm. 4.
himi(n)ríki (anorw.) n. 110, anm. 2; 299, 3.
himna f. 266, anm. 5.
hind f. 416.
hindar(r) adv. komp. 442, 3.
hindre adj. komp. 167; 441.
hineg adv., s. *hinneg*.
hingat adv. 162, anm.
hinn pron. 277, 2, c; 285, 1; 468; 471 u. anm. 1, 2; 472, anm. 1.

hinna f. 266, anm. 5.
hinneg, -ig, -veg adv. 149, anm. 1; 235, 1, f; 285, 1; 471, anm. 2.
hinnog, -ug adv. 158; 226.
hinzt adv. sup. 442, 3.
hinztr adj. sup. 441.
hiól n. 235, anm. 3; 317, anm. 2.
hiolp f. 70, 3; 89; 390, 2.
hiolt f. 95, 1; 361.
hión n. 405 (2 mal).
hióna n. 405 (2 mal).
hiorr m. 82, anm. 4; 89; 322, 1; 365 u. anm. 1, 2; (396).
hiortr m. 89; 172, anm. 3; 396 u. anm. 1.
hiorþ f. 89; 391.
hiorðing n. 221, anm. 1.
Hírar f. pl. 375.
hirþa swv. 238, anm. 2; 245, 2; 515.
hirþer m. 104; 151, 3; 370.
Hísing m. 390, 2.
Hísingsbúar m. pl. 390, 2.
hit pron. 248; 471, anm. 2.
hít (anorw.) adv. 158; 165, anm.; 471, anm. 2.
hite m. 85, anm. 1; 165.
hitta swv. 85, anm. 1.
hitti pron. (neutr.), s. *siá* pron. 470, anm. 2.
hið pron. = *hit* 248.
Hiþen, -in (anorw.) m. 92; 173, anm. 3.
hiðing (anorw.) f. 114.
hiþra adv. 60; 165, anm.
hiúfra stv. 101, 1.
hiú(n) n. 133, b, 2; 405 (3 mal).
hiúna n. 405 (2 mal).
Hiælgi (anorw.) m. 87, anm. 2; 91.
Hiælmlop (mnorw.) 152, 2.
hiæsi (anorw.) = *here* m. 71, anm. 1.
Hiæsi (anorw.) m. 95, anm. 4.
hlakka swv. 266, 3.
hlam n., s. *glam* (154).
hlam prät. 496, anm. 5.
hlass n. 320; 339, 1.
hlátr m. 284; 358, 2.
hlaþa stv. 320; 500.

hlaupa stv. 63,11,12; 172,1; 503 u. anm.1; 535, anm.2.
hlaut f. 166.
hlé n. 80,2; 163,2; 169.
Hleiþr f. 376.
hlekkr m. 266,3; 389.
hlenne m. 275.
Hlér(r) m. 360 (2mal).
hlíf f. 375.
Hlíf f. 375.
hlióta stv. 485 u. anm.2.
hlióþ n. 166.
hlít f. 376.
hliþ f. 376.
hlíþ f. 390,3.
Hliþskialf 256.
hlóa stv. 68,4.
Hlór(r)iþe m. 151,6.
Hloþvér, -ver m. 65; 111,2; 151,2; 166; 317,3, b; 360 u. anm.5; 371.
Hlǫkk f. 375.
hlum(m)r m. 318,10; 387; 392,3.
hlunninde n. pl. 173,2.
hlust f. 71,7; 317,4.
hlusta swv. 71,3.
hlutr m. 166; 388 u. 4; 392,3.
hlý n. 163,2.
hlýia swv. 68,4; 163,2; 513,2 'wärmen'.
hlýia swv. 513,2 'schirmen'.
hlymia swv. 496, anm.5.
hlymr m. = *glymr* 154; 389.
hlymr m. = *hlum(m)r* 392,3.
hlynr m. 389.
hlýr n. pl. 71,7; 317,4.
hlýr adj. 429.
hlýþne f. 411.
Hlæfoþr m. 97,3.
Hlæfreyr m. 97,3.
hlæia stv. 317,3, a; 501 u. anm.1.
hlær adj. 169; 429.
hlø(g)legr adj. 293,3.
hløra swv. 71,3; 317,4.
Hløþuer, -vér m. 65; 151,2.
hnakke m. 328,2.
hneggia (nisl.) swv. 154.
hneigia swv. 516, a.

hneiss adj. 294.
hneppr adj. 424, anm.2.
hnetr f. 416, anm.3.
hníga stv. 97,2; 482 u. anm.1, 2.
hniósa stv. 71,3; 485 u. anm.1.
**hnióþa* stv. (def.) 320; 488, anm.4.
hnípa swv. 483, anm.
hnipenn adj. (part.) 483, anm.
hniss n. 320.
hníta stv. 320; 482 u. anm.3.
hnóf prät. 500, anm.4.
hnoss f. 320; 339,1.
hnot f. 416 u. anm.3.
hnoþa n. 405.
hnǫgg(u)a stv. 77, 5, a, 7; 227,2; 493, anm.; 495 u. anm.3.
hnykr m. 322,1.
hnøggr adj. 82,6; 227,2; 424, anm.2; 430.
hnøre m. 71,3.
hnøtr f. 416, anm.3.
hó f. 77,2; 163,1; vgl. *hǫ́*.
hodd f. 224,2.
hóf n. 170, anm.1.
hofoð (anorw.) n. 98,1; vgl. *hǫfoþ*.
hóg- adj. 424, anm.2.
hógende n., s. *hógynde*.
hóglegr adj. 170.
hogr m. 61,1.
hógynde n. 64; 173,2; 539, anm.2, 3.
hokenn adj. (part.) 488, anm.4.
hol n. 318,6; 425, anm.2.
holfa swv. 495, anm.6; 519, anm.1.
holfenn adj. (part.) 495, anm.6.
holgan f. = *holdgan* 291,2.
holkr m. 318,6.
hóll m. 77,11; 81, c.
hollr adj. 167; 275; 427,2.
Holm(f)ríþr f. 291,4.
Hó(l)mstœinn m. 297.
holt n. 361, anm.4.
Holtar, -er 361, anm.4.
hón, hon pron. f. 116; 127,6; 151, 1, 5; 277, 2, c; 466 u. anm.1, 2.
honn n. = *horn* 272,2.
Hóp 247.
hoppa swv. 324,2.

hor (mnorw.) adv. 77, 10; 82, 8.
hór adj., s. hár 250; 317, 3, a; 430 u. anm. 3; 438.
horfa swv. 495, anm. 4; 507, anm. (2 mal); 519, II.
horn n. 155; 272, 2.
horrækkia (anorw.) f. 279, 1; 291, 9.
hors n. 315, anm. 3.
horso (anorw.) adv. 77, 10.
horvetna, -vitna adv. 82, 8; 84; 390, 5.
hóste m. 171; 172, 2; 235, 1, a.
hót n. 171; 235, 1, a.
hóta swv. 171.
hóta (anorw.) stv. 505, anm. 1, 3.
hotvetna, -vitna pron. 82, 8; 390, 5; 477, 1.
hǫ́ f. 77, 2; 163, 1; 317, anm. 2; 379; vgl. hey.
hǫfa (anorw.) swv., s. hafa 520, anm. 2.
hǫfn f. 81, c.
hǫfo(d)dúkr m. 268, 3; 285, 5.
hǫfoþ n. 98, 1; 121; 166; 362.
hǫfþinge m. 149; 229.
hǫfundr m. 173, 2; 358, 2; 422, anm. 4; 539, anm. 3 (2 mal).
hǫfuðbarmr (anorw.) m. 238, anm. 14.
hǫgg n. 364.
hǫggua stv. 63, 10 u. anm. 5; 77, 7; 82, 1; 227, 2; 318, 14; 503 u. anm. 1; 530, anm. 5.
Hǫgne m. 105, anm.
Hǫ́lfr m. 228.
Hǫlge m. = Helge 77, 7; 85, anm. 3.
hǫlkn n. 361.
hǫll f. 81, c. 391.
hǫlþr m. 105, anm.; 173, 5; 319, 2.
hǫltzti adv. 85, anm. 3.
hǫmungr m. 173, 3.
hǫnd f. 115, 1; 331, 2; 416 u. anm. 1, 2.
hǫnk f. 105; 266, anm. 3; 349, 1; 416, 3.
hǫrr m. 364; 365, anm. 2.
Hǫrþar m. pl. 51, 1, a; 78.
Hǫrþr m. 159; 395.
Hǫskuldr m. 317, 2, a.
hǫss adj. 430.

Hǫsuer m. 82, 6.
hǫttr m. 326, 7; 395.
hǫ́ttr m. 321. 395.
Hǫþr m. 395.
hǫ́þung f. 173, 3.
hrafn m. 277, 3; 358, 1.
hrammr m. 318, 10.
hrapallegr adj. 268, 4.
hrár adj. 80, 2; 429.
hraukr m. 318, 5.
hraume m. 322, 1.
hregg n. 369.
hreifr (nisl.) adj. 294, anm.
hreinn adj. 438.
hreinsaþr adj. 238, 2, f.
Hrei(þ)marr m. 292.
hrekkr m. 389.
hreþiar f. pl. 382.
hreyse n. 71, 8.
hreysar f. pl. 384.
hrífa stv. 482.
hríka stv. 322, 1.
hrína stv. 482.
hrinda stv. 266, 2; 492 u. anm. 1, 2.
hriósa stv. 172, 1; 488, anm. 4.
hrióta stv. 485.
hrióþa stv. 485.
hrís n. 361, anm. 4.
Hrísar 361, anm. 4.
Hrist f. 390, 3.
hriúfr adj. 166; 322, 1.
Hróaldr m. 134, b, 2; 222, anm. 2; 228 u. anm.; 235, 1, d.
Hróarr m. 54, 3, b; 72; 134, b; 151, 1; 228; 229; 235, 1, d.
Hróbiartr m., s. Hróþbiartr.
hroke m. 166; 318, anm. 3.
Hrokkell m. 127, 3; 238, 2, e; 274, 1.
hrokkenn adj. 322, 1.
hrókr m. 322, 1.
Hrólfr m. 130; 228 u. anm.; 297.
hrolla swv. 224, anm. 3.
Hrollaugr m. 127, 3; 268, 4; 358.
Hrolleifr m. 127, 3; 268, 4.
Hrollugr m. 152, 2.
Hrómundr m. 292.
Hró(o)lfr m., s. Hrólfr.

hrósa swv. 320.
hross n. 315, anm. 3.
hroste m. 317, 4.
Hró(þ)biatr m. 127, 3.
hroþenn adj. (part.) 488, anm. 4.
Hróþgeirr m. 54, 3, b; vgl. *Hróarr*.
Hró(þ)mundr m. 292.
hróþogr adj. 127, 3.
hróþr m. 65; 320.
hróþrbarmr m. 238, anm. 14.
hrǫnn f. 224, 2; 317, 4.
hrufa f. 166; 322, 1.
hrúga f. 166; 263, anm. 3; 318, 5 u. anm. 3.
hrum(m)r adj. 318, 10.
hrútr m. 172, anm. 3.
hrúþr m. 358, anm. 2.
hrýfe m. 166; 322, 1.
hryggr m. 279, 1; 389 u. anm. 1.
hryggr adj. 82, 4; 430 u. anm. 4.
hryggua, -ia swv. 227, 2; 516, anm. 2.
hrytr m. 389.
hræ n. 83; 97, 3; 135; 366.
hrøkkua stv. 82, 3; 110, 1; 112, 1; 266, 3; 494.
hrøkkua swv. 82, 6.
hrør n. 71, 3.
hróra swv. 253, 1; 317, 4.
Hrórekr m. 65; 151, 3; 292.
hrørna swv. 71, 3; 253, 1.
hrøþa, -e f. 253, 1.
hrøþask swv. 253, 1.
Hró(þ)rekr m., s. *Hrórekr*.
hú (anorw.) adv. 319, 4; 474, anm. 1.
huak prät. 498, anm. 8.
huakke pron., s. *huatke* 274, 1.
hualfa swv. 519, anm. 1.
huáll m. 77, 11; 81, c.
hualr m. 358; 387 u. 2.
huar adv. 65.
huara (anorw.) adv., s. *huarra*.
huárge(n) pron. 239, 1, a; 258, 1; 477 u. 3 u. anm. 3.
huarr (anorw.) pron. 77, 10; 149, anm. 2; 464, 3; 473; 474, 3 u. anm. 3; 478.

huárr pron. 123; 292; 474, 2; 478.
huar(r)a, -e (anorw.) adv. 54, 3, b; 281.
huár(r)tuegge, -tueggia pron. 283; 291, 11; 478 (2 mal) u. anm. 1, 2.
huár(t)ke pron. 239, 1, a.
huarvetna adv. 65; 82, 8; 84.
huárz konj. 'ob' 473, anm. 2.
huass adj. 63, 15; 171, anm. 2; 320; 339, 1; 427 u. 2; 437.
huassu (anorw.) adv. 272, 3.
huat pron. 65; 248; 319, 4; 340; 473; 474, 1 u. anm. 1; 477 u. 1.
huata swv. 281.
huáta stv. 171 u. anm. 2; 505, I u. anm. 1, 3.
huatke pron. 239, 1, a; 274, 1; 477 u. 1.
huatr adj. 171, anm. 2; 320.
huat(t)a swv. 281.
huattr, huettr adj. 428, 2.
huatvetna, -vitna pron. 65; 82, 8; 151, 2; 477 u. 1.
huað = *huat* 248.
huaþarr pron., s. *huárr* 123; 474, 2.
huaþartuegge pron. 478, anm. 1.
hué pron., part. 474, anm. 1.
huel, huél n. 109; 317, anm. 2.
huéla n. 405.
huerfa stv. 63, 17; 90; 490 u. anm. 3, 4; 495, anm. 4.
huerge pron. 258, 1; 477 u. 2.
huernog adv. 158; 226.
huerr m. 358.
huerr pron. 86, anm. 1; 285, 1; 473; 474, 1, 3 u. anm. 3; 478.
huerskonar, -kunar adv. 61, 1.
huerso adv. 272, 3.
huersog, -ug adv. 158; 226.
huervetna, -vitna adv. 65.
huessa swv. 63, 15; 515.
huessu adv. 272, 3.
huetia swv. 320.
huetvetna, s. *huatvetna*.
húfa f. 166.
hufuð (anorw.) n. = *hǫfoþ*.
hugall adj. 173, 1 u. anm. 1; 428.

Register. 421

hugr m. 61,1; 317,4; 388.
hugsa swv. 317,4.
-(h)ugþ suffix 293,1; 392,3.
huí pron. 474, anm. 1.
huika swv. 498, anm. 8.
huilft f. 237, anm. 2.
huilíkr pron. 473; 474, 4 u. anm. 3.
huilmt f. 237, anm. 2.
huílþ, -d f. 127, 2; 238, 1, b u. anm. 4.
huimleiþr adj. 127, anm. 1.
huína stv. 482 u. anm. 3.
huirfing 63, 17.
huísla swv. 172, 2.
-huít (in namen) 377.
húka swv. 488, anm. 4; 519, anm. 4.
Hul[m]viþr m. 65.
huls n. = húsl 313,4.
húm n. 322,1.
humarr m. 61,1.
hun pron., s. hón 151,5; 466.
hunang n. 61, anm. 2.
hundr m. 182,1; 358.
hundraþ, -t zahlw. 148; 238, 2, f;
 450; 452, anm.
Húner, Húnar m. pl. 392,3.
hungr m. 167; 317,3, b; 358, anm. 2.
hunsl (misl.) = húsl 233.
huorfa (misl.) = huerfa 86, anm. 1.
huort (misl.) adv. 86, anm. 1.
huossu (misl.) adv. 86, anm. 1.
huǫrvetna 82, 8; vgl. huarvetna.
hurþ f. 391.
hús n. 63, 7; 183, 1; 339, 2; 361,
 anm. 4.
Húsar, -er 361, anm. 4.
húsfreyia, húsfrú f. 160, anm.; 240,
 anm. 6; 310, 2; 408, 1.
húsl n. 112, anm. 1; (233); 313, 4.
húspreyia, -prøy f. 240, anm. 6.
hústrú f. 310, 2; 408, 1.
húþ f. 322, 1.
-(h)úþ suffix 293, 1; 392, 3.
huærgi(n) (anorw.) adv. 158; 311,
 anm.
huærr (anorw.) pron. 478.
huǽsa swv. 171; 172, 2.
hý n. 322, 1.

hýbýle, -bíli n. 77, 6; 81, c; 114 u.
 anm. 1; 166, anm. 2.
hýe m. 405.
hyggia swv. 114; 279, 1; 507, anm.;
 513, 4; 531, anm. 2; 538, 3.
hyggiande f. 411.
hylia swv. 531, 2.
hylr m. 389 u. anm. 1.
Hylviþr m. 65.
Hymer m. 371.
Hýner m. pl. 392, 3.
hýra swv. = heyra 99, anm.
hyrr m. 389.
hyrta swv. = hirta 85.
hyrða swv. = hirða 85.
hyrðir m. = hirðir 85.
Hýsingr m. 114.
hyske n. 77, 6; 127, 5.
hyte m. = hite 85, anm. 1.
hytta swv. = hitta 85, anm. 1.
hýðing f. 114.
hœimall (anorw.) adj. 173, 1; vgl.
 heimell.
hœim(f)t (anorw.), s. heipt 237,
 anm. 2.
hœlagr (anorw.) adj., s. heilagr (128).
Hælga f. 77, 7.
hælgdarland, hælda- (anorw.) n. 256.
Hælge, -i m. 91; 297.
hæll m. 62, anm. 1; 135; 175, 4.
Hælla (anorw.) 77, 7; 85, anm. 3.
hælpa (anorw.) stv., s. hialpa 495,
 anm. 5.
Hæn 135.
hængat (anorw.) adv. 162, anm.
hæra f. 154.
Hærekr m. 65.
Hærlogr, -ugr (anorw.) m. 152, 2.
hærr adj. 424, anm. 2.
hætta f. 77, 7.
hætta swv. 327, 3, b; 321.
hættr adj. 439.
hæðing (anorw.) f. 173, 3.
Hǿ(i)ngr m. 135.
hǿfa swv. 170, anm. 1.
hǫfut n. = hǫfoþ 238, anm. 12.
hǫgeldekirkia (anorw.) f. 254, anm.

hégende n. 64; 173,2; 539, anm. 3; vgl. *héginde.*
høggua (anorw.) stv. 503, anm. 1; 530, anm. 5.
hégia swv. 539, anm. 2, 3.
héginde n. 173,2; vgl. *hégende.*
hógr adj. 170; 424, anm. 2; 431; 439, anm. 2.
hógre adj. komp. 441, anm.
Hé(i)ngr m. 135.
hókia f. 170.
Helga (anorw.) f. 77, 7.
Helge m. = *Helge* 77, 7; 85, anm. 3.
helzti adv. 85, anm. 3.
héna f. 170.
Héngr m. 135.
héns(n) n. pl. 170; 299, 4; 361.
Heruer m. 65; 82, 6.
hésn n. pl., s. *héns(n).*
Hesuer m. 65; 82, 6.
héta swv. 171 u. anm. 2.
héð (anorw.) f. 98, 2.

i präp. 50,3; 110, anm. 2; 122; 299,5.
iá swv. 498, anm. 8; 520.
iá adv. 196, 3; 231, anm. 1.
iáenn adj. (part.) 498, anm. 8.
iafarr m. 359, anm. 1.
iafn- präfix 51, 1, a.
iafn adj. 88; 237,2; 427 u. 2 u. anm. 1.
iafnan adv. 95, 3, a.
iafur (anorw.) m. 77, 9.
iaga swv. 231, anm. 1.
iak pron., s. *ek* 94; 464.
iake m. 95, anm. 5.
Iákob(r) m. 247; 358, anm. 1.
iall m. = *iarl* 272, 1.
ialmr, ialfr m. 237, anm. 2.
iam(m)ikit (anorw.) adj. 285, 3.
iamn adj. = *iafn* 237, 2; 291, 9.
iam(n)væl (anorw.) adv. 237, 2.
Iam(p)taland 308.
Iamtar, Iamtr m. pl. 414.
iara f. 88; 95, 3, b.
iargtegn n., s. *iartei(g)n.*
iarknasteinn m. 291, 6.

iarl m. 272, 1; 277, 3; 291, 7; 358, anm. 4; 359, 2.
iarlegr adj. 291, 3.
iarn, iárn n. 127, 1; 133, b, 2.
iartei(g)n, -teikn, -tegn, -tign n. 291, 6, 9; 293, 3; 317, 3, a; 318, 5.
iarðgróenn adj. 95, 1.
iata f. 88; 91; 95, 3, b.
Iatmundr m. 93, anm.
iát(t)a swv. 267, anm. 1; 519, anm. 6.
iáttyrþe n. 110, 3; 124, 1.
iaþarr m. 88; 93, anm.; 95, 3, b; 173, 5; 359.
iaxl 88.
jeg (nisl.) pron. = *ek* 464, anm. 2.
iek (anorw.) pron. = *ek* 464, anm. 2.
Jésús m. 126, anm. 3.
iéta stv. = *eta* 498, anm. 1.
ifa swv. 85, anm. 1.
Ifarr m. 83; 111, 2; 134, a; 317, 3, b.
í fiorþ adv. 89 (2 mal).
ifir präp. 147.
ifrinn (anorw.) adj. 114; 235, 2; vgl. *yfrenn.*
í furstonne adv. 438, anm. 1.
-ig- suffix 173, 4.
í gegn(om) präp. adv. 425, anm. 2; 428, anm. 1.
í giár, í gǽr adv. 71, 2; 72; 196, anm.; 263, anm. 1.
ikki pron. 127, anm. 1; vgl. *enge.*
il f. 382.
-il- suffix 173, 1 u. anm. 1.
illa adv. 443.
illgrese n. 372.
illr, illr adj. 127, 2; 277, 4, a; 440 (u. anm. 2).
Illuge m. 294.
illvirke m. 403.
Ilmr f. 384.
-ils (in namen) 358.
ilstre n. 92; 317, 4.
(i) millem präp. 425, anm. 4.
ímiss, i- adj., s. *ýmiss* 114; 428.
í miþel präp. 425, anm. 2.
in adv. 'noch', s. *enn* 149, anm. 1.
-in- suffix 173, anm. 3.

-*ind*- suffix 51, 2, b; 173, 2 u. anm. 2.
-*inde* f. 411.
Indriþe m., s. *Eindriþe*.
-*ing*- suffix 51, 1, b; 51, 2, b; 146, anm. 2; 173, 3; 376 (2mal) u. anm. 2; 461.
-*inge* m. 403.
Ingebiorg f. 93; 160, anm.; 293, anm. 2; 295, anm. 3; 374.
Ingemarr m. 64; 151, 1; 153, 3.
inginn (anorw.) pron. 127, anm. 1; 476, anm. 1; vgl. *enge*.
Inguarr m. 84; 134, a; 317, 3, b.
Ingue m. 84.
Inguildr f. 294.
inn best. art. = *enn* 149, anm. 1; 468; 471; 472.
inn adv. 441; 442, 3.
-*inn* part. prät. 428 u. (4), 5.
inna swv. 517.
innifli n., s. *innyfle* 147.
innre adj. komp. 261; 441.
innyfle, -ylfe n. 64; 147; 313, 1; 425, anm. 2.
inztr adj. sup. 441.
Ióan m. 256.
Ióarr m. 256.
iód(d)ís f. 223, anm. 1.
ioforr m. 77, 9; 89; 95, 3, b; 235, 2; 359, anm. 1.
Iófriþr f. 384.
Iogan m. 256.
Iógar (anorw.) m. 256.
Iohan m. 256.
iokoll m. 89; 231; 279, 3.
iól n. pl. 100; 231.
iolfoþr, Iol- m. 397 u. anm. 1.
Iólfr m. 106, anm. 1; 130.
Ió(l)mundr m. 297.
iolstr m. 92; 317, 4.
iomfrú, ionfrú (anorw.) f. 264; 291, anm. 1.
Ión m. 359, 2.
Ió(o)lfr m. 130.
Iór- (in namen) 235, 2.
iór m. 106, anm. 1; 223, anm. 1; 360 u. anm. 3, 5.

Ióris (anorw.) 235, 1, f.
iorþ f. 70, 3; 89; 93; 95, 1 u. 3, a; 160, anm.; 292; 376; 391 u. anm. 2.
Iorþón, (-án) 116.
Iorundr m. 89; 148.
Iórvík 235, 2.
Iósef, Ioseppr m. 240, anm. 7; 358, anm. 1.
iostr m. 396.
iotonn m. 89; 95, 3, b; 359.
ioþorr m., s. *iaþarr*.
Iǫ(l)fe m. 297.
iǫrue m. 82, 7.
-*isl* (in namen) 229, anm.; 313, 4; 358.
ismátt, -ótt f. 112, 2 u. anm. 3.
Israel m. 358, anm. 1, 3.
iss m. 127, 2; 179, 1; 358, 1.
it pron. pers. 248; 464 u. anm. 5; 465, anm. 5; 531, 4, a.
iþ pron., s. *it* 248; 464.
iþ f. 165.
iðarr (anorw.) pron. = *yþ(u)arr* 467, 3.
Iþe m. 403.
iþia f. 165.
iþia swv. 510.
-*iþr* part. prät. 428 u. 2.
iþrar f. pl. 375.
iþre adj. komp. 261 (2mal); 441.
iþrótt f. 116; 221, anm. 1; 285, 3; 392, 3.
Iþunn f. 277, 4, b; 384.
iþu(r)legr adj. 308, anm.
iþvandr, iþ- adj. 127, 2.
iúgr n. 100; 259; 292.
iúl n. pl. 100.
iungfrú, iunk-, ium- f. 231, anm. 1; 246, 1; 264; 408, 1.
iúr n., s. *iúgr*.

kafna swv., s. *kuafna*.
Kágastaðum (anorw.) 263, anm. 3.
kagge m. 318, anm. 3.
kaggr m. 318, anm. 3.
kakke m. 318, anm. 3.
kala stv. 170, anm. 2; 500; 540, anm. 1.

kaldr adj. 170, anm. 2; 540, anm. 1.
kalfr m. 342. 1.
kall m. = *karl* 272, 1 u. anm. 1.
kalla swv. 77, 1; 508, 1; 544, 3; 545.
kambr m. 266, anm. 4; 329, 2; 358.
Kammefiol 252, anm.
kampr, kanpr m. 262, 1.
kana f. = *kona* 121.
kan(n)úkr, kanunkr, kanóke m. 112, anm. 1; 262, 2; 299, 1.
kapp n. 266, 1.
kappe m. 266, 1; 408.
Káre m. 151, 1.
kar(l) m. 272, 1; 283; 291, 7; 358, anm. 4; 359, 2; vgl. *kall.*
kar(l)maþr m. 291, 7.
Kárr m. 151, 1.
Kat(a)rína (anorw.) f. 160, anm. 1.
Katrín f. 377.
kattbelgr m. 80, 1 u. anm. 1; 153, 4.
kattr m. 395, anm. 2; vgl. *kǫttr.*
kaupa swv. 238, anm. 7; 520.
kaupangr m. 51, 2, b; 358 u. anm. 2.
kefia stv. swv. 170, anm. 1; 235, anm. 1; 500 u. anm. 1; 512, anm. 2.
keikr adj. 165.
kelda f. 406, anm. 1.
-kell, -keli (in namen) 359, 2.
kelldórr m. 238, 1, b.
kelling f. = *kerling* 272, 1.
kemba swv. 238, 1, b; 515.
kempa m. f. 262, anm.; 408.
kengr m. 389 u. anm. 1.
kenna swv. 327, 1; 515; 517.
ken(n)ing f. 51, 1, b; 285, 2.
kenpa m. = *kempa* 262, anm.
keptr m. 91.
ker n. 71, 1.
kerling f. 272, 1; 374.
kerte n. 372, anm. 4.
ket n., s. *kiot* 82, 3.
ketell m. 63, 1; 103; 104; 285, 5; 309, 2; (in namen) 359, 2.
ketlingr m. 284.
keykia, -ua swv., s. *kueyk(u)a* 516, anm. 2.
kialta f. 92.

kiaptr m. 91; 93.
kiarne m. 167.
kikna swv. 165.
kilia swv. 510.
kilting f. 92; 95, 3, a.
kind f. 167; 416, 4.
kinn f. 416 u. anm. 3.
kinnbakke m. 318, anm. 3.
kiolr m. 95, 2; 396.
kioltung f. 92; 95, 3, a.
kioptr m. 91; 93.
kiósa stv. 71, 3; 72; 101, 2; 317, 4; 338, 1; 488 u. anm. 1; 506, anm. 4.
kiot, kiǫt n. 82, 3; 366 (2 mal).
Kiǫtue m. 82, 7.
kippa 284; 318, 2.
kippe n. 372, anm. 4.
kirkia f. 104; 263; 408 u. anm. 2.
kir(k)messa f. 291, 6.
kiþ n. 369 (2 mal).
kiúklingr m. 166; 318, 8.
klá stv. 68, 2; 501 u. anm. 1.
klafe m. 172, 3.
klappa swv. 324, 2.
klauf f. 172, 3.
klé m. 404 u. anm. 1.
klefe m. 60.
klegge m. 403.
kleif f. 165; 375.
kle(i)ss adj. 128.
kleme(n)zmessa f. 266, 2.
klénn adj. 177, anm.
kleppr m. 110, 1; 266, 1.
kless adj. 128.
klettr m. 110, 1; 266, 1.
*kleyia stv. 501, anm. 1.
klif n. 165.
klífa stv. 482.
klife m. 60.
kligia swv. 520; 532, 6 u. anm. 2.
klipa stv. 482.
kliúfa stv. 172, 3; 486 u. anm.
kló f. 77, 2; 78; 137, 2; 153, 3; 416.
klofe m. 172, 3.
klubba, klumba f. 266, anm. 4.
klungr m. 358, anm. 2.
klyf f. 172, 3; 382.

klyfia swv. 510.
klýpa swv. 482.
klyppa swv. 85.
klæia swv. 68, 2; 510.
klæpe n. 54, anm. 3; 372, anm. 4.
Klé(i)ngr m. 135.
kløkkr adj. 82, 6; 430.
kløkkua stv. 82, 3; 110, 1; 266, 3; 494.
Klémætson m. 85, anm. 2.
knappr m. 318, 2; 324, 2.
knár adj. 429; 437.
kné n. 80, 2; 106, anm. 1; 122; 133, b, 2; 327, 1; 363 u. anm. 2.
knefell m. 318, 2.
knésbót, -fót f. 112, 2; 237, 1; 267, anm. 1.
knía swv. 133, b, 2; 163, 2; 513, anm. 2.
knoþa swv. 318, 3.
knǫrr m. 395 u. 3.
knǫtto v. 172, 4; 525, 2 u. anm. 2; 529.
knǫttr m. 172, 3; 326, 7; 395.
knúe m. 404.
knútr m. 172, 3; 318, 3.
knýia swv. 163, 2; 513, 2 u. anm. 2.
knylla swv. 224, anm. 3.
Knytlengr m. 127, 5.
knækkia (anorw.) swv. 279, 1.
kobbe m. 318, 1.
kodde m. 332, 3.
kofa(r)n n. 300, 1.
kokkr m. 166; 318, 8.
kokodrillus 315, anm. 1.
kol n. 425, anm. 2.
Kolbınn, -bæinn (anorw.) m. 152, 1.
Ko(l)biorn m. 297.
kollótr, -utr adj. 151, anm.; 285, 5.
kólna swv. 124, 3.
koma stv. 61, 1; 77, 11; 119; 168, anm.; 319, 3; 496 u. anm. 3, 4, 5; 530, anm. 5 (2 mal); 534, anm. 3; 536, anm. 1.
kon m. = *konr* 285, anm. 2.
kona f. 61, 1; 121; 162, 1; 168; 318, 11; 319, 4; 408, 2.
kongr, kóngr m. 124, 4; 160, anm.

konongr m. 61, anm. 2; 124, 4; 160, anm.; 358.
kon(r) m. 61, anm. 2; 285, anm. 2; 388 u. anm.
koppr m. 318, 2.
korn n. 167.
kos- zu *kør* n. 71, 3; 317, 4.
kostr m. 388 u. 2, 4.
Kófstǫðum 263, anm. 3.
kǫfurr (anorw.) m. 263, anm. 3.
kǫgoll m. 318, anm. 3.
kǫgurr m. 263, anm. 3.
kǫkkr m. 318, anm. 3; 395.
Kǫ́lfr m. 228.
kǫngorváfa (*-ol-*) f. 77, 11; 254, anm.
kǫr f. 375.
kǫrtr m. 395.
kǫs f. 375.
kǫstr m. 395.
kǫttr m. 80, 1 u. anm. 1; 326, 7; 395 u. anm. 2.
krabbe m. 330, 1.
kraf(s)tr m. = *kraptr* 309, 1.
krake m. 171, anm. 2.
krákr m. 171, anm. 2.
krankr adj. 124, 4; 266, anm. 3.
kraptr m. 309, 1; 358, 2.
krefia swv. 512.
kreppa swv. 495, anm. 6.
krepp-hendr adj. 110, 1.
kretta stv. 490 u. anm. 1, 2.
kringlutr (anorw.) 127, 3.
Krist m., s. *Kristr*.
kriste(n)legr adj. 266, 4; 285, 5.
kristenn adj. 428, 5.
Kristia(r)n (anorw.) m. 311.
Kristín f. 377.
krist(t)ne f. 291, 11; 411, 2.
Krist(r) m. 291, 11; 302 (2 mal); 316; 358 u. anm. 1, 3.
kriúpa stv. 101, 1; 166; 484.
krof n. 318, 2.
krókr m. 171, anm. 2.
kropenn adj. 112, 1; 266, 1; 495, anm. 6.
kroppr m. 318, 2.
krós n. = *kross* 286.

krossmøssa f. 77, 3.
kryppell m. 112, 1.
k(u)afna swv. 170, anm. 1; 235, anm. 1.
kuán f. = *kuǽn* 66, 1.
kuánlauss adj. 66, 1; 153, 4.
Kuaser m. 371.
kubbr m. 266, anm. 4.
k(u)efia stv. swv. 170, anm. 1; 235, anm. 1; vgl. *kefia*.
kueykua, kueika f. 82, 13.
kueyk(u)a, kueikia swv. 82, 9, 13; 235, anm. 4; 516, anm. 2.
kuelia swv. 68, 9; 538, 3.
kuenna f. 408, 2.
kuennsyft, -suift f. 77, 12.
kuerk f. 417 u. anm. 3.
kuern f. 375.
kueþa stv. 68, 10; 221, 1; 498 u. anm. 3.
kúfa (anorw.) swv. 263, anm. 3.
kúfóttr adj. 318, 1 u. 2.
kúga swv. 263, anm. 3.
kuí f. 375.
kuíga, -ende f. 166.
kuik(k)r adj. 82, 9, 10; 279, 2; 430.
Kui(k)staðer (anorw.) m. 307.
kuik(u)ende n. 82, 10; 235, anm. 4.
kuilla f. 268, 4.
kuinna f. 408, 2.
kuirkia swv. 82, 10.
kuirr adj., s. *kyrr* 424, anm. 2.
kuísl f. 375.
Kuistaðer (anorw.) 307.
kuistr m. 395.
kuittr m. 241; 395.
kuíþa stv. 68, 10.
kuiþr m. 395.
kulpe m. 170, anm. 2.
kuma (anorw.) stv., s. *koma* 61, 1; 496.
kumbr m. 266, anm. 4; 291, 2.
kumpánn m. 112, anm. 1; 266, anm. 1.
kumpr m. 266, anm. 1.
kuna f. 168; s. *kona*.
kundr m. 317, 2, b.
-kundr, -kunnr adj. 167; 317, 2, b.

kunna v. 172, 4; 266, anm. 2; 275; 285, 1; 348, 1; 523, 2 u. anm. 2; 529; 532, 4; 535, anm. 2.
kunnegr, -ogr adj. 173, 4.
kunnr adj. 261; 427; 433; 523, anm. 2.
-kunnr, -kundr adj. 167; 317, 2, b.
k̃un(un)gr m. 61, anm. 2; 160, anm.
kuǫl f. 375.
kuold (misl.) n. = *kueld* 86, anm. 1.
kuǫ́n f. 66, 1; 392, 3.
kuppán(n) (anorw.) m. 112, anm. 1; 266, anm. 1.
kurr m. 358, anm. 2.
kuþr adj. 261; 427; 433; 523, anm. 2.
kuǽfa swv. 170, anm. 1.
kuǽmr adj. 168, anm.
kuǽn f. 66, 1; 168; 392, 3.
kuǽna swv. 517.
kuǽþe n. 370.
kuøkua swv. 82, 9; vgl. *kueykua*.
kyfla swv. 313, 1.
kykr adj., s. *kuik(k)r*.
kykuende n. 82, 10.
kylfa, kyfla swv. 313, 1.
kylr m. 389.
kyn n. 347, 1; 367; 369.
kynda swv. 114 (präs.).
kyndi(l)smessa 297, anm. 1.
kynne f. 275.
kýr f. 71, 6; 166; 413; 416, anm. 1; 418 u. anm. 1.
kyrkia swv. 82, 10.
kyrr adj. 77, 12; 81, c; 104; 353, 3; 424, anm. 2.
kyrtel(l) m. 104; 359, anm. 2.
kœfia (anorw.) stv. 170, anm. 1; s. *kefia*.
kǽte f. 411.
kéfa swv. 170, anm. 1.
kémr adj. 168, anm.
kénn adj. 172, 4.
kør n. 317, 4.
kørtisuœinn m. 85, anm. 2.

-la adv.-suffix 293, anm. 1; 442, 1.
lafa swv. 519, anm. 1.
láfe m. 83; 171; 235, anm. 2.
láfr (in namen) 54, 3, b; 358.

lag 80, 2; 169, anm.
laga swv. 507, anm.
lagastafr 80, anm. 1.
lágr adj. 169, anm.; 438.
-lákr, -leikr (in namen) 54, 3, b; 358.
lamb n. 266, anm. 4; 329, 2.
lame adj. 170, anm. 2.
lan (anorw.) f. = *lǫn* 375, anm. 1.
lán n. 54, 1; 177, anm.; 361, anm. 1.
land n. 77, 1; 260; 331, 2; 361, anm. 4.
landamǽre, -móre (anorw.) n. 96.
landbóle, (-búli orkn.) m. 63, anm. 3; 166, anm. 2.
Lander 361, anm. 4.
landskia(l)fte m. 291, 4; 401, anm. 1.
landøyða (anorw.) f. 238, anm. 14.
langr adj. 124, 4; 333, 2; 349, 1; 350, 1; 425, anm. 2; 436, 2.
langt adv. 442, anm. 3.
langǽr adj. 97, 3.
Lanornstadir 258, 2.
lanzofrenge m. 149; 229.
lanzøyra (anorw.) f. 238, anm. 14.
Lar(en)s 160, anm.
lasenn adj. 317, 4.
lasmeyrr, -mǽrr adj. 172, 3.
láss m. 232.
lát n. 372, anm. 3.
láta, lata stv. 171, anm. 2; 280, 1; 505, I u. anm. 1, 2, 3; 534, 2, b (2 mal); 536, 2.
latr adj. 171, anm. 2; 319, 5.
látr m. 284.
láþmaþr m. 54, anm. 3.
lax m. 277, 3; 283; 358, anm. 3.
lauf n. 318, 1.
Laufey f. 383.
-laug (in namen) 377.
laugardagr, (anorw.) *laugur-* m. 259; 376, anm. 1.
-laugr (in namen) 358.
laun n. pl. 347, 1; 361.
Laure(n)z m. 266, 2.
lausn, (launs) f. 71, 8; 156; 310, 3; 314.
lausung f. 51, 2, b; 376.
lauss adj. 166; 286.
laut f. 391.
lauþr n. 259.
lávarþr m. 358, 2.
léa swv., s. *liá* 133, b, 2; 520.
lé(e) m. 130; 133, b, 2; 360; 404 u. anm. 1.
-leg-, -lig- suffix 145, anm. 4; 151, 3.
-lega adv. 442, 1.
-legastr adj. sup. 427; 428.
leggia swv. 169, anm.; 279, 1; 354, 1; 507, anm. (2 mal); 512; 514, anm.
leggr m. 317, 3, a; 389.
legr 68, 3; 90.
-legr adj. 248, anm. 4; 427, anm. 3; 439, anm. 3.
leif f. 375; (in namen) 377.
-leifr m. 358.
leig(i)a swv. 317, 3, a; 516, anm. 1.
leika n. 319, 2; 405.
leika stv. 502; 531, anm. 2, 3.
leikande f. 319, 2.
leikare m. 402.
-leikr nom.-suffix 358.
-leikr, -lákr (in namen) 54, 3, b; 358.
Leik(v)angr 235, anm. 4.
Leikvin 82, 13; 84.
leita swv. 165.
leiþ f. 54, anm. 3; 376.
leiþangr m. 173, 3; 229; 358, anm. 2.
Leiðangr 253, anm. 1.
leiþende n. 149; 235, 1, f.
leka stv. 169, anm.; 497 u. anm. 1.
lemia swv. 514, anm.
lemstr m. 358, 2.
lén n. 54, 1; 177, anm.
lend f. 167; 375.
léner part. m. pl. 483, anm.
lenge adv. 442, 2.
lérept, -ript n. 109, anm.; 111, 1; 145, anm. 2; 299, 3.
lesa stv. 77, 3; 286, anm.; 497; 531, 2.
leta (anorw.) stv., s. *láta* 505, anm. 1.
lete f. 411.
létta swv. 109; 111, 2.
léttare m. 109.

léttr adj. 111, 2.
leyfa swv. 240, anm. 4.
leygr m. 166.
leyna swv. 166.
liá swv. 111, 2; 133, b, 2; 317, 3, a; 483, anm.; 520 u. anm. 1; 532, 6 u. anm. 2.
lifa swv. 519, anm. 1; 538, 4 (2 mal); 539, anm. 1.
lifenn, -inn adj. (part.) 483, anm.; 519, anm. 1.
lifr f. 375.
lí(f)spund n. 311.
-lig-, -leg- suffix 145, anm. 4.
liggia stv. 68, 3; 169, anm.; 279, 1; 498 u. anm. 7.
-ligr adj. 248, anm. 4; vgl. *-legr.*
lík(h)amr, -me, líkamn m. 51, 1, a; 294; 387.
lík(i)a swv. 516, anm. 1.
líkr adj. 290, anm.
lilia f. 409.
limar f. pl. 375.
limr m. 395 u. 3, 4.
lind f. 390, 3.
linde n. 317, 2, b.
linnr m. 275; 317, 2, b.
linr adj. 427, 2.
línspund n. 311.
lióna swv. 166.
liós n. 63, anm. 6; 222, 2; 425, anm. 2.
lióss adj. 127, 3; 222, 2; 358, anm. 3.
liósta stv. 485; 534, 2, b.
lióstr m. 358, anm. 2.
liótr adj. 166; 326, 8.
lióþ n. 166.
lióþr m. 392, 3.
lírit(t)r m., s. *lýritr* 114.
líspund n. 311.
lít adv., s. *lítt.*
líta stv. 165; 235, 1, c; 482.
lítell adj. 127, 2; (261); 309, 2; 428 u. 5; 440.
litr m. 77, anm. 3; 165; 235, 1, c; 395 u. 3.
lít(t), lítt adv. 127, 2; 160, anm.; 428, 5; 443.

lítta (anorw.) swv. = *létta* 111, 2.
líttat 'ein wenig' 276.
lípa stv. 482 u. anm. 2.
lipr m. 'gelenk' 395 u. 2, 3.
lipr m. 'lindwurm', s. *linnr.*
Liðskialg (anorw.) 256.
liúfr adj. 100; 237, 1; 342, 1.
liúga stv. 98, 2; 166; 230, 2; 486 u. anm.
liúka stv. 486; 487.
liús (anorw.) n. = *liós* 101, anm. 2.
ló f. 98, 2; 416.
lófe m. 83; 154; 171; 235, anm. 2.
Lofðarhorn 256.
loge m. 166.
logn 317, 3, a.
lokka swv. 328, 2.
lokkr m. 328, 2.
lómr 170, anm. 2.
lón n. 112, 2; 317, 3, a.
losna swv. 166; 488, anm. 4.
loþa swv. 519, 1.
loþenn adj. (part.) 488, anm. 4.
lǫ́ f. 317, 3, a; 379.
Lǫfðarhorn (anorw.) 256.
lǫg n. pl. 80, 2; 361.
lǫgg f. 380.
lǫgn n. pl. 361.
lǫgr m. 80, 2 u. anm. 1; 153, 1, 5; 317, 3, a; 395 u. 3.
Lǫgðarhorn (anorw.) 256.
lǫgþer m. 371.
lǫm f. 232; 375.
lǫn f. 375 u. anm. 1.
lǫskr adj. 319, 5; 430.
lǫstr m. 222, 2; 395.
-lǫþ f. 377.
lubba f. 318, 1.
lúenn adj. (part.) 488, anm. 4.
lúfa f. 318, 1.
lugn (aschw.) adj. 424, anm. 2.
lugvitne n. 166.
lúka stv. 63, 7; 183, 1; 487 u. anm. 1, 2; 545.
luma swv. 170, anm. 2; 519, anm. 2; 538, 4.
lún (anorw.) 112, 2.

lund f. 392, 3.
lunder f. pl. 167.
lundr m. 358, 2.
-lundr adj. 424, anm. 2.
lungo n. pl. 405.
lús f. 416 u. anm. 3.
lúta stv. 487 u. anm. 2.
lútr adj. 166.
lúþr m. 166; 358, anm. 2.
lyf f. (n. pl.) 114; 369; 382.
lyfia swv. 510.
lyge f. 166; 411, 3.
lygn adj. 424, anm. 2.
lýia swv. 68, 6; 488, anm. 4; 512.
lykell m. 66, 3; 67, c; 104; 254; 359, anm. 1.
lykkia f. 279, 1.
lyk(k)ia swv. 487, anm. 2; 513, 2.
lynd (anorw.) f. 392, 3.
lyndr adj. 424, anm. 2.
lyng n. 77, 5, a; 82, 4; 366.
lypta swv. 515.
lýr m. 389 u. anm. 1.
lýréttr, -rit(t)r m. 114; 151, 2; 267 u. anm. 2 (2 mal); 285, 4; 292.
lýske f. 239, 1, a.
lytr (anorw.) m. 392, 3.
lýþr m. 387 u. 2; 392, 3.
læ n. 77, 8; 83; 97, 3; 366.
læfirke m. 97, 3.
-læg- (anorw.) suffix = *-lig-* 145, anm. 4.
lægr adj. 431.
Læiftravágr (anorw.) 85, anm. 2.
Læiri(k)stúnir (anorw.) 307.
Læirangr (anorw.) 253, anm. 1.
lækner m. 371 u. anm. 4.
lær n. 71, 2; 317, 3, a.
lær adj. 458.
læra swv. 54, anm. 1.
lærept, -reft n. = *lérept* 109, anm.
lættare m. 109.
lé n. = *læ* 77, 8.
lébraut f. 77, 8.
Leftravágr (anorw.) 85, anm. 2.
lékr m. 169, anm.; 389 u. anm. 1.

løra f. 71, 3.
Løykvin (anorw.) 82, 13; 84.

má swv. 511.
máfr m.. s. *már* 235, anm. 1; 250.
maga (anorw.) v., s. *mega* 525, anm. 1.
Mághins (anorw.) m. 314. anm. 2; vgl. *Magnús.*
magn n. = *megen* n. 159; 362, anm. 2.
Magnús, Mágnus m. 126, anm. 3; 314, anm. 2; 358, 2 u. anm. 1.
magr adj. 322, 4.
mágr m. 105, anm.; 169.
makke m. 266, 3.
mál n. 63, 2; 107; 123 : 236 u. anm.
mala stv. 172, 4; 500.
malauss (anorw.) adj. 285, 3.
málfinne, -fime f. 266, anm. 5.
mall (anorw.) n. = *mál* 236, anm.
malr m. = *melr* 230, 1; 358.
man- (zu *maþr*) 318, anm. 5.
mánaþr m. 116; 137, 2; 319, 2; 397 u. anm. 1; 414.
máne m. 319, 2; 345, 1; 401.
mange pron. 476 u. 2.
mangr (anorw.) adj. 440.
manheimar m. pl. 318, anm. 5.
man(n ge pron. 476 u. 2.
mannlera f. 317, 4.
mannlíkan n. 361.
mannløra, -løþa f. 253, anm. 2.
mannr m., s. *maþr.*
mantull (anorw.) m. 266, 2.
manu (anorw.) v., s. *mono* 524, 2.
mánudagr, anorw. *manodagr* m. 137, anm. 6.
manvit n. 318, anm. 5.
már m. 54, 1; 77, 2; 81, c; 83; 116, anm.; 235, anm. 1; 250; 365.
mara swv. 519, anm. 1.
Marg(a)réta (anorw.) f. 160, anm.
margr adj. 291, 5; 427, anm. 1; 440.
Margrét f. 377.
Marí(u)mæssa (anorw.) f. 160, anm.
marr m. 124, 2; 358 u. 4; 387, 2; 388 u. 1, 2.
-marr (in namen) 358.

marskinn (anorw.) = *marð-* 291, 3.
mata swv. 276.
máte m. 169, anm.
matr m. 388 u. 3.
máttegr adj. 65; 267, anm. 2; 428; 43 3; 437.
maþkr m. 318, anm. 2.
maþr m. 238, anm. 13; 261 (2 mal); 277, 4, b (2 mal); 318, anm. 5; 415; vgl.
maþr pron. 479 u. anm.
mega v. 77, 3; 122; 149; 230, 2; 267; 321; 525, 1 u. anm. 1; 528; 529; 532, 4.
megen n. 74; 159; 362 u. anm. 2; 425, anm. 2; 428, anm. 1.
megen, -in adv. 278.
megenn adj. 428, anm. 1.
megn n., s. *megen* n.
megn adj. 428, anm. 1.
megim, -om adv. = *megen* adv. 278.
megu (misl.) v., s. *mega* 525, anm. 1; 528.
meinn adj. 438.
meir(r) adv. komp. 280, anm. 4; 442, anm. 4; 443.
meir(r)e adv. komp. 51, 3; 317, 4; 440.
meiss m. 320.
meita swv. 320.
meiþmar f. pl. 375.
meiþr m. 358, 2.
mek (anorw.) pron. = *mik* 145, anm. 3; 454.
mél n. pl. 110, 1; 167; 299, 2.
meldr m. 358, 2.
melia swv. 77, 7; 513, 1.
mellem, -om (anorw.) präp. 425, anm. 4.
melr m. 91; 124, 2; 230, 1; 358.
melta swv. 495, anm. 6.
men n. 369.
mér pron. pers. 110, 2; 126, 1; 277, anm. 5; 464 u. anm. 1, 4, 5; 465, 3 u. anm. 3, 4; 530, anm. 1; 531, anm. 5; 542.
mér pron. = *vér* 278; 464; 531, 3.
mergr m. 71, anm. 1; 126, 1; 263; 389 u. anm. 2.

merke n. 372 u. anm. 1.
merr f. 384 u. anm. 1.
messa f. 77, 3.
mest(r) adj. adv. sup. 128; 302; 317, 4; 440; 443.
met pron., s. *vit* 145, anm. 3; 278; 464.
met präp. = *meþ* 238, 2, f (2 mal).
meta stv. 116; 169, anm.; 497 u. anm. 2.
metorþ n. 95, anm. 1.
mettr adj. 428, 2.
meþal- 168; 173, 1.
meþal präp. 63, 3; 68, 3; 94; 173, 1; 269, 4; vgl. *miþal*.
meþan adv. konj. 51, 4; 64; 94; 241; 285; 1; 299, 5.
mey, meyia f., s. *mær* f. 72; 383, anm. 1; 501, anm. 1.
meyrr adj. 424, anm. 2.
mialtr m. 321.
miár adj., s. *mær* adj. 430, 437, anm. 1.
miaþveiter m. 95, 2.
mig pron., s. *mik* 248; 464.
míga stv. 97, 2; 482 u. anm. 1.
mik pron. pers. 145, anm. 3; 248; 464 u. anm. 1, 4; 465, 3 u. anm. 3, 4; 530, anm. 1; 542.
mikell adj. 51, 3; 54, anm. 1; 77, 5, b; 92; 104; 279, 3; 428 u. 5; 440.
Mik(i)áll m. 263.
mikilsti adv. 297, anm. 2.
mil n. 110, 1.
milde f. 411, 2.
mil(d)lega adj. 291, 2.
mildr adj. 425, anm. 2; 439, anm. 1.
millom, -e(m) präp. 268, 4; 425, anm. 1.
Mímer m. 371, anm. 2.
mín pron. pers. 464.
miniar f. pl. 382.
mining f., s. *minning*.
minn pron. poss. 110, anm. 2; 127, 2; 156, anm; 266, 2, a; 277, 2, c; 467 u. 1 u. anm. 1, (3).
minna swv. 517; 544, 4.
minnask swv. 167; 517.

minne 'mündung' 114. 167.
minne 'gedächtnis' 275; 287.
minne adj. komp. 261; 277, 4, b; 440.
min(n)ing f. 51, 1, b; 285, 2.
minnr adv. komp. 443.
minzt(r) adj. adv. sup. 440; 443.
miok, miog adv. 89; 92; 248; 425, anm. 2; 428, 5; 443.
miol n. 318, 9; 366; vgl. *miǫl*.
miolk f. 89 (2 mal); 167; 321; 417 u. anm. 1, 2.
mioll f. 318, 9; 376.
Miollner m. 371.
miór adj., s. *mǽr* adj. 430; 437, anm. 1.
miorkue m. 92.
miot n. 319, 2.
miotoþr m. 319, 2.
mioþdrekka f. 95, 2.
mioþr m. 396 u. anm. 1.
miǫl n. 172, 4; vgl. *miol*.
miǫrkue m. 82, 3, 7; vgl. *mørkue*.
misa f. 77, 5, b.
misgera swv. 507, anm.
misgærandi (anorw.) m. 422, anm. 1.
miskun(n) f. 77, 5, b; 284; 285, 4.
missa swv. 529.
missare, -ere n. 64; 151, 1, b.
missœmia f. 77, 7.
mistelteinn m. 222, 2.
mistr 222, 2.
mistrúa swv. 520, anm. 1.
mit pron., s. *vit* 278; 464 u. anm. 5; 531, 3.
miþal, -el präp. 63, 3; 173, 1; vgl. *meþal*.
miþ(i)aldre adj. 133, a; 295.
Miðió (anorw.) 133, a.
miþmunda, (-e) n. (m.) 405.
miþr adj. 68, 3; 77, 5, b; 168; 280, anm. 4; 423, anm.; 431 u. anm. 1.
miþr adv. komp. 443.
miukr adj. 166.
miøk adj. 70, 3.
Móeiþr f. 294.
Móensheimar 235, i, d.
Móer m. 371.

moka swv. 166.
mold f. 172, 4; 391.
mole m. 172, 4.
molka swv. 167; 495, anm. 4.
Mo(l)skones (mnorw.) 252.
moltinn (nisl.) part. 495, anm. 6.
mon m., s. *monr*.
móna f. 258, anm. 1.
Monámr m. 54, 3, b; 258, anm. 1.
mono v. 146, 3; 147; 238, anm. 5; 266, anm. 2; 524, 2 u. anm. 1, 3, 4; 528; 529; 532, 4; 535, anm. 2; 536, 2; 541, anm. 2; 546.
mónoþr m., s. *mánaþr* 414.
mon(r) m. 61, 1; 388 u. 2 u. anm.
Mo(n)str 299, 4.
Mór 360 u. anm. 2.
mór m. 'haideland' 113; 134, b; 357.
mór m. = *már* 77, 2; 81, c; 235, anm. 1.
Mórekr m. 292.
morgonn, -enn m. 173, 5; 291, 5; 359, anm. 4.
morkna swv. 495, anm. 6.
morteel 253, 2.
mose m. 166; 317, 4.
Moskones (mnorw.) 252.
Mostr = *Monstr* 299, 4.
mót n. 169, anm.
motr m. 358, anm. 2.
motte m. 241; 318, anm. 2.
móþer f. 160, anm.; 419; 421, anm.
móþerne n. 64.
móþr m. 358.
móðr (anorw.) f. = *móþer* 160, anm.; 421, anm.
Móþulfr m. 228.
mó(þ)ylfingar pl. 228.
Móvin 65; 135; vgl. *Món*.
mǫg m. 155.
mǫg(g)lan f. 279, 3.
Mǫgnús m. = *Magnús* 358, anm. 1.
mǫgr m. 77, 1; 169; 319, 1; 395 u. 3.
mǫkkr m. 395.
mǫlogr adj. 428.
mǫlr m. 395.
mǫn f. 375.

mǫrk f. 'mark' 413.
mǫrk f. 'wald' 391 (2 mal); 416, 1, 2, 4; 417.
mǫrn f. 81, a.
mǫrr m. 365.
mǫrþr m. 395.
mǫskue m. 401.
mǫ́ttogr adj. 428.
mǫttoll m. 266, 2.
mǫ́ttr m. 395 u. 3.
mǫ́ttulegr adj. 293, 1.
mǫ́ttugr adj. 293, 1.
muga (anorw.) v., s. mega 525, anm. 1.
múkr m. = munkr 112, anm. 1; 299, 1.
mullaug f. 266, 4.
mun m., s. monr.
muna v. 266, anm. 2; 524, 1; 532, 4.
Munámr, -án (anorw.) m. 258, anm. 1.
mun(d)laug f. 266, 4; 291, 2.
mundr m. 358 u. anm. 7.
mungát n. 262, 2.
munkr m. 112, anm 1.
munlaug f. 266, 4; 291, 2.
munnr m. 167; 261; 275; 358, 1 u. anm. 4.
mun(r) m., s. mon(r).
munu v., s. mono.
mús f. 416 u. anm. 3.
mútare m. 402, anm.
muþr m., s. munnr.
mýfell, mýell m., s. mýll.
myke f. 411, 1.
mykill adj., s. mikell 77, 5, b; 285, 5; 440.
mykr f. 166; 411, 1.
mykr n., s. myrkr n.
mýll m. 135; 235, anm. 4; 359, 2.
mylna f. 104; (114, anm. 2).
Mýlner m. 371.
myrgenn m., s. morgonn 74; 173, 5.
myrkia swv. 516, anm. 2.
my(r)kr n. 77, 5, a; 291, 10: 300, 2; 361, anm. 1.
myrkr adj. 82, 4; 430 u. anm. 3, 4.
myrkua, -ia swv. 516, anm. 2.
myrkue m. 82, 3, 7; 92.
mýrr f. 166; 317, 4; 384.

mysa (nisl.) f. 77, 5, b.
myskunn f., s. miskun(n) 77, 5, b.
Myðiu (anorw.) 77, 5, b.
mǽker m. 371.
mǽla swv. 'messen' 517.
mǽla swv. 'sprechen' 238, 2, b; 517; 529.
mǣr f. 71, 2; 72; 80, 2; 163, 1; 319, 1; 383 u. anm. 1; 501, anm. 1.
mǣr adj. 64; 83; 106; 429; 430 u. anm. 2; 437, anm. 1; 439.
mǣrr adj. 153, 3; 424, anm. 1.
mǣtr f. pl. 416.
møga v., s. mega 77, 3; 525, anm. 1.
mølua swv. 82, 6; 513, 1, 2.
Møn 65; 135; 235, 1, d.
mørgenn (anorw.) m., s. morgonn 74; 173, 5.
mørkue m. 77, 5, a; 82, 3, 7; 92.
Mørtalr m. 245, 1; 291, 6.
møssa (anorw.) f. = messa 77, 3.
møta swv. 515.
møþgen n. pl. 291, 10; 361.
møþgor f. pl. 291, 10.

ná swv. 520 u. anm. 1; 529; 532, 6 u. anm. 2.
ná-, nó- 'nahe-' 78; 438, anm. 1.
náar adv. komp., s. nǣr(r) 442, 2.
náenn adj. 159; 428, anm. 1; 437.
nafarr m. 54, 3, b; 72; 151, 1; 229.
nafle m. 256.
nafn n. 225; 237, 2; 291, 9; 361, anm. 1.
nagl m. 413.
nagle (anorw.) = nafle 256.
Naglfar n. 319, 1.
nakkuarr, -err, nakkorr pron. 54, 3, a; 84; 127, 1; 148; 274, 1; 475 u. 3 u. anm. 1, 2; andere formen 51, 2, a; 82, 2, 6; 116, anm.; 128; 148; 285, 1; 474, anm. 1.
nakkuat pron. 475, 3.
nánn (anorw.) adj., s. náenn 428, anm. 1.
nár m. 72; 80, 2; 83; 123; 319, 1; 387 u. anm. 2.
nara swv. 519, anm. 1.

Nare m. 84.
Narfe m. 84.
nátt, natt f., s. nótt.
náttúra f. 79.
naþr m. 358, anm. 2.
-naþr m. 397, anm. 1.
nápu(r)legr adj. 308, anm.
naumr adj. 234.
naust n. 166, anm. 2.
nautr m. 137, anm. 6; 166.
nauþegr, -ogr adj. 173, 4.
nauþ(r) f. 390, 1; 392, 3.
nauþsyn f. 167; 382.
nauþu(g)legr adj. 293.
nef n. 322, 4; 369.
nefa = nema konj. 237, 2.
nefe m. 319, 2.
Nefer m. 371.
Nefiulfr m. 133, a.
nefna swv. 63, 1; 291, 9; 515 u. anm. 3; 517.
negla swv. (part.) 313, 3.
neima (anorw.) konj. 237, 2.
neinn pron. 475 u. 5.
nekkuarr, -err pron. 84; 128; 274, 1; 475, 3; vgl. nakkuarr.
nekkuat pron. 51, 2, a; 475, 3.
nekkueþr adj. 159; vgl. nøk(k)ueþr.
nekkurr pron., s. nakkuarr 84; 475, 3.
nema stv. 116; 168; 176, 1; 345, 1; 496 u. anm. 4.
nema konj. 237, 2.
nenna swv. 238, 2, b; 275; 517.
nér adv. komp. 442, 2.
-ner (in namen) 371.
Nere m. 82, 6.
nerþre, nerztr adj. 441.
nes n. 322, 4; 368; 369.
Nesiar m. pl. 368.
nest n. 'proviant' 63, 3.
nest adv. sup. 442, 2.
nesta 167.
nestr adj. sup. = næstr 127, 6.
net n. 170; 369.
netia swv. 510.
neþan adv. 60; 441; 442, 3.
neþar f. pl. 60.

neþarre adj. komp. 60; 441.
neþre adj. komp. 60; 441.
neyþ f. 392, 3.
neztr adj. sup. 441.
Niall m. 359, 1.
nifl n. 235, 2.
nift f., s. nipt.
Nikolás m. 107; 358, anm. 1.
nio zahlw. 51, 3; 133, b, 2; 155; 449.
niól f. 235, 2.
nionde zahlw. 456.
Niorþr m. 396.
Nioruasund 82, 4, 7; 167.
niósn, nióstn f. 222, 2; 310, 3.
nióta stv. 485.
niótr adj. 166.
nipt f. 319, 2; 390, 3.
niréþr adj. 460.
nista swv. 63, 3.
nít(i)án zahlw. 449.
nít(t)a swv. 110, 3; 267, anm. 1.
nítøgr adj. 460.
niþ n. 369 (2 mal).
niþar f. pl. 60; 369.
Niþaróss 160, anm.; 358, 2.
Niþaþr m., s. Níþoþr.
niþe m. 403 (2 mal).
Niþhǫggr m. 365.
Níþoþr, -uþr m. 148; 294; 397.
niþr m. 367; 368 u. anm.
niþre adj. komp., s. neþre.
niund f. 461.
nó-, ná- 'nahe' 77, 2; 78; 116, anm.; 438, anm. 1.
no = nu, nú adv. 151, 4.
Nóatún 235, 1, d.
nógr adj. 290, anm.
nokkorr (anorw.), nok(k)or pron. 82, 2; 116, anm.; 285, 1, 5; 475, 3 u. anm. 1; vgl. nakkuarr.
nór m. 166, anm. 2.
Nór(e)ge 160, anm.
Noregr 235, 1, f u. vgl. folg.
Nóregr 127, 3; 149, anm. 1; 235, 1, f; 358, anm. 5.
nórenn (anorw.) adj. = norrønn 151, 7.
Nórigr 149, anm. 1; vgl. Nóregr.

Normenn m. plur. 291, 3.
norn f. 390.
norrénn adj. 151, 7; 291, 3; 353, 4.
norþan adv. 441; 442, 3.
norþar(r)e, -astr adj. 441.
Nor(þ)menn m. pl. 291, 3.
Norðmǽre, -mǿre (anorw.) 171.
norþre adj. komp. 441.
norþr(h)alfa f. 294.
Norvegr 127, 3; 235, 1, f.
nórénn adj. 291, 3; vgl. *norrénn.*
nót f. 63, anm. 4; 170; 416.
note m. 160.
nótt f. 63, anm. 4; 116; 127, 1; 267 (2 mal); 284; 347, 1; 416, 1, 2; 417.
nóttorþr m. 395.
-noþr m., s. *-naþr.*
nǫf f. 375.
nǫkkorr pron. 300, 1 u. anm. 1; 475, 3; vgl.
nǫkkuarr pron. 84; 148; 475, 3; vgl. *nakkuarr.*
nǫkkue m. 279, 2.
nǫk(k)ueþr adj. 159; 428; vgl. *nøk(k)ueþr.*
nǫkkuorr pron. 475, 3; vgl. *nakkuarr.*
nǫkkurr pron. 475, 3; vgl. *nakkuarr.*
nǫkkursti adv. 297, anm. 2.
nǫl f. 123; 236; 375.
Nǫrr (nǫrr) m. 82, 6; 84; 167; 365; 424, anm. 2.
Nǫruasund 82, 6; 167; vgl. *Nøruasund.*
Nǫrue m. 82, 6; 84.
nǫs f. 322, 4; 375.
nǫtt f., s. *nótt.*
nú, nu adv. 151, 4.
nukkurr pron., s. *nakkuarr* 148; 475, 3.
ný n. 369.
-ný (in namen) 383 u. anm. 3.
nykill (anorw.) m. = *lykell* 254.
nykr m. 77, 5, a; 358, anm. 2.
nýr adj. 429; 431 u. anm. 1; 439, anm. 1.
nýra n. 405.
nyrþre, nyrztr adj. 441.
Nyrue m. 82, 4; 167.

nýsa swv. 222, 2.
nyt f. 382.
-nyte m. 403.
nytia swv. 510.
nǽfr f. 375; 392, 2.
nǽfnd (anorw.) f. 390, 4.
nǽr adv., s. *nǽrr.*
nǽra swv. 171.
nǽri adv. 442, 2.
nǽr(r) adv. 280, anm. 4; 442, 2.
nǽr(r)e adj. komp. 438, anm. 1.
nǽr(r)meir(r) adv. komp. 442, anm. 4.
nǽst adv. sup. 442, 2.
nǽstr adj. sup. 127, 6; 135; 438, anm. 1.
nǽtr (anorw.) f. 416, anm. 3.
néfr adj. 322, 4.
nøkkua (u. a. formen) pron. 474, anm. 1; 475, anm. 1.
nøkkuarr, -err pron. 54, 3, a; 82, 6; 84; 475, 3 u. anm. 1; vgl. *nakkuarr.*
nøkkuat pron. 475, 3 u. anm. 1.
nøk(k)ueþr adj. 82, 6; 159; 226; 279, 2; 428 u. 2.
nøktr adj. = *nøk(k)ueþr* 159; 428, 2.
néra swv. 171.
nøre, nǿstr (anorw.) adj. 77, 8; 438, anm. 1.
nørþre, nørztr adj. 63, 4; 119; 441.
Nøruasund 82, 6; 167; 424, anm. 2.

ó (anorw.) f., s. *ǫ́* 'fluss'.
ó- präfix 51, 1, a; 112, 1; 299, anm. 5.
óask swv. 509, anm.
obbelde n. 269.
oblǫ́t, oblάta f. 416.
Oddlaug f. 268, anm. 2.
Oddleifr m. 268, anm. 2.
oddr m. 61, 1; 224, 2.
Odhrin 254, anm.
of- präfix 51, 1, a; 150, anm.
of präp. 146, anm. 6; 441.
óf n. = *óhóf* 294.
of alt adv. 54, 3, a.
ofan adv. 121; 237, 2; 318, 2; 442, anm. 4.
ofarmeir(r) adv. komp. 442, anm. 4; 443.

ofar(r), ofa(r)st adv. 443.
ofbelde n. 269; 317, 2, a.
Ófeigr m. 54, 3, b.
offra swv. 336.
oflǫt, ofláta f. 416.
ofn m. 317, anm. 2.
of(r)- präfix 51, 1, a.
of(s)t adv., s. opt 309, 1.
ofþegle n. 63, 8; 173, 1.
of valt adv. 54, 3, a.
og konj. = ok 248.
óglepesklǽþe n. 411, 2.
ogn (anorw.) m. = ofn 317, anm. 2.
ógn, ogn f. 127, 3; 170.
-ogr adj. 173, 4; 428 u. 1.
óhóf n. 294.
óhógande n. 173, 2.
ok n. 231.
ok konj. 152, 2; 248; 473, anm. 4.
okkar pron. pers. 112, 1; 464 u. anm. 6.
okkarr pron. poss. 112, 1; 266, 3; 300, 1; 467 u. 3 (u. anm. 3).
okkarra pron. = okkar 464, anm. 6.
ok(k)r pron. pers. 112, 1; 464; 542.
okr n. 127, 3.
ól f. 116; 132; 175, 4; 376.
Óláfr, -afr m. 54, 3, b; 80, 3 u. anm. 1;. 107; 116; 151, 1, 5; 160, anm.; 240, 2; 291, 4; 299, 2; 358.
Ólafsmessa f. 77, 3.
Óle m. 116; 123; 299, 2.
ólegr adj. 292.
-olfr (in namen) 61, 1; 235, 1, a.
óll m. 116; 132; 175, 4.
Ollaug f. 268, anm. 2.
Olleifr m. 268, anm. 2.
óln f., s. ǫln.
Ólof, -lǫf f. 54, 3, b.
om (mnorw.) präp. 146, 3.
oman (anorw.) adv. = ofan 237, 2.
ómon 235, 1, a.
Ón (mnorw.) m. = Ǫnn 116; 228.
ón f., s. vǫn.
ón präp. 78; 116.
-on suffix 138, anm. 3; 390.
onder (shetl.) präp. = under 146, 3.
óneiss adj. 54, 3, b; 294.

Ónempshúser 308.
-ong f. 376; vgl. -ung-.
-ongr m. 358 u. 3 u. anm. 1; 462; vgl. -ung-.
Onný f. 268, anm. 3.
óp n. 235, 1, a.
op (shetl.) präp. = upp 146, 3.
openn adj. 428.
opt adv. 61, 1; 240, 2; 309, 1; 442, 1 u. anm. 3.
or-, ór- (anorw.) präfix 72; 112, anm. 5; 126, 1; 146, 3; vgl. er-.
ór präp. 72; 126, 1; 146, 3; vgl. ér.
ór- pron.-stamm, s. várr.
órar f. pl. 235, 1, a; 375.
orf (aisl.) 235, 1, a.
Óri(k)staðer (anorw.) 307.
órir m. 254, anm.
ormr m. 126, 2; 235, 1, a.
Or(m)snæs (mnorw.) 291, 8.
orrosta, -asta, or(r)ǫsta f. 148; 285, 3.
órskurðr (anorw.) 292, anm. 2.
orþ n. 235, 1, a.
os, ós pron. = oss 112, 1; 233; 317, 4; 464 u. anm. 7.
ósk f. 112, 1; 233.
Ósk f. 377 u. anm.
Ósló, Oslό f. 98, 2; 116; 151, anm.
ósminni 147.
óss m. 'gott', s. ǫss 116.
óss m. 'mündung' 358, 2.
óss (anorw.) pron. = oss 464, anm. 6.
os(s) pron. pers. 112, 1; 127, 7; 233; 285, 1; 317, 4; 464 u. anm. 6; 542.
óst f., s. ǫst.
óst 'höhle üb. d. schlüsselbein' 222, 2.
ostr m. 231.
ósuífr adj. 77, 13.
Ósuífr, Ósýfr m. 77, 13; 81, c; 240, 2.
ósémr adj. 308.
Otkell m. 245, 1; 284.
otr m. 168; 358, anm. 2.
ótta f. 113; 235, 1, f.
Óttarr m. 116; 229.
ótte m. 170.
-óttr adj. 151, anm.; 427.
óþal n. 78; 170; 362 u. anm. 1.

Oðbiorn (anorw.) m. 128, anm. 2.
Ópenn m. 173, 5; 235, 1, a.
Oðfinnr (anorw.) m. 128, anm. 2.
Oðgœir (anorw.) m. 128, anm. 2.
Óðon (mnorw.) m. 173, 5.
Óþr m. 358, 2.
óþr m. 358, 2.
óþr adj. 235, 1, a.
-oþr m. 137, anm. 3; 397.
oukt (anorw.) zu ǫfogr 235, 2.
óveitoll adj. 173, 1.
oxe m., s. uxe.

ǫ f. 'fluss' 77, 2; 81, c; 123; 132;
  163, 1; 169; 230, 1; 317, 3, a u.
  anm. 2; 374; 379 u. anm.
ǿ f. 'schaf' 418, anm. 2; vgl. ǽr.
ǫfegr, -ogr adj. 173, 4; 235, 2.
Ǫfmundr m. 263, anm. 3.
ǫfund f. 79; 80, 3.
Ǫgmundr m. 105, anm.; 263, anm.;
  270, anm.
ǫgn f. 375.
ǫk(k)la n. 78; 137, 2; 153, 3; 266, 3;
  284; 405.
ǫkle m. 405.
ǿl f. = ól 116.
ǫl n. 115, anm.; 319, 2; 366 u. anm.
ǫlboge m., s. ǫlnboge.
ǫld f. 376; 391 u. anm. 2.
Ǫlfoss m. 79; 112, anm. 1.
Ǿlfr m. 132; 228.
ǫllonges, -ynges adv. 64; 79.
ǫlmosa f. 79.
ǫln, ǿln f. 124, 3; 375; 378.
ǫl(n)boge m. 262, 1; 291, 9.
ǫloge m. 79.
ǫlonn m. 275.
ǫlpt f. 173, 5; 416, 1, 4; 417.
ǫlr m. 254, anm.; 317, 4.
ǫlr adj. 430.
ǫl(þ)r n. 319, 2.
ǫluþ f. 79.
Ǫlvalde m. 84; 105, anm.
Ǫlvér m. 64; 105, anm.
ǫmbon 293, 3.
ǫmbott f. 79.

Ǫmd, Ǫnd 258, 2.
Ǫmmundr (anorw.) m. 270, anm.
Ǫn m., s. Ǫnn.
ǫnd f. 'atem' 391.
ǫnd f. 'ente' 416, 4.
ǫndoge, -ugi m. 79; 226.
ǫndorr m. 359, 2.
ǫndorþr adj. 79; 226.
Ǫndoþr m. 79; 148; 397.
ǫndr m. = andr 359, 2.
ǫndugi m. 226.
ǫndvege, ǫndugi m. 226.
ǫndverþr adj. = ǫndorþr 226.
Ǫngoll m. 173, 1.
ǫngr adj. 82, 6; 424, anm. 2; 430.
Ǫn(n) m. 116; 132; 228; 285, anm. 2;
  358, anm. 1.
ǫnn f. 224, 2.
Ǫnundr m. 115, 1; 148.
ǫr, ǿr f. 'pfeil' 80, 3; 124, 2; 380 u.
  anm. 2.
ǿr f. 'ruder' 54, 2; 376.
ǫrk f. 416, 1; 417.
ǫrn m. 80, 1; 115, anm.; 395 u. 1, 2
  u. anm. 2.
Ǫrnolfr m. 79.
ǿrr m. 54, 2; 395 u. 3, 4 u. anm. 2.
ǿrr adj. 154; 430; 437.
ǿss m. 'balken', s. áss 'balken'.
ǿss m. 'gott' 80, 1; 116; 153, 1, 5;
  233; 395 u. 1, 3, 4 u. anm. 2.
ǿst f. 116; 123; 233.
ǿstvinr m. 65.
ǿtt f. 127, 1; 392, 3; vgl. ǽtt.
ǿttonde zahlw. 456.
ǿttongr m. 173, 3.
ǫþlask swv. 63, 8.
ǫþlingr m. 172, anm. 2.
ǫþoll adj. 63, 8.
Ǫþr 128, anm. 2.
ǫx f., s. ex.
ǫxl f. 222, 2; 386.
Ǫzorr m. 148.

pá (mnorw.) präp. = uppa 154, anm.
pá(e) m. 235, anm. 5; 400; 404, anm. 1.
Páfa(l)stað 297, anm. 1.

Register. 437

páfe m. 404,1.
Páll m. 77, 2.
pápa, -e m. 404,1.
Pappýli (aisl.) 276, anm.
paradís(e) f. 376.
paþreimr m. 154, anm.
pen(n)ingr, pengr m. 160, anm.; 285, 2; 323, anm.
Pétarr, Pettarr m. 248; 358; 359,1.
Pétrús m. 126, anm. 3.
Phil(i)pus m. 160, anm.
píkisdagar m. pl. 110,1; 299,1.
pils f. = písl 313, 4.
pí(n)sl f. 111, 1; 299, 4; 313, 4.
Pinslar, (wnorw.) Pintlar 242.
pistell m. 154, anm.
Póll m. 77, 2.
postola, -e m. 154, anm.; 401,1.
prestr m. 302; 323, anm.
prettr m. 358, 4.
prísund f. 305, anm. 2.
profeta, -e m. 401,1.
(p)salmr m. 287, anm.
(p)saltare m. 287, anm.
Púl 'Apulien' 154, anm.
pund n. 323, anm.
pústr m. 358, anm. 2.
pyttr m. 387.

rá f., s. ró 'ecke' 116; 175, 4; 317, 3, b.
Rafund 256.
Ragnaldr m. 235, 1, f.
Ragnarr m. 69; 358.
Ragndíðr f. 253,1.
Ragneiþr f. 294; 384.
Ragn(f)ríþr f. 264; 291, 4.
Ragnhildr f. 275, anm.; 384.
Ragnvaldr m. 84; 235,1, f; 291, 9.
ragr adj. 315, anm. 3.
Ragund (anorw.) 256.
Ra(g)valdr (anorw.) m. 293, 3.
rakr adj. 169, anm.
Ráld(e)r (mnorw.) m. 134, b.
ram(m)r adj. 318,10.
Ram(p)n- (anorw.) 308.
Ram(pn)staðer 291, 9.
rámr adj. 171.

Rámundr (anorw.) m. 292.
rand f. = rǫnd 81, c.
Randeiþr f. 294.
Randvér m. 360.
Ran(g)diðr f. 264.
ranginde, -ynde n. pl. 173, 2.
Rangnill (onorw.) f. 275, anm.
rangr adj. 246,1; 288 u. anm. 2.
rann n. 224, 2.
Rannveig f. 54, 3, b; 235, 1, f; 317, 3, a; 377.
Rár m. 134, 6.
rata swv. 288.
Ratatoskr m. 112,1; 233.
rápa stv. 172, 2; 292; 505, I u. anm. 2; 534, anm. 3.
ráþe m. 288.
ráþgiafe m. 95, anm. 5.
Rá(ð)mundr (anorw.) m. 292.
-ráþr (in namen) 358.
rauf f. 375.
raukn 105, anm.
raus(t)n f. 310, 3.
rauþr adj. 166; 259; 292.
Ravaldr (anorw.) m. 293, 3.
reformr m. 60.
refr m. 85, anm. 2; 358.
regen n. pl. 74; 362 u. anm. 2.
Regenn m. 74; 358 u. 3; 359,1.
reifr adj. 294, anm.
reik f. 54, anm. 3; 172, 2; 416.
reim f. 375.
rein f. 376.
reine m. 288.
reitr m. 288; 395.
reiþ f. 376.
reiþe f. 411, 2.
reiþr adj. 288.
reka stv. 90; 288; 497.
rekende f. (n.) 411, 2, 3; 422, anm. 2.
rekendr pl. (m. f. n.) 422, anm. 2.
rekia swv. 'darlegen' 169, anm.
rekia swv. 'recken' 279, 1.
rek(k)ia f. 77, 7; 279, 1.
rekkr m. 110, 1; 266, 3.
-rekr (in namen) 358.
rekstr m. 358, 2.

renna stv. 162,1; 277,4, b; 318,11; 495 u. anm. 2; 531, 2.
repsa swv. 240, 2.
Rerer m. 371.
rétta swv. 110, 3; 124,1; 267 u. anm. 2.
réttende, -inde n. pl. 173, 2.
réttr m. 109; 352,1; 395 u. 3.
rét(t)r adj. 169, anm.; 267; 352,1.
réttvíse f. 411.
réttynde n. pl. 64; 77, 3; 173, 2.
reþr n. 315, anm. 3.
-reþr (in namen) 60.
reykr m. 389 u. anm. 2.
reyna swv. 531, anm. 2.
reyner m. 292.
reyrr m. 71, 8; 353, 5; 358, 2.
reyþr f. 384.
riddare m. 78.
rif n. 'reibung' 60.
ríf n. 'rippe' 369.
rífa stv. 172,1; 179,1; 482.
rifia swv. 510.
rífka swv. 237, 1.
rifr m. 389.
rífr adj. 237,1.
ríke n. 327,1; 372 u. anm. 1.
Rík(g)arþr m. 311.
ríkr adj. 179,1; 431; 437; 439.
rim f. 375.
Rín f. 375.
Rindr f. 384.
rinna stv. = *renna* 162,1; 495, anm. 2.
riófa (mnorw.) stv. = *riúfa* 101, anm. 1; 486, anm.
rióþa stv. 485.
rióþr adj. 166.
ríp f. 417.
rísa stv. 482.
rise m. 288.
rispa f., swv. 316.
rist f. 288; 416.
rísta stv. 482.
rít f. 416, 4.
ríta stv. 288; 482.
ríþa stv. 'drehen' 288; 482.
ríþa stv. 'reiten' 482; 534, 2, c.

-ríþ(r) (in namen) 291,4; 384 u. anm. 2.
riúfa stv. 172,1; 486 u. anm.
riúka stv. 486.
ró f. 'ecke', s. *rǫ́*.
ró f. 'eisenplatte' 416.
ró f. 'ruhe' 375.
ró (anorw.) f. 'stange' 77, 2.
róa stv. 77, 3; 235, 1, d; 506.
Róarr m. 256.
Robbœrder (anorw.) m. 268, anm. 3.
róg n. 235,1, b.
Rogaland 392.
Ró(g)alder m. 256.
Rógar m. 256.
Ró(g)e m. 256.
Rognvaldr m. 115, 1.
Rómaríki 98, anm.
rómr m. 171.
Ronný f. 268, anm. 3.
rór adj. 429.
roskenn adj. (part.) 235, 1, b; 495, anm. 6.
rót f. 63, anm. 4; 416.
róta swv. 235, 1, b.
rotenn adj. (part.) 488, anm. 4.
roþ n. 61, 1.
roþe m. 166.
róþr m. 358, 2.
-roþr (in namen) 358, 2.
Róðrekr (anorw.) m. 65.
Roumariki 98, anm.
rǫ́ f. 'ecke' 116; 175, 4; 288; 317, 3, b; 379.
rǫ́ f. 'rahe' 379.
rǫ́ f. 'reh' 54, 1; 379.
rǫ́ f. 'stange' 77, 2.
rǫdd f. 224, 2; 391.
rǫgg f. 227, 2; 318, 14; 380.
rǫgn n. pl., s. *regen* 362, anm. 2.
Rǫgnog (anorw.) f. 54, 3, b.
Rǫgnvaldr m. 84; 235, 1, f; 291, 9.
rǫggr m. 365.
rǫk n. pl. 77, 7; 169, anm.
rǫ́k 'furche' 54, anm. 3; 169, anm.; 172, 2.
Rǫn f. 292; 375.

rǫnd f. 81, c; 115, 1; 391 (2 mal);
  416, 2, 4 u. anm. 1.
rǫng f. (116); 317, 3, b; 413.
Rǫnnog (anorw.) f. 54, 3, b; 151, 5;
  235, 1, f.
rǫskr adj. 430; 437.
Rǫskua f. 408.
rǫst f. 386.
rǫþ f. 375.
Ruáldr m. 134, b.
ruangr adj. 288, anm. 2.
rudda f. 238, 1, a
rúfa (anorw.) f. 263, anm. 3.
rugr m. 388.
Rulfr m. 127, 3.
rún f. 375.
-rún (in namen) 377.
rune m. 'fluß' 162, 1; 318, 11.
ruþ n. 61, 1.
Ruzar m. pl. = Ryzar 358, 4.
ruœiði (anorw.) f. 288, anm. 2.
rýfa (anorw.) stv. 486, anm.
ryger m. pl. 368; 389; 392.
rýgr f. 384 u. anm. 4.
rýia swv. (227, 2); 318, 14.
rykkr m. 389.
Rýmner m. 371.
rympell 266, anm. 1.
rymr m. 389.
rytta m. f. 241; 408.
Ryzar m. pl. 358, 4; 387, 2.
rœik(t)na (anorw.) swv. 310, anm. 2.
rœi(n)son (anorw.) f. 299, 4.
rœkkia (anorw.) swv. = rekia
  279, 1.
rǽkr adj. 431.
rǽna swv. 238, 2, b; 517.
rǽttr m. = réttr 109.
røfr m. = refr 85, anm. 2.
régia swv. 235, 1, b.
røk n. pl. = rǫk 77, 7; 169, anm.
rékia swv. 169, anm.
røk(k)r n. 77, 3; 90; 279, 2.
røk(k)ua stv. swv. 82, 3; 279, 2; 498
  u. anm. 7.
rǿkr adj. 169, anm.
Rǿn 65.

røttyndi (anorw.) n. pl. 77, 3.
-røþr (in namen) 60; 77, 3; 291, 4.

sá adv. = suá 235, anm. 5.
sá pron. 71, 2; 122; 126, 1; 137, 1, 2
  (mehrmals); 139; 144, anm. 1;
  156, anm.; 169; (221, 1); 280,
  anm. 2; 285, 1; 299, 5; 466; 468;
  469 u. anm. 1—5; 473 u. anm. 2.
sá stv. 126, anm. 2; 137, anm. 4;
  154; 317, 4; 506 u. anm. 1.
safn n. 225.
safna swv. 527.
saga swv. 507, anm.
Sága f. 169; 317, 3, a.
sal m., s. salr.
sáld n. 54, 1; 124, anm. 2; 313, 2.
salmr m. 287, anm.
Salomón m. 358, anm. 1.
sal(r) m. 66, 2; 388 u. 1 u. anm.
saltare m. 287, anm.
saltkubbe m. 318, 1.
sama swv. 170; 519, anm. 2.
saman adv. 168; 425, anm. 2.
samar n. 121.
same pron. 468.
samfeddr, -feþr adj. 238, 1, a; 245, 2.
  284.
samfeþra pl. 401, anm. 2.
samkund f. 319, 3.
sammøddr, -méþr adj. 238, 1, a; 245, 2;
  291, 10.
samméþra pl. 401, anm. 2.
sam(p)na swv. 308.
samr pron. 168; 468.
samtengia swv. 507, anm.
samþykkia swv. 518, anm. 1.
samþykkr adj. 431.
Sandvin 65.
sanninde, -ende (-ande) n. 51, 2, b;
  65; 173, 2 (u. anm. 2).
sannr adj. 167; 261; 266, 2, a; 275;
  (286); 427, 2 u. anm. 2.
sannunde, -ynde 173, 2 (u. anm. 2).
sápa f. 54, anm. 3.
sár m. 54, 1; 387 u. 2.
sár n. 54, 2; 77, 2.

sárr adj. 54, 2; 127, 1.
sáta f. 406, anm. 1.
Satán m. 126, anm. 3; 358, anm. 1.
saþr adj., s. *sannr*.
Saul(u)ir (anorw.) m. 235, 1, f.
saumr m. 172, 1.
sautián zahlw., s. *siaut(i)án*.
sauþr m. 292; 388; 392, 1.
séa stv., s. *siá* 133, b, 2; 498.
sef n. 60.
sefe m. 68, 3.
sege m. 60.
seggia swv. = *segia* 279, 1; 520 u. anm. 1, 2.
seggr m. 389 u. anm. 1.
segia swv. 73; 279, 1; 507, anm.; 520 u. anm. 1, 2; 531, 1; 532, 6; 538, 4.
segianzsaga f. 422, anm. 4.
segl 63, 3.
Seimr (wnorw.) 130, anm.; 294.
seinka swv. 299, 1.
seinn adj. 439, anm. 2.
seiþr m. 358, 2.
sek (anorw.) pron. = *sik* 145, anm. 3; 464.
sek(k)ia swv. 279, 1; 513, 2 u. anm. 1.
sekkr m. 328, 2; 389 u. anm. 4.
sekr adj. 279, 1; 424, anm. 2; 431; 433.
sel n. 369.
sele m. 60.
selia swv. 238, anm. 5; 513, 2, 3 u. anm. 1, 2; 531, 2.
selr m. 91; 124, 2; 358 u. 1.
sem partikel, pron. 473 u. anm. 3.
Sémr (onorw.) 130, anm.
senda swv. 317, 2, b; 515; 529; 538, 3.
senna swv. 517.
senktr adj. 266, anm. 3.
Seorðr (shetl.) m. = *Sigurþr* 293, 4.
sér pron. refl. 110, 2; 126, 1; 464; 465, anm. 4; 478; 530, anm. 3; 542.
sér huerr pron. 478.
Serker m. pl. 389.
serkr m. 389 u. anm. 2.

sérlæstis (anorw.) adv. 128.
serþa stv. 91; 315, anm. 3; 490 u. anm. 1.
sess m. 63, 3; 320; 339, 1.
set n. 173, 5.
seta f. 91.
setia swv. 513, 2 u. anm. 1, 2.
setna swv. 91.
setr n. 91; 173, 5.
sétt f. 110, 3; 461.
sétte zahlw. 91; 109; 456.
seþr adv. 167.
sex zahlw. 222, 2; 449.
sextán, -*tián* zahlw. 449 u. anm.
sexte (anorw.) zahlw. = *sétte* 456.
sextigi, -*togo*, -*tugu* zahlw. 450.
sextøgr adj. 460.
seytián zahlw., s. *siaut(i)án*.
seytiánde zahlw. 456, anm.
Séæimr (onorw.) 130, anm.
sí- präfix 'immer-' 110, anm. 2; 299, anm. 5.
sía f. 133, b, 2.
sía swv. 111, 2; 133, b, 2; 317, 3, a.
siá pron. 112, anm. 1; (221, 1); 280, anm. 2; 468; 470 u. anm. 1—4.
siá stv. 90; 116; 122; 133, b, 2; 169; 230, 1; 235, anm. 4; 317, 3, a u. anm. 2; 498 u. anm. 4.
-*siá* f. 409.
sialdan, *siald(n)ar* adv. 88; 95, 3, a; 425, anm. 2; 437, anm. 2; 442, 1.
sialdnare, -*astr* adj. 437, anm. 2; 440, anm. 1.
sialdsénn adj. 437, anm. 2; 440, anm. 1.
sialfr pron. 89; 423, anm.; 468.
siánzvitne n. 422, anm. 4.
siár m., s. *siór*.
siatna swv. 88; 91.
siau zahlw. 235, 2; 449 (2 mal) u. anm.
siaug, *siaum* (anorw.) zahlw. (s. *siau*) 449, anm.
siaund f. 461.
siaunde zahlw. 235, 2; 456.
siauróþr adj. 460.
siaut(i)án zahlw. 65; 295, anm. 1; 449 u. anm.

Register. 441

siautøgr adj. 460.
siauði (anorw.) zahlw. = *siaunde* 456, anm.
Sibborg, Sigbiorg (anorw.) f. 270, anm.
s(i)eytián zahlw., s. *siaut(i)án*.
Sif f. 68, 3; 383.
sifiar f. pl. 68, 3; 383.
Sifka m. 401, 1; 408.
Siftun (anorw.) 77, 12.
sig n. = *sigr* m. 358, anm. 2.
sig pron. = *sik* 248; 464.
síga stv. 97, 2; 317, 3, a; 482 u. anm. 1.
sige m. 60.
Sigg f. 383.
sigla swv. 63, 5; 515 u. anm. 3; 517.
Sigmundr m. 293, 3.
Signí (anorw.) f. 80, 2; 163, 2; 383, anm. 1.
Signý f. 77, anm. 3; 80, 2; 383, anm. 1.
Sigorþr m., s. *Sigurþr*.
sigr m. 77, anm. 3; 358, 2, 4 u. anm. 2.
sigrbákn n. 55, anm.
Sigríþr f. 291, 4; 384.
Sigroþr, -røþr m. 291, 4; 397, anm. 2.
Sigtryggr m. 226; 231, 1, b; 365.
Sigtúner pl. 361, anm. 4.
Sigðir (anorw.) m. 221, 1.
sigþr m. 169, anm.
Sigþrúþr f. 384.
Siguatr m. 294.
Sigurþr m. 51, 2, a; 148; 291, 3; vgl. *Siugurðr*.
Si(g)valdr m. 293, 3.
Sigvarþr m. 148; vgl. *Sigurþr*.
Sigyn, -un f. 226; 235, anm. 4; 383 (2 mal).
sik pron. 248; 464; 465, anm. 4; 530, anm. 3; 542.
siklatun, -um 258, anm. 1.
síld, sild f. 127, 2; 236; 313, 2; 416, 3.
sile m. 60.
silfr n. 85; 104.
silki(s)parlak 302, anm. 1.
sílla adv. 268, 4.
síma, (-e) n. (m.) 172, 1; 405.
Simón m. 358, 2 u. anm. 1.
sin f. 375.

sín pron. pers. 464.
Siner m. 371.
siniór m. 358, anm. 1.
sìnn n. 275; 317, 2, b; 463 u. anm.
sinn pron. poss. 110, anm. 2; 127, 2; 266, 2, a; 277, 2, c; 285, 1; 467 u. 1 u. anm. 1, 2, (3).
sinne n. 463.
sinnig adv. 149, anm. 1.
sió zahlw., s. *siau* 449, anm.
sióbarbúð (anorw.) 256.
sióle m. 235, 2.
Siolfr m. 133, a.
sión f. 101, 2; 317, anm. 2; 392, 3.
sionde zahlw. 133, a u. anm.; 235, 2; 456, anm.
siór m. 70, 4; 77, 8; 81, c; 83; 97, 3; 106; 365.
siot n. 173, 5.
siót n. 235, anm. 3.
siotián (anorw.) zahlw.. s. *siaut(i)án* 449, anm.
siótugr adj. 460.
sióþa stv. 485.
sira, siri m. 401, 1.
sitia, (sita) stv. 68, 3; 320; 498 u. anm. 7 (2 mal).
siþ adv. 441; 442, 3 u. anm. 4.
síþa f. 179, 1.
síþa stv. 482 u. anm. 2.
siþan, siþan(n) adv. 241; 285, 1; 425, anm. 3.
siþarmeir(r) adv. komp. 442, anm. 4.
siþar(r)e, -ar(a)str, -astr adj. 441.
síþla adv. 268, 4.
siþr m. 395 u. 3.
síþr adv. komp. 442, anm. 1.
síþre adj. komp. 441.
siúga stv. 486 u. anm.; 487.
Siugurðr (anorw.) m. 89, anm. 3; 160, anm.; 293, 4; vgl. *Sigurþr*.
Siugvalde m. 89, anm. 3.
siúkr adj. 63, 13; 101, 1; 321; 427.
siunde zahlw. 133, a u. anm.; 235, 2; 456.
Siùrðr, Siurðr (anorw.) m. 160, anm.; 293, 4; vgl. *Siugurðr*.

sivirðing (anorw.) f. 235, anm. 4.
síz(t) adv. sup. 238. 2, d; 303, 1; 442, anm. 1.
Siæimr, Siæimr (onorw.) 130, anm.
sie (misl.) zahlw. = siau 449, anm.
sionde zahlw. 456, anm.
siotián (anorw.) zahlw., s. siaut(i)án 449, anm.
skaf (anorw.) 240, anm. 4.
skafa stv. 170; 500 u. anm. 1.
skage m. 170.
Skagul f. 80, 3.
skaka stv. 501.
skakker n. 271, anm.
skáld, skald n. 124, anm. 2; 127, 1; 313, 2; 361.
Skalpr m. 313, anm.
skamm f. = skǫmm 390, 1.
skamma swv. 518, anm. 2.
skam(m)r adj. 308; 318, 10; 438.
skammær adj. 429.
skamt adv. 442, 2 u. anm. 3.
Skáney f. 292.
skapa swv. 68, 1; 500, anm. 1.
skapare m. 402.
-skapr m. 388.
skap(t)ker n. 271, anm.
-skár adj. 429.
skare m. 322, 1.
Skarfr m. 240, 2.
skark n. 322, 1.
skarlak(an), skarlat, -að n. 263, anm. 4.
skarþ n. 425, anm. 2.
skarþr adj. 168, anm.; 540, anm. 1.
skass n. 167; 272, 3; 320.
skate m. 401, 3.
skattr m. 326, 7; 358.
skattyrþe n. pl. 281.
skaþe m. 170; 401.
Skaþe f. 401.
skauþer f. pl. 166; 322, 1.
skefell m. = skemell 237, anm. 2.
skegg n. 170; 369.
-skegge m. 403.
skeggia f. 227, 1.
skegg(i)ǫld f. 295.
skeiþ f. 322, anm.; 416, 3, 4.

skeiþ n. 322, anm.
skel f. 382.
skelfa swv. 238, 1, b; 507, anm.; 515.
skella stv. = skialla 491, anm. 2.
skellr m. 387 u. 1.
skemell m. 237, anm. 2.
skemma(sk) swv. 322, 1; 518, anm. 2.
skepia stv. 68, 1; 323, 1; 500 u. anm. 1.
skeppa f. 322, anm.
sker n. 369.
skera stv. 168, anm.; 322, 1; 496 u. anm. 4; 540, anm. 1.
Skeringr m. 173, 3.
Skeyner m. pl. 387.
skí n. 80, 2; 163, 2; vgl. skỳ.
skial n. 322, 1.
skiala swv. 95, anm. 5.
skialdsueinn m. 95, 2.
Skialdvǫr f. 377.
skialfa stv. 124, anm. 1; 491 u. anm. 2; 530, anm. 4; 531, 1.
skialgr adj. 317, 3, a.
skialla stv. 491 u. anm. 2.
skiallr adj. 322, 1.
skikkia f. 110, 1.
skildingr (anorw.) m. = skillingr 317, anm. 1.
skilfingr m. 92; 237, 2.
skilia swv. 277, 2, b; 286, anm.; 531, 2.
skillingr m. 317, anm. 1.
skilmingr m. = skilfingr 237, 2.
skilnaþr, -noþr m. (238, 2, f); 397.
skína stv. 482; 531, 2.
skinn n. 266, anm. 5; 275.
skiól n. 163, 2.
skioldr m. 93; 396 u. anm. 1.
Skiolf 92.
skióta stv. 485 u. anm. 2; 527; 531, 1.
skióttr adj. 133, a.
skióþa f. 163, 2; 166; 322, 1.
skip n. 323, 1.
skipgær(ð) 292, anm. 2.
skipon, -an f. 137, anm. 3; 390.
skipta swv. 240, 2; 529.
skipvere m. 403.
skíra swv. 127, 2.
Skírner, Skirner m. 127, 2; 371.

Register. 443

skírr adj. 54, 2; 127, 2; 165; 172, 1; 286; 438.
skíta stv. 482 u. anm. 3.
skiøldr m. 70, 3.
skófa f. 406, anm. 5.
skógr m. 170; 358, 2, 3.
skokkr m. = *skrokkr* 322, anm.
skóle m. 166, anm. 2.
skolla swv. 519, 1.
skolo v. 146, 3; 147; 238, anm. 5; 297, anm. 2; 465, 2; 524, 3 u. anm. 2, 3, 4; 528; 529; 532, 4; 535, anm. 2; 536, 2; 541, anm. 2.
skór m. 134, b; 360 u. anm. 4.
skor f. 168, anm.; 375.
skorpenn adj. (part.) 315, anm. 3; 490, anm. 4.
skorta swv. 519, II.
skóþ n. 170.
Skǫgol f. 80, 3; 374.
skǫ́l f. 77, 2; 375.
skǫm(m) f. 318, 10.
skǫ́nungar m. pl. 173, 3.
skǫp n. pl. 319, 2.
skǫpoþr m. 319, 2.
skǫr f. 322, 1; 375.
skǫrungr m. 173, 3.
skrá swv. 51, 1.
skraume m. 322, 1.
skref (anorw.) n. 60.
skreiþ f. 322, anm.
skreppa f. 322, anm.
skreppa stv. 110, 1; 112, 1; 266, 1; 315, anm. 3; 490 u. anm. 2, 4.
skríkia f. 322, 1.
skrimls n. = *skrimsl* 313, 4.
skript f. 416, 4.
skríþa stv. 322, anm.; 482.
skriþr m. 388 u. 1.
sk(r)okkr m. 322, anm.
skrǫ́ f. 379.
skrǫk n. 82, 6; 366.
sk(r)ukka f. 322, 1 u. anm.
sk(r)ykker m. pl. 322, 1 u. anm.
skrœk (anorw.) n. = *skrøk* 366.
skrǽkr m. 322, 1; 389.
skrøk n. 82, 6; 366.

skrøkua swv. 82, 6.
skuetta stv. 110, 1; 266, 2.
skugge m. 227 u. 2; 235, 1, e.
skuggsiá f. 227, 2; 409.
skuíare m. 77, 13; 81, c.
skukka f. = *skrukka* 322, 1 u. anm.
skula (mnorw.) v., s. *skolo* 524, anm. 3.
skuld f. 391; 392, 3.
skúli (anorw.) m. 166, anm. 2.
skulu v., s. *skolo*.
skúme m. 322, 1.
skurfor f. pl. 322, 1.
skur(þ)goþ n. 291, 3.
skurþr m. 388; 392, 1.
Skúta m. 408.
skutr m. 388.
skȳ n. 80, 2; 322, 1; 369; vgl. *ski*.
skȳare m. 77, 13; 81, c; 312.
skyggua, -ia swv. 227, 2; 246, 2; 516, anm. 2.
skygn adj. 239, 2; 246, 2; 439.
skygna swv. 284.
skȳ(i)are (anorw.) m. 312, 1.
skykker m. pl. 322, 1 u. anm.; vgl.
skykkr m. 389 u. vgl. *skykker*.
skyld f. 392, 3.
skyldr adj. 439; 524, 3.
skyle m. 403.
skyn f. (n.) 369; 382.
skynia swv. 510.
skynsemþ, -semð f. 190, 5.
skȳrr adj. 172, 1; 438.
skyrse 167.
skyte m. 403 (2 mal).
skytia m. (f.) 409.
skǽfa swv. 83.
skǽre n. pl. 168, anm.
skǽrr adj. 54, 2; 64; 165; 172, 1; 438.
skǽningar (anorw.) m. pl. 173, 3.
skéra f. 168, anm.
skéra (anorw.) swv. = *skera* 168, anm.
Skérer m. 371.
slá stv. 230, 1; 317, 3, a; 344, 1; 501 u. anm. 1, 2, 3; 506; 528; 534, 2, a; (544, 4).
slagár f. pl. 418, anm. 2.
slagr m. 387; 392, 1.

slakr adj. 170.
slátr n. 284.
sleipr adj. 318, 13.
sleppa stv. 318, 13; 490 u. anm. 2.
slétta swv. 110, 3.
sliár adj., s. *slær* 430.
slíkr pron. 154; 425, anm. 2; 468.
sliór adj., s. *slær* 430.
slíta stv. 482.
slípr f. 375.
sló (anorw.) f., s. *sló̗*.
slokkenn adj. (part.) 496, anm. 5.
slókr m. 170.
sló̗ f. 77, 2; 379.
slǫngua f. 408.
sló̗ttr m. 395.
slý n. 77, 6.
slyngua, -ia stv. 82, 4; 489; 493 u. anm.
slær adj. 83; 97, 3; 106; 429; 430 u. anm. 2; 439, anm. 1.
sløgr m. 389.
slǿgr adj. 431; 438.
sløkkua swv. 82, 6; 279, 2; 496, anm. 5; 515, anm. 2.
sløngua stv. 82, 6; 493, anm.; 515.
sløn̦guan(d)bauge m. 291, 2.
smár adj. 322, 4; 429; 438 u. anm. 2.
-*smátt* f. 112, anm. 3.
smer n. = *smior* 119.
smior, smio̗r n. 77, 9; 82, 3 u. anm. 4; 92; 119; 366.
smípande m. 422, anm. 3.
smipia f. 407.
smipr m. 358 u. 2, 3, 4 (2 mal); 387, 2.
smiúga stv. 98, 2; 318, 5; 486 u. anm.
-*smogoll* adj. 61, 1; 173, 1.
smokkr m. 318, 5; 328, 2.
-*smótt* f. 112, 2 u. anm. 3.
smugall adj. 61, 1; 173, 1 u. anm. 1.
Smurull m. 173, 1.
smyrell m. 173, 1.
smyrls n. pl. = *smyrsl* 313, 4.
smyrua, -ia swv. 77, 9; 82, 4; 513, 1; 532, 5.
smør n., s. *smior*.
snafþr adj. 322, 4.

snákr m. 169, anm.; 318, 5.
snara 124, 2.
snefia swv. 171, anm. 2; 322, 4.
sneis f. 320; 375.
snem(m)a adv., s. *snim(m)a* 442, 2.
snerta stv. 91; 490.
sniallr adj. 92.
sniár m., s. *sniór*.
snifenn adj. (part.) 83; 250; 483, anm.
snigell m. 318, 5.
snille f. 92; 411.
snim(m)a adv. 162, 1; 281; 318, 10; 442, 2.
sniófa swv. 250.
Sniolfr m. 133, a.
sniór m. 83; 97, 3; 106; 365.
snípa stv. 320; 482 u. anm. 2.
snókr m. 169, anm.; 318, 5.
snopa swv. 318, 12, 13.
snoppa swv. 318, 13; 324, 2.
snor f. 71, 3; 72.
snót f. 391.
snoþenn adj. (part.) 488, anm. 4.
snǫggr adj., s. *snøggr* 424, anm. 2.
snǫs f. 322, 4.
snúa stv. 126, anm. 2; 166, anm. 3; 227, 2; 318, 14; 506 u. anm. 1.
snubba swv. 318, 12.
snugga swv. 227, 2; 318, 14.
snúþr m. 358, 2.
snykr m. 322, 1.
snýr präs. 'es schneit' 77, 6; 483, anm.
snǿfr, snǿfr adj. 171, anm. 2; 322, 4.
snǽlda f. 166, anm. 3.
snǽr m., s. *sniór*.
snøggr adj. 82, 6; 227, 2; 424, anm. 2; 430.
snør f. 71, 3; 72.
só (anorw.) adv. = *suá* 171.
sóa stv. 505, II u. anm. 1.
sofa stv. 77, anm. 4; 119; 168; 496 u. anm. 3.
sofn (anorw.) m. 77, anm. 4; vgl. *suefn*.
sofna swv. 237, anm. 3.
Sokku (anorw.) 77, 10.
sókn f. 314.

Register. 445

sól f. 66,2; 153,1, 5, 7; 376; 391 u. anm. 1, 2.
som (mnorw.) pron. = sem 473, anm. 3.
sóma swv. 170; 519, anm. 2.
soman (anorw.) adv. 168.
son m., s. sonr.
sonkn (anorw.) f. = sókn 314.
sóno adv. = suá nú 77, 11.
son(r) m. 63, 4, 6 u. anm. 1; 119; 140; 141; 277, anm. 2; 338, 1; 395 u. 1, 3, 4 u. anm. 2.
sópa swv. 172, 2.
sopna swv. = sofna 237, anm. 3.
soppr m. 77, 10; vgl. suǫppr.
sorg f. 235, 1, a; 390.
Sorkel m. 253, 2.
Sorkvér m. 65; 82, 8, 12.
Sorshaugr 128, anm. 2.
sorta swv. 167.
sorte m. 167.
sortna swv. 167.
sót(t) f. 112, 2; 267, anm. 1; 321; 390.
sóttlera m. 317, 4.
sǫg f. 169, anm.; 374.
sǫk f. 77, 1; 170; 375.
Sǫkkólfr m. 130.
sǫkkua stv. 494, anm.
sǫl f. 391.
sǫl n. 366.
Sǫlfe m. 371.
Sǫlog (anorw.) f. 54, 3, b; 151, 5.
Sǫlveig f. 84.
Sǫlvér, -ver m. 105, anm.; 371 u. anm. 2.
Sǫlvæig f., s. Sǫlog.
sǫngr m. 333, 2; 365 u. anm. 2.
sǫngua stv. 493, anm. (3 mal).
sǫrgask 128, anm. 2.
sǫtt f. 267; 392, 3.
sǫþoll m. 359, anm. 1.
spá swv. 509; 528; 539.
spakr adj. 426; 433 u. anm.; (436).
spánn m., s. spǫnn 116.
spanyr adj. 285, 3.
spár adj. 429.
spara swv. 507, anm.; 508, 4; 520 u. anm. 1.

sparhaukr m. 80, anm. 1.
speld n. 91.
spell n. 91.
spellvirke n. 95, 1.
spenna swv., stv. 272, anm. 2; 517 u. anm. 1.
sperna swv. stv. 272, anm. 2.
spiall n. 91.
spiald n. 91.
spík f. 416.
spilla swv. 517 u. anm. 1.
spinna stv. 318, 11; 348, 1; 489.
spior f. 375.
spítale m. 154.
spóe m. 235, 1, d.
spónn m., s. spǫnn.
sporna stv. 495 u. anm. 4, 5.
spotta swv. 241.
spǫ́ f. 379.
spǫlr m. 395.
spǫng f. 391 (2 mal); 416, 4.
spǫnn m. 63, anm. 4; 81, anm.; 116; 395 u. 1.
spǫrhaukr m. 80, anm. 1.
spǫrr m. 80, anm. 1; 234; 235, 1, a; 323, 1; 365 u. anm. 1.
sprakke m. 401.
sprekla f. 322, 2.
sprengia swv. 516, a.
sprengr m. 389 u. anm. 1.
spretta stv. 110, 1; 112, 1; 266, 2; 490 u. anm. 2.
springa stv. 220 (2 mal); 266, 3; 323, 1; 492 u. anm. 1; 538, 1.
sprækr adj. 322, 2.
spune m. 318, 11.
spýia stv. 77, 6; 106; 488 u. anm. 3; 513, anm. 3.
spyrna swv. 495, anm. 4.
stafkærta (anorw.) 77, 7.
Stafló 256.
stafn m. 172, 3.
stafr m. 172, 3; 358 u. 4; 387, 2.
Stagla, Stagló (anorw.) 137, 2; 256.
stake m. 169; 318, 8.
stakkr m. 318, 8.
stál n. 236.

stallr m. 318, 9.
stam(m)r adj. 318, 10.
standa stv. 338, 1; 500 u. anm. 2; 529; 531, 1; 534, 2, c.
stara swv. 519, anm. 1.
Starkaþr = *Storkoþr* m. 148.
starkr adj., s. *sterkr* 424, anm. 2.
statfesta (anorw.) 238, 9.
staþr m. 67, b; 170; 386; 388, 1, 2; 392, 1.
staurr m. 166.
stedda f. 282, anm.
stef n. 369.
stefia swv. 510.
stefna f. 408, anm. 2.
stege m. 60.
steik f. 375.
steik(i)a swv. 516, anm. 1.
Steindórr m. 238, 1, b.
stein(n) m. 54; 358, 1; 359, anm. 2.
Steinorr, -vǫr f. 148.
stekkr m. 389.
stela stv. 95, 3, b; 168; 277, 2, b; 286, anm.; 350, 1; 496; 531, 2.
sterkr adj. 167; 424, anm. 2; 431; 439.
stertr m. 91.
stétt f. 109; 110, 3; 321.
steþe m. 403.
steþia swv. 172, 3.
stiaka swv. 95, anm. 5.
stiake m. 95, anm. 4; 169.
stiarfe m. 322, 3.
stiarna f. 88; 95, 3, a; 408.
stíga stv. 97, 2; 230, 2; 321; 482 u. anm. 1; 534, 2, a.
Stígandr, -e m. 422, anm. 4.
stige m. 60.
stígr, stigr m. 165; 348 u. 4; 395 u. 3.
stikna swv. 483, anm.
stilla swv. 517.
stinga stv. 266, 3; 492 u. anm. 1.
stinnr adj. 275.
stiolr m. 396.
stióþmóðir (misl.) f. 101, anm. 1.
Stiór(a)dall (anorw.) 70, 4; 160 anm.
stirfenn adj. 322, 3.

stir(þ)na swv. 291, 3.
stiþr adj. 275.
stiúf-, stiúg-, stiúk-, stiúp- 256; 257; 424, anm. 2.
Stiórdal (norw.) 70, 4.
s(t)niór m. 310, 3.
s(t)nua stv. 310, 3.
s(t)nøggr adj. 310, 3.
stofa f. 61, 1.
stofn m. 61, 1; 172, 3; 291, 9; 318, 1; 358, anm. 4.
Stófr m. = *Stólfr* 297.
stokkr m. 328, 2.
Stólfr m. 234; 297.
stóll m. 286; 318, 9; 358, 1 u. anm. 1.
stomn m., s. *stofn*.
stóráðr (anorw.) adj. 285, 3.
storkenn adj. (part.) 495, anm. 6.
storkna swv. 167.
Stórolfr m. 234.
stórr adj. 166, anm. 2; 438.
stór(r)áðr (anorw.) adj. 285, 3.
stoþ f. 61, 1; 119; 416 u. 4 u. anm. 3.
stǫng f. 105; 391 (2mal); 416, 2, 4.
Stǫrkoþr m. 79; 148; 397.
stoþ f. 380.
stoþua swv. 63, 8; 82, 1; 228; 250; 509.
strá n. 80, 2; 363.
strá swv. 80, 2; 83; 511.
streitask swv. 165.
strender m. pl. 387.
strengr m. 389.
streþa stv. 315, anm. 3.
strind (anorw.) f. 167.
Strind 167.
Striónsstoðum 70, 4.
striputr (anorw.) adj. 151, anm.
stritask swv. 165.
striúgr m. 166.
striúka stv. 486 u. vgl. *strýkua*.
striúpe m. 166.
strokkr m. 112, 1; 266, 3.
strǫnd f. 167; 391 (2mal); 416, 2, 4.
strúgr m. 166.
strúpe m. 166.
strykr m. 389.

strýkua, -ia stv. 85,5; 172,1; 483, anm.; 486, anm.; vgl. *striúka.*
stubbe, stubbr m. 172,3; 318,1; 330,1.
stufa f. 61,1.
stúfe, stúfr m. 318, 1.
stufn (anorw.) m. 61, 1; 318, 1; vgl. *stofn.*
Stúfr m. 240, anm. 4.
stuga (anorw.) f. 256.
Stullaugr m. 272, 1.
Stulle m. 272, 1.
stulþr m. 388; 392, 1.
stumn (anorw.) m., s. *stufn.*
stumpr 266, anm. 1.
stund f. 391.
stúpa stv. 487.
Stúpsruð (anorw.) 240, anm. 4.
stúra swv. 519, anm. 1.
Sturla, -e m. 408.
Sturlaugr m. 272, 1.
stuttr adj. 112, 1; 266, 2.
stuþ f. = *stoþ* 61, 1; 416, 4.
stuþell m. 359, anm. 1.
stýf-, s. *stiúf-*.
styggia, -ua swv. 516, anm. 2.
styggr adj. 430.
styggua, -ia swv. 516 anm. 2.
stýk- = *stiúf-* 257.
stynia swv. 322, 3.
stynr m. 389.
stýp- (anorw.) = *stiúf-* 257; 424, anm.2.
stýra swv. 166; 508, 3; 527.
styria f. 166; 409.
Styrkarr m. 151, 1.
styrkr adj. = *sterkr* 167; 431.
styrr m. 389.
stytta swv. 112, 1.
styþia swv. 172, 3.
Stæimbiorn m. 262, 1.
stæla swv. 238, 2, b; 517.
stær adj. 439, anm. 1.
stætt f. = *stétt* 109.
støkkua stv. 82, 3; 110, 1; 112, 2; 266, 3; 494.
støkkua swv. 82, 6.
-støþingr m. 170.
støþuer m. 63, 8.

sú pron., s. *sá* pron.
suá pron. 468.
suá adv. konj. 86; 171; 235, anm. 5.
suala f. 82, 8; 84, anm.; 235, anm. 1.
sualar f. pl. 375.
Suálaug f. = *Suanlaug* 299, 2.
sualr adj. 168.
Suanhuít f. 377.
suanne m. 401.
suanr m. 387 u. 1.
suar n. 77, 10 (pl. *sor*).
suárr adj. 424, anm. 2.
suarre m. 401.
suartleitr adj. 165.
suartr adj. 167.
suát 'sodass' 158.
suédáe (anorw.) adj. 110, anm. 4.
suefia swv. 168; 527.
suefn m. 77, anm. 4; 168 u. anm.; 237, 2.
suefne n. s. *suefn.*
Suegþer m. 128.
suei interj. 165.
sueigr m. 358, 2.
Sue(i)gþer m. 128.
Sueinke m. 128; 299, 1.
sue(i)nn m. 128.
sueipa stv. 154; 172, 2; 287; 481, 2; 502 u. anm.
suelg(i)a stv. 490.
suelgr m. 389 u. anm. 1.
suella stv. 490.
suelta stv. 90; 490.
suemn m. = *suefn* 237, 2.
suena swv. 60.
suenn m. = *sueinn* 128.
suenskr adj. = *suænskr* 127, 6.
suerfa stv. 490 u. anm. 1.
sueria stv. 77, 10; 235, anm. 1; 500 u. anm. 1.
Suerk(u)er m. 82, 8, 12.
Suerrer m. 371.
suéviss adj. 110, anm. 4.
súga stv. 98, 2; 487 u. anm. 1.
sugl (anorw.) n. = *sufl* 256.
suí interj. 165.
Suíar m. pl. 77, 13; 110, anm. 4; 133, b, 1; 312, 1.

suidá(e), suídauðr, suiddá, (-a), suiddauðr (anorw.) adj. 110, anm. 4; 267, anm. 3; 280, anm. 3.
suífa stv. 482 u. anm. 2.
Suífor 83.
Suíiar m. pl. = *Suíar* 312, 2.
suikua, -ia stv. 82, 11; 263; 483 (2 mal); 532, 1; vgl. *sýkua*.
suill (anorw.) f. 77, 12; 83, c; 163, anm.
suim(m)a stv. 168; 318, 10; 492 u. anm. 1, 2; 496 u. anm. 2, (5).
suín n. 77, 13; 163, anm.; 166.
suina swv. = *suena* 60.
suinnr adj. 261; 275.
suipa swv. 172, 2.
Suipall m. 173, 1.
suipoll adj. 173, 1.
suipr m. 387.
Suipthun 77, 12.
suiptr adj., s. *syptr*.
suíre 124, 2.
suíþa stv. 482 u. anm. 2.
Suíþióþ, Suíþior f. 221, anm. 1; 238, anm. 14.
suiþr adj. 261; 275.
s(u)ivirðing f. 235, anm. 4.
Suívor f. 83.
súl f. 163, anm.
sullr m. 387.
sultr m. 388 u. 1, 2; 392, 1.
sumar n. 121; 304; 357.
sumhuærr (anorw.) pron. 475 u. 1.
sumr pron. 168; 308; 423, anm.; 475 u. 4.
sun m., s. *son(r)*.
sund n. 168; 291, 2; 319, 3; 361, anm. 1.
Sun(d)lendinga fiorþungr 305, anm. 1.
sundr adv. 167.
sundri (anorw.) adj. komp. 441.
sunnan adv. 275; 441; 442, 3.
sunnare (anörw.) adj. komp. 441.
Sunnmǽre, -møre (anorw.) 171.
sun(r) m., s. *son(r)*.
Suǫlþ(r) f. 375.
suǫppr m. 77, 10; 266, 1; 395.

suǫrþr m. 77, 10; 395.
súpa stv. 166; 484.
Súptungr m. = *Suttungr* 241.
súrr adj. 166.
Surtr m. 167; 358, 2.
sút(t) (anorw.) f. = *sót(t)* 112, 2.
Suttungr m. 241.
suþr adv. 261.
S(u)ý(i)ar m. pl. 77, 13; 312, 1; vgl. *Suíar*.
suǽfa swv. 168.
suǽla 168.
suǽnskr adj. 77, 14; 81, c; 109; 110, anm. 4; 127, 6.
suǽra f. 109.
s(u)éfn m., s. *suefn*.
s(u)øfne n. 77, anm. 4 u. vgl. *suefn*.
Sýar m. pl., s. *Suý(i)ar*.
syfia swv. 168; 510.
Syftun 77, 12.
Sygin f. 226; 235, anm. 4; 383 (2 mal).
sygn (anorw.) adj. = *sykn* 314, anm. 1.
sýgn (anorw.) adj. 314, anm. 1.
sygn saka 264.
Sygný (anorw.) f. 77, anm. 3.
Sygríþr f. 77, anm. 3.
Sygtryggr (anorw.) m. 77, anm. 3; 239, 1, b.
Sygurþr f. 77, anm. 3.
sýia f. 408.
*sýia swv. 513, 2.
Sýiar (anorw.) m. pl., s. *Suý(i)ar* 77, 13; 312.
sýke 63, 13.
sykn adj. 77, 12; 81, a; 314, anm. 1.
Syktryggr (anorw.) m. 240, 1, b.
sýkua stv. 77, 15; 82, 11; 263; 483; 532, 1.
sylfr n. = *silfr* 85.
sylgr m. 389.
syll f. 77, 12; 81, c; 416.
sylla f. 416.
sylta f. 235, 1, a.
symia stv. 168; 318, 10; 319, 3; 492; 496 u. anm. 2, 5.
syn f. 382.
sýn f. 392, 3.

sýna swv. 127, 5.
syndr (anorw.) adv. 167.
syng saka 264.
syng(u)a, -ia stv. 82, 4; 235, 1, a u. 1, e; 355, 1; 493 u. anm.
synia swv. 510 u. anm.
sýnn adj. 438.
syn saka (anorw.) 264.
sýnsístr (anorw.) 77, 13.
synztr adj. sup. 266, 2, a; 441.
syptr adj. 77, 12.
sýr f. 71, 6; 163, anm.; 166; 418 u. anm. 1 (2 mal).
syrgia swv. 516, a.
syruar m. pl. 82, 4; 365.
sysken n. pl., s. systken.
sýsla swv. 242; 291, 7; 517 u. anm. 1.
syster f. 77, 12; 81, a; 138; 155; 421 u. anm.
sys(t)ken n. pl 239, 1, a; 291, 10, 11; 316.
sýtla (wnorw.) swv. = sýsla 242.
syþre adj. komp. 441.
syzken n. pl. 316.
syztr adj. sup. 266, 2, a; 441.
Sǽheimr 130, anm.; 294.
sǽ(i)ng, -(e)ng f. 135; 416, 1, 2; 417.
sǿk(k)ia (anorw.) swv. 279, 1; 513, 2.
sǿkr (anorw.) adj. 431.
sǽll adj. 64; 286; 439, anm. 2.
sǽlþ 238, anm. 4.
Sǽmr (onorw.) 130, anm.; 294.
Sǿndin (anorw.) 65.
sǽng f., s. sǽing.
sǽr m., s. siór.
-sǽr adj. 429.
sǽtt f. 267; 392, 3.
sǽtte (zahlw.) = sétte 109.
Sǽœimr (anorw.) 130, anm.
sǿfa swv. 168, anm.; 507, anm.
sǿfn m., s. suefn.
sǿfne n. 77, anm. 4.
sǿgr m. 169, anm.; 389 u. anm. 1.
sǿkia swv. 170; 321; 518, 1 u. anm. 1.
sǿkkr m. 77, 7.
sǿkkua stv. 82, 3; 110, 1; 112, 1; 235, 1, e; 266, 3; 489; 494, anm.

sǿkkua swv. 82, 6; 515.
sǿkn adj. 127, 3.
sǿnr m. 395, anm. 2.
sǿnskr adj. 77, 14; 81, c.
Sǿrkuer m. 65; 82, 8, 12.
sǿruar m. pl. 82, 4, 6; 365.
sǿrue f. 82, 6.
sǿtr adj. 439, anm. 1.

tá f., s. tǫ́ 'hofplatz'.
tagl 169; 317, 3, a.
taka stv. 499; 501, anm. 3, 5; 534, 2, d u. 3.
tákn n. 54, anm. 3; vgl. teikn.
tal n. 68, 1.
-tán zahlw. 51, 1, a; 449 (u. anm.).
Tanne, Tannr m. 416, anm. 3.
-tannr m. 358.
tár n. 123.
Taþr, Tannr m. 416, anm. 3.
-taþr m. 358.
tau(f)r n. 98, 1.
taug f. 166; 319, 1; 375.
taumr m. 319, 1.
téa swv., s. tiá 520.
tefla swv. 313, 1.
tega swv. = tiá 317, 3, a; 318, 5; 520 u. anm. 1, 2.
tegr m. 317, 3, a; 461; vgl. tigr.
teigr m. 358, 2.
teikn n. 54, anm. 3; 318, 5, 6.
tel (orkn.) präp. = til 110, anm. 6.
telgia swv. 313, 3 (part.); 516, a.
telia swv. 68, 1; 238, 1, b; 512.
temia swv. 238, 1, b; 512.
tengia swv. 317, 3, b.
ten(n)ingr m. 51, 1, b; 285, 2.
térépr adj. 460.
teþe n. 372.
teygia swv. 154; 263; 538, 3.
tiá swv. 111, 2; 317, 3, a; 318, (5), 6; 483, anm.; 520 u. anm. 1.
tiald n. 291, 2; 361, anm. 2.
tial(d)búþ f. 291, 2.
-tián zahlw. 51, 1, a; 449 (u. anm.).
tiara f. 84, anm.; 92; 172, anm. 3; 235, anm. 1.

tiarn n. 93.
tifar m. pl. 77, 6; 83; 365.
tigenn adj. (part.) 317, 3, a; 483, anm.
tigge m. 403.
Tiggue m. 403.
ti(ghi)und zahlw. 312, 1.
tigr m. 172, 3; 317, 3, a; 395 u. anm. 3; 450; 452; 460, anm. 1; 461; vgl. *tegr*.
tik f. 416, 1; 417.
til(l) präp. 281, anm.; 297, 1.
time m. 401.
tindr m. 167.
tinna f. 275.
tint f. 416.
tio zahlw. 51, 3; 133, b, 2; 312; 317, 3, a; 449.
tióa stv. swv., s. *týia* 488, anm. 4.
tiogo (anorw.) zahlw. 92; 449, anm.
tionde zahlw. 456.
tiorn f. 93.
tír m. 81, c; vgl. *týr*.
tirr m. 358, 2.
tíróþr adj. 452; 460.
titt adv. 442, anm. 3.
tíþ f. 390.
tíþinde, -ende n. pl. 64; 173, 2.
tiugu zahlw. 89, anm. 1; 449, anm. 1.
tiund f. 51, 2, b; 312; 461.
tiusdagr m. 104, anm.; 106, anm. 2.
tó f., s. *tǫ́*.
todde m. 318, 3; 332, 3.
Tófi m. 66, 4.
toft, tóft f., s. *topt* 298, 2.
tog f. 166; 375.
togenn adj. (part.) 488, anm. 4.
togr m. 61, 2; vgl. *tegr, tigr*.
-togr adj. 460, anm. 1.
tókr adj. 431.
tolf zahlw. 77, 10; 237, 3; 449.
tolfróþr adj. 452; 460.
tolft f. 392, 3; 461.
tolfte zahlw. 456.
tolla swv. 519, anm. 3.
Tómás m. 126, anm. 3.
tomt (anorw.) f. = *topt* 291, 4; 298, 2.
toppr m. 358.

topt, tópt f. 112, 1; 127, 3; 271; 298, 2.
tor- präfix 51, 1, a; 72; 112, anm. 5; 146, 3.
torg n. 361, 4.
Torgar 361, anm. 4.
Tosti m. 66, 4; 241, anm. 1.
tótt (nisl.) f. = *topt* 112, 1; 271.
tottogo zahlw. 51, 2, a; 77, 10, 12; 160, anm.; 266, 2; 277, 2, c; 293, 4; 449 (u. anm.).
tǫ́ f. 'hofplatz' 116; 175, 4; 317, 3, b.
tǫ́ f. 'zehe' 54, 1; 77, 2; 416.
tǫfr n. 98, 1.
tǫ́g f. 169; 317, 3, a; 416, 3.
tǫl f. 375.
tǫng f. 317, 3, b; 391 (2 mal); 416, 1, 4; 417.
tǫnn f. 167; 275; 277, 4, b; 416 u. anm. 3; 442, anm. 4.
trana f. 401.
trane m. 263, anm. 4; 401.
traulla, trauþlega adv. 268, 4.
traust f. 166; 172, anm. 3.
trauþr adj. 259.
tré n. 80, 2; 106, anm. 1; 122; 133, b, 2; 163, 2; 172, anm. 3; 325, 1; 363 u. anm. 2.
trega stv. 497 u. anm. 1 (2 mal).
trióna f. 163, 2.
trog n. 172, anm. 3.
Tró(g)en m. 256.
troll n. 167.
troþa stv. 119; 168; 292 (part.); 496 u. anm. 3.
trǫll n. 167.
trú f. 375; 408.
trúa swv. 166; 520 u. anm. 1; 532, 6 u. anm. 2; 538, 4.
trúr adj. 172, anm. 3; 318, 14; 429.
trúþr m. 358, 2.
trygell m. 359, anm. 1.
tryggr adj. 77, 5, a; 82, 4; 166; 172, 4; 227, 2; 318, 14; 430; 439, anm. 1.
tryggua, -ia swv. 516, anm. 2.
trygguar (anorw.) f. pl. 380.
trýio-sǫþoll m. 163, 2.

tu pron. = þu 465, 2.
tué- 459.
tuéfaldr adj. 240, anm. 1; 459.
tueggia huárr pron. 478.
tueir zahlw. 71, 2; 137, anm. 5; 227, 1; 277, 2, c u. anm. 5; 299, 5; 318, 7; 325, 1; 445 u. anm. 1—4.
tuénn zahlw. 111, 2; 459.
tuenne(r), tuenn(en) zahlw. (111, 2); 445, anm. 5; 459, anm.
tuen(n)ing f. 461.
tuennr, tueþr zahlw. 261; 459 u. anm.
tuévalldr adj. 240, anm. 1.
tuft (anorw.) f., s. topt.
tug f. 166; 375.
tugr m. 61, 1; vgl. tegr, tigr.
-tugr adj. 460, anm. 1.
tugtugti zahlw. 457, anm. 1.
tugtugu (anorw.) zahlw. 449, anm. 1.
tuífaldr adj. 459.
tuínn zahlw. 459.
tuinner zahlw., s. tuenner.
tuinn(i) (anorw.) zahlw. 77, 12; 81, c; 445, anm. 4.
tuinnr zahlw. 459.
tuisuar, -or zahladv., s. tysuar 463.
tuistr, tystr adj. 77, 12.
tuítián zahlw. 449.
tuítiánde zahlw. 457, anm. 1.
tuittugu (anorw.) zahlw. 77, 12; 449, anm.
tuítygr, -tøgr adj. 77, 3; 460, anm. 1.
tuiþr zahlw. 459.
tún n. 361, anm. 4.
Túnar 361, anm. 4.
tunga f. 349, 1; 408.
Tunne m. 167.
tuolf zahlw. = tolf 77, 10; 449, anm.
tupt (anorw.), s. topt.
tut(e)gu, tutigu (anorw.) zahlw. 449, anm.
tutt (mnorw.) f. = topt 271.
tuttr m. 318, 3.
tuttu (orkn.) = tottogo 160, anm.; 293, 4; 449, anm.
tuttugu zahlw., s. tottogo.
tuǽr zahlw. 71, 2.

tuǽvetr adj. = tué- 109; 459.
tygell m. 359, anm. 1.
tygge m. 403.
tyggua stv. 82, 4; 227, 2; 235, 1, e; 493; 495, anm. 3.
týia swv. (stv.) 68, 4; 317, 3, a; 488, anm. 4; 513, anm. 3.
tykta swv. 267, anm. 2.
tyktugti (anorw.) zahlw. 457, anm. 1.
tyktugu (anorw.) zahlw. 449, anm.
tylft, -þ f. 392, 3; 461.
týna swv. 544, 3.
tynni (anorw.) zahlw., s. tuinni.
typta swv. 267, anm. 2.
tyr- präfix 71, 5; 72; 112, anm. 5; 126, anm. 1.
týr m. 81, c; 365; vgl. tífar u. Týr.
Týr m. 77, 6; 365.
tyre n. = tyrue 235, anm. 4.
tyrke m. 403.
týrsdagr, týrst(d)agr m. 104, anm.; 245, 1.
tyrtryggia swv. 71, 5.
tyr(u)e n. 82, 4; 92; 172, anm. 3; 235, anm. 4.
týsdagr m. 245, 1.
tysuar, -ár, -or zahladv. 82, 10; 84; 463.
tyttugti (anorw.) zahlw. 77, 12; 457, anm. 1.
tyttugu (anorw.) zahlw. 77, 12; 449, anm.
tøgr m. 77, 3; 395 u. anm. 3; vgl. tegr, tigr.
-tøgr adj. 460, anm. 1.
tøia swv. 68, 4; 169; 317, 3, a.
tǿkr adj. 431.

þá f. 175, 4.
þá adv. 122; 299, 5.
þagall adj. 173, 1 u. anm. 1.
þagar (anorw.) adv. 95, anm. 3; vgl. þegar.
þak 73, anm.
þak(k)a swv. 266, 3; 286, anm.
þakke pron. = þatke 274, 1.
Þambarskelfe, -skelme m. 237, 2.

þangat adv. 144, anm. 1; 162, anm.
þan(n)eg, -ig adv. 51, 2, a; 144, anm. 1;
  149, anm. 1; 158; 235, 1, f; 285, 1.
þannog adv. 158; 226; 239, anm. 2.
þannok adv. = þannog 239, anm. 2.
þannveg (anorw.) adv. 235, 1, f.
Þaraldr m. 121.
þar adv. 221, 1.
þarfa (anorw.) v. = þurfa 523, anm. 3.
þar(f)nask swv. 291, 4.
þát eins 158.
þatke pron. 274, 1.
þáttr m. = þóttr 175, 4.
þaðan (anorw.) adv. 95, anm. 3; 144, anm. 1; 169.
þefia swv. 170; 510.
þefr m. 389.
þegar adv. 95, anm. 3.
þegat adv. 95, anm. 3.
þeg(g)ia swv. 279, 1; 520 u. anm. 1; 532, 6 u. anm. 2; 538, 4 (2 mal).
þegn m. 91.
þegnskapr 78.
þek (anorw.) pron. = þik 145, anm. 3; 464.
þekia, (þækkia) swv. 'decken' 279, 1.
þekkia swv. 'gewahr werden' 175, 4; 266, 3; 321; 518, 1.
þekkr adj. 266, 3; 431.
þél f. 50, 4; 111, 2.
þél n. 111, 2.
þelamǫrk 63, 3; 392.
þele m. 95, 3, b.
þéna swv. 177, anm.
þengat (wnorw.), s. þangat.
þengell m. 167.
þennug (wnorw.) adv. 144, anm. 1.
þér pron. pers. 'dir' 110, 2; 126, 1; 464 u. anm. 4, 5.
þér pron. = ér 464; 465, anm. 5; 531, 4.
-þér (in namen) 360 u. anm. 5; 371.
þerflask und
þermlask swv. 237, anm. 2.
þerna f. 172, anm. 3.
þerra 167.
Þesmór (anorw.) 91.

þesse pron., s. siá und 221, 1; 468; 470 u. anm. 1—4.
þessorr pron., s. siá pron.
þestolfr m. 95, 1.
þéttr adj. 111, 2.
þeðan (wnorw.) adv. 95, anm. 3; 144, anm. 1; 169.
þeyge adv. 65.
þeyia 163, 1.
þeyr m. 383.
þiá swv. 235, anm. 4; 511.
þialfe m. 237, 2.
þialme m. 237, 2.
þiarfr adj. 322, 3.
þiasmor (anorw.) 91.
þiassi, þiaze m. 274, 2.
þig pron., s. þik.
þiggia stv. 230, 2; 279, 1; 498 u. anm. 7.
þik pron. pers. 248; 464.
þik(k)ia swv., s. þykkia 147; 518, 1.
þikkisdagr m. 266, 3.
þil n. 369.
þile n. 372.
þiler m. pl. 63, 2; 392.
þilíkr pron. = þuílíkr 468; 469, anm. 3.
þin pron. pers. 464 u. anm. 3.
þína (anorw.) = þín 464, anm. 3.
þineg adv. = þinneg, s. þanneg.
þing n. 167; 361.
þingat adv. 162, anm.
þinghǫ́ f. 379.
þingill (anorw.) m. 167.
þinn pron. poss. 110, anm. 2; 127, 2; 221, 1; 277, 2, c; 467 u. 1(u. anm. 3).
þinneg adv., s. þanneg.
þiófr m. 101, anm. 1; 297; 337, 1; 358.
þiokkr adj. 70, 3; 82, 4; 89, anm. 1; 90; 92; 424, anm. 2; 430 u. anm. 3.
þióna swv. 177, anm.
þiónare m. 70, 4.
þiónn m. 163, 2; 172, anm. 3; 177, anm.; 286.
þiórekr m. 292.
þiór(r) m. 101, 2; 286; 358, anm. 1.
þiós f. = fiós f. 258, anm. 2.
þióta stv. 485.

þióþ f. 101, 2; 343,1; 391.
þióþmarr m. 359,1.
þió(þ)rekr m. 292.
þír f. 80, 2; 163, 2; 383, anm. 1.
þísl f. 111, 2; 222, 2.
þistell m. 291, 11; 359.
þit pron. = it 464 u. anm. 5; 465, anm. 5; 531, 4.
þít (anorw.) adv. 158.
þiþ pron. = it 464.
-þiúfr (in namen) 101, anm. 1.
þiukkr (anorw.) adj. = þiokkr 89, anm. 1; 92.
þó adv. 98, 2; 230, 2.
þófr m. = þólfr 297.
þokke m. 112, 1; 266, 3.
þola swv. 63, 4; 337, 1; 519, anm. 2.
þolemóþlega adv. 299, anm. 2.
þoleméþe f. 299, anm. 2.
þólfr m. 234; 297.
þollákr m. 272, 1.
þolleifr m. 272, 1.
þóolfr m. = þólfr 234.
þora swv. 119; 519, anm. 1.
þóraddr m. 294.
þóraldr m. = þorvaldr 121; 235, 1 f.
þórallr m. 294.
þórarr m. 54, 3, b; 151, 1; 229; 358; 359, 1; vgl. þorgeirr.
Þorbiorn m. 272, 2.
þórdís, þor- f. 245, 2; 384.
þórelfr f. 384.
þórer m. 235, 1, f; 253, 1; 371.
þorfa (anorw.) v. = þurfa 523, anm. 3.
þorfastr m. 240, anm. 1.
þorfinnr m. 127, 3.
þorgeirr m. 54, 3, b; 73, anm.; 229; 273; 358.
Þorgerþr f. 384.
þorgils, -gísl m. 65; 85; 104; 165; 313, 4.
Þorguþr f. 384.
Þór(h)addr m. 294.
Þór(h)allr m. 294.
þori m. = þorre 286, anm.
Þórífill (anorw.) m. 235, 1, f.
Þóríð (anorw.) m. = þórer 253, 1.
Þorkell m. 274, anm.; 359, 2.

þorleifr m. 54, 3, b; 272, 1.
þorleikr, þorlákr m. 54, 3, b; 272, 1; 358.
þorna swv. 224, 2; 283; 495, anm. 6.
þor(n)steinn m. 121; 127, 3.
þórolfr m. 61, 1; 234; 240, 2; vgl. þólfr.
þorp n. 361, anm. 4.
Þorpar 361, anm. 4.
Þórr m. 112, 1; 123; 299, 3; 322, 3; 358, 3.
þorre m. 286, anm.
þo(r)skr m. 272, 3; 317, 4.
þórs(t)dagr m. 245, 1.
þórþr, þorþr m. 127, 3; 160, anm.
þórunn f. 277, 4, b.
Þorvaldr m. 235, 1, f.
Þorvastr (anorw.) m. 240, anm. 1.
þorveig f. 317, 3, a.
þoskr m. = Þorskr 272, 3.
þót(t) konj. 158.
þóþóro konj. 77, 11; 472; 474, anm. 2.
þǫgoll adj. 63, 8; 173, 1.
þǫkk f. 390.
þǫrf f. 237, 3; 375.
þóttr m. 175, 4; 395 u. 3.
þrá swv. 501, anm. 4.
Þráenn m. 501, anm. 4.
þramský 80, anm. 1.
Þrándr m. 134, b; 173, 2.
þrár adj. 175, 4; 429.
þrasa swv. 519, anm. 5.
Þraser m. 371.
þraskioldr m., s. þreskǫldr 395.
Þraut f. 166.
þré (anorw.) zahlw. 110, 1; vgl. þrír.
þréfaldr adj. 459.
þrekr m. 387.
þrell m. = þræll 127, 6.
þrening f., s. þrenning.
þrénn zahlw. 111, 2; 459.
þrenner zahlw. (111, 2); 447, anm. 3; 459, anm.
þren(n)ing f. 51, 1, b; 285, 2; 461.
þrennr zahlw. 459 u. anm.
þrentánde (anorw.) zahlw. 258, 2; 456, anm.

þreskia (anorw.) swv. = þryskua 516, b.
þreskǫldr u. a. formen 77, 3; 79; 148; 395 u. anm. 2 (2 mal).
þresuor (anorw.) zahladv. 463.
þrétián zahlw. = þrettán 449, anm.
þrettán zahlw. 110, 1; 266, 2; 277, 2, c; 449.
þrettánde zahlw. 456 u. anm.
þrettogonde zahlw. 457, anm. 1.
þrétugti (anorw.) zahlw. 457, anm. 1.
þreþr zahlw. 459.
þreyia swv. 163, 1; 501, anm. 4; 513, 4 u. anm. 5.
þriátigi, -tíu zahlw. 450.
þriátygti (anorw.) zahlw. 457, anm. 1.
þrifa stv. 60; 482.
þrifa swv. 60; 482.
þrifaldr adj. 459.
þrifnoþr m. 137, anm. 3.
þrinner zahlw., s. þrenner.
þrinning f. = þrenning 461.
þrinnr zahlw. 459.
þrióska f. 295, anm. 3; 303, 2.
þrióta stv. 485 u. anm. 1, 2.
þrír zahlw. 110, 1; 227, 1; 277, 2, c u. anm. 5; 318, 7; 337, 1; 385, anm. 4; 447 u. anm. 1, 2.
þriskia swv. 82, 4; 516, b.
þrisuar, þriss(u)or zahladv. 463.
þrítøgr adj. 77, 3; 460.
þrítøgt f. 461.
þriþe zahlw. 456 (2 mal).
Þriþ(i)ongr m. 462.
þriþr zahlw. 459.
þró f. 113; 416, 3.
Þróndheimr 235, 1, d.
þróndr m. 'eber' 134, b; 422, anm. 4.
Þróndr m. 173, 2; 422, anm. 4.
þrote m. 166.
þróttr m. 388 u. 1.
þrǫ f. 379.
þrǫmr m. 80, anm. 1; 395 u. 3.
þrǫng f. 380.
þrǫngr adj. 82, 6; 424, anm. 2; 430; 438; 439, anm. 2.
þrǫng(u)a (anorw.) stv. 77, 7; 493, anm.

þrǫstr m. 395.
þróþr m. 395 u. 2.
þrútenn adj. (part.) 166; 485, anm. 2.
Þrú(g)ils m. 315.
Þruls m. 315.
Þrundr m. 127, 3.
Þrúþr f. 384 u. anm. 1.
-þrúþr (in namen) 384 u. anm. 1.
Þrúþvangr 235, 1, f.
þrymr m. 389.
þryngua, -ia stv. 82, 4; 493 u. anm.
Þrýrekr m., s. þrýþrekr.
þryskua swv. 82, 4; 516, b.
þrysuar, -uár, -(u)or zahladv. 82, 4; 463.
Þrý(þ)rekr, Þrýþ(r)ekr m. 253, 1; 292; 300, 2; 384, anm. 1.
þrœll m. 62; 127, 6; 135.
þrœngia (anorw.) swv. 82, 6; 516, b.
þrœta f. 267, anm. 1.
þrœt(t)a swv. 267, anm. 1.
þrœtige (shetl.) zahlw. 450.
Þrǿnder, Þrǿndr m. pl. 235, 1, d; 392, 2; 414.
þrǿngr adj. 77, 7; 82, 6; 424, anm. 2; vgl. þrǫngr.
þrǿngua, -ia swv. 82, 6; 516, b.
þrǿngua, -ia stv. = þryngua 493, anm.
þrøskoldr m., s. þreskǫldr.
þú pron. pers. 80, anm. 2; 122; 151, 4; 221, 1; 238, 1, b u. 2, a; 241; 276; 464; 465, 2; 534, 2, d.
þuá stv. 317, 3, a; 337, 1; 501 u. anm. 1.
þueite n. 165; 372, anm. 4.
þuengr m. 389.
þuerr adj. 124, 2.
þuerra stv. 490; 531, 2.
þuí als fragepartikel 474, anm. 1.
þuilikr pron. 468.
þuingan f. 77, 12.
þuita f. 165.
þulr m. 388.
þumall m. 359.
þungr adj. 439.
þunnr adj. 424, anm. 2; 439.
þuóttr m. 77, 11; 395.

þurfa v. 238, anm. 7; 523, 3 u. anm. 3; 535, anm. 2.
Þurfriþr f. 51, 1, a; 285, 3; 291, 4.
þurft f. 392, 3.
Þuriþr f. 51, 1, a; 65; 112, 1; 285, 3; 291, 4.
þurr adj. 167; 182, 1; 277, 2, a; 284; 424, anm. 2.
þurs m. 153, 1; 277, 3; 358, 1 u. anm. 3.
þurþr m. 388.
þús(h)und(raþ) zahlw. 453.
þutr m. 392, 3.
þý f. 383 u. anm. 1; vgl. þír.
þydder (mnorw.) pron. = yþr 464, anm. 7.
þýft, -þ f. 238, anm. 8.
þykkia swv. 51, 4; 112, 1; 113; 147; 224, anm. 4; 266, 3; 267 u. anm. 2; 285, 1; 321; 518, 1 u. anm. 1; 530, anm. 3; 531, anm. 5.
þykkr m. 389 u. anm. 1.
þykkr adj. 82, 4; 92; 279, 2; 424, anm. 2; 430 u. anm. 3; 438; vgl. þiokkr.
þyngan f. 77, 12.
þynna swv. 517 u. anm. 2.
þyrell m. 77, 12.
þyrfa (anorw.) v. = þurfa 523, anm. 3.
þyrft f. 392, 3.
Þyrger m. 73, anm.
Þyrgils m. 65.
þyria swv. 317, 4.
Þyriþr f. 65.
þyrner m. 371.
þyrr adj. 424, anm. 2; vgl. þurr.
þyrstr adj. 317, 4.
þysia swv. 317, 4.
þyss m. 277, 2, a; 389.
þytr m. 389; 392, 3.
þýþa swv. 515.
þý(þ)verskr adj. 228.
þǽgr adj. 431; 438.
þǽkkia (anorw.) 'decken' 279, 1.
þǽngat (onorw.) adv. 144, anm. 1.
þǽnneg (onorw.) adv. 144, anm. 1.
þǽr (onorw.) adv. 144, anm. 1.

þæðan (onorw.) adv. 144, anm. 1.
Þørger m. 73, anm.

ú- präfix, s. ó-.
Ubdale 247, anm.
uf präp., s. of.
Ufeigr m. 152, 1.
Úfiksþueit (mnorw.) 152, 1.
úfrǽials adj. 312, 1.
uft (anorw.) adv. = opt 61, 1.
Úfǽikstaðer (anorw.) 239, 1, b.
-ug- suffix 51, 2, b; 173, 4.
ugga swv. 519, anm. 1; 538, 4.
ugla f. 246, 2; 284.
-ugþ suffix 293, 1; 392, 3.
uisuar adv. 463.
uka (anorw.) f. = vika 408.
úknytter pl. 172, 3; 318, 3.
-ul- suffix 51, 2, b; 173, 1 u. anm. 1.
ulfalde m. 254, anm.; 297.
ulfr m. 61, 1; 235, 1, a; 240, 1; 317, anm. 7.
-ulfr (in namen) 61, 1; 235, 1, a.
Ulgestr m. = Ulfgestr 291, 4, a.
ull f. 235, 1, a; 351, 1; 371.
Ullr m. 275; 358, 2.
um alt adv. 54, 3, a.
um präp. 146, 3; 278, anm. 1; 285, 1.
umb präp., s. um u. 64; 329, 2.
Umblauzstaðir (anorw.) 262, 1; 299, anm. 5.
umm präp., s. um.
(um)sǫt f. 416, 4.
-un suffix 137, anm. 3; 390.
una swv. 168; 519, 1; 538, 4.
Únáss m. 54, 3, b.
Unavágar f. pl. 228.
und f. 235, 1, a.
-und- suffix 51, 2, b; 173, 2 u. anm. 2.
undan (anorw.) präp. 317, 2, b.
undarn m. 168; 173, 5.
under präp. 146, 3.
undingi (anorw.) m. 149; 229; 317, 2, b.
undorn m. 168; 173, 5.
undr 235, 1, a.
-ung- suffix 51, 1, b u. 2, b; 146, anm. 2; 173, 3; 462; vgl. -ong f., -ongr m.

ungr adj. 50,4; 113; 182,1; 231; 317,3, b u. 4; 333,2; 438 u. anm. 3, 4.
ungviþe n. 372.
-unn f., s. *-unnr*.
unna v. 275; 523,1 u. anm. 1; 532,4.
unningi (anorw.) m. 149; 229; 317,2,b.
unnr f. 275; 277,4,b; 317,2,b; 390,1.
-unn(r) f. 277,4, b; 384 u. anm. 1, 2.
unz 'bis' 158; 245,1.
upp, *úp(p)* adv. 146,3; 280, anm.4; 318,2; 443.
uppe, *úpi* adv. 280, anm. 4; 318,2.
uppskárr adj. 54,2; 64.
ups f. 240, anm. 4; 257.
úr n. 166.
ur-, *úr-* (anorw.) präfix 72; 112, anm. 5; 126,1; vgl. *or-*.
úr präp. 72; 112, anm. 5; 126,1; vgl. *ór*.
úrr m. 358,2; 392,3.
urt f. 235,1, a; 392,1.
urþr m. 167; 390,1; 392,3.
Urþr f. 390,1.
Úrékia m. 408.
út adv. 280,1; 441; 442,3.
útan, *útar* adv. 151,4; 280,1.
útrek(k)ia swv. 512, anm. 2.
útt (anorw.) adv. = *út* 280,1.
úttan, *-ar*, *-astr* (anorw.) 280,1.
-úþ suffix 293,1; 392,3.
uþr f., s. *unnr*.
-uþr f., s. *-unnr*.
-uþr m. 137, anm. 3; 397.
úvaldr (anorw.) m. 297.
ux (anorw.) f. = *ups* 257.
uxe m. 61,3; 63,4; 112, anm. 4; 222, anm. 3; 283,1; 314 (pl.); 338,1; 401,2,3.

vá f. 175,4.
vá swv. 175,4; 317,3, b.
váfa swv. 77,11; 168; 507, anm.; 519, anm. 1.
vaff n. 336.
Vafþrúþner m. 371.

vagga f. 318,4; 334,4.
vagn m. 318,4.
vaka swv. 501, anm.4; 519,1; 527; 538,4.
vakenn adj. (part.) 501, anm. 4.
vákn (anorw.) n. = *vápn* 257.
vakna swv. 509.
vakr adj. 277,3.
val (anorw.) adv., s. *vel* 168; 443.
válaþ n. 236.
valda v. 167; 220; 275; 317,2, a; 526 u. anm. 1; 529.
valdere(r) m. 402, anm.
Valdiúfr m. 238,1, b; 240,2; 252; 256; 297.
Valdiúgær (anorw.) m. 256.
Vále m. 299,2.
Valer, *Váler* m. pl. 124,2; 387.
valeþr adj. 428,2.
valfǫþr m. 420, anm. 2.
Valgarþr m. 297.
valla adv. 272,1.
valla (anorw.) stv., s. *vella* u. 490, anm. 4.
valr m. 'die gefallenen' 387.
valr m. 'falke' 358; 387 u. 2 u. anm. 2.
valrof n. 152,2.
Valþiófr m. 256; vgl. *Valdiúfr*.
vamm n. 346,1.
vammál (anorw.) n. 268, anm. 3; vgl. *vaþmál*.
vam(p)n (anorw.) n. = *vápn* 314, anm. 1 (2 mal).
ván f. s. *vǫn*.
van(d)lega adv. 291,2.
vandr adj. 167. 260.
vándr adj. 175,4; 440 (u. anm. 2).
vange m. 317,3, b.
vangr m. 237,1.
vangr adj. 288; 317,3, b.
vanlega adv. 291,2.
vanmál (anorw.) n. 238, anm. 15; 268, anm. 3; vgl. *vaþmál*.
vanr m. 387 u. anm. 2.
vanr adj. 168.
vant (anorw.) n. = *vatn* 314.
vápn n. 77,11; 257; 314, anm. 1.

vár pron. pers. 464 u. anm. 6.
vara swv. 'ahnen' 519, anm. 1.
vara swv. 'warnen' 519, anm. 1.
vara (shetl.) = vera 108, anm. 1.
várar f. pl. 375.
vargr m. 167; 358 u. 3.
varhygþ f. 64.
varkunn f. 390.
varla adv. 272, 1.
várr pron. = vár 464, anm. 6.
várr pron. poss. 50, 3; 107; 112, 1; 127, 1; 134, b; 299, 3; 467 u. 2 (u. anm. 3).
várra pron. = vár 464, anm. 6.
vartare m. 402, anm.
varða (orkn., shetl.) = verþa 108, anm. 2.
var(þ)hald 294.
varúþ f. 64; vgl. -úþ.
vaska swv. 319, 5.
Vaste m. 240, anm. 1.
vatmál n. = vaþmál 392, 3.
vatn n. 168; 291, 9; 314; 319, 5; 325, 1; 361, anm. 1.
vatr n. = vatn 361, anm. 1.
vátr adj. 63, 16; 168.
vát(t)r m. 267; 284; 395.
vaþa stv. 500.
váþe m. 86; 175, 4.
vaþell m. 173, 1 u. anm. 1; 359, anm. 1.
vaþmál, váþmál n. 127, 1; 238, anm. 15; 268, anm. 3; 392, 3.
vaþr m. 387.
vaxa stv. 170, anm. 2; 222, 2; 235, anm. 1; 500 u. anm. 3; 531, 2.
vé n. 111, 2; 133, b, 1; 317, 3, a; 363.
véar m. pl. 317, 3, a.
Vé(e) m. 317, 3, a; 404.
vefa stv. 90; 168; 496 u. anm. 4.
vefia swv. 507, anm.
vefmál n. = vaþmál 392, 3.
vefr m. 168; 389.
vega stv. 'aufheben' 122; 497.
vega stv. 'töten' 60; 165; 172, anm. 1; 317, 3, a; 498 u. anm. 5.
veggr m. 227, 1; 389.
veglegr adj. 439, anm. 3.

vegna (minna v. etc.) 358, anm. 8.
vegr m. 'ruhm' 387.
vegr m. 'weg' 176, 1; 358 u. 2, 3, 4 u. anm. 8.
veig f. 375.
-veig (in namen) 317, 3, a; 377.
veikr adj. 77, 15.
veill adj. 130, anm.; 151, 6.
veit 416.
veitall adj. 173, 1.
veiþr f. 384.
ve(i)zla f. 128.
vekia swv. 'erwecken', s. vekkia.
vekia swv. 'zum fliessen bringen' 513, 1.
vekke pron. = vetke 274, 1.
vek(k)ia swv. 'erwecken' 82, 12; 279, 1; 512.
vél f. 109; 375.
vel adv. 168; 443.
véla swv. 'sich beschäftigen' 109; 111, 2; 238, 2, b; 517.
véla swv. 'überlisten' 109; 517 u. anm. 2.
vélfinne, -fime 266, anm. 5.
velhuerr pron. 477 u. 4.
velia swv. 124, anm. 1; 295; 354, 1; 508, 2; 514.
vella stv. 167; 490 u. anm. 1, 4.
Vellan(d)katla 291, 2.
velta stv. 90; 490.
vend n. 305, anm. 2.
venia swv. 238, 1, b; 512 u. anm. 2; 531, 2.
ver n. 71, 1; 369.
vér pron. pers. 109, anm.; 110, 2; 126, 1; 278; 464 u. anm. 5; 531, 3.
-vér (in namen) 149, anm. 2; 317, 3, b; 360 u. anm. 4; 371.
vera v. 72; 77, 11; 108, anm. 1; 110, 2 (er, ero); 126, 1 (2 mal); 285, anm. 1; 317, 4; 465, 2; 498 u. anm. 6, 7; 521, anm.; 529; 531, 1; 532, 3 u. anm. 1; 535, anm. 2; 536, 2; 537 (passim); 541 u. anm. 2; 546 u. anm. 2.
veral(d)legr adj. 291, 2.

-vere m. 403 (2mal).
vergangr m. 291, 3.
veria swv. 'kleiden' 72.
verk n. 63, 3; 167; 291, 6; 361, anm. 1.
verkr m. 389.
Vermar, -er m. pl. 358, 4; 387, 2.
Vermundr m. 317, 2, b.
Vernarðr m. 244, anm.
verpa stv. 167; 490.
verr m. 60; 352, 1; 358 u. 3.
verr adv. komp. 443.
verre adj. komp. 277, 2, a; 317, 4; 440 u. anm. 2.
ve(r)sna swv. 272, 3; 317, 4.
verst adv. sup. 443.
verstr adj. sup. 301, 1; 440.
verþ n. 425, anm. 2.
verþa stv. 90; 149, anm. 2; 167; 175, 1; 221, 1; 235, anm. 1; 291, 3; 490 u. anm. 3, 4; 529; 530, anm. 3; 534, 2, c u. 3; 546 u. anm. 2.
ver(þ)gangr m. 291, 3.
verþr m. 395 u. anm. 1.
verþr adj. 425, anm. 2.
vesa v., s. vera.
vesall adj. 64; 151, 1, 5, 6; 428, 1 u. anm. 3; 439, anm. 2.
vesna swv. = versna 272, 3.
vestan adv. 441; 442, 3.
vestastr adj. sup. 441.
Vestfoll (onorw.) 275, anm.
Vestfylder m. pl. 387; 392, 2.
vest(r) sup. = verst(r) 440; 443.
vestre adj. komp. 441.
vestr(h)alfa f. 294.
vesœll adj., s. vesall.
vet (anorw.) pron. = vit 145, anm. 3; 464.
vetke pron. 274, 1; 284; 476 u. 3 u. anm. 2.
-vetna (zu vǽttr) 390, 5.
vetr m. 110, 1; 266, 2; 284; 414.
vett (anorw.) f. 416, 4.
vetterges 'nichts' 390, anm. 1.
véttfangr, s. véttvangr.
vet(t)ke, s. vetke.
vettoge 'nichts' 390, anm. 2.

véttr, vettr f., s. vǽttr.
véttvangr m. 109; 110, 3; 237, 1.
veþ n. 369.
veþia swv. 510.
veðill (anorw.) m. 173, 1; 359, anm. 1.
veþr m. 176, 1; 358, 2.
veykr adj. = veikr 77, 15.
vezla f. = veizla 128.
ví (mnorw.) pron. = vér 464, anm. 5.
vídd f. 390.
Vifill (anorw.) m. 235, 1, f.; 256.
víg n. 60; 165; 172, anm. 1; 317, 3, a.
viga (anorw.) stv. = vega 'töten' 60; 165; 498 u. anm. 5.
Vige m. 403.
Vi(g)fastr m. 293, 3.
Vigfúss m. 127, 2.
Vigg f. 383.
viggr m. 389 u. anm. 1.
vigia swv. 317, 3, a; 344, 1.
Vigiul- (anorw.) 104; 256.
vigr f. 375.
vigr adj. 431.
Vigu(l)staðer (mnorw.) 252.
vík f. 417.
vika f. 408.
víka (anorw.) stv. = víkia 483.
Vikand (anorw.) 150, anm.
víkia stv. 82, 11; 263; 483; 532, 1; vgl. ýkua.
vildr adj. 439, anm. 2.
vile m. 403 (2 mal).
Vile m. 80, 2; 138; 371.
Víler m. 371 u. anm. 2.
vilia swv. 110, anm. 6; 168; 238, anm. 5; 277, 2, b; 285, 1; 295; 350, 1; 513, 3 u. anm. 4; 521, anm.; 529; 531, anm. 7; 532, 7 u. anm. 3.
Viliá(l)mr (anorw.) m. 297.
villa swv. 238, 2, b; 517.
Vimboldr m. 262, 1.
vimpr 266, anm. 1.
Vimor f. 378.
vin m., s. vinr.
-(v)in (in namen) 383.
vinát(t)a f. 285, 4.
vinda stv. 266, 2; 492 u. anm. 1.

Vinder, Vindr m. pl. 414.
Vin(d)land 305, anm. 1.
vindr m. 358, 2.
vindr adj. 167.
vingiof f. 262, 2.
Vingner m. 317, 3, b.
Vingþórr m. 317, 3, b.
viniey f. 295.
Vinland 291, 3.
Vinland 305, anm. 1.
vinna stv. 235, anm. 1; 250; 261; 492 u. anm. 1.
vin(r) m. 168; 285, anm. 2; 388 u. 1 u. anm.
vinstre adj. komp. 299, 4; 441, anm.
vintur (misl.) m. = *vetr* 266, 2.
Vin(þ)land 291, 3.
Vinþr m. pl. 414.
vir pron. = *vér* 464, anm. 5.
virgell, -oll m. 167; 173, 1.
virke n. 63, 3.
-virke m. 403.
virþa swv. 85.
virþar m. pl. 60.
visa f. 320.
visa swv. 320; 509, anm.
visenn adj. (part.) 483, anm.
vise(r) m. 401.
viss adj. 286; 320; 339, 2; 427 u. 2; 522, anm. 2.
vist f. 391.
vistre adj., s. *vinstre*.
visundr m. 358, 2.
vit pron. pers. 248; 278; 464; 531, 3.
vit (anorw.) präp. = *viþ* 238, 2, f.
vita v. 128; 320; 339, 1; 519, anm. 1; 522, 1 u. anm. 1, 2; 532, 4; 534, 2, b (2 mal).
vitia swv. 510.
vitind, -and 173, 2.
vitke m. 127, 2; 239, 1, a.
-vitna (zu *vǽttr*) 390, 5.
vitr adj. 437.
vit(t)r m. = *vetr* 110, 1.
víttr f., s. *vǽttr*.
-vít(t)r f. 390, 1, 4.
vitund 173, 2; 422, anm. 4.

viþ f. 165; 382.
viþ pron. = *vit* 248; 464.
viþa adv. 442, 1 u. anm. 3 (2 mal).
viþbeina n. 405.
viþer m. 165.
viþførle m. 63, 8.
Viþga m. 401, 1.
viþia f. 409.
viþka swv. 238, 2, e.
viþkueþ n. 77, anm. 4 (pl.).
Viðkunnr m. 292.
viþr m. 395 u. 3.
-viþr m. (in namen) 395, 2.
víxl n. 110, anm. 5; 222, anm. 3.
víxla swv. 238, 2, b; 291, 7; 517 u. anm. 1.
víz adv. 'weit' 238, 2, d.
vókn (nisl.) n. = *vápn* 257.
vón f., s. *vǫn*.
vǫ́ f. 175, 4; 317, 3, b.
vǫg f. 375.
vǫ́g f. 416, 4.
vǫk f. 376.
vǫllr m. 275; 395.
vǫlr m. 395.
vǫlua f. 82, 8; 235, 1, a; 355; 408.
Vǫlundr, (v-) m. 148.
vǫmb f. 266, anm. 4; 329, 2.
vǫn f. 81, anm.; 116; 391.
vǫndr m. 77, 10; 394; 395, 3.
vǫr f. 375.
Vǫ́r f. 375.
-vǫr (in namen) 377.
vǫrn f. 392, 1.
vǫrr m. 395.
vǫr(r) f. 375.
vǫrþr m. 395 u. 2, 3.
vǫttr m. 266, 2; 395.
vǫ́ttr (anorw.) m. 395.
vǫþ f. 77, 11; 390, 4; 392, 3; 416, 4.
vǫþue m. 82, 8; 228.
vǫxtr m. 222, 2; 395.
vreiðe (anorw.) f. 288, anm. 1.
výkua stv., s. *ýkua* 483.
vyrða swv. = *virþa* 85.
vǽ subst. 97, 3; 151, 6.
vǽgr adj. 431.

vækka (anorw.) f. 274,1.
vækkia (anorw.) swv. 'zum fliessen bringen' 279, 2; 513,1.
væl f. = vél 109.
væl (anorw.) adv. 443.
væla swv. 109; 517.
væna swv. 517, anm. 2.
vængr m. 368; 389 u. anm. 4.
vænn adj. 168; 427 u. 2; 438; 439, anm. 2.
væpna swv. 238, 2, b; 517.
vær (anorw.) pron. = vér 109, anm.; 464 u. anm. 5.
værenge m. 149; 229.
væringr (anorw.) m. 368.
værða (anorw.) v. 529.
vætke pron., s. vetke 476 u. 3 u. anm. 2.
vætt f. 'deckel' 109.
vætt f. 'gewicht' 109.
vættke pron. = vetke 274,1.
vættr f. 109; 110, 3; 127, anm. 2; 151, 3; 390, 1, 3, 4, 5 u. anm. 1, 2.
vættvangr m. = véttvangr 109.
væðmál (anorw.) n. = vaþmál 392, 3.
vøk(ku)a f. 82,12.
vøk(k)ua swv. 'zum fliessen bringen' 279, 2; 513,1, 2.
vøkua swv. 'erwecken', s. vekkia 512.
vøkue m. 82,12.
véla (anorw.) swv. = véla 'sich beschäftigen' 517.

yfa (anorw.) swv. 85, anm. 1.
yfir präp. 140, anm. 2; 147; 155.
*yfla swv. (prät. u. part.) 291, 4, a; 313, 1.
yfrenn adj. 140; 235, 2; 428, anm. 5.
ýger m. 75.
Yggr m. 389.
ýgiask swv. 75.
ýgr adj. 75; 431.
-ygþ suffix 293, 1; 392, 3.
ýke n. 75.
ykkar pron. pers. 110, anm. 1; 464.
ykkarr pron. poss. 235, anm. 4; 266, 3; 300, 1; 467 u. 3 (u. anm. 3).

yk(k)r pron. pers. 77, 5, a; 464.
ýkua stv. 77, 15; 82, 10, 11; 483; 532,1.
ýler m. 231.
yl(f)ði, ylft (anorw.) zu *yfla 291, 4, a; 313,1.
ylgr f. 317, anm. 2; 384 u. anm. 4.
ylma swv. 85.
ylmr m. 85.
ylr m. 389 u. anm. 1.
ymbrudagar m. pl. 85.
Ymer m. 371.
ýmiss, (y-) adj. 65; 114; 127, 5; 285, 5; 428 u. 1, 4 u. anm. 1, 4.
ymr m. 389.
-yn (in namen) 383.
-ynd- suffix 173, 2 u. anm. 2.
-ynde f. 411; vgl. -ynd-.
ynglingr m. 216, 2.
Ynguarr m. 84; 111, 2; 134, a; 317, 3, b.
Yngue m. 82, 4.
Ynguinn m. 226.
ýr m. 77, 6; 106, anm. 2.
ýr pron. = yþr 292.
ýr präp. = úr 71, 6; 72; 112, anm. 5; 126, 1.
Yre f. 401.
ýrenn adj. 235, 2; 428, anm. 5.
Yria(r) (anorw.) pl. 166.
yrkia swv. 167; 235, 1, a; 321; 518, 1.
ýrr m. = úrr 392, 3.
yrþr m. 390, 1; 392, 3.
ýsa f. 231.
ysia f. 317, 4.
ýskia swv. 112,1.
yss m. 277, 2, a; 389.
ýtarstr (anorw.) adj. sup. 441.
ýtre, ytre adj. komp. 127, 5; 441.
-ýþ suffix 293, 1; 392, 3.
yþar(r), yþarra pron., s. yþu-.
yþr pron. pers. 77, 5, a; 238, anm. 13; 261, anm.; 292; 464 u. anm. 6; 465, anm. 6.
yþ(u)ar pron. pers. 464.
yþ(u)arr pron. poss. 82, 4; 235, anm. 4; 300, 1; 467 u. 3 (u. anm. 3).

yþ(u)arra pron. = yþ(u)ar 464, anm. 6.
ýztr, yztr adj. sup. 127, 5; 441.

ǽ adv. 97, 3; vgl. ey adv.
ǽfe f. 83; 97, 3; 250; 411, 2, 3.
ǽfen- 83; 97, 3.
ǽfenlegr adj. 85, anm. 2; 427, anm. 2.
Ǽger m. 169; 317, 3, a; 319, 1; 371.
ǽgi adv. = eige 152, 1.
ǽginn (anorw.) adj., s. eigenn (128).
ǽia swv. 68, 2; 512.
ǽigande (anorw.) m. 422, anm. 3.
ǽige adv. = eige 152, 1.
ǽinginn (anorw.) pron. = enge 127, 1.
ǽinshuærr (anorw.) pron. 475, 1.
Ǽiðsif(i)ar (anorw.) pl. 151, 6.
ǽlli(u)fti (anorw.) zahlw. = ellepte 77, 7; 235, 2; 456, anm.
ǽlli(u)fu (anorw.) zahlw. 235, 2; 449, anm.
ǽllugu, ǽlluva (anorw.) zahlw. = ellefo 77, 7, 10; 172, 1; 256; 257; 449, anm.
Ǽlmtrartiorn (anorw.) 237, anm. 2.
ǽlptr (anorw.) f., s. ǫlpt 416, 1.
ǽmbǽt(te) (anorw.) n. 285, 4.
Ǽn (anorw.) 65.
ǽptir adv. 271.
ǽr (anorw.) n. = ærr 77, 7.
ǽr f. 71, 2; 80, 2; 418.
-ǽr adj. 429.
ǽra swv. 54, anm. 1.
ǽrfað(e), -ǽðe (anorw.) n. 54, 3, b; 64; 151, 1; 152, 1.
ǽrlipti (anorw.) = ellepte 456, anm.
ǽr(r) (anorw.) n. 77, 7.
ǽrr (anorw.) m., s. ǫ́rr 395, anm. 2.
ǽrtog, -ug (anorw.) f., s. ǫrtog.
ǽs f. 233; 375; 392, 2.
Ǽstriþr f. = Astríþr 395, anm. 2.
ǽte n. 372, anm. 4.
ǽtla swv. 267.
ǽtt f. 54, 1; 392, 3; 461.
ǽttbarmr, -baþmr m. 238, anm. 14.
ǽtter adv. 271.
ǽttinge m. 173, 3.
ǽttlera m. 317, 4.

ǽþ(r) f. 'ader' 384.
ǽþr f. 'eider' 384.
ǽx (anorw.) f., s. ǫx.

ǿfenlegr adj. 85, anm. 2.
ǿfre adj. komp. 119; 441.
ǿfrenn (anorw.) adj. = yfrenn 235, 2.
ǿfstr adj. sup. 119; 240, anm. 4; 441.
ǿfter präp. 85, anm. 2; 172, anm. 2.
ǿger m. 75.
ǿgia(sk) swv. 75; 170.
ǿgr adj. 75; 431.
ǿkkr (nisl.) m. 82, 3.
ǿkkuenn adj. 82, 3; 110, 1.
ǿllyfti, -kti, ǿllepti (anorw.) zahlw. = ellepte 77, 7, 10; 85 u. anm. 3; 257; 456, anm.
Ǿluer m. 65; 82, 6; 105, anm.
ǿmta swv. 258, 2.
ǿnge pron., s. enge pron.
ǿngr adj. 82, 6; 424, anm. 2; 430.
ǿngr pron., s. enge 82, 6; 84.
ǿngua swv. 82, 6.
ǿnta swv. 258, 2.
ǿpa swv. 235, 1, a; 515.
ǿpstr adj. sup. = ofstr 240, anm. 4.
ǿptir (anorw.) präp. = epter 172, anm. 2.
ǿr- präfix 71, 3; 72; 112, anm. 5; 126, 1; 146, 3.
ǿr präp. 71, 4; 72; 126, 1; 146, 3.
ǿre adj. komp. (s. ungr) 50, 4; 113; 317, 3, b u. 4; 438, anm. 3.
ǿrende n. 160, anm. (gen. pl. ǿrna); 372.
ǿrenn adj. 235, 2; 428, anm. 5.
ǿrinde n., s. ǿrende.
ǿr(h)óf n. 294.
ǿr(h)ǿfe n. 294.
ǿrr n. 77, 7.
ǿrr adj. 235, 1, a.
ǿrtog (anorw.) f. 63, 8; 66, anm. 2; 152, 2; 173, 5; 375.
ǿrǿfe n. 294.
ǿs pron. pers., s. os(s).
ǿska f. 113; 317, 3, b.
ǿskia swv. 112, 1.

ǫss pron. pers., s. os(s).
ǿstr adj. sup. 303, 2.
eple n. 63, 8; 66, anm. 2; 119; 173, 1.
eplask swv. 63, 8.
eplingr m. 172, anm. 2.
épre óztr adj. 438, anm. 1.
ex f. 77, 7; 173, 5; 384 u. anm. 2.

óxla swv. 222, 2; 238, 2, b; 291, 7; 517 u. anm. 1.
Øyl(u)ir (anorw.) m. 235, 1, f.
øyra m. 405.
Øystrin (anorw.) 65.
eyðla (anorw.) f. = epla 172, anm. 2; 268, 4.
Øyðvin (anorw.) 82, 13; 166, anm.

B. Urnordische wörter (so wie wichtigere wörter der vikingerzeit):

Die zahlen nach 'anh.' beziehen sich auf die nummern des anhangs.

ạ (adän.) 299, 5.
aaðaᵹasu 233; 373, anm. 3; anh. 91.
ᴀfatʀ anh. 31.
ᴀft anh. 70.
after anh. 79.
ᴀfunþ 153, 3, 7; 275; anh. 83.
aih 230, 2; 533, anm. 2; anh. 21; 76.
ᴀih 54, 1; 230, 2.
aila anh. 89.
ais[a]ᵹ[aiʀa]ʀ anh. 76.
aiwuiða 533, anm. 2; anh. 13.
akaʀ 356, anm. 1; anh. 95.
ala 399, anm. 1; anh. 92.
alawið anh. 60.
alawin anh. 60.
all = alu anh. 40.
alu 373, anm. 1; anh. 5; 9; 11; 17; 39; 57; 61.
aluh anh. 33.
aluko 406, anm. 1; anh. 24.
an 153 u. 3, 7; 299, 5; anh. 73.
ana anh. 44; 55.
ạnart (aschw.) 300, 1.
aovin (Einhard) 226.
ᴀrᴀᵹeu 406, anm. 2; anh. 4.
arbija 356, anm. 2; anh. 79.
arbijano 399, anm. 5; 401; anh. 79.
aʀina 72, anm.; 356, anm. 2; anh. 7.
ạsm̃u[n]t 80, 1; 153, 1, 7; 233; anh. 70.
asriþr (Man) 310, 2.
asuᵹasði(ʀ ...) anh. 42.

asuᵹisalas 142; 233; 356, anm. 3; anh. 35.
ᴀtʀ anh. 19.
auja anh. 58; 60.
aulfr (aschwed.) 228.
aus (Cod. Leid.) 80, 1; 153, 5, 7.
auþa 221, anm. 2; 399, anm. 1; anh. 51.
bᴀriutiþ 66, 1; 142; 223, 2; 530, anm. 3; anh. 66.
bᴀrutʀ 66, 1; 142; 153, 1, 7; 223, 1; 530, anm. 3; anh. 4.
bera 399, anm. 1; anh. 36.
bi anh. 35.
birᵹ 63, 3; 66, 1; 143; 538, anm.; anh. 50.
bormoþᴀ anh. 14.
daᵹaʀ 137, anm. 2; 155; 223, 1; 224, 1; 356, anm. 1; anh. 7; 16.
ða[i]liðun 54, anm. 3; 533, anm. 3; anh. 79.
ðᴀuðe 55; 138 u. anm.
ðohtriʀ 112, anm. 4; 155; 267; 277, 3; 419, anm. 1; anh. 79.
ehe anh. 95.
eih anh. 51.
ek 464, anm. 1; anh. 7; 23; 25; 30; 32; 34; 35; 39; 46; 52; 55; 79; 84; 86.
eka 94; anh. 66.
erilaʀ 63, 3; 137, anm. 2; 173, anm. 1; 277, 1, 3; 356, anm. 1; 359, 2; anh. 32; 35; 39.

faaþi (adän.) 230,1.
fahi 153 u. 3, 7 u. anm.; 230, 1; 530, anm. 1; anh. 45; 95.
fahi[ðo] 54,1; 230,1; 533, anm. 1; anh. 55.
fai 153, anm.; 230,1; 511; anh. 85.
faihiðo 54,1; 137,2; 156; 230,1; 533, anm.1; anh. 16; 87.
fakaʀ anh. 23.
fᴀlᴀh 533, anm. 1; anh. 66.
fᴀlᴀhᴀk 142; 230,1; 465, anm. 2; 533, anm. 1; anh. 4.
faṛauisa 399, anm. 1; anh. 58.
fatlaþʀ (aschw.) 153,2.
faþi (adän.) 230,1.
feu (Abeced. nordm.) 80, 2; 153,1.
fino 406, anm. 1; anh. 3.
fiskʀ 153,7; 356, anm. 1; anh. 14.
fiu (Cod. Leid.) 80, 2; 153, 5.
flu (adän.) 230, 2.
fokl anh. 14.
frawaraðaʀ 53; 80,2; 356, anm.1; anh. 44.
frohila 399, anm. 1; anh. 12.
ᴣᴀf 223, 2; 533, anm. 2; anh. 66.
ᴣakaʀ 356, anm. 1; anh. 57.
ᴣamʀ anh. 19.
-ᴣastiʀ 66,1; 155; 223,1; 224,1; 385, anm. 1; anh. 3; 25.
ᴣestumʀ 66, 1 u. anm. 1; 153, 7; 277, anm. 5; 356, anm. 8; anh. 66.
ᴣibu 63, 3; 530, anm. 1; anh. 58.
ᴣinᴀrunᴀʀ anh. 4.
ᴣinoronoʀ anh. 66.
ᴣinuᴣahelija anh. 35.
ᴣisai anh. 89.
-ᴣisalas 142; 155; anh. 35.
ᴣla[n]ta anh. 19.
ᴣléauᴣiʀ 385, anm.; anh. 10.
ᴣoðaᴣas 356, anm. 3; anh. 84.
ᴣotnᴀ anh. 14.
ᴣuðija 399, anm. 1; anh. 46.
hᴀborumʀ anh. 66.
haðulaikaʀ 230,1; 317,2; 356, anm.1; anh. 34.
hᴀerᴀ anh. 4.
hᴀeruwulafiʀ 142; 370, anm.; anh. 31.

haᴣa anh. 35.
haᴣestumʀ anh. 66.
haᴣustalðiʀ, -sta[l]ðaʀ 105, anm.; 239,1, b; 356, anm. 1; anh. 34; 84.
haha anh. 68.
hahai anh. 44.
hq̇islaʀ (aschw.) 229, anm.
h[ᴀ]iðeʀʀunono anh. 66; vgl. runono.
hᴀiðʀruno 54; anh. 4; vgl. runo (Björketorp).
haite 54; 139; 542, anm. 2; anh. 32; 35; vgl. folg.
ha[i]teka 465, anm. 2; 542, anm. 2; anh. 39; vgl. haite.
haitika 139; 465, anm.2; 542, anm. 2; anh. 58; vgl. haite.
haitinaʀ 155; 162,2; 277,1; 356ᵣ anm. 1; 540, anm. 2; anh. 72.
haiwiðaʀ, s. h[l]aiwiðaʀ.
-halaiban 142; 299, 5; 399, anm. 3; anh. 79.
halaʀ 356, anm. 1; anh. 65.
hali anh. 68.
harabanaʀ 142; 277,3; 356, anm.1; anh. 32.
hari-, harja- 69.
harja 399, anm. 1; anh. 90.
harijan 399, anm. 3; anh. 62.
hariso 406, anm. 1; anh. 29.
haṛiuha 112, anm. 4; 399, anm. 1; anh. 58.
hᴀriwolᴀfʀ 69, anh. 66; vgl. -wolᴀfʀ.
hᴀriwulafa 356, anm. 5; anh. 31; vgl. -wulafa.
hariwulf(a)ʀ 133, a.
hariwulfs 235, 1, a; 356, anm. 3; anh. 54.
hateka, s. ha[i]teka.
hᴀðerᴀ anh. 4.
haþu anh. 68.
hᴀþuwolᴀfᴀ 356, anm. 5; anh. 27; vgl. -wolᴀfᴀ.
hᴀþuwolᴀfʀ 228; anh. 66; vgl. -wolᴀfʀ.
hᴀþuwulafʀ 228; 317, 2; anh. 31; vgl. -wulafʀ.
hau[h]aʀaʀ 356, anm. 1; anh. 15.

haukoþuʀ 235,2; 393, anm.1; anh.93.
heðerᴀ anh. 66.
helðaʀ 88; 95,1; 356, anm.1; anh.73.
herᴀ anh. 66.
hiabi (anorw.) 297.
hiðeʀrunono, s. h[ᴀ]iðeʀrunono.
hin anh. 14.
hino 425, anm.1; 469, anm.1; anh.68.
hiu̯iȝaʀ 356, anm.1; anh. 94.
h̃laaiwiðo 533, anm.1; anh. 34.
hlaiwa 97,3;153,3;356,anm.2;anh.8.
h[l]aiwiðaʀ 540, anm. 2; anh. 1.
hleuno anh. 89.
hlewaȝastiʀ̃ 385, anm. 1; anh. 25; vgl. -ȝastiʀ̃.
hṇab̭uðas 356, anm. 3; anh. 8.
holtijaʀ 356, anm. 1; anh. 25.
ho.ʀ anh. 40; vgl. hou̯[h]aʀ.
horna 61, 1; 137, anm. 2; 153, 3; 155; 356, anm. 2; anh. 25; 68.
hou̯[h]aʀ 356, anm. 1; anh. 22.
hrabisun (anorw.) 289, anm. 1.
hraþaʀ anh. 55.
hrikariki (anorw.) 289, anm. 1.
hroʀaʀ 95,1; 356, anm.1; anh. 7.
hroʀeʀ 370, anm.; anh. 7.
huni anh. 14.
huwᴀʀ anh. 14.
i anh. 14; 46.
if anh. 14.
iȝijon 137, anm.1; 406, anm. 2, 3; anh. 65.
ik 464, anm.1; anh. 95.
irilaʀ 356, anm.1; anh.7; 86.
is 532, anm.1; anh.14; 38.
it anh. 13.
iuþinȝaʀ 56; 356, anm.1; anh.52.
[i]vȝubǫrǫ 406, anm. 1; anh. 50.
j[a] anh. 60.
j[ehu] anh. 89.
kaibᴀ anh. 14.
kam anh. 14.
kamas (anorw.) 252.
karuʀ (aschw.) 77, 1; 153, 7; 226.
keþan 399, anm. 3; anh. 2.
kunimu[n]ðiu 141; 226; 393, anm.3; anh. 73.

-kurne 61,1; 139; 356, anm.4; anh. 73.
kuþi (adän.) 138, anm.
kuþumu|n]t (adän.) 153,1.
laasauwija 399, anm.1; anh. 91.
laȝi anh. 14.
lagu (Abeced. nordm.) 80, 2; 153,1.
laiþiȝaʀ anh. 43.
la[n]ðawarijaʀ 356, anm.1; anh. 81.
lạ[n]kmuþrku (aschw.) 406, anm. 5.
la[n]t anh. 14.
-lᴀsᴀʀ, s. -lᴀusᴀʀ.
laþoðu anh. 77.
laþu 373, anm.1; anh. 12; 22; 57.
laucr (Cod. Leid.) 80,2; 153,5.
laukaʀ 55; 356, anm. 1; anh. 9; 20; 57; 61.
-lᴀusᴀʀ 356, anm.1; anh. 66.
-lᴀusʀ 55; 277, 1; 356, anm.1; anh. 4.
lawiju 530, anm.1; anh. 35.
leþro 406, anm.1; anh. 67.
leuȝaʀ 56, anh. 62.
liȝi 538,3 u. anm.; anh. 68.
liliʀ anh. 13; 88.
lina anh. 20.
li[n]ki 'lange' (adän.) 66, 3.
liubu 56; 373, anm.1; anh. 50.
lua (= alu?) anh. 48.
luwatuwa anh. 82.
maðe 533, anm.2; anh.14.
maȝu 155; 393, anm. 4; anh. 34; 55.
makia 53; 356, anm. 5; anh. 92.
mᴀlᴀusʀ anh. 4; mᴀlᴀ[u]sᴀʀ anh. 66.
manʀ 66,1; 153, 7; anh. 14.
mariha anh. 92.
m[a]r[i]la 399, anm.1; anh. 18.
-mariʀ 53; 224,1; 277,1; 385, anm.; 424, anm.1; anh. 75.
m[arki]þé anh. 7.
meʀ 110, anm.3; 464, anm.1; anh.50.
m[i]k 143; 464, anm. 1; anh. 18.
minino 137, 1; 425, anm. 1; 467, anm.1; anh. 34.
minu 137,1; 373, anm.1; 467, anm.1; anh. 50.
m̃uha 112, anm.4; 399, anm.1; anh. 35.
nᴀkða[n] 153, 7; 425, anm.1; anh. 14.
-nam 143; 533, anm. 1; anh. 52.

nᴀseu anh. 14.
nᴀuim anh. 14.
nhaki (Man) 222, anm. 2.
ni anh. 14; 75.
niu anh. 66.
niujil[a] anh. 11.
niuwila 227; 399, anm. 1; anh. 49.
oʀ anh. 14.
orƀa anh. 89.
orte 138; 230,1; 235,1, a; 533, anm. 2; anh. 7.
os (Abeced. nordm.) 80,1; 153,1,7.
otịþis anh. 49.
ow[u]lþuþewaʀ 275, anh. 75; vgl. þewaʀ.
raʒinaku[n]ðo 137, anm. 2; 373, anm. 4; anh. 45.
[ra]ist 143; 533, anm. 2; anh. 87.
raunij.a 399, anm. 1; anh. 64.
rẹʒu anh. 89.
reidu (Cod. Leid.) 153, 5, 7.
rhoᴀltʀ 95, 1; 222, anm. 2; 228, anm.; 235, 1, d; 356, anm. 1; anh. 85.
-ronoʀ 406, anm. 5; anh. 66.
ronu 406, anm. 4; anh. 4.
runᴀʀ 137, 2 u. anm. 2; 373, anm. 4; anh. 4; 31.
-runo (Björketorp) 137, 2 u. anm. 2; anh. 4.
runo (Einang, Noleby) 137, anm. 2; 373, anm. 4; anh. 16; 45.
-runono 373, anm. 5; anh. 66.
runoʀ 137, 2 u. anm. 2; 373, anm. 4; anh. 7; 32; 73.
s anh. 14; 38.
sa 469, anm. 1; anh. 39.
sạirawiðaʀ 540, anm. 2; anh. 55.
sᴀkse anh. 14.
saliʒastiʀ 385, anm. 1; anh. 5; vgl. -ʒastiʀ.
sᴀʀ 469, anm. 1; 473, anm. 2; anh. 4; 66.
saralu anh. 94.
sasi u. andere formen dieses paradigmas 470, anm. 1.
sᴀte 138; 153, 7; 533, anm. 2; anh. 27.
satiða anh. 79.
satiðo 513, anm. 1; 533, anm. 1; anh. 55.
sƀᴀ 153, 7; 223, anm. 2; 230, 1; 233, anm. 2; 373, anm. 1; anh. 4.
sƀi[n]ðul[a] anh. 21.
siʒaðuʀ 222, anm. 1; 230, 1; 393, anm. 1; anh. 69.
sijosteʀ 139; 425, anm. 1; 436, anm. 1; anh. 79.
siktriku (aschw.) 77, 5, a; 153, 7; 226.
sin 425, anm. 1; 467, anm. 1; anh. 70.
siʀ anh. 33.
sitiʀ (aschw.) 153, 1, 2, 3, 7.
skaþi 538, anm.; anh. 68.
skinna 275.
ski[n]þale anh. 63.
skorin anh. 14.
s[kriƀaðo] anh. 69.
slaʒinaʀ 74; 162, 2; 356, anm. 1; 540, anm. 2; anh. 44.
snᴀrẹʀ 425, anm. 1; anh. 14.
sol (Abeced. nordm.) 153, 1, 7.
solu anh. 14.
sot 153, 7; anh. 14.
soulu (Cod. Leid.) 153, 5, 7.
ṣtᴀƀᴀ anh. 27.
stᴀin 153, 7; anh. 14.
staina 54; 155; 356, anm. 5; anh. 55; 79; 87.
stainaʀ 277, 1; 356, anm. 6; anh. 37; 54.
stainawarijaʀ anh. 55.
suẹma[n]ðe anh. 14.
suḷiu anh. 38.
sun (aschw., adän.) 153, 7.
-sunʀ (aschw.) 153, 7.
sunu acc. sing. 153, 1 (2 mal), 7 (2 mal; aschw.); 393, anm. 4; anh. 70.
swabaharjaʀ anh. 55.
swestar 138; 155; 419, anm. 1; anh. 50.
tᴀitʀ 356, anm. 1; anh. 80.
taiþir (anorw.) 392, 1.
t[a]lij[a]ʀ anh. 21.
talijo 406, anm. 1; anh. 89.
taṇulu anh. 9.
tau anh. 59.
tᴀuiu 137, 1; 153, 3; 530, anm. 1; anh. 51.
tawiðo 533, anm. 1; anh. 25.
tawo 530, anm. 1; anh. 77.
triku 380.

ð-, s. nach b-.
þAiAʀ 469, anm. 1; anh. 31.
þAim 469, anm. 1; anh. 14.
þaliʀ 153, 3; 385, anm. 1; anh. 6.
þar anh. 1.
þaʀ 71, 2; 126, 1; 137, 2 u. anm. 2; 469, anm. 1; anh. 16.
þat, þAt 469, anm. 1; anh. 4; 7.
þę anh. 89.
(-)þewaʀ 80, 2; 137, anm. 2; 221, 1; 224, 1; 241, anm. 2; 356, anm. 1; anh. 75; 84.
þi anh. 26.
þiaþan (agutn.) 144, anm. 1.
þiaurikʀ (aschw.) 56.
þiʀi 469, anm. 1; anh. 78.
þit anh. 51.
þrawijan 299, 5; 399, anm. 3; anh. 72.
þria anh. 27.
þrijoʀ 373, anm. 4; 447, anm. 1; anh. 79.
þur (adän.) 299, anm. 1.
þuris (Abeced. nordm.) 153, 1.
þurlabr 54, 3, b.
uar (adän.) 153, 7.
ubaʀ 356, anm. 1; anh. 32; 63.
uėu anh. 10.
ufaak 54, 3, b.
uftiʀ (fär.) 172, anm. 2.
uha 399, anm. 1; anh. 13.
uilald 153, 3, 7; anh. 51.
uk anh. 14.
-ulf (adän.) 153, 6.
ulfs (adän.) 235, 1, a.
unʒanðiʀ anh. 46.
unnam 143; 533, anm. 1; anh. 52.
uǫ[n]twa 399, anm. 1; anh. 51.
urm (adän.; Einhard) 235, 1, a.
urti 138; 230, 1; 235, 1, a; 533, anm. 2; anh. 70.
utiAʀ anh. 4.
upArAbA 142; 233, anm. 2; anh. 4.
waðaraðas, s. wa[n]ðaraðas.
waʒe 73; 139; 356, anm. 4; anh. 50.
wakraʀ 277, 3; 356, anm. 1; anh. 52.

wajemariʀ anh. 75; vgl. -mariʀ.
walhakurne, s. wllhakurne.
wa[n]ðaraðas 356, anm. 3; anh. 56.
warAit 142; 143; 288; 533, anm. 2; anh. 31.
warb 533, anm. 2; anh. 14.
-warijaʀ 356, anm. 1; anh. 81.
waritu 142; 288; 530, anm. 1; anh. 32.
waruʀ 393, anm. 1; anh. 74.
was 143; 250; 533, anm. 2; anh. 72.
wate 66, anm. 1; 153 u. 2, 7; 535, anm. 1; anh. 68.
wAþi 221, anm. 2; anh. 70.
welAðAuðe 399, anm. 1; anh. 4.
wilaʒaʀ 356, anm. 1; anh. 39.
wiliʀ anh. 89.
wiltiʀ 425, anm. 1; anh. 14.
wita[n]ðahalaiban 142; 399, anm. 3; 539, anm. 4; anh. 79.
wiþr 153, 7; anh. 83.
wiwaʀ 60, anm.; 356, anm. 1; anh. 79.
wiwila 80, 2; 138 u. anm.; 399, anm. 1; anh. 86.
wllhakurne 230, 1; anh. 73; vgl. -kurne.
-wolAfA 61, 1; 142; 153, 6; anh. 27.
-wolAfʀ 61, 1; 142; 235, 1, a; 356, anm. 1; anh. 66.
worahto 61, 1; 137, 2; 142; 230, 1; 235, 1, a; 321; 533, anm. 1; anh. 79.
w[o]rta 138; 230, 1; 533, anm. 2; anh. 18.
wortæ 155.
woðuriðe 139; 356, anm. 4; anh. 79 (2 mal).
wraita 54; 153, 3; 288; 356, anm. 5; anh. 52.
-wulafa 61, 1; 142; 153, 6, 7; 356, anm. 5; anh. 31.
-wulafiʀ 142; anh. 31.
-wulafʀ 61, 1; 91, 1; 142; 153, 5, 6, 7; 235, 1, a; 356, anm. 1; anh. 31.
-wulfs 235, 1, a; 356, anm. 3; anh. 54.
wurk[io] anh. 88.
wurte 138 u. anm.; 230, 1; 235, 1, a; 533, anm. 2; anh. 73.